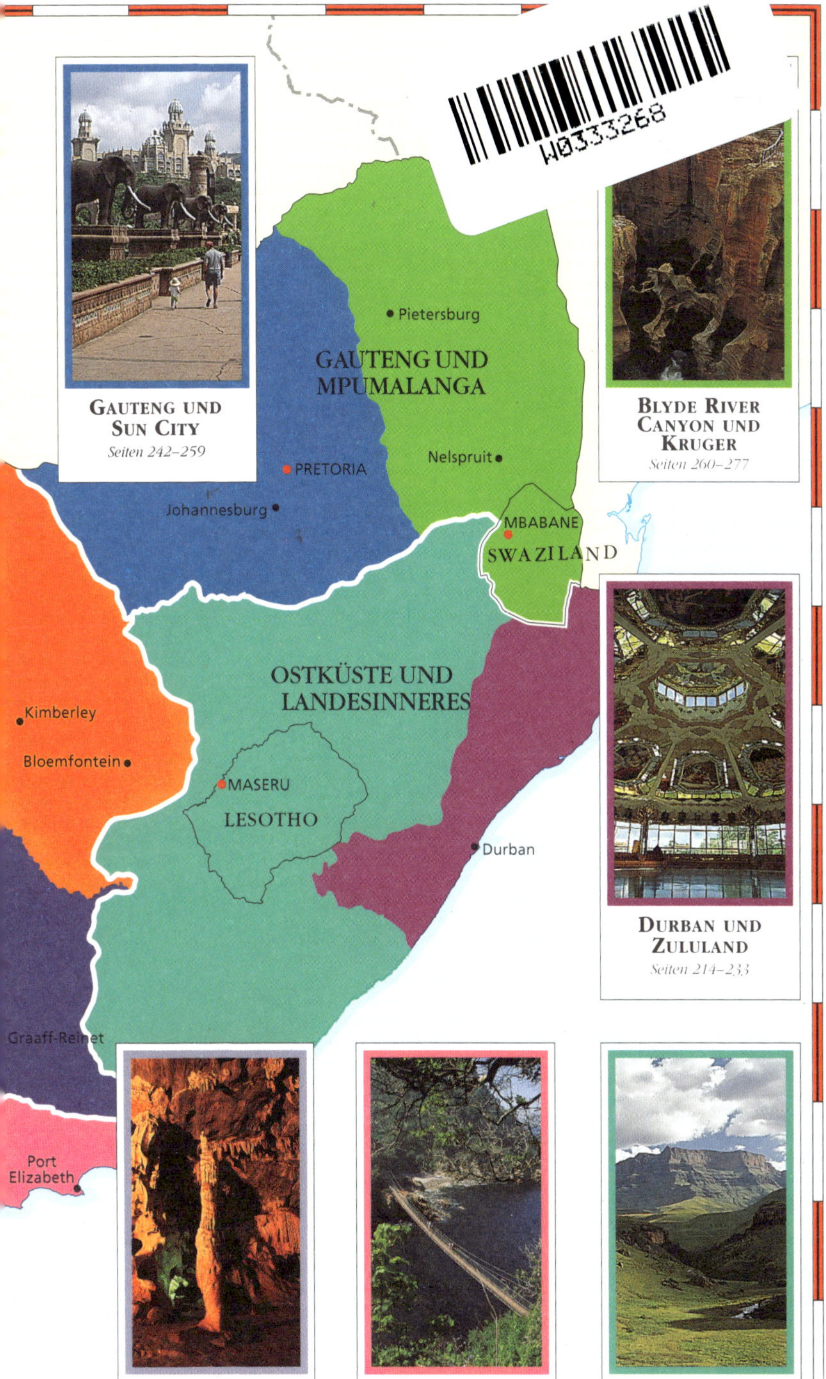

Gauteng und Sun City
Seiten 242–259

Blyde River Canyon und Kruger
Seiten 260–277

Durban und Zululand
Seiten 214–233

Das Südliche Kap
Seiten 156–167

Die Garden Route bis Grahamstown
Seiten 168–189

Wild Coast, Drakensberg und Midlands
Seiten 198–213

VIS à VIS

SÜDAFRIKA

VIS à VIS

SÜDAFRIKA

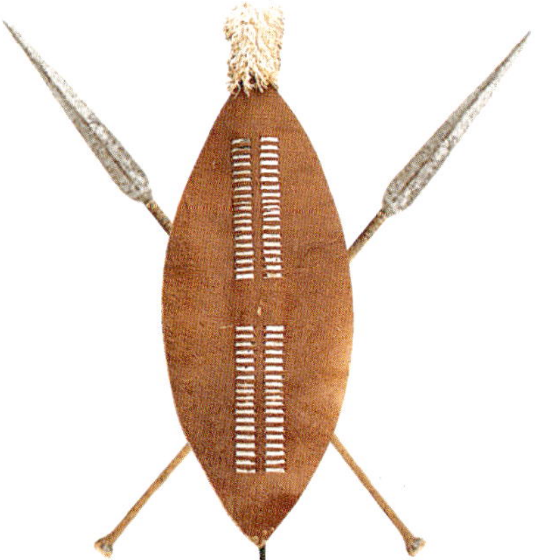

DK

DORLING KINDERSLEY

EIN DORLING KINDERSLEY BUCH

TEXTE
Michael Brett, Brian Johnson-Barker, Mariëlle Renssen

FOTOGRAFIEN
Shaen Adey, Roger de la Harpe, Walter Knirr

ILLUSTRATIONEN
Bruce Beyer, Annette Busse, Bruno de Robillard, Steven Felmore, Noel McCully, Dave Snook

KARTOGRAPHIE
ERA Maptech

REDAKTION UND GESTALTUNG
Dorling Kindersley Ltd.

•

•

ÜBERSETZUNG Anja Eisele, Bettina Rühm, Nicola Schwenkert und Annette Bewermeier für GAIA Text, München
REDAKTION CLP • Carlo Lauer & Partner, Aschheim, unter Mitarbeit von Raphaela Moczynski, München
SATZ UND PRODUKTION GAIA Text, München
LITHOGRAPHIE Colourscan, Singapur
DRUCK Sun Fung Offset Binding Co., Ltd., China

ISBN 3-928044-14-1

1 2 3 4 5 04 03 02 01 00

Für Hinweise, Verbesserungsvorschläge und Korrekturen ist der Verlag dankbar. Bitte richten Sie Ihr Schreiben an:

Dorling Kindersley Verlag GmbH
Gautinger Straße 6
82319 Starnberg

◁ Tierherde im Pilanesberg National Park bei Sun City

INHALT

Vasco Da Gama

SÜDAFRIKA STELLT SICH VOR

KAPSTADT

Camps Bay Beach, Kapstadt

WESTLICHES UND SÜDLICHES KAP

Rote Disa am Tafelberg

OSTKÜSTE UND LANDESINNERES

Ein Leopard in seinem Revier im Londolozi Game Reserve

GAUTENG UND MPUMALANGA

DAS ARIDE INLAND

ZU GAST IN SÜDAFRIKA

GRUND-INFORMATIONEN

Boschendal Manor House *(siehe S. 134f)*

WIE BENUTZE ICH DIESES BUCH?

DIESER REISEFÜHRER soll Ihren Südafrika-Besuch zu einem Erlebnis machen, das durch keinerlei Probleme getrübt werden wird. *Südafrika stellt sich vor* erläutert die geographische Lage und stellt historische Zusammenhänge her. Die vier Regionalkapitel und das Kapitel *Kapstadt* fassen alles Sehens- und Erlebenswerte thematisch zusammen, vom Weinanbau bis zu Flora und Fauna des Landes. Restaurant- und Hotelempfehlungen finden Sie im Kapitel *Zu Gast in Südafrika*. Die *Grundinformationen* geben praktische Hinweise von öffentlichen Verkehrsmitteln bis zu Ihrer persönlichen Sicherheit.

KAPSTADT

Das Buch gliedert die Stadt in drei Stadtteil-Kapitel. Jedes Kapitel beginnt mit einer Auflistung der wichtigsten Sehenswürdigkeiten, die auf den folgenden Seiten ausführlich beschrieben werden. Das Kapitel *Abstecher* zeigt die Sehenswürdigkeiten der Umgebung. Alle Sehenswürdigkeiten sind mit Nummern versehen, die mit denen auf den Karten identisch sind.

Alle Seiten über Kapstadt sind mit einem roten Punkt versehen.

Eine Orientierungskarte zeigt die Lage des Stadtteils, in dem man sich befindet.

1 Stadtteilkarte
Die im jeweiligen Kapitel beschriebenen Sehenswürdigkeiten sind auf der Karte durchnumeriert und, sofern sie in der Innenstadt liegen, im Kartenteil Kapstadt (siehe S. 108ff) *eingezeichnet.*

Sehenswürdigkeiten auf einen Blick führt das Wichtigste auf: historisch oder architektonisch bedeutende Straßen und Bauten, Kirchen, Museen und Galerien, Monumente, Parks und Gärten.

2 Detailkarte
Ein Blick aus der Vogelperspektive zeigt Ihnen die wichtigsten Sehenswürdigkeiten.

Sterne markieren Sehenswürdigkeiten, die man nicht auslassen sollte.

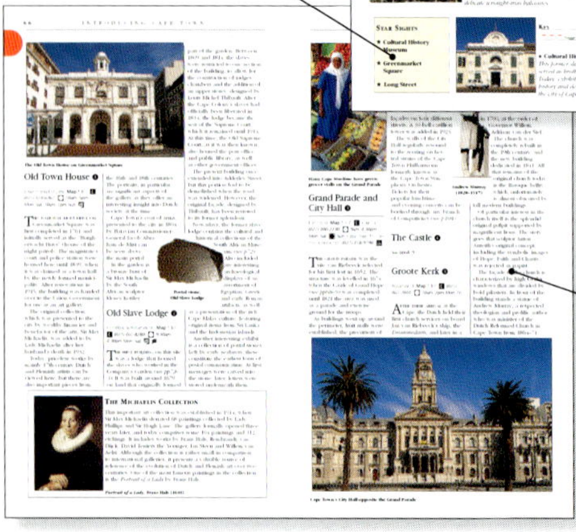

Die Routenempfehlung schlägt eine Strecke vor, die durch die interessantesten Straßen eines Stadtteils führt.

3 Detaillierte Informationen
Alle Sehenswürdigkeiten Kapstadts sind ausführlich beschrieben. Jedem Eintrag sind Adresse, Telefonnummer und wichtige praktische Hinweise beigefügt. Eine Legende der verwendeten Symbole finden Sie auf der hinteren Umschlaginnenseite.

1 Einführung
Hier werden Landschaft, Charakter und die Geschichte einer Region beschrieben. Ein geschichtlicher Abriß erläutert, wie sich die Region im Laufe der Geschichte entwickelt und welche Sehenswürdigkeiten sie zu bieten hat.

FÜHRER DURCH DIE REGIONEN

Neben Kapstadt wurde Südafrika in zehn Kapitel unterteilt. Die interessantesten Städte und Sehenswürdigkeiten sind zu Anfang eines jeden Kapitels auf einer *Regionalkarte* dargestellt.

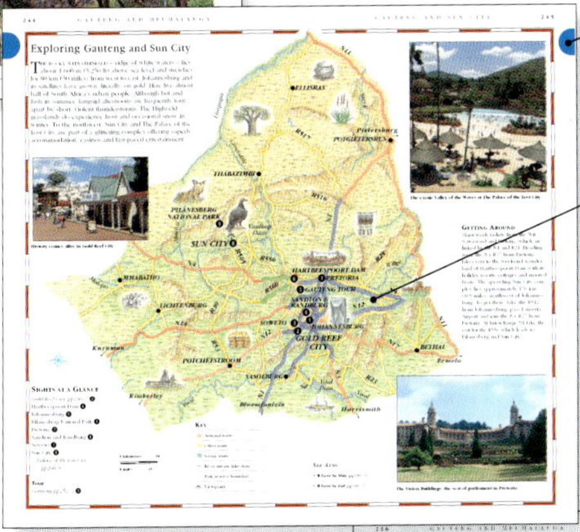

Die Farbkodierung erleichtert das Auffinden von Regionen.

2 Regionalkarte
Sie zeigt das Straßennetz und eine illustrierte Übersicht der ganzen Region. Alle Sehenswürdigkeiten sind numeriert; die Karte gibt auch hilfreiche Tips für das Erkunden des Gebiets mit Auto, Bus oder Bahn.

Kästen beleuchten Wissenswertes zu den Sehenswürdigkeiten.

3 Detaillierte Informationen
Alle wichtigen Orte werden einzeln beschrieben. Die Reihenfolge entspricht der Numerierung auf der Regionalkarte. Zu jedem Ort gibt es detaillierte Informationen über die wichtigsten Sehenswürdigkeiten.

Die Infobox enthält praktische Informationen, die für einen Besuch hilfreich sind.

4 Hauptsehenswürdigkeiten
Historische Gebäude werden perspektivisch gezeigt; Nationalparks werden auf Karten erklärt. Die interessantesten Städte oder Stadtzentren werden auf Karten abgebildet, die Sehenswürdigkeiten sind eingezeichnet und beschrieben.

Südafrika stellt sich vor

Südafrika auf der Karte

SÜDAFRIKA, DAS SÜDLICHSTE LAND des afrikanischen Kontinents, ist mit 1 223 201 Quadratkilometern etwa dreieinhalbmal so groß wie Deutschland und hat ungefähr 44 Millionen Einwohner. Innerhalb des Staatsgebietes liegen die souveränen Königreiche Swaziland und Lesotho. Der Atlantik an der Westküste Südafrikas und der Indische Ozean an der Ostküste treffen sich bei Kap Agulhas, der südlichsten Landspitze Afrikas. Nördlich von Südafrika liegen die unabhängigen Staaten Namibia, Botswana, Simbabwe und Mosambik.

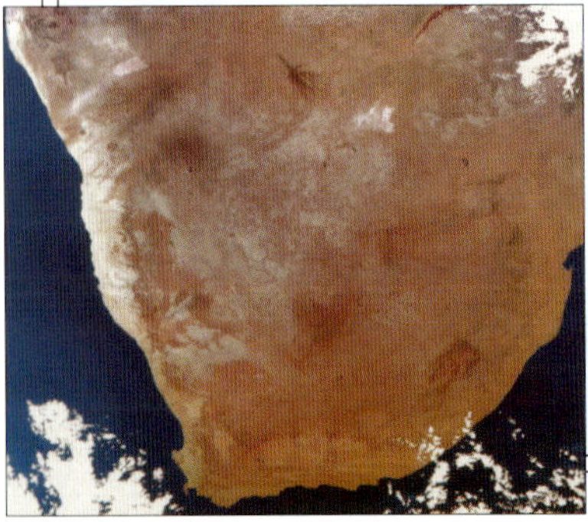

Satellitenbild von Südafrika

◁ **Eastern Buttress, Devil's Tooth und Inner Tower im Drakensberg-Gebirge**

SAMBIA
SIMBABWE
MOSAMBIK
INDISCHER OZEAN
Tete
Karoi
Bindura
Chinhoyi
HARARE
Morrumbala
Lake Kariba
Victoria Falls
Zambezi
Kadoma
Mutare
Gweru
Bulawayo
Masvingo
Beira
Sowa Pan
Shashani
Save
Limpopo
Messina
Mabote
Serowe
Northern Province
Pietersburg
Inhambane
GABORONE
Mpumalanga
PRETORIA
Nelspruit
Gauteng
JOHANNESBURG
MAPUTO
Xai-Xai
Soweto
Germiston
MBABANE
Klerksdorp
SWAZILAND
Vaal Dam
Kroonstad
Pongolapoort Dam
Welkom
Bethlehem
KwaZulu-Natal
Lake St Lucia
Free State
Ladysmith
MASERU
Katse Dam
Tugela
LESOTHO
Pietermaritzburg
DURBAN
Amanzimtoti
Orange
Caledon
Middelburg
Eastern Cape
Umtata
Cradock
East London
King Wi m's Town
Grahamstown
Algoa Bay
Port Elizabeth
AFRIKA
MAROKKO
ALGERIEN
LIBYEN
ÄGYPTEN
MAURETANIEN
MALI
NIGER
TSCHAD
SUDAN
SENEGAL
NIGERIA
ZENTRALAFRIKANISCHE REPUBLIK
ÄTHIOPIEN
GUINEA
LIBERIA
ELFENBEINKÜSTE
GHANA
KAMERUN
SOMALIA
KENIA
GABUN
KONGO
DEMOKRAT. REPUBLIK KONGO
Lake Victoria
TANSANIA
Atlantik
ANGOLA
MALAWI
Lake Malawi
SAMBIA
NAMIBIA
SIMBABWE
MOSAMBIK
MADAGASKAR
BOTSWANA
Pretoria
Johannesburg
Indischer Ozean
SÜDAFRIKA
Kapstadt

Straßenkarte

INTERNATIONALE FLUGHÄFEN in Johannesburg, Kapstadt und Durban verbinden Südafrika mit der übrigen Welt. Viele Regionen haben kleinere Inlandflughäfen. Internationale Schiffsverbindungen führen nach Kapstadt, Durban und Port Elizabeth. Ein gutes Straßennetz versorgt das Landesinnere. Dieses Buch teilt das Land in zehn Regionen ein; dazu kommt ein Kapitel über Kapstadt. Politisch gliedert sich Südafrika in neun Provinzen.

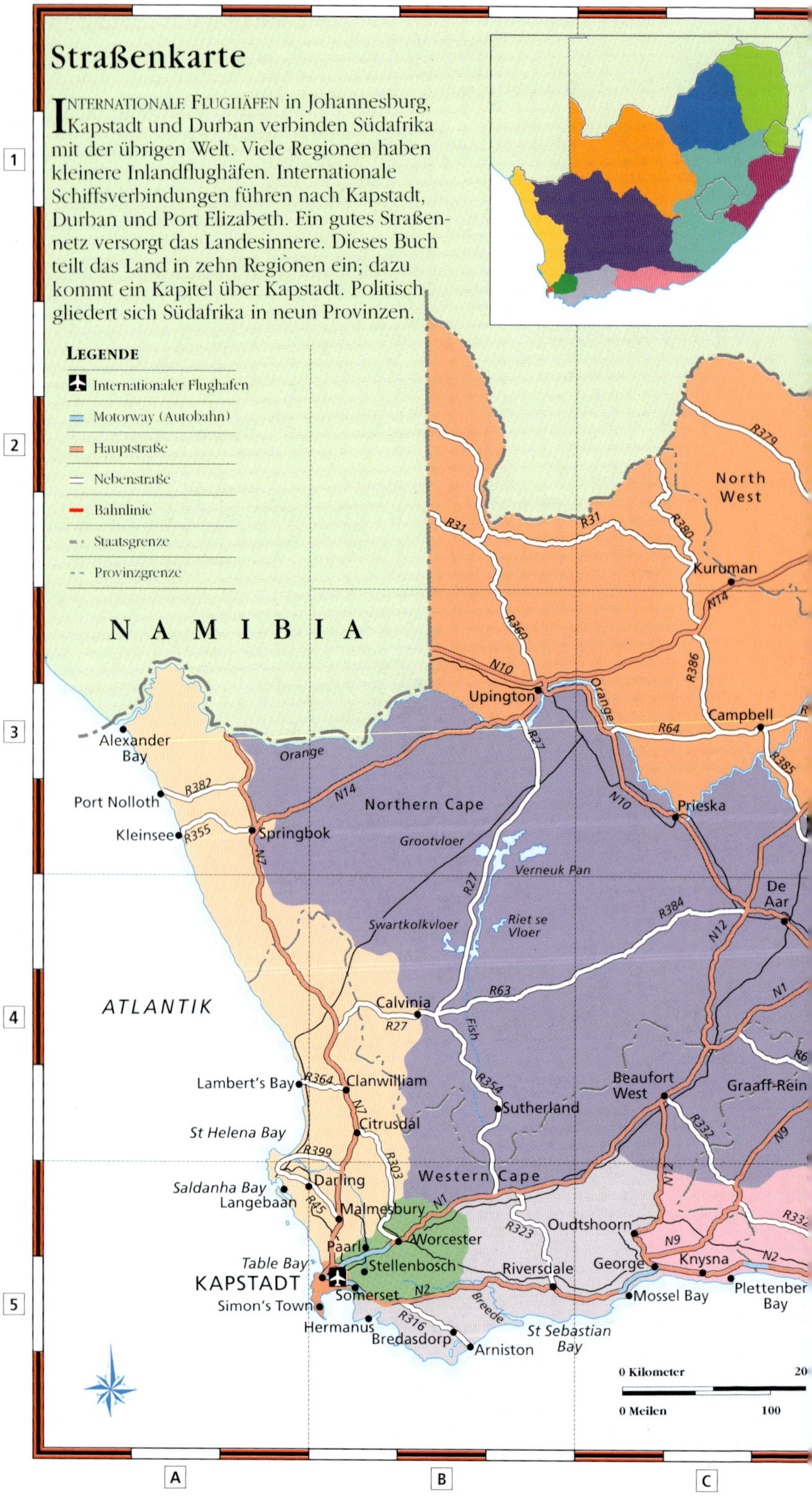

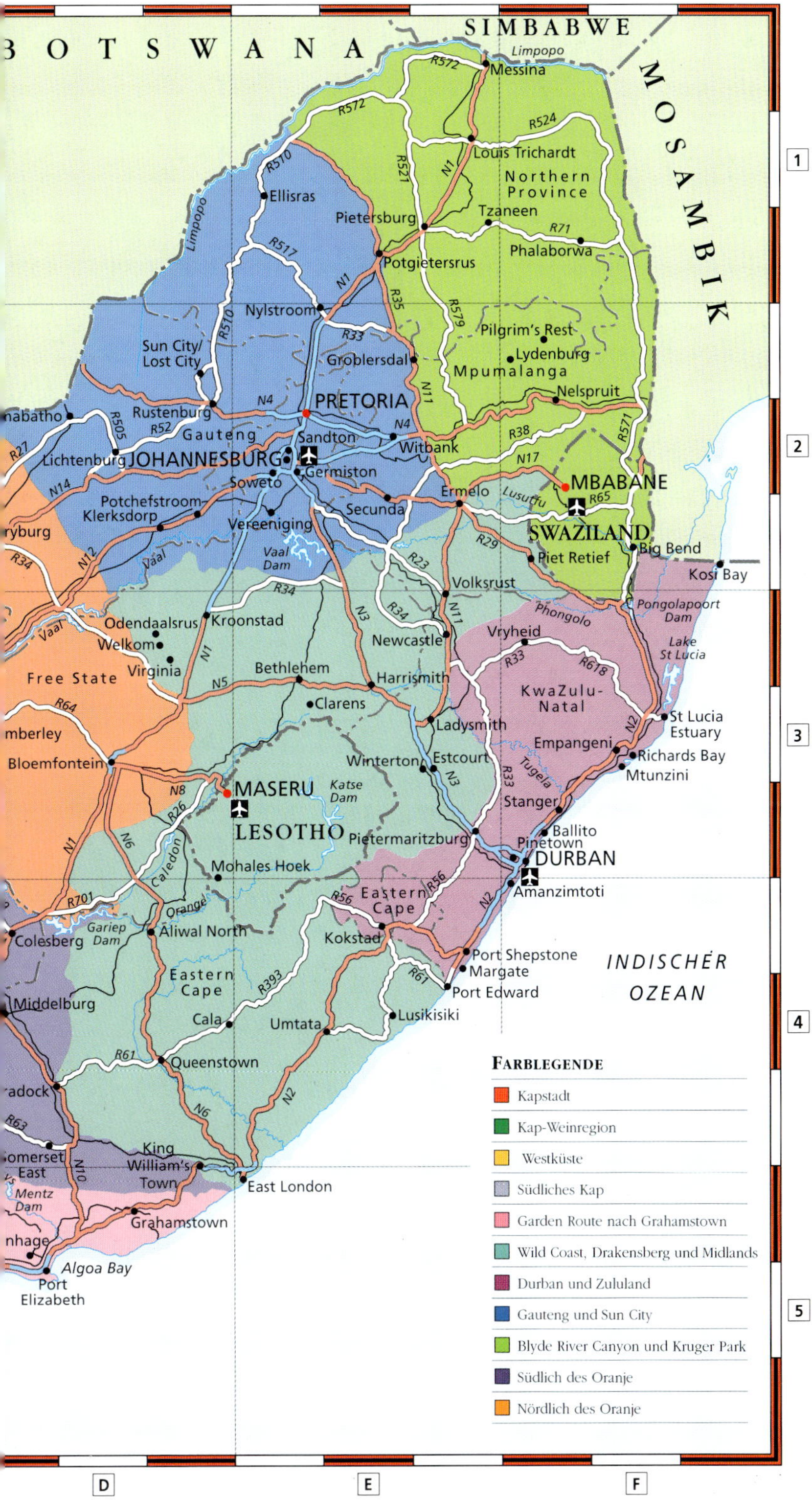
BOTSWANA
SIMBABWE
MOSAMBIK
Limpopo
Messina
Louis Trichardt
Northern Province
Tzaneen
Phalaborwa
Ellisras
Pietersburg
Potgietersrus
Nylstroom
Sun City/ Lost City
Pilgrim's Rest
Lydenburg
Mpumalanga
Groblersdal
Nelspruit
PRETORIA
Rustenburg
Mmabatho
Lichtenburg
Gauteng
JOHANNESBURG
Sandton
Witbank
Germiston
Soweto
MBABANE
SWAZILAND
Lusutfu
Ermelo
Secunda
Potchefstroom
Klerksdorp
Vereeniging
Vaal Dam
Vaal
Big Bend
Piet Retief
Kosi Bay
Volksrust
Pongolapoort Dam
Phongolo
Vryburg
Odendaalsrus
Kroonstad
Welkom
Virginia
Newcastle
Vryheid
Lake St Lucia
Free State
Bethlehem
Harrismith
KwaZulu-Natal
Clarens
Ladysmith
St Lucia Estuary
Kimberley
Bloemfontein
Empangeni
Richards Bay
Mtunzini
Winterton
Estcourt
MASERU
Katse Dam
Tugela
Stanger
LESOTHO
Pietermaritzburg
Ballito
Pinetown
DURBAN
Amanzimtoti
Mohales Hoek
Caledon
Orange
Eastern Cape
Gariep Dam
Colesberg
Aliwal North
Kokstad
Port Shepstone
Margate
Port Edward
INDISCHER OZEAN
Middelburg
Eastern Cape
Cala
Umtata
Lusikisiki
Queenstown
Cradock
King William's Town
Somerset East
Mentz Dam
East London
Grahamstown
Uitenhage
Algoa Bay
Port Elizabeth
N1
N2
N3
N4
N5
N6
N8
N10
N11
N12
N14
N17
R572
R524
R521
R510
R517
R71
R35
R579
R33
R505
R52
R27
R38
R571
R65
R29
R23
R34
R618
R64
R26
R56
R701
R393
R61
R63
1
2
3
4
5
D
E
F
FARBLEGENDE
Kapstadt
Kap-Weinregion
Westküste
Südliches Kap
Garden Route nach Grahamstown
Wild Coast, Drakensberg und Midlands
Durban und Zululand
Gauteng und Sun City
Blyde River Canyon und Kruger Park
Südlich des Oranje
Nördlich des Oranje

EIN PORTRÄT SÜDAFRIKAS

BLAUER HIMMEL, TIERPARKS, FREIE NATUR und Sonne *sind das, was die meisten Besucher nach Südafrika zieht. Obwohl noch immer tief verwurzelte Rassenprobleme das Land plagen, sind seine Bürger entschlossen, einen neuen Anfang zu wagen. Das macht Südafrika zu einem spannenden und eindrucksvollen Land.*

Königs-Protea

Südafrika, etwa so groß wie Spanien und Frankreich zusammen, bietet eine Vielfalt verschiedenster Landschaften, vom dramatisch trockenen Nordwesten zur bewaldeten Küste der Garden Route, von der kargen Karoo im Innern zum zerklüfteten Drakensberg im Osten, von den gepflegten Weingärten am Kap zu den Blumenwiesen von Namaqualand. Das Land entpuppt sich als ein wahres Pflanzenparadies. Zu den sogenannten *Fynbos*-Arten gehören eine Vielzahl verschiedener Protea- und Ericaarten sowie unterschiedlichste Gräser. Die Tierparks im Norden beheimaten die »Großen Fünf«: Büffel, Elefant, Leopard, Löwe und Nashorn. Die Feucht- und marinen Schutzgebiete an der Ostküste wimmeln von Meerestieren und Vögeln.

Und natürlich nicht zu vergessen die Strände, die beliebtesten Feriengebiete der Südafrikaner, ideal zum Windsurfen, Schwimmen, Surfen, Angeln und Sonnenbaden.

Die »Rainbow people of God« – so nannte der frühere anglikanische Erzbischof Desmond Tutu das südafrikanische Volk einmal – eine bunte Mischung von Menschen unterschiedlichster Glaubensrichtungen, Traditionen und Abstammungen, leben gemeinsam in einem Land mit atemberaubenden Naturschönheiten.

Akazien überleben auch an den sonnenversengten Rändern der Kalahari-Wüste

◁ **Junger Zulu-Tänzer in traditioneller Tracht**

Im Groote Schuur Hospital wurde 1967 zum ersten Mal ein menschliches Herz transplantiert

Dramatische Kontraste bieten nicht nur die unterschiedlichen Landschaften. Es heißt oft, Südafrika repräsentiere zwei Welten – die erste und die dritte Welt. Obwohl Südafrika 60 Prozent der elektrischen Energie des Kontinents erzeugt, sind mehr als die Hälfte der Haushalte immer noch auf Petroleum, Holz und Gas angewiesen.

Gießen von Goldbarren

Der heutige Staat Südafrika war zu Beginn seiner Geschichte lediglich eine Zwischenstation. Im 17. Jahrhundert frischten niederländische Handelsschiffe auf ihrem Seeweg zu den Kolonien im Osten am Kap ihre Vorräte auf. Südafrika ist überaus fruchtbar und auch heute noch weitgehend autark – nicht zuletzt aufgrund seiner langjährigen politischen Isolation, die von der internationalen Gemeinschaft wegen der damals herrschenden Politik der Rassentrennung (Apartheid) verhängt wurde.

Südafrika ist einer der wichtigsten Weltproduzenten von Gold und Erdöl. Die Entwicklungen in Bergbau, Kommunikations- und Waffentechnik waren beeindruckend, die Wirtschaft führte jedoch wegen der Apartheid ein Schattendasein. Ende der 60er Jahre, als in einem Kapstädter Krankenhaus die erste erfolgreiche Herztransplantation der Welt stattfand, kämpfte die Mehrzahl der Südafrikaner noch um die Befriedigung der elementarsten Bedürfnisse: Nahrung, Wohnung und Bildung.

Landarbeiter bei der Rast an der Westküste

Südafrikanische Gesellschaft

Angesichts solcher Unterschiede wundert es nicht, daß die Südafrikaner keine einheitliche nationale Identität bilden. 1994 galten Englisch, Afrikaans und neun Bantu-Sprachen als offizielle Landessprachen. 18 Prozent der Bevölkerung sprechen Afrikaans, das auf dem Niederländischen basiert und sich durch den Kontakt mit anderen Sprachen weiterentwickelte. Die spezifische kulturelle Mischung der südafrikanischen Bevölkerung wurzelt in der kolonialen Vergangenheit. Zu den Jägern und Sammlern, die ursprünglich das Kap bewohnten, stießen vor rund 1000 Jahren Bantu-sprechende Stämme aus dem Norden. Im 17. Jahrhundert kamen europäische Siedler – zuerst Niederländer, dann Briten und Franzosen – , außerdem Sklaven aus Indonesien, Madagaskar und Indien, später Gastarbeiter aus Indien. Sowohl Siedler als auch Sklaven brachten ihre Traditionen mit. Und wenn es eine südafrikanische Küche gibt, dann ist es die kap-malaysische Küche: milde Lamm- und Fischcurrys, verfeinert und gesüßt mit gewürzten Früchten. Meeresfrüchte sind beliebt, aber die Südafrikaner bevorzugen Fleisch. Das *braai,* Grillen im Freien, ist zwar auf der ganzen Welt beliebt, doch nur Südafrikaner veranstalten Wettbewerbe um die besten *boerewors* (scharfe Wurst) und *potjiekos* (im gußeisernen Topf zubereiteter Eintopf).

Festvorbereitungen in einer Moschee in Kapstadt

Die Religion überbrückt manche Kluft, und so sind die Freikirchen sehr beliebt, denn sie bieten auch Raum für Traditionen und den Glauben an die Geister der Ahnen. Die niederländisch-reformierte, die römische-katholische, die presbyterianische und die anglikanische Kirche finden Anhänger in allen Bevölkerungsschichten, der Islam am stärksten im Westen, Anhänger des buddhistischen und hinduistischen Glaubens leben vor allem in Durban.

Flötenspieler

Ein afrikanischer Chor präsentiert Gesang und Tanz

Kultur und Sport

Seit kurzem entwickelt sich ein neues Bewußtsein afrikanischer Identität. Die Musik, die bei Zeremonien schon immer im Mittelpunkt stand, spielt dabei eine führende Rolle. Der Sound des *mbube,* einem Gruppengesang der Zulu, wurde zu einem wahren Exportschlager Südafrikas.

Sindiwe Magona schrieb mehrere Bücher über ihr Leben als schwarze Südafrikanerin

Das naturgegebene Talent der Afrikaner für Rhythmus und Harmonie fand mühelos den Weg vom Land in die Städte. Die Lieder sind zwar häufig von westlichem Pop beeinflußt, aber Jazz, Soul, *kwela* (mit dem unverwechselbaren, durchdringenden Klang der *Pennywhistle*), *kwaito* (leichter Pop), Rock und Reggae haben eine typisch südafrikanische Färbung.

Kapländischer Sänger

Das kulturelle Erbe der weißen Afrikaner, Ergebnis der jahrhundertelangen Isolation von Europa, umfaßt eine eindrucksvolle Literatur und eigenständige Musiktradition. Die nostalgischen Lieder in Afrikaans beschwören häufig die guten alten Zeiten. Im Gegensatz dazu ist die Musik der farbigen Afrikaner lebendig und fröhlich, ihre geistreichen Texte verdecken die Traurigkeit und Entwürdigungen der Vergangenheit.

Während der langen Zeit der Apartheid bestimmten Unterdrückung und Leid die Kunst. Im Gegensatz zu den früheren Autoren *(siehe S. 26f)* wenden sich die heutigen immer mehr von einer selbstbezogenen Perspektive ab und universelleren Themen zu.

Die meisten Südafrikaner sind leidenschaftliche Sportfans – sei es aktiv oder als Zuschauer. Diese Begeisterung wuchs seit dem Ende des Sport-Boykotts dramatisch. Die Rugby-Weltmeisterschaft von 1995 endete in Kapstadt mit dem heiß umjubelten Sieg des Gastgeberlandes und trug vielleicht stärker zur nationalen Einheit Südafrikas bei als alles andere. Das gesamte Land feierte den Sieg seiner Mannschaft. Fußball, Kricket, Boxen, Pferderennen und zunehmend auch die Leichtathletik ziehen immer mehr begeisterte Zuschauer an.

Überschwengliche Freude beim Sieg Südafrikas bei der Rugby-Weltmeisterschaft 1995

Südafrikaner sind gerne im Freien, wie hier am Clifton Beach in Kapstadt

SÜDAFRIKA HEUTE

Das Ende der Apartheid begann mit der Ankündigung des damaligen Präsidenten F.W. de Klerk, das Verbot des African National Congress (ANC), der Kommunistischen Partei und des Pan-African Congress (PAC) aufzuheben. Am 11. Februar 1990 wurde Nelson Mandela aus dem Victor-Verster-Gefängnis in der Nähe von Paarl entlassen, wo er seit 1963 lebenslänglich inhaftiert gewesen war.

»Madiba« liegen Südafrikas Kinder besonders am Herzen

In einer eskalierenden Welle von Gewalt begannen die ersten Verhandlungen für den friedlichen Übergang zur Demokratie. Am 27. April 1994 dann durften alle Afrikaner an den ersten freien Wahlen teilnehmen. Fünf Tage später wurde offiziell verkündet: Der ANC gewann 63 Prozent, und Nelson Mandela wurde der erste schwarze Präsident des »Neuen Südafrika«.

Im Mai 1996 wurde eine neue Verfassung verabschiedet, vielleicht die fortschrittlichste der Welt, die jede Diskriminierung aufgrund rassischer oder sozialer Herkunft, Religion, Geschlecht, sexueller Präferenz oder Muttersprache verbietet. Trotzdem leben viele Südafrikaner in Armut, und trotz riesiger Bodenschätze, fortschrittlicher Technologien und hochentwickelter Infrastruktur wird die Kluft zwischen Reich und Arm immer größer. Aber die Nation blickt nach vorn, getreu Mandelas Maxime »Man kann nicht lange verbittert bleiben, wenn man sich mit konstruktiven Dingen beschäftigt.«

Wandgemälde in Johannesburg

Gegensätzliche Küsten

Zwei Ozeanströmungen beeinflussen das Küstenklima Südafrikas: an der Ostküste der tropische Agulhas-Strom, der Richtung Süden verläuft, an der Westküste der kalte, nach Norden fließende Benguela-Strom. Beide treffen sich vor dem einsamen Kap Agulhas, der südlichsten Landspitze Afrikas. Mit den Winden und den Bergen sind diese ozeanischen Strömungen für die unterschiedlichen Bedingungen an den Küsten verantwortlich: im Westen Trockengebiete und im Osten dichte Wälder. Flora und Fauna der beiden Küstenregionen weisen auf dem Land wie im Wasser interessante Unterschiede auf, Tiere und Pflanzen haben sich an ihre jeweilige Umgebung angepaßt.

Blauwale, *mit einer Länge von bis zu 33 Metern die größten Säuger der Erde, sind nur eine der vielen Walarten, die im arktischen Winter zu den Küsten Südafrikas ziehen.*

Drosanthemen, *niedrige Pflanzen, blühen zwischen August und Oktober. Sie haben sich an die Trockenheit der Westküste angepaßt und speichern Wasser in ihren kleinen, fleischigen Blättern.*

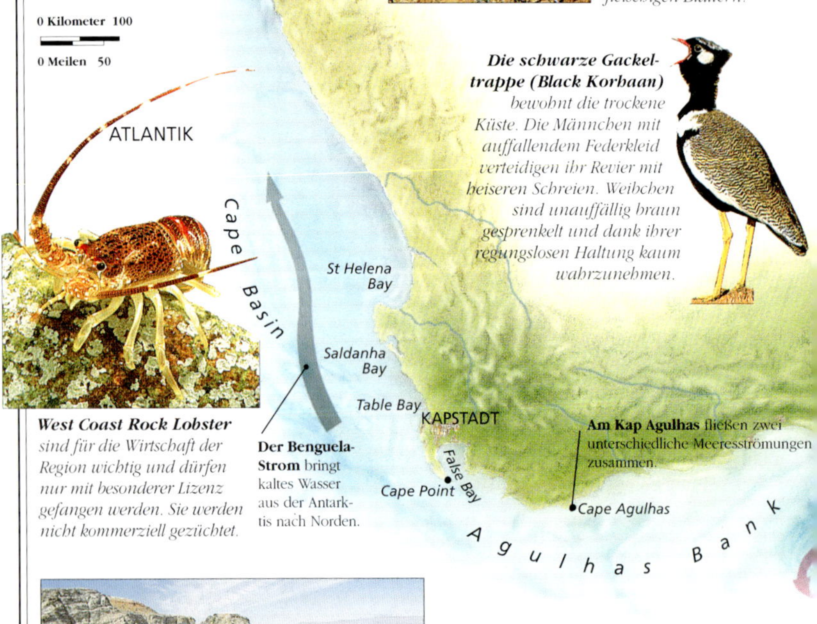

Die schwarze Gackeltrappe (Black Korhaan) *bewohnt die trockene Küste. Die Männchen mit auffallendem Federkleid verteidigen ihr Revier mit heiseren Schreien. Weibchen sind unauffällig braun gesprenkelt und dank ihrer regungslosen Haltung kaum wahrzunehmen.*

West Coast Rock Lobster *sind für die Wirtschaft der Region wichtig und dürfen nur mit besonderer Lizenz gefangen werden. Sie werden nicht kommerziell gezüchtet.*

Der Benguela-Strom bringt kaltes Wasser aus der Antarktis nach Norden.

Am Kap Agulhas fließen zwei unterschiedliche Meeresströmungen zusammen.

Die Westküste

Selbst im Sommer beträgt die durchschnittliche Wassertemperatur nur 14 °C. Dadurch bilden sich kaum Regenwolken, die jährliche Niederschlagsmenge liegt bei weniger als 250 mm. Nur Sukkulenten können mit Hilfe des Taus das Fehlen von Regen ausgleichen. Das nährstoffreiche Meer birgt vielfältiges Leben.

Seeanemone

Tafel am Kap Agulhas

Kap Agulhas

Die südlichste Spitze Afrikas ist nicht Cape Point, sondern das bescheidene Kap Agulhas an der felsigen Ostseite des windumtosten Danger Point. Es verdankt seinen Namen dem portugiesischen Wort *agulhas* (Nadeln). Navigatoren fanden heraus, daß die Kompaßnadeln hier nicht magnetisch abgelenkt wurden, sondern genau nach Norden wiesen. Im Fels ist eine Hinweistafel, und Pfeile geben die Entfernung zu verschiedenen internationalen Städten an.

***Verschiedene Delphinarten** spielen in den warmen Meeresströmungen vor Städten wie Durban und Margate. Sie treten meist in Gruppen von 10 bis 15 Tieren auf.*

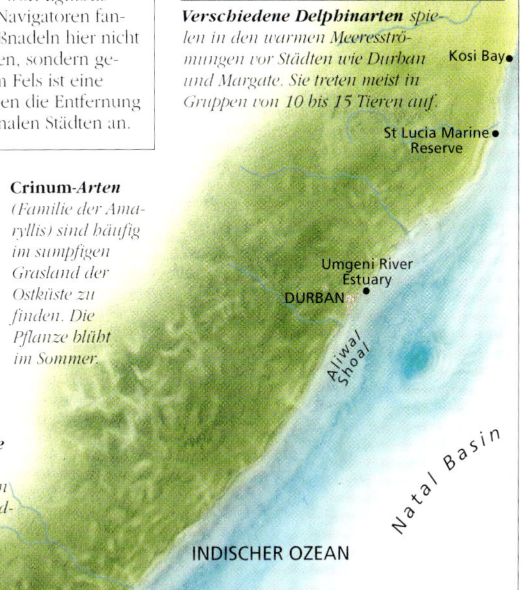

Crinum-*Arten* *(Familie der Amaryllis) sind häufig im sumpfigen Grasland der Ostküste zu finden. Die Pflanze blüht im Sommer.*

Die Schleiereule (Tyto capensis) *lebt im sumpfigen Grasland der südafrikanischen Ostküste.*

***Port Elizabeth-Languste**, eine der vielen Felsenhummerarten der Küste Südafrikas, hat nur geringe wirtschaftliche Bedeutung.*

Der warme Agulhas-Strom ist verantwortlich für das feucht-heiße Klima der Ostküste.

Die Ostküste

Der warme Agulhas-Strom, der in Richtung Süden durch den Mozambique Channel verläuft, verursacht das feucht-heiße Klima der Ostküste. Im Mündungsgebiet des Umgeni bei Durban gedeihen Mangrovenwälder. Menschen und Tiere warten begierig auf die jährlichen Wanderungen der Sardinen. Korallenriffe findet man im St Lucia Marine Reserve (Meeresschutzgebiet).

Nacktschnecke

Landschaften und Flora Südafrikas

Aloe

SÜDAFRIKAS FLORA verzaubert Besucher und fasziniert Botaniker. Jede Region brachte als Ergebnis unterschiedlicher geographischer und klimatischer Bedingungen individuelle Merkmale hervor. In den trockenen Bereichen des Westens sind die Pflanzen meist kleiner und niedriger und blühen nur kurz nach den Regenfällen im Winter; im Osten herrschen Grasland und Bushveld (Savanne) vor. Entlang der Ostküste wachsen dichte subtropische Küstenwälder.

KAPLÄNDISCHES FLORENREICH

Pelargonium

Das südwestliche Kap, das weniger als vier Prozent der Landfläche Südafrikas ausmacht, ist eines der sechs Florenreiche der Erde und birgt etwa 8500 verschiedenen Pflanzenarten. Zum sogenannten *Fynbos* (feinblättiger Busch) gehören rund 350 Arten von Protea ebenso wie Pelargonium, Ericaceae, Schilfgräser und Irisgewächse. Die meisten sind endemische Arten, die auch in den Kirstenbosch National Botanical Gardens vertreten sind *(siehe*

HALBWÜSTEN

Sukkulente

Vollwüsten finden sich im südlichen Afrika nur in Namibia. Die Halbwüste Great Karoo bedeckt etwa ein Drittel der Fläche Südafrikas. Ihre Flora hat sich auf die Trockenheit und die extremen Temperaturunterschiede eingestellt. Viele Sukkulenten, darunter Aloe, Eiskrautgewächse (Mittagsblumen) und Euphorbien, speichern Wasser in fleischigen Blättern oder Wurzeln. Die Samen der einjährigen Pflanzen können Jahre der Trockenheit überdauern *(siehe S. 154f)*. Bäume wachsen entlang den periodisch austrocknenden Flußläufen.

NAMAQUALAND *(siehe S. 154f)*

Viele Sukkulenten überleben nur dank der Kondensation des vom Atlantik kommenden nächtlichen Seenebels. Die Anpassung schuf bizarre Spezies, zum Beispiel den *kokerboom* (Köcherbaum), den *halfmens* (Halbmenschen) und fleischfressende Pflanzen aus der Familie der Stapelien. Zwergbüsche und anderes dürres Buschwerk breiten sich auf staubigen Böden aus, die lange nackt bleiben, bis nach einem leichten Winterregen die gänseblümchenähnlichen *vygie* aufblühen.

Mittagsblumen

GEMÄSSIGTE WÄLDER

Dichte immergrüne Wälder wachsen im regenreichen Gebiet um Knysna *(siehe S. 176f)*. Sie produzieren Harthölzer, die auch entlang der subtropischen Küste von KwaZulu-Natal vorkommen. Die Wälder der gemäßigten Zone von Knysna zeigen Unterholz mit Sträuchern, Farnen, Pilzen und Rankgewächsen wie dem wuscheligen »Old Man's Beard« (Greisenbart). Bäume erreichen eine Höhe von 60 Metern und einen Umfang von bis zu sieben Metern.

Waldpilz

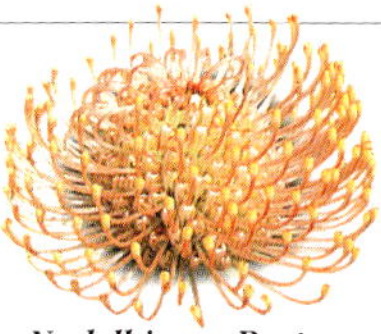

Nadelkissen-Proteas *blühen von Juni bis Dezember in verschiedenen Farben von Gelb bis Tiefrot. Die Blüten halten sich bis zu drei Wochen und locken Vögel und Insekten an.*

Erica patersonia, *eine von über 625 Erikazeenarten am südwestlichen Kap, wächst vor allem an Flußläufen.*

Protea grandiceps, *eine der am weitesten verbreiteten Varianten dieser Familie, wächst in den höheren Lagen der Küsten.*

Erikazeenarten *finden sich auf dem Tafelberg, wo die* Erica dichrus *kräftige rote Farbakzente setzt.*

Gelbe Nadelkissen-Proteas *wachsen auf Büschen an der Küste.*

Bushveld

Hohe Gräser und niedrige Bäume, meist Laubbäume mit feinen Blättern und Dornen, bedecken große Flächen des Landesinneren. Der Kruger National Park *(siehe S. 272f)* ist ein gutes Beispiel dafür, wie sich zwischen Strauchwerk und Savanne Übergangstypen bilden; hier wachsen die Büsche dichter, und es kommen größere Baumarten wie Marula, Mopane und Baobab vor. Die Familie der Akazien kennzeichnen schotentragende Bäume und Sträucher mit goldgelben Blüten.

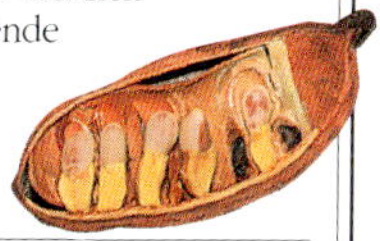

»Weeping boer-bean«-Schote

Hochgebirge

Watsonia

Die Gebirgsflora reicht von dichter Heide über Buschland bis zu Gräsern. Ein schmaler subalpiner Gürtel in 2800 Metern Höhe beschränkt sich auf den Drakensberg *(siehe S. 206f)*. Hier finden sich charakterische Gewächse wie Helichrysum (Strohblumenart), Schilfgräser und Erikagewächse. In vielen Gebieten gedeihen im Frühjahr kurzzeitig vielfarbige einjährige Pflanzen. Zu den Protea-Arten gehört auch die seltene Schnee-Protea auf den höheren Gipfeln des Cedarbergs *(siehe S. 152f)*.

Subtropischer Küstengürtel

Brackwassersümpfe, Meeresbuchten und üppiges Pflanzenwachstum charakterisieren die Küste von KwaZulu-Natal. Mangroven verankern sich mit Luftwurzeln in dem unsicheren Boden, höher am Ufer gedeihen Palmen und die breitblättrigen wilden Bananen aus der Familie der Strelitzien. Ein gutes Beispiel für eine typische Ostküsten-Vegetation bietet die Kosi Bay *(siehe S. 233)* mit Seen voller Wasserlilien und Schilf, umgeben von Sümpfen. In Dünenwäldern und Grasland wachsen wilde Palmen.

Wasserlilie

Südafrikas Tierwelt

Giraffe

Vor der Ankunft der weißen Kolonialisten lebten die nomadisierenden Khoina von der Jagd, während die Zulu und Venda weiter östlich mit Elfenbein handelten und nur zeremonielle Jagden betrieben – ihre Speere und Fallgruben zeigten nur geringe Wirkung. Gemessen an den Verhältnissen im Europa des 17. Jahrhunderts schien die Tierwelt Südafrikas unerschöpflich. Mitte des 19. Jahrhunderts hatten die Waffen der Siedler die riesigen Herden fast ausgerottet. Dank vielseitiger Schutzmaßnahmen konnten sich die Bestände erholen, und die Wildreservate Südafrikas zählen heute zu den besten der Welt.

***Der Klippspringer**, agil und bergfest, ist in den Bergen des ganzen Landes zu finden.*

***Weißstirnspinte (Bienenesser)**, eine der rund 840 Vogelarten Südafrikas, sammeln sich in Schwärmen an den Flüssen im Kruger National Park. Sie jagen fliegende Insekten, die sie in den Bäumen verzehren.*

Princeps demodocus demodocus, *der prächtige Weihnachtsfalter, auch bekannt als Citrus-Schwalbenschwanz, ist von September bis April in ganz Südafrika zu sehen. Wie sein Name verrät, findet sich der Falter häufig in Zitrusplantagen.*

An der Wasserstelle

In den trockenen Wintermonaten (Mai bis September) sammeln sich hier die Tiere zum Trinken. In den Gehegen von Hluhluwe-Umfolozi *(siehe S. 230)* und Mkuzi in KwaZulu-Natal lassen Sie sich aus bienenkorbartigen Schutzhütten beobachten, im Kruger National Park bieten die Flüsse die besten Beobachtungsmöglichkeiten.

Die Grossen Fünf

Der Begriff aus der Jägersprache bezeichnet die gefährlichsten und begehrtesten Beutetiere. Sie sind noch heute eine Attraktion und am besten im Kruger National Park *(siehe S. 272ff)* zu sehen. Weitere Großwild-Schutzgebiete sind Hluhluwe-Umfolozi sowie die Reservate von Pilanesberg und Madikwe.

***Löwen**, die größten Raubkatzen Afrikas, leben in großen Rudeln, geführt von einem oder mehreren männlichen Tieren.*

***Das Spitzmaulnashorn** ist bedroht. Es unterscheidet sich vom Breitmaulnashorn durch eine längere Oberlippe.*

Die ersten Schutzgebiete

Quagga

Jagdgruppe (19. Jahrhundert)

Mitte des 19. Jahrhunderts hatten Jäger das Großwild weitgehend dezimiert. Einige Unterarten wie das Quagga (ein Verwandter des Zebras) und der Kaplöwe waren ausgerottet. Mit der zunehmenden Verstädterung wuchs die Bedeutung der Natur. 1889 beschloß der Volksraad die Einrichtung eines Schutzgebietes. 1894 wurde ein Landstreifen zwischen KwaZulu-Natal und Swaziland zum Pongola Game Reserve, dem ersten Naturschutzgebiet in Afrika. Vier Jahre später unterschrieb Präsident Paul Kruger eine Proklamation zur Schaffung eines Vorläufers des Kruger National Park.

Impalaweibchen

Nyala-Kühe werden, meist in Begleitung dominanter Bullen, im Waldland von KwaZulu-Natal angetroffen.

Wasserstellen trocknen in der Hitze des Sommers schnell aus; die Tiere leiden dann große Not.

Grünmeerkatzen meiden trockene Gegenden.

Die Jagd *ist brutal, aber notwendig zum Überleben. Geparden ernähren sich von kleinen Gazellen.*

Oxpeckers und Kudus *sind ein Beispiel für die Symbiose, die oft aus harten Bedingungen resultiert. Die Vögel befreien die Antilopen von Parasiten und dienen außerdem als Alarmsystem.*

Tüpfelhyänen *gehören zu den interessantesten Raubtieren Afrikas. Weibliche Tiere, die dank ihres hohen Anteils männlicher Hormone auch männliche Genitalien besitzen, führen den losen Familienverbund. Als kräftige Rudeljäger erbeuten sie auch große Tiere wie Büffel.*

Büffel *kommen am häufigsten vor und leben in großen Herden. Alte Bullen sind meist Einzelgänger und oft gefährlich.*

Leoparden *sind scheu, hauptsächlich nachtaktiv und schlafen meist auf Bäumen.*

Elefanten *leben in engen Familienverbänden, angeführt von einem weiblichen Tier. Die Bullen leben allein oder in Junggesellen-Herden.*

Literatur Südafrikas

Bibel in Afrikaans

Reiche literarische Traditionen finden sich in allen elf Landessprachen, innerhalb der neun Bantu-Sprachen sind es vor allem die Nguni- und Sotho-Sprachen. Die meisten Bücher erscheinen in Afrikaans oder Englisch, da afrikanische Traditionen meist mündlich überliefert wurden. Heute finden allmählich auch Bücher in afrikanischen Sprachen im In- und Ausland Verbreitung und werden sogar in andere Sprachen übersetzt. Südafrika inspirierte einige hervorragende Autoren und Dichter, darunter Sir Percy FitzPatrick, Olive Schreiner, Sir Laurens van der Post, Nadine Gordimer und Mzwakhe Mbuli.

Gemälde von Credo Mutwa aus dem Buch *African Proverbs*

Traditionelle afrikanische Erzählungen

Viele afrikanische Gemeinschaften gaben ihre Tradition mündlich von Generation zu Generation in Form von unterhaltenden, informativen Erzählungen, Genealogien, Sprichworten und Rätseln weiter.

Izibongo – vereinfacht übersetzt: Loblieder – sind komplexe Erzählungen, die ein erfahrener Akteur, *mbongi*, vorträgt. Sie zeichnen sich durch eine Sprache voller Metaphern und Parallelismen aus. Zur Amtseinführung Nelson Mandelas wurden zwei solcher *izibongo* in Xhosa vorgetragen.

Zu den besten Werken dieser Gattung zählen SEK Mqhayis *Ityala Lamawele* (Prozeß der Zwillinge) und A. Jordans *Ingqumbo Yeminyanya* (Der Zorn der Vorfahren), beide in Xhosa, sowie Thomas Mofolos *Chaka* in Sotho, B.W. Vilakazis *Noma nini* in Zulu und Sol Plaatjies *Bhudi* in Tswana.

In Englisch schrieb Credo Mutwa *Indaba my Children* und *African Proverbs.*

Der Schauspieler Patrick Mynhardt in Charles Bosmans *A Cask of Jerepigo*

C. J. Langenhoven schrieb *Die Stem*, die frühere Nationalhymne

Afrikaans-Literatur

Das von den Kolonialbehörden gesprochene Niederländisch entwickelte sich zur Lokalsprache Afrikaans oder *taal* (die Sprache). Die Bemühungen um eine Übersetzung der Bibel ins Afrikaans führten zur offiziellen Anerkennung der Sprache. Ein Ergebnis dieser Bemühungen war die Veröffentlichung von 100 neuen Büchern in Afrikaans vor 1900.

Prosa und Gedichte von Autoren wie Gustav Preller, C.J. Langenhoven, D.F. Malherbe und Totius (Jacob Daniël du Toit), die sich mit großer Begeisterung in ihrer neuen Sprache betätigten, trugen dazu bei, daß Afrikaans zu einer *Lingua franca* wurde.

Spätere Autoren wie P. G. du Plessis und Etienne Le Roux stellten die Afrikaans-Literatur in einen größeren Zusammenhang, während Adam Small und Breyten Breytenbach sie als Form des Protestes gegen das Establishment der weißen Afrikaner einsetzten.

Als Stilmittel finden sich »Afrikaanismen«, also die gezielte Verwendung von Wörtern und Satzkonstruktionen des Afrikaans in der englischsprachigen Literatur, in Pauline Smiths *The Beadle* und

Herman Charles Bosmans humoristischer Kurzgeschichte *A Cask of Jerepigo*.

Afrikaans war zu Zeiten der Apartheid Symbol der Unterdrückung. Heute ist es die verbreitetste Sprache Südafrikas.

Jock-of-the-Bushveld-Statue im Kruger National Park

Englische Poesie und Prosa

Olive Schreiners *Story of an African Farm* (1883), anfangs unter männlichem Pseudonym veröffentlicht, war das erste Buch, das ländliche Afrikaner vorstellte, und sorgte auch wegen seiner fortschrittlichen Einstellung zum Feminismus für Aufsehen – später vertieft in *Woman and Labour* (1911).

Percy FitzPatricks *Jock of the Bushveld* (1907), eines der bekanntesten Bücher Südafrikas, ist eine Mischung aus Realismus und romantischer Abenteuererzählung und erzählt die Geschichte eines Transportreiters und seines Hundes auf einem der ersten Goldfelder des Landes.

Zu den späteren populären Autoren, die auch ein internationales Publikum fanden, zählen Geoffrey Jenkins und Wilbur Smith, der mit seinen Romanen, darunter *Where the Lion Feeds*, weltweit Erfolg hatte. Eher nachdenklicher sind Stuart Cloete mit *The Abductors*, in Südafrika lange Zeit verboten, und Sir Laurens van der Post mit *Testament to the Bushmen*, der bewegenden Beschreibung einer sterbenden Kultur.

Die Werke von André P. Brink und J. M. Coetzee widmen sich vorwiegend sozialen und politischen Themen und wurden von dem Apartheid-Regime häufig als Angriff gegen das Establishment betrachtet. Brinks kritisches *Looking on Darkness* (1963) war das erste Buch in Afrikaans, das verboten wurde.

Mit der Veröffentlichung von *The Flaming Terrapin* (1924) etablierte sich Roy Campbell als einer der führenden Dichter des Landes. Das schwere Los der schwarzen Südafrikaner hatten bereits Herbert Dhlomo in seinen Kurzgeschichten und Peter Abrahams in *Mine Boy* thematisiert, aber Alan Paton zog mit *Cry the Beloved Country* (1948) zum erstenmal die Aufmerksamkeit der Welt auf dieses Problem.

Lokale Ausgabe von *A Sport of Nature*

Von den Autorinnen Südafrikas wurde Nadine Gordimer (u. a. mit *A Sport of Nature* und *July's People*) 1991 mit dem Nobelpreis für Literatur ausgezeichnet. Sie trug entscheidend zur Entwicklung der südafrikanischen Literatur bei, und ihr Kampf gegen die Apartheid war vorbildlich. Rose Zwi schildert in *Another Year in Africa* das Leben jüdischer Einwanderer, Sindiwe Magónas autobiographisches *To my Children's Children* den Überlebenskampf in den Townships.

Zeitgenössische Literatur

Autobiographien und Reiseberichte, beliebt bei modernen Autoren, bieten Einblicke in das Leben in Südafrika. Nelson Mandelas *Long Walk to Freedom* wurde zum Bestseller. Antjie Krog schildert in *Country of my Skull* die Arbeit der Wahrheitskommission (Truth and Reconciliation Commission). *Beckett's Treck* und *Madibaland* von Denis Beckett und *The Whiteness of Bones* von Sarah Penny sind unterhaltsame Exkursionen durch Südafrika und seine Nachbarländer. Zakes Mdas *Ways of Dying* blickt in das Leben eines professionellen Klageweibs, Ashraf Jamal unternimmt in *Love Themes for the Wilderness* einen lebensbejahenden Ausflug in das Stadtleben.

Kampfgedichte

Mongane Wally Serote, Poet und Politiker

Zur Zeit der Apartheid waren Rassenkonflikte und Unterdrückung der schwarzen Afrikaner immer wiederkehrende Themen. »Struggle Poetry« war die dichterische Ausdrucksform – mündlich überliefert in Bantu Sprachen, schriftlich fixiert auf Englisch. Oswald Mtshalis *Sounds of a Cowhide Drum* (1971) signalisierte den Wandel in der Poesie der Schwarzen von lyrischen Themen zu politischen Botschaften in freien Versen. Weitere Stimmen des Protests waren Mzwakhe Mbuli, bekannt geworden als »Dichter des Volkes«, Mafika Swala, James Matthews, Sipho Sepamla, Njabulo Ndebele und Mongane Wally Serote. Ihre Verse waren Ausdruck der sozio-politischen Verhältnisse und ein Versuch, die Bevölkerung aufzuwecken.

Architektur Südafrikas

Unterschiedliche Faktoren beeinflußten die Architekturstile Südafrikas: Klima, Sozialstruktur und wirtschaftliche Situation prägten die Bauformen. In früheren Zeiten, als es kaum geeignete Baumaterialien gab, kam es zu genialen Formen der Anpassung an die Umwelt. Dazu gehören die *hardbieshuisie* (Hartgrashäuser) – eine direkt auf den Boden gesetzte Spitzdachkonstruktion – und jene bienenkorbähnlichen Steinhütten, die vor allem dort entstanden, wo geeignetes Bauholz fehlte, zum Beispiel am nördlichen Kap. Die heutigen Bau- und Konstruktionsweisen entsprechen im ganzen Land längst dem internationalen Standard und präsentieren die unterschiedlichsten Stilrichtungen.

Flechten des Schilfzaunes um ein traditionelles Swazi-Dorf

Einheimische Architekturstile

Auf dem Land sind die sogenannten *rondavels* verbreitet. Die kegelförmigen Dächer der kreisrunden Hütten bestehen meist aus geflochtenem Schilf oder Gras, die Wände aus mit Rinderdung verstärkten Lehmziegeln oder einem Gerippe verflochtener Zweige, über die Tierhäute gespannt sind. Die meisten Häuser – mit Ausnahme der *matjieshuise* der Nomaden im trockenen Namaqualand, wo kaum Regen fällt – sind gut isoliert und wasserdicht. In neuerer Zeit werden häufig Materialien wie Wellblech, Plastikfolien und Pappe verwendet, vor allem in den Siedlungen an den Stadträndern.

***Die »Bienenkörbe« der Zulus** werden gemeinsam errichtet: Die Männer stellen das Gerüst auf, das die Frauen dann verkleiden.*

***Die matjieshuise** (Häuser aus Matten) der Khoina-Nomaden bestehen aus transportablen Fell- oder Schilfmatten über einem Gerüst.*

***Xhosa-Hütten** bestehen aus Lehm. Dieser runde Typ wurde weitgehend durch eine rechteckige Bauweise abgelöst.*

***Ndebele-Häuser** sind am auffälligsten. Die Wände der rechteckigen Konstruktion werden traditionell von Frauen in leuchtenden Grundfarben bemalt, wobei sie keine Schablonen verwenden.*

Ndebele-Hauswand

***Basotho-Hütten,** ursprünglich rund, bestehen aus Torf-, Lehm oder Steinblöcken. Auf dem Land werden sie noch mit Kieselsteinen geschmückt, aber Bemalungen werden immer häufiger.*

Kapholländische Architektur

Der verbreitetste Stil am Westkap, eine symmetrische Bauweise mit auffälligen Giebeln, entstand Mitte des 18. Jahrhunderts aus einer Folge von strohgedeckten Räumen, deren Größe von der Länge des verfügbaren Bauholzes abhing. Die Giebel stammen aus dem holländischen Barock. Die Endgiebel sollten ein Abreißen des Daches bei Sturm verhindern, der Mittelgiebel diente zur Beleuchtung des Dachbodens.

Rathaus von Franschhoek

Ried zum Eindecken gab es in den *vleis* (Sümpfen).

Frontgiebel

Stalltür-ähnliche Eingangstür

Schiebefenster mit vielen kleinen Scheiben. Nur die untere Hälfte ließ sich öffnen.

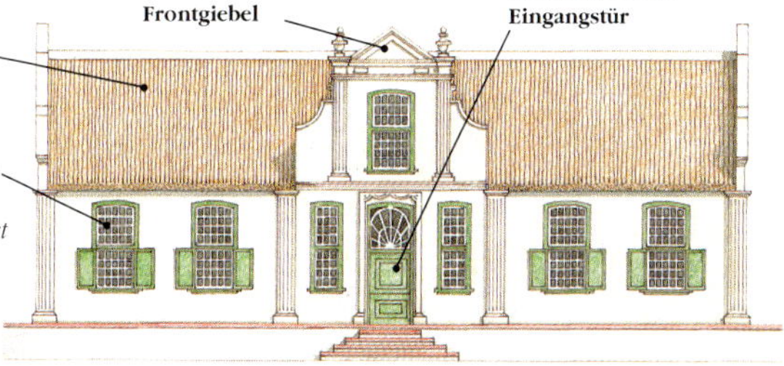

***Rhone** bei Franschhoek ist ein gutes Beispiel für ein Siedlerhaus des 18. Jahrhunderts. Der Frontgiebel trägt das Datum 1795.*

Georgianische Architektur

Einige Beispiele der georgianischen Architektur des 18. Jahrhunderts mit einfachem Frontgiebel und flachem Dach finden sich an den mit Kopfsteinen gepflasterten Straßen in Kapstadts Malayenviertel Bo-Kaap. Andere Beispiele sind im Viertel um den Artificers' Square in Grahamstown mit typischen Sprossenfenstern zum Schieben, Frontgiebel und fächerförmigem Oberlicht zu sehen.

Mauerwerk-Detail

Die Gestaltung des Kamins harmonisiert mit dem Stil des Hauses.

Das Dach ist mit Schieferplatten gedeckt.

Lamellierte Fensterläden dämpfen das Sonnenlicht.

Sorgfältige geplante Details dienen der Gliederung.

Der Windfang hält Zugluft ab.

***Bertram House**, 1839 vollendet, ist Kapstadts einziger erhaltener Ziegelbau im georgianischen Stil.*

Viktorianische Architektur

Der romantische viktorianische Stil mit gußeisernen Ornamenten, Messingbeschlägen und Bleiglasfenstern war besonders in Kapstadt zur Jahrhundertwende populär. Auch hier bot die Reihenbauweise, die die Adam Brothers im 18. Jahrhundert in England eingeführt hatten, erschwingliche Unterkünfte für den rasch wachsenden Mittelstand. Schöne Beispiele finden sich in Vororten wie Woodstock, Observatory, Mowbray und Wynberg.

Detail eines *Broekie Lace*

Gußeiserne Ornamente hießen *broekie lace*, weil sie an die Spitzenhöschen der Damen erinnerten.

Schmuckgiebel

Wellblech schützt die Veranda.

Gußeiserne Stützen tragen das Sonnendach.

***Oom Samie se Winkel** (siehe S. 128)* in Stellenbosch zeigt deutlich den kapholländischen Stil. Die Veranda sollte Gäste zum Verweilen ermuntern.

Multikulturelles Südafrika

Felszeichnung, San Bushman

DIE BEVÖLKERUNG SÜDAFRIKAS, eine Mischung verschiedenster Glaubensrichtungen und Kulturen, bewahrt die Sprachen und Religionen der Sklaven aus Indien, Madagaskar, Indonesien, West- und Ostafrika und Malaysia. Die reichen Bodenschätze lockten auch Siedler aus anderen Teilen Afrikas, aus Asien, Amerika und Europa, deren Herkunft noch zu erkennen ist. Die meisten farbigen Völker leben in der westlichen Kapprovinz, wo früher die Sklavenhalter lebten, viele Inder in der Gegend um Durban, wo ihre Vorfahren auf den Plantagen arbeiteten.

Nur wenige San-Buschmänner jagen und leben noch wie früher

DIE KHOINA

IHRE FELSMALEREIEN, oft in Höhlen oberhalb der Ebenen, liefern faszinierende Hinweise auf die Fähigkeiten und die spirituelle Natur der Menschen, die mit ziemlicher Sicherheit die ursprünglichen Bewohner Südafrikas waren *(siehe Drakensberg S. 206f.* und *Kagga Kamma S. 152).* Viele waren Jäger und Sammler, die leicht vom Überfluß des Landes leben konnten.

Unter dem Druck materialistisch orientierter Kulturen zogen einige ins Inland, wo ihre Nachfahren (die San-Buschmänner) heute noch in Teilen von Namaqualand und im nördlichen Kap leben.

Andere Khoina versuchten, sich den holländischen Siedlern anzupassen. Ein Teil der farbigen Bevölkerung stammt von ihnen ab.

DIE BANTU-SPRECHER

DIE BANTU-SPRACHEN SIND afrikanische Sprachen, allerdings nicht verwandt mit denen der Khoina. Jede Bantu-Gruppe hat ihr eigenes komplexes System von Kulturen und Beziehungen, auch wenn die westliche Kultur die alten, traditionellen Formen immer mehr verdrängt. Vieh und Viehpferche *(kraals)* spielen eine große Rolle in den Kulturen der Zulu, Xhosa und Ndebele, und zu den Zulu-Handwerken gehören der Umgang mit Ton, Eisen und Holz. Korbflechterei und Weberei sind weitere typische Fertigkeiten dieser Gruppe.

Die Xhosa, die meist in der östlichen Kapprovinz leben, sind bekannt für ihre bemerkenswert bunten und komplexen Perlenstickereien sowie die dekorative Bemalung ihrer Häuser. Viele Sotho, Xhosa und Tswana tragen gemusterte oder ockerfarbene gewebte Decken als Obergewand.

In den nördlichen Teilen der Northern Province leben die Venda mit ihrer traditionellen Steinbauweise – ungewöhnlich in Südafrika. Die Venda sind eine der wenigen Gruppen, die traditionell die Trommel als Musikinstrument kennen. Holzplastiken von Venda-Künstlern sind hochgeschätzte Kunstwerke.

Der Wartburger Hof in KwaZulu-Natal ähnelt einer Alpenhütte

DIE EUROPÄISCHEN KOLONIALISTEN

ALS ERSTE EUROPÄISCHE Siedler kamen 1652 Niederländer und Deutsche. Die politischen Verhältnisse in Europa ließen nach 1688 französische Hugenotten ins Land kommen, und in periodischen Abständen wurden französische und deutsche Regimenter ins Land geholt, um die Verteidigung gegen die Briten zu verstärken. Trotzdem nahmen diese das Kap 1806 in Besitz und

Viele Xhosa-Frauen rauchen langstielige Pfeifen

schickten in der Wirtschaftskrise, die auf die Napoleonischen Kriege folgte, Tausende von Siedler, die das östliche Kap als Bauern besiedeln sollten. Weitere (pro-britische) deutsche Siedler folgten nach dem Krimkrieg, und viele britische Ex-Soldaten blieben nach dem Südafrikakrieg 1899–1902 und nach den beiden Weltkriegen. So lebt z. B. die britische Sitte eines warmen Weihnachtsfestmahls in vielen Gegenden fort, obwohl sie kaum mit dem heißen Klima vereinbar ist.

Franschhoek ähnelt einem französischen Weinbaugebiet, während die von Deutschen besiedelten Dörfer im östlichen Kapland immer noch die Namen deutscher Städte wie Hamburg und Berlin tragen.

Asiatische Ursprünge

Bewohner der ostindischen Inseln, die gegen die Kolonisierung ihrer Heimat durch die Niederlande im 17. und 18. Jahrhundert waren, wurden zum Kap der Guten Hoffnung verbannt. Sklaven aus Indonesien und vom indischen Subkontinent ließen die Größe der unterdrückten Minorität anschwellen. Fast alle von ihnen waren Anhänger des Islam, und viele andere konvertierten.

Im 19. Jahrhundert arbeiteten Tausende indischer Gastarbeiter auf den Zuckerrohrfeldern von KwaZulu-Natal; nach Beendigung ihrer Arbeitsverträge entschieden sich viele zu bleiben. KwaZulu-Natal, Kapstadt und Gauteng haben auffällige Moscheen und Tempel. Regelmäßig finden religiöse Feste statt, und die orientalischen Märkte bieten Gewürze, Schmuck und Kunsthandwerk.

Afrikaner

Der Begriff »Afrikaner« tauchte zum erstenmal 1706 als Bezeichnung für Weiße auf, die in Südafrika geboren waren und Afrikaans (oder Niederländisch)

Bei den Festivals tragen Afrikaner traditionelle Kostüme

sprachen. Heute jedoch ist die Muttersprache Afrikaans das einzige Kriterium.

Männlichen Afrikanern sagt man traditionell eine Begeisterung für Freiluftsportarten (vor allem Rugby) nach und eine Passion für das *braai* (Barbecue oder Grillfest).

Boere-orkes (Bauernorchester) bieten auf Banjo, Klavier, Akkordeon und Geige Melodien ähnlich der nordamerikanischen Country-Musik.

Coloured (Farbige)

Der Begriff »Cape Coloured« oder Kap-Farbige bezeichnet seit zwei Jahrhunderten Angehörige der »einzigen wirklich eingeborenen Bevölkerungsgruppe«, wie sie manchmal genannt wird.

Viele dieser Menschen stammen aus Beziehungen zwischen Siedlern, Sklaven und Ur-Afrikanern, und Sklavennamen überleben in Vornamen wie Januarie, November, Titus, Appollis, Cupido oder Adonis.

Noch immer werden in Durban Tempeltänze gelehrt

Die geschicktesten Fischer, Viehzüchter und Handwerker sind die Asiaten und Farbigen, sie schufen viele der herrlichen Kolonialstil-Bauten im Kapland.

Eine junge Muslimin fertigt Dekorationen für ein Festival

Aus aller Welt

Verglichen mit anderen Ländern wie den USA oder Australien bot Südafrika nur wenige Chancen für un- oder angelernte Arbeitskräfte aus Europa. Dennoch kam ein kleiner, aber kontinuierlicher Strom von Einwanderern, vor allem aus Osteuropa (z.B. Jugoslawien, Polen und Bulgarien).

Viele Südafrikaner stammen aus Italien, Griechenland, Portugal und den Niederlanden, aber auch aus jüdischen Gemeinschaften. Sie haben sich zu Gruppen zusammengeschlossen und präsentieren sich äußerst malerisch, vor allem bei den bunten Karnevalsfesten.

Sport in Südafrika

DER SPORT SPIELT, nicht zuletzt wegen des angenehmen Klimas, in Südafrika eine wichtige Rolle. In den letzten Jahren entstanden dank großzügiger finanzieller Förderung von seiten des Staates und verschiedener Unternehmen auch in den bis dahin eher rückständigen Gemeinden neue Sportstätten, die noch unentdeckte Talente fördern. Sportveranstaltungen finden in großen, hervorragend ausgerüsteten Stadien statt. Karten für wichtige Spiele kauft man am besten über Computicket *(siehe S. 361)*, für kleinere Veranstaltungen besser am Austragungsort selbst.

Fußball ist in allen Schichten der Bevölkerung populär

FUSSBALL

DIE BELIEBTESTE Sportart ist zweifellos Fußball. Überall wird gespielt, auf staubigen Dorfstraßen ebenso wie in den großen Klubs. Die populärsten Mannschaften locken Zuschauer in großer Zahl an. Bei Spitzenspielen sind die Riesenstadien mit 80 000 Plätzen oft ausverkauft. Die Vereinsmannschaften spielen in den nationalen Ligen, und im Gegensatz zu anderen Sportarten wie Rugby und Kricket gibt es kaum Konkurrenz auf Provinzebene.

Die Nationalmannschaft *Bafana Bafana* spielte erfolgreich im African Cup of Nations, einem alle zwei Jahre ausgetragenen gesamtafrikanischen Turnier, und gewann 1985 (als Veranstalter); 1998 kam das Team in die Endrunde. Südafrika zählt zu den 40 weltbesten Mannschaften und qualifizierte sich 1998 erstmals für die Fußballweltmeisterschaft.

RUGBY UNION

RUGBY, die verbreitetste Sportart Südafrikas, wird auf allen Ebenen gespielt, von den Schulen über die örtlichen Klubs bis hin zu den Provinz- und Landesligen.

Jedes Jahr kämpfen Mannschaften aus allen 14 Provinzligen um den Currie Cup. Die 14 »Unions« stellen die Spieler für die vier Regionalmannschaften, die mit Teams aus Australien und Neuseeland am Wettbewerb der »Super 12« teilnehmen.

Rugby-Spiele locken bis zu 50 000 Zuschauer in die Provinz-Stadien

Die Nationalmannschaft *Springboks* bestreitet auch Länderspiele gegen die Rugbyteams anderer Nationen.

Südafrika ist derzeit Inhaber des Rugby World Cup, der alle vier Jahre ausgetragenen Weltmeisterschaft. Die Rugbysaison beginnt in Südafrika Anfang Februar; gespielt wird den ganzen Winter über bis zu den Currie Cup Finals Ende Oktober *(siehe S. 34)*.

KRICKET

SÜDAFRIKA IST seit langem eine bedeutende Kricket-Nation. Kricket wird im Sommer gespielt und ist bei Tausenden von Spielern und Zuschauern beliebt. Ausgetragen werden Vereins-, Provinz- und Länderspiele.

Umfangreiche Förderprogramme entdeckten unter den Jugendlichen in den ehemals benachteiligten Townships viele große Talente.

Neben den vier Tage dauernden Provinzspielen werden die beliebteren Ein-Tages-Spiele ausgetragen; die internationalen Begegnungen dauern fünf Tage.

Besonders beliebt sind die einen Tag bzw. einen Tag und eine Nacht dauernden Turniere auf regionaler und internationaler Ebene in ausverkauften Stadien.

Die Nachfrage nach Karten ist enorm. Tickets kann man im voraus bestellen, über die landesweiten Computicket-Agenturen oder bei den Ver-

Teilnehmer am Two Oceans Marathon bei Constantia Nek

Marathons und Ultra-Marathons

Langstreckenlauf ist nicht nur eine beliebte Freizeitbeschäftigung, sondern auch eine nationale Sportart. Südafrika stellt einige der schnellsten Marathonläufer der Welt, wie Josiah Thugwane, Goldmedaillengewinner bei den Olympischen Spielen 1996.

Der anstrengende Two Oceans Marathon – 56 Kilometer (35 Meilen) am Ostersonntag auf der Kap-Halbinsel – und der kräftezehrende Comrades Marathon – 85 Kilometer (53 Meilen) im Juni in der Provinz KwaZulu-Natal von Durban nach Pietermaritzburg – sind zwei der schwersten, aber auch beliebtesten Ultra-Marathons in Südafrika und ziehen viele Teilnehmer aus aller Welt an.

Mit seinen hervorragenden Sporteinrichtungen und dem guten Sommerwetter ist Südafrika auch für europäische Athleten ein idealer Trainingsplatz im europäischen Winter. In dieser Zeit finden in verschiedenen Städten die internationalen Engen Grand Prix Athletics Series statt.

Golf

Südafrika hat einige der schönsten Golfplätze und einige der besten Golfspieler der Welt. Die Fähigkeiten des berühmten Gary Player sind fast legendär, und der junge Ernie Els gilt als einer der drei besten Golfspieler der Welt. Jeden Dezember findet in Sun City die Million Dollar Challenge statt *(siehe S. 35)*, bei der zwölf Teilnehmer um das höchste Preisgeld der Welt kämpfen. Auch die South African Golf Tour lockt Top-Profis aus aller Welt nach Südafrika.

Zwei weitere nationale Turniere finden in der zweiten Januarhälfte statt: South African Open und Alfred Dunhill PGA Tournament.

Radsport

Neben den nationalen Profi-Veranstaltungen findet auf der Kap-Halbinsel das größte Radrennen der Welt statt, die alljährliche Cape Argus Pick 'n' Pay Cycle Tour. Mehr als 32 000 Radsportbegeisterte – ein Drittel der Teilnehmer aus dem Ausland – begeben sich in teilweise grellbunten Trikots am zweiten Sonntag im März auf die 105 km lange Strecke rings um die Halbinsel.

Reitsport

Pferderennen, bis vor kurzem die einzige legale Form des Glücksspiels, sind ein wichtiger Wirtschaftszweig. Die jeden Januar in Kapstadt veranstaltete »Met« (Metropolitan Stakes) und die Durban July, beide wichtige gesellschaftliche Ereignisse, stehen im Zeichen hoher Wetteinsätze und teurer Mode. Spring- und Dressurwettbewerbe locken ebenfalls jedes Frühjahr die Zuschauer an.

Start zur Regatta Cape to Rio am Tafelberg

Wassersport

Südafrikas Küste ist ideal für Wassersportfans. Die Surfmeisterschaft Gunston 500 – jedes Jahr im Juli in Durban – ist eine besondere Attraktion.

Kapstadt ist nicht nur beliebter Anlaufhafen für Segelregatten um die Welt, sondern auch Ausgangspunkt der großen Regatta Cape to Rio, die alle drei Jahre im Januar ausgetragen wird.

Der Gary Player Golfplatz in Sun City

DAS JAHR IN SÜDAFRIKA

ORGANISIERTE FESTIVALS sind in Südafrika eine relativ neue Erscheinung. An den langen, sonnigen Tagen läßt sich jedoch gut im Freien feiern. Großstädte, Städte und Dörfer feiern verschiedenste Anlässe: den Beginn der Austernzeit und der Wildblumen, die Zitrus-, Apfel- oder Traubenernte oder die Rückkehr des Südlichen Glattwals aus seinem arktischen Winterquartier. Auch Kunst, Musik, Religion, Sprache und Sport findet man auf den Veranstaltungskalendern. Die Vielfalt der Festivals unterstreicht die ungleiche Herkunft der vielen Völker Südafrikas und ihr allmähliches Auftreten als eine gemeinsame Nation.

Tänzer, FNB Vita Dance Umbrella

FRÜHLING

ÜBERALL IM LAND, besonders aber in den halbtrockenen westlichen und nördlichen Teilen des Kaps, blüht mit Beginn des wärmeren Wetters ein Meer farbenfroher Wildblumen. In den Reservaten Südafrikas zeigt sich bald der Nachwuchs bei den Wildtieren.

SEPTEMBER

Guinness Jazz Festival *(Sep–Okt)*, Johannesburg *(siehe S. 246f)*. Jazzdarbietungen örtlicher und internationaler Musiker.
Karoo Festival *(Mitte Sep)*, Graaff-Reinet *(siehe S. 292f)*. Führung durch die historische Kleinstadt.
Wildflower Festival *(Ende Sep)*. Die Kleinstadt Caledon *(siehe S.158)* feiert ihre vielfältige einheimische Flora.
Wildflower Show *(Ende Sep)*, Darling *(siehe S. 149)*. Zeigt die Westküsten-Flora sowie Zucht-Orchideen.
Whale Festival *(letzte Woche im Sep)*, Hermanus *(siehe S. 160)*. Zu Frühjahrsbeginn können Sie Südliche Glattwale und ihre Kälber in Ufernähe in und um die Walker Bay sehen.
International Eisteddfod of South Africa *(Sep–Okt)*, Roodepoort. Sie gilt als die erste kulturelle Veranstaltung des Landes: Musiker, Tänzer und Chöre treten in einem Ehrenwettbewerb gegeneinander an.
Magoebaskloof Spring Festival *(Sep–Okt)*, Magoebaskloof. Ein lebendiger Jahrmarkt voller Kunstgewerbe und Vergnügungen in wunderschöner Waldlage.

Orchideen aus Darling

Das offene Oude Libertas Amphitheatre

OKTOBER

Currie Cup Finals *(Ende Okt)*. Wettkampf zwischen den beiden besten Teams der Provinz (jährlich wechselnder Ort).
Tulbagh Festival *(letztes Wochenende im Okt)*, Tulbagh *(siehe S. 149)*. Die Kleinstadt zeigt lokale Produkte und Kunsthandwerk.
The Jacaranda Festival *(Ende Okt)*, Pretoria *(siehe S. 254f)*. Kulturelle Aktivitäten auf dem Church Square.
Raisin Festival *(2. Sa im Okt)*, Upington *(siehe S. 302)*. Musik, Chorwettbewerbe und Spaß auf dem Oranje nahe den Augrabies Falls.
Model Aircraft Show *(Okt)*, Oudtshoorn *(siehe S. 166f)*. Jährliche Modellflugzeugshow auf dem örtlichen Flughafen.

NOVEMBER

Cherry Festival *(3. Woche im Nov)*, Ficksburg. Die einzige kommerzielle Kirschen- und Spargelzucht in Südafrika wird gefeiert.
National Choir Festival *(Nov–Dez)*, Standard Bank Arena, Johannesburg *(siehe S. 246f)*. Höhepunkt des nationalen Chor-Wettbewerbs.
Nedbank Summer Concert Season *(Nov–Feb)*, Josephine Mill, Kapstadt *(siehe S. 98)*. Verschiedenste Konzerte im Freien.

Sommer

Die meisten Touristen kommen während der langen Sommermonate nach Südafrika. Die inländischen Schulferien dauern von Dezember bis Januar. Zu dieser Zeit herrscht der meiste Verkehr auf den Straßen, da viele südafrikanische Familien traditionell an die Küste und in die Wildreservate fahren. Die Sommerzeit wird im Freien verbracht. Das Weihnachtsessen besteht aus einem zwanglosen *braai* (Grillfest), seltener aus einer festlich gedeckten Tafel. In vielen Landesteilen entlädt sich der Sommerregen in heftigen Gewitterschauern.

Carols by Candlelight

Dezember

Carols by Candlelight *(vor Weihnachten)*. Diese Adventsfeiern finden in allen größeren Städten statt.
Helderberg Festival of Lights *(Dez–Jan)*, Somerset West *(siehe S. 126)*. Die Hauptstraße des ländlichen Orts im Lichterglanz.
The Spier Summer Festival *(Dez–März)*, Spier, Stellenbosch *(siehe S. 133)*. Nationale und internationale Opernaufführungen, Musik, Tanz, Komödie und Drama.
Miss South Africa, Sun City *(siehe S. 256)*. Wettbewerb für die Schönheitsköniginnen der neun Provinzen.
Million Dollar Challenge, Sun City *(siehe S. 256)*. Die zwölf besten Golfspieler der Welt werden präsentiert.

Jagd nach den Camps-Drift-Stromschnellen auf dem Duzi River

Januar

Summer Sunset Concerts *(Jan– März jeden So abend)*, Kirstenbosch National Botanical Gardens, Kapstadt *(siehe S. 100f)*. Musikdarbietungen im Botanischen Garten.
Duzi Canoe Marathon *(2. Woche im Jan)*, Pietermaritzburg *(siehe S. 212f)*. Ein Drei-Tage-Marathon zur Mündung des Umgeni-Flusses.

Kirschen

Maynardville Open-air Theatre *(Jan –Feb)*, Wynberg, Kapstadt *(siehe S. 105)*. Nächtliche Shakespeare-Aufführungen in einem bekannten Stadtpark.
Oude Libertas Arts Programme *(Jan–März)*, Stellenbosch *(siehe S. 130f)*. Vorstellungen in einem Amphitheater zwischen Weinstöcken.
Minstrel Carnival *(Neujahr)*, Kapstadt *(siehe S. 18)*. Bunte musikalische Prozession endet mit Konzerten im Green Point Stadion.

Februar

FNB Vita Dance Umbrella *(Feb–März)*, Braamfontein, Johannesburg *(siehe S. 246f)*. Eines der bedeutendsten Tanz-Ereignisse in Südafrika.
Bieliemieliefees *(Feb)*, Ländliche Veranstaltungsorte, Reitz, Free State. Konzerte, traditionelles Essen und Sportveranstaltungen anläßlich der Maisernte.
Paarl Show *(Mitte Feb)*, Paarl *(siehe S. 138f)*. Buden mit Kunsthandwerk und Unterhaltung in der netten Weinstadt.
Prickly Pear Festival *(Anfang Feb)*, Willem Prinsloo Agricultural Museum, Pretoria *(siehe S. 254f)*. Darstellung des landwirtschaftlichen Lebens und der Arbeit im 19. Jahrhundert.
Kavady Festival *(Feb–Juli)*, Durban *(siehe S. 218ff)*. Hindu-Festival, bei dem sich Büßer Haken ins Fleisch bohren und schön geschmückte Wägen durch die Straßen ziehen.

Im Januar bieten Kapstadts »Minstrels« einen farbenfrohen Anblick

Herbst

Wenn Laubbäume und Weinstöcke ihre Blätter abwerfen, beginnt wieder die Zeit der ländlichen Jahrmärkte. Viele Kleinstädte feiern die Kartoffel- und Olivenernte; selbst Schafe und Edelsteine geben Anlaß für gesellige Zusammenkünfte. Einige Weinfeste finden von Paarl am fruchtbaren Western Cape bis Kuruman am trockenen Northern Cape statt.

An Ostern versammeln sich über eine Million Zionisten

März

Beer and Bread Festival *(Anfang März)*, Caledon *(siehe S. 158)*. Die Weizen- und Gerstenernte wird gefeiert.
Harvest Festival of the Sea *(Ende März)*, Saldanha Bay, Westküste. Meeresfrüchte wie *smoorsnoek (siehe S. 342)* und Wassersportarten.
Klein Karoo Arts Festival *(März–Apr)*, Oudtshoorn *(siehe S. 166)*. Hauptsächlich ein Afrikaans-Kultur-Festival.
Rand Easter Show *(März–Apr)*, Johannesburg *(siehe S. 246f)*. Die ursprünglich landwirtschaftliche Schau wurde zu einer Mischung aus Vergnügungspark und Konsum.
LifeCyle Week *(Anf. März)*, Victoria & Alfred Waterfront *(siehe S. 78ff)*. Fahrradausstellung, eine Woche vor der 105 Kilometer langen Kap-Argus-Pickin-Pay-Radtour.

April

Treffen der Zionistenkirche *(Ostern)*, nahe Pietersburg *(siehe S. 262)* in der Northern Province. Über eine Million Anhänger der afrikanisch-christlichen Kirche versammeln sich über das Osterwochenende in Moria (auch Zion City genannt).
Festival of Light *(Karfreitag)*, Pietermaritzburg *(siehe S. 212f)*. Bei den Tempeln Sri Siva, Soobramoniar und Marriamen gibt es ein Feuerwerk.
Fire-walking *(Ostern)*, Umbilo Hindu Temple, Durban *(siehe S. 218ff)*. Fromme Hindus gehen, nach sorgfältiger spiritueller Vorbereitung, unversehrt über rotglühende Kohlen.
Two Oceans Marathon *(Ostern)*, Kapstadt. Der 56-km-Marathon *(siehe S. 33)* um die Kap-Halbinsel ist Qualifikationslauf für den Comrades Marathon.

Gläubiger, Festival of Light

Ladysmith Show *(Apr)*, Ladysmith, KwaZulu-Natal. Landwirtschafts-Ausstellung mit Kunsthandwerk und Unterhaltung.
Kartoffel-Fest *(Apr–Mai)*, Bethal, Mpumalanga. Pulsierendes Erntefest mit bunten Paraden, Buden mit Kunsthandwerk und Unterhaltung.
Splashy Fen Music Festival *(letztes Wochenende im Apr)*, Splashy Fen Farm, Underberg, KwaZulu-Natal. Alternative und traditionelle Musik, Mainstream und Folk.

Vergnügungspark bei der Rand Easter Show in Johannesburg

Mai

Picknick-Konzerte *(Mai–Sep, jeden 2. So)*, National Botanical Garden, Roodepoort. Chorgesänge und Musik im Grünen.
Royal Show *(Mai–Juni)*, Pietermaritzburg *(siehe S. 212f)*. Eine der bedeutendsten Landwirtschaftsausstellungen Südafrikas.
Sabie Forest Fair *(Mai)* Sabie. Der Markt bietet um das einzigartige Forestry Museum Kunsthandwerk und Unterhaltung.

WINTER

In den meisten Landesteilen herrscht Trockenzeit. Nur die Winterregengebiete der südwestlichen und südlichen Kapküste sind zu dieser Zeit saftig und grün. Im Binnenland sind die Tage meist warm, in höher gelegenen Gegenden kommt häufig Nachtfrost vor. Schnee fällt auf den Bergen des westlichen und östlichen Kaps und in den Hochebenen von KwaZulu-Natal und Lesotho. Im Spätwinter kann man gut Wildtiere beobachten, die dann an die Wasserlöcher kommen.

JUNI

Comrades' Marathon *(Mitte Juni)*, zwischen Durban und Pietermaritzburg. Der Ultra-Marathon zieht die weltbesten Läufer an *(siehe S. 33)*.

JULI

Standard Bank National Arts Festival *(Anf. bis Mitte Juli)*, Grahamstown *(siehe S. 188f)*. Zwei äußerst beliebte Wochen mit Aufführungen nationaler und internationaler Dramen, Filme, Tanz, visuelle Künste und Musik.

Hibiscus Festival *(Juli)*, Südküste von KwaZulu-Natal *(siehe S. 224f)*. Buden mit farbenfrohem Kunsthandwerk und viel Unterhaltung.

Safari in Sabi Sabi, Mpumalanga

July Handicap *(1. Sa im Juli)*, Greyville Race Course, Durban *(siehe S. 218f)*. Größtes Ereignis der südafrikanischen Vereinigung für Pferderennen.

Modenschau beim July Handicap

Knysna Oyster Festival *(Anf. Juli)*, Knysna *(siehe S. 176)*. Das Fest, das sich um die Austernzucht in Knysna Logoon dreht, fällt zeitlich mit einem Wald-Marathon zusammen.

Auster aus Knysna

Berg River Canoe Marathon *(Juli)*, Paarl *(siehe S. 138f)*. Das aufregende Vier-Tage-Kanu-Rennen findet jährlich dann statt, wenn der Fluß genügend Wasser führt.

Calitzdorp Port Festival *(Ende Juli)*, Karoo *(siehe S. 164)*. Fest um den dem Port ähnelnden Wein.

Gunston 500 *(siehe S. 196f)* *(Mitte Juli)*, Durban *(siehe S. 218ff)*. Der einwöchige Surfwettbewerb zieht die weltbesten Surfer und viele Zuschauer an.

AUGUST

Agricultural and Wildflower Show *(Ende Aug)*, Piketberg. Die Qualität dieser Blumenschau hängt allein von der Regenzeit des vorangegangenen Winters ab.

Food and Wine Festival, *(1. Wochenende im Aug)*, Malmesbury *(siehe S. 149)*. Der Markt zeigt lokale Getreide- und Weinsorten.

Cars-in-the-Park *(Anf. Aug)*, Pretoria *(siehe S. 254f)*. Stolze Besitzer zeigen auf Hochglanz polierte Oldtimer.

Arts Alive *(Ende Aug–Anf. Sep)*, Johannesburg *(siehe S. 246f)*. Aufregendes städtisches Kunst-Festival mit Vorstellungen sowohl von Weltklasse-Musikern als auch von Kindern, die ihre in Workshops erworbenen Fähigkeiten vorführen.

FEIERTAGE

New Year's Day (1. Jan)
Human Rights Day (21. März)
Karfreitag (10. Apr)
Family Day (13. Apr)
Freedom Day (27. Apr)
Workers' Day (1. Mai)
Youth Day (16. Juni)
National Women's Day (9. Aug)
Heritage Day (24. Sep)
Day of Reconciliation (16. Dez)
Weihnachten (25. Dez)
Day of Goodwill (26. Dez)

Standard Bank National Arts Festival, Grahamstown

Südafrikas Klima

SÜDAFRIKA LIEGT ZWISCHEN dem Äquator und der Antarktis und hat ein mildes Klima. In manchen Gegenden wie in den Plateau-Niederungen können die Temperaturen tagsüber bis zu 50 °C erreichen und nachts auf –16 °C absinken. Der Regen nimmt von Ost nach West ab, wo der Benguelastrom den Küstenstreifen abkühlt und sich über dem Meer Nebelfelder bilden. Stürme und heftige Regenfälle sind selten. Die beliebteste Jahreszeit und zugleich die beste Reisezeit sind die Sommermonate Dezember bis Februar.

Nördlich des Oranje

Monat	Apr	Juli	Okt	Jan
°C	28	21	29,5	35,5
°C	13	4	13	20
	10 Std.	9,5 Std.	10,5 Std.	11 Std.
	26 mm	2 mm	9 mm	24 mm

Südlich des Oranje

Monat	Apr	Juli	Okt	Jan
°C	25	19,5	25	31,5
°C	12	6,5	10	16
	6 Std.	5 Std.	6,5 Std.	8 Std.
	33 mm	17 mm	32 mm	38 mm

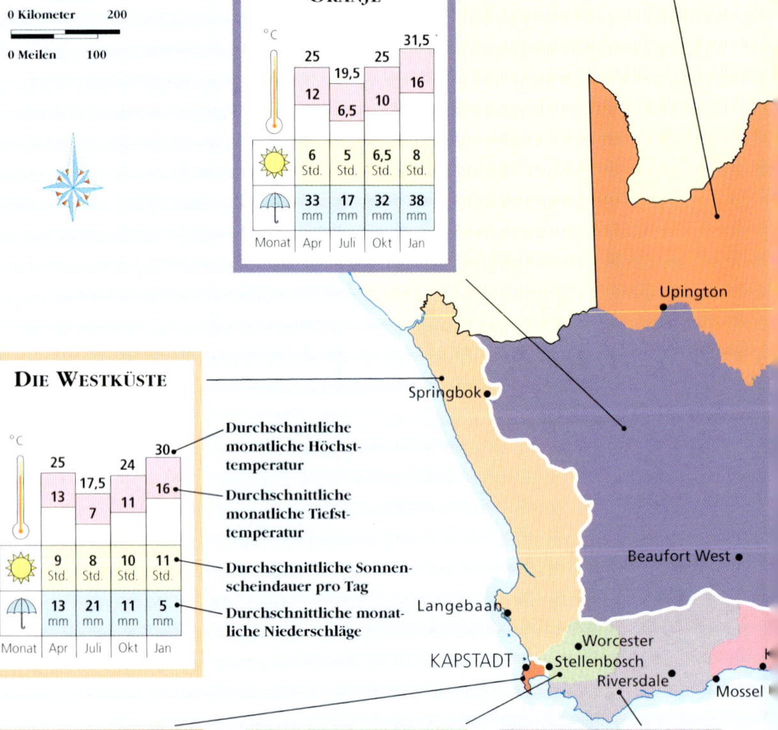

Die Westküste

Monat	Apr	Juli	Okt	Jan
°C	25	17,5	24	30
°C	13	7	11	16
	9 Std.	8 Std.	10 Std.	11 Std.
	13 mm	21 mm	11 mm	5 mm

Durchschnittliche monatliche Höchsttemperatur

Durchschnittliche monatliche Tiefsttemperatur

Durchschnittliche Sonnenscheindauer pro Tag

Durchschnittliche monatliche Niederschläge

Kapstadt

Monat	Apr	Juli	Okt	Jan
°C	23	17,5	21	26
°C	12	7	10,5	16
	8 Std.	6 Std.	9 Std.	11 Std.
	41 mm	82 mm	30 mm	15 mm

Die Kap-Weinregion

Monat	Apr	Juli	Okt	Jan
°C	25	18	24	31
°C	13	7,5	11	16,5
	7 Std.	6 Std.	9 Std.	11 Std.
	47 mm	90 mm	40 mm	18 mm

Das südliche Kap

Monat	Apr	Juli	Okt	Jan
°C	25	19	23	28
°C	12	6	11	16
	6 Std.	6 Std.	7,5 Std.	8 Std.
	53 mm	34 mm	48 mm	27 mm

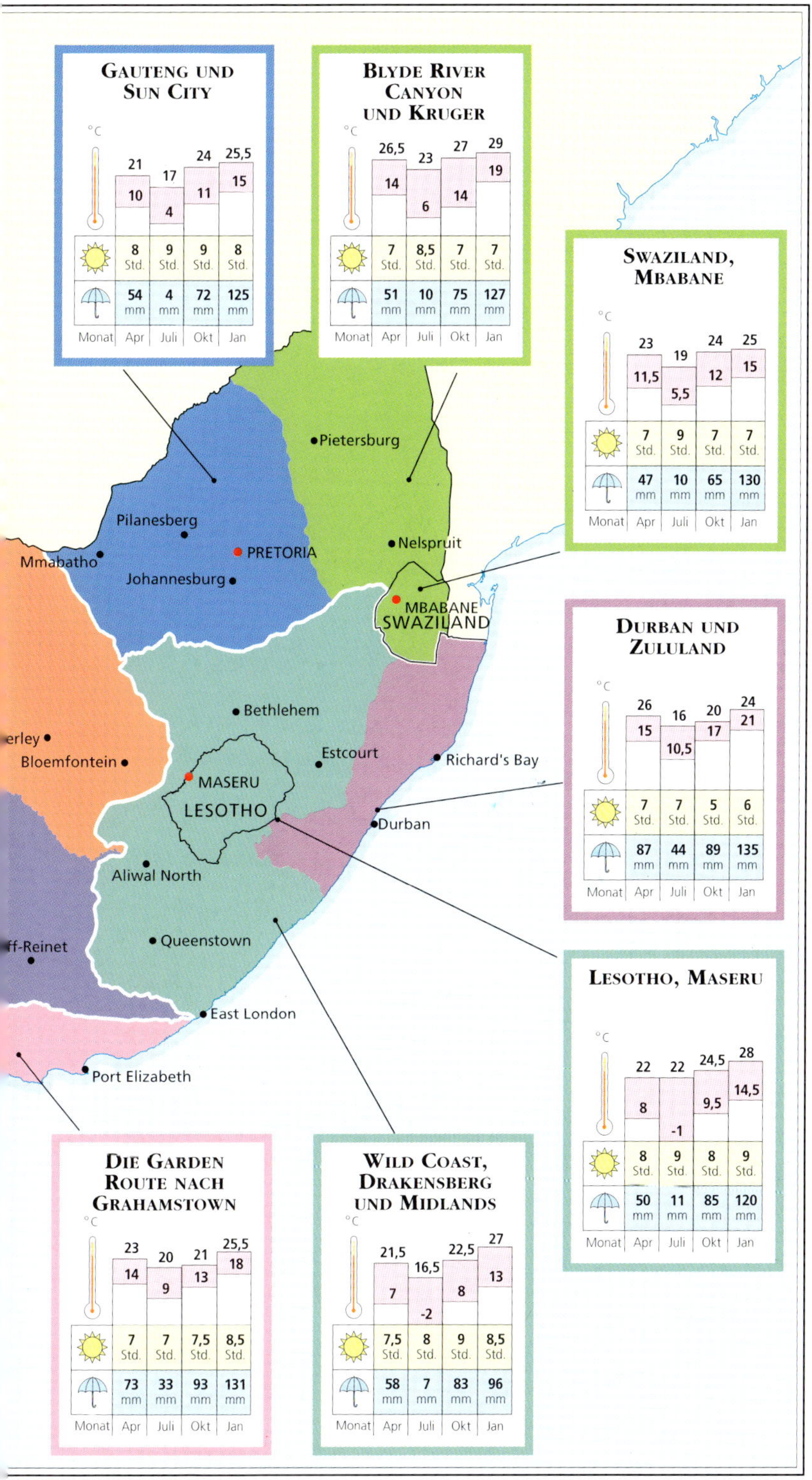

Gauteng und Sun City

Monat	Apr	Juli	Okt	Jan
°C	21	17	24	25,5
°C	10	4	11	15
	8 Std.	9 Std.	9 Std.	8 Std.
	54 mm	4 mm	72 mm	125 mm

Blyde River Canyon und Kruger

Monat	Apr	Juli	Okt	Jan
°C	26,5	23	27	29
°C	14	6	14	19
	7 Std.	8,5 Std.	7 Std.	7 Std.
	51 mm	10 mm	75 mm	127 mm

Swaziland, Mbabane

Monat	Apr	Juli	Okt	Jan
°C	23	19	24	25
°C	11,5	5,5	12	15
	7 Std.	9 Std.	7 Std.	7 Std.
	47 mm	10 mm	65 mm	130 mm

Durban und Zululand

Monat	Apr	Juli	Okt	Jan
°C	26	16	20	24
°C	15	10,5	17	21
	7 Std.	7 Std.	5 Std.	6 Std.
	87 mm	44 mm	89 mm	135 mm

Lesotho, Maseru

Monat	Apr	Juli	Okt	Jan
°C	22	22	24,5	28
°C	8	-1	9,5	14,5
	8 Std.	9 Std.	8 Std.	9 Std.
	50 mm	11 mm	85 mm	120 mm

Die Garden Route nach Grahamstown

Monat	Apr	Juli	Okt	Jan
°C	23	20	21	25,5
°C	14	9	13	18
	7 Std.	7 Std.	7,5 Std.	8,5 Std.
	73 mm	33 mm	93 mm	131 mm

Wild Coast, Drakensberg und Midlands

Monat	Apr	Juli	Okt	Jan
°C	21,5	16,5	22,5	27
°C	7	-2	8	13
	7,5 Std.	8 Std.	9 Std.	8,5 Std.
	58 mm	7 mm	83 mm	96 mm

DIE GESCHICHTE SÜDAFRIKAS

DIE IN LANGEBAAN entdeckten prähistorischen 117 000 Jahre alten Fußspuren – ein Abdruck befindet sich in Kapstadts South African Museum – sind die ältesten Fußspuren des modernen Menschen, des *Homo sapiens sapiens.* Andere Funde aus den Sterkfontein-Höhlen bei Gauteng und in Taung bei Bloemfontein werden dem *Australopithecus africanus* zugeordnet.

Jan van Riebeeck, der Gründer Kapstadts

Die afrikanische und die europäische Kultur trafen in der Tafelbucht aufeinander, als die Niederländisch-Ostindische Kompanie dort 1652 eine Versorgungsstation einrichtete. Eigentlich wollten die Holländer freundschaftliche Beziehungen zu den ansässigen Khoina pflegen. Vorsicht und die Unfähigkeit, einander zu verstehen, verurteilte jedoch viele Ansätze zum Scheitern und bestimmte die Verhaltensmuster für die kommenden Jahrhunderte. Die Rivalität um Wasser und Land schlug in Feindschaft um, zuerst in der Bucht, dann im Hinterland, als die holländischen »burghers« neues Land suchten. Diese Trecks waren der Beginn der Besiedelung des Landesinneren. Vereinzelte Zusammenstöße mit eingeborenen Stämmen eskalierten im 18. und 19. Jahrhundert in erbitterten Kriegen. Die Situation verschärfte sich 1820 mit dem Eintreffen der Briten. Obwohl zahlenmäßig unterlegen, waren die Siedler durch ihre Gewehre, Kanonen und Pferde im Vorteil. Das daraus resultierende Gefühl weißer Überlegenheit führte dazu, daß die kolonialen Regierungen Farbigen ihre Rechte verweigerten.

Die Ausbeutung der schwarzen Arbeiter in den Minen von Kimberley und Johannesburg entzündete den Funken afrikanischen Nationalismus, die Apartheidsgesetze der 50er Jahre lenkten die Aufmerksamkeit (und den Druck) der Weltöffentlichkeit auf Südafrika. Die Freilassung Nelson Mandelas 1990 war der Anfang auf dem Weg in die Demokratie.

Diese erstaunlich genaue Karte wurde 1570 von Abraham Ortelius aus Antwerpen erstellt

◁ **Bilder der San-Buschmänner schmücken viele Felswände wie diese hier am Cedarberg**

Das prähistorische Südafrika

Mahlwerkzeug aus der Steinzeit

VOR ETWA ZWEI bis drei Millionen Jahren, lange nach den Dinosauriern, bewohnte der *Australopithecus africanus* die Ebenen Südafrikas. *Australopithecus* war der Vorfahre des modernen Menschen, dessen Überreste in Südafrika mindestens 110 000 Jahre alt sind. Häufiger findet man 10 0000 Jahre alte Felsmalereien der Buschmänner, die Jäger und Sammler waren. Vor etwa 2000 Jahren zogen Khoina-Hirten südwestwärts, Farmer ließen sich im Osten nieder. Ihre Nachfahren trafen im 15. Jahrhundert auf die portugiesischen Forschungsreisenden.

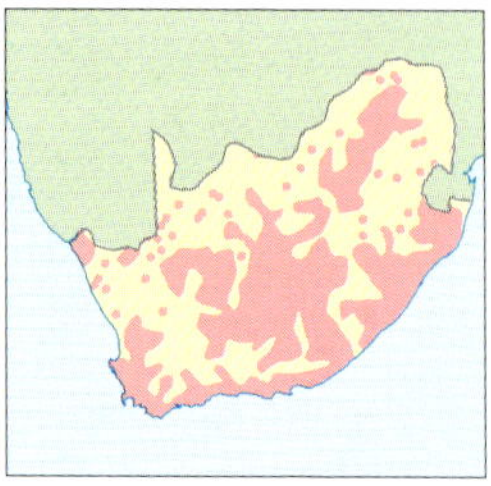

FRÜHGESCHICHTLICHE MENSCHEN

Verbreitung in Südafrika

Australopithecus africanus
1925 identifizierte Prof. Raymond Dart, später Dekan der medizinischen Fakultät der Universität in Witwatersrand, als erster den Vorfahren des Menschen anhand eines Schädels aus der North Western Province.

Fußspuren in Langebaan
Die Fußspuren des Homo sapiens *in Langebaan Lagoon sind etwa 117 000 Jahre alt und die weltweit ältesten fossilen Überreste des anatomisch »modernen« Menschen.*

Karoo-Fossilien
Die Diictodon-*Skelette, die in der Karoo am Flußufer gefunden wurden* (siehe S. 290), *gehörten zu Säugetier-ähnlichen Reptilien, die vor etwa 255 Mio. Jahren hier lebten.*

WIEGE DER MENSCHHEIT

Fossile Überreste aus den Höhlen von Sterkfontein *(siehe S. 252)* und anderen Gegenden Süd- und Ostafrikas bezeugen, daß die Wiege des Menschen in Afrika stand. Steinwerkzeuge und Knochenreste weisen darauf hin, daß in Südafrika vor etwa 110 000 Jahren unsere Vorfahren lebten und jagten.

ZEITSKALA

ca. 3 000 000 v. Chr. Der *Australopithecus africanus* lebt in Zentral-Südafrika

ca. 117 000 v. Chr. Vorfahren des »modernen« Menschen lassen sich in Langebaan nieder

ca. 35 000 v. Chr. Beginn der Spätsteinzeit. Die Menschen verbessern ihre Werkzeuge

3 000 000 v. Chr.	2 000 000 v. Chr.	1 000 000 v. Chr.	40 000 v. Chr.	30 000 v. Chr.	20 000 v. C

Axt

ca. 1 000 000 v. Chr. Der *Homo erectus* folgt auf frühere menschenähnliche Lebewesen

ca. 200 000 v. Chr. Mittlere Steinzeit

ca. 38 000 v. Chr. In Ngwenya und Swaziland wird Eisenerz wegen seiner Farbe gewonnen

ca. 26 000 v. Chr. Frühestes bekanntes Beispiel von Felsmalerei (Namibia)

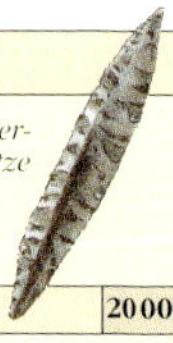

Speerspitze

Frühe Goldschmiede
Der Goldschmuck, 1932 in Gräbern in Mapungubwe gefunden, gehört zu einer Zivilisation der Eisenzeit, die bis Ende des 12. Jahrhunderts existierte.

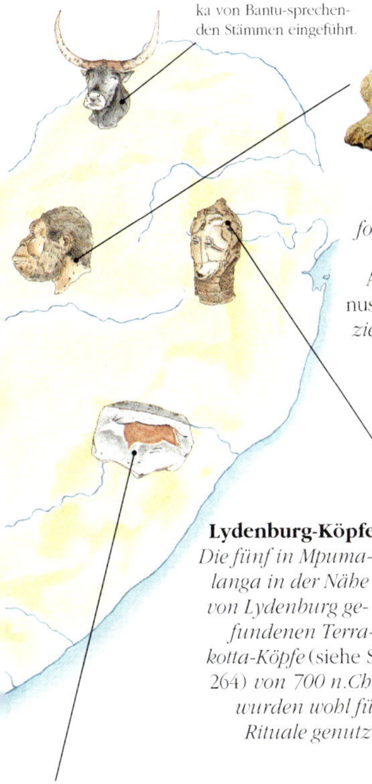

Sanga wurden in Südafrika von Bantu-sprechenden Stämmen eingeführt.

»Mrs Ples«
(2 bis 3 Mio. Jahre) Der 1947 in den Sterkfontein-Höhlen gefundene Schädel eines Australopithecus africanus *wurde zuerst der Spezies* Plesianthropus transvaalensis *zugeordnet.*

Lydenburg-Köpfe
Die fünf in Mpumalanga in der Nähe von Lydenburg gefundenen Terrakotta-Köpfe (siehe S 264) *von 700 n.Chr wurden wohl für Rituale genutzt*

Felsmalereien
Südafrika ist eine Fundgrube frühgeschichtlicher Kunst. Einige Malereien sind vermutlich 10 000 Jahre alt, andere »nur« 200 Jahre.

Wegweiser zum prähistorischen Südafrika

Natal Museum in Pietermaritzburg *(S. 213)*, McGregor Museum in Kimberley *(S. 304)* und Transvaal Museum in Pretoria *(S. 254)* zeigen Felsmalereien sowie archäologische und paläontologische Kunstwerke. Felszeichnungen sind auch am Cedarberg am westlichen Kap *(S. 153)*, am Drakensberg in Lesotho *(S. 204f)* und in KwaZulu-Natal *(S. 206f)* zu sehen. Kapstadts South African Museum *(S. 72)* zeigt Dioramen von frühzeitlichen Menschen. Das National Museum von Bloemfontein *(S. 306)* und das Museum in Lydenburg *(S. 264)* stellen fossile Funde aus. Die Sterkfontein-Höhlen *(S. 252)*, wo Mrs. Ples gefunden wurde, liegen in der Nähe von Krugersdorp. Viele Museen informieren über Ausflüge zu Fundorten.

Das Bushman Cave Museum *ist eine Freilichtausstellung im Giant's Castle Reserve* (S. 206f).

Die Sudwala-Höhlen (S. 264) *zeigen eine interessante Chronologie der menschlichen Evolution.*

ca. 8000 v. Chr. ...rolithisches ...nwerkzeug

ca. 200 n. Chr. Farmer und Eisenarbeiter siedeln südlich des Limpopo-Flusses und bauen Hirse an

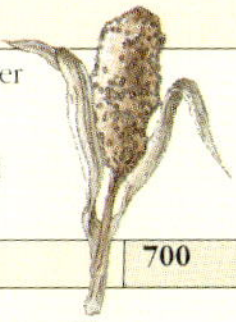

Hirse

Pfeil und Bogen der San-Buschmänner

10 000	1 n. Chr.	350	700	1050	1400

ca. 1 n. Chr. Nomadische Khoina-Schafhirten aus Botswana wandern nach Südwesten ins Kapküstengebiet

ca. 1400 Die Steinsiedlungen der Sotho-Menschen dehnen sich vom Highveld bis ins heutige Free State aus

Forscher und Kolonialherren

Bartolomeu Dias (1450–1500)

PORTUGIESISCHE SEEFAHRER befuhren als erste die Seestrecke nach Indien, doch es waren die Holländer, die 1652 die erste befestigte Siedlung am Kap errichteten. Die eingeborenen Khoina waren zunächst froh über die die neuen Arbeits- und Handelsmöglichkeiten. Einige arbeiteten für die Siedler, andere entflohen den holländischen *trekboers*. 1688 stieg die Anzahl der weißen Siedler durch die Ankunft der französischen Hugenotten-Familien, wodurch noch mehr Khoina von ihrem Ursprungsland vertrieben wurden.

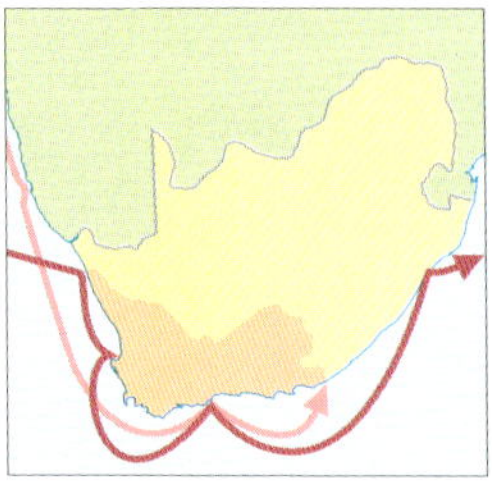

ROUTEN DER FORSCHER

Dias 1488 *Da Gama 1498*

Kapkolonie 1795

Dias' Karavelle
1988 wurde mit einer Nachbildung des Schiffes, das Bartolomeu Dias 500 Jahre zuvor gesteuert hatte, die Reise von Lissabon zur Mossel Bay wiederholt. Das Schiff liegt im Mossel Bay's Bartolomeu Dias Museum (siehe S. 172f).

Einzigartiges frühes Postsystem
Im 15. und 16. Jahrhundert ankerten portugiesische Kapitäne in der Mossel Bay und hinterließen sich Nachrichten, die sie in Steine meißelten. Einer davon ist im Old Slave Lodge in Kapstadt zu sehen (siehe S. 66).

ANKUNFT JAN VAN RIEBEECKS

Am 6. April 1652 landete Jan van Riebeeck am Kap, um die Niederländisch-Ostindische Kompanie zu etablieren. An den ersten Befehlshaber der neuen Außenstelle und seine Frau Maria de la Quellerie erinnern Standbilder, die nahe der Stelle ihrer historischen Landung aufgestellt wurden.

ZEITSKALA

1400 – 1450 – 1500 – 1550

1486 Portugiesen segeln bis zum heutigen Namibia

ca. 1500 Schiffbrüchige Portugiesen treffen an Südafrikas Südküste auf Farmer der Eisenzeit

Vasco da Gama

1498 Vasco da Gama entdeckt den Weg nach Indien um das Kap der Guten Hoffnung

1510 Dom Francisco d'Almeida, Vizekönig Portugiesisch-Indiens, und 57 seiner Männer werden von den Khoina in der Tafelbucht umgebracht

Die Vereenigde Oost-Indische Compagnie (VOC)
Mehrere Handelsgesellschaften schlossen sich 1602 zur Niederländisch-Ostindischen Kompanie (VOC) zusammen, die Handelsrecht besaß, Verträge abschließen konnte und Armee sowie Flotte besaß. Sie wurde 1789 aufgelöst.

Perlen und Schmuck wurden den Khoina als Geschenk überreicht.

Autshumao, Anführer der *Strandlopers* (die nahe am Meer lebten und sich hauptsächlich von Fisch und Muscheln ernährte), wurde 1631 von den Briten nach Java gebracht. Er hatte Grundkenntnisse in Englisch und konnte mit den Holländern verhandeln.

Die Ureinwohner am Kap kleideten sich mit Tierhäuten.

Überlegene Waffen
Die Luntenschloßgewehre der Siedler waren den Keulen und Speeren der Hottentotten und den Bögen und giftigen Pfeilen der San-Buschmänner überlegen.

Mandelhecke
Ein Rest der Hecke, die gepflanzt worden war, um den Handel mit den Khoina zu erschweren, ist in den Kirstenbosch National Botanical Gardens erhalten (siehe S. 100f).

Wegweiser zu den Forschern und Kolonialherren

Das Mossel Bay Museum beherbergt sowohl die Nachbildung von Dias' Karavelle *(siehe S. 172f)* als auch einen alten Milkwood-Baum, in dem die Seeleute Nachrichten für ihre Kameraden hinterließen. Das Castle of Good Hope in Kapstadt *(S. 68f)* ist Südafrikas ältestes koloniales Gebäude. Das Huguenot-Museum in Franschhoek *(S. 136)* ist dem französischen Erbe der Stadt gewidmet und stellt antike Möbel und schöne Gemälde aus. Frühkoloniale Kunstwerke werden in der Old Slave Lodge in Kapstadt gezeigt *(S. 66f)*.

Der Kat Balcony im Castle of Good Hope führt zu den Räumen mit der William-Fehr-Kunstsammlung.

Französische Hugenotten
Etwa 200 Hugenotten flohen 1688 vor religiöser Verfolgung in Frankreich ans Kap. Sie bekamen Land in der Gegend von Franschhoek zugewiesen (siehe S. 136f), *wo sie Wein anbauten.*

1594 Portugiesen und Khoina handeln in der Tafelbucht

Maria de la Quellerie

1652 Jan van Riebeeck und seine Frau, Maria de la Quellerie, kommen in der Tafelbucht an

1693 Scheich Yusuf wird ins Exil ans Kap verbannt, nachdem er einen Aufstand in Java angezettelt hatte. Sein *kramat* (Schrein) nahe Faure (westliches Kap) wird von Moslems verehrt

1600 | **1650** | **1700** | **1750**

1608 Holländer und Khoina treiben Tauschhandel mit Lebensmitteln

1658 Viehraub und Mord an Siedlern löst Krieg gegen die Khoina aus

1688 Hugenotten-Flüchtlinge lassen sich am Kap nieder

1713 Eine Pockenepidemie rafft unzählige Khoina und auch weiße Siedler dahin

Britische Kolonialisierung

Halteplatz, Graaff-Reinet

Bis 1778 hatten sich Siedler bis zum östlichen Kap ausgebreitet, und der Great Fish River war zur östlichen Grenze der Kapkolonie ernannt worden. Die dort ansässigen Xhosa-Hirten wurden ihrer Weidegründe beraubt, was ein Jahrhundert später in erbitterten Grenzkriegen mündete. Nach der Französischen Revolution 1795 besetzten britische Einheiten das Kap, 1802 Holländer, 1806 waren es erneut die Briten, die mit Unterstützung der Regierung britischen Siedlern im Zuurveld-Gebiet Farmland zuwiesen. In dieser Zeit begann Shaka Zulu mit dem Aufbau eines mächtigen Reiches im Osten.

Ausbreitung der Siedler

1814 — *Das Kap heute*

Schlacht von Muizenberg (1795)
Um die Vormacht am Kap zu halten, bombardierten britische Kriegsschiffe in Muizenberg holländische Stellungen (siehe S. 95). *Die Briten blieben Sieger und hatten somit auf dem Weg nach Indien einen Stützpunkt dazugewonnen.*

Fort Frederick

Im 19. Jahrhundert wurden am östlichen Kap viele Privathäuser befestigt sowie Vor- und Grenzposten errichtet. Nur wenige Festungen wurden angegriffen, fast alle sind als Ruinen erhalten. Das restaurierte Fort Frederick in Port Elizabeth *(siehe S. 182f)* ist ein gutes Beispiel für jene Grenzbefestigungen.

Rustenburg House
Nach der Schlacht von Muizenberg traten die Holländer das Kap an die Briten ab. Der Vertrag wurde in diesem Haus in Rondebosch, Kapstadt, unterzeichnet. Die neoklassische Fassade stammt vermutlich von 1803.

Zeitskala

1750 Weltweit nimmt der holländische Einfluß langsam ab

1751 Rijk Tulbagh wird zum holländischen Gouverneur am Kap ernannt (1751–71)

1770 Der Gamtoos River wird Grenze der Kapkolonie

1778 Der Fish River wird Grenze der Kapkolonie

1779 Ein Jahr nach der Grenzziehung der Kapkolonie stoßen Siedler und Xhosa am Fish River zusammen – der erste von neun Grenzkriegen

1789 Merinoschafe werden von Holland importiert und gedeihen in Südafrika

1750 | 1760 | 1770 | 1780 | 1

Merinoschaf

Schlacht von Blaauwberg (1806)
Die Schlacht zwischen Holländern und Briten fand außer Reichweite der britischen Kriegsschiffe am Fuße des Bloubergs statt. Die Holländer, zahlenmäßig unterlegen und wenig diszipliniert, gaben bald auf und flohen.

Die Siedler von 1820
Etwa 4000 Briten, die meisten Künstler mit wenig oder gar keiner Erfahrung im Landbau, ließen sich in der Gegend von Grahamstown nieder (siehe S. 188f).

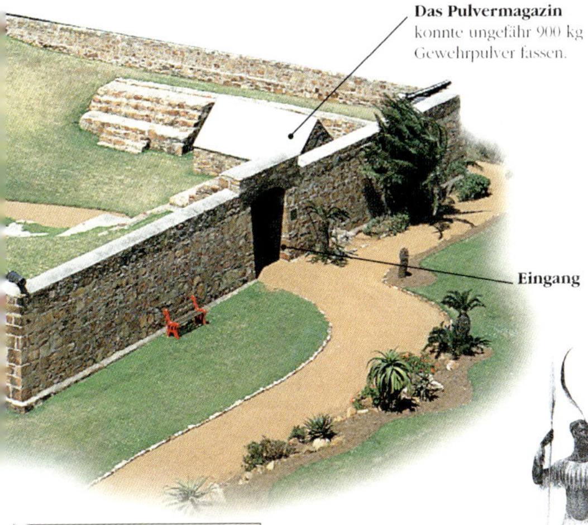

Wegweiser zu den britischen Kolonien

Die Museen in Umtata (die Hauptstadt der früheren Transkei) und die Universität von Fort Hare in Alice (in der ehemaligen Ciskei) zeigen interessante koloniale Kunstwerke. Das Military Museum in Kapstadts Castle of Good Hope präsentiert Waffen, Munition, Uniformen, Landkarten, Briefe und medizinisches Zubehör *(S. 68f)*. Die Museen in King William's Town, Queenstown und Grahamstown stellen Kriegs-Memorabilien aus *(S. 188f)*. Das ausgezeichnete MuseuMAfricA in Johannesburg *(S. 246)* zeigt eine hervorragende Sammlung alter Drucke und Gemälde.

Das MuseuMAfricA hat drei Dauer- und verschiedene Wechselausstellungen.

Die Xhosa
Die Xhosa hatten seit Urzeiten das Zuurveld-Land bebaut (heute Eastern Cape). Die Ankunft der Siedler führte 1820 zu Auseinandersetzungen

Shaka Zulu
Dieser begabte Militärstratege wurde 1815 nach Senzangakonas Tod Häuptling der Zulu. Er führte die assegaai (kurze Speere) ein und vereinte schwächere Stämme zu einem Zulu-Reich.

Typisches Siedlerhaus

- **1795** Schlacht von Muizenberg, erste britische Besetzung
- **1800** *Cape Town Gazette* und *African Advertiser* erstmals veröffentlicht
- **1806** Schlacht von Blaauwberg. Zweite britische Besetzung
- **1818** Shaka beginnt seine Eroberungen
- **1820** 4000 britische Siedler kommen in Grahamstown an
- **1829** Die Khoina werden von der Ausweispflicht befreit. Gründung der Universität von Kapstadt

1800 | 1810 | 1820 | 1830

- **[1]793** Eröffnung [de]r Lombard [Ba]nk in Kap[sta]dt, der ersten [Ba]nk im Land
- **1802** Lady Anne Barnard, deren Schriften Einblick ins koloniale Leben geben, verläßt Kapstadt
- **1814** Wiener Kongreß ratifiziert die britische Besetzung des Kaps
- **1815** Der Slagter's-Nek-Aufstand, angeführt von antibritischen Grenzbewohnern, endet mit Exekutionen nahe Cookhouse (Eastern Cape)
- **1828** Shaka wird von seinem Halbbruder Dingane ermordet

Ausbreitung der Kolonie

Hut einer Voortrecker-Frau

DIE HOLLÄNDISCH SPRECHENDE Bevölkerung lehnte die britische Kolonialverwaltung ab. Unzufriedene Voortrekker (Buren-Pioniere) zogen im Großen Treck nach Osten und Norden. 1838 tötete Zulu-Häuptling Dingane eine Gruppe von Voortrekkern, am Blood River wurden seine Krieger jedoch geschlagen. Die Briten annektierten die kurzzeitig bestehende Buren-Republik Natalia 1843. 1857 wurden nördlich von Oranje und Vaal zwei neue Burenstaaten, Transvaal und Oranje-Freistaat, gegründet. Sie lagen abgekapselt im Landesinneren und waren verarmt, aber unabhängig.

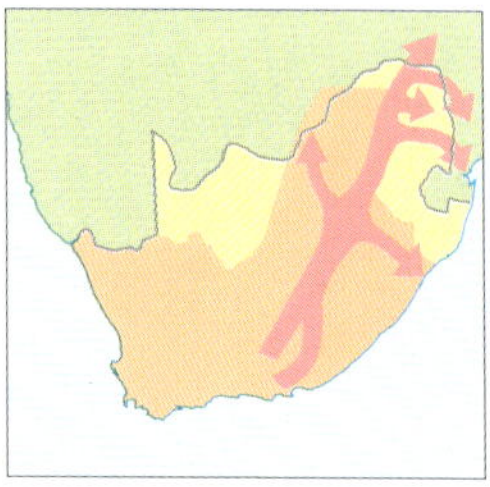

VOORTREKKER-BEWEGUNG

Großer Treck 1834

Britisches Territorium 1848

Emanzipierte Sklaven
1834 erzürnte die Befreiung von 39000 Sklaven die Burenfarmer, die auf deren Arbeit angewiesen waren. Die Entscheidung der Briten fiel nicht nur aus Menschenfreundlichkeit – freie Arbeiter waren einfach billiger.

DER GROSSE TRECK

Die Buren, unzufrieden mit der britischen Verwaltung, zogen in Konvois ins Hinterland, um neues Gebiet zu erschließen. Die Familien mit schwarzen und farbigen Gefolgsleuten hatten auch ihr Vieh dabei. Die Wagen beinhalteten ihre gesamte Habe. Nachts oder bei Angriffen wurde der Konvoi zu einem *laager* geformt – eine kreisförmige Anordnung der Wagen, die dabei mit Ketten miteinander verbunden wurden.

Die Schlacht von Vegkop
Als die Ndebele 1836 auf einen nordwärts ziehenden Treck trafen, waren ihre Waffen den Gewehren der Siedler nicht gewachsen: 40 Voortrekker schlugen bei Vegkop 6000 Ndebele-Krieger in die Flucht. Sie töteten 430 Angreifer, verloren jedoch dabei die meisten ihrer Schafe, Rinder und Zugochsen.

Tonnen dienten der Aufbewahrung von Lebensmitteln, Wasser und Gewehrpulver.

Wagentruhe

Die Wagengabel wurde am Geschirr befestigt, das um den Hals des Ochsen lag.

ZEITSKALA

Dingane

1830

1834 Befreite Sklaven bekommen eine vierjährige Lehrzeit. Sechster Grenzkrieg; Voortrekker ziehen zum heutigen Free State, nach KwaZulu-Natal, in die Northern Province und nach Namibia

1835

1836 Der Große Treck beginnt

1838 Die Schlacht am Blood River folgte dem Mord an Piet Retief, Anführer der Voortrekker, und seinen Männern

1839 Die Burenrepublik Natalia wird ausgerufen

1840

Die Schlacht am Blood River
Am 16. Dezember 1838 färbte sich der Fluß rot von Blut, als eine 468 Mann starke Bürgerwehr 12 500 Zulu-Krieger in Vergeltung für den Mord an Piet Retief besiegte.

Nongqawuse
Eine Xhosa-Seherin sagte 1857 voraus, ihr Volk würde seine frühere Macht wiedererlangen, wenn es Vieh und Ernte vernichte. Die anschließende Hungersnot schwächte das Volk jedoch zusätzlich.

WEGWEISER

Die britische Kolonialgeschichte wird im ganzen Land in kulturhistorischen Museen und in Kriegsmuseen behandelt. Die Museen in Grahamstown *(S. 188f)*, Port Elizabeth *(S. 182f)*, King William's Town und East London zeigen alte Waffen, Landkarten und Kunst der Pioniere. Das MuseuMAfricA *(S. 246)* in Johannesburg stellt historische Dokumente, Kriegs-Memorabilien und Landkarten aus. Das Freilichtmuseum Kleinplasie *(S. 142f)* zeigt eine Animation über das Leben der Voortrekker.

Das Battle of Blood River Memorial, Dundee, zeigt den Nachbau eines *laager*.

Die Rebellion am Kat River
Khoina-Siedler hatten am Kat River am Kap ohne Entschädigung für die Regierung gekämpft, lehnten sich dann aber im Krieg von 1850 auf. Mit ihrer Niederlage ging ihr Land in weißen Besitz über.

1846 Siebter Grenzkrieg (Krieg der Axt)

1850 Achter Grenzkrieg, in dem sich die Kat-River-Khoina den Xhosa anschließen

1854 Britannien gibt den Oranje zurück

1856 Britische und deutsche Siedler ziehen am östlichen Kap eine Grenze, der Natal-Kolonie wird eine stellvertretende Regierung zugestanden

1845	1850	1855	1860

1852 Die Briten setzen für das Kap eine stellvertretende Regierung ein

1853 Zum erstenmal gibt es in der Kapkolonie Briefmarken

Erste Briefmarke

1857 Tausende der Xhosa zwischen den Flüssen Keiskamma und Great Kei (östliches Kap) sterben in einer Hungersnot, die eine unkundige Seherin verursacht hat

Gold- und Diamantfieber

Die Krone von England

Die Entdeckung der Diamanten in der nördlichen Kapregion legte den Grundstein für Südafrikas Wirtschaft und hatte massive Wanderarbeit zur Folge. Weitere Goldfunde im Osten des Landes versprachen eine Quelle unermeßlichen Wohlstands, die die Briten ausbeuten wollten. Afrikanische Königreiche und zwei Burenrepubliken wurden gezwungen, einer britischen Konföderation beizutreten. Der Widerstand gegen die Briten löste den Burenkrieg von 1899–1902 aus.

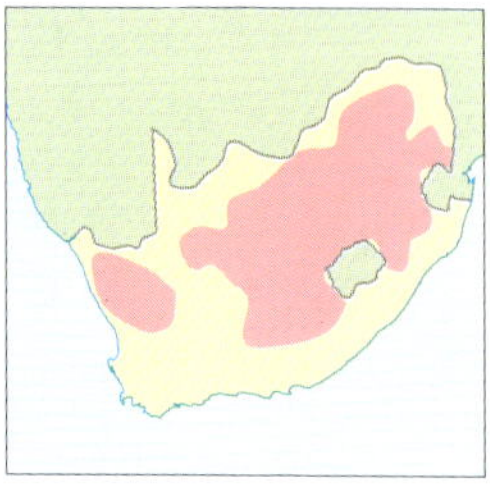

Konfliktregionen

Burenbollwerke, Kriegsgebiete

Goldfieber

Der Entdeckung der Haupt-Goldader von Johannesburg 1886 gingen Funde von angeschwemmtem Gold in Pilgrim's Rest (siehe S. 266) *und Barberton voraus.*

Leander Jameson (1853–1917)

Nach der Entdeckung der Goldminen im Transvaal leitete Jameson einen Putsch, der Paul Kruger, den Präsidenten der Transvaal-Republik, stürzen sollte.

Cecil John Rhodes (1853–1902)

Dieser skrupellose Geschäftsmann war als Premierminister daran beteiligt, 1896 den Jameson-Putsch zu organisieren. Die Einmischung in die Angelegenheiten eines anderen Staates beendete letztlich seine politische Karriere.

Zeitskala

1867 In der nördlichen Kapregion nahe Hopetown wird ein Diamant mit 21 Karat gefunden

1878 Walvis Bay (im heutigen Namibia) wird britisches Territorium

1860 | 1865 | 1870 | 1875

Geschliffener Diamant

1871 Diamantenfunde in Colesberg Kopje (Kimberley). Goldfunde in Pilgrim's Rest

1877 Die Briten annektieren die Südafrikanische Republik

1879 Die Briten dringen in das Zulu-Königreich von Cetshwayo ein und gliedern ihre Natal-Kolonie an

Jan Christiaan Smuts
General Smuts (1870–1950) spielte im südafrikanischen Krieg und in beiden Weltkriegen eine bedeutende Rolle. Er half, die Charta der Vereinten Nationen zu entwerfen, und wurde zweimal zum Premierminister Südafrikas gewählt (1919–24 und 1939–48).

Isandlhwana Hill

Bayonette mußten benutzt werden, als den Briten die Munition ausging.

Mit Rindsleder bezogene Schilder dienten der Abwehr der Bayonette.

Die *assegaai* (kurze Speere) waren im Nahkampf nützlich.

Britische Verluste waren hoch; nur wenige Männer entkamen lebend.

Schlacht von Isandhlwana

Um die unbeugsamen Zulu zu unterwerfen, provozierten britische Offiziere Zwischenfälle. 1879 wurde eine 1200 Mann starke britische und koloniale Streitmacht von 20000 Zulu-Kriegern am Isandhlwana-Hill ausgelöscht.

Wegweiser zum Gold- und Diamantfieber

Organisierte Touren führen auch zu den meisten Schlachtfeldern in KwaZulu-Natal *(S.210)*. Audiokasetten für eigenständige Touren sind im Talana-Museum erhältlich *(S. 210)*. Gold Reef City *(S. 248f)* ist eine Nachbildung der Minenstadt, aus der Johannesburg hervorging. Das Kimberley Mine Museum *(S. 304)* ist eines der ausgezeichneten Museen in Kimberley.

Das Kimberley Mine Museum in Kimberley

Moderne Kriegsführung
Der Südafrikanische Krieg (1899–1902) war der erste mit automatischen Gewehren. Obwohl die Buren gute Schützen und Reiter waren, sprach sowohl die begrenzte Anzahl an Männern als auch die lockere Struktur ihrer Armee gegen sie.

1884 Lesotho wird britisches Protektorat

1886 Entdeckung der Main Reef in Witwatersrand (Gauteng)

1894 Das Königreich Swaziland wird britisches Protektorat

1896 Der Jameson-Putsch im Transvaal schlägt fehl. Die Rinderpest tötet Viehherden und Wildtiere

1902 Ende des Südafrikanischen Krieges

1880 | **1885** | **1890** | **1895** | **1900**

1881 Buren schlagen britische Armee in Majuba

1883 Olive Schreiner veröffentlicht *Story of an African Farm*

1885 Die Briten annektieren Teile von Bechuanaland (Botswana)

Mahatma Gandhi

1893 Mohandas Karamchand Gandhi kommt nach Durban zum Jurastudium

Winston Churchill als Kriegsberichterstatter in Südafrika

1899 Beginn des Südafrikanischen Krieges. Das Sabie Game Reservat wird eröffnet (Vorläufer des Kruger Park)

Die Jahre der Apartheid

»Free Mandela«

Die Südafrikanische Union wurde 1910 eine eigenständige Kolonie des britischen Commonwealths. Die Zukunft der schwarzen Südafrikaner war ungewiß, was 1912 zur Gründung des Südafrikanischen Nationalkongresses führte (später als ANC bekannt). Die 100-Jahr-Feier zum Großen Treck erneuerte 1938 die Hoffnung der weißen Afrikaner auf Selbstbestimmung. 1948 kam die afrikanische National Party (NC) an die Macht. Sie bestimmte die Zusammensetzung des Parlaments, ihre Gesetze beraubten die schwarzen Südafrikaner der meisten grundlegenden Menschenrechte. 1961 führte Premierminister Verwoerd das Land in wachsende politische Isolation.

Apartheid in Südafrika

— *Provinzgrenzen (1994)*

Homelands bis 1984

Delville
Eine der grausamsten Schlachten des Ersten Weltkriegs fand bei Delville in Frankreich statt. 3000 südafrikanische Soldaten trotzten fünf Tage lang den Deutschen.

Brennende Pässe
Der Natives Act von 1952 forderte von allen Schwarzen über 16 Jahren, stets einen Paß (Arbeitserlaubnis für ein »weißes« Gebiet) zu tragen und auf Verlangen der Polizei zu zeigen. 1960 verbrannten landesweit in den Townships Tausende ihre Pässe. Das Gesetz wurde 1986 aufgehoben.

100-Jahr-Feier zum Großen Treck
1938 fuhren Ochsengespanne zu einer feierlichen Zeremonie in Pretoria zur Grundsteinlegung des Voortrekker Monuments (siehe S. 255). *Das Nachspielen des Großen Trecks war eine eindrucksvolle Darstellung afrikanischer Solidarität, Patriotismus und politischer Stärke.*

Zeitskala

1904 Präsident Paul Kruger stirbt

1905 Fund eines Cullinan-Diamanten in der Premier Diamond Mine

Präsident Paul Kruger

1907 Sir James Percy Fitz-Patrick schreibt *Jock of the Bushveld*

1910 Bildung der Union of South Africa

1912 Südafrikanischer Nationalkongreß gegründet (später ANC)

1914 Südafrika erklärt Deutschland den Krieg. Regierungsunion schlägt Burenaufstand nieder. Bildung der ersten National Party in Bloemfontein

1922 Aufstand der Kumpel im Kohlebergwerk von Witbank

1927 Obligatorische Rassentrennung für viele städtische Gebiete erklärt

1928 Botanische Gärten von Kirstenbosch und Universität von Südafrika gegründet

1936 Erster Druck der Bibel in Afrikaans

1900 | 1910 | 1920 | 1930

Apartheid

In Afrikaans heißt Apartheid Aussonderung. Dieser Begriff beschreibt die Regierungspolitik nach 1948, wonach die Hautfarbe darüber bestimmte, wo ein Mensch leben, arbeiten und sogar begraben werden darf, auch wo und wie Kinder unterrichtet werden. Sex zwischen Menschen unterschiedlicher Rassen war bei Gefängnisstrafe verboten. Landverlust war eine der schlimmsten Strafen des Systems.

»Hausbesuch« der Sicherheitspolizei

Wegweiser zur Apartheid

Das District Six Museum am Rand des gleichnamigen früheren Bezirks in Kapstadt nahe dem Zentrum zeigt die Lebensbedingungen in dem hauptsächlich von Moslems bewohnten Bezirk, bevor er unter dem Group Areas Act von 1966 geräumt wurde. Ausstellungen im Mayibuye Centre an der Universität von Western Cape greifen die Unterdrückung und den Kampf für Demokratie auf. Interessant sind auch Kapstadts Old Slave Lodge *(S. 66)* und Johannesburgs MuseuMAfricA *(S. 246)*. In Pretoria gibt das Voortrekker Museum und Monument *(S. 255)* Einblick in den Afrikaner-Nationalismus.

MuseuMAfricA in Johannesburg zeigt die Lebensbedingungen in einem Township.

District Six, »Herz und Seele« Kapstadts, wurde 1966 zur weißen Zone erklärt.

Afrikaner-Nationalismus
Drum, erstmals 1950 veröffentlicht, war wichtig für schwarze Journalisten. Sie kritisierten das weiße Regime und belebten so den Afrikaner-Nationalismus neu.

Architekten der Apartheid
Der in Holland geborene Hendrik Verwoerd (1901–66), Premierminister von 1958 bis zu seiner Ermordung, und Charles Robberts Swart (1894–1982), Justizminister, setzten zahlreiche Apartheid-Gesetze in Kraft.

Erste Ausgabe der Bibel in Afrikaans

1939 Südafrika erklärt Deutschland den Krieg

1940

1948 Die National Party wird zur Landesregierung gewählt

1949 Das Verbot der gemischtrassigen Heirat, das erste von vielen Apartheid-Gesetzen, wird vom Parlament verabschiedet

1950

1950 Verbot des Kommunismus

1955 Benzin wird erstmals in Südafrika aus Kohle hergestellt

1958 Hendrik Verwoerd wird Premierminister von Südafrika

1960

1960 Polizei erschießt 69 Demonstranten in Sharpeville. Ein Referendum nur für Weiße ergibt die Mehrheit für eine Republik

Zeit der Demokratie

Button zum Referendum von 1992

DIE GESETZE DER weißen nationalistischen Regierung diskriminierten die Schwarzafrikaner. Der Beschluß, Afrikaans solle die Unterrichtssprache an schwarzen Schulen sein, führte 1976 zur Revolte. Zeiten des Notstands kamen, die Gewalt nahm zu. Der Untergang des alten Systems zeichnete sich ab. 1990 machte Staatspräsident Frederik Willem de Klerk den ersten Schritt zur Versöhnung, indem er den ANC, die kommunistische Partei und 34 andere Organisationen wieder zuließ und die Freilassung Nelson Mandelas ankündigte.

DAS NEUE SÜDAFRIKA

Provinzgrenzen

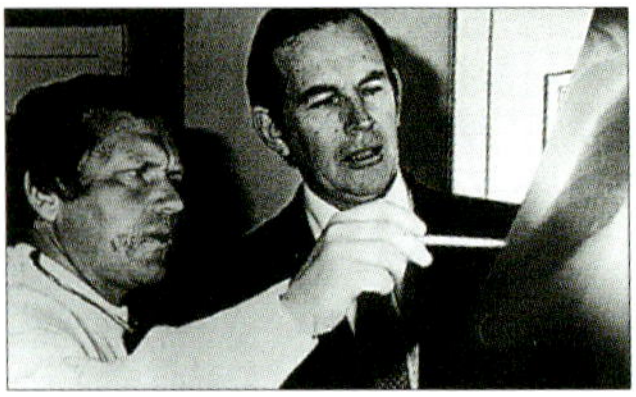

Weltneuheit
Christiaan Barnard (rechts) schrieb Medizin-Geschichte, als er 1967 ein menschliches Herz verpflanzte.

Desmond Tutu gewann für seine Anti-Apartheid-Kampagne den Friedensnobelpreis (1984) und den Martin-Luther-King-Friedenspreis (1986).

Soweto-Aufstände
Am 16. Juni 1976 schoß die Polizei auf schwarze Studenten, die gegen Afrikaans als Unterrichtssprache protestierten. Das Bild eines schwerverwundeten Jungen bezeugte die Grausamkeit weltweit.

Kunst gegen Apartheid
The Black Christ (von Ronald Harrison) war inspiriert vom Sharpeville-Massaker und der Verbannung des ANC-Präsidenten Chief Albert Luthuli (als Jesus dargestellt). Nachdem es jahrelang verboten war, hängt es heute in der South African National Gallery *(siehe S. 73)*.

DEMOKRATISCHE WAHLEN

Am 27. April 1994 gingen die Südafrikaner zur Urne – viele das erste Mal. Fünf Tage später wurde das Ergebnis verkündet: Mit 63 Prozent Stimmenanteil gewann der Afrikanische Nationalkongreß (ANC) die Wahl in allen außer zwei Provinzen. Nelson Mandela wurde Staatspräsident.

ZEITSKALA

1961 Südafrika wird eine Republik außerhalb des britischen Commonwealth

Alte Flagge

1962 Nelson Mandela verhaftet. UN-Sanktionen isolieren Südafrika politisch und wirtschaftlich

1963 Beginn des Guerilla-Krieges in Süd-West-afrika (Namibia)

1966 Premierminister Verwoerd ermordet. Lesotho wird unabhängig

1967 Erste Herztransplantation durch Professor Christian Barnard

1968 Swaziland wird unabhängig

1971 UN-Sicherheitsrat erkennt Namibia an und weist den Anspruch Südafrikas auf das Land zurück

1974 Die Vereinten Nationen fordern den Rückzug Südafrikas aus Namibia

1976 Die Unruhen von Soweto brechen aus. Flucht ausländischen Kapitals aus Südfrika

1980 ANC bombadiert die Sasolburg-Ölraffinerie in Free State

1960 | 1965 | 1970 | 1975 | 1980

Kwaito – Sound einer neuen Generation
Boomshaka singt kwaito, *einen einzigartigen Sound, der in den Townships von Gauteng entstand. Die von* Toyi-toyi-*Liedern (Protest) beeinflußten Texte wiederholen sich.*

Endlich frei
Am 11. Februar 1990 wurde Nelson Mandela nach fast drei Jahrzehnten Haft aus dem Victor-Verster-Gefängnis nahe Paarl entlassen. Millionen Menschen auf der ganzen Welt verfolgten dieses Ereignis.

Kricket-Weltmeisterschaft 1992
Nach dem politischen Wandel stand das Kricket-Nationalteam zum ersten Mal seit über 20 Jahren wieder auf internationaler Bühne.

Aufhebung der Sanktionen
1993 wurden die seit 1986 bestehenden Handelssanktionen aufgehoben. Markenartikel waren wieder erhältlich.

Redefreiheit
Die extravagante Evita Bezuidenbout (siehe S. 149) *trat erstmals Anfang der 80er Jahre auf. Ihre satirischen Ansichten zur Innenpolitik machten sie in Südafrika und im Ausland berühmt.*

Die Wahrheits- und Versöhnungskommission (TRC)
Diese Kommission wurde 1994 unter dem Vorsitz des ehemaligen Erzbischofs von Kapstadt, Desmond Tutu, gegründet. Ziel ist, die Motive für die politischen Verbrechen während der Jahre der Apartheid aufzudecken und aufzuarbeiten.

1990 Südafrikas Verwicklung in SWA/Namibia endet mit Namibias Unabhängigkeit. Verbot der ANC, PAC und SACP aufgehoben. Nelson Mandela wird freigelassen

1994 ANC gewinnt Südafrikas erste demokratische Wahlen. Nelson Mandela wird Staatspräsident

1995 Südafrika gewinnt die Rugby-Weltmeisterschaft im eigenen Land

1999 Zweite demokratische Wahl

1985 | 1990 | 1995 | 2000

1992 Nationales Referendum zur Reformpolitik von F. W. de Klerk. Südafrika nimmt zum ersten Mal seit 1960 an den Olympischen Spielen teil

1984 Neue Parlamentssatzung

Neue Flagge

1998 Beginn der Anhörungen der Wahrheits- und Versöhnungskommission

KAPSTADT

Kapstadt auf einen Blick

KAPSTADT (CAPE TOWN) LIEGT AN DER Südspitze Afrikas auf einer kleinen, in den Atlantik ragenden Halbinsel. Das viertgrößte Ballungszentrum Südafrikas ist das Hauptziel ausländischer Besucher. Eine einzigartige Mischung aus holländischer, britischer und kap-malaysischer Kultur prägt seine kosmopolitische Atmosphäre. Am Fuß des Tafelberges, seines bekanntesten Wahrzeichens, gelegen, weist es viele gut erhaltene historische Gebäude auf. Einige, wie auch das Old Townhouse am Greenmarket Square, sind heute Museen. Zu den Attraktionen außerhalb der Stadt gehört der Chapman's Peak Drive an der steil abfallenden Küste und eine Rundfahrt durch die Weinberge um Franschhoek und Stellenbosch.

Lions Head *trennt die atlantischen Vororte Sea Point und Camps Bay vom Stadtzentrum. Auf dem Signal Hill wird täglich um Punkt zwölf Uhr die alte Kanone Noon Gun gezündet.*

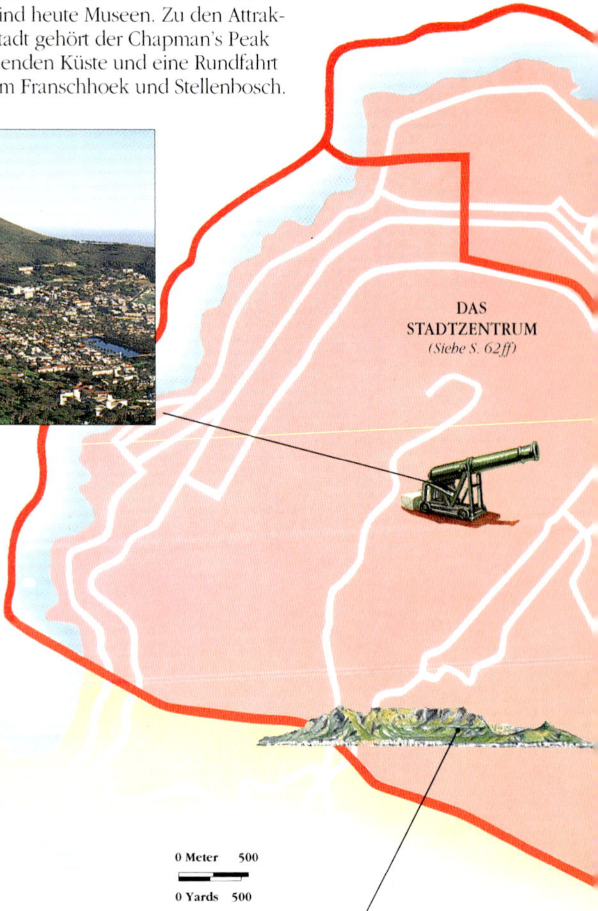

Der Tafelberg *thront über dem Stadtzentrum von Kapstadt. Mehrere Wege führen auf den Gipfel, man kann aber auch bequem mit der Seilbahn hinauffahren. Im Bergrestaurant können Sie einen Imbiß einnehmen.*

◁ **Der Strand von Camps Bay am Atlantik ist ein beliebter Ort zum Sonnenbaden und Leute-Beobachten**

***Victoria & Alfred Mall**, das Einkaufszentrum an der Waterfront* (siehe S. 78f)*, ist ein Einkaufsparadies. Durch den modernen Entwurf fügt es sich harmonisch in die alte, renovierte Bausubstanz ein.*

***Der Leuchtturm** (1863) auf Robben Island* (siehe S. 84f) *ist 18 Meter hoch. Er steht in der Nähe des »Village«, dessen Schmuckstück, das Haus des Gouverneurs, als Gästehaus für Prominente dient.*

***Grand Parade**, ein lebendiger Markt, bietet Freitag und Samstag vormittags alles von Stoffen über Blumen und Gewürzen bis zu billigen Uhren und Spielsachen. Vorsicht vor Taschendieben: Tragen Sie weder teuren Schmuck noch Fotoapparat.*

***Das Castle of Good Hope** erinnert an die Zeit Jan Riebeecks und der frühen Siedler.*

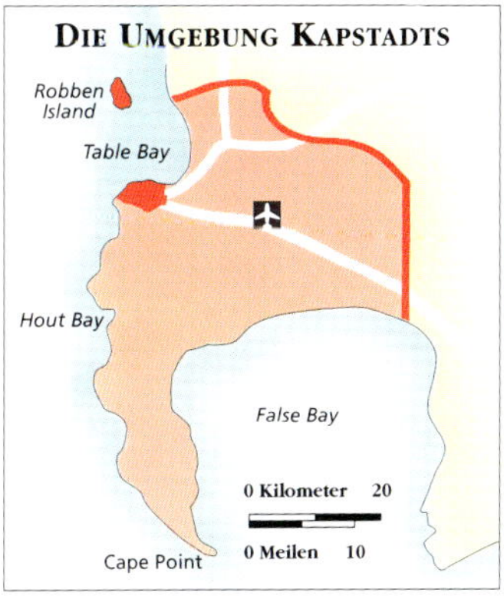

Die Kap-Halbinsel

Seit vier Jahrhunderten ist der Tafelberg, das berühmteste Merkmal der Kap-Halbinsel, ein Willkommens-Wahrzeichen für Reisende. Die zerklüftete Bergkette, die sich 1087 Meter über den Meeresspiegel erhebt, erstreckt sich von der Tafelbucht bis zum Cape Point und läßt die Hochhäuser der Stadt und ihrer Vororte winzig erscheinen. Die beeindruckende Vorderseite des Bergs mit den umgebenden Felsen und Schluchten ist ein spektakuläres Wunder der Natur. Die Gesteinsformationen und die gedrehten Schichten bezeugen turbulente, 1000 Millionen Jahre alte geologische Prozesse.

Cape Point, *das Ende der Bergkette, ragt in den südlichen Atlantik hinein. Eine malerische Strecke führt zum Naturreservat* (siehe S. 93) *am Kap der Guten Hoffnung, wo es Wege für Wanderer und Mountainbiker gibt. Weniger Sportlichen bietet sich die Seilbahn zum Leuchtturm.*

Die Weinberge von Constantia (siehe S. 96f) *an den südöstlichen Hängen der Bergkette sind von der Stadt aus leicht zu erreichen. Die fruchtbaren Hänge bieten zusammen mit dem milden mediterranen Klima den Winzern beste Anbaubedingungen.*

Das Tischtuch des Tafelbergs

Das Tischtuch

Eine alte Legende erzählt von einem Holländer, Jan van Hunks, der mit einem Fremden an den Hängen des Devils Peak um die Wette rauchte. Nach einigen Tagen gab der Fremde auf und sich als Teufel zu erkennen. Er verschwand mit van Hunks in einer Rauchwolke, wobei er Rauchwölkchen hinterließ, die sich um den Devils Peak gruppierten (bis dorthin bedecken die Wolken den Berg und bilden dabei das berühmte »Tischtuch«).

In Noordhoek *gelangt man über kleine felsige Buchten zu weiten, unberührten Stränden. Die Stadt Noordhoek umgeben kleine Anwesen und Pferdefarmen. Ausritte entlang der langen Sandstrände sind sehr beliebt.*

In Llandudno *findet man Kapgranit, der unter der Erdkruste vor etwa 550 Millionen Jahren durch das Schmelzen von Gestein entstanden ist.*

Der Sentinel *ist eine beeindruckende Felsformation an der Hout-Bay-Mündung. Es ist Teil der sogenannten Graafwater-Formation, die auf Kapgranit aufliegt.*

Sea Point *am Fuße des Signal Hill wurde auf verwittertem metamorphem Gestein, dem ältesten der Halbinsel, gebaut. Mehrere Höhlen und Steinbrüche der Umgebung zeigen den roten Lehmboden, der die typische Schichtung hervorhebt.*

CRISPA

DAS STADTZENTRUM

KAPSTADTS Geschäftszentrum liegt am Fuße des Tafelberges. Der Devils Peak begrenzt die Stadt im Osten, Lion's Head im Westen. Der Hafen an der Tafelbucht und die Victoria & Alfred Waterfront liegen zwischen Stadtzentrum und Atlantik. Besucher sind oft von Kapstadts Weltstadt-Flair überrascht: von der Fülle unterschiedlicher Restaurants und vom pulsierenden Nachtleben in der Loop und der Long Street.

Jan Christiaan Smuts stieg oft auf den Tafelberg

Die vielen Märkte und Verkaufsbuden mit ihrer urafrikanischen Atmosphäre sind Attraktionen für sich, Naturliebhaber sind von der landschaftlichen Schönheit der Stadt bezaubert. Bei einem Stadtbummel kann man frühe kapholländische und viktorianische Architektur des 19. Jahrhunderts bewundern. Besonders interessant sind der Heritage Square an der Ecke Shortmarket/ Buitengracht, Blue Lodge und Haus Nummer 203 an der Long Street.

SEHENSWÜRDIGKEITEN AUF EINEN BLICK

Museen und Galerien
BoKaap Museum 7
Old Slave Lodge 2
Jewish Museum und Great Synagogue 10
South African Museum und Planetarium 11
South African National Gallery 9

Historische Gebäude
Old Town House 1
Grand Parade und City Hall 3
Castle of Good Hope *S. 68f* 4
Koopmans-De Wet House 6

Kirchen
Lutheran Church und Martin Melck House 5

Parks
Tafelberg *S. 74f* 8

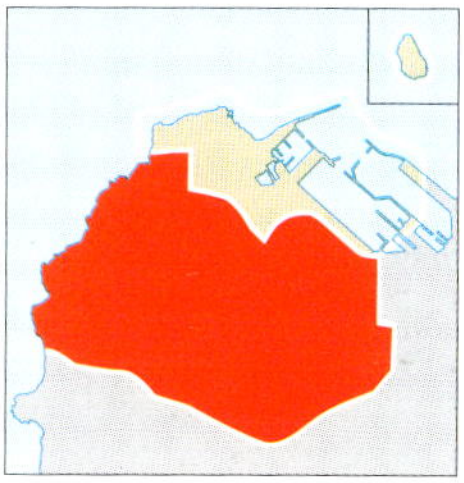

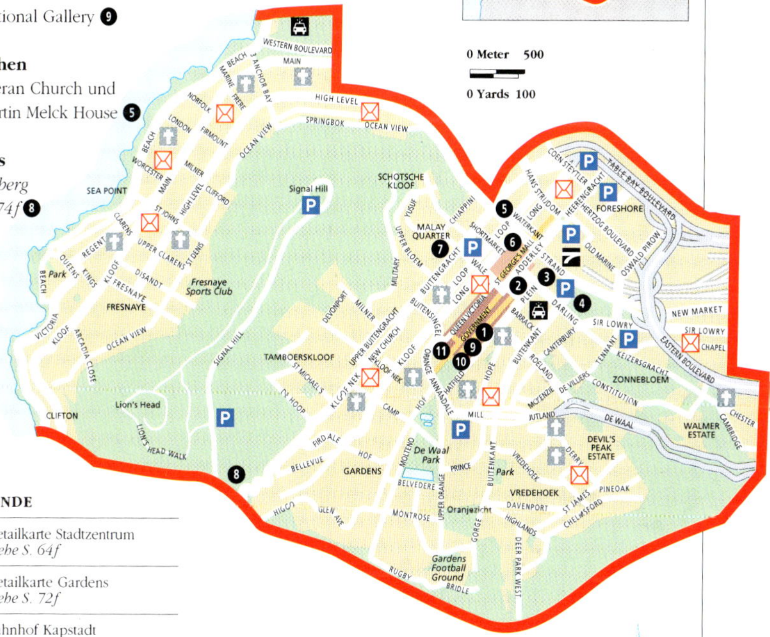

LEGENDE

- Detailkarte Stadtzentrum *Siehe S. 64f*
- Detailkarte Gardens *Siehe S. 72f*
- Bahnhof Kapstadt
- Parken
- Polizeirevier
- Kirche
- Postamt

ANFAHRT

Von allen Seiten führen Straßen ins Stadtzentrum von Kapstadt. Die Haltestelle für Überlandbusse befindet sich am Bahnhof in der Adderley Street.

◁ **Kapstadts Blumenverkäufer sind für ihre joviale und witzige Art bekannt**

Das Stadtzentrum im Detail

Fries am Koopmans de Wet House

Sie können das kompakte Stadtzentrum leicht zu Fuß erkunden, die meisten Sehenswürdigkeiten sind gut zugänglich. Viele Straßen untergliedern Kapstadt, eine ist die Adderley Street. Ihre Parallelle, die St. George's Mall, ist eine lebhafte Fußgängerzone, in der Straßenmusikanten und Tänzer die Passanten unterhalten. Den Greenmarket Square, Zentrum der City, umgeben viele historisch wertvolle Gebäude. Einen Block weiter westlich von hier, Richtung Signal Hill, bietet die Long Street liebevoll gestaltete viktorianische Fassaden, beispielsweise an der Nr. 117, Peter Visser's Antiques, und an der Nr. 120, dem Ortsiva House of Wine.

Zur Orientierung
Siehe Kartenteil, Karte 5

★ **Greenmarket Square**
Seit 1806 Erzeugermarkt und jetzt nationales Denkmal. Auf dem Kopfsteinpflaster findet täglich ein bunter Markt für Kunsthandwerk statt. Unter den historischen Gebäuden ringsherum ist auch das Old Townhouse.

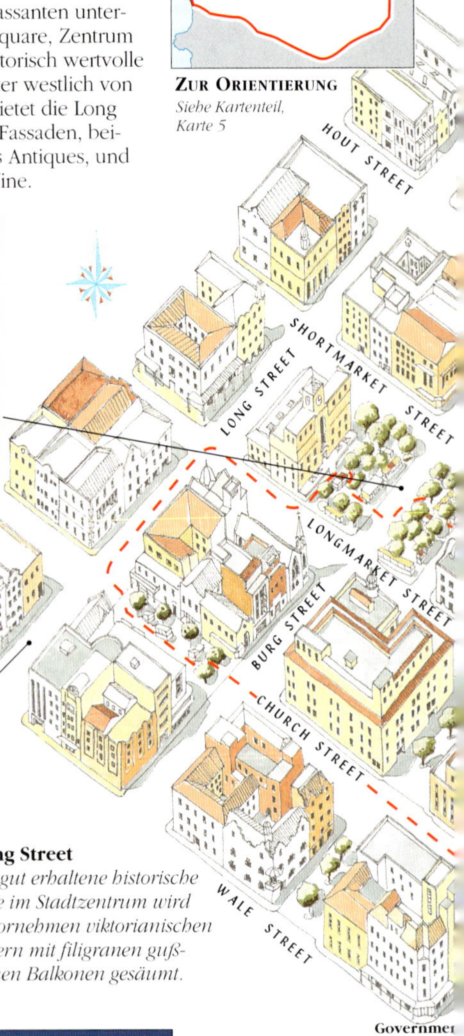

★ **Long Street**
Diese gut erhaltene historische Straße im Stadtzentrum wird von vornehmen viktorianischen Häusern mit filigranen gußeisernen Balkonen gesäumt.

Nicht versäumen

★ **Old Slave Lodge**

★ **Greenmarket Square**

★ **Long Street**

Legende

– – – Routenempfehlung

★ **Old Slave Lodge**
Die Exponate im Cultural History Museum, zeitweise als Bordell genutzt, zeigen die Geschichte und die Entwicklung Kapstadts. ❷

Das Cape Sun Intercontinental
Das Stadthotel mit der charakteristischen Glasfassade bietet von den oberen Stockwerken grandiose Blicke.

St George's Mall
Straßenmusikanten und Tänzer beleben die Fußgängerzone.

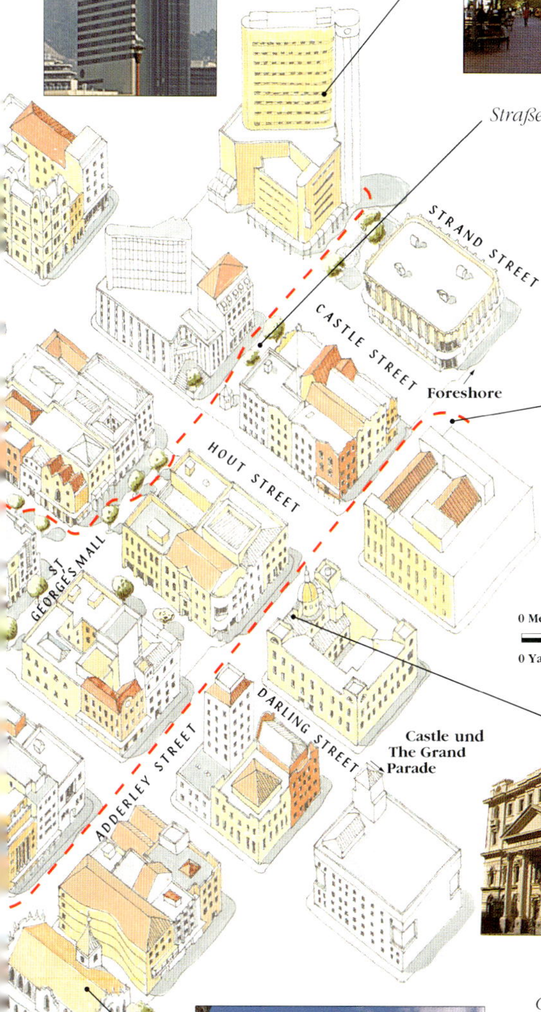

Adderley Street
Die Adderly Street verläuft von den Gardens zum Foreshore. Die Blumenverkäufer haben ihren Platz am Trafalgar Place.

Standard Bank
Auf diesem 1880 gebauten Gebäude thront, hoch über dem Vier-Säulen-Portikus, Britannia.

Groote Kerk
Nur noch der Kirchturm ist von der ältesten Kirche Südafrikas erhalten, die 1703 fertiggestellt und 1840 neu errichtet wurde. Die geschnitzte Kanzel stammt von Bildhauer Anton Anreith und Zimmermann Jan Jacob Graaff.

Das Old Town House am Greenmarket Square

Old Town House ❶

Greenmarket Square. **Karte** 5 B1. ☎ *(021) 424-6367.* ◯ *Mo–Sa 10–17 Uhr, So 10–13 Uhr.*

Das nationale Denkmal am Greenmarket Square wurde 1761 vollendet und diente ursprünglich als »Burgherwacht Huys« (Hauptquartier der Nachtwache). Bis 1839 waren hier Bürgerrat und Polizei untergebracht, danach diente es der neuen Stadtverwaltung als Rathaus. Nach der Renovierung 1915 richtete die Regierungsunion eine Galerie ein.

Die ursprüngliche Kunstsammlung, die der wohlhabende Geschäftsmann und Kunstmäzen Sir Max Michaelis der Stadt stiftete, wurde von Lady Michaelis nach dem Tod ihres Mannes 1932 ergänzt.

Heute kann man hier neben vielen unbezahlbaren Werken von überwiegend holländischen und flämischen Künstlern des 17. Jahrhunderts auch bedeutende Gemälde aus dem 16. und 18. Jahrhundert besichtigen. Einen interessanten Einblick in die holländische Gesellschaft der damaligen Zeit gewähren insbesondere die Porträts der Sammlung.

Über dem Hauptportal hängt Kapstadts Stadtwappen, das 1804 vom Batavischen Kommissionsgeneral Jacob Abraham de Mist überreicht worden war.

Im Garten steht ein Bronzestandbild des südafrikanischen Bildhauers Moses Kottler von Sir Max Michaelis.

Poststein in der Old Slave Lodge

Old Slave Lodge ❷

Ecke Wale u. Adderley St. **Karte** 5 B2. ☎ *(021) 461-8280.* ◯ *Mo–Sa 9.30–16.30 Uhr.*

Das erste Gebäude auf dem Gelände, eine Unterkunft für die Sklaven des »Company's Garden« *(siehe S. 72f)*, entstand 1679 auf einem Grundstück, das ursprünglich zum Garten gehörte. 1809–14 mußten sich die Sklaven mit einem Teil des Gebäudes begnügen, damit Richterzimmer eingerichtet und ein oberes Stockwerk, entworfen von Louis Michel Thibault, angebaut werden konnten. Nachdem 1834 die Sklaven der Kapkolonie offiziell befreit worden waren, war das Haus bis 1914 Sitz des Obersten Gerichtshofs. Danach beherbergte der Alte Oberste Gerichtshof, wie er dann genannt wurde, auch Post und Bücherei sowie Regierungsbüros.

Das heutige Gebäude reichte einst bis in die Adderley Street, doch dieser Teil mußte abgerissen werden, als die Straße verbreitert wurde. Thibaults Originalfassade erhielt nach der Restaurierung ihren ursprünglichen Glanz zurück.

Das ehemalige Sklavenhaus zeigt heute die kulturgeschichtlichen Sammlungen des South African Museum *(siehe S. 72)*, darunter interessante Kunstwerke ägyptischer, griechischer und frühromanischer Herkunft, sowie kapmalaysische Originalstücke aus Sri Lanka und von den indonesischen Inseln.

Eine weitere interessante Ausstellung zeigt Poststeine, die die früheste Form der postalischen Kommunikation unter den ersten Seefahrern darstellt. Wurden die Nachrichten zunächst in den Stein gemeißelt, wurden später darunter Briefe aufbewahrt.

Die Michaelis-Sammlung

Diese bedeutende Kunstsammlung wurde 1914 eingerichtet, als Sir Max Michaelis 68 Gemälde stiftete, die von Lady Phillips und Sir Hugh Lane gesammelt worden waren. Die Galerie wurde offiziell drei Jahre später eröffnet, heute umfaßt sie 104 Gemälde und 312 Radierungen. Sie enthält unter anderem Werke von Fans Hals, Rembrandt, van Dijck, David Teniers dem Jüngeren, Jan Steen und Willem van Aelst. Obwohl die Sammlung im Vergleich zu internationalen Galerien klein ist, liefert sie wertvolle Hinweise auf eine über 200jährige Entwicklung holländischer und flämischer Kunst. Eines der berühmtesten Gemälde der Sammlung ist *Porträt einer Lady* von Frans Hals.

***Porträt einer Lady*, Frans Hals (1640)**

Viele Kap-Muslime haben Gemüsestände auf der Grand Parade

Gegenüber der Old Slave Lodge ist die **Groote Kerk** (große Kirche). Bald nach ihrer Ankunft am Kap hielten die Holländer an Bord der *Drommedaris*, des Schiffes von Jan van Riebeeck, Gottesdienste ab. Später benutzten sie dazu einen Nebenraum im Castle of Good Hope. Um einen angemessenen Friedhof anzulegen, mußte ein dauerhafter Platz gefunden werden. 1700 ersetzte auf Befehl von Gouverneur Willem Adriaan van der Stel eine strohgedeckte Kirche das Behelfsgebäude am Nordostende der Company's Gardens. Im 19. Jahrhundert wurde diese vollständig neu gebaut und 1841 eingeweiht. Heute ist von der Originalkirche nur noch der barocke Glockenturm erhalten, den moderne Hochhäuser leider fast verdecken.

In der Kirche ist die von geschnitzten Löwen getragene original erhaltene Kanzel sehenswert. Angeblich wurde das ursprüngliche Konzept des Bildhauers Anton Anreith, das die Symbole von Hoffnung, Treue und Nächstenliebe beinhaltete, als zu päpstlich verworfen.

Hohe gotische Fenster bestimmen die Kirchenfassade, die kräftige Pilaster unterteilen. Vor dem Bauwerk steht ein Standbild von Andrew Murray, Geistlicher der Holländisch Reformierten Kirche in Kapstadt von 1864–71.

Andrew Murray (1828–1917)

Groote Kerk
Adderley St. **Karte** 5 B2. *(021) 461-7044.* *Mo–Fr 10–14 Uhr.*

Grand Parade und City Hall ❸

Darling St. **Karte** 5 C2. City Hall *(021) 400-2230.* *Mo–Sa 9–16.30 Uhr.* *So.* Reservierung für Kapstädter Philharmonie: *(021) 418-9190.*

Van Riebeeck legte seine erste Festung 1652 auf der Grand Parade an. Dieses Bauwerk wurde 1674 abgerissen, als das Castle of Good Hope *(siehe S. 68f)* fertiggestellt war. Bis 1821 wurde das Gelände als Paraden- und Truppenexerzierplatz genutzt.

Die in der Umgebung entstandenen Häuser zogen Gemüsehändler mit ihren Buden an – Vorläufer des heutigen Flohmarkts. Jeden Freitag- und Samstagvormittag findet hier ein buntes Markttreiben statt, die restliche Woche dient die Fläche als Umschlagplatz für Gebrauchtwaren. Am Grand Parade steht auch Kapstadts hohes Rathaus. Es wurde 1905 in ausgefeiltem italienischem Renaissancestil erbaut, 1923 wurde ein Turm mit Glockenspiel und 39 Glocken angebaut.

Die Kapstädter Philharmonie, früher Kapstadt Symphony Orchester genannt, gibt im Rathaus regelmäßig Konzerte.

Eintrittskarten für die beliebten Mittags- und Abendkonzerte sind in jeder Computicket-Filiale erhältlich *(siehe S. 104)*.

Castle of Good Hope ❹

Siehe S. 68f.

Das Rathaus von Kapstadt gegenüber der Grand Parade

Castle of Good Hope ❹

Monogramm der Niederländisch-Ostindischen Kompanie (VOC), 17. Jahrhundert

DAS CASTLE OF GOOD HOPE in Kapstadt, 1666–79 gebaut, ist Südafrikas ältestes koloniales Gebäude. Es ersetzte die frühere Festung aus Lehm und Holz, die Jan van Riebeeck 1652 errichtet hatte *(siehe S. 44)*. Das Schloß dominiert die Grand Parade, auf der die ursprüngliche Festung thronte. Es dient heute als Museum und Hauptquartier der Armee.

Delphin-Becken
Beschreibungen und Skizzen von Lady Anne Barnard (siehe S. 98) *aus der Zeit um 1790 ermöglichten mehr als 200 Jahre später die Rekonstruktion des Beckens.*

Der Schloßgraben
Die Restaurierung des Schloßgrabens, der relativ spät angelegt worden war, wurde 1998 abgeschlossen.

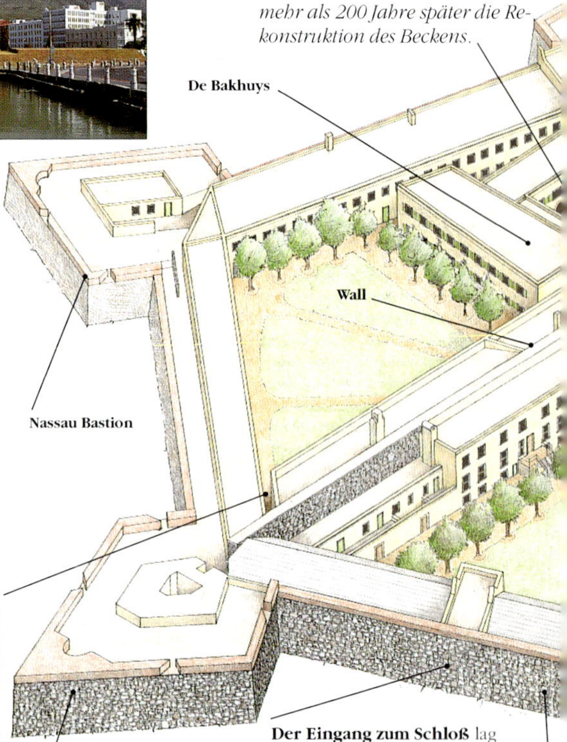

Der Eingang zum Schloß lag ursprünglich auf der Meerseite, wurde aber später zugemauert.

Der Bogengang
Für den Fußboden des Schlosses wurde im 17. Jahrhundert Schiefer aus einem Steinbruch auf Robben Island (siehe S. 84f) *verwendet.*

NICHT VERSÄUMEN

- ★ Castle Military Museum
- ★ William-Fehr-Sammlung
- ★ De Kat Balcony

★ Castle Military Museum
Die Ausstellung zeigt militärische Gegenstände, Waffen und Uniformen aus der Zeit der holländischen und britischen Besatzung des Kaps.

★ William-Fehr-Sammlung
Ausstellung von Gemälden alter Meister wie Thomas Baines, sowie Stilmöbeln, Glaskeramik und Metallwaren.

INFOBOX

Ecke Darling u. Buitenkant St. **Karte** 5 C2. *(021) 469-1111.* *Bahnhof Kapstadt.* *Mo–Sa 9–16 Uhr.* *So, 25. Dez, 1. Jan.* *tägl. 10–15 Uhr (stdl.).* *Annual Tattoo (März).*

Eingangsgiebel
Die Teakholz-Nachbildung des kapholländischen Giebels zeigt Militärsymbole: Banner, Trommeln und Kanonenkugeln.

Leerdam Bastion
Leerdam, Oranje, Nassau, Catzenellenbogen und Buren waren im Besitz von Prinz Wilhelm von Oranien.

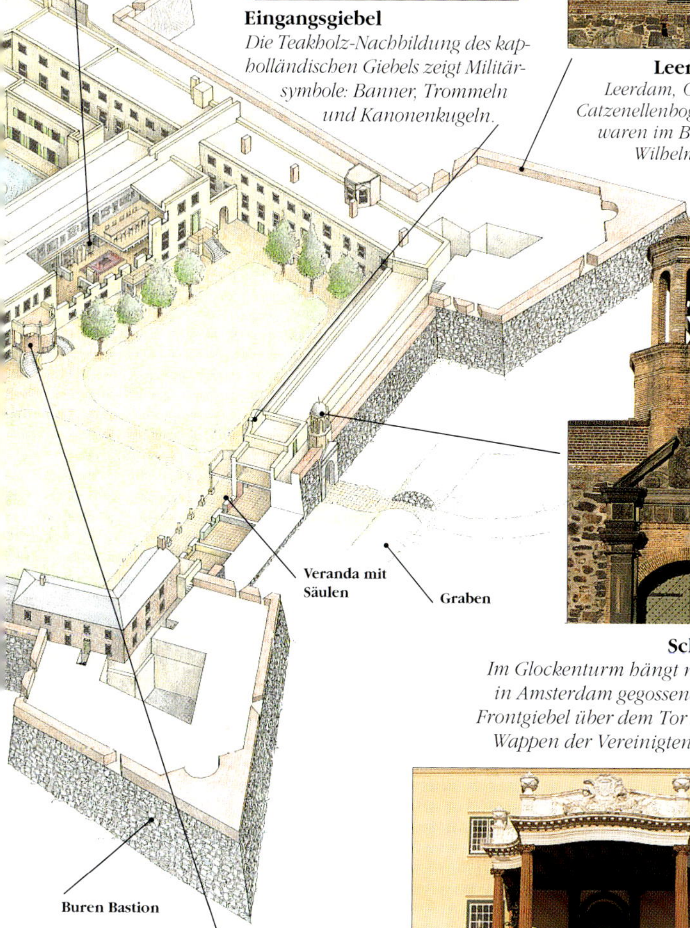

Schloßeingang
Im Glockenturm hängt noch die 1697 in Amsterdam gegossene Glocke. Den Frontgiebel über dem Tor schmückt das Wappen der Vereinigten Niederlande.

★ De Kat Balcony
Der figurenreiche Balkon, 1695 Teil eines Verteidigungswalls (»kat«), der den Platz in einen inneren und einen äußeren Hof teilte, wurde 1786–1890 umgebaut.

Lutheran Church und Martin Melck House ❺

Strand St. **Karte** 5 B1. ☎ *(021) 21-5854.* ○ *Mo, Mi, Fr 9–12 Uhr.* ♿

Da die Machthaber keine andere als die holländisch-reformierte Kirche duldeten, begann die lutherische zunächst in einem Schuppen.

Martin Melck, ein reicher lutherischer Geschäftsmann, wollte daraus ein Gotteshaus machen, sobald die Religionsgesetze lockerer würden. Der erste Gottesdienst fand 1776 statt. Einige Jahre später kam das Haus des Mesners dazu.

1787–92 verschönerte der deutschstämmige Bildhauer Anton Anreith die Kirche und fügte einen Turm hinzu. Heute sind Kirche und das Haus des Mesners nationale Denkmäler, letzteres ist Sitz des niederländischen Konsulats.

Melck starb, bevor das Pfarrhaus gebaut wurde, für das er schon das Grundstück rechts neben der Kirche vorgesehen hatte. Das Pfarrhaus entstand 1781 und diente als solches der lutherischen Kirche bis 1891. 1932 wurde es offiziell in Martin Melck House umbenannt und vier Jahre später zum Nationaldenkmal erklärt. Das Gebäude ist ein seltenes Beispiel für ein Kap-Stadthaus aus dem 18. Jahrhundert mit einer Mansarde. Heute ist darin ein Restaurant mit Nachtklub untergebracht.

Speisezimmer im Koopmans-De Wet House

Koopmans-De Wet House ❻

35 Strand St. **Karte** 5 B1. ☎ *(021) 424-2473.* ○ *Di–Sa 9.30–16 Uhr.* ● *Mo, So.* 📷 *nach Vereinbarung.* ♿

Das Haus im neoklassischen Stil entstand 1701, als die Strand Street – damals nahe an der Küste – zum vornehmsten Teil Kapstadts gehörte. Es wurde in den folgenden Jahrhunderten erweitert: Ein zweites Stockwerk kam hinzu, und der bekannte französische Architekt Louis Michel Thibault gestaltete die Fassade um 1795 im Stil Louis XVI.

Das Haus war zuletzt im Besitz der Familie de Wet. Maria de Wet lebte hier nach dem Tod ihres Mannes Johan Koopmans mit ihrer Schwester von 1880 bis zu ihrem Tod 1906. Die Schwestern sammelten viele Antiquitäten, die heute das Museum zeigt.

Die Lutheran Church in der Strand Street

Maria de Wet, eine in der Gesellschaft bekannte Gastgeberin, empfing Berühmtheiten wie den Präsidenten Paul Kruger *(siehe S. 241)* und den Bergbau-Magnaten Cecil John Rhodes *(siehe S. 50)*. Sie veranlaßte erste Schritte zur Erhaltung vieler historischer Gebäude Kapstadts, und ihr ist es zu verdanken, daß bei der Planung einer neuen Bahnstrecke nicht Teile des Schlosses zerstört wurden.

Bo-Kaap Museum ❼

71 Wale St. **Karte** 5 A1. ☎ *(021) 24-3846.* ○ *Mo–Sa 9.30–16.30 Uhr.* ● *So, Karfreitag, 25. Dez.* 📷 *nach Absprache.* ♿

Das 1760 gebaute Museum ist das älteste Haus der Gegend, dessen ursprüngliche Form noch erhalten ist.

Das charakteristische Merkmal ist die *voorstoep* (Veranda) mit seitlichen Sitzbänken, die den sozialen Aspekt der kap-muslimischen Kultur bezeugen: Die Vorderseite war ein wichtiger Treffpunkt für die Familie und Freunde.

Das Museum zeigt den kulturellen Beitrag der ersten Muslime, von denen viele Seefahrer, Zimmerleute, Schuster und Baumeister waren: Möbel aus dem 19. Jahrhundert, darunter ein kostbarer Eßtisch zum Ausziehen, Stühle im Kap-Regency-Stil und ein Brautzimmer mit zum Brautkleid passender Dekoration.

Tafelberg ❽

Siehe S. 74 f.

Kap-malaysische Kultur in Kapstadt

Die Niederländisch-Ostindische Kompanie brachte 1658 die ersten Malaien ans Kap, von denen die meisten Moslems aus Sri Lanka, Indien und von den indonesischen Inseln waren. Viele waren Sklaven, andere politische Flüchtlinge. Als um 1830 die Sklaverei endete, ließen sich die Kap-Malaien (oder Kap-Moslems, wie sie heute lieber genannt werden) an den Hängen des Signal Hill nieder, in der Nähe der dortigen Moscheen (die Auwal-Moschee stammt von 1794). Diese Gegend wird Bo-Kaap (»oberhalb Kapstadts«) genannt. Die Malaien hatten einen bedeutenden Einfluß auf die Sprache Afrikaans und die Küche anderer Kulturen *(siehe S. 342)*. Heute stellt die muslimische Gemeinschaft einen großen Anteil an der kapstädtischen Bevölkerung dar: Die Rufe der Muezzins von den Minaretten zur Sammlung der Gläubigen sind fester Bestandteil des städtischen Alltags.

Mango-Atchar

Strassen im Bo-Kaap

Die traditionelle Heimat der Kap-Muslime oberhalb des modernen Kapstadt ist zu Fuß vom Stadtzentrum aus leicht erreichbar. Typisch sind die schmalen, pastellfarbenen Häuserfronten entlang der Straßen.

Verzierte Brüstungen und Stuckarbeiten schmücken die Häuser, von denen die meisten aus der Zeit um 1810 stammen.

Kopfsteinpflaster gibt es noch, doch viele Straßen sind nun geteert.

Die Muslim-Tradition *schreibt für festliche Anlässe eine feste Kleiderordnung vor: Männer tragen den traditionellen Fes, Frauen den charakteristischen Tschador (langer Mantel oder Schal).*

Der türkische Fes *wird noch getragen, üblicher sind jedoch gestrickte Hüte oder solche aus schwarzem Tuch.*

Signal Hill *ist die traditionelle Heimat der kapmuslimischen Gemeinschaft. Weiter oben ersetzten moderne Apartmenthäuser die altmodischen Bo-Kaap-Häuser.*

Die Moschee in der Longmarket Street *ist wie viele Bo-Kaap-Moscheen zwischen Wohnhäusern eingekeilt. Die Religion ist fester Bestandteil im Leben eines jeden gläubigen Muslim.*

Im Detail: Gardens

Der berühmte Gemüsegarten Jan van Riebeecks entstand 1652, um Schiffe, die das Kap der Guten Hoffnung umrundeten, mit frischen Lebensmitteln zu versorgen. Der »Company's Garden« ist ruhig und schattig mit vielen exotischen Büschen und Bäumen, Treib- und Vogelhaus (authentische Niederschriften belegen, daß hier unter Gouverneur Simon van der Stel eine Menagerie stand), einer Sonnenuhr von 1787 und einem Restaurant mit Terrasse. Der Birnbaum in der Nähe, der bald nach der Ankunft Jan van Riebeecks gepflanzt wurde, ist der älteste gezogene Baum Südafrikas. Sehenswert sind auch der alte, stillgelegte Ziehbrunnen und der Spund im knorrigen Baum nebenan.

Zur Orientierung
Siehe Kartenteil, Karte 5

★ South African Museum und Planetarium
Das Museum wurde 1897 gegründet. Es zeigt Exponate zur Naturgeschichte, Archäologie, Entomologie und Paläontologie. Im Planetarium wird der südliche Nachthimmel nachgestellt. ⓫

Legende

- - - Routenempfehlung

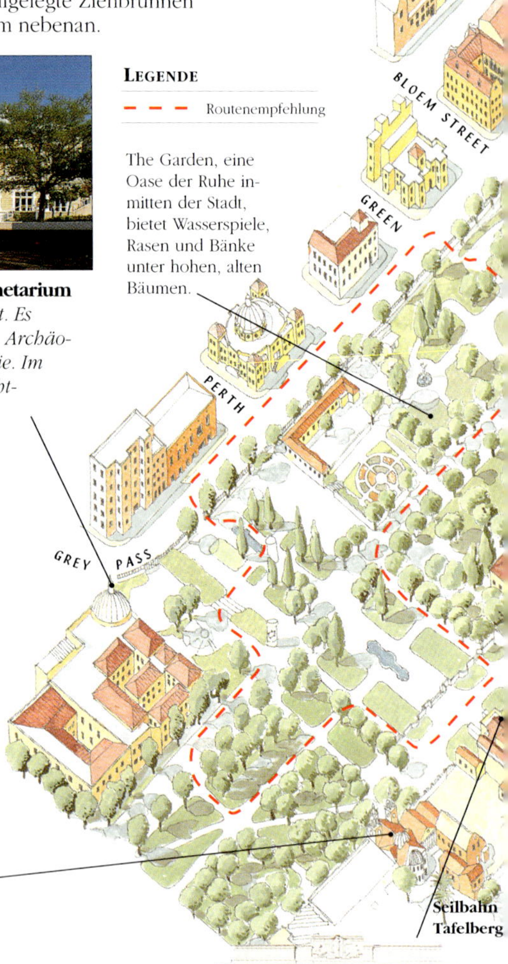

The Garden, eine Oase der Ruhe inmitten der Stadt, bietet Wasserspiele, Rasen und Bänke unter hohen, alten Bäumen.

Seilbahn Tafelberg

Jewish Museum und Great Synagogue
Kapstadts Hauptsynagoge grenzt an das sehenswerte Jüdische Museum. Die Türme sind städtische Wahrzeichen. ❿

Nicht versäumen

- ★ **Government Avenue**
- ★ **South African Museum und Planetarium**
- ★ **South African National Gallery**

★ South African National Gallery
Neben der 6500 Gemälde umfassenden Sammlung gibt es Wechselausstellungen zeitgenössischer lokaler Künstler. ❾

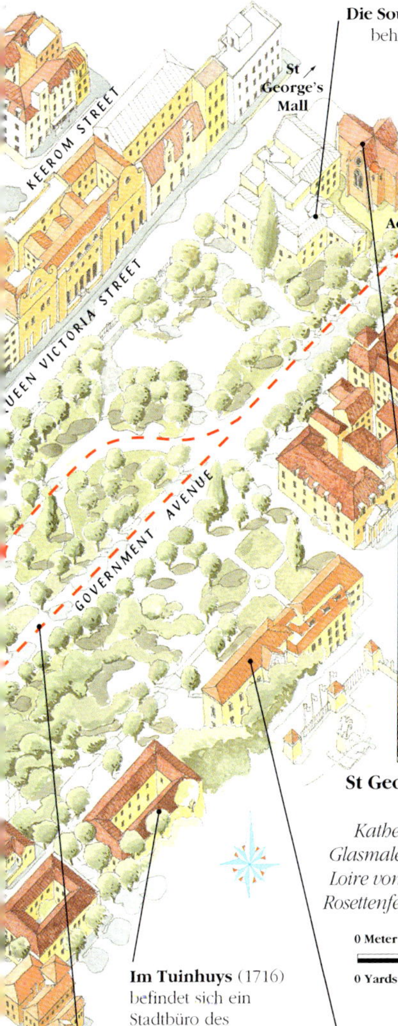

Die South African Library beherbergt drei kostbare Privatsammlungen, darunter die von Sir George Grey, einem der ersten Kap-Gouverneure.

St George's Cathedral
Die anglikanische Kathedrale (1901) birgt Glasmalereien von Gabriel Loire von Chartres und ein Rosettenfenster von F. Spear.

Im Tuinhuys (1716) befindet sich ein Stadtbüro des Staatspräsidenten.

★ Government Avenue
Schattige Eichen ersetzten die Zitronenbäume dieser Allee.

Houses of Parliament
Der beeindruckende Sitz der Südafrikanischen Regierung mit dem Säulengang wurde 1884 für die gesetzgebende Versammlung der Kapkolonie gebaut.

South African National Gallery ❾

An der Government Ave. **Karte** 5 B2. *(021) 465-1628.* *Di–So 10–17 Uhr.* *Mo.*

Die Sammlung basiert auf einer Schenkung von Thomas Butterworth Bayley aus dem Jahre 1872. Viele Gönner erweiterten die beeindruckende Sammlung von holländischen, französischen und britischen Werken (17. bis 19. Jh.), Lithographien, Radierungen und britischen Gemälden (Anfang 20. Jahrhundert). Zeitgenössische Kunst südafrikanischer Volksgruppen ist ebenso zu sehen wie eine bedeutende Sammlung an Skulpturen und Perlarbeiten.

Jewish Museum und Great Synagogue ❿

84 Hatfield St. **Karte** 5 A2. *(021) 465-1546.* *Di–Do 13.30–17 Uhr, So 10.30–12.30 Uhr.* *Mo, Fr u. Sa.*

Das Museum, 1904 im neoägyptischen Stil gebaut, zeigt anhand von Gebetsbüchern, Fotografien, Möbeln und zeremoniellen Gegenständen die Geschichte der jüdischen Siedler am Kap auf.

Die Große Synagoge daneben entwarfen die schottischen Architekten Parker und Forsyth. 1904 wurde mit dem Bau begonnen, ein Jahr später war er bereits fertig.

South African Museum und Planetarium ⓫

25 Queen Victoria St. **Karte** 5 A2. *(021) 424-3330.* *tägl 10–17 Uhr.* *Karfreitag, 25. Dez.* *Mi frei.*

Besonders sehenswert sind die Wal-Skelette, die Dioramen einer frühgeschichtlichen Karoo, das lebensgroße Modell eines San-Buschmannes und die Felsmalereien in komplett nachgebauten Höhlenausschnitten. Das Planetarium zeigt Sternbilder der Südhalbkugel in der jeweiligen Jahreszeit.

Tafelberg ❽

Seilbahn

Die Bergkette der Kap-Halbinsel besteht aus Sedimentgestein. Sie liegt auf altem Schieferton, der sich vor mehr als 700 Millionen Jahren abgelagert hat, sowie auf weiten Granitfeldern. Die Sedimente lagerten sich vor über 450 Millionen Jahren ab, als die Halbinsel, damals ein Teil von Gondwana, unterhalb des Meeresspiegels lag. Nach dem Absinken des Ur-Ozeans führten Wind, Regen, Eis und extreme Temperaturen zur Erosion der weicheren Schichten. Auf diese Weise wurde die charakteristische Tafel des Tafelbergs herauserodiert.

Königliche Besucher
1947 begleiteten König Georg V. und die spätere Queen-Mom Premierminister Smuts auf einer Wanderung

Kirstenbosch National Botanical Gardens
Die Gärten (siehe S. 100f) *liegen am Fuße der Bergkette. Drei Hauptwege und zahlreiche Pfade führen die Hänge hinauf.*

King's Blockhouse
Dies ist die besterhaltene der drei Steinfestungen, die unter der ersten britischen Besetzung des Kaps im 18. Jahrhundert gebaut wurden (siehe S. 46f).

Fauna und Flora des Tafelbergs

Disa-Orchidee

Von den 2285 Pflanzenarten auf der Kap-Halbinsel finden Sie über 1400 im Naturschutzgebiet am Tafelberg, darunter auch *Disa uniflora* (Pride of Table Mountain), die meist an Flüssen und Wasserfällen gedeiht, sowie Spezies aus der Familie *regal protea*. Zu den Wildtieren, meist kleine Säugetiere, Reptilien und Vögel, gehört auch der seltene und verborgen lebende *Ghost frog*, den man in einigen wenigen Flüssen, die das ganze Jahr über Wasser führen, auf dem Plateau finden kann.

Ghost frog

Legende

- Hauptstraße
- Straße
- Wanderweg
- Aussichtspunkt
- Beginn eines Wanderwegs
- Mountainbike-Zugang
- Wildblumen
- Parken

Das Plateau
Von hier bietet sich ein grandioser Blick auf den Hely-Hutchinson-Stausee und die Rückseite des Tafelberges, südlich auf False Bay und Cape Point.

INFOBOX

Karte 4 D5, E5, F5. The Table Mountain Aerial Cableway Company, *(021) 424-5148.* *1. Nov–30. Apr 8–22.30 Uhr, 1. Mai–31. Okt 8.30–18 Uhr.* *bei Wind über 80 km/Std.* *Tourism Gateway, Adderley St.*

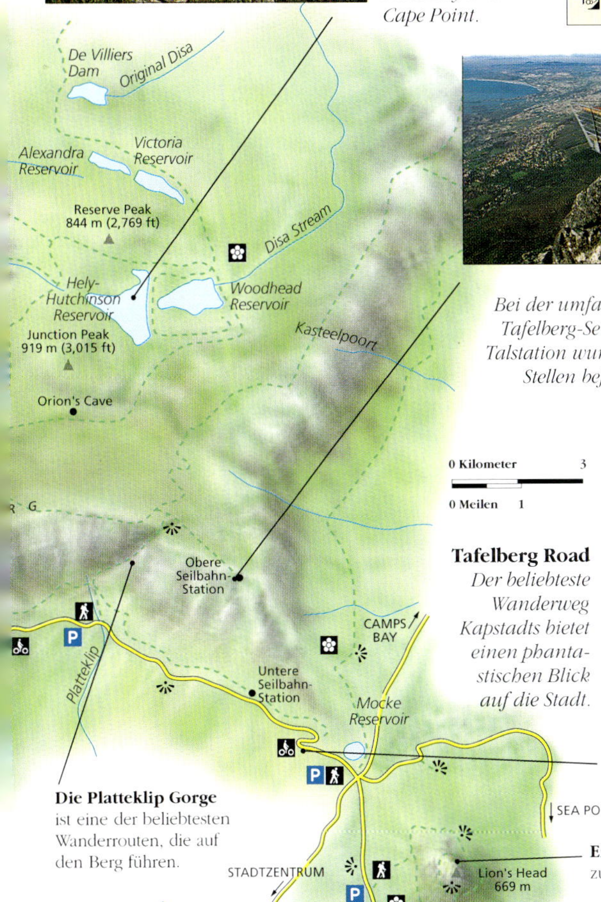

Aussichtsplattform
Bei der umfassenden Renovierung der Tafelberg-Seilbahn mit der Berg- und Talstation wurden 1998 an markanten Stellen befestigte Aussichtsterrassen angelegt.

Tafelberg Road
Der beliebteste Wanderweg Kapstadts bietet einen phantastischen Blick auf die Stadt.

Die Platteklip Gorge ist eine der beliebtesten Wanderrouten, die auf den Berg führen.

Eine Ringstraße führt zum Lion's Head.

Kramat
Goolam Muhamed Soofis Grabstätte ist eins von sechs muslimischen Heiligtümern, die in einem Kreis die Halbinsel umgeben.

WANDERINFO

Mehrere gut markierte, nach Schwierigkeitsgrad abgestufte Wege führen auf den Gipfel. Wanderer sollten feste Bergschuhe tragen und vor der Wanderung die Talstation der Seilbahn kontaktieren, da sich das Wetter schlagartig ändern kann. An windigen oder nebligen Tagen wird von einer Wanderung abgeraten.

Wanderer

Victoria & Alfred Waterfront

Plakette der Victoria & Alfred Mall

Kapstadts erfolgreiches Waterfront-Projekt wurde nach Königin Victorias Sohn benannt. 1860 begann der junge Prinz Alfred mit dem Bau des ersten Hafendamms in der stürmischen Tafelbucht, indem er Steine, die aus dem Meeresboden ausgegraben wurden, im Wasser aufhäufte. Das Alfred-Becken schützte Schiffe vor den gewaltigen Stürmen, die im Winter um das Kap tosten und viele Schiffe sinken ließen.

Da die Schiffe immer größer wurden, wurde das Victoria-Becken gebaut, um das Alfred-Becken zu entlasten. Ab 1960 verfielen die Becken und die umliegenden Hafengebäude zusehends. Im November 1988 beschloß die Waterfront-Gesellschaft schließlich, die Hafenanlagen zu modernisieren und auszubauen. Heute können Sie durch die Einkaufsmeile bummeln, an einer der vielen Buden einen Imbiß zu sich nehmen und dabei die täglichen Arbeiten im Hafen beobachten.

In der Table Bay, etwa elf Kilometer nördlich der Waterfront, liegt Robben Island, die politische Enklave, die wegen der hier inhaftierten hochrangigen Regimekritiker international berühmt wurde. Fast immer war Robben Island eine Gefangenen-Insel – für erste Sklaven, Sträflinge, Aussätzige und Geisteskranke. 1961 wurde hier für führende politische Aktivisten, darunter auch Nelson Mandela, ein Hochsicherheitsgefängnis eingerichtet. Heute ist die Insel ein Naturschutzgebiet und das ehemalige Gefängnis ein Museum.

Sehenswürdigkeiten auf einen Blick

Victoria & Alfred Waterfront S. 78f ❶

Robben Island S. 84f ❷

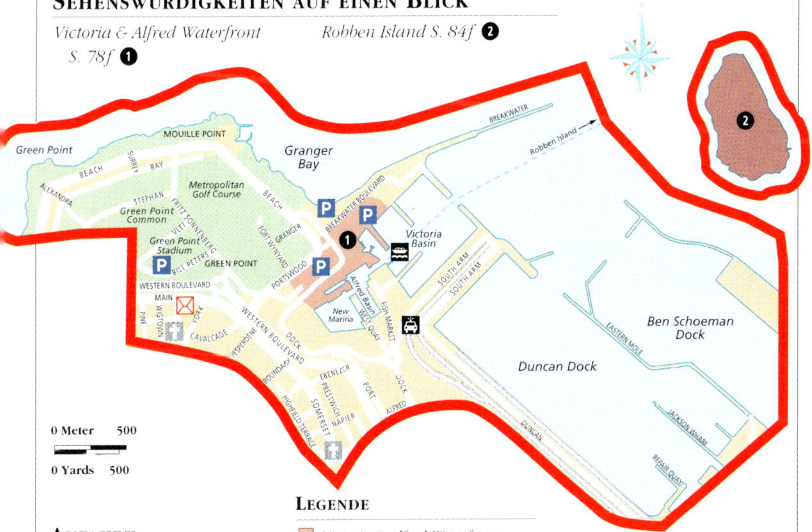

Legende

- Victoria & Alfred Waterfront *Siehe S. 78f*
- Robben Island *Siehe S. 84f*
- Parken
- Polizeirevier
- Kirche
- Postamt
- Fähre

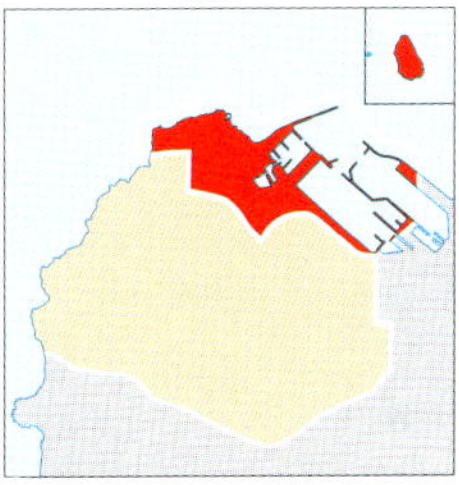

Anfahrt

Die beliebte Victoria & Alfred Waterfront ist sowohl an allen Eingängen als auch an der N1 und N2 gut ausgeschildert. Man kann sie auch gut mit dem städtischen »Waterfront Shuttle-Bus« erreichen, der alle 15 Minuten vom Infozentrum in der Adderley Street gegenüber dem Bahnhof abfährt.

◁ **Das Victoria & Alfred-Waterfront-Einkaufs- und Vergnügungszentrum ist Bestandteil des Hafens**

Victoria & Alfred Waterfront ❶

Schild des Hard Rock Café

DIE VICTORIA & ALFRED WATERFRONT ist ein Einkaufsparadies voller Designer-Boutiquen, Geschenkläden, Läden mit witziger handbemalter Kleidung, Gesundheits- und Schönheitsartikeln sowie über 40 ethnischer Lebensmittelgeschäfte. Die meisten Imbißstände blicken auf den Hafen, äußerst beliebt sind auch Picknicks am Kai und auf den Stegen. Viele Lokale bieten Live-Musik, am Green Dolphin gibt es ausgezeichneten Jazz. Ausflüge aller Art beginnen an der Waterfront: Hubschrauberflüge über die Halbinsel, Fahrten durch den Hafen, nach Robben Island oder mit Champagner bei Sonnenuntergang vor Clifton Beach.

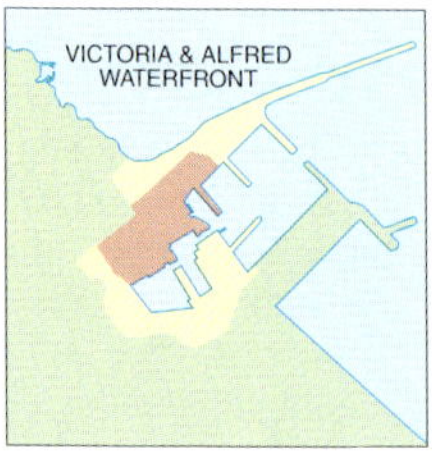

Zur Orientierung

- *Dargestelltes Areal*
- *V&A Waterfront-Erweiterungen*

★ BMW-Pavillon
Der moderne Ausstellungsraum zeigt täglich rund um die Uhr die neuesten BMW-Modelle. Im Gebäude ist auch das IMAX-Kino mit Riesen-Leinwand und Mega-Sound untergebracht.

★ Two Oceans Aquarium
In den bruchsicheren Glasbecken und Tunnel tummeln sich u. a. Gelbschwänze, Schildkröten und sogar ein Kurzschwanz-Stechrochen.

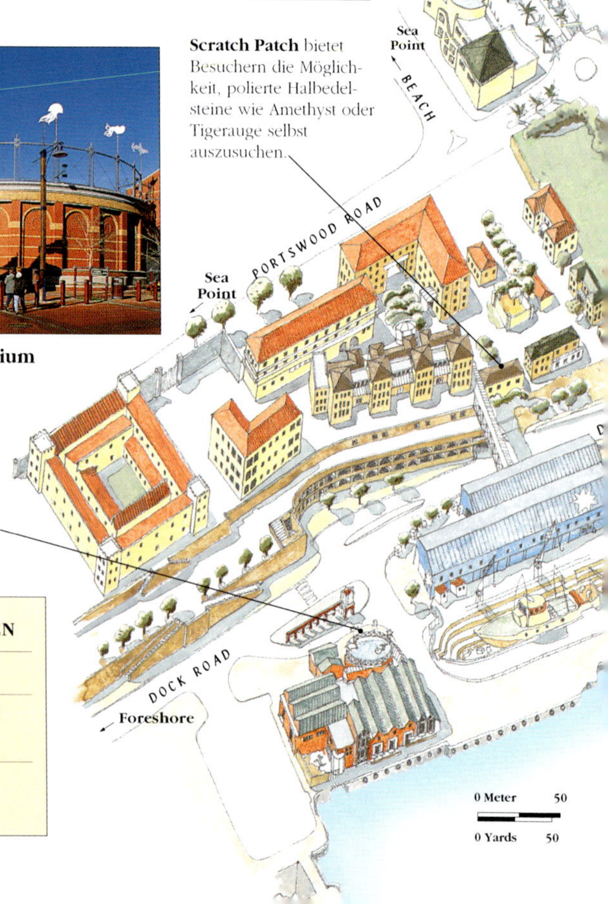

Scratch Patch bietet Besuchern die Möglichkeit, polierte Halbedelsteine wie Amethyst oder Tigerauge selbst auszusuchen.

Nicht versäumen

- ★ BMW-Pavillon
- ★ Victoria & Alfred Mall
- ★ Two Oceans Aquarium

Table Bay Hotel
Eines der ältesten und vornehmsten Hotels an der Victoria & Alfred Waterfront mit höchstem Komfort und Luxus. Von jedem Zimmer aus hat man einen herrlichen Ausblick auf den Tafelberg und den betriebsamen Hafen.

Das Telkom Exploratorium erlaubt faszinierende Einblicke in die Wunder der modernen Technik.

★ Victoria & Alfred Mall
Exklusive Geschäfte, Boutiquen, gemütliche Lokale und zwanglose Verkaufsstände verleihen der Einkaufsmeile einen marktähnlichen Charakter.

Planet Hollywood
Mit dieser beliebten Restaurantkette, die Arnold Schwarzenegger, Sylvester Stallone, Bruce Willis und Demi Moore gehört, kommt Hollywood nach Afrika.

Cape Grace Hotel
Das vornehme Hotel am Westkai der Victoria & Alfred Waterfront bietet wunderschöne Ausblicke.

INFOBOX

Kapstadts Hafen. **Karte** 2 D–E 3–4. *Visitor's Centre (021) 418-2369. vom Bahnhof Kapstadt und Sea Point. Waterfront Shuttle zwischen Stadtzentrum, Tafelberg, Flughafen Kapstadt und Waterfront. Bertie's Landing. 9–24 Uhr. Dragon Boat Races (Jan); Cape To Rio (Jan, alle 3 Jahre); Wine Festival (Sep).*

Überblick: Waterfront

Die Victoria & Alfred Waterfront ist eine der am meisten besuchten Attraktionen Kapstadts. Das Milliardenprojekt, basierend auf anderen Anlagen wie der im Hafen von San Francisco, ist leicht zu erreichen: Ein Pendelbus verkehrt zwischen hier und dem Bahnhof in der Adderley Street, und es gibt genügend Parkplätze. Die größeren Geschäfte haben von 9 bis 21 Uhr geöffnet, die meisten Restaurants schließen erst nach Mitternacht. Hier befinden sich auch einige der neuesten Hotels der Stadt.

Liegeplatz der Whitbread-Round-the-World-Segelboote an der Waterfront

Two Oceans Aquarium

Dock Rd. **Karte** 2 D4. *(021) 418-3823.* *Feb–Nov 9.30–18 Uhr; Dez–Jan 9.30–19 Uhr.*

Eine phantastische Einführung in die unglaubliche Vielfalt der Meerestiere rund um die Kapküste. Hier wird weltweit erstmals ein vollständiges Flußökosystem von der Bergquelle bis zum offenen Meer nachgestellt.

Eines der faszinierendsten Exponate ist ein deckenhoher Glaskasten, in dem sich Schwärme unterschiedlicher Fischarten, wie der *Red Roman*, gelassen in den schwankenden Kelpwäldern tummeln. Abgesehen von Wasservögeln wie der Bachstelze gibt es auch eine Kolonie von Brillenpinguinen, ein Becken mit schelmischen Seehunden und den berühmten Streichel-Pool, wo staunende Kinder Unterwassertiere wie Krabben, Seesterne und Seeigel berühren dürfen.

Alfred Basin (Westkai)

Von der Dock Rd ab. **Karte** 2 E4.

Das Hafenbecken, überragt vom vornehmen Cape Grace Hotel *(siehe S. 316)*, ist ein zentraler Bestandteil des belebten Hafens, hier werden Fischerboote im Robinson Graving Dock repariert. Am Trockendock entlang erstreckt sich der Waterfront-Kunsthandwerksmarkt, einer der größten überdachten Märkte Südafrikas, der handgefertigte Spielsachen, Möbel, Kerzen und Kunstgegenstände bietet. Neben dem blauen Schuppen zeigt das **South African Maritime Museum** die größte Schiffsmodell-Sammlung Südafrikas. Die *SAS Somerset*, ein ehemaliges Verteidigungsschiff und Bestandteil des Museums, kann gegen zusätzliches Eintrittsgeld besichtigt werden.

Viktorianischer Turm

South African Maritime Museum

Shop 17, Dock Rd. *(021) 419-2505.* *tägl. 9.30–17 Uhr.* *Karfreitag, 25. Dez.*

Victoria Basin

Karte 2 E3.

Der beliebteste Treffpunkt an der Waterfront, Quay Four *(siehe S. 346)* an der Ecke des Hafenbeckens, bietet einen phantastischen Ausblick auf den Hafen und den Bootsverkehr. Das große Agfa-Amphitheater veranstaltet regelmäßig freie Lesungen und Konzerte unterschiedlichster Künstler, von der Kapstädter Philharmonie bis zu afrikanischer Musikern mit ihren Tanzeinlagen. Im **Red Shed** kann man Glasbläsern bei der Arbeit zusehen und Keramik, Lederwaren, Schmuck und Geschenke kaufen. Das **King's Warehouse** daneben bietet den Fang des Tages, knackige Gemüse, duftende Kräuter, exotische Gewürze und viele Delikatessen wie handgeformte Pasta und frische italienische Kekse an.

Red Shed

Gegenüber IMAX. *(021) 418-2850.* *tägl. 9–18 Uhr.*

King's Warehouse

Breakwater Blvd. *(021) 418-2850* *tägl. 9–22.30 Uhr.*

Im BMW-Pavillon

IMAX im BMW-Pavillon

Ecke Portswood u. Dock Rd. **Karte** 2 D3. *(021) 419-7365.* *Pavillon: 24 Std. IMAX: tägl. 11 Shows ab 11 Uhr; letzte Show Sa 22.15 Uhr, Wochentage u. So 21.15 Uhr.*

Das IMAX-Kino befindet sich im Pavillon, einem Ausstellungsraum für die neuesten Modelle von BMW.

Eindrückliche Filme über unseren Planeten, z. B. über Vulkane oder Wale, werden auf eine fünf Stockwerke hohe Leinwand projiziert. Der kristallklare Sound aus den leistungsstarken Rundum-Lautsprechern macht diese Filme zu einem fesselnden Erlebnis.

Ausstellungen im Two Oceans Aquarium

Die Beliebtheit und der Erfolg dieser Einrichtung basieren auf seinem neuartigen didaktischen Ansatz. Das Aquarium ist ständig auf dem neuesten wissenschaftlichen Stand. Für die Zukunft sind ein Quallenbecken und eine Quarantäne-Abteilung geplant. Alle Exponate sollen der Öffentlichkeit die empfindliche Meereswelt und die Notwendigkeit ihres Schutzes nahebringen. Besonders junge Besucher freuen sich, die Meerestiere berühren zu können. Das Alpha Activities Centre bietet täglich ein interessantes Programm in der Nähe der Seehunde. Übernachtungen vor dem Raubfisch-Becken sind der Hit bei den 6- bis 12-jährigen Kindern. Abenteuerlustige Besucher mit gültigem Tauchschein können Tag- und Nacht-Tauchgänge buchen oder an spektakulären Fütterungen im Raubfisch- oder Kelpbecken teilnehmen.

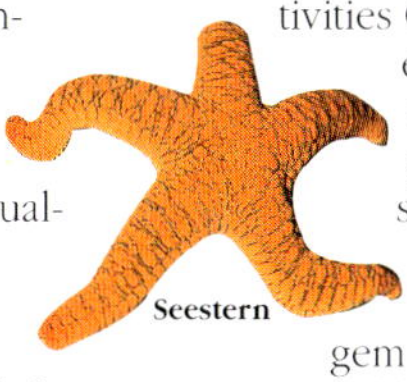
Seestern

Die Exponate

Die Exponate werden in eindrucksvoller, anregender Atmosphäre dargeboten. Viele sind interaktiv und geben dem Besucher die Möglichkeit, das Meeresleben aus erster Hand zu erfahren. Neueste Technologie deckt die Geheimnisse selbst der winzigsten Meeresgeschöpfe auf.

Das Innere des Aquariums *wurde sorgfältig geplant, um die Lebensräume von Ozean und Flüssen nachzubilden.*

Der I & J Predator Tank*, ein Becken aus bruchsicherem Glas, faßt zwei Millionen Liter Wasser. Da es zum Meer offen ist, spülen die Gezeiten ständig frisches Wasser für Schildkröten, Yellowtails und Haie herein.*

Im Streichel-Pool *dürfen Kinder Meerestiere wie Krabben und Seesterne in die Hand nehmen.*

Brillenpinguine*, die nach einer Ölpest gerettet wurden, bilden im Aquarium eine Kolonie.*

Der Gezeiten-Pool *beherbergt Entenmuscheln, Seesterne, -anemonen und Schwammarten.*

Kurzschwanz-Stechrochen *leben im Raubfisch-Becken.*

Nachtleben an der Victoria & Alfred Waterfront ▷

SEALINK
TOURS

Robben Island ❷

Turm aus dem Zweiten Weltkrieg

Die Holländer gaben Mitte des 17. Jahrhunderts der Insel wegen der vielen Robben den Namen »Robbe Eiland«. Sie hat seither viel menschliches Elend gesehen. Schon 1636 gab es hier eine Strafkolonie, die 1960 von der südafrikanischen Gefängnisverwaltung übernommen wurde. 1991, nach der Entlassung des letzten politischen Gefangenen, wurde die Insel wegen ihrer Bedeutung als Brutstätte für Seevögel unter Naturschutz gestellt. Zu den seltenen Vogelarten gehören auch die wandernde Kap-Seeschwalbe und der Brillenpinguin. Heute trägt die Insel ein bedeutendes ökologisches und historisches Erbe.

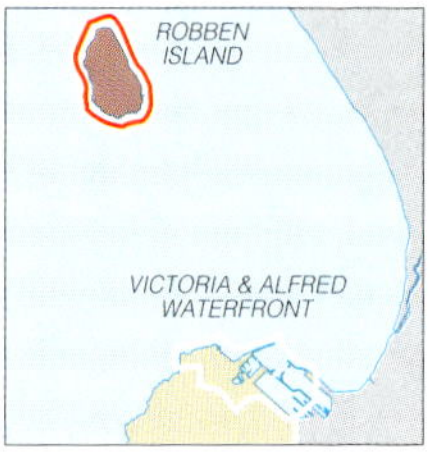

★ Governor's House
Das stattliche viktorianische Gebäude von 1895 war ursprünglich das Wohnhaus des Befehlshabers der Insel. Heute dient es als Konferenzzentrum und Gästehaus von höchstem Komfort für Würdenträger und VIPs.

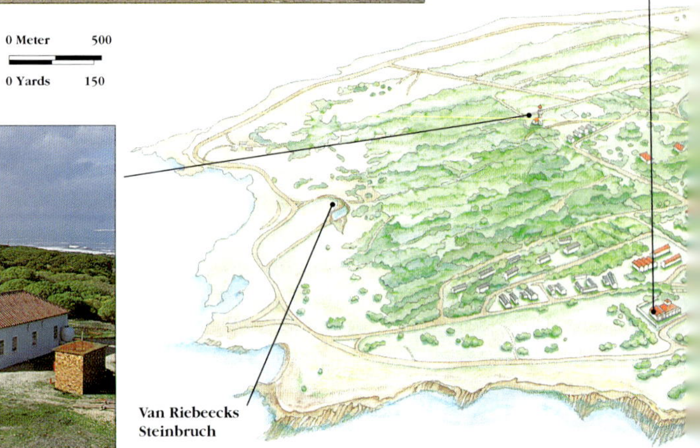

Van Riebeecks Steinbruch

Der Leuchtturm
Der 18 Meter hohe Leuchtturm ersetzt seit 1863 die bis dahin gebräuchlichen Signalfeuer. Sein Lichtstrahl ist bis zu 25 Kilometer weit zu sehen.

Nicht versäumen

- ★ Governor's House
- ★ Kalksteinbruch
- ★ Gefängnis

Politische Gefangene

Im 18. Jahrhundert schickte die Niederländisch-Ostindische Kompanie Prinzen und Scheichs aus Indien, Malaysien und Indonesien nach Robben Island, da sie zum Widerstand gegen ihre Kolonialherren aufgestachelt hatten. Die Briten verbannten rebellische Xhosa-Anführer Anfang des 18. Jahrhunderts hierher. 1963 schickte die südafrikanische Regierung Nelson Mandela und sieben andere Aktivisten zu lebenslanger Haft auf die Insel.

Xhosa-Führer auf Robben Island, 1862

INFOBOX

Straßenkarte B5. ☎ *(021) 419-1300.* ⛴ *Bertie's Landing, Victoria & Alfred Waterfront, 9.30, 11.45, 13.15 Uhr.* ● *bei starkem Wind und rauher See.* *obligatorisch: 10, 12, 14 Uhr; Führung dauert 3,5 Std.* ♿ *Kartenschalter vorher informieren.*

Küstennahe Insel
Diese flache, felsige Insel – elf Kilometer nördlich von Kapstadt im kalten Atlantik – besteht hauptsächlich aus blauem Schiefer und erhebt sich maximal 30 Meter über den Meeresspiegel. Keiner der Bäume auf der Insel ist einheimisch.

Kap-Seeschwalbe
Diese gefährdete Zugvogelart nistet auf dem nördlichen Teil der Insel.

★ Gefängnis
Robben Island diente seit 1658, als Jan van Riebeeck seinen Dolmetscher hierher schickte, als Ort der Verbannung. Das Hochsicherheitsgefängnis wurde 1964 fertig.

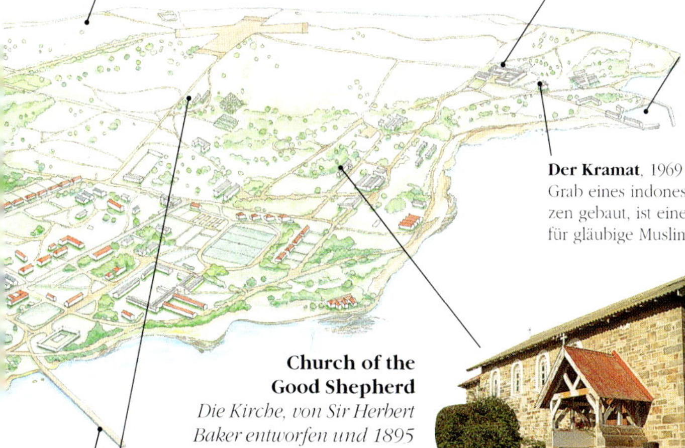

Murray's Bay Hafen

Der Kramat, 1969 über dem Grab eines indonesischen Prinzen gebaut, ist eine Pilgerstätte für gläubige Muslime.

Church of the Good Shepherd
Die Kirche, von Sir Herbert Baker entworfen und 1895 von Aussätzigen gebaut, durften nur Männer betreten. Die Betenden mußten stehen oder liegen, da es keine Bänke gab.

Faure Jetty

★ Kalksteinbruch
Politische Gefangene mußten mindestens sechs Stunden am Tag hier arbeiten. Wegen des ständigen Staubes und des gleißenden Sonnenlichts auf den weißen Kalkfelsen litt ihre Sehkraft.

Abstecher

Im Sommer heizt sich der Stadtkern auf der Nordseite des Tafelbergs enorm auf und bewirkt so einen Ansturm auf die herrlichen Strände der Kap-Riviera: Clifton, Camps Bay und Llandudno. Parkplätze werden knapp, wenn die Sonnenhungrigen die Küstenorte Hout Bay, Kommetjie und Scarborough oder Cape Point mit dem spektakulären Meeresblick heimsuchen. Die bewaldeten Südhänge des Tafelberges sind kühler, bekanntlich regnet es in Newlands, wenn über den Stränden der Kap-Riviera die Sonne am blauen Himmel steht. Am Südhang liegen auch die Kirstenbosch National Botanical Gardens mit 7000 Pflanzenarten und das weltberühmte Weingut Groot Constantia. An der Küste der False Bay ist das Wasser bei Fish Hoek und Muizenberg fünf Grad wärmer als an der Westseite der Kap-Halbinsel.

Paviane am Cape Point

Auf einen Blick

Historische Gebäude

Groot Constantia S. 96f 10
Mostert's Mill 13
Rhodes Memorial 14
South African Astronomical Observatory 15

Parks

Kirstenbosch National Botanical Gardens S. 100f 11
Ratanga Junction 16

Vororte

Green Point und Sea Point 1
Kap-Riviera 2
Hout Bay 3
Noordhoek 5
Simon's Town 7
Fish Hoek 8
Muizenberg 9
Newlands 12

Reservate

Cape of Good Hope Nature Reserve 6

Ausflug

Die Kap-Halbinsel 4

20 km = 12 Meilen

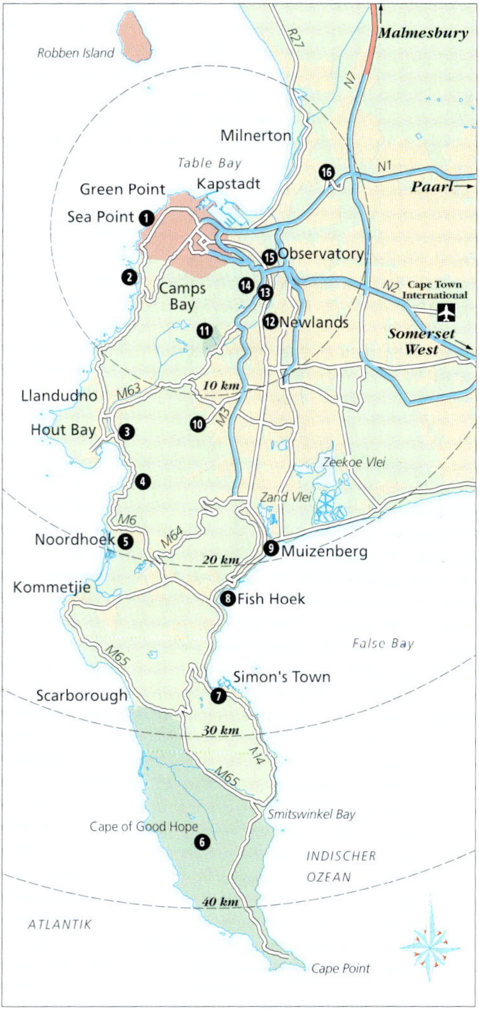

Legende

- Interessante Sehenswürdigkeit
- Bebautes Gebiet
- Reservatgrenze
- Internationaler Flughafen
- Autostraße
- Hauptstraße
- Nebenstraße

◁ **In den Kirstenbosch National Botanical Gardens gibt es etwa 28 Arten einheimischer Zikaden**

Luftaufnahme von Sea Point an Kapstadts Atlantikküste

Green Point und Sea Point ❶

Main oder Beach Rd. **Karte** 1 B4, 3 C1.

Mit dem Bau der Victoria & Alfred Waterfront 1995 stiegen die Grundstückspreise in den benachbarten Küstenorten wie Green Point und Mouille Point stark an. Die Beach Road, nur ein paar Schritte vom Meer entfernt, säumen teure Apartment-Hochhäuser, vornehme Restaurants und moderne Bürobauten. Green Point Common direkt am Wohnviertel wurde 1657 Jan van Riebeeck als Farm überlassen, der Boden erwies sich jedoch als unfruchtbar. Die Sportanlagen auf dem Common umfassen Hockey-, Fußball-, Rugby- und Kricketfelder, Bowling-Bahnen, Tennis- und Squashplätze, ein Stadion und einen 18-Loch-Golfplatz. Das durchdringende Nebelhorn des rot-weiß-gestreiften Leuchtturms von Green Point reißt regelmäßig die Bewohner von Mouille Point aus dem Schlaf, wenn Nebel vom Meer heraufzieht.

Ein Stück weiter an der Beach Road liegt Sea Point, das eine ebenso stürmische Entwicklung erlebte. Hotels, Büro- und Apartmenthäuser überragen die Sportanlagen. Sea Point war stets Kapstadts beliebteste Vergnügungsmeile. Mit Eröffnung der Victoria & Alfred Waterfront entstand jedoch eine neue und bequemere Attraktion mit modernen Lokalen, Pubs und dem Amphitheatre. Der Glanz von Seapoint verblaßte ein wenig, doch bietet der Vorort immer noch viele Restaurants, Bars und Nachtklubs.

Den ganzen Tag über wimmelt es auf der drei Kilometer langen Promenade Sea Points von Joggern, Rollerbladern, Kindern, Spaziergängern und älteren Bewohnern, die ihren Schoßhund ausführen.

Die Promenade endet an einem Pavillon, neben dem sich ein großer Parkplatz, ein Nachtklub und das Meerwasser-Freibad Sea Point Swimming Pool befindet.

Der felsige Küstenstreifen wird von kleinen Sandbuchten aufgelockert, die im Sommer von Sonnenhungrigen bevölkert werden.

Bei Ebbe halten vor allem Kinder zwischen den Felsen gerne Ausschau nach Seeanemonen, winzigen Seesternen, Muscheln und den gelegentlich vorkommenden Tintenfischen. Graaff's Pool ist eine versteckte Badestelle. Zum Meer hin ist sie offen und traditionell nur für Männer zugänglich.

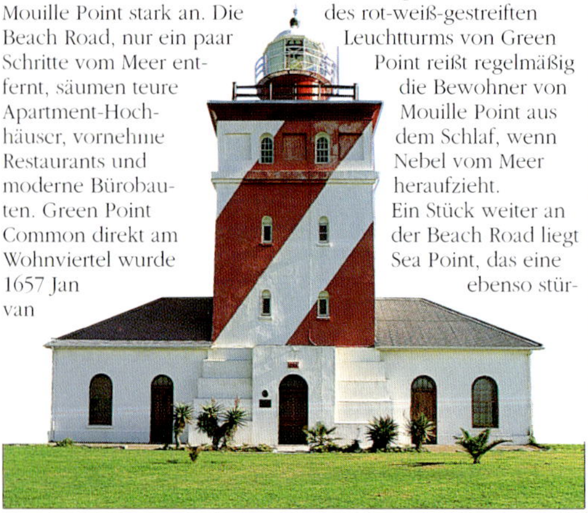

Der Leuchtturm von Mouille Point hat ein laut warnendes Nebelhorn

Sea Point Swimming Pool
Beach Rd. ☎ *(021) 434-3341.* ◯ *tägl. Nov–Apr 7–19 Uhr, Mai–Okt 9–16.30 Uhr.* ● *bei schlechtem Wetter.*

Lion's Head und Signal Hill

Den relativ leichten Aufstieg auf den Gipfel des 670 Meter hohen Lion's Head belohnt ein atemberaubender Blick auf Stadt und Atlantikküste. Wanderer können ihre Autos auf dem Parkplatz an der Signal Hill Road abstellen, die zum Wanderpfad um den Lion's Head führt (oben an der Kloof Nek Road an der Gabelung rechts abbiegen). Am Ende der Straße sind ein weiterer Parkplatz und ein Aussichtspunkt mit besonders schönem Blick auf die Skyline Kapstadts. Auf dem Signal Hill steht Kapstadts »Noon Gun«, eine Kanone, die die Briten 1890 aufstellten, um den Hafen zu verteidigen. Jeden Tag wird sie mit 1,5 Kilogramm Gewehrpulver geladen und genau um 12 Uhr mittags abgefeuert.

Spektakulärer Ausblick vom Lion's Head

Kap-Riviera ❷

Victoria Rd. **Karte** 3 B2–5.

KURZ HINTER dem Sea Point Swimming Pool mündet die Beach Road über Queens in die Victoria Road. Bantry Bay, Clifton und Llandudno sind begehrte Adressen an diesem steilen Küstenabschnitt, der wegen der Millionärs-Villen auch »Riviera« Kapstadts genannt wird. Hier genießen die Reichen unvergleichliche Ausblicke und traumhafte Strände.

Die Küstenstraße führt zum idyllischen Hout Bay hinter dem Bergsattel, der die Felsenreihe der Twelve Apostles vom Gipfel des Little Lion's Head trennt. Sir Rufane Donkin, einst Gouverneur der britischen Kapkolonie, nannte die zwölf beeindruckenden Felspfeiler nach den biblischen Aposteln. Sie flankieren die Vororte der Riviera. Die Luxusapartments in **Bantry Bay** stehen auf Betonstützen am steilen Berghang.

Cliftons berühmte vier kleine Strandabschnitte unterteilen Granitfelsen. Fourth Beach ist besonders bei Familien beliebt, da es in der Nähe einen Parkplatz gibt. Die anderen drei Strände sind von der Straße aus nur über steile Treppen zugänglich. Das Wasser im Atlantik ist sehr kalt, aber Lion's Head schützt die Strände vor den steifen Südost-Brisen. Daher sind in den Sommermonaten alle vier Strände bei Sonnenhungrigen außerordentlich beliebt, was einen enormen Verkehr nach sich zieht.

Ein gutes Essen mit Blick auf's Meer im »Blues« in Camps Bay

Die Victoria Road führt an der Küste entlang durch **Maiden's Cove**, wo es einen Gezeitenpool sowie gute öffentliche Einrichtungen gibt, sowie durch **Glen Beach**, das gerne von Surfern und Sonnenhungrigen aufgesucht wird. In **Camps Bay** säumen hohe, prächtige Palmen den breiten, geschwungenen Strand, der sehr beliebt ist, obwohl die südöstlichen Winde hier besonders im Sommer ordentlich durchfegen. Die reizvolle Lage von Camps Bay mit dem Lion's Head und der Bergkette der Twelve Apostles im Hintergrund war ausschlaggebend für die Errichtung des Luxushotels The Bay *(siehe S. 319)* und einer Reihe guter Restaurants, von denen die meisten einen unvergleichlichen Ausblick aufs Meer bieten. Der zweifellos schönste kleine Strand der Stadt, **Llandudno**, liegt etwa zehn Kilometer östlich von Camps Bay. Das kleine elitäre Wohngebiet auf einem Felsvorsprung am Fuße des Berges Little Lion's Head sieht man erst von der höchsten Stelle der Klippe aus. Am geschwungenen weißen Strand mit seinem klaren, türkisfarbenen Wasser wird besonders gerne dem Sonnenuntergang zugeprostet. Ein 20minütiger Fußmarsch Richtung Westen führt zur abgelegenen und geschützten **Sandy Bay**, Kapstadts Nacktbadestrand.

Bummeln am Camps Bay Beach

Der Strand von Camps Bay mit den Twelve Apostles im Hintergrund

Hout Bay ❸

Logo von The World of Birds

In Hout Bay, seit den 40er Jahren bedeutendes Fischereizentrum, läßt es sich gut wohnen oder zumindest das Wochenende verbringen. Der Name stammt von einem Tagebucheintrag Jan van Riebeecks vom Juli 1653, als er von »t'houtbaaijen« schrieb, den bewaldeten Buchten. Die Fischerei in Hout Bay, hauptsächlich *snoek* (Makrelenhecht) und Langusten, ergänzen Konservenfabriken, Fischmehlfabrik und Fischmarkt. Den ein Kilometer langen, von hohen Bergen eingerahmten Strand begrenzen niedrige, bewachsene Dünen. Im Westen liegt die Karbonkelberg-Gruppe mit dem 331 Meter hohen Sentinel Peak, im Osten das Chapman's Peak-Massiv, an dessen Hänge sich eine malerische Straße hinaufschlängelt.

Farbenprächtiger Fischkutter im Hafen von Hout Bay

Hout Bay im Überblick

Straßenkarte B5. 20 km (12 Meilen) südl. von Kapstadt auf der M6 oder M63. *von Bahnhof Kapstadt, Adderley St.*

Die grünen Täler von Hout Bay durchziehen Eichenalleen. Die vielen Pferdekoppeln und Ställe verweisen auf Reitzentren, die Reitunterricht und Ausritte anbieten. Die Bewohner führen in den frühen Morgenstunden am Strand ihre Hunde aus oder beobachten abends den Sonnenuntergang hinter dem Sentinel. Abgesehen von Schwimmern, die dem kalten Wasser trotzen, wird der Strand von Surfern, am Westende auch von Windsurfern und Hobie-Cat-Seglern besucht. Am Ostende der Bucht sitzt eine 1,4 Meter hohe Bronzestatue eines Leoparden auf einer Felsspitze, die der hiesige Künstler Ivan Mitford-Barberton 1963 schuf. In Hout Bay gibt es viele Cafés, Restaurants, Bekleidungs- und Raritätengeschäfte und, näher am Hafen, eine Reihe Pubs einschließlich Dirty Dick's Tavern mit seiner Veranda, die den Hafen überblickt.

Am Anfang der malerischen Küstenstraße bietet das Chapman's Peak Hotel traumhafte Blicke über die Bucht.

Im Sommer kann man sich mittags auf der Terrasse zum Meeresfrüchte-Essen treffen oder abends den Sonnenuntergang genießen.

Skulptur zum Andenken an den Bergleoparden

Blick vom Chapman's Peak auf Hout Bay

Mariner's Wharf

North Shore. *(021) 790-1100.* *tägl.*

Mariner's Wharf wurde von den Dormans, einer ortsansässigen Familie, gebaut, deren Vorfahren im Hout-Bay-Tal Anfang des 19. Jahrhunderts Landwirtschaft betrieben hatten. Heute erinnert ein kleiner Verkaufsstand an der Hout Bay Road, der köstliche selbstgebackene Kekse, Brote, frisches Obst und Gemüse verkauft, mit seinem Namen Oakhurst an die ehemalige Familienfarm.

Mariner's Wharf, zwischen dem Strand von Hout Bay und dem lebhaften kleinen Fischereihafen, hat ein Straßencafé, ein Restaurant für Meeresfrüchte, einen Laden für Seefahrtsutensilien und einen ausgezeichneten Markt für frischen Fisch und Muscheln. Rechts und links vom Pier liegen Fischerboote vor Anker.

Am Hafen werden regelmäßig Bootsfahrten angeboten, bei denen man Seevögel, die Kolonie der südafrikanischen Seebären (Cape Fur Seal) auf Duiker Island oder den Sonnenuntergang beobachten kann.

Einige Fischereigesellschaften organisieren Angelfahrten. Dabei können Sie verschiedene Thunfischarten, Schwertfisch und Marlin fangen.

Mariner's Wharf hat einen ausgezeichneten Fischmarkt

Hout Bay Museum
4 Andrews Rd. (021) 790-3270. *Mo–Fr 8.30–16.30 Uhr, Sa 10–16.30 Uhr.* *Feiertage.*
Das Museum zeigt eine interessante Ausstellung zur Geschichte des Hout-Bay-Tals und seiner Bevölkerung mit Schwerpunkt auf Waldwirtschaft, Bergbau und Fischerei und organisiert wöchentlich geführte Wanderungen auf die umliegenden Berge.

UMGEBUNG Nördlich von Hout Bay liegt das sehenswerte **World of Birds Wildlife Sanctuary**, das größte Vogelschutzgebiet Afrikas und zweitgrößte der Welt. Die hohen begehbaren Volieren mit 450 Vogelarten fügen sich harmonisch in die Landschaft. Ungefähr 3000 Vögel werden in den Vogelhäusern gesondert gepflegt, viele wurden verletzt abgegeben, andere gehören bedrohten Arten an und werden hier nachgezüchtet. Sobald sie überlebensfähig sind, werden sie möglichst wieder in ihrem natürlichen Lebensraum ausgesetzt.

Besucher können beim Füttern, Nestbauen und Ausbrüten zusehen. Das Vogelschutzgebiet spielt eine wichtige Rolle bei der Aufklärung der Öffentlichkeit über Naturschutz und Umweltthemen.

Zu den mittlerweile bedrohten Vogelarten, die vom Aufzuchtprogramm dieser Station profitierten, gehören auch der in Südafrika ausgestorbene Schmutzgeier, der Paradieskranich und der zitronengelbe Kakadu.

Im Schutzgebiet können Sie auch seltene Affen sehen, darunter die bedrohten Zwerg-Seidenäffchen und Geoffrey's Büschelohr-Seidenäffchen.

World of Birds Wildlife Sanctuary
Valley Rd. (021) 790-2730. *tägl. 9–17 Uhr.*

Gleitaar (Eleanus caeruleus)

FISCHE AM WESTLICHEN KAP

Im kalten, nährstoffreichen Wasser der Westküste leben mehr Fische als an der Ostküste, allerdings ist die Artenvielfalt geringer. Am meisten werden *Red Roman*, Kabeljau und weißer *stumpnose* gefangen. Der südafrikanische Nationalfisch, der *galjoen*, ist sehr selten geworden. Die tiefen Senken entlang der Küste des westlichen Kaps mit den charakteristischen Kelpfeldern sind ein Paradies für Angler.

Snoek *(Makrelenhecht) Im Winter und Frühling zieht der Raubfisch auf der Suche nach Beute – Sardinen – südwärts. Sein Fleisch wird zu Konserven verarbeitet, geräuchert oder getrocknet.*

Yellowtail *Dies ist einer der schmackhaftesten Fische, die es in Südafrikas Gewässer gibt. Das Fleisch ist sehr fest, kann aber bei älteren und größeren Fischen auch zäh sein.*

Red Roman *Sehr zahlreich in den Riffen am Kap; schmeckt besonders lecker gefüllt und gebacken.*

Kabeljau (kob) *Einer der bekanntesten Speisefische; wird ganzjährig als »Tagesfang« serviert.*

White stumpnose *Köstlicher Fisch, besonders bei Ski-boat-Anglern gefragt.*

Kaplachs (Cape Salmon) *Sein Fleisch schmeckt ähnlich wie das des Kabeljaus, nur würziger.*

Mit dem Auto über die Kap-Halbinsel

EINE RUNDFAHRT ÜBER DIE HALBINSEL sollte an der Atlantikküste beginnen und den Chapman's Peak Drive einschließen. Diese malerische Straße, in siebenjähriger Bauzeit in die Klippen gehauen, bietet Picknickplätze mit prächtiger Aussicht. Höhepunkt der Fahrt ist das Panorama am Cape Point, wo die Halbinsel ins Meer ragt. Der Blick reicht bis False Bay, zu den Hottentots-Holland-Bergen und zum 80 Kilometer entfernten Kap Hangklip. Auf der Rückfahrt kommt man an der Pinguin-Kolonie in Boulders vorbei und fährt durch die reizende Stadt Simon's Town.

Chapman's Peak ①
Der höchste Punkt liegt 592 Meter über dem Meeresspiegel. Auf den Klippen, die 160 Meter tief zum Meer abfallen, ist eine Aussichtsplattform.

0 Kilometer 5

0 Meilen 2

Kommetjie ②
Von Hout Bay aus sieht man nachts das starke Licht des Leuchtturms in Slangkop.

LEGENDE

- Routenverlauf
- Andere Straßen
- Park- oder Reservatgrenze
- Aussichtspunkt
- Walbeobachtungspunkt

Muizenberg ⑥
Das Wasser am Strand von Muizenberg ist flach, warm und ungefährlich.

Boulders ⑤
Jedes Jahr zieht es viele Besucher zur Brillenpinguin-Kolonie.

Seilbahn ④
Mit der Seilbahn erreicht man bequem den Aussichtspunkt über Cape Point.

ROUTENINFO

Länge: *Vom De Waal Drive über Camps Bay und Chapman's Peak Drive nach Cape Point, zurück durch Simon's Town und Muizenberg, dann zurück in die Stadt über die M3.*
Dauer: *Um die Schönheit beider Küstenstreifen, Cape Point und die Halbinsel, auszukosten, empfiehlt es sich, die Strecke in zwei Etappen aufzuteilen.*

Cape of Good Hope Nature Reserve ③
Im Reservat leben unter anderem auch Strauße.

Ausritte am Strand von Noordhoek sind ein beliebter Zeitvertreib

Noordhoek 5

Straßenkarte B5. Via Chapman's Peak Drive oder Ou Kaapse Weg.

Das Schönste an dieser kleinen Küstensiedlung ist der sechs Kilometer lange reine, weiße Sandstrand. Wegen der starken Strömungen ist es gefährlich, hier zu baden, Surfer und Skipaddler sind jedoch häufig anzutreffen.

Der Strand ist ideal für Ausritte und lange Spaziergänge. Hier liegt das Wrack des Dampfers *Kakapo*, der 1900 auf der Fahrt nach Neuseeland während eines Sturmes hier gestrandet ist.

Umgebung: Ein weiteres Dorf an der Küste, **Kommetije**, liegt landeinwärts von Noordhoek Beach an einer Gezeitenlagune. **Long Beach**, das sich in nördlicher Richtung bis Klein Slangkop Point erstreckt, ist Austragungsort für Surf-Meisterschaften und auch bei Seglern sehr beliebt.

Scarborough, an der Mündung des Schuster's River, ist eine begehrte Wohngegend. Im Sommer ist die Lagune beliebtes Ausflugsziel.

Cape of Good Hope Nature Reserve 6

Straßenkarte B5. M4 via Simon's Town. *(021) 780-9100 (Mo–Do 5–16.30 Uhr, Fr 5–15.30 Uhr); Haupttor: 780-9526; 24-Stunden-Info: 780-9204.* *tägl. Nov–Apr 7–18 Uhr; Mai–Okt 7–17 Uhr.* *(überall Zugang).*

Bartolomeu Dias nannte die Halbinsel 1488 *Cabo Tormentoso* (Kap der Stürme). Später wurde sie von König Johann von Portugal, der dies als gutes Omen für den neuen Weg nach Indien sah, in *Cabo de Boa Esperança* (Kap der Guten Hoffnung) umbenannt.

Das Klima an der Spitze der Halbinsel ist stürmisch. Daher beschränkt sich die Vegetation des dortigen Reservats auf robuste Milkwoodbäume und Fynbos-Pflanzen. Hier leben kleine Antilopen wie die afrikanische Elenantilope, Buntbock, Rehbock, Greisbock und auch das Bergzebra. Sie werden auch auf Herden von Tschakma-Pavianen treffen, die aufgrund unerlaubter Fütterung durch Menschen aggressiv sein können. Einen grandiosen Blick von der Bergstation auf das etwa 300 Meter tiefer liegende tosende Meer können Sie genießen, wenn Sie entweder die Seilbahn benützen oder den Gipfel über den steilen, gepflasterten Weg erklimmen.

Der frühere Leuchtturm, dessen Sockel noch am Aussichtspunkt steht, war häufig in Nebelschwaden gehüllt.

Die *Lusitania*, ein portugiesischer Dampfer, erlitt im April 1911 am Bellows Rock, direkt unter diesem Leuchtturm, Schiffbruch. Der heutige Leuchtturm wurde daher 1911 bei Cape Point neu errichtet.

Entlang der Ostküste des Reservats ziehen die Gezeitenbecken in Venus Pool, Bordjiesrif und Buffels Bay sowie die zahlreichen Picknickplätze Scharen von Urlaubern an. Unter den vielen leichten und malerischen Wanderwegen entlang der Westküste sind der Thomas T Tucker shipwreck Trail und der Pfad nach Sirkelsvlei hervorzuheben. Wanderkarten liegen am Eingang zum Reservat aus.

Buntbock (Bontebok)

Der fliegende Holländer

Der Fliegende Holländer

Die Legende vom Fliegenden Holländer entstand 1641, als der holländische Kapitän Hendrick van der Decken gegen die rauhe See vor Cape Point kämpfte. Als sein angeschlagenes Schiff zu sinken begann, schwor er, daß er das Kap umrunden werde, und wenn es bis zum Jüngsten Gericht dauern sollte. Seitdem wurde bei schlechtem Wetter immer wieder von Erscheinungen eines Phantomschiffes mit gebrochenen Masten und zerrissenen Segeln berichtet. Eine solche Erscheinung wurde im Juli 1881 im Tagebuch eines Matrosen verzeichnet, der auf der *HMS Bacchante* segelte – und 1907 König Georg V. von England wurde.

Klassische Architektur an der Hauptstraße in Simon's Town

Simon's Town ❼

Straßenkarte B5. 4000. ab Bahnhof Kapstadt, Adderley St. *(021) 683-6020.* *St George's St, Kapstadt, (021) 786-2436.*

DAS MALERISCHE Simon's Town in der False Bay, seit 1957 Stützpunkt der südafrikanischen Marine, wurde nach Simon van der Stel *(siehe S. 96)* benannt, der um 1687 diesen geschützten kleinen Ort besuchte.

Da die Winterstürme am Kap die Schiffe, die in der Tafelbucht ankerten, häufig stark beschädigten, beschloß die Niederländisch-Ostindische Kompanie 1743, die Simon's Bay zu ihrem winterlichen Ankerplatz zu machen.

Brillenpinguin

Von 1814 bis zur Übergabe an Südafrika diente sie der British Royal Navy als Stützpunkt im Südatlantik. Generationen von Seeleuten besuchten ihre Hotels und Bars.

Der interessante **Historical Walk** erklärt jeden Dienstag- und Samstagmorgen die Geschichte der Marine in Simon's Town. Er beginnt in der Nähe des Bahnhofs und endet am Martello Tower auf dem East Dockyard und schließt **Simon's Town Museum**, South African Naval Museum und Warrior Toy Museum ein. Das Simon's Town Museum ist in The Residency, das als das älteste Gebäude der Stadt gilt, untergebracht. Es wurde 1777 als Wochenendhaus für Gouverneur Joachim van Plettenberg gebaut. Später diente es als Sklavenunterkunft, Hospital und Gerichtshof. Zu den Exponaten zählt die Nachbildung eines königlichen Marine-Pubs aus dem Zweiten Weltkrieg. Auch die engen Räume des früheren Sklavenquartiers sind zugänglich.

Den Martello Tower am Ende der Wanderung bauten die Briten 1796 zur Verteidigung gegen die Franzosen.

Historical Walk
Bahnhof Simon's Town, *(021) 786-3046.* *Di u. Sa 10 Uhr.*

Simon's Town Museum
Court Rd. *(021) 786-3046.* *Mo–Fr 9–16 Uhr, Sa 10–16 Uhr, So und Feiertage 13–16 Uhr.* *25. Dez, 1. Jan, Karfreitag.*

UMGEBUNG: Zwischen Simon's Town und dem Cape of Good Hope Nature Reserve führt die M4 an vielen geschützten Buchten wie Froggy Pond, Boulders und Seaforth vorbei, in denen Baden und Schnorcheln ungefährlich ist. Die Granitfelsen, nach denen Boulders benannt wurde, schützen gegen den Südostwind. Ein Strandspaziergang zwischen Boulders und Seaforth führt zu einsamen Buchten. Boulders' Hauptattraktion ist die geschützte Kolonie von 2300 Brillenpinguinen.

Weiter im Süden bei Miller's Point liegen Picknickflächen, Rutschbahnen und Gezeitenfelsenpools. Das Black Marlin Restaurant ist wegen der frischen Meeresfrüchte und der schönen Aussicht beliebt. In der Smitswinkel Bay liegt unterhalb eines sehr steilen Pfades eine reizende Bucht.

VOLLMATROSE JUST NUISANCE

In Jubilee Square steht oberhalb des Marinehafens das Standbild einer Dogge. Im Zweiten Weltkrieg war dieser Hund das vielgeliebte Maskottchen der britischen Seeleute, die in Simon's Town stationiert waren. Just Nuisance, amtlich eingetragenes Mitglied der Royal Navy, erhielt den Titel Vollmatrose. Als er in einem Marinehospital in Simon's Town starb, wurde er mit einem militärischen Begräbnis, zu dem 200 Mitglieder der British Royal Navy erschienen, geehrt. Ein Raum im Simon's Town Museum erinnert an den ungewöhnlichen Kadetten.

Just Nuisance mit Freund

Fish Hoek 8

Straßenkarte B5. M4, False Bay. *9000.* von Bahnhof Kapstadt, Adderley St. *66 Main Rd.* *(021) 782-4531.*

In Fishhoek dürfen erst seit kurzem alkoholische Getränke verkauft werden. Gouverneur Lord Charles Somerset legte 1818 in der Übereignungsurkunde ein Verbot fest, das erst in den 90er Jahren wiederaufgehoben wurde.

Der breite Strand von Fish Hoek, gesäumt von Plätzen, Cafés und einem Jachtklub, ist bei Familien und Segelklubs beliebt. Es finden regelmäßig Regatten statt, und vor dem Strand kreuzen oft Katamarane und Hobie Cats. Um die Bucht herum führt der Jager's Walk, ein bequemer Wanderweg mit Blick auf den Strand und das Meer.

Umgebung: Die M4 führt dicht an der Küste nach Norden durch St James mit seinem kleinen, sicheren Familienstrand und aufgereihten, in leuchtenden Grundfarben gehaltenen Strandhütten aus Holz.

Im malerischen kleinen Fischerhafen von Kalk Bay wird täglich frischgefangener Fisch, besonders *Snoek*, direkt von den Booten verkauft. Die Saison für *Snoek* schwankt, dauert aber meist von Juni bis Juli. Das Brass Bell Restaurant liegt zwischen dem Bahnhof und der Felsküste. Es hat einen beliebten Pub und eine gute Auswahl an Meeresfrüchten. Bei Flut spritzen die Wellen gegen die zwischen Restaurant und Meer errichteten Wellenbrecher. Kalk Bay ist auch für die vielen Antiquitäten- und Trödelläden entlang der Main Road bekannt.

Der Strand von Muizenberg, vom Boyes Drive aus gesehen

Muizenberg 9

Straßenkarte B5. M4, False Bay. *5800.* ab Bahnhof Kapstadt, Adderley St. *Atlantic Rd.* *(021) 788-6193.* *Mo–Fr 9–17 Uhr, Sa 9–12 Uhr.*

Der Name Muizenberg kommt von dem holländischen *Muijs zijn berg*, was »Muijs' Berg« bedeutet. Sergeant Wynand Willem Muijs befehligte ab 1743 einen Militärposten auf dem Berg oberhalb des Strandes.

Muizenbergs weißer Sandstrand verläuft 40 Kilometer um die False Bay zum Städtchen Strand. Zu Recht galt Muizenberg im 19. Jahrhundert als das begehrteste Feriendomizil. An seine Glanzzeit erinnern die nun heruntergekommenen Fassaden der ehemals großen Herrenhäuser am Strand. Heute werden gleichermaßen Jung und Alt von einem Fast-food-Pavillon, einem Schwimmbecken mit Meereswasser und weiten Rasenflächen angezogen.

Der Bahnhof befindet sich auf einem felsigen Abschnitt der Küste. Die Krümmung der Bucht hier wird wegen ihrer Beliebtheit bei Surf-Anfängern Surfer's Corner genannt.

Rhodes Cottage

Umgebung: Cecil John Rhodes, 1890–1905 Premierminister der Kapkolonie, schuf einen neuen Trend, als er 1899 das Barkley Cottage in Muizenberg kaufte. Schon bald entstanden an der Küste unzählige Feriendomizile, die einen starken Kontrast zu dem kleinen, strohgedeckten Häuschen mit den Steinmauern bilden, das heute als Museum Rhodes Cottage in der Main Road zu besichtigen ist.

Es zeigt Fotos und persönliche Andenken an den mächtigen Reichsbegründer und Staatsmann, einschließlich seiner Diamant-Waage und der Truhe für persönliche Dinge.

Rhodes Cottage

Main Rd. *(021) 788-1816.* *Di–So 10–13, 14–17 Uhr.* *Mo, 25. Dez.*

An den Stränden von Fishhoek ist Baden ungefährlich

Groot Constantia ⑩

Der neu ernannte Gouverneur am Kap, Simon van der Stel, nannte das erste Stück Land, das ihm 1685 übereignet wurde, Constantia. Die wahrscheinlichste von mehreren Theorien über den Ursprung des Namens besagt, daß die Tochter von Rijckloff van Goens, der das Gesuch des Gouverneurs nach Land unterstützte, damit geehrt werden sollte. 1712, nach van der Stels Tod wurde die Farm dreigeteilt. Der Teil mit dem um 1685 gebauten Herrenhaus wurde wieder Groot Constantia genannt. Hendrik Cloete kaufte das Anwesen 1778, und drei Generationen lang bieb es im Besitz seiner Familie, die das Erscheinungsbild entscheidend prägte.

Weinmuseum
Eine hervorragende Sammlung an Kunstwerken und Trinkgefäßen dokumentiert die Geschichte des Kelterns.

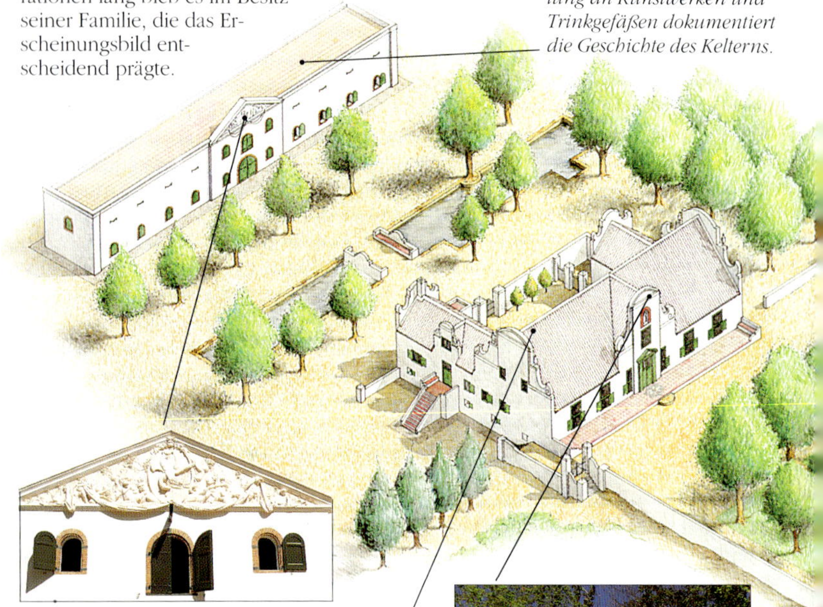

★ Cloete Wine Cellar
Die Fassade, die Hendrik Cloete 1791 bauen ließ, wird Louis Thibault zugeschrieben. Den Rokoko-Frontgiebel meißelte Anton Anreith.

Cape Gable
Der hohe, zwischen 1799 und 1803 errichtete Giebel hinterließ eine Lücke, die später Anton Anreith mit der Skulptur des Wohlstandes schloß.

★ Manor House
Das Museum zeigt authentisch den Lebensstil des 17. Jahrhunderts. Die meisten Antiquitäten stiftete Alfred A. de Pass, Mitglied einer jüdischen Familie von Schiffseignern aus Holland.

Nicht versäumen

- **★ Manor House**
- **★ Cloete Wine Cellar**
- **★ Jonkershuis**

Groot Constantia
Das Weingut verdankt die Qualität seiner Weine dem mediterranen Klima mit milden Sommern und kühlen, regnerischen Wintern.

INFOBOX

Straßenkarte B5. Abfahrt Groot Constantia von der M3 (Van der Stel Freeway) Richtung Ladies Mile. *(021) 794-5067. tägl. 10–17 Uhr; Weinprobe 10–16.30 Uhr. Karfreitag, 25. Dez. Keller (021) 794-5128. tägl. 10–16 Uhr (stdl.).*

Vin de Constance
Der süßliche Muscat de Frontignan vom Weingut Klein Constantia (bis 1712 Teil von Groot Constantia) wird im Stil der Weine des frühen 18. Jahrhunderts gekeltert.

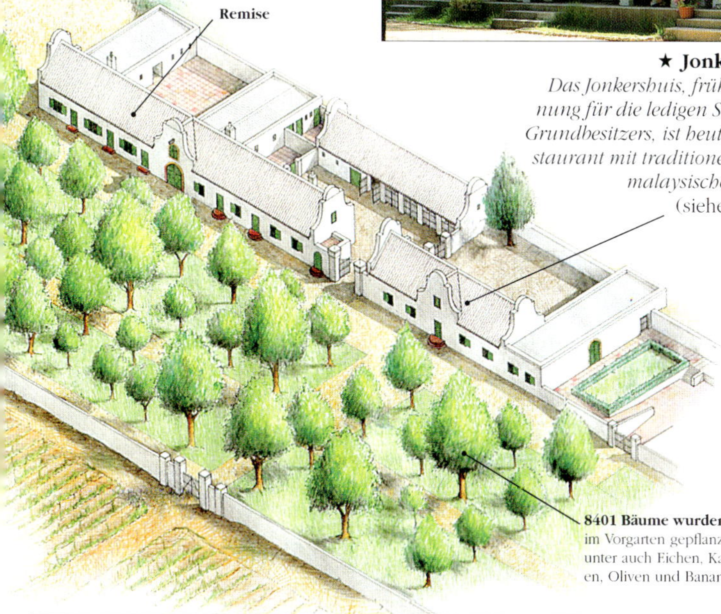

Remise

★ Jonkershuis
Das Jonkershuis, früher Wohnung für die ledigen Söhne des Grundbesitzers, ist heute ein Restaurant mit traditioneller kapmalaysischer Küche (siehe S. 342).

8401 Bäume wurden 1695 im Vorgarten gepflanzt. Darunter auch Eichen, Kastanien, Oliven und Bananen.

Die Entwicklung der Giebel

Government House (1756) ist ein Beispiel für konkave oder geschwungene Giebel.

Libertas (1771) hat einen konvex-konkaven Giebel, der Stil wird auch Kap-Barock genannt.

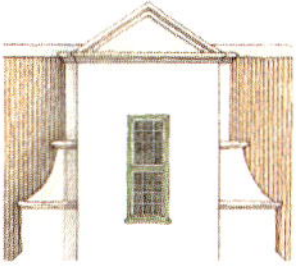

Klein Constantia (1799) hat einen klassischen Giebel im Stil der italienischen Renaissance.

Nederburg (1800) hat einen konvex-konkaven, gebrochenen Frontgiebel und niedrige Pilaster.

Newlands Forest ist ein beliebtes Ausflugsziel am Wochenende

Kirstenbosch National Botanical Gardens ⓫

Siehe S. 100f.

Newlands ⓬

Straßenkarte B5. *von Bahnhof Kapstadt, Adderley St.* *Bahnhof in Strand St zur Haltestelle Mowbray.*

Dieser exklusive Vorort am Fuße der Südhänge des Tafelbergs ist das Hauptquartier der Rugby- und Kricketvereine der Western Province. Die Sportplätze in Newlands, die 1996 in Newland-Norwich umbenannt wurden, dienten als Austragungsort vieler internationaler Wettkämpfe. Im Rugby-Stadion, das 50 000 Zuschauer faßt, fand 1995 die Eröffnungsfeier der Rugby-Weltmeisterschaften statt *(siehe S. 32)*.

Newlands Forest erstreckt sich am Rand der M3, einer Hauptstraße, die Muizenberg mit den südlichen Vororten und dem Stadtzentrum verbindet. Anwohner gehen gerne in den Wald mit seinen Eukalypten und Pinien, die der Newlands-Strom bewässert.

Das kleine **Rugby Museum** in der Nähe der Newlands-Norwich-Sportanlagen zeigt unter anderem Stiefel, Trikots, Sportjackets, Schleifen und Kappen heutiger und ehemaliger südafrikanischer Rugby-Größen. Etwa 1500 Fotos zeigen Nationalmannschaften und Einzelspieler. Die Erinnerungsstücke reichen bis 1891 zurück, als Südafrika das erste internationale Spiel gegen die Briten austrug.

Unweit davon steht ein liebevoll restauriertes Nationaldenkmal, **Josephine Mill**. Diese Mühle mit dem gußeisernen Rad wurde 1840 vom Schweden Jacob Letterstedt

Josephine Mill

am Ufer des Liesbeeck River gebaut, um Weizen zu mahlen. Sie wurde nach der schwedischen Kronprinzessin Josephine benannt.

Heute wird die Mühle von Kapstadts Historischer Gesellschaft vewaltet. Auf Anfrage finden Vorführungen statt, Sie können hier auch frische Kekse und Mehl kaufen.

Die Gesellschaft veranstaltet auch Wanderungen entlang dem Liesbeeck River. Von November bis Februar (Südsommer) finden Sonntagabends Konzerte am Flußufer statt.

Rugby Museum

Boundary Rd. *(021) 685-3038.* *Mo–Fr 9–17 Uhr.*

Josephine Mill

Boundary Rd. *(021) 686-4939.* *Mo–Fr 9–16 Uhr.* *Wochenende und Feiertage.*

Mostert's Mill ⓭

Straßenkarte B5. Rhodes Drive. *Golden Acre in Strand St zum Bahnhof Mowbray.* *088-129-7168.* *nur Sa 10–14.30 Uhr.*

Die altmodische Windmühle von 1796 steht zum Teil auf dem Groote-Schuur-Grundstück, das Cecil John Rhodes *(siehe S. 50)* der Bevölkerung hinterließ. Er kaufte das Grundstück 1891 und stiftete einen Teil der Universität von Kapstadt. Die roten Ziegeldächer und die mit Efeu bewachsenen Mauern der Unigebäude erstrecken sich über die unteren Berghänge und sind ein unverkennbares Wahrzeichen am Rhodes Drive (M3). Die Mühle wurde 1936 mit Hilfe der Niederländer restauriert. Keine Führungen.

Umgebung: Genau östlich von Mostert's Mill, in dem Vorort Rosebank, ist das **Irma Stern Museum** einer der talentiertesten und herausragendsten modernen Malerinnen gewid-

Lady Anne Barnard (1750–1825)

In dem reizvollen kap-georgianischen Landhaus in Newlands, dem jetzigen Vineyard Hotel, lebte Lady Anne Barnard 1797–1802 mit ihrem Ehemann Andrew, dem damaligen Kolonial-Sekretär. Sie war eine talentierte Schreiberin und ist wegen ihrer witzigen und scharfsinnigen Darstellungen aus dem Leben in der neuen Kolonie berühmt. Die begabte Künstlerin verzierte ihre Briefe und Tagebucheinträge häufig mit schwungvollen Skizzen.

Lady Anne Barnard

Mostert's Mill stammt von 1796

met. Sie starb 1966. In ihrem prächtigen Haus, The Firs, befinden sich 200 Gemälde und ihre kostbare persönliche Antiquitätensammlung.

Fährt man von Mostert's Hill nordwestlich auf der stark befahrenen M3, windet sich die Straße um Devils Peak und geht in den De Waal Drive, der ins Stadtzentrum führt, über. Rechts liegt das berühmte **Groote Schuur Hospital**, in dem 1967 die weltweit erste Herztransplantation von Professor Christiaan Barnard vorgenommen wurde.

Irma Stern Museum
Cecil Rd, Rosebank. *(021) 685-5686. Di–Sa 10–17 Uhr. Feiertage.*

Rhodes Memorial ⓮

Straßenkarte B5. Groote Schuur Estate. Ausfahrt von der M3. *(021) 689-9151.*

DIREKT gegenüber dem Groote-Schuur-Anwesen, heute offizieller Kapstädter Wohnsitz des Staatspräsidenten, erhebt sich das Rhodes Memorial über die belebte M3. Von hier aus haben Sie einen weiten Blick über die südlichen Vororte.

Den weißen Granit-Tempel an den Hängen des Devil's Peak, 1912 enthüllt, entwarf Sir Herbert Baker im dorischen Stil als ein Tribut an Cecil John Rhodes. Die Büste Rhodes' schuf J. M. Swan, der auch die acht Bronzelöwen am Treppenaufgang meißelte. Unter der Büste steht eine Inschrift von »The Burial«, die ein guter Freund von Rhodes, Rudyard Kipling, schrieb. Der Mittelpunkt der Gedenkstätte bildet jedoch die bronzene Reiterstatue »Physical Energy« , die George Frederic Watts schuf.

Vom Monument aus hat man einen grandiosen Weitblick über die südlichen Vororte bis zu den Hottentots Holland Bergen. Die umgebenden Berghänge bedecken Eichen- und Pinienwälder, in denen noch Damwild lebt sowie einige Himalaya-Tahrs (indische Halbziege), die Cecil John Rhodes zum ersten Mal 1890 auf Groote Schuur ansiedelte.

Logo von Ratanga Junction

South African Astronomical Observatory ⓯

Straßenkarte B5. Vom Liesbeeck Parkway, Observatory Rd. *(021) 47-0025. jeden 2. Sa im Monat 20 Uhr. Gruppen von zehn und mehr Personen müssen reservieren.*

DER ERSTE königliche Astronom am Kap, Reverend Fearon Fellows, wählte 1821 die Lage für die königliche Sternwarte aus. Das nationale Zentrum für Astronomie überwacht das Sutherland Laboratorium in der Großen Karoo. Von hier aus werden die elektronischen Impulse an die Noon Day Gun auf dem Signal Hill *(siehe S. 88)* übertragen, das die genaue Zeit für das gesamte Land vorgibt.

Ratanga Junction ⓰

Straßenkarte B5. Century City. Ausfahrt 10 an der N1, 10 km (6 Meilen) nördl. von Kapstadt. *086-120-0300. 9–22 Uhr.*

RATANGA Junction, Südafrikas erster Themenpark, liegt etwa zwölf Kilometer vom Stadtzentrum entfernt an der N1 am Century City Einkaufs- und Bürozentrum. Ein großer Teil des Parks ist noch im Bau.

Der Park bietet Unterhaltung für die ganze Familie. Höhepunkte sind eine aufregende Fahrt durch den Schlund eines Krokodils, die schaurige Cobra-Rollbahn und ein atemberaubender 18,5 Meter tiefer Fall auf den Monkey Falls.

Es werden auch viele Shows angeboten, »Dschungel-Fahrten«, Karussells speziell für jüngere Kinder und eine Menge Fast-food-Restaurants. Auf Erwachsene warten über 20 Spezialitätenrestaurants, ein Kinokomplex, Lasershows, Kabarett, ein 3-D-Theater sowie jede Menge Bars, Pubs und Spielhallen.

Das Rhodes Memorial, entworfen von Sir Herbert Baker

Kirstenbosch National Botanical Gardens ⓫

Daisy

Im Juli 1913 übergab die südafrikanische Regierung die Ländereien von Kirstenbosch (die Cecil John Rhodes 1902 dem Staat vermacht hatte) einem Treuhandausschuß. Dieser errichtete einen Botanischen Garten, der seltene einheimische Pflanzenarten schützen und züchten sollte. Heute hat dieser weltbekannte Garten eine Fläche von 5,3 Quadratkilometern, von denen sieben Prozent bepflanzt und 90 Prozent von natürlichem *Fynbos* und Wald bedeckt sind. Kirstenbosch ist von Juli bis September besonders sehenswert, wenn Gänseblümchen (Daisies) und Gazanien blühen.

Proteas

★ Colonel Bird's Bath
Um den Teich stehen vier einheimische Yellowwood-Baumarten, benannt nach Colonel Bird, Kolonial-Sekretär (19. Jh.).

Van Riebeecks Mandelhecke
1650 wurde diese Hecke gepflanzt, um die Khoina fernzuhalten und unerlaubten Handel zu unterbinden.

Vögel
Die Protea lockt viele einheimische Vögel an.

Harold Pearson, der erste Direktor der Anlagen, ist oberhalb von Colonel Bird's Bath begraben.

Haupteingang

Nicht versäumen

- **★ Conservatory**
- **★ Colonel Bird's Bath**
- **★ Camphor Avenue**

★ Conservatory
Das Glashaus mit dem Baobab in der Mitte zeigt alle Landschaftsformen Südafrikas, von üppigen Küstenwäldern zu alpinen Gegenden.

Blindenweg
An einem Führungsseil können Sehbehinderte das Waldgebiet erkunden. Schilder in großer und Braille-Schrift beschreiben die Pflanzenarten, die an dem 470 Meter langen Weg wachsen.

INFOBOX

Straßenkarte B5. Rhodes Ave Abzweigung an der M5. *Mowbray Station. Von Golden Acre in Adderley St und Mowbray Station. Heritage hopper von Victoria & Alfred Waterfront.* (021) 762-9120. tägl. Apr–Aug 8–18 Uhr, Sep–März 8–19 Uhr. 10–18 Uhr stdl.

Blumenpracht
Nach dem winterlichen Regen übersäen Blütenteppiche mit einheimischen Namaqualand-Daisies und Gazanien die Westküste (siehe S. 154).

Gardeners' Shop
Im kleinen Laden am oberen Eingang können Sie verschiedene interessante Bücher und einheimische Pflanzen, Saatgut für Proteas und Neuheiten für Gärtner kaufen.

★ Camphor Avenue
Die Kampfer-Allee pflanzte Cecil John Rhodes Ende des 19. Jahrhunderts, um sein Ferienhaus in Muizenberg mit seinem Groote Schuur-Anwesen zu verbinden.

Einkaufen in Kapstadt

Kapstadts attraktive Einkaufsmöglichkeiten befriedigen auch den ausgefallensten Geschmack. Die lebendige Victoria & Alfred Waterfront *(siehe S. 78ff)* nahe dem Stadtzentrum ist nur eines von vielen gut sortierten Einkaufszentren, die alles unter einem Dach vereinigen – von Lebensmittel- über internationale Modefachgeschäfte bis zu gehobenen Restaurants. In den belebten Straßen Long und Kloof Street und in der Fußgängerzone St George's Mall finden sich Läden lokaler Couleur, Künstler und talentierte Straßenmusikanten sowie Stände, an denen afrikanische Masken, Perlenschmuck, Schnitzereien und andere Souvenirs feilgeboten werden. Kapstadt ist auch das Textilzentrum Südafrikas. Farbenprächtige handgefertigte Kleidung wird auf Märkten, wie dem Greenmarket Square, in und um die Stadt angeboten. In Vororten wie Hout Bay werden regelmäßig Handwerks- und Fischmärkte im Freien abgehalten.

Kunstgalerie

Im Tygervalley Centre

Öffnungszeiten

Die meisten Geschäfte sind montags bis freitags 8.30–17 Uhr und samstags 9–17 Uhr offen. Freitags ist es am vollsten, viele Geschäfte schließen erst um 21 Uhr. Supermärkte und Feinkostgeschäfte haben sonntags geöffnet, wie auch die meisten Handwerks- und Flohmärkte.

Einkaufszentren

Die Einkaufszentren *(malls)* bieten Restaurants, Vergnügungsstätten, Banken und Geschäfte unter einem Dach mit Parkmöglichkeiten. Das **Tygervalley Centre** ist mit über 300 anspruchsvollen Geschäften, Postamt und Bibliothek das größte. Im eleganten **Cavendish Square** bieten 185 Geschäfte Mode, Haushaltswaren und Feinkost. Die **Victoria & Alfred Waterfront** ist ein attraktives, modernes Einkaufszentrum im alten Hafen.

Kunst- und Kunsthandwerksmärkte

Der zentrale **Greenmarket Square**, der älteste Open-air-Markt der Stadt, bietet bei gutem Wetter montags bis samstags handgefertigte Kleidung, Lederwaren, Sandalen und Modeschmuck. Auf dem **Hout Bay Arts and Crafts Market** sind sonntags Waren wie afrikanische Souvenirs, Körbe, Keramik und Gegenstände aus Muscheln zu kaufen. **Red Shed Craft Workshop** in der Victoria Wharf und **Constantia Craft Market** (erster und letzter Sonntag im Monat) bieten handgearbeitete Möbel, Gegenstände aus Draht und Töpferwaren.

Der Greenmarket Square ist einer der beliebtesten Märkte der Stadt

African Image

Afrikanisches

Viele der in Kapstadt erhältlichen afrikanischen Kunstgegenstände stammen aus Westafrika, Simbabwe und Sambia. **African Image**, **Out of Africa** und **Pan African Market** führen Stoffe, Möbel, Perlen, Gebrauchsgegenstände und Skulpturen. **Africa Nova** bietet lokale Kunst aus Draht und Keramik, Zinn- und Korbwaren sowie hochwertige Textilien. Auch der **African Craft Market** vertreibt lokal hergestellte Kunstwerke wie Masken und verzierte Kürbisflaschen. Die meisten Geschäfte versenden auch ins Ausland.

Feinkost und Lebensmittel

Kapstadts wichtigste Supermarktketten **Woolworths** und **Pick'n Pay** bieten Lebensmittel und lokale Spezialitäten wie *Rooibostee (siehe S. 152)* und *Biltong (siehe S. 343)*. **The Old Cape Farm Stall** führt Gemüse, Obst und Backwaren. **New York Bagel** bietet ausgezeichnete Delikatessen an. In Hout Bay ist **Mariner's Wharf Fish Market.**

Wein

Viele Supermärkte haben Wein im Sortiment. Fachgeschäfte bieten Beratung und Versand und machen Vorschläge für die Weinstraßen. **Vaughan Johnson's Wine Shop** an der Waterfront, täglich geöffnet, führt auch so ungewöhnliche Kapweine wie den hochwertigen Meerlust Cordoba und den Welgemeend. Die Weinhandlung **Enoteca**, auf preiswertere Weine spezialisiert, führt eine große Auswahl importierter und lokaler Weine sowie zwei Hausmarken – Mystery und Eclipse.

Vaughan Johnson's Wine Shop an der Waterfront

Bücher

In der grössten Buchladenkette, **Exclusive Books**, erhält man CDs, Zeitungen, Bildbände, Landkarten, Reiseführer, Romane und zahlreiche Zeitschriften. Die Filiale im Cavendish Square hat ein eigenes Café.

Der Laden in den Kirstenbosch Botanical Gardens unterhält ein großes Sortiment südafrikanischer Reise-, Pflanzen- und Tierführer. Alltags-Literatur erhält man in den Filialen der Nachrichtenagenturen **CNA** und **PNA.**

Pflanzen

Die Gartenabteilung des Ladens in den **Kirstenbosch National Botanical Gardens** verkauft einheimische südafrikanische Pflanzen und Samen aus allen Klimazonen des Landes. Ein Gärtner steht täglich zur Beratung zur Verfügung.

Auf einen Blick

Einkaufszentren

Cavendish Square
Dreyer St, Claremont.
☎ *(021) 64-3050.*

Tygervalley Centre
Willie van Schoor Ave, Bellville.
☎ *(021) 914-1822.*

Victoria & Alfred Waterfront
Karte 2 D3–4, E3–4.
☎ *(021) 418-2369.*

Kunst- und Kunsthandwerksmärkte

Constantia Craft Market
Alphen Common.
☎ *(021) 531-2653.*

Greenmarket Square
Ecke Shortmarket und Burg St, Kapstadt.
Karte 5 B1.

Hout Bay Arts and Crafts Market
Village Green, Main Rd.
☎ *(021) 790-3474.*

Red Shed Craft Workshop
Victoria Wharf, Victoria & Alfred Waterfront.
Karte 2 D3.
☎ *(021) 425-1216.*

Afrikanisches

The African Craft Market
Harare Rd, Khayelitsha.
☎ *(021) 54-2963.*

African Image
Ecke Church und Burg St, Kapstadt.
Karte 5 B1.
☎ *(021) 423-8385.*
Victoria Wharf, Waterfront
☎ *(021) 419-0382.*

Africa Nova
35 Main Rd, Hout Bay.
☎ *(021) 790-4454.*

Out of Africa
Victoria Wharf, Victoria & Alfred Waterfront.
Karte 2 E3.
☎ *(021) 418-5505.*

Pan African Market
76 Long St, Cape Town.
Karte 5 A2.
☎ *(021) 424-2957.*

Feinkost und Lebensmittel

Mariner's Wharf Fish Market
Harbour Rd, Hout Bay.
☎ *(021) 790-1100.*

New York Bagel
51 Regent Rd, Sea Point.
Karte 3 C1.
☎ *(021) 439-7523.*

The Old Cape Farm Stall
Constantia Nek Rd, Constantia.
☎ *(021) 794-7062.*

Pick 'n Pay
28 Filialen in Kapstadt.
☎ 080060 0600 *(Kundendienst)*

Woolworths
13 Filialen in Kapstadt.
Karte 2 B5
☎ *(021) 407-9111.*

Wein

Enoteca at the Wine Warehouse
8 Ravenscraig Rd, Woodstock.
☎ *(021) 448-2371.*

Vaughan Johnson's Wine Shop
Pierhead, Dock Rd, Victoria & Alfred Waterfront. **Karte** 2 E3.
☎ *(021) 419-2121.*

Bücher

CNA (Central News Agency)
Victoria Wharf, Victoria & Alfred Waterfront
☎ *(021) 418-3510.*
Mehrere Filialen.

Exclusive Books
Cavendish Sq, Claremont.
☎ *(021) 64-3030.*
Mehrere Filialen.

PNA
Garden's Centre, Gardens.
☎ *(021) 465-7654.*
Mehrere Filialen.

Pflanzen

Kirstenbosch National Botanical Gardens
Rhodes Drive, Newlands.
The New World Store
☎ *(021) 762-2510.*
Gartenladen
☎ *(021) 762-1621.*

Unterhaltung in Kapstadt

Die Freizeitaktivitäten in Kapstadt konzentrieren sich auf die Strände und Berge. Das Nacht- und Kulturleben ist weniger ausgeprägt als in Johannesburg. Viele Veranstaltungen finden im Frühling und Sommer im Freien statt, so Konzerte in Amphitheatern und Parks. Kabarett, Komödien und Musikparaden finden auch an außergewöhnlichen Orten wie dem Obergeschoß eines schicken Geschäfts oder dem Paradeplatz im Castle of Good Hope statt. Die Kapstädter gehen nach dem Dinner gerne ins Kino, aber auch das Klubleben kommt nicht zu kurz. Elegante Klubs und Bars konzentrieren sich im Stadtzentrum und an der Victoria & Alfred Waterfront. Die bevorstehende Legalisierung des Glücksspiels eröffnet neue Unterhaltungsmöglichkeiten.

Logo von Ster Kinekor

Kartenvorverkaufsstelle in der Victoria & Alfred Waterfront

Informationen

Veranstaltungshinweise und Kritiken für Kino, Kunst und Theater finden sich in den Tages- und Wochenendausgaben der Zeitungen sowie in zahlreichen bei den Nachrichtenagenturen und einigen Klubs und Bars erhältlichen Zeitschriften. Hierzu gehören *SA City Life*, *Cape Review* und *The Big Issue* (wird von Obdachlosen oder ärmlichen Straßenverkäufern angeboten).

Kartenvorverkauf

Theaterkarten erhält man bei **Computicket**, das in allen größeren Zentren Filialen unterhält.

Karten für Ster-Kinekor-Kinos können telefonisch bei **Ticketline** reserviert werden. Die meisten Theater und Kinos reservieren nur bei Zahlung mit Kreditkarte.

Kino

Die noch junge Filmindustrie des Landes beginnt sich erst langsam im In- und Ausland einen Namen zu machen. In Kapstadts **Ster-Kinekor**- und **Nu-Metro**-Kinokomplexen sind die üblichen Hollywood-Kassenschlager besonders beliebt.

Ausgefallenere Filme und Kultfilme sowie internationale Beiträge werden in Kapstadt im **Cinema Nouveau**, Cavendish Square, und im **Labia Theatre** gezeigt.

Im **IMAX Cinema** an der Victoria & Alfred Waterfront sind auf der Riesenleinwand hauptsächlich Naturdokumentationen zu sehen. Der auf neuester Technik beruhende Rundumsound läßt keine Wünsche offen.

Theater, Oper und Tanz

Obgleich die Kapstädter das Kino bevorzugen, verfügt das Theater über ein ausgezeichnetes Niveau. Das bekannteste Theater ist das **Nico Theatre Centre**, das das Cape Performing Arts Board (CAPAB), das Theaterunternehmen der westlichen Kapprovinz, beherbergt. Im »Nico« werden Opern, Ballets, Theater und Satiren aufgeführt. An der Theaterkasse liegt ein Ver-

Bühnenproduktion im Nico Theatre Centre

Das Baxter Theatre in Rondebosch

anstaltungskalender auf. Ein weiterer Kulturtreff ist das **Baxter Theatre Centre**, in dem Kabarett, klassische und moderne Musik, Tanzaufführungen und Kunstausstellungen geboten werden. Auch das Kindertheater ist ausgezeichnet. In der lokalen Presse finden Sie Informationen über Veranstaltungen des **Little Theatre** der Universität Kapstadt und des **Maynardville Open-Air Theatre**, in denen im Januar und Februar Stücke von Shakespeare unter freiem Himmel aufgeführt werden. Nehmen Sie einen Picknickkorb mit!

Cellist, Philharmonie Kapstadt

Komödien

Komödien sind sehr beliebt. Im **Theatre on the Bay** ist Satire angesagt, während sich im **Evita Se Perron** in Darling *(siehe S. 149)*, nur wenige Autominuten von Kapstadt entfernt, Pieter-Dirk Uys mit seinem messerscharfen Witz über aktuelle politische Themen ausläßt. In beiden Theatern sowie in der **Brunswick Theatre Bar** in der Bree Street und dem beliebten **On Broadway** in der Somerset Road werden auch Kabarett und Transvestitenshows aufgeführt.

Klassische Musik

Im Sommer finden in Kapstadt viele Open-air-Konzerte statt. Beliebte Veranstaltungen sind die Sunset-Konzerte in den **Kirstenbosch National Botanical Gardens** *(siehe S. 100f)* und in den grünen und schattenspendenden Gärten der **Josephine Mill** *(siehe S. 98)*. Das **Cape Town Philharmonic Orchestra**, das im Nico Theatre Centre zu Hause ist, gibt dort meist am Donnerstagabend Vorstellungen. Auch an ungewöhnlichen Orten, wie dem Two Oceans Aquarium oder im South African Museum, werden gelegentlich Konzerte veranstaltet (siehe Tagespresse). Im Nico Theatre Centre werden auch Musicals sowie Konzerte am Mittag und Sonntagnachmittag angeboten. Das **Baxter Theatre Centre**, in dem das **South African College of Music** Kammermusik, Streichensembles, Orgelkonzerte und ausgezeichnete Orchesterproduktionen aufführt, bietet auch Mittagskonzerte an.

Afro-Jazz und Fusion

Kapstadt ist für seinen einmaligen Jazzstil bekannt, der von traditionellen afrikanischen Rhythmen und Melodien stark beeinflußt ist. Der berühmteste Export der Stadt, Abdullah Ibrahim (früher Dollar Brand), lebt heute im Ausland.

Im **Blue Note**, **Dizzy Jazz Café** und **Mijlof Manor Hotel** (besonders geeignet für faule Samstagnachmittage) treten zahlreiche talentierte Künstler auf. Im **Heritage Square**, einem Komplex mit Geschäften, Restaurants und Kunstgalerien in einem restaurierten Gebäude aus dem 18. Jahrhundert, wird am Wochenende das Dinner im Freien bei Klassik oder Live-Jazz serviert. In der Victoria & Alfred Waterfront findet sich das beliebte **Green Dolphin**, ein ausgezeichnetes Restaurant mit Cocktailbar, in dem jeden Abend Live-Jazz geboten wird. In der Nähe ist das schicke Restaurant **West End**, in dem Freitag- und Samstagabend lokale Jazzbands auftreten. Im Sommer, wenn es erst gegen 21 Uhr dunkel wird, sind in der **St George's Mall** viele talentierte Straßenmusikanten unterwegs. Das AGFA Amphitheatre an der Victoria & Alfred Waterfront gibt oft kostenlose Vorstellungen. Gehen Sie am Heritage Day (24. Sep) zu einem der vielen kostenlosen Musikfestivals, die in der Tagespresse und im Radio angekündigt werden.

Jazzband im Green Dolphin Restaurant, V & A Waterfront

Bars und Klubs

Die Unterscheidung zwischen Bar und Klub fällt in Kapstadt schwer. Meist wird am selben Ort getrunken und getanzt. Britische Pubs werden immer beliebter, und in vielen Lokalen kann man auch spät noch etwas essen, besonders im Observatory, wo sich viele Studenten treffen.

Kapstadts junge Schickeria ist natürlich so unstet wie überall. Tagespresse und Veranstaltungskataloge eignen sich daher am besten, um herauszufinden, was »in« und was »out« ist. Gute Tips sind das Stadtzentrum und die Bars in der Loop und Long Street sowie die Victoria & Alfred Waterfront.

Pub-Schild

Informationen über Live-Musik geben Radiostationen wie Good Hope FM, Zeitungen und Zeitschriften. Internationale Live-Shows finden meist im **3 Arts Theatre** oder im Green Point Stadium statt, lokale Rockbands bevorzugen das **Purple Turtle** in der Stadt und den **River Club**, ein großes Zentrum mit vielen Veranstaltungsräumen, Billardtischen und Restaurants.

Jeden Dezember organisiert Mother City Queer Projects im River Club eine beliebte Transvestitenparty. Der Barleycorn Music Club präsentiert im River Club Originalkompositionen lokaler, von Folk und Fusion beeinflußter Musiker. Zeitgenössische und afrikanische Musik ist im **Space** in Kalk Bay zu hören, Jazz und Blues in der **Brass Bell**.

Das Sports Café, Victoria & Alfred Waterfront

Auf einen Blick

Kartenverkauf

Computicket
Mehrere Filialen.
(021) 430-8010.

Ticketweb
(021) 424-3104.

Ticketline (Ster-Kinekor)
(021) 430-8020.

Kino

Cinema Nouveau
Cavendish Square, Dreyer St, Claremont.
(021) 683-4063.

Imax Cinema
BMW Pavilion, Victoria & Alfred Waterfront.
Karte 2 D3.
(021) 430-8025.

Labia Theatre
68 Orange St. **Karte** 5 A3.
(021) 424-5927.

Theater, Oper und Tanz

Baxter Theatre Complex
Main Rd, Rosebank.
(021) 685-7880.

Little Theatre
Orange St. **Karte** 5 A3.
(021) 424-2340.

Maynardville Open-air Theatre
Church St, Wynberg.
(021) 421-7695.

Nico Theatre Complex
DF Malan St, Foreshore.
Karte 5 C1.
(021) 421-7695.

Komödie

Evita se Perron
Darling Station, Darling.
(02241) 3145.

On Broadway
Somerset Rd, Green Point.
(021) 418-8338.

Theatre on the Bay
Link St, Camps Bay.
(021) 438-3300.

The Brunswick Theatre Bar
17 Bree St. **Karte** 5 B1.
(021) 425-2739.

Klassik

Cape Town Philharmonic
(021) 418-9190.

Josephine Mill
Boundary Rd, Newlands.
(021) 686-4939.

Kirstenbosch National Botanical Gardens
Rhodes Drive, Newlands.
(021) 762-1166.

South African College of Music
University of Cape Town, Rondebosch.
(021) 650-2628 oder 685-7880.

Jazz und Fusion

Dizzy Jazz Café
The Drive, Camps Bay.
(021) 438-2686.

Green Dolphin
Victoria and Alfred Arcade, Victoria & Alfred Waterfront.
Karte 2 E4.
(021) 421-7471.

Heritage Square
Ecke Shortmarket und Bree St.
Karte 5 B1.
(021) 423-4889.

Klaus Jazz Club
Ortsiva House of Wine, 120 Loop St.
(021) 424-6972.

The Blue Note
College Rd, Rylands.
(021) 637-9132.

St George's Mall
(Fußgängerzone)
Karte 5 B1.

West End
11 Port Rd, Victoria & Alfred Waterfront.
Karte 2 D4.
(021) 421-5355.

Bars und Klubs

3 Arts Theatre
Main Rd, Plumstead.
(021) 761-2949.

The Purple Turtle
Ecke Long und Shortmarket St. **Karte** 5 B1.
(021) 423-6194.

The River Club
Ecke Liesbeeck Parkway und Observatory Rd, Observatory.
(021) 448-6117.

The Space
Ecke Main Rd und Boyes Dr, Kalk Bay.
(021) 788-2056.

The Brass Bell
Bahnhof, Kalk Bay.
(021) 788-5456.

Kartenteil Kapstadt

Die Planquadratangaben zu Sehenswürdigkeiten, Geschäften und Veranstaltungsorten, die im Kapitel über Kapstadt erwähnt sind, beziehen sich auf die folgenden Pläne. Die Übersichtskarte unten zeigt die abgedeckten Bereiche: Stadtzentrum, Central Business District, historische Gärten sowie Victoria & Alfred Waterfront. Alle wichtigen, im Text

erwähnten Sehenswürdigkeiten sowie Touristeninformationszentren, Polizeistationen, Postämter und öffentliche Parkplätze, die in der Innenstadt heiß begehrt sind, sind eingezeichnet. Die Legende enthält alle Symbole. Im Kapitel Reiseinformationen sind die Planquadratangaben für Kapstädter Hotels *(siehe S. 314ff)* und Restaurants *(siehe S. 344ff)* enthalten.

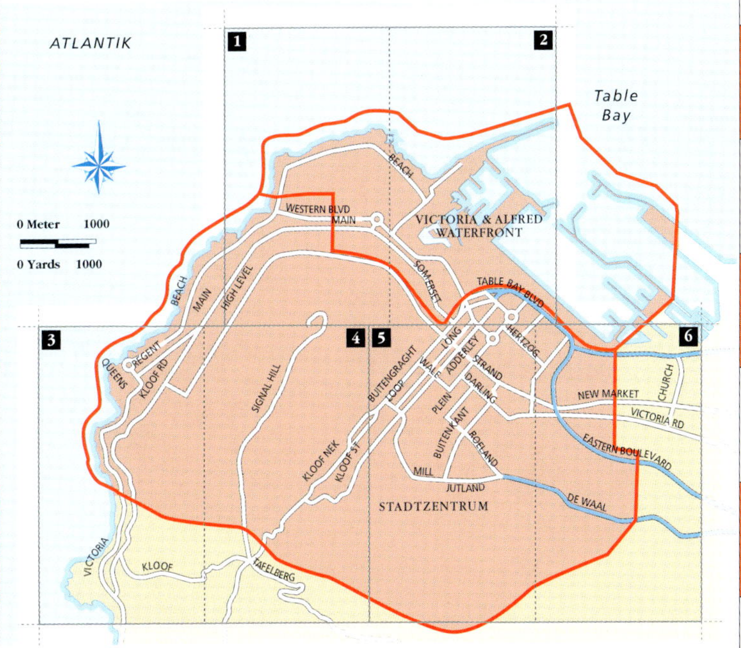

Legende

- Hauptsehenswürdigkeit
- Interessanter Ort
- Sehenswürdigkeit
- Transnet-Haltestelle
- Busbahnhof
- Minibusbahnhof
- Fähranlegestelle
- Taxistand
- Parken
- Auskunft
- Krankenhaus mit Ambulanz
- Polizeirevier
- Mountainbike-Zugang
- Badestrand
- Kirche
- Moschee
- Synagoge
- Postamt
- Aussichtspunkt
- Bahnlinie
- Einbahnstraße
- Fußgängerzone
- Straße (kein Zugang)

Kartenmaßstab

0 Meter 500

0 Yards 500

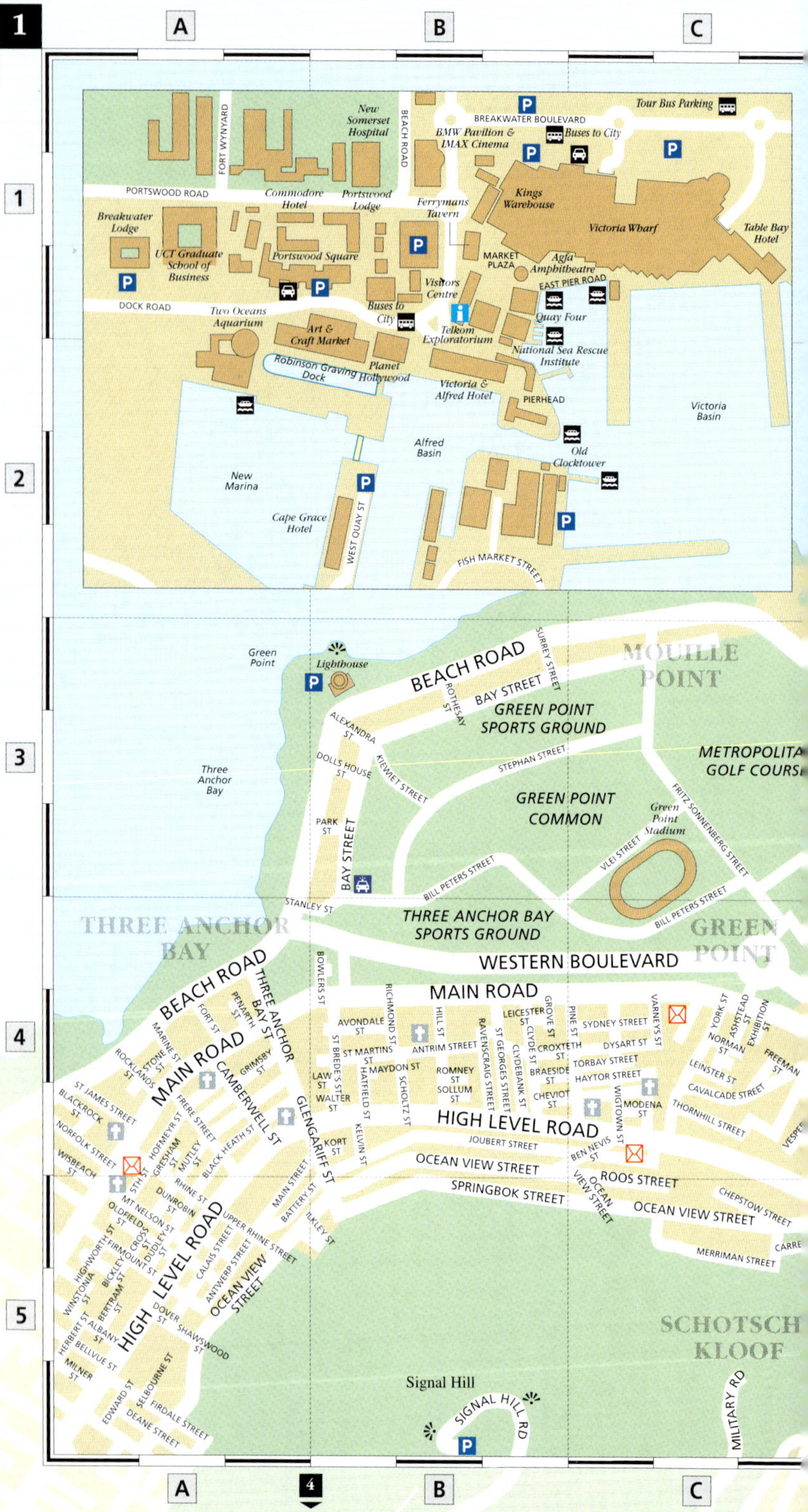
A
B
C
1
2
3
4
5
PORTSWOOD ROAD
FORT WYNYARD
New Somerset Hospital
BEACH ROAD
BREAKWATER BOULEVARD
Tour Bus Parking
BMW Pavilion & IMAX Cinema
Buses to City
Commodore Hotel
Portswood Lodge
Ferrymans Tavern
Kings Warehouse
Victoria Wharf
Table Bay Hotel
Breakwater Lodge
UCT Graduate School of Business
Portswood Square
MARKET PLAZA
Agfa Amphitheatre
EAST PIER ROAD
Visitors Centre
DOCK ROAD
Two Oceans Aquarium
Buses to City
Telkom Exploratorium
Quay Four
Art & Craft Market
National Sea Rescue Institute
Robinson Graving Dock
Planet Hollywood
Victoria & Alfred Hotel
PIERHEAD
Victoria Basin
Alfred Basin
Old Clocktower
New Marina
Cape Grace Hotel
WEST QUAY ST
FISH MARKET STREET
Green Point
Lighthouse
BEACH ROAD
SURREY STREET
MOUILLE POINT
BAY STREET
ROTHESAY ST
GREEN POINT SPORTS GROUND
ALEXANDRA ST
METROPOLITA
GOLF COURS
Three Anchor Bay
DOLLS HOUSE ST
KIEWIET STREET
STEPHAN STREET
GREEN POINT COMMON
FRITZ SONNENBERG STREET
Green Point Stadium
PARK ST
BAY STREET
VLEI STREET
BILL PETERS STREET
STANLEY ST
BILL PETERS STREET
THREE ANCHOR BAY
THREE ANCHOR BAY SPORTS GROUND
GREEN POINT
WESTERN BOULEVARD
BEACH ROAD
THREE ANCHOR BAY ST
BOWLERS ST
MAIN ROAD
FORT ST
PENARTH ST
RICHMOND ST
AVONDALE ST
HILL ST
LEICESTER ST
GROVE ST
PINE ST
SYDNEY STREET
VARNEYS ST
YORK ST
ASHSTEAD ST
EXHIBITION ST
MARINE ST
STONE ST
MAIN ROAD
GRIMSBY ST
ST BREDE'S ST
ST MARTINS ST
ANTRIM STREET
RAVENSCRAIG STREET
ST GEORGES STREET
CLYDE ST
CROXTETH ST
DYSART ST
NORMAN ST
FREEMAN ST
ROCKLANDS ST
CAMBERWELL ST
LAW ST
MAYDON ST
ROMNEY ST
CLYDEBANK ST
BRAESIDE ST
TORBAY STREET
LEINSTER ST
ST JAMES STREET
HATFIELD ST
SCHOLTZ ST
SOLLUM ST
HAYTOR STREET
CAVALCADE STREET
BLACKROCK ST
FRERE STREET
WALTER ST
CHEVIOT ST
WIGTOWN ST
MODENA ST
THORNHILL STREET
GLENGARIFF ST
HIGH LEVEL ROAD
VESPE
NORFOLK STREET
HOFMEYR ST
GRESHAM ST
MUTLEY ST
BLACK HEATH ST
KORT ST
KELVIN ST
JOUBERT STREET
BEN NEVIS ST
WISBEACH ST
5TH ST
RHINE ST
MAIN STREET
OCEAN VIEW STREET
ROOS STREET
OCEAN VIEW STREET
DUNROBIN ST
BATTERY ST
SPRINGBOK STREET
CHEPSTOW STREET
OLDFIELD ST
MT NELSON ST
ILKLEY ST
OCEAN VIEW STREET
HIGHWORTH ST
CROSS ST
DUDLEY ST
UPPER RHINE STREET
CALAIS STREET
FIRMOUNT ST
HIGH LEVEL ROAD
CARRE
WINSTONIA ST
BICKLEY ST
ANTWERP STREET
MERRIMAN STREET
BERTRAM ST
OCEAN VIEW STREET
HERBERT ST
ALBANY ST
DOVER ST
SCHOTSCH KLOOF
BELLVUE ST
SHAWSWOOD ST
MILNER ST
SELBOURNE ST
Signal Hill
EDWARD ST
FIRDALE STREET
SIGNAL HILL RD
MILITARY RD
DEANE STREET
A
B
C

4

2
D
E
F
1
2
3
4
5
Granger Bay
Breakwater
BEACH ROAD
Fort Wynyard
GRANGER STREET
FORT WYNYARD STREET
BREAKWATER
BOULEVARD
Table Bay Hotel
Victoria Wharf
BMW Pavilion & IMAX Cinema
New Somerset
Portswood Lodge
Commodore
Agfa Amphitheatre
Victoria Basin
Old Clocktower
City
PORTSWOOD RD
DOCK ROAD
Alfred Basin
Art & Craft Market
Breakwater Lodge
Two Oceans Aquarium
New Marina
FISH MARKET STREET
WEST QUAY STREET
SOUTH ARM STREET
SOUTH ARM STREET
A
B
C
D
E
F
G
H
I
DUNCAN STREET
WESTERN BOULEVARD
DOCK ROAD
PORT STREET
HILLSIDE ST
BOUNDARY ST
HIGHFIELD ST
HIGHFIELD RD
HIGHFIELD TERRACE
LOADER STREET
EBENEZER STREET
PRESTWICH STREET
CARDIFF STREET
BENNETT STREET
BATTERY STREET
LIDDLE ST
COBURN ST
NAPIER STREET
ALFRED STREET
HOSPITAL ST
BAIN ST
CHIAPPINI STREET
MECHAU ST
RAWBONE ST
SOMERSET ROAD
MORELAND ST
JARVIS STREET
DE SMIT
NAPIER ST
DIXON STREET
LOADER STREET
VOS STREET
HUDSON STREET
WATERKANT ST
AUGUST ST
PORT STREET
DOCK ROAD
Customs Gate
HANS STRIJDOM AVE
ALFRED ST
STANLEY ST
DOCK RD
COEN STEYTLER AVE
BREE ST
LONG ST
WHARF ST
JETTY ST
HEERENGRACHT ST
DIAS ST
DUNCAN STREET
TABLE BAY BOULEVARD
TABLE BAY BOULEVARD
P
D
E
F
5

A
B
C
1
2
3
4
5
SEA POINT
FRESNAYE
CLIFTON
CAMPS BAY
Saunders Rocks
Bantry Bay
1st Beach Clifton
2nd Beach Clifton
Clifton Bay
3rd Beach Clifton
4th Beach Clifton
Maiden's Cove
Fisherman's Rock
Camps Bay
VICTORIA ROAD
KLOOF ROAD
LOWER KLOOF ROAD
REGENT ROAD
QUEENS RD
FRESNAYE ST
BEACH ROAD
ALEXANDER ST
PARK
CRAIGROWNIE ST
SAUNDERS ST
SEACLIFFE STREET
BANTRY ST
CHELSEA ST
NETTLETON STREET
OCEAN VIEW ST
ARCADIA ST
TOP STREET
ARCADIA STREET
OCEAN VIEW STREET
DE WET STREET
DE WET ST
ARCADIA CLOSE
MARINA ST
ST JEANS ST
BRITTANY ST
ST LEON ST
GORDON ST
RAVINE STREET
CHARMANTE
BROMPTON STREET
BELLWOOD STREET
ALEXANDRA STREET
RATLING ST
LA CROIX STR
ST LOUIS STREET
COEUR DE LION ST
ST CLAIR
HEAD STREET
DES HUGUENOTS STRE
LE SUEUR ST
NORMANDIE S
HANOVER ST
UPPER CLARENS
FRANCAIS ST
ALGARKIR ST
GORLESTON
IRWINTON
CHURCH ST
CLARENS ST
SURF ST
ST ANDREWS ST
CASSELL ST
QUANTOCK ST
SOLOMONS ST
KINGS STREET
TRAMWAY ST
QUENDON ST
KEI APPLE ST
DISANDT ST
NORMAN ST
DE LONGUEVILLE ST
PROTEA
ILLFORD ST
KOOSANI ST
EDGEWATER ST
ROCHESTER ST
BREVITY ST
PORTMAN ST
FIR ST
LION'S HEAD WALK
CLIFTON ST
CLIFF ST
THE RIDGE STREET
ROUND HOUSE STREET
"Round House"
CHILWORTH ST
THE GRANGE ST
THE CHEVIOTS ST
SHANKLIN STREET
BLAIR STREET
ATHOL ST
P

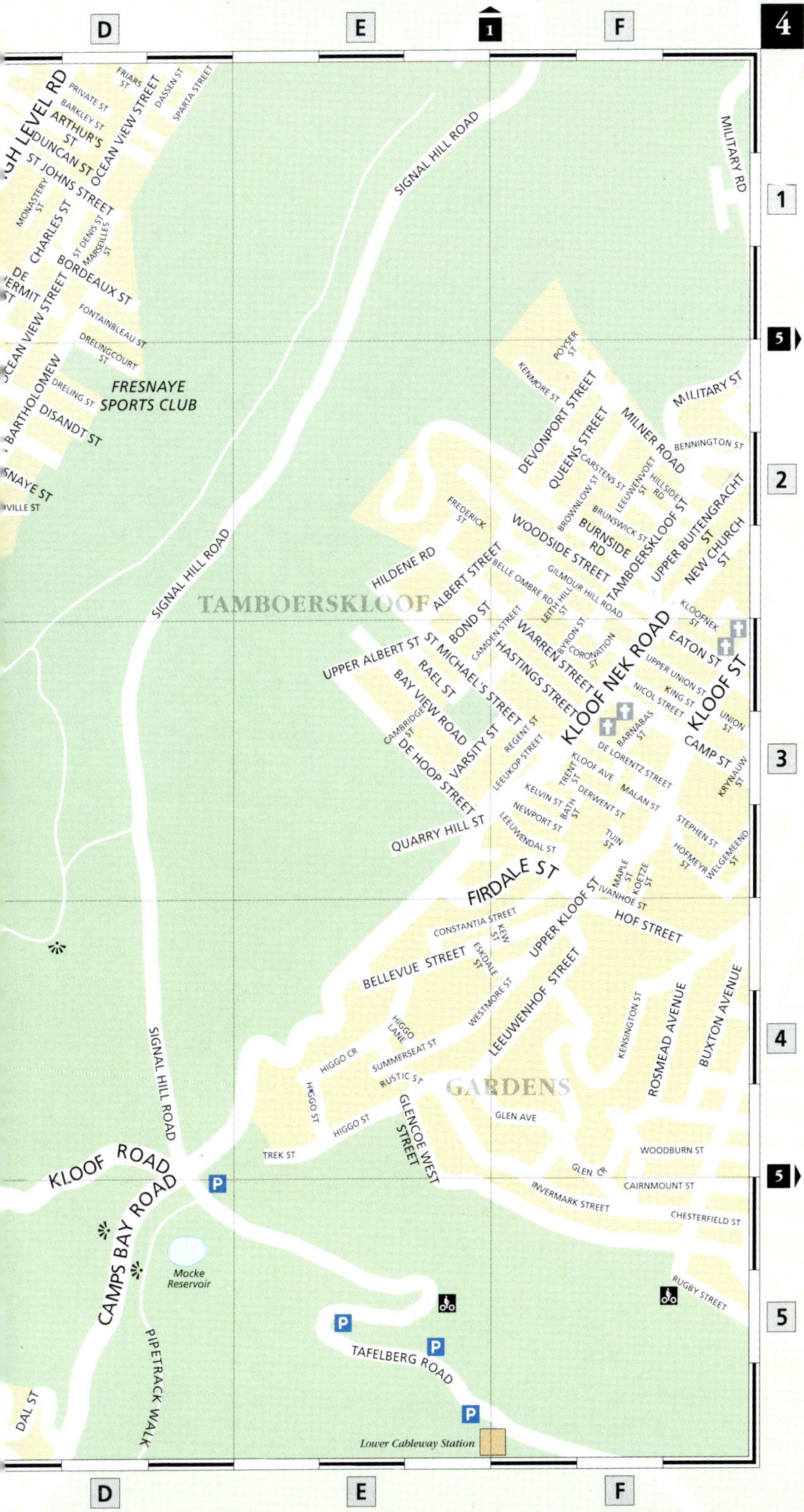
D
E
1
F
1
5
2
3
4
5
5
D
E
F
PRIVATE ST
FRIARS ST
DASSEN ST
SPARTA STREET
BARKLEY ST
ARTHUR'S ST
DUNCAN ST
OCEAN VIEW STREET
ST JOHNS STREET
MONASTERY ST
CHARLES ST
ST DENIS ST
MARSEILLES ST
BORDEAUX ST
FONTAINBLEAU ST
DRELINGCOURT ST
DRELING ST
DISANDT ST
BARTHOLOMEW
FRESNAYE SPORTS CLUB
SIGNAL HILL ROAD
MILITARY RD
MILITARY ST
POYSER ST
KENMORE ST
DEVONPORT STREET
QUEENS STREET
MILNER ROAD
BENNINGTON ST
CARSTENS ST
LEEUWENVOET ST
HILLSIDE RD
BROWNLOW ST
BRUNSWICK ST
BURNSIDE RD
WOODSIDE STREET
TAMBOERSKLOOF ST
UPPER BUITENGRACHT ST
NEW CHURCH ST
FREDERICK ST
HILDENE RD
ALBERT STREET
BELLE OMBRE RD
GILMOUR HILL ROAD
LEITH HILL ST
TAMBOERSKLOOF
BOND ST
CAMDEN STREET
WARREN STREET
BYRON ST
CORONATION ST
KLOOF NEK ROAD
KLOOFNEK ST
EATON ST
KLOOF ST
UPPER ALBERT ST
ST MICHAEL'S STREET
HASTINGS STREET
UPPER UNION ST
KING ST
NICOL STREET
UNION ST
RAEL ST
BAY VIEW ROAD
BARNABAS ST
CAMP ST
CAMBRIDGE ST
DE HOOP STREET
VARSITY ST
REGENT ST
LEEUKOP STREET
DE LORENTZ STREET
KLOOF AVE
TRENT ST
KRYNAUW ST
KELVIN ST
BATH ST
DERWENT ST
MALAN ST
NEWPORT ST
STEPHEN ST
QUARRY HILL ST
LEEUWENDAL ST
TUIN ST
HOFMEYR ST
WELGEMEEND ST
FIRDALE ST
MAPLE ST
KOETZE ST
IVANHOE ST
CONSTANTIA STREET
KEW ST
UPPER KLOOF ST
HOF STREET
BELLEVUE STREET
ESKDALE ST
WESTMORE ST
LEEUWENHOF STREET
KENSINGTON ST
ROSMEAD AVENUE
BUXTON AVENUE
HIGGO LANE
HIGGO CR
SUMMERSEAT ST
RUSTIC ST
GARDENS
HIGGO ST
GLENCOE WEST STREET
GLEN AVE
HIGGO ST
TREK ST
WOODBURN ST
KLOOF ROAD
GLEN CR
CAIRNMOUNT ST
INVERMARK STREET
CHESTERFIELD ST
CAMPS BAY ROAD
Mocke Reservoir
RUGBY STREET
TAFELBERG ROAD
PIPETRACK WALK
DAL ST
Lower Cableway Station

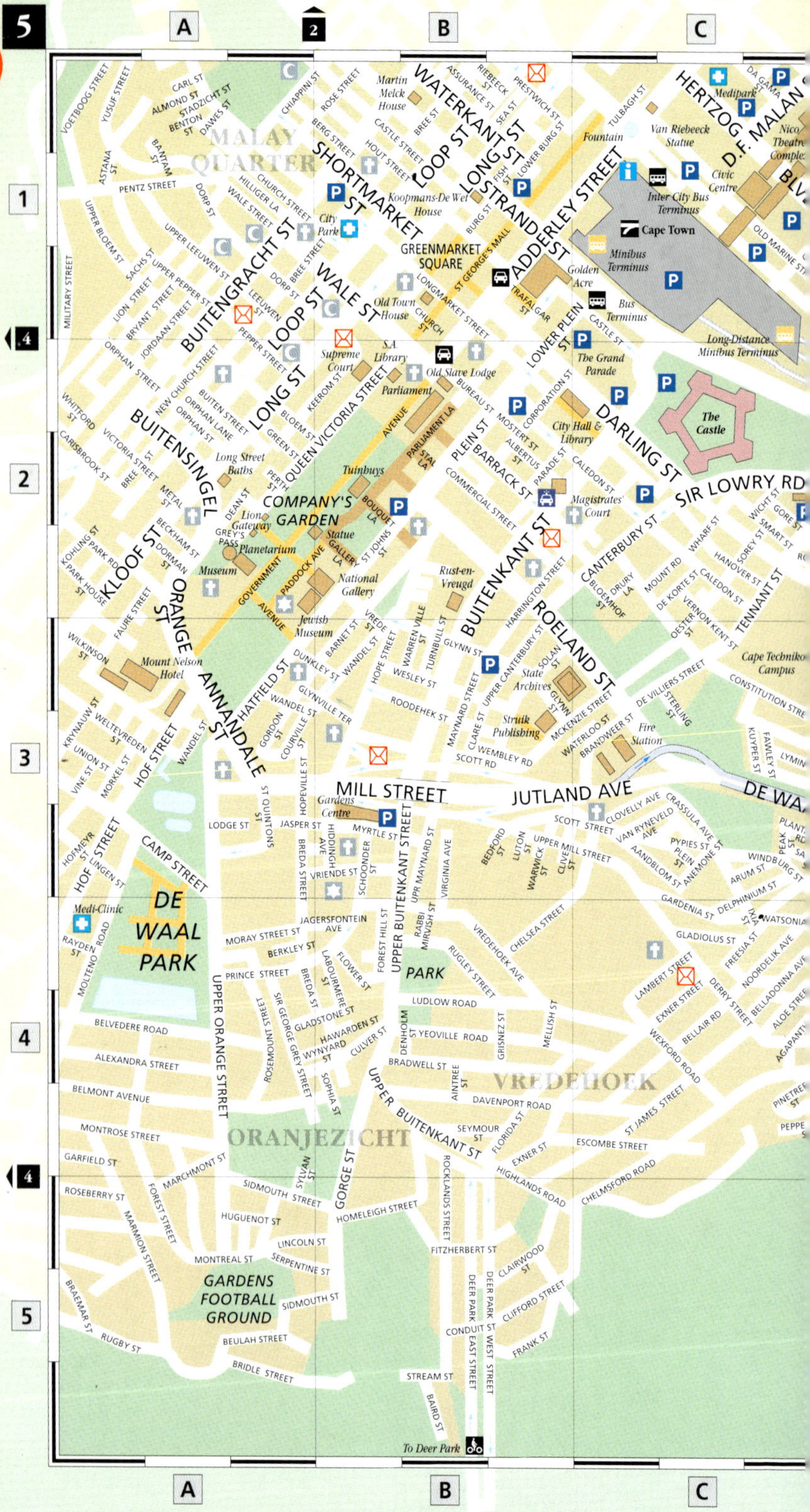
5
A
2
B
C
1
2
3
4
5
4
4
MALAY QUARTER
Martin Melck House
WATERKANT ST
LOOP ST
LONG ST
STRAND ST
SHORTMARKET ST
ADDERLEY STREET
HERTZOG
D.F. MALAN ST
Medipark
Van Riebeeck Statue
Fountain
Nico Theatre Complex
Civic Centre
Inter City Bus Terminus
Cape Town
Minibus Terminus
Golden Acre
Bus Terminus
Long-Distance Minibus Terminus
Koopmans-De Wet House
City Park
GREENMARKET SQUARE
ST GEORGE'S MALL
BUITENGRACHT ST
WALE ST
Old Town House
LONGMARKET STREET
CHURCH ST
TRAFALGAR ST
LOWER PLEIN ST
CASTLE ST
The Grand Parade
Supreme Court
S.A. Library
Old Slave Lodge
Parliament
QUEEN VICTORIA STREET
DARLING ST
The Castle
City Hall & Library
BUITENSINGEL
Long Street Baths
Tuinbuys
COMPANY'S GARDEN
Lion Gateway
Statue
Planetarium
Museum
National Gallery
Jewish Museum
SIR LOWRY RD
Magistrates' Court
BARRACK ST
COMMERCIAL STREET
BUITENKANT ST
CANTERBURY ST
Rust-en-Vreugd
ROELAND ST
State Archives
Struik Publishing
Fire Station
Cape Technikon Campus
CONSTITUTION STREET
KLOOF ST
ORANGE ST
ANNANDALE ST
Mount Nelson Hotel
HATFIELD ST
MILL STREET
JUTLAND AVE
DE WAAL DR
Gardens Centre
HOF STREET
CAMP STREET
DE WAAL PARK
Medi-Clinic
UPPER BUITENKANT STREET
PARK
UPPER ORANGE STREET
VREDEHOEK
ORANJEZICHT
UPPER BUITENKANT ST
GORGE ST
GARDENS FOOTBALL GROUND
To Deer Park
BELVEDERE ROAD
ALEXANDRA STREET
BELMONT AVENUE
MONTROSE STREET
GARFIELD ST
ROSEBERRY ST
MARCHMONT ST
SIDMOUTH STREET
HUGUENOT ST
HOMELEIGH STREET
FITZHERBERT ST
DEER PARK EAST STREET
DEER PARK WEST STREET
STREAM ST
BAIRD ST
CLIFFORD STREET
FRANK ST
HIGHLANDS ROAD
CHELMSFORD ROAD
ESCOMBE STREET
ST JAMES STREET
DAVENPORT ROAD
BRADWELL ST
YEOVILLE ROAD
LUDLOW ROAD
RUGBY ST
BEULAH STREET
BRIDLE STREET
BRAEMAR ST
MONTREAL ST
LINCOLN ST
SERPENTINE ST
SCOTT STREET
UPPER MILL STREET
LAMBERT STREET
WEXFORD ROAD
GARDENIA ST
GLADIOLUS ST
A
B
C

D
E
F
1
2
3
4
5
Small Craft Harbour
Royal Cape Yacht Club
Sturrock Graving Dock
FORESHORE
TABLE BAY BLVD
TABLE BAY BOULEVARD
SMUTS ST
A.A.
LOUIS GRADNER ST
JACK CRAIG ST
VANGUARD ST
OCEAN ST
BERRIO STREET
ALKMAAR STREET
TIDE STREET
BEACH STREET
LOWER CHURCH STREET
SOUTHGATE ST
MOORGATE ST
ALDGATE ST
DAVIDSON ST
FOREGATE ST
MILLGATE ST
HIGHGATE ST
PORTER ST
Woodstock Station
GREY ST
POET'S CORNER ST
NEW MARKET ST
ALBERT STREET
SIR LOWRY ROAD
NAIRN ST
CORNWALL STREET
WILLIAM STREET
WRIGHT ST
DICKSON ST
CLYDE ST
TAY ST
ABERDEEN ST
TREATY ST
SPRING ST
CHURCH
VICTORIA ROAD
RUSSELL STREET
BASKET STREET
MINCING STREET
DORMEHL LANE
DORMEHL STREET
LEWIN ST
NELSON ST
INVERY ST
DORSET ST
BROOK ST
SELWYN ST
BARRON ST
GYMPIE ST
PAGE ST
HERCULES ST
STATION ST
SUSSEX ST
LENNOX ST
DARKLOW ST
FRERE STREET
CAVENDISH STREET
PLEIN STREET
ESSEX ST
RHODESIA ST
SELKIRK ST
REFORM STREET
STUCKERIS ST
MUIR ST
FRANCIS STREET
OSBORNE ST
CAXTON ST
PLUM ST
ARMADALE ST
CHAPEL ST
ROGER ST
PONTAC ST
GRAY STREET
QUEEN ST
HALL ST
PREMIER ST
SEARLE STREET
TRAFALGAR PARK
WOODLANDS ST
PINE STREET
BEYERS ST
QUEENS STREET
WALMER ST
DILLON ST
CALVIN ST
CALEB ST
CAESAR ST
CLARENS ST
CAREY ST
ALTONA ST
NORFOLK ST
STEYNING ST
SHEPPARD ST
NELSON STREET
ASPELING CALLANDER ST
KEIZERSGRACHT STREET
EASTERN BOULEVARD
ASPELING STREET
BRUCE ST
NILE ST
HYDE ST
UPR WARWICK ST
RAVENSCRAIG ST
PARK ST
COVENTRY STREET
SALMON ST
WARWICK ST
DUKE ST
KING ST
TECH ST
EARL ST
VICTORIA WALK
BARTON ST
BRABANT ST
FAIRVIEW ST
HIGH ST
HAY ST
ADELAIDE ST
MELBOURNE ST
GOLDERS GREEN ST
NERINA STREET
ERICA ST
KITCHENER ST
ROBERTS ST
ZONNEBLOEM
VOGELGEZANG STREET
BLINDE STREET
CONSTITUTION STREET
MUNNIK ST
CHRISTIAAN ST
CAUVIN STREET
FAWLEY STREET
HEERE STREET
WALMER ESTATE
Zonnebloem College
SEARLE ST
HILL ST
CAMBRIDGE ST
MILAN ST
UPPER RAVENSCRAIG ST
BRIDGE ST
LEVER STREET
PRINCESS STREET
UPPER COVENTRY ST
UPPER DUKE STREET
UPR QUEENS STREET
KEPPEL ST
ADELAIDE ST
CHAMBERLAIN ST
BALFOUR STREET
PALMERSTON STREET
MOUNTAIN STREET
CHESTER STREET
WORCESTER ROAD
WORCESTER CLOSE
PARK STREET
CORONATION STREET
CHESTER STREET
EDEN STREET
PERTH STREET
MARSDEN STREET
GRAND VUE STREET
UPR MELBOURNE STREET
WOODSTOCK
CHRISTIAAN ST
UPPER CAMBRIDGE STREET
BERESFORD STREET
PREMIER STREET
UPR MOUNTAIN
RHODES STREET
UPPER ROODEBLOEM ST
KYLEMORE STREET
GARRICK STREET
WESTFORT STREET
DEVILS PEAK ESTATE
DE WAAL DRIVE
M3
Prince of Wales Blockhouse
Queen's Blockhouse

Straßenregister Kapstadt

Westliches und südliches Kap

Westliches und südliches Kap stellen sich vor

Eine rauhe Gebirgskette, die geologisch das Kap-Faltengebirge einbezieht, prägt die Landschaft, die in diesem Kap-Abschnitt außerordentlich vielfältig ist. Die trockene, karge Westküste geht in die fruchtbaren Weingebiete über, die von zerklüfteten Bergen umgeben sind. Atemberaubende Pässe, die hinter den stufenförmigen Tälern die massiven Bergketten der südlichen Kapregion überqueren, sind Zeugnisse früher Straßenbaukunst. Hier findet man die spektakulären Cango Caves (Höhlen) und jenseits der Berge die traumhafte Garden Route. Entlang der felsigen, fischreichen Küstenlinie, die mit Wellen von bis zu 30 Metern Höhe eine der gefährlichsten der Welt ist, wird intensiver Fischfang betrieben.

Die Blütenpracht *an der an sich trockenen Westküste ist nach ergiebigen Frühjahrsregenfällen atemberaubend.*

Das Manor House in Boschendal *bei Franschhoek liegt majestätisch inmitten der Weinberge. Eine Weinprobe auf dem Gut gehört zu den Höhepunkten einer Reise entlang der Weinstraße.*

Der Cape-Columbine-Leuchtturm *an der Westküste warnt Schiffe vor gefährlichen Felsen. Er ist der letzte bewohnte Leuchtturm Südafrikas.*

Hermanus *ist bekannt für die Südlichen Glattwale, die hier ihre Kälber zur Welt bringen. Die beste Zeit zur Walbeobachtung ist im September.*

◁ **Im Frühjahr blühen Gazanien und viele andere farbenprächtige Wildblumen entlang der Westküste**

__Der Knysna Forest__ ist wegen seiner hohen Stinkwood- und bis zu 650 Jahre alten Yellowwood-Bäume bekannt. Im dichten Grün leben zahlreiche Vögel, wie der scheue jadegrüne Lourie.

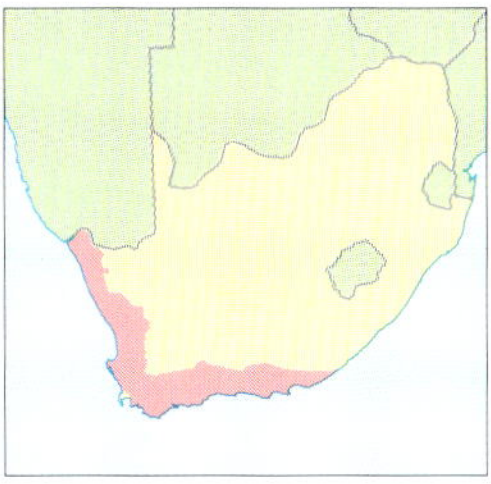

__Der Addo Elephant National Park__ in der östlichen Kapregion ist eine beliebte Touristenattraktion. Hier leben etwa 300 Elefanten.

__Zu Port Elizabeths__ Attraktionen gehört ein Aquarium mit Delphin-Shows an der Strandpromenade. Eine Reihe von historischen Gebäuden und Statuen stammen aus der britischen Kolonialzeit.

__In den Cango Caves__ bei Oudtshoorn sind faszinierende Tropfsteinformationen durch permanente Filtration des Wassers durch das Kalkgestein entstanden.

Herstellung des Pinotage-Weins

PINOTAGE IST EINE EINZIGARTIGE südafrikanische Weinsorte, die Abraham Perold, ein Professor der Universität Stellenbosch, 1925 aus den Reben Pinot Noir und Cinsaut (damals Hermitage genannt) züchtete. Der erste kommerziell abgefüllte Pinotage wurde 1961 unter der Marke Lanzerac verkauft. Der besonders fruchtige, purpurrote Wein erlangte seither internationale Berühmtheit. Pinotage, nur eine von vielen in Südafrika angebauten Trauben, wird hauptsächlich bei Stellenbosch kultiviert. Ableger wurden nach Simbabwe, Kalifornien und Neuseeland exportiert.

Alte Traubenpresse im Stellenryck Museum, Stellenbosch

Pinot Noir

Cinsaut

Pinotage

Die Pinotage-Reben

Die noble Pinot-Noir-Rebe aus Burgund lieferte Komplexität, Geschmack und Farbe, während die Cinsaut-Rebe den Ertrag steigerte. Heute ist Pinotage eine früh reifende Rebe, aus der leichte bis mittelschwere Weine mit einmaligem Geschmack entstehen.

***Die großen Eichenfässer**, in denen der Rotwein gelagert wird und reift, sind oft mit Schnitzereien verziert, wie dieses schöne Faß aus dem Delheim-Keller in Stellenbosch.*

Stellenbosch *(siehe S. 128ff)* umgeben sanfte Hügel, ideal für den Anbau des Pinotage.

Internationale Preise für Pinotage

1987: Kanonkop (1985) – Beyers Truter wird vom Diner's Club zum »Winzer des Jahres« gekürt
1991: Kanonkop (1989 Reserve) – Robert Mondavi Trophy (USA)
1996: Kanonkop (1992) – Perold Trophy (International Wine and Spirit Competition)
1997: L'Avenir (1994) – Perold Trophy
1997: Jacobsdal (1994) – Goldmedaille beim Vin-Expo-Wettbewerb (Frankreich)

Zwei der bekannten Pinotage-Weine Südafrikas

Das Weingut Lanzerac in Stellenbosch betreibt ein luxuriöses Landhotel. Hier wird neben anderen Weinen auch der Pinotage gekeltert.

Die Rotwein-Herstellung

Wein ist ein Naturprodukt. Die Winzer wenden bei Ernte, Herstellung und Reife große Sorgfalt an, um hochwertige Weine, die den Ansprüchen der Verbraucher genügen, herzustellen. Der Trend geht zu möglichst wenig Einmischung in Weinberg und -keller, damit die Weine ihre eigene Note entfalten können.

Um Beschädigungen zu vermeiden, werden die reifen Trauben mit Scheren vom Weinstock getrennt

Der Zeitpunkt der Ernte *ist entscheidend für Geschmack und Eigenschaften der Traube. Rote Trauben werden später geerntet als weiße, damit sich reifere, geschmacklich konzentriertere Früchte entwickeln.*

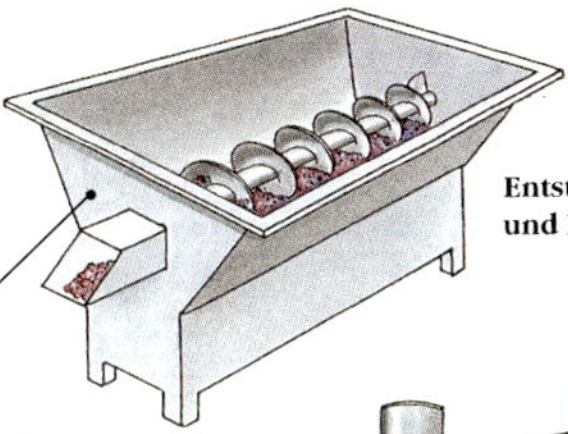

Entstieler und Presse

Da der hohe Tanningehalt *der Stiele den Geschmack beeinflußt, werden die Trauben entstielt. Anschließend werden sie leicht gepreßt und zur Gärung in ein Faß gefüllt.*

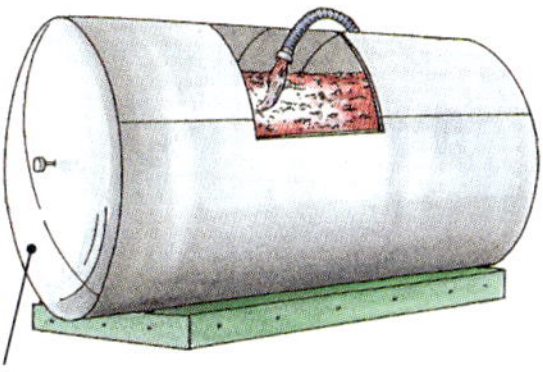

Gärungstank

Die Gärung *dauert drei bis fünf Tage. Der Saft wird regelmäßig über den »Hut«, der sich aus den Schalen bildet, gepumpt, um die gewünschte Farb- und Tanninkonzentration zu erzielen. Nach der Gärung wird der Saft von den Schalen getrennt. Vor der Mischung und Abfüllung muß er reifen.*

Lagertanks und -fässer

Um eine Trübung *des Weins zu vermeiden, wird der Bodensatz durch Abstechen (Umfüllen) entfernt. Die Verunreinigungen werden durch Filtration und Schönen – häufig mit Hilfe von Eiweiß – abgesondert.*

Hölzerne Reifungsfässer

Der Pinotage *reift 12 bis 15 Monate lang. Früher wurden große Fässer verwendet, der Trend geht jedoch zu kleinen Fässern aus französischer oder amerikanischer Eiche. Faßgröße, Holzarzt und Reifezeit formen den Charakter des Weins. Nach der Reifung wird er in Flaschen abgefüllt.*

In Südafrika werden über 130 Pinotages hergestellt

Die South African Pinotage Producers Association*, gegründet im November 1995, sorgt für eine dauerhaft hohe Qualität des südafrikanischen Pinotage. Alljährlich werden die zehn besten Weine prämiert.*

Walbeobachtung

Ladenschild in Hermanus

In südafrikanischen Gewässern leben etwa 37 Wal- und Delphinarten sowie etwa 100 Haiarten. Nur wenige nähern sich jedoch der Küste. Die häufigsten Delphine sind Großer Tümmler, Gewöhnlicher Delphin und Kapdelphin. Bei den Haien sind der Weißhai, Tigerhai, Schildzahnhai, Weißspitzen-Hochseehai, Sambesi-Hai und Mako zu nennen. Ein Großteil der weltweit 4000 bis 6000 Südlichen Glattwale (oder Südkaper) wandert jedes Jahr nach Norden. Ihre Zahl nimmt jährlich um sieben Prozent zu. Ab Juni verlassen sie ihre Futterplätze in der Antarktis, um sich in den wärmeren Gewässern der geschützten Felsbuchten an der südafrikanischen Küste zu paaren und zu gebären.

WALBEOBACHTUNG

Beste Aussichtspunkte

Schwielen sind harte, warzenartige Erhebungen auf der Walhaut, keine Kletten, wie oft angenommen wird. Die Markierungen dienen Wissenschaftlern zur Unterscheidung der Wale.

1997 wurde in Hermanus ein **Albinokalb** geboren.

Der Südliche Glattwal

Frühe Walfänger nannten diese Art »southern right« *(Eubalaena australis)*, weil sie südlich des Äquators vorkam und sich gut als Beute eignete. Ihr Speck war reich an Öl, die Barten wurden zu Korsetts, Schuhlöffeln und Bürsten verarbeitet. Der tote Wal schwamm an der Oberfläche und ging nicht unter wie andere Wale. Die geschützten Tiere wandern jährlich bis zu 2600 km.

***Wenn der Südliche Glattwal ausatmet**, sieht man die typische V-förmige Blaswolke. Sie entsteht, wenn der warme Atem an der kühlen Luft kondensiert.*

***In Hermanus** bläst der »Walschreier« ein Kelphorn, um Passanten über Walsichtungen zu informieren.*

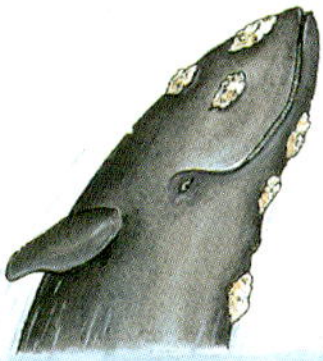

Breaching: Der Wal hebt den Oberkörper aus dem Wasser und fällt mit einem Platscher zurück.

WALVERHALTEN

Die Gründe für einige Verhaltensweisen der Wale sind noch unbekannt. Beim Breaching (Springen) z. B. kommt entweder Aggression oder Freude zum Ausdruck, oder es dient zur Entlausung.

Lobtailing: Die Fluken schlagen mit lautem Klatschen auf die Oberfläche.

Spyhopping: Der Wal hebt den Kopf senkrecht aus dem Wasser, um zu sehen, was an der Oberfläche geschieht.

lattwale säugen ihre älber mindestens sechs lonate lang.

Blasloch

Schwielen

In Hermanus kann man Wale ausgezeichnet vom Strand aus beobachten.

Buckelwale *sind für ihre spektakulären, hohen Sprünge bekannt. Auffallend sind ihre extrem langen Brustflossen.*

AUSBEUTUNG DER WALE

Zwischen 1785 und 1805 wurden vor der südafrikanischen Küste etwa 12000 Südliche Glattwale (Südkaper) getötet. Der Nordkaper wurde am rücksichtslosesten gejagt und ist heute praktisch ausgestorben. Nach der Einführung der Harpunenkanone war der Buckelwal der erste größere Wal, der gejagt wurde. Zwischen 1908 und 1925 wurden etwa 25000 Tiere getötet. Als 1935 das internationale Abkommen zur Regulierung des Walfangs in Kraft trat, gab es weniger als 200 Südkaper in südafrikanischen Gewässern. Obwohl ihre Zahl stetig steigt, ist heute nur ein Bruchteil der damaligen Population übriggeblieben.

Frühe Walfänger in der False Bay

DIE KAP-WEINREGION

DIE WEINREGION AM KAP *ist eine bezaubernde Landschaft mit hohen Bergen und fruchtbaren Tälern. Die Hänge überziehen Obstgärten und Weinstöcke. Zu den bekanntesten Herrenhäusern im kapholländischen Stil gehören Nederburg in Paarl (Veranstalter einer berühmten Weinauktion), das elegante Boschendal bei Franschhoek und das charmante Lanzerac Hotel in Stellenbosch.*

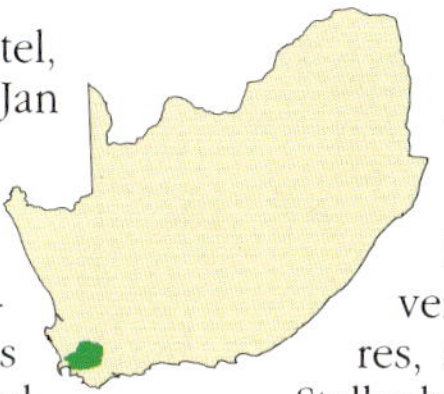

Das von Simon van der Stel, der 1679 die Nachfolge Jan van Riebeecks als Gouverneur antrat, gegründete Stellenbosch war der erste Weinort der Region. Nachdem der Gouverneur das Gebiet besucht hatte und feststellte, daß es sich um wasserreiches und fruchtbares Land handelte, sandte man die ersten *burghers* (frühe holländische Siedler, die Land sowie Ochsen und Geräte erhielten, um Farmen aufzubauen) in die Region, um dort ein neues Leben zu beginnen. Mit der Ankunft der französischen Hugenotten (protestantische Flüchtlinge aus Europa) und holländischer und französischer Pioniere wurde das Paarl-Tal um Franschhoek besiedelt. Das gemäßigte mediterrane Klima des Kaps garantierte die erfolgreiche Entwicklung des Weinbaus.

Die kühlen Winde von Berg und Meer und die verschiedenen Böden – saures, sandiges Schwemmland in Stellenbosch (gut für Rotwein), kalkreiche Erde in Robertson (ausgezeichnet für Weißwein) – ermöglichen die Herstellung einer Vielzahl von Spitzenweinen und machen Südafrika zum siebtgrößten Weinhersteller der Welt. 91 Güter, 66 Kooperativen und über 100 private Weinkeller ernähren 300 000 Arbeiter und ihre Familien. Viele der Weingüter und Kooperativen bieten Weinproben an. Die historischen Häuser in den Weinorten halten die Erinnerung an die frühen Siedler aufrecht.

Klein Constantia in Kapstadt ist ein besonders malerisches Gut

◁ **Der Aussichtspavillon in Boschendal an der Franschhoek-Weinstraße**

Überblick: Die Kap-Weinregion

NACH DEM TAFELBERG, der Victoria & Alfred Waterfront und Cape Point ist die Weinregion die größte Attraktion des Westkaps. Stellenbosch und Paarl sind für ihre eleganten Giebelhäuser bekannt, und Franschhoek besticht durch seine bezaubernde Lage. Von den majestätischen Bergpässen aus gleichen die Weingärten von Worcester und Robertson einem Puzzlespiel. Die malerische Häuserzeile in Tulbagh *(siehe S. 149)* wurde nach einem verheerenden Erdbeben im Jahr 1969 liebevoll restauriert.

Bei warmer Witterung wird auf dem Spier-Weingut auf der Terrasse serviert

SEHENSWÜRDIGKEITEN AUF EINEN BLICK

Boschendal Manor House S. 134f 6
Franschhoek 7
Kleinplasie Open-Air Museum S. 142f 11
Montagu 13
Morgenhof 4
Paarl 8
Robertson 12
Spier 3
Stellenbosch S. 128ff 1
Vergelegen 5
Worcester 10

Ausflüge

Boesmanskloof S. 141 14
Weinregion Paarl S. 139 9
Weinregion Stellenbosch S. 132 2

SIEHE AUCH

• ***Übernachten*** S. 319ff
• ***Restaurants*** S. 348f

Weinberge von Delheim, Stellenbosch

Unterwegs

Zwei Nationalstraßen, die N1 und N2, durchqueren die Weinregion. Die Hauptstraßen sind gut ausgeschildert. Franschhoek, Paarl und Worcester sind über die N1, Stellenbosch über die N1 oder N2 erreichbar. Nach Robertson fährt man über Worcester auf der R60. Für die landschaftlich reizvollen Bergpässe, die einen Ausflug lohnen, benötigt man ein eigenes Auto. Eine Alternative sind Bustouren, die größere Busunternehmen wie Intercape *(siehe S. 385)* und Mainline Passenger Services *(siehe S. 383)* organisieren. Der nächste Flughafen ist der Capetown International Airport.

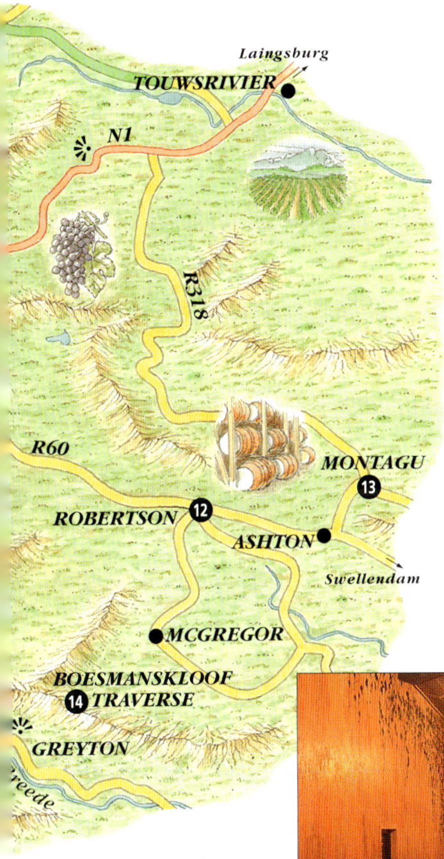

Montagu ist wegen seiner heißen Quellen berühmt

Legende

- Motorway (Autobahn)
- Nationalstraße
- Hauptstraße
- Panoramastraße
- Fluß oder See
- Aussichtspunkt

Rhebokskloof hat einen gemütlichen Keller für die Weinprobe

Im Detail: Stellenbosch ❶

Buntglas in Moederkerk

Die Strassen der historischen Universitätsstadt Stellenbosch – gleichermaßen Weinbau- und Bildungszentrum – säumen heute noch Eichen, die Gouverneur Simon van der Stel 1685 bei der Stadtgründung pflanzte. Häuser verschiedener Stile – kapholländisch, kapgeorgianisch, Regency und viktorianisch – schmücken die Straßen. Stellenbosch erlebte drei Brände, und viele Häuser mußten wiederaufgebaut werden. Das Touristenbüro in der Mark Street hält eine Broschüre für einen Fuß-Rundgang bereit.

VOC Kruithuis
Das Pulvermagazin der VOC (Niederländisch-Ostindische Kompanie) wurde 1777 zum Schutz der ersten Siedlungen errichtet. Heute enthält es ein kleines Militärmuseum.

Die Sklavenhäuser, um 1834 errichtet, sind nicht mehr strohgedeckt, haben aber ihren ursprünglichen Charakter bewahrt.

★ Oom Samie se Winkel
In dem »Olde-worlde«-Dorfladen (siehe S. 130) *lebt die alte Zeit fort. Hier findet man Antiquitäten, Sammlerstücke, Sahnebonbons und Biltong* (siehe S. 343).

Das Burgher House wurde 1797 erbaut. Sein Giebel ist ein frühes Beispiel neoklassizistischen Stils. Es ist der Sitz der Stiftung »Historical Homes of South Africa Foundation«.

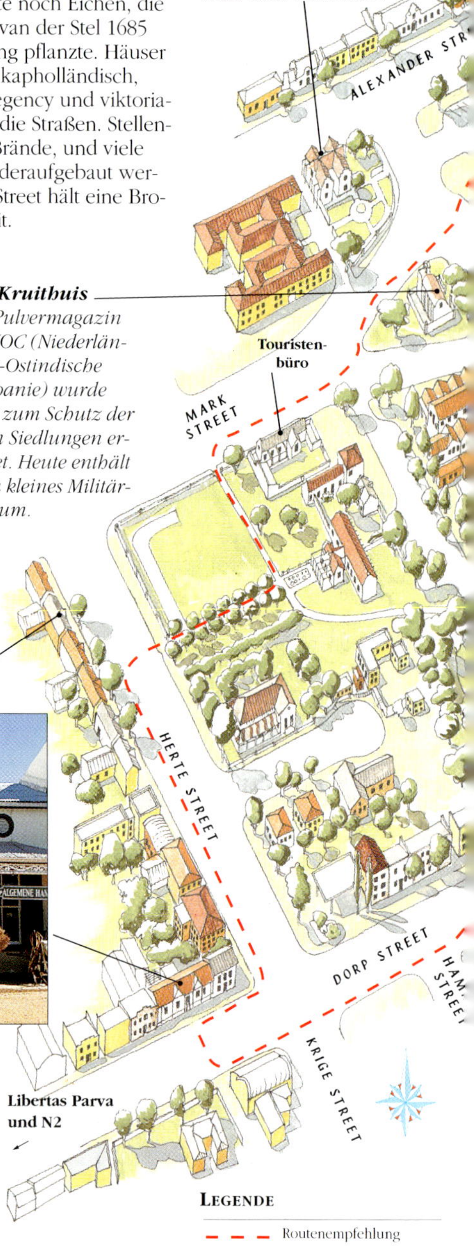

Libertas Parva und N2

Nicht versäumen

★ Dorp Street

★ Oom Samie se Winkel

Legende

Routenempfehlung

0 Meter 250

0 Yards 250

INFOBOX

Straßenkarte B5. N2, 46 km (28 Meilen) östl. von Kapstadt. 43 200. *Kapstadt.* *Adam Tas Rd.* *Adam Tas Rd.* *Mark St, (021) 883-3584.* *Food and Wine Festival (Ende Jan).*

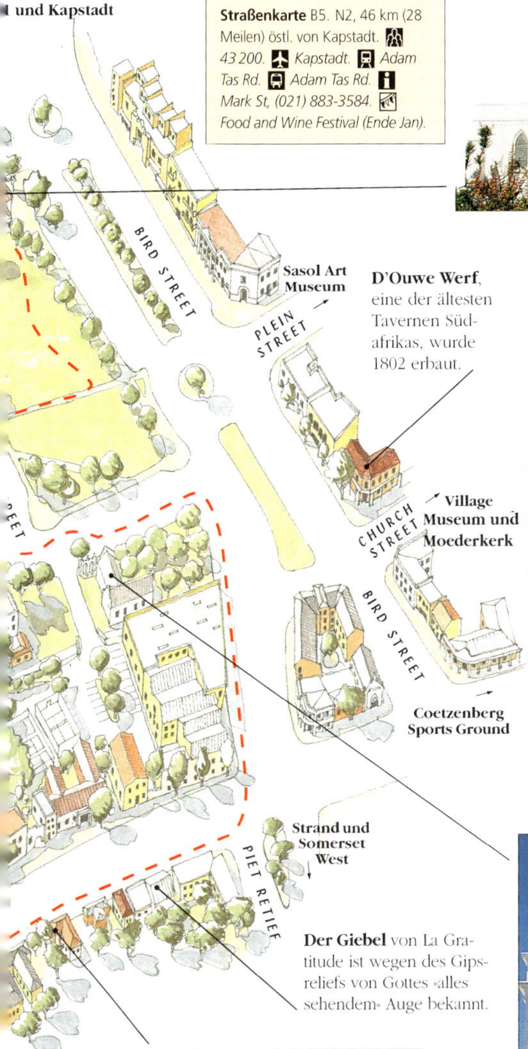

St Mary's Cathedral
Die Kirche liegt neben dem Stadtplatz, Die Braak *(braches Land), der 1703 als Exerzierplatz angelegt wurde.*

The Village Museum
Die historischen Häuser verschiedener Stilepochen des Village Museum in der Ryneveld Street (siehe S. 130f) *zählen zu den besten Restaurationsprojekten Südafrikas.*

★ Dorp Street
An der Eichenallee finden sich die am besten erhaltenen historischen Fassaden Stellenboschs.

The Rhenish Church
Die Kirche wurde 1823 als Schule für »Coloureds« (Mischlinge) und Sklavenkinder gebaut.

Überblick: Stellenbosch

Die hübsche Universitätsstadt im Zentrum der Weinregion wird auch als Wiege der Afrikaans-Kultur betrachtet. Die stolze Bildungstradition, auf die die 1679 gegründete Stadt zurückblickt, wurde 1863 mit der Errichtung des Dutch Reformed Theological Seminary eingeleitet. Das 1886 fertiggestellte Stellenbosch College ist der Vorläufer der Universität, die 1918 eröffnet wurde. Die Universitätsgebäude sind in die umliegenden historischen Gebäude integriert und verstärken die kulturelle und intellektuelle Atmosphäre der Stadt.

Rhenish Complex

Herte St. (021) 887-2902.
Mo–Sa 9.30–17 Uhr, So 14–17 Uhr. *Karfreitag, 25. Dez.*

Die schöne alte Häusergruppe, flankiert von den zwei modernen Bildungszentren, der Rhenisch Primary School und dem Rhenish Institute, ist repräsentativ für die Baustile, die Stellenbosch über die Jahrhunderte prägten.

Teile der im kapholländischen Stil errichteten rheinischen Pfarrei entstanden weit vor dem auf dem Giebel angegebenen Jahr (1815). In der Pfarrei zeigt ein Museum antike Möbel in einem Miniaturzimmer und eine in die 50 Quadratmeter große Nachbildung der Landschaft um Stellenbosch eingebettete Modelleisenbahn.

Das um 1832 erbaute Leipoldt House stellt eine interessante Kombination aus kapholländischem und georgianischem Stil dar.

Die Rhenish Church an der Bloem Street wurde 1823 von der Missionsgesellschaft Stellenbosch als Schule für Sklavenkinder und »Coloureds« (Mischlinge) gegründet.

Oom Samie se Winkel

Oom Samie se Winkel

84 Dorp St. *(021) 887-0797.*
tägl. 8–17.30 Uhr.
Karfreitag, 25. Dez.

Das reizende viktorianische Geschäft, dessen Name »Onkel Sams Laden« bedeutet, ist seit 1904 ein Gemischtwarenladen. Sein ursprünglicher Besitzer, Samie Volsteedt, lebte im Haus nebenan. Das Geschäft, das in Stellenbosch eine Institution darstellt und auch als nationales Denkmal geschützt wird, ist mit allerlei Waren wie Eingemachtem, Körben, Kerzen, Souvenirs sowie Butterfässern, Tellern und Küchengeräten aus dem 19. Jahrhundert vollgestopft. In Samie's Victorian Wine Shop findet man ausgewählte Weine. Unter der Pergola des Koffiehuis-Restaurant können Sie einen Tee einnehmen.

Libertas Parva

Ecke Dorp St und Aan de Wagenweg.
(021) 886-4340. *Mo–Fr 9–12, 14–17 Uhr; Sa u. Feiertage 10–13, 14–17 Uhr.* *So, Karfreitag, 25. Dez.*

Das anmutige kapholländische Haus in H-Form errichtete Lambertus Fick um 1783. Die Rembrandt-Gruppe, ein mächtiger Tabakkonzern, erwarb es 1969 zur Unterbringung der wertvollen Rembrandt-van-Rijn-Sammlung moderner Malerei und Skulpturen. Sie zeigt wunderschöne Werke von Südafrikas führenden zeitgenössischen Künstlern, darunter Irma Stern, Karen Nel, Marion Arnold, William Kentridge und Penny Siopis sowie Bronzeskulpturen von Anton von Wouw und das einmalige 360°-»Panorama of Cape Town«, das Josephus Jones 1808 malte. Der strohgedeckte, 1780 errichtete Keller beherbergt heute das Stellenryck Wine Museum.

Werk von Giacomo Manzu, Libertas Parva

Der Rhenish Complex, ein Beispiel kapholländischer Architektur

The Village Museum

18 Ryneveld St. *(021) 887-2902.*
Mo–Sa 9.30–17 Uhr, So 14–17 Uhr. *Karfreitag, 25. Dez.*

Zum Village-Museum-Komplex gehören Häuser aus den Anfängen Stellenboschs bis in die 1920er Jahre; die Gebäude aus der Zeit Edwards VII und Häuser aus dem frühen 20. Jahrhundert sind nicht zugänglich. Das Museum umfaßt derzeit vier Gebäude. Das älteste ist das 1709 von Sebastian Schreuder errichtete Schreuder House, das die einfache, spartanische Lebensweise der frühen Siedler zeigt.

Kunst und Handwerk in Stellenbosch

Angezogen von der kulturellen und intellektuellen Atmosphäre Stellenboschs haben sich eine Reihe von Künstlern, Graphikern, Töpfern und Siebdruckern in der Stadt niedergelassen. Zahlreiche Galerien und Studios, wie die Dorp Street Gallery (176 Dorp Street) und die Stellenbosch Art Gallery (34 Ryneveld Street) stellen Werke angesehener zeitgenössischer südafrikanischer und lokaler Künstler aus. An der Devon Valley Road außerhalb von Stellenbosch zeigt das Jean Craig Pottery Studio alle Stufen der Keramikherstellung. Auf der Dombeya Farm an der Annandale Road (Abzweigung von der R310) kann man Spinnern und Webern bei der Arbeit zusehen. Das Touristenbüro in Stellenbosch hält eine Broschüre über Kunst und Handwerk bereit.

Arbeit von Hannetjie de Clerq

Schreuder House im Village Museum, im 18. Jh. ein Haus der Mittelschicht

Das Bletterman House von 1789 gehörte Hendrik Bletterman, einem reichen *landdrost* (Friedensrichter). Teile des Grosvenor House, das eleganteste der vier, entstanden 1782. Spätere Erweiterungen spiegeln den Klassizismus des 19. Jahrhunderts wider, aus dem auch das Mobiliar stammt.

Die Inneneinrichtung des Bergh House im viktorianischen Stil, in dem Olof Marthinus Bergh 1837–66 lebte, spiegelt den Lebensstandard eines wohlhabenden Bürgers um 1850.

Sasol Art Museum

Eben Donges Centre, 52 Ryneveld St. *(021) 808-3691. Di–Fr 9–16 Uhr, Sa 9–17 Uhr, So 14–17 Uhr. Mo, Karfreitag, 25. Dez.*

Die Ausstellung im Museum behandelt die Themen Anthropologie, Kulturgeschichte, Archäologie und Kunst. Besonders interessant sind die prähistorischen Kunstwerke, Reproduktionen der San-Felsmalereien sowie Geräte und rituelle Objekte aus Süd-, West- und Zentralafrika.

Van Ryn Brandy Cellar

R310 von Stellenbosch, Ausfahrt 33. *(021) 881-3875. Sa, So, Feiertage. Mo–Do 10, 11.30, 15 Uhr, Fr 10, 11.30 Uhr.*

Der südwestlich von Stellenbosch gelegene Keller, in dem die bekannten lokalen Marken Van Ryn und Viceroy hergestellt werden, veranstaltet geführte Touren, bei denen die komplizierte Kunst der Brandy-Herstellung gezeigt wird; dazu gehören ein Vortrag, eine audiovisuelle Show, Brandy-Probe und Dinner.

Umgebung: Das **Jonkershoek Nature Reserve** liegt in einem Tal zehn Kilometer südöstlich von Stellenbosch, umgeben von den Jonkershoek- und Stellenboschbergen. Bewaldete Schluchten, Kieferplantagen und Bergfynbos kennzeichnen das Gebiet. Dazu gehören winzige rosa und weiße Erika, Serrurie *(Serruria florida)* und die Königsprotea. Das Gebiet um den Eerste River mit seinen Wasserfällen eignet sich für Wanderer, Mountainbiker und Reiter.

Auf einer zwölf Kilometer langen Bergstraße können weniger Sportliche die Gegend auch mit dem Auto erkunden.

Hier sieht man häufig Steppenpaviane und Dassies (Klippschliefer), manchmal auch die scheuen Klippspringer. Zu den am häufigsten vorkommenden Vögeln des Reservats gehören der Honigstar und der Malachit- und Goldbrust-Nektarvogel.

Jonkershoek Nature Reserve

Jonkershoek Rd. *(021) 889-1561. tägl. 7.30–18 Uhr. bei heftigem Regen (Juni–Aug).*

Sandsteinberge des Jonkershoek Nature Reserve

Weinregion Stellenbosch ❷

Die Winzer dreier wichtiger Güter eröffneten 1971 die Weinstraße Stellenbosch: Spier, Simonsig und Delheim. Heute umfaßt sie zahlreiche Güter und Kooperativen. Weinproben (oft gegen eine kleine Gebühr) und Kellerbesichtigungen finden meist an allen Wochentagen statt. Manche Güter können nur mit Voranmeldung besichtigt werden, und viele sind sonntags geschlossen. Erkundigen Sie sich also im voraus.

Delheim ⑦
Der Weinkeller in Delheim mit Ziegelbögen, Holzbänken und sanftem Licht hat eine besondere Atmosphäre.
☎ (021) 882-2033.

Zevenwacht ①
Dies ist eines der schönsten Güter der Region. Das Herrenhaus, ein Nationaldenkmal inmitten terrassenförmiger Weinberge an einem See, blickt auf beide Ozeane.
☎ (021) 903-5123.

Morgenhof ⑥
Die 300 Jahre alte, 1692 gegründete Farm ist im Besitz der berühmten Familie Huchon-Cointreau aus Cognac, Frankreich.

Delaire ⑤
»Ein Weinberg im Himmel« am Helshoogte-Paß.
☎ (021) 885-1756.

Neethlingshof ②
Das Lord Neethling Restaurant im alten Herrenhaus bietet Gerichte aus Thailand, Indonesien und Vietnam.
☎ (021) 883-8988.

Legende

- Motorway (Autobahn)
- Routenverlauf
- Andere Straßen
- Aussichtspunkt

Blaauwklippen ④
Ein kleines Gutsmuseum zeigt alte Möbel, Küchengeräte sowie Pferdekarren und -kutschen.
☎ (021) 880-0133.

Spier Estate ③
Der Komplex besteht aus Herrenhaus, Pub am Fluß, Farmladen, drei Restaurants, Weinzentrum, Stausee und Open-air-Amphitheater.

Routeninfo

__Länge:__ Die meisten Besucher beschränken sich auf drei bis vier Weinkeller und essen in einem der ausgezeichneten Gutsrestaurants zu Mittag.
__Anfahrt:__ Zum Besuch der Güter ist ein Auto nötig, eine Alternative sind Bustouren (siehe S. 385).

Spier Estate ❸

Straßenkarte B5. Stellenbosch. N2, dann R310. (021) 881-3096. *vom Bahnhof Kapstadt: Mi, Sa 9.30 Uhr; von Spier: Mi 14.50 Uhr, Sa 15.30 Uhr, (021) 419-5222. Weinproben Mo–Fr 9–17 Uhr, Sa 9–16 Uhr.*

Der vom Eerste River begrenzte Komplex ist das Ergebnis eines ab 1993 durchgeführten Umbaus, den der Geschäftsmann Dick Enthoven, der das Gut von der Familie Joubert erworben hatte, durchführen ließ.

Die Versuchsfarm auf Spier gehörte früher der Universität Stellenbosch. Die Weingärten sollen ab 2002 hauptsächlich durch den Anbau verschiedener roter Trauben – Merlot, Cabernet, Shiraz und Pinotage – erweitert werden. Spier verfügt über drei ausgezeichnete Restaurants, von denen eines, das Jonkershuis *(siehe S. 349)*, ein indonesisches und kapmalaysisches Büfett anbietet. Viele Besucher erstehen im Farmladen köstliche Leckereien, um anschließend auf dem einladenden Rasen am See ein Picknick einzunehmen.

Im Sommer werden Opern, Jazz und klassische Musik, Ballet und Bühnenkomik im Open-air-Amphitheater mit 1075 Sitzplätzen aufgeführt.

Spier hat einen eigenen Bahnhof. Eine Dampfeisenbahn bringt Besucher vom Kapstädter Bahnhof (Bahnsteig links vom Haupteingang) direkt zum Gut.

Die wunderschöne Gartenanlage in Morgenhof

Morgenhof ❹

Straßenkarte B5. Stellenbosch. Von der R44. *(021) 889-5510. Mo–Fr 9–16.30 Uhr, Nov–Apr Sa und So 10–15 Uhr. Karfreitag, 25. Dez, 1. Jan.*

Die 1692 gegründete Farm, auf der jährlich 300 000 Flaschen Wein abgefüllt werden, gehört der Familie Huchon-Cointreau. Die sandfarbenen, renovierten Gebäude mit roten Dächern umgeben eine Gartenanlage im französischen Stil. Der luftige Raum zur Weinprobe hat deckenhohe Fenster, die auf die Kellergewölbe aus Backstein blicken, in denen der Weißwein in Fässern reift. Die ausgezeichneten Rotweine – hauptsächlich Pinotage, Merlot und Cabernet Sauvignon – lagern in einem wunderbaren Keller. Im Sommer wird das Mittagessen im Garten serviert, wenn es kalt ist, brennt im Wintergarten ein Kaminfeuer.

Vergelegen ❺

Straßenkarte B5. Somerset West. Lourensford Rd von der R44. *(021) 847-1334. tägl. 9.30–16 Uhr. Karfreitag, 25. Dez, 1. Mai. Mo–Sa 10.30, 11.30, 14.30 Uhr.*

Spitzenweißwein der Region

Die Weinstöcke und die fünf Kampferbäume vor dem Herrenhaus wurden im Jahr 1700 gepflanzt, als Willem Adriaan van der Stel dort lebte.

Heute gehört Vergelegen gemeinsam der Anglo-American Farms Ltd. und dem Bergbaugiganten De Beers, dessen Investitionen dazu beitrugen, einen einzigartigen Keller in den Hängen des Helderberg zu bauen. Die reifen Trauben werden von der Oberfläche aus in unterirdische Stahltanks zum Entstielen, Pressen und Reifen gebracht. Durch Ausnutzung der Schwerkraft bleiben die Trauben relativ unbeschädigt. Das sanfte Bearbeitungsverfahren garantiert ganz besondere, samtweiche Weine.

Im entzückenden Lady Phillips Tea Garden, benannt nach Lady Florence Phillips, die hier von 1917 bis 1940 lebte, wird das Mittagessen serviert. Bei den Renovierungsarbeiten, die das Ehepaar Phillips durchführte, wurden die Grundmauern eines achteckigen, von Willem van der Stel angelegten Gartens entdeckt, der inzwischen wieder angelegt wurde.

Die Gäste genießen eine Mahlzeit im Freien auf dem Spier-Estate

Boschendal Manor House ❻

Picknickkorb von Boschendal

Der französische Hugenotte Jean le Long erhielt das Land, auf dem das Herrenhaus steht, 1685 von Simon van der Stel. Das Anwesen, das ursprünglich »Bossendaal« (»Wald und Tal«) hieß, wurde 1715 einem anderen Hugenotten, Abraham de Villiers, übertragen. 100 Jahre lang blieb es im Besitz der Winzerfamilie De Villiers. Weinkeller und Wagenschuppen wurden 1796 von Jan de Villiers gebaut. Sein jüngster Sohn Paul gab dem 1812 errichteten Boschendal Manor House seine jetzige H-Form. Das historische Anwesen gehört heute Rhodes Fruit Farms, einem von Cecil John Rhodes 1898 gegründeten Unternehmen.

Vordereingang
Die Initialen von Paul und Anna de Villiers zieren den Vordergiebel.

Handgefertigte Raumteiler
In eleganten kapholländischen Häusern fand man häufig Trennwände. Der Originalraumteiler aus Teak- und Yellowwoodholz ist mit geometrischen Figuren aus dunklem Ebenholz verziert.

Abgerundete Pilaster stützten die Endgiebel, die vorderen und hinteren Pilaster haben ein klassisches Design.

Nicht versäumen

- ★ **Hauptschlafzimmer**
- ★ **Küche**
- ★ **Speisezimmer**

Gepflasterter Hof

★ Hauptschlafzimmer
Das antike Himmelbett aus Stinkwood wurde 1810 von einheimischen Handwerkern gefertigt. Der handgehäkelte Spitzenbehang und die leichte, bestickte Tagesdecke aus Baumwolle stammen aus dem Jahr 1820.

INFOBOX

Straßenkarte B5. Kreuzung R45 und R310. *(021) 870-4281. Dez–Jan Mo–Fr 9–17 Uhr, Sa und So 10–12.30 Uhr. So (Feb–Nov).*

★ Küche
Um den Lehmboden kühl und ungezieferfrei zu halten, wurde er mit Wasser und Kuhdung gereinigt. Auf den dunkelbraunen oder roten Wänden sah man den Schmutz nicht.

Großvateruhr
Die holländische Uhr aus dem Jahr 1748 zeigt Datum, Wochentag, Sternzeichen, Mondphasen und Gezeiten in Amsterdam.

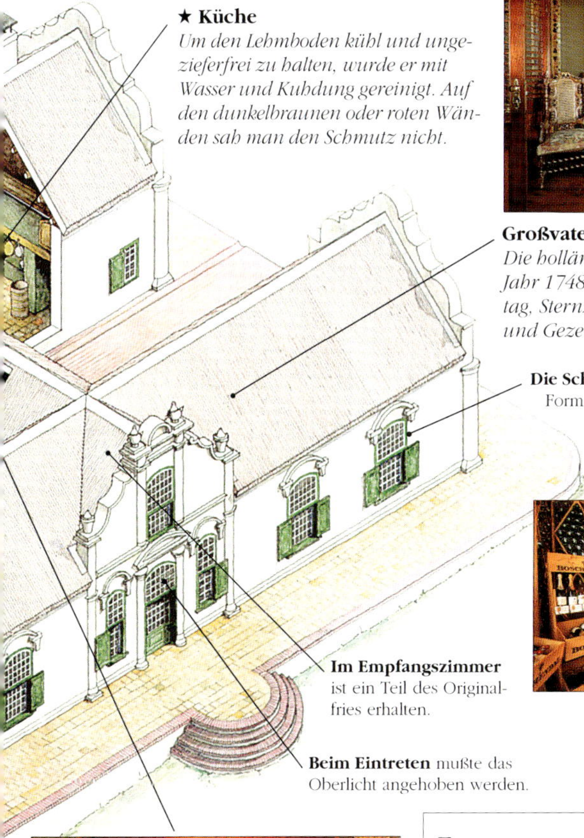

Die Schiebefenster spiegeln die Form der Giebel wider.

Im Empfangszimmer ist ein Teil des Originalfries erhalten.

Beim Eintreten mußte das Oberlicht angehoben werden.

Weinladen
Im Laden ist die gesamte Boschendal-Weinpalette erhältlich.

★ Speisezimmer
Die Anrichte aus Eiche mit Walnuß enthält eine Samlung Porzellan aus der Ming-Dynastie (1573–1620), die für den Export hergestellt wurde.

FRIESE

Das Dekorieren von Wänden mit Pigmenten auf Ölbasis stammt wahrscheinlich aus Europa. In Empfangs- und Eßzimmern fand man Pilaster und Girlanden, verschlungene Rosen im Salon. In anderen Räumen genügte ein einfarbiges Wandpaneel. Das Originalwandfries (schwarze Eicheln und grüne Blätter in den Empfangsräumen) von 1812 wurde 1975 bei der Restaurierung entdeckt.

Franschhoek ❼

Siegesstatue

Die Niederländisch-Ostindische Kompanie (VOC) überließ das Farmland in diesem reizenden, von den Franschhoek- und Groot-Drakenstein-Bergen umgebenen Tal 1694 einigen französischen Hugenottenfamilien *(siehe S. 45)*. Die neuen Siedler waren Bauern, Handwerker und Winzer und prägten diese Region, die die Holländer *De Fransche Hoek* (französische Ecke) nannten.

Sammlung antiker Möbel im Franschhoek Huguenot Museum

Überblick: Franschhoek
Die französische Tradition der Stadt spiegelt sich in Namen wie Haute Cabrière, La Provence und L'Ormarins wider. Außer der bezaubernden Lage bietet sie exquisite Küche, begleitet von ausgezeichneten Weinen der Region. Ewa 30 Restaurants *(siehe S. 348)* kochen kapmalaysische, provenzalische und ländliche Gerichte.

Der frühere Johannesburger Werbeunternehmer Michael Trull gründete 1980 die Franschhoek-Weinstraße. Fünf Keller bildeten zunächst die Vignerons de Franschhoek, heute sind 20 Güter beteiligt.

Einen Besuch auf dem **Cabrière Estate** sollte man sich nicht entgehen lassen. Nach der interessanten Kellerbesichtigung köpft Gastgeber Achim von Arnim eine Flasche seines Pierre-Jourdan-Sekts mit dem Säbel *(sabre)*, eine alte Methode, die *sabrage* genannt wird.

Am oberen Ende der Hauptstraße erinnert das 1948 enthüllte **Huguenot Monument** an die Ankunft der französischen Siedler und die kulturelle Bereicherung durch sie. In einer Grünanlage mit duftenden Rosen bildet ein halbkreisförmiger Säulengang ein Amphitheater für drei hohe Bögen. Sie repräsentieren die Dreifaltigkeit und erheben sich hinter einer auf einem Globus thronenden Frauenfigur, deren Füße auf Frankreich ruhen. Den mittleren Bogen überragt die »Sonne der Rechtschaffenheit«.

INFOBOX

Straßenkarte B5. N1, Ausfahrt 47, R45. *6800. Kapstadt 79 km (49 Meilen) östl. Main Rd, (021) 876-3603. tägl. 8.30–17 Uhr. Bastille Day (14. Juli).*

Cabrière Estate

(021) 876-2630. Mo–Fr 9–17 Uhr, Sa 10–13 Uhr. So. nur nach Vereinbarung, Führungen müssen im voraus gebucht werden.

Huguenot Memorial Museum

Lambrecht St. *(021) 876-2532. Mo–Sa 9–17 Uhr, So 14–17 Uhr. Feiertage.*
Das 1967 eröffnete Museum dient als Einrichtung für die Erforschung der Geschichte der Hugenotten und ihrer Nachkommen am Kap. Ausgestellt werden Möbel, Zeichnungen von Hugenotten, Besitzurkunden sowie andere Dokumente und Briefe. Besonders interessant ist eine Kopie des Edikts von Nantes (1598), das den Protestanten in Frankreich die Freiheit der Religionsausübung zusicherte, und eine Sammlung alter Bibeln, von denen eine 1636 gedruckt wurde.

Das Huguenot Monument in Franschhoek wurde 1943 errichtet

Franschhoeks französisches Erbe

FRANSCHHOEK IST ein entzückendes Landstädtchen mit französischem Charakter. Die Winzer mit Namen wie Malherbe, Joubert und du Toit setzen die Weintradition der frühen hugenottischen Siedler fort. Restaurants wie Le Quartier Français und La Petite Ferme servieren provenzalische Gerichte in hellen, luftigen Innenräumen, und bei Chez Michel weht die französische Fahne über Delikatessen wie *escargots* (Schnekken) und in Calvados mariniertem Camembert. Den Einfluß des französischen Klassizismus zeigen die anmutigen Formen der historischen Gebäude. Ein gutes Beispiel ist das Huguenot Museum, das der französische Architekt Louis Michel Thibault, der sich 1783 am Kap niederließ, gestaltete.

Emblem des Cabrière Estate

Die zentrale Figur *des Huguenot Monument – eine Frau, die in der rechten Hand eine Bibel und in der linken eine zerbrochene Kette hält – symbolisiert die Religionsfreiheit.*

Die älteren, barocken *Giebel wichen vornehmen, klassischen Giebeln, wie denen des Huguenot Museums.*

Puderperücke

Männer trugen einen Dreispitz.

Perlmuttknöpfe an Kleidungsstücken waren in Mode.

Viele Khoina wurden als Sklaven gehalten.

Reifröcke wurden durch steife Unterröcke aus Walknochen gestützt.

DIE FRANZÖSISCHEN HUGENOTTEN

Der Widerruf des Edikts von Nantes (1685) durch Ludwig XIV. trieb viele französische Hugenotten in protestantische Länder. 270 Einwanderer nahmen das Angebot der Niederländisch-Ostindischen Kompanie an, sich am Kap anzusiedeln.

Restaurants *in Franschhoek spiegeln französische Lebenslust und Atmosphäre wider.*

Rocco Catoggio *(1790–1858), hier mit seinem Enkel Rocco Cartozia de Villiers, heiratete in eine bedeutende Hugenottenfamilie ein.*

Die französischen Siedler *verwendeten zur Herstellung der ersten Weine Traubenpressen wie diese, die vor dem Huguenot Museum zu sehen ist.*

Paarl 8

HOLLÄNDISCHE KOLONISTEN erhielten 1687 Farmland im schönen Berg River Valley, das im Norden vom Paarl Mountain begrenzt wird. Der Name Paarl leitet sich aus dem holländischen *peerlbergh* (Perlenberg) ab. Der holländische Forscher Abraham Gabbema nannte die Erhebung so, als er nach einem Regenschauer drei glatte Kuppeln erblickte. Der im Granitgestein enthaltene Glimmer glitzerte in der Sonne und vermittelte den Eindruck glänzender Perlen. Paarl wurde 1690 gegründet.

Die drei Granitkuppeln am Rande von Paarl

Überblick: Paarl
Große Landwirtschafts-, Finanz- und Produktionsunternehmen haben ihren Sitz in Paarl, das für die Wirtschaft des Westkaps von großer Bedeutung ist. Seine Alleen und anmutigen Giebelhäuser verleihen ihm jedoch den Charme einer Landstadt.
Die elf Kilometer lange Main Street, die entlang dem Berg River verläuft, liegt im Schatten großer Eichen und bietet sich als Ausgangspunkt zur Erkundung der Stadt an. Auf beiden Straßenseiten finden sich gut erhaltene kapholländische und georgianische Häuser (18. und 19. Jh.). Die jüngeren Gebäude zeigen viktorianischen Einfluß.

La Concorde, ein 1956 im neoklassizistischen Stil errichtetes stattliches Haus, ist Sitz der *Kooperatiewe Wijnbouwers Vereeniging* (KWV), der Winzergenossenschaft. Die mittlerweile privatisierte KWV war für die Verwaltung, die Qualitätskontrolle und den Ausbau der Exportmärkte gegründet worden.

Das ebenfalls an der Main Street gelegene **Paarl Museum** zeigt historische Aspekte der Stadt. Zur Sammlung gehören Stinkwood-Stühle, eine holländische Wäschepresse und Schränke aus Yellowwood. Die ausgezeichnete Porzellansammlung umfaßt kantonesische, Imari-, Kang-Hsi- und VOC-Stücke. Die Küche ist mit originalen Geräten und Möbeln bestückt. Sonderausstellungen widmen sich speziellen Themen, wie z. B. den Khoina *(siehe S. 44f)*.

Antiker Schrank, Paarl Museum

Das **Laborie Estate**, das 1688 einem hugenottischen Siedler zugewiesen wurde, liegt unweit der Main Street. Hendrick Louw, der es 1774 übernahm, errichtete das Haus im kapholländischen Stil. Die KWV, die das Gut 1972 erwarb, restaurierte es sorgfältig.

Paarl Museum
303 Main St. *(021) 872-2651.*
Mo–Fr 10–13, 14–17 Uhr.
Sa, So.

Laborie Estate
Von der Main Rd ab, Paarl. *(021) 807-3390.* *Weinproben wochentags 9–16.30 Uhr; Sa, So 10–15 Uhr.* *Keller, im voraus buchen.*

INFOBOX

Straßenkarte B5. An der N1. *73 500.* *Kapstadt 56 km (35 Meilen) südwestl.* *Huguenot Station, Lady Grey St.* *International Hotel, Lady Grey St.* *216 Main Rd, (021) 872-3829.* *Mo–Fr 9–17 Uhr, Sa 9–13 Uhr, So 10–13 Uhr.* *Nouveau Wine Festival (Apr).*

UMGEBUNG: Unweit der Main Street, gegenüber dem La Concorde, beginnt der elf Kilometer lange Jan Phillips Drive zum Paarl Mountain. Das 500 Millionen Jahre alte Massiv, nach dem Uluru in Australien die zweitgrößte Graniterhebung der Welt, kann mit Hilfe von Haltegriffen bestiegen werden.

Der Zugang zum Paarl Mountain Nature Reserve, von dem man das **Language Monument** *(Taalmonument)* erreicht, liegt ebenfalls am Jan Phillips Drive. Jan van Wyk gestaltete das Monument 1975 an einem Berghang, um an die offizielle Anerkennung der Sprache Afrikaans 100 Jahre zuvor zu erinnern. Das imposante Monument besteht aus drei Kuppeln, drei kleinen Säulen verschiedener Höhe, einem hohen Obelisk und einer aufragenden Säule. Die einzelnen Elemente stehen für den sprachlichen Einfluß der jeweiligen Kultur.

Language Monument
Von der Main St. ausgeschildert. *(021) 2-3441.* *tägl. 9–17 Uhr.*

Das Language Monument, Paarl

Weinregion Paarl ❾

Beiderseits des imposanten Paarl Mountain mit seinen drei abgerundeten Kuppeln erstrecken sich malerische Weinbaugebiete. Die Güter auf der Ostseite blicken auf den Klein Drakenstein und die Du-Toitskloof-Berge, die auf der Westseite Richtung Tafelberg und False Bay. In den Weinbergen um Paarl wird etwa ein Fünftel der gesamten südafrikanischen Weine produziert. Alle Güter an der Weinstraße, wie Nederburg und Laborie, bieten täglich außer Sonntag Weinproben und -verkauf an. Bei einigen sind Besichtigungen nur nach Absprache möglich.

Weinfaß

Rheboksklooof Estate ①
Das Gut ist nach der hier früher heimischen kleinen Antilope *(rhebok)*, benannt.

Nederburg ⑤
Nederburg ist für seine jährliche Weinauktion bekannt, die der britische Weinauktionator Patrick Grubb lange geleitet hat.

Fairview ②
Die Saanen-Ziegen klettern auf die spiralförmige Holzrampe, die den Turm umgibt. Hier werden köstliche Ziegenmilch und -käse verkauft.

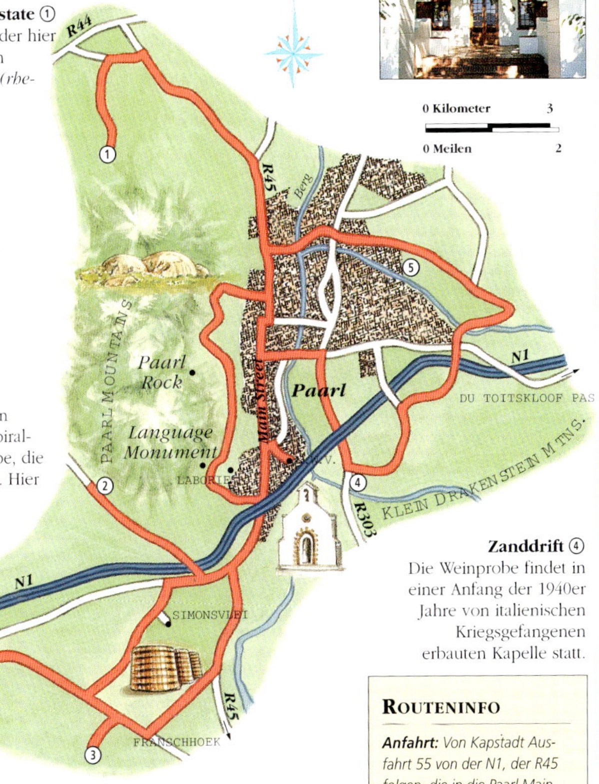

Zanddrift ④
Die Weinprobe findet in einer Anfang der 1940er Jahre von italienischen Kriegsgefangenen erbauten Kapelle statt.

Legende

- Motorway (Autobahn)
- Routenverlauf
- Andere Straßen
- Aussichtspunkt

Backsberg ③
Der verstorbene Winzer Sydney Back begann 1977 die Winzer Paarls zu organisieren, um die soziale Stellung der Arbeiter in den Weinbergen zu verbessern. Weinproben werden angeboten.

Routeninfo

Anfahrt: *Von Kapstadt Ausfahrt 55 von der N1, der R45 folgen, die in die Paarl Main Street übergeht.*
Rasten: *Restaurants in Simonsvlei und Laborie.*
Länge: *Abhängig von der Anzahl der besuchten Güter (am besten drei oder vier).*

Die Straße nach Worcester führt über den Du-Toit's-Kloof-Paß

Worcester ⑩

Straßenkarte B5. N1 von Kapstadt via Du Toit's Kloof Pass. *54 400.* *Worcester Station.* *23 Baring St, (023) 347-1408.*

DER NACH DEM Marquis von Worcester, dem Bruder des einstigen Kap-Gouverneurs Lord Charles Somerset, benannte Ort etwa 110 Kilometer östlich von Kapstadt ist das größte Zentrum im Breede River Valley. Hier werden die meisten Tafeltrauben des Landes angebaut, und aus seinen Kellereien stammt etwa ein Viertel des südafrikanischen Weines. Güter wie Nuy und Graham Beck sind für Weinproben und -verkauf geöffnet.

Auf dem Weg nach Worcester passiert man den 823 Meter hohen Du-Toit's-Kloof-Paß. Seit 1988 verkürzt der Huguenot Tunnel die Strekke um elf Kilometer, doch sie bietet noch immer schöne Blicke auf Paarl und das Berg River Valley.

Am Church Square in der Stadt findet sich der Garden of Remembrance (Garten der Erinnerung) vom Landschaftskünstler Hugo Naude, das War I Memorial (zur Erinnerung an den Ersten Weltkrieg) und ein Steinhügel, der 1938 zur Zeit des Ossewa-Trek entstand *(siehe S. 52)*, der zur Erinnerung an den historischen Großen Treck *(siehe S. 48f)* durchgeführt wurde.

In dem südlich des Church Square gelegenen **Hugo Naude House** lebte der Künstler bis zu seinem Tod 1941. Heute dient es als Kunstgalerie für Wanderausstellungen von Werken verschiedener zeitgenössischer Künstler Südafrikas. Die Ausstellungen wechseln monatlich.

Nordöstlich des Church Square steht das Beck House, in dem das im Stil des späten 19. Jahrhunderts eingerichtete **Worcester Museum** untergebracht ist.

Worcester Museum

Ecke Church und Baring St. *(023) 342-2225.* *Mo–Sa 9–16.30 Uhr, So 10.30–16.30 Uhr.* *Feiertage.*

Hugo Naude House

Russell St. *(023) 342-5802.* *Mo–Fr 8.30–16.30 Uhr, Sa 9.30–12.30 Uhr.* *So, Feiertage.*

UMGEBUNG: Im 1,44 Quadratkilometer großen **Karoo National Botanic Garden** etwa drei Kilometer nördlich von Worcester wachsen Halbwüstenpflanzen.

Im Frühling bezaubern die leuchtenden Mittagsblumen. Zu den ungewöhnlichen Pflanzen gehören die prähistorischen Welwitschien, die *halfmen* (Halbmenschen) und die *kokerbooms* (Köcherbäume).

In einer Abteilung sind alle Pflanzen nach Gebieten und Klimazonen geordnet. Die Sukkulenten-Sammlung wird von der International Succulent Organization als eine der weltweit besten ihrer Art eingestuft. Für blinde Besucher ist ein Blindenweg vorhanden.

Alte Wasserpumpe in Worcester

Karoo National Botanic Garden

Roux St, Worcester. *(023) 347-0785.* *nur Aug–Okt 8.30–16.30 Uhr.* *13–14 Uhr.*

Kleinplasie Open-Air Museum ⑪

Siehe S. 142f.

Die Dutch Reformed Church in Worcester

Die Dutch Reformed Church in Robertson

Robertson ⓬

Straßenkarte B5. R60 von Worcester oder Swellendam. 13600. *Ecke Swellendam und Piet Retief St, (02351) 4437.*

Robertson liegt im Breede River Valley, dessen sonnige Hänge ideal für Wein- und Obstanbau sind. Abgesehen von Wein und Tafeltrauben sind auch Trockenfrüchte von wirtschaftlicher Bedeutung. Von den 24 Kellern und Kooperativen der Robertson-Weinstraße sind viele für ihren Spitzen-Chardonnay bekannt.

Montagu ⓭

Straßenkarte B5. N15 von Robertson. 8000. *Bath St, (0234) 4-2471.*

In Montagu bestechen vor allem die vielen Häuser aus den 50er Jahren des 18. Jahrhunderts. Allein in der Long Street gibt es 14 nationale Denkmäler. Bekannt sind auch die Thermalquellen (mit einer ständigen Temperatur von 43 °C) zwei Kilometer außerhalb. Unweit davon liegt ein gemütliches Hotel. Am Nordende der Langeberge wurden Wege für Wanderer, Mountainbiker und Allradfahrzeuge angelegt.

Fährt man von Robertson nach Montagu, passiert man einen 16 Meter langen Tunnel, über dem die Ruine des Sidney Fort steht, das die Briten während des Südafrika-Krieges errichteten.

Die Avalon-Quellen, Montagu

Ausgangspunkt in Greyton

Boesmanskloof ⓮

Der beliebte Wanderweg (5 Std.) durch eine Spalte in den Riviersonderend-Bergen verläuft zwischen den Dörfern Greyton und McGregor, die beide als Einstieg dienen. Eine gewisse Fitneß ist erforderlich, doch die Ausblicke lohnen die Anstrengung. Im Fluß, der auf der McGregor zugewandten Seite des Wegs fließt, ist ausreichend Wasser vorhanden. In den neun Kilometer von Greyton gelegenen Oakes Falls, die aus einer Reihe von Wasserfällen und -becken bestehen, kann man schwimmen. Es gibt keine Übernachtungsmöglichkeit.

Wanderinfo

Start: *Die Galg, 14 km (9 Meilen) südwestl. von McGregor oder von der Main Street in Greyton.*
Anfahrt: *R21 von Robertson oder N2 nach Caledon, Abzweigung McGregor.*
Beste Zeit: *Winter ungünstig (Juni–Aug). Drei Monate im voraus beim Vrolijkheid Nature Reserve buchen. (02353) 621.*

Kleinplasie Open-Air Museum ⓫

Kerzenhalter

Das 1981 eröffnete Bauernmuseum veranschaulicht das Leben der ersten Farmer am Kap. Jedes Gebäude ist einem typischen Handwerk, das zwischen 1690 und 1900 ausgeübt wurde, gewidmet. Es werden Kühe gemolken, Vollkornbrot und traditioneller *melktert* (Milchkuchen) im Freien gebacken sowie die Herstellung von Talgkerzen und Seife vorgeführt. Je nach Jahreszeit finden verschiedene Aktivitäten statt, darunter Weizendreschen, Worfeln (Trennen von Spreu und Weizen), Traubenstampfen und Destillieren von *witblits* (ein starker, selbstgemachter Brandy).

Tabakschuppen
Der fensterlose Schuppen aus dem 19. Jh. dient zum Binden getrockneter Tabakblätter.

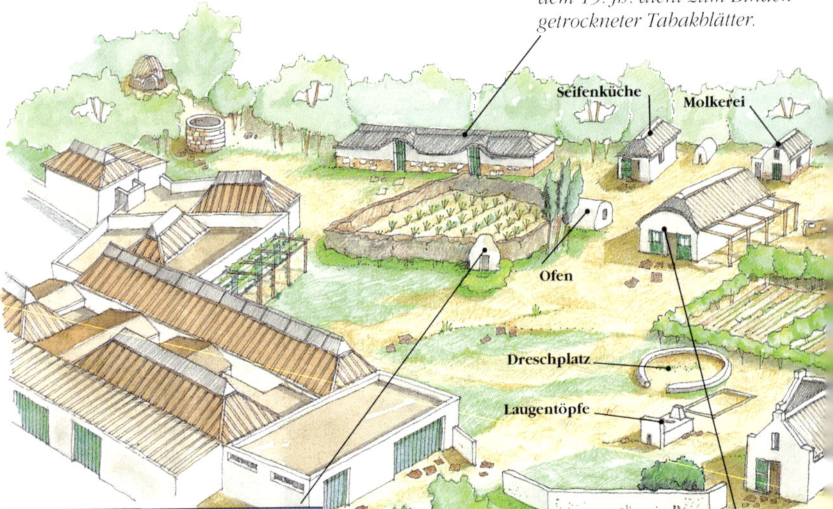

★ Schäferhütte
In solchen Hütten lebten Hirten, die ihre Herden an abgelegenen Orten hüteten. In der baumlosen Karoo wurden statt Dachbalken aus Holz gewölbte Steindächer errichtet.

Pferdemühle
Um 1850 verwendeten die meisten Bauern Pferdemühlen zum Mahlen des Korns, ein mühsames Verfahren.

Kanister
Die Aufbewahrungsdosen aus dem 19. Jh. stehen im Museumsrestaurant. Heute findet man solche Dosen manchmal in Ramschläden.

Nicht versäumen
- ★ Schäferhütte
- ★ Arbeiterhütte
- ★ Schmied

★ Schmied
Die Türe der Schmiede und die Blasebälge, die der Schmied verwendete, stammen von 1820. Die Wände sind aus Ton, die Giebel aus Backstein. Das Schmieden von Nägeln, Scharnieren, Gabeln und Dreifüßen wird täglich vorgeführt.

INFOBOX

Straßenkarte B5. N1, ausgeschildert von Worcester. *(023) 342-2225.* *Mo–Sa 9–16.30 Uhr, So 10.30–16.30 Uhr.* *Feiertage, Karfreitag, 25. Dez.*

★ Arbeiterhütte
Die einfach ausgestatteten, mit Roggenstroh gedeckten Hütten (Mitte 19. Jh.) bestanden aus einem einzigen Raum. Hier lebten die Arbeiter mit ihren Familien.

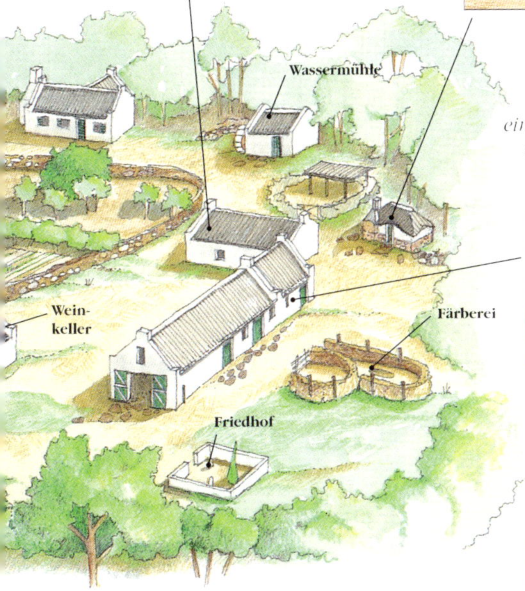

Pferdegeschirraum
Nachbildungen eines Wagenschuppens, Stalls und Pferdegeschirraums von 1816. Hier wurde auch gegerbt.

Eselskraft
Ein Esel trieb die Schöpfpumpe an. Mit kleinen Behältern an einer ringförmigen Kette wurde das Wasser geschöpft und in Bewässerungsgräben gegossen.

BRANDY-DESTILLIERUNG

Die Brandys, die 1672 erstmals aus Pfirsichen und Aprikosen hergestellt wurden, heißen *witblits* (weißer Blitz). Gepreßte Früchte werden in große Fässer gefüllt, wo sie zehn Tage gären. Dann wird die Masse in einem Destillierapparat erhitzt, damit der Alkohol verdampfen kann. Der Dampf wird von der Kuppel des Apparates in eine wassergekühlte Kondensspirale geleitet, in der sich der Alkohol wieder verflüssigt. Der erste Auszug, »Kopf«, wird vernichtet, der zweite, das »Herz«, wird abgefüllt. Der Rest wird für Einreibungen verwendet.

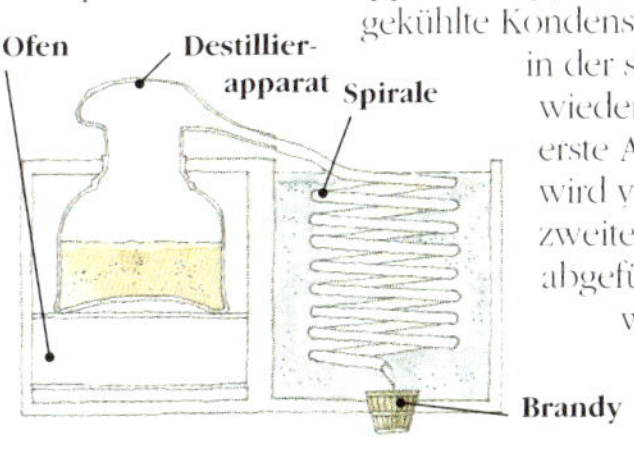

DIE WESTKÜSTE

DIE TROCKENE, SONNENVERBRANNTE *Landschaft an Südafrikas Westküste wird im Osten vom zerklüfteten Cedarberg und im Westen von der felsigen, windgepeitschten Atlantikküste begrenzt. Eine Überraschung stellen die farbenprächtigen Wildblumenteppiche dar, die in jedem Frühjahr das unwirtliche Namaqualand überziehen. Das botanische Ereignis ist die bekannteste Touristenattraktion der Westküste.*

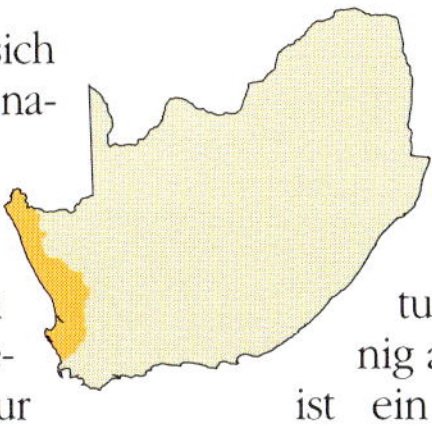

Die Westküste erstreckt sich nördlich von Kapstadt zur namibischen Grenze hin, wo das weite, regenarme Gebiet seinen landschaftlichen Höhepunkt erreicht. In den trockenen, unfruchtbaren Vegetationszonen gedeihen nur zähe Sukkulenten und Geophyten (Pflanzen, deren Zwiebeln oder Knollen Wasser und Nährstoffe über längere Zeit speichern können). Das *Fynbos*-Gebiet südlich von Nieuwoudtville mit den seltsamen Felsformationen des Cedarbergs, die Wind und Regen über Jahrmillionen schufen, ist von bizarrer Schönheit. Im Landesinneren konzentriert sich ein Weizengürtel um Malmesbury, wo das goldene Getreide sich im Licht- und Schattenspiel auf den Feldern hin- und herwiegt.

Der kalte Benguela-Strom bringt nährstoffreichen Phytoplankton an die Oberfläche, der große Schwärme pelagischer Fische, insbesondere Sardellen, anzieht. Die westliche Kapregion ist daher für die Fischindustrie von großer Bedeutung. Saldanha Bay, eine wenig ansprechende Industriestadt, ist ein Verarbeitungszentrum für Fisch und Meeresfrüchte und ein wichtiger Exporthafen für Eisenerz, das im Landesinneren in Sishen in der Northern Province abgebaut wird, wo sich die größten Eisenerzvorkommen der Welt befinden.

Das Namaqualand besteht aus einem trockenen Gürtel, der sich nördlich des Cedarbergs bis fast zur namibischen Grenze, die der Orange River bildet, erstreckt. Hier regnet es nur etwa 140 Millimeter zwischen März und April. Die Feuchtigkeit reicht jedoch aus, um die Landschaft jedes Jahr von August bis Oktober in einen farbenfrohen Blumenteppich zu verwandeln.

Fischernetze mit gelben Schwimmern an der Küste bei St Helena Bay

◁ **Die Fischerhütte in Paternoster ist von einem Teppich gelber Daisies umgeben**

Überblick: Die Westküste

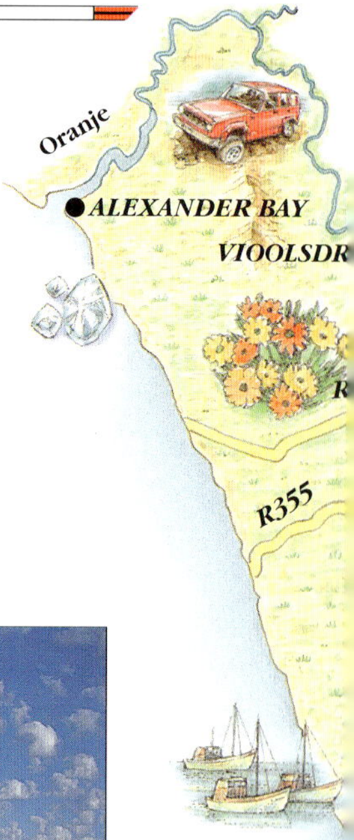

Obwohl die Westküste zunächst als heiße, unwirtliche Wildnis erscheinen mag, zieht sie dennoch im Frühling, wenn Daisies (Familie der Astern) und Gazanien die Landschaft mit bunten Farbklecksen überziehen, zahlreiche Touristen an. Die Gegend ist auch wegen der Wanderwege am Cedarberg mit ihren atemberaubenden Ausblicken und interessanten Felsformationen bekannt. Das kalte Wasser des Atlantik ist reich an Meeresfrüchten – von Langusten über schwarze Muscheln bis hin zu frischem Angelfisch –, die in zahlreichen *skerms* (Restaurants im Freien) an der Küste probiert werden können.

Fischerboote vor Anker im Hafen von Lambert's Bay

Der Wolfberg Arch am Cedarberg

Auf einen Blick

Cedarberg 9
Citrusdal 7
Clanwilliam 8
Darling 4
Lambert's Bay 3
Malmesbury 5
Tulbagh 6
Westküste 1
West Coast National Park S. 150f 2

Tour

Namaqualand 10

Legende

- Nationalstraße
- Andere Straße
- Panoramastraße
- Fluß oder See
- Park- oder Reservatgrenze
- Aussichtspunkt

Dimorphotheia pluvialis, die größeren gelben Bulbinellen *(Bulbinella floribunda)* und malvenfarbene *sambreeltjies* strecken ihre Blüten der Sonne entgegen

Unterwegs

Zur Erkundung der Region benötigt man ein Auto, da es keine öffentlichen Verkehrsmittel gibt. Private Busunternehmen bedienen jedoch den Küstenabschnitt. Während der Blütezeit werden ab Kapstadt organisierte Bustouren angeboten. Die Nationalstraße N7 verläuft an der Westküste von Kapstadt bis zur namibischen Grenze; von ihr zweigen zahlreiche Straße ins Landesinnere ab. Zwischen Kapstadt und St Helena Bay ist die R27 die landschaftliche schönere Route mit Ausblicken auf die Küste. Der nächste internationale Flughafen ist in Kapstadt.

Siehe auch

- ***Übernachten*** S. 322f
- ***Restaurants*** S. 349f

Aussicht im West Coast National Park

Fischer in Paternoster lassen ihr Boot zu Wasser

Westküste ❶

Straßenkarte A4, A5.

Die R27 von Kapstadt entlang der Westküste zum Olifants River verbindet die Küstenstädte. Zwischen Milnerton, Bloubergstrand und Melkbosstrand bietet der Marine Drive (M14, später Otto Du Plessis Drive) phantastische Ausblicke auf Dünen und Meer. Der Ort Bloubergstrand weiter im Norden am Fuße des Blouberg (blauer Berg) ist eine begehrte Wohngegend wegen seiner unübertroffenen Ausblicke über die 16 Kilometer breite Table Bay auf den Tafelberg. Die breiten Strände und Buchten von Bloubergstrand sind trotz der Sommerstürme aus Südwest bei Wassersportlern und Familien beliebt.

Weiter nördlich an der R27 glitzern die silbernen Kuppeln der **Koeberg Nuclear Power Station**, dem einzigen Kernkraftwerk Afrikas. Im Kraftwerk werden Besichtigungstouren angeboten.

Zweigt man von der R27 auf die R315 ab, kommt man nach Yzerfontein, das für seine Langusten bekannt ist. Das süße Fleisch des Krustentiers ist eine begehrte Delikatesse. Während der Langusten-Saison (Dez–Apr) tummeln sich auf dem Campingplatz zahllose Taucher. Jedes Postamt erteilt Genehmigungen zum Fang von täglich vier Langusten.

Noch weiter nördlich an der R27 passiert man Saldanha – Hafen und Zentrum der Fischindustrie – und erreicht Vredenburg. Von hier sind es noch 16 Kilometer nach Paternoster, ein typisches, windiges Fischerörtchen mit weißgetünchten Hütten. Der Legende zufolge beteten gestrandete portugiesische Seeleute hier ein Paternoster (Vaterunser), um sich für ihre Rettung zu bedanken.

Läßt man die felsige Landspitze hinter sich, erreicht man den Ort **St Helena**, der an einer geschützten Bucht liegt. Kurz vor dem Ort führt eine beschilderte Abzweigung zu einem Monument, das an die Landung des portugiesischen Seefahrers Vasco da Gama an dieser Küste am St Helena's Day (7.11.) 1497 erinnert.

Die hiesige Fischereiindustrie profitiert von dem kalten, nordwärts fließenden Benguela-Strom, der nährstoffreiches Wasser mit sich führt, Nahrungsquelle für riesige Sardellenschwärme und andere Fischarten.

Koeberg Nuclear Power Station

(021) 553-2133. Mo–Fr 8.30–16.30 Uhr, 2. und letzter So 14–16.30 Uhr. Sa, Feiertage.

Open-air-Schmauss

Die Westküste säumen Restaurants im Freien – *skerms* (afrikaans für »Schutz«) – darunter Die Strandloper *(siehe S. 349)* in Langebaan oder Die Muisbosskerm *(siehe S. 349)* in Lambert's Bay. Die Schilfdächer bieten angenehmen Schatten, und als Eßgeschirr werden Muscheln verwendet. Die Hauptattraktion sind jedoch die frischen Meeresfrüchte: geräucherter Angelfisch, *snoek* (ein großer Sportfisch, der am besten gegrillt schmeckt), würzige Muscheleintöpfe, dünngeschnittener *perlemoen* (Seeohr) und Calamari.

Mittags im Die Strandloper

West Coast National Park ❷

Siehe S. 150f.

Seehundbaby auf den Felsen von Bird Island, Lambert's Bay

Lambert's Bay ❸

Straßenkarte A4. 3800. *Lambert's Bay Charter Office, Harbour, (027) 432-1715. tägl. 8.30 Uhr.*

Von St Helena sind es etwa zwei Stunden Fahrt auf einer Schotterstraße zu dem kleinen Fischerort, der nach Konteradmiral Sir Robert Lambert benannt ist. Der Offizier der königlichen Flotte war in Durban stationiert und überwachte die Vermessung dieses Küstenabschnitts.

Die Hauptattraktion ist **Bird Island**, eine Vogelinsel, die ca. 100 Meter vor der Küste liegt und über eine Hafenmauer erreichbar ist. Auf der Insel brüten Tausende von Brillenpinguinen, Kormoranen und auffälligen Kaptölpeln mit ihren »geschminkten« Gesichtern. Von einem Aussichtsturm kann man das Verhalten der Vögel beobachten.

Im Lambert's Bay Charter Office können auf dem Boot *Condor* einstündige Fahrten gebucht werden (tägl. 9 Uhr).

Von August bis Oktober sieht man dort Südliche Glattwale, wohingegen die an der Westküste verbreiteten Pinguine, Kappelzrobben und Kapdelphine das ganze Jahr über zu beobachten sind.

Das gleiche Unternehmen organisiert auch Touren in die wellige Dünenlandschaft der südlichsten Ausläufer der Namib. Dort sieht man Geckos, Pillendreher, Seitenwindervipern und in der Dämmerung Löffelhunde.

Darling ❹

Straßenkarte B5. R307. *4750.*
Ecke Pastorie und Hill St, (022) 492-3361.

DIE KLEINE STADT ist eingebettet in Farmland, auf dem Weizen- und Weinanbau sowie Schaf- und Rinderzucht betrieben werden. Bekannt ist sie wegen der alljährlichen Frühlingsblumenschau *(siehe S. 34)*, die erstmals 1917 stattfand. Aus Darling stammt der Satiriker Pieter-Dirk Uys *(siehe S. 55)*, der durch das Porträt seines weiblichen Alter ego, Evita Bezuidenhout, Botschafterin des Phantasielandes Baphetikosweti, bekannt wurde. **Evita se Perron** (Evitas Bahnsteig) auf einem stillgelegten Bahnsteig lockt viele Zuschauer, die die messerscharfe Auseinandersetzung mit der Lokalpolitik lieben.

Nationales Denkmal in der historischen Church Street, Tulbagh

Evita se Perron
(022) 492-3145.

Malmesbury ❺

Straßenkarte B5. *15 900.* *Bokomo Rd.* *133 Voortrekker Rd, (022) 482-2996.*

MALMESBURY, das Herz der südafrikanischen Weizenregion, liegt im *Swartland* (schwarzes Land). Der Name stammt von der dunklen Erde und dem *renosterbush*, der sich im Winter dunkel färbt.

Südafrikas bedeutendstes Weizenzentrum besitzt eine der größten Getreidemühlen des Landes. Die Umgebung ist ständiger Veränderung unterworfen. Die sich im Wind wiegenden, samtigen Ähren sind ebenso wie die abgeernteten Furchen mit aufgetürmten Strohballen schön anzusehen.

Tulbagh ❻

Straßenkarte B5. R44. *3353.* *Station Rd.* *auf der Church St.* *14 Church St, (0236) 30-1348.*

GOUVERNEUR Willem Adriaan van der Stel gründete 1700 Tulbagh im Breede River Valley, das er nach seinem Vorgänger benannte. Die von den Witzenberg- und Winterhoek-Bergen umgebene Stadt fiel 1969 einem Erdbeben der Stärke 6,3 auf der Richterskala zum Opfer. Acht Menschen starben, und viele historische Gebäude wurden stark beschädigt. In einem fünfjährigen Restaurierungsprojekt wurde die Church Street mit ihren 32 viktorianischen und kapholländischen Häusern wiederaufgebaut. Das Oude Kerk (alte Kirche) Volksmuseum von 1743 ist das älteste Gebäude. Kanzel, Kirchengestühl und Bibel sind im Original erhalten. Die Oude Herberg, Tulbaghs erste Pension (1885), ist heute zugleich Gästehaus und Kunstgalerie.

Kaptölpel bevölkern Bird Island zu Tausenden

West Coast National Park ❷

Vorsicht – Schildkröten kreuzen

Der West Coast National Park umfaßt die Langebaan-Lagune, die Inseln Schaapen, Jutten, Marcus und Malgas sowie das Postberg Nature Reserve, das im Frühling (Aug–Sep) geöffnet ist, wenn es zum Massenblühen der Wildblumen (daisies und Gazanien) kommt. Der Park zählt zu Südafrikas bedeutendsten Feuchtgebieten. In ihm leben etwa 25 Millionen Wasservögel, wie Regenpfeifer, Reiher, Ibis und Austernfischer, außerdem Elenantilopen, Kudu und Zebra. Zu den Unterkunftsmöglichkeiten im Park gehören ein Gästehaus, Hütten und ein Hausboot in der Lagune.

Kapkormorane
Sie ernähren sich von Meeresfischen. Die Überfischung stellt sie vor ernste Probleme.

Seevögel

Die 15 Kilometer lange Langebaan-Lagune hat eine Tiefe von maximal sechs Meter und bietet Schutz für zahlreiche Seevögel, wie Watvögel, Möwen, Flamingos und Pelikane. Vögel nutzen den Nährstoffreichtum des Atlantiks, um ihren Nachwuchs großzuziehen.

Mit dem langen Schnabel sucht der Brachvogel im Schlamm nach Krustentieren.

Hartlaub-Möwen suchen an der Westküste in den frühen Morgenstunden den Strand nach Futter ab.

Rosapelikane
Die Langebaan-Lagune beherbergt eine der wenigen Brutkolonien des Rosapelikans im südlichen Afrika. Die Vögel fressen Fische, die sie in ihre große Schnabeltasche stecken. Sie bilden Formationen beim Fliegen und Fressen.

★ Geelbek Goldfields Environmental Centre
Das Lehrzentrum im Park informiert ausführlich über Fauna, Flora und Ökologie der Region. Ein nahe gelegener Aussichtsplatz dient der Vogelbeobachtung.

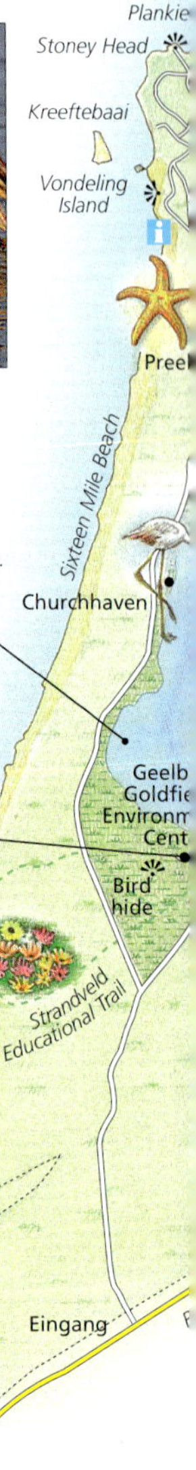

Nicht versäumen

★ Geelbek Goldfields Environmental Centre

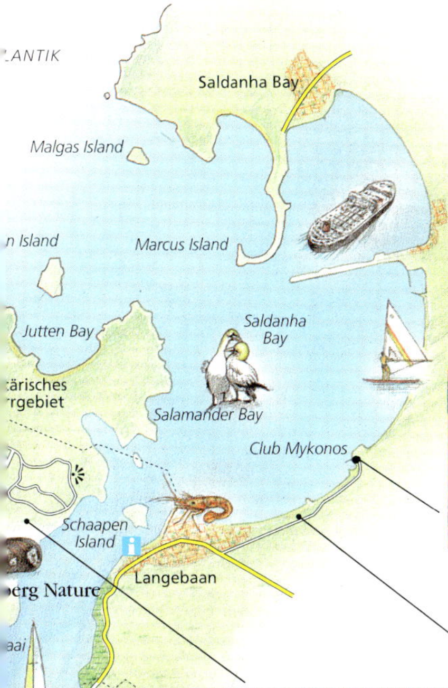

LEGENDE

- Geteerte Straße
- Ungeteerte Straße
- Wanderweg
- Auskunft
- Aussichtspunkt

INFOBOX

Straßenkarte A5. Yzerfontein und Langebaan. *Geelbek Educational Centre, (022) 772-2798. Mo–Fr 7–21 Uhr. Unterkunft: Computicket (011) 445-8100; National Parks (021) 422-2810, (012) 343-1991, E-Mail: reservations@parks-sa.co.za*
Postberg Nature Reserve
nur Aug–Sep 9–16 Uhr.

Club Mykonos
Das attraktive Hotel und Timeshare-Ressort im mediterranen Stil liegt am Nordrand der Lagune. Der hellgestrichene Komplex hat in sich abgeschlossene Einheiten mit Balkonen.

Postberg Nature Reserve
Im Frühling grasen die Buntböcke in einem Blumenteppich aus gelben gousblomme *(Gazanien) und weißen* witbotterblomme.

Langebaan Beach
Der Strand ist bei Anglern beliebt, die mit Muscheln und anderen Ködern Kabeljau, Rochen und Sandhaie fangen.

Katamaran am Strand

WASSERSPORT IN LANGEBAAN

Die idealen Bedingungen haben die Aufmerksamkeit internationaler Organisationen geweckt: 1995 wurde hier der Windsurfing World Cup abgehalten; 1998 war Langebaan Gastgeber für die Production-Board World Championships.

Um die Natur zu schützen und gleichzeitig die Interessen der Sportler zu wahren, wurde die Lagune in drei Erholungszonen unterteilt. Die Nordspitze ist für Wassersportler geöffnet, im Mittelbereich dürfen hingegen keine Motorboote fahren.

Häuser mit Zinkdach entlang der Church Street, Clanwilliam

Citrusdal ❼

Straßenkarte B4. 2900. *vom Bahnhof Kapstadt zur Church St.* *Church St, (022) 921-3210.*

Frostfreie Winter und das Bewässerungssystem des Olifants River machten Citrusdal zur drittgrößten Zitrusanbauregion Südafrikas. Der erste Obstgarten wurde mit Ablegern aus Van Riebeecks Garten am Fuß des Tafelbergs *(siehe S. 72f)* angelegt. Ein Baum, der seit über 250 Jahren Früchte trägt, ist heute als nationales Denkmal geschützt. Die Goede Hoop Citrus Cooperative hat um Citrusdal schöne Fahrradwege, wie den Old-Ceres- und den Piekenierskloof-Paß, angelegt.

Clanwilliam ❽

Straßenkarte B4. 4000. *vom Bahnhof Kapstadt.* *Main Rd, (027) 482-2024.*

Clanwilliam ist der Sitz der *Rooibos* (roter Busch)-Teeindustrie. Aus den Trieben des Wildbusches wird koffeinfreier Tee mit niedrigem Tanningehalt hergestellt, dem eine Heilwirkung nachgesagt wird.

Der von den Cedarbergen umgebene Clanwilliam-Stausee ist 18 Kilometer lang und bei Wasserskifahrern beliebt. Am Ufer gibt es Blockhütten und einen schönen Campingplatz.

Cedarberg ❾

Straßenkarte B4. Ceres. Algeria Cape Nature Conservation-Abzweigung von der N7. *(027) 482-2807. Für Wanderungen oder Aufenthalt im Cedarberg-Gebiet ist eine Erlaubnis erforderlich.*

Von Norden erreicht man den Cedarberg über den Pakhuis-Paß und das Biedouw-Tal, das 50 Kilometer von Clanwilliam entfernt liegt. Von Süden nehmen Sie von Citrusdal die N7. Die surrealistisch anmutenden Sandsteinspitzen des Cedarbergs wurden durch Erosion geformt. Er ist Teil der 1973 begründeten, 710 Quadratkilometer großen Cedarberg Wilderness Area. In den Bergen kann man hervorragend wandern, bergsteigen und zelten und die herrlichen Ausblicke genießen. Besonders im südlichen Teil findet man bizarre Felsformationen: das Maltese Cross, eine 20 Meter hohe Säule, und den Wolfberg Arch mit atemberaubendem Ausblick. Die größte Spalte an den Wolfberg Cracks mißt über 30 Meter.

Auf dem Sneeuberg, mit 2028 Metern die höchste Erhebung, wächst die in den oberen Bergregionen beheimatete Schneeprotea *(Protea cryophila)*. Die Clanwilliam-Zeder, nach der das Gebiet benannt ist, steht in der Cedarberg Wilderness Area unter Naturschutz.

Straßenschild in Kagga Kamma

Am Südende des Cedarbergs liegt das **Kagga Kamma Reserve**, in dem einige der letzten Buschmannfamilien leben. Bei einer Tour kann man die Clan-Mitglieder kennenlernen, ihnen beim Feuermachen zusehen und ihr Perlenhandwerk bewundern. Die Kunstwerke stehen zum Verkauf (einen Teil der Einnahmen erhält die Gemeinschaft). Fahrten zur Wildbeobachtung und Hütten werden angeboten.

Kagga Kamma

Southern Cedarberg. *Reservierung (021) 863-8334.* *tägl.* *(inkl. aller Mahlzeiten).*

Blick über den Clanwilliam-Stausee auf den Cedarberg

Felsformationen am Cedarberg

Während des paläozoischen Prä-Karoo-Zeitalters lagen die Formationen, aus denen sich das Kap-Faltengebirge bildete, unter Wasser. Von den Sandstein-, Schiefer- und Quarzfelsen dieser Formationen am Kap war der Sandstein des Tafelbergs am widerstandsfähigsten. Im Karoo-Zeitalter formten tektonische Kräfte die charakteristischen Falten der Kapberge. Durch Erosion wurde das weiche Gestein abgetragen, und eine harte Schicht blieb zurück. Das Ergebnis ist die bizarre Landschaft des Cedarbergs. Eisenoxid hat den ursprünglich grauen Stein stellenweise rot gefärbt.

Wandern
Die vor etwa hundert Jahren angelegten Holzfällerwege nutzen heute die Wanderer.

Maltese Cross
Die 20 Meter hohe Felsformation, einen Tagesmarsch von der Dwarsrivier Farm entfernt, besteht teilweise aus Tafelberg-Sandstein. Erosionsunauffälliger, bildet es den oberen Teil des Kreuzes.

Weichere Schichten erodieren schneller, so entstand ein dünner Sockel.

Das Geröllfeld besteht aus von oben herabgefallenen Steinen.

Cedarberg-Zeder
Zur Bestandssicherung der endemischen Spezies werden jährlich etwa 8000 Bäume gepflanzt. Früher dienten die Zedern als Telefonmasten.

Wolfberg Cracks
75 Gehminuten vom Wolfberg Arch entfernt hat man einen herrlichen Ausblick.

Wolfberg Arch
Der majestätische Wolfberg Arch, die imposanteste Formation des Cedarbergs, ist ein beliebtes Fotomotiv.

Von dem 30 Meter hohen Bogen blickt man auf die Tankwa Karoo.

Bizarre Skulpturen auf brüchigen Säulen.

Spalten entstehen durch Felsausdehnung und -kontraktion.

Erosion
Über die Jahrmillionen haben Wind und Wasser aus dem Cedarberg eine Märchenlandschaft geformt. Spitzen, Bögen und Spalten erinnern an verwunschene Schlösser, in denen Zwerge und Kobolde leben.

Namaqualand ⑩

Gazania krebsiana

DAS KONTRASTREICHE Namaqualand erstreckt sich über 48 000 Quadratkilometer vom Oranje im Norden bis zur Mündung des Olifants River im Süden. Im Frühling erblüht das sonst trockene Buschland in allen Farben – rosa, neongelb und orange –, wenn Millionen von Daisies und Sukkulenten ihre Blüten der Sonne entgegenrecken. Die Samen der widerstandsfähigen Pflanzen ruhen während der Trockenzeit in der Erde. Wenn im März und April genügend Regen fällt, entfalten sie zwischen August und Oktober ihre ganze Pracht.

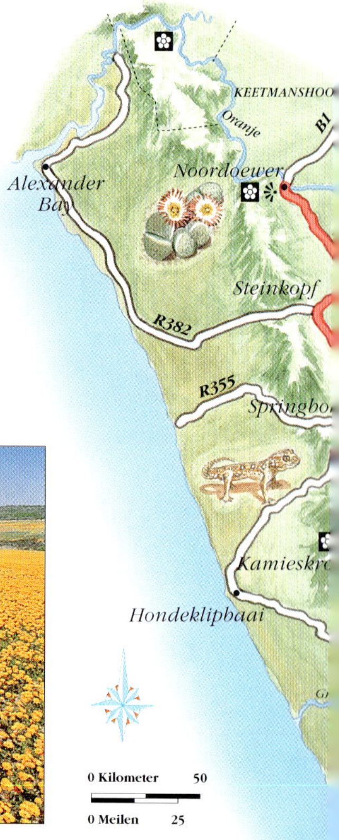

Skilpad Wild Flower Reserve ⑥
Der WWF-SA (World Wide Fund for Nature in South Africa) erwarb 1993 das Reservat 17 Kilometer westlich von Kamieskroon, um die Flora des Gebietes zu schützen. Höhere Regenmengen aufgrund der Nähe zur Westküste garantieren eine einmalige Blütenpracht. Die hellorangefarbenen Daisies *(Ursinia sp)* und Gazanien sind hier besonders schön.

Tienie Versveld Reserve ①
Nach der Blumen- und Orchideenschau in Darling kann man die Wildblumen hier in ihrer natürlichen Umgebung genießen. Abhängig von den Regenfällen ist der Blütenreichtum jedes Gebietes von Jahr zu Jahr unterschiedlich.

Postberg Nature Reserve ②
Die Einheimischen fahren gerne hierher, um die Blumen zu sehen, denn von Kapstadt aus ist es eine bequeme Tagestour. Die bunten Blumenteppiche einjähriger Pflanzen erstrecken sich so weit das Auge reicht.

LEGENDE

- Routenverlauf
- Andere Straßen
- Parkgrenze
- Aussichtspunkt
- Wildblumen

Goegap Nature Reserve ⑦
Die Ebenen und Granithügel des 15 Kilometer östlich von Springbok, der »Hauptstadt« des Namaqualands, gelegenen Goegap Nature Reserves, sind von Sukkulenten überzogen. In dem Reservat wurden insgesamt 580 Pflanzenarten registriert.

Nieuwoudtville Wildflower Reserve ⑤
In diesem Reservat findet sich die größte Konzentration von Geophyten (rhyzom- oder knollenbildende Pflanzen). Von den 300 Pflanzenarten sind die auffälligsten die Iris- und Bulbinellen-Arten.

Vanrhynsdorp ④
Die Stadt liegt in der steinigen *Knersvlakte* (knirschende Ebene). Der Frühling bringt Sukkulenten wie *vygies* (Mittagsblume) und einjährige Pflanzen wie *botterblom* (Gazanien-Art) und *gousblom* (*Ursinia sp*) zum Blühen.

Biedouw Valley ③
Das Tal ist für seine Mittagsblumen bekannt, eine Sukkulentenspezies, die auch den Afrikaans-Namen *vygie* trägt. Daisies (Asternfamilie) und Mittagsblumen (Familie der Eiskrautgewächse) bilden den Großteil der 4000 Blumenarten des Namaqualands.

ROUTENINFO

Länge: *Das große Gebiet ermöglicht Ausflüge von ein bis drei Tagen. Bustouren: Captour.* ☎ *(021) 418-5214.*
Beste Reisezeit: *Blütezeit ist von August bis Oktober. Informationen erhalten Sie bei Flowerline. Die Blüten öffnen sich nur bei Sonne, die beste Zeit ist zwischen 11 und 16 Uhr. Fahren Sie mit der Sonne im Rücken!*
Rasten: *Jede Stadt verfügt über ein Hotel sowie Gästehäuser, Campingplätze. Auch Privathäuser bieten Unterkünfte an.*
i *Flowerline, (021) 418-3705, (Juni–Okt). Namaqualand Information Bureau, (0251) 2-2011.*

DAS SÜDLICHE KAP

DAS INNERE DER SÜDLICHEN KAPREGION *ist von hohen Bergen gekennzeichnet, über die zahlreiche atemberaubende Pässe mit steil aufragenden Felswänden führen. Die größte Stadt der Region ist Oudtshoorn, das Zentrum der Straußenzucht. Das an der Küste gelegene Hermanus lockt alljährlich Touristen an, die die Südlichen Glattwale von vielen Aussichtspunkten beobachten können.*

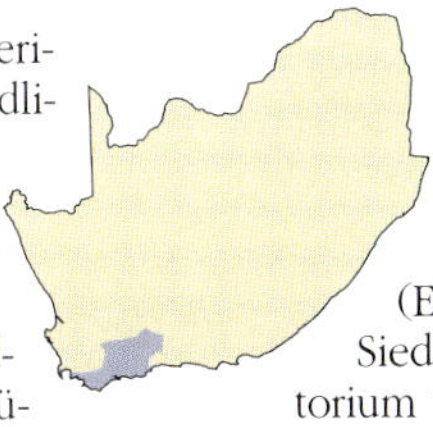

Das Gebiet, in dem die malerischen Küstenorte der südlichen Kapregion liegen, nennt man Overberg. Es erstreckt sich östlich der Hottentots-Holland-Berge bis zu den Riviersonderend-Bergen und den Gebirgszügen Langeberg und Outeniqua sowie entlang der Küste bis zur Mündung des Breede River, genau nördlich des De Hoop Nature Reserve. Vom Sir-Lowry's-Paß, der sich hoch über die Gordon's Bay hinaufschlängelt, hat man einen wunderbaren Blick auf die False Bay. Dahinter beginnt Overberg.

Frühe europäische Siedler konnten den massiven Gebirgszug nicht überwinden, bis Major Charles Michell 1828 den Sir-Lowry's-Paß bauen ließ. Davor bewohnten die nomadisierenden Khoina *(siehe S. 44f)* Overberg, die dort frisches Wasser und Weideland für ihre Herden fanden. Hier gab es auch Elefanten und anderes Großwild. Der Paß folgt heute einem alten Wanderpfad, den die Ureinwohner *gantouw* (Eland-Pfad) nannten. Als die Siedler in das unerforschte Territorium vordrangen, stießen sie auf weitere Gebirgszüge: Langeberg und Outeniqua. Nördlich davon liegt die von den Swartbergen geschützte Kleine Karoo. Die besten Straßenbauer Südafrikas, Andrew Geddes Bain und sein Sohn Thomas Bain, erlangten hier Berühmtheit. Die spektakuläre Vier-Pässe-Fahrt *(siehe S. 164f)* ist ein lohnenswerter Ausflug. Von hier aus kann man die Tropfsteinformationen der nahe gelegenen Cango Caves besuchen oder auf einer Straußenfarm in Oudtshoorn auf einem Riesenvogel reiten.

Am windgepeitschten Cape Agulhas treffen der kalte Atlantik und der warme Indische Ozean aufeinander.

Strohgedeckte Fischerhütten in Arniston (Waenhuiskrans)

◁ **Ein in unheimliches Licht getauchter Stalagmit in den Cango Caves bei Oudtshoorn**

Überblick: Das südliche Kap

Alternativ zur Fahrt über den Sir-Lowry's-Paß auf der N2, die durch Weizenfelder und Weiden mit Kühen und Merinoschafen führt, kann man auf der landschaftlich schönen R44 entlang der Gordon's Bay bis Hermanus fahren. Küstenweiler wie Cape Agulhas, wo die beiden Ozeane zusammentreffen, bilden einen ruhigen Gegenpol zu den majestätischen Bergpässen. In Oudtshoorn kann man die Herrenhäuser der früheren »Straußenbarone« besichtigen. Ganz in der Nähe liegen die spektakulären Cango Caves.

Vom Wind verwehte Sanddünen im De Hoop Nature Reserve

Felsstrand nahe der Höhle von Arniston

Unterwegs

Die N2 über den Sir-Lowry's-Paß durchschneidet die südliche Kapregion und führt nach Riversdale, von wo die R323 nach Oudtshoorn, zu den Cango Caves und den eindrucksvollsten Pässen des Landes abzweigt, die die R328 verbinde. Die Küstenorte sind über Hauptstraßen zugänglich, die von der N2 abzweigen. Zwei ungeteerte Straßen führen von Bredasdorp und der N2 zum De Hoop Nature Reserve. Busunternehmen bieten Tagesausflüge an. Öffentliche Verkehrsmittel sind rar, so daß ein Auto zur Erkundung der Region nötig ist. Der nächste Flughafen ist in Kapstadt.

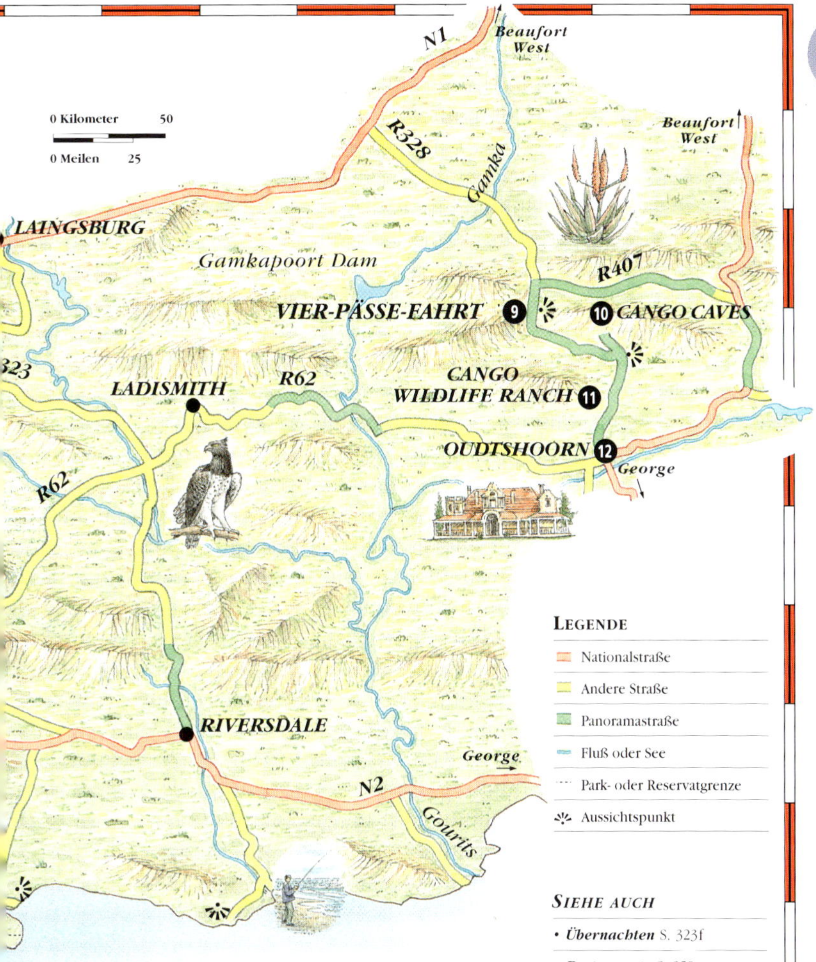

Legende

- Nationalstraße
- Andere Straße
- Panoramastraße
- Fluß oder See
- Park- oder Reservatgrenze
- Aussichtspunkt

Siehe auch

- ***Übernachten*** S. 323f
- ***Restaurants*** S. 350

Auf einen Blick

Arniston 7
Betty's Bay 1
Bredasdorp 5
Cango Caves 10
Cango Wildlife Ranch 11
Cape Agulhas 6
De Hoop Nature Reserve 8
Gansbaai 4
Hermanus 3
Kleinmond 2
Oudtshoorn 12

Ausflug

Vier-Pässe-Fahrt S. 164f 9

Bewohner der High-Gate-Straußenfarm bei Oudtshoorn

Betty's Bay ❶

Straßenkarte B5. R44 südöstl. von Gordon's Bay. 170. Kapstadt. *Main Rd, (028) 272-9263.*

DAS NACH Betty Youlden, Tochter eines Grundstücksmaklers, der hier um 1900 lebte, benannte Betty's Bay ist ein beliebtes Wochenendziel. Die Ausflügler schätzen die Abgeschiedenheit. Daß einige Häuser erst 1993 einen Stromanschluß erhielten, ist ein Beweis mehr für das langsame Entwicklungstempo.

Bedeutend ist der **Harold Porter National Botanical Garden** an den Hängen des Kogelberg, der sich hinter Betty's Bay erhebt. Harold Porter, Teilhaber einer Grundstücksfirma, kaufte diesen Landstrich 1938, um die vielfältige *Fynbos*-Berg- und Küstenvegetation zu erhalten. Die 1600 verschiedenen Erica-Arten, Proteas und Watsonias – eine der dichtesten Konzentrationen des Westkaps – ziehen Protea- und Nektarvögel an. Für die Begehung des Leopard Kloof Trail zu einem Wasserfall benötigt man eine Genehmigung. Das Pinguin-Reservat am Stoney Point dient zum Schutz einer kleinen Brutkolonie afrikanischer Brillenpinguine.

Harold Porter National Botanical Garden
(028) 272-9311. tägl. 8–18 Uhr.

Erika, Harold Porter Gardens

Breite Lagunenöffnung und Strand in Kleinmond

Kleinmond ❷

Straßenkarte B5. R44 östl. von Betty's Bay. *2900.* *Beach Rd (028) 271-4010.*

IN DEN STEINIGEN, mit *Fynbos* bedeckten Hügeln um Kleinmond lebten einst kleine Gruppen der Khoina und entlaufene Sklaven. In den 1920er Jahren war Kleinmond am Fuß des Palmietbergs ein Fischerdorf.

Heute ist es ein Ferienort, in dem Kabeljau, Gelbschwanz und Thunfisch bei Anglern beliebt sind. In der Kleinmond-Lagune, in der der Palmiet River ins Meer mündet, kann man baden und Kanu fahren. Von einem gut durchdachten Netz an Wanderwegen im **Kleinmond Coastal and Mountain Reserve** hat man wunderbare Ausblicke auf Meer und Berge und kann vielleicht eine der scheuen, zarten Gazellen wie Klippspringer oder Steinantilopen und Steinböcke erspähen, die im Küsten-Fynbos und an den unteren Berghängen leben.

Kleinmond Coastal and Mountain Reserve
Betty's Bay. *(028) 272-9311.* *tägl. 8–18 Uhr.*

Die ruhigen Harold Porter Botanical Gardens, Betty's Bay

Hermanus ❸

Straßenkarte B5. *6600.* *Bot River 30 km (18 Meilen) nördl. auf der N2.* *Ecke Main und Patterson Rd, (028) 32-2629.*

DER EINST MONDÄNE Ferienort und Altersruhesitz mit glanzvollen Hotels wie Marine, Windsor und Astoria hat etwas von seinem Glanz verloren.

Das **Old Harbour Museum**, in dem die Geschichte des Walfangs erläutert wird, zeigt einen Walschädel und alte Waffen. Auf einer alten Rampe liegen restaurierte Fischerboote, die 50 bis 150 Jahre alt sind. Die umliegenden höheren Felsen sind mit *bokkoms*, Ständern, auf denen die Fische in der Sonne trocknen, bestückt.

In Hermanus kann man hervorragend Wale beobachten. Die Südkaper *(siehe S. 122f)* wandern alljährlich aus der Antarktis hierher, um im Schutz der Walker Bay zu kalben. Sie kommen im Juni und ziehen im Dezember wieder fort; die beste Zeit zur Walbeobachtung ist jedoch September und Oktober. Dann kann man täglich den großen Säugern zusehen, wie sie sich vor der Küste tummeln.

Der offizielle »Walschreier« der Stadt bläst an der Hauptstraße sein Kelphorn. Auf einem Schild zeigt er die besten Aussichtspunkte an. Obwohl Hermanus durch Erschließung und Tourismus etwas von seinem Charme eingebüßt hat, verfügt es dennoch über eine wunderbare Küste.

Unberührte Strände, wie Die Plaat, ein zwölf Kilometer langer Abschnitt von der Klein-River-Lagune nach De Kelders, eignen sich zum Wandern und Reiten. Vom New Harbour zur Grotto Beach führt ein Höhenweg. Auf den Bänken kann man sich ausruhen und die Aussicht genießen.

Etwa 20 Kilometer östlich von Hermanus liegt **Stanford**, ein rustikales Handwerkszentrum. Das Herz des kleinen, unter Denkmalschutz stehenden Dorfes bilden viele historische Gebäude, die Ende des 19. und Anfang des 20. Jahrhunderts errichtet wurden. Das alte Schulhaus und die Anglican Church wurden 1880, das Spookhuis (in dem es spuken soll) 1885 gebaut.

Old Harbour Museum

Market Place. (028) 32-1475.
Mo–Sa 9–17 Uhr, So 12–16 Uhr.
Mo–Sa 13–14 Uhr, Feiertage.

Das beliebte Marine Hotel in Hermanus

Gansbaai 4

Straßenkarte B5. R43 südöstl. von Hermanus. *2800.* *Ecke Main Rd und Berg St, (02834) 4-1439.*

Der Name Gansbaai (Gänsebucht) stammt von den ägyptischen Nilgänsen, die hier früher brüteten.

Gansbaai erlangte durch die HMS *Birkenhead* traurige Berühmtheit, die 1852 am neun Kilometer entfernten Danger Point mit 445 Männern sank – alle Frauen und Kinder wurden jedoch gerettet. Bis heute versteht man unter »Birkenhead Drill« die Tradition, Frauen und Kinder in Krisensituationen zu bevorzugen.

Auf Bootsausflügen nach Dyer Island kann man beobachten, wie Weißhaie Seehunde erbeuten, die auf Geyser Island ihre Jungen gebären.

Walbeobachtung in Hermanus

Der World Wide Fund for Nature (WWF) bezeichnet Hermanus als einen der weltweit besten Orte zur Walbeobachtung auf dem Festland. Spitzenzahlen (40 bis 70 Wale) werden im Oktober erreicht. Die Tiere können aus zehn Meter Entfernung beobachtet werden. Interessant ist die Sonarverbindung zum Old Harbour Museum. Ein im Meeresboden versenktes Hydrophon überträgt die Rufe der Wale ins Museum.

Logo der Whale Route

Die felsige Küste um Hermanus eignet sich hervorragend zur Walbeobachtung

Bredasdorp 5

Straßenkarte B5. 9800. *Dr Jansen St, (02841) 4-2584.*

BREDASDORP ist in eine hügelige Landschaft mit Gerstenfeldern und Schafweiden eingebettet. Die Stadt ist ein Zentrum der Wollindustrie. Von hier aus erreicht man Cape Agulhas (über die R319) und Arniston (über die R316).

Am interessantesten ist das **Shipwreck Museum**, in dem die tragische Geschichte der Schiffahrt entlang der Südküste verdeutlicht wird. Den trügerischen Küstenabschnitt – einer der gefährlichsten der Welt – mit felsigen Riffen, orkanartigen Stürmen und starken Strömungen nennt man auch »Schiffsfriedhof«. Seit 1552 liefen hier über 130 Schiffe auf Grund – durchschnittlich ein Wrack je Küstenkilometer.

Küche (19. Jh.) im Shipwreck Museum in Bredasdorp

Shipwreck Museum

Independent St. *(02841) 4-1240. Mo–Do 9–16.45 Uhr, Fr 9–15.45 Uhr, Sa 9–13 Uhr, Dez So 11–12.30 Uhr.*

Das in einem alten Pfarrhaus und einer Kirche (beides nationale Denkmäler) untergebrachte Museum wurde im April 1975 offiziell eröffnet. Die Einrichtung der 1845 errichteten Pfarrei entspricht der eines typischen Stadthauses an der Südküste Südafrikas im 19. Jahrhundert. Innenausstattung und Mobiliar stammen z. T. von Schiffen, die an der heimtückischen Küste gestrandet waren. Fenster- und Türrahmen sowie Dachsparren sind teilweise aus Schiffsholz.

Viele Einheimische spendeten Gegenstände, die in dem renovierten Haus ausgestellt werden. Der schöne Waschtisch mit Marmorplatte im Schlafzimmer stammt von der *Queen of the Thames*, die 1871 sank, während der Arzneischrank von der 1902 auf Grund gelaufenen *Clan MacGregor* geborgen werden konnte.

Das Kirchenschiff aus dem Jahr 1864 ist heute die Shipwreck Hall. Sein düsteres Inneres eignet sich gut für die Ausstellung der interessanten Stücke, die alle von den berühmtesten Schiffswracks der Gegend stammen.

Galionsfigur, Shipwreck Museum

Das Agulhas Lighthouse steht am südlichsten Punkt Afrikas

Cape Agulhas 6

Straßenkarte B5. R319, 45 km (28 Meilen) südl. von Bredasdorp. *Dr Jansen St, (02841) 4-2584.*

CAPE AGULHAS erhielt seinen Namen von portugiesischen Seefahrern, die Afrika zum erstenmal im 15. Jahrhundert umrundeten. Am südlichsten Punkt ihrer Reise stellten sie fest, daß ihre Kompaßnadeln an diesem Punkt genau nach Norden zeigten, und nannten ihn daher »Kap der Nadeln«. An dieser Landzunge, an der die Spitze des afrikanischen Kontinents unspektakulär ins Meer taucht und die Agulhas-Bank bildet *(siehe S. 20)*, treffen Atlantik und Indischer Ozean aufeinander. Nur ein einfacher Steinhügel weist auf diese Tatsache hin.

Zwei Kilometer westlich des Agulhas Lighthouse sieht man das Wrack des japanischen Trawlers *Meisho Maru 38*.

Lighthouse und Museum

(02846) 5-6078. Di–Sa 9.30–16.45 Uhr, So 10–13.30 Uhr. Mo.

Das dem Leuchtturm des Pharao von Alexandria in Ägypten nachempfundene Agulhas Lighthouse entstand 1848. Der nach dem Leuchtturm in Green Point älteste in Betrieb befindliche Leuchtturm im südlichen Afrika wurde vorübergehend nicht benutzt, jedoch 1988 renoviert und wiedereröffnet. Heute strahlt seine Lampe mit 75millionenfacher Kerzenstärke 30 nautische Meilen weit. Das dazugehörige Museum öffnete 1994 seine Pforten. 71 Stufen führen auf den Turm mit einer herrlichen Aussicht.

Arniston 7

Straßenkarte B5. 800. *Dr Jansen St, Bredasdorp, (02841) 4-2584.*

DER NAME ARNISTON stammt von dem britischen Schiff *Arniston*, das 1815 östlich des Ortes auf Grund lief. Von den 378 Soldaten, die von Ceylon (Sri Lanka) nach Hause fuhren, überlebten nur sechs.

Der kleine Fischerort am türkisblauen Meer liegt etwa 24 Kilometer südöstlich von Bredasdorp an der R316.

Die Einheimischen nennen ihn *Waenhuiskrans* (Wagenhausfelsen) nach einer Höhle zwei Kilometer südlich des modernen Arniston Hotel *(siehe S. 323)*, in der mehrere voll bespannte Ochsenwagen Platz fanden. Die Höhle ist nur bei Ebbe zugänglich. Vor den Wellen, die über die glatten Felsen schwappen, sollte man sich in acht nehmen.

Kassiesbaai ist eine Gruppe strohgedeckter Fischerhäuser mit typischen kleinen Fenstern, die die Mittagshitze fernhalten. Der kleine Ort liegt nördlich von Arniston unweit von dahinrollenden weißen Sanddünen. Im Süden liegt die Roman Beach. Von hier aus gelangt man zu einer windigen Felsenspitze, an der viele Angler ihr Glück versuchen.

Spektakuläre Felsen im De Hoop Nature Reserve

De Hoop Nature Reserve 8

Straßenkarte B5. R319, 50 km (31 Meilen) westl. von Bredasdorp. *(028) 542-1126. 7–18 Uhr. Erlaubnis erforderlich.*

DAS NATURRESERVAT 15 Kilometer nördlich von Arniston umfaßt einen 50 Kilometer lange Küstenabschnitt mit verwitterten Kalksteinfelsen und phantastischen Sanddünen. Einige von ihnen sind 90 Meter hoch. Die Hauptattraktion ist ein 14 Kilometer langes Feuchtgebiet, in dem 12 von Südafrikas 16 Wasservogelarten leben, so auch Tausende von Kammbleßhühnern, Gelbschnabel- und Kaplöffelenten sowie Nilgänse. Die Anzahl der Vögel schwankt jedoch mit der Wasserhöhe des Marschlandes.

Zur Vogelbeobachtung eignen sich am besten September und April, wenn die Watvögel aus Europa und Nordafrika eintreffen.

Elenantilope im De Hoop Nature Reserve

Von den 13 registrierten Arten sieht man am häufigsten Sandregenpfeifer, Bruchwasserläufer, Sichelstrandläufer, Grünschenkel und Zwergstrandläufer.

Zu den zahlreichen *Fynbos*-Arten gehören der endemische Bredasdorp sugarbush *(Protea obtusfolia)*, stinkleaf sugarbush *(Protea susannae)* und die Nadelkissenprotea *(Leucospermum oliefolium)*.

Auf einem kurzen Rundweg vom Camp nach Tierhoek kann man Wildtiere beobachten, u.a. Kap-Bergzebras und kleine Antilopen, wie Buntböcke, Rehböcke und die scheuen Bergriedböcke.

Für Fahrradenthusiasten bietet sich ein Mountainbike-Trail über den Potberg an. Dort brüten auch die selten zu sehenden Kapgeier. Ihre Brutplätze sind jedoch nicht zugänglich, damit die Vögel nicht gestört werden. Übernachten kann man auf einem angenehmen Zeltplatz oder in Ferienhäuschen mit Selbstversorgung.

Die Fischer Arnistons leben in Kassiesbaai

Vier-Pässe-Fahrt ❾

NORDÖSTLICH DES De Hoop Nature Reserve führt die N2 über hohe Berge nach Norden in die Kleine Karoo. Diese Region zwischen dem Swartberg im Norden und den Langeberg- und Outeniqua-Bergen im Süden ist von spektakulären Berggipfeln umgeben, die eine Herausforderung für Südafrikas berühmtesten Straßenbauingenieur, Thomas Bain, darstellten. Der majestätischste der vier Pässe windet sich über den Swartberg.

Seweweekspoort ①
Eine 15 Kilometer lange Schotterstraße schlängelt sich durch hohe, rauhe Felswände an einem Fluß entlang, der durch die Klein-Swartberge fließt. Über dem nördlichen Teil des Passes erhebt sich der Gipfel des 2325 m hohen Seweweekspoort (»Sieben-Wochen-Paß«), dessen Name sich auf die Zeit beziehen soll, die Brandy-Schmuggler für die Überquerung des Passes benötigten.

Calitzdorp ②
Viktorianische Häuser säumen die Straßen des Karoo-Dorfes. In der Nähe gibt es ein Thermalbad. Boplaas, Die Krans Estate und Calitzdorp Wine Cellar stellen einige der besten Portweine des Landes her.

LEGENDE
- Routenverlauf
- Andere Straßen
- Parkgrenze
- Aussichtspunkt

0 Kilometer 50
0 Meilen 25

Oudtshoorn ③
Die großartigen viktorianischen Sandsteinvillen in Oudtshoorn entstanden während des Straußenfeder-Booms um 1880. Luzerne, die Lieblingsnahrung der Strauße, gedeihen im Karoo-Klima, so daß die Farmer die flugunfähigen Vögel als Nutztiere halten können.

Swartberg-Paß ⑤
Bains Sträflingsmannschaft benötigte für den Bau der 24 Kilometer langen Schotterstraße sieben Jahre (1888).

ROUTENINFO

Länge: *Von Laingsburg 337 km (209 Meilen); von Oudtshoorn 175 km (109 Meilen).*
Anfahrt: *Von der R323 nach 19 km links; nach 50 km rechts nach Seweweekspoort abbiegen; in Amalienstein auf die R62, dann Richtung Norden auf der R328; vor Prince Albert auf die R407 nach Meiringspoort abbiegen; auf der N12 nach Oudtshoorn zurück.*
Beste Zeit: *Die Pässe können zwischen Juni und August wegen Schnee geschlossen sein.*
Auskunft: *Regional Tourism Office, (0443) 22-6643.*

Prince Albert ⑥
Der abgeschiedene Ort hat einige historische Gebäude *(siehe S. 29)* und eine Quelle zur Bewässerung von Obst- und Olivenbäumen.

Schoemanspoort ④
Der Paß führt über zehn Kilometer durch eine enge Schlucht. Thomas Bain baute ihn 1862 und orientierte sich an einem vorhandenen Pferdeweg entlang einem Gebirgsbach, der die Straße jedoch 1869 wegspülte. Es dauerte elf Jahre, bis sie oberhalb der Hochwassermarke erneut errichtet wurde.

Meiringspoort ⑦
Eine 23 Kilometer lange Teerstraße verläuft durch die majestätische Groot-River-Schlucht. Die tiefroten und orangefarbenen Falten der Sandsteinfelsen bezeugen geologische Bewegungen, die vor Jahrmillionen stattfanden.

Cango Caves ⑩

Straßenkarte C5. R328 von Oudtshoorn. *(0442) 72-7410. Dez–Jan 9–16 Uhr, Ostern und Schulferien 8–17 Uhr. 25. Dez.*

TIEF IN DEN AUSLÄUFERN der Swartberge befindet sich ein unterirdisches Netzwerk aus Räumen und Gängen, in dem gelöste Minerale kristallisierten und zu Stalaktiten, Stalakmiten und Tropfsteinformationen wuchsen, die flötenartigen Säulen und zerbrechlichen, zerknitterten Tüchern ähneln. Jacobus van Zyl war der erste, der die Höhlen erforschte, nachdem einer seiner Hirten 1780 zufällig den Eingang fand. Die Felsmalereien und Werkzeuge in der Nähe des Eingangs deuten darauf hin, daß der Platz bereits vor 15000 Jahren besiedelt war.

Nur Cango 1 ist für die Öffentlichkeit zugänglich. Cango 2 und 3, 1972 bzw. 1975 entdeckt, sind zum Schutz der Tropfsteinhöhlen geschlossen.

Zu den spektakulären Tropfsteinformationen in Cango 1 (762 m lang und 9 m hoch) gehören Kleopatras Nadel, die etwa 150000 Jahre alt sein soll, eine zarte Ballerina und der gefrorene Wasserfall. Der längste Raum ist die 107 Meter lange und 16 Meter hohe Große Halle.

Eine einstündige Tour führt durch die ersten sechs Räume. Die 90minütige »Wanderung« über 416 Stufen ist nur für Sportliche geeignet. Die Innentemperatur liegt bei 18 °C. Bei 95 Prozent Luftfeuchtigkeit ist es jedoch unangenehm feucht.

Stalagmiten und Stalaktiten in den Cango Caves

Auf erhöhten Wegen kann man die Löwen aus der Nähe betrachten

Cango Wildlife Ranch ⓫

Straßenkarte C5. R328 zu den Cango Caves. ☎ *(044) 272-5593.* ◯ *tägl. Aug–Apr 8–17 Uhr, Mai–Juli 8–16.15 Uhr.*

Die Ranch liegt drei Kilometer nördlich von Oudtshoorn. Seit der Gründung der Stiftung für die Erhaltung von Geparden 1993 gehört die Ranch zu Afrikas führenden Zuchtstationen für Geparden und ist eine der fünf wichtigsten Tierschutzeinrichtungen der Welt. Das Zuchtgehege ist für die Öffentlichkeit nicht zugänglich; in einem eingezäunten Bereich kann man mit zahmen Geparden spielen.

Auf Wegen über natürliches *bushveld* kann man weitere große Raubtiere wie Löwen, Jaguars und Pumas aus der Nähe sehen. Krokodile und Alligatoren, von denen es über 400 auf der Ranch gibt, werden ebenfalls gezüchtet. Zu den exotischen Schlangen gehören eine südamerikanische Albino-Phyton, eine vier Meter lange Boa constrictor und eine Kupferkopf-Viper. Für die gefährdeten Kap-Wildhunde ist ein Zuchtprogramm geplant.

Das Restaurant blickt auf ein Wasserloch mit Flamingos.

Nilkrokodile sind eine Hauptattraktion der Cango Wildlife Ranch

Oudtshoorn ⓬

Straßenkarte C5. N12 von George. *42 500.* ☎ *Baron van Reede St, (0443) 272-2221.*

Am Fuss der Swartberge liegt die Stadt Oudtshoorn. Sie wurde 1847 gegründet, um den Bedürfnissen der wachsenden Farmbevölkerung der Kleinen Karoo gerecht zu werden. Oudtshoorn wurde wohlhabend, als die viktorianische, später die edwardianische Mode zwischen 1870 und 1880 Straußenfedern verlangte. Das heiße, trockene Klima der Karoo bot die ideale Voraussetzung für Straußenzucht im großen Stil. Die Lehmböden eigneten sich für den Anbau von Luzerne, das Hauptfutter der Vögel. Die kleinen Kiesel, die sich überall finden, helfen dem Strauß bei seiner Verdauung. Oudtshoorn war 40 Jahre lang als Zentrum der Straußenzucht von Bedeutung und ist auch wegen seiner Herrenhäuser aus Sandstein bekannt, die die »Straußenbarone« errichten ließen. Der Erste Weltkrieg und die neue Mode führten zum Niedergang der Stadt. Viele Bauern gingen pleite. In den 40er Jahren erholte sich die Straußenzucht durch die Einführung der Gerberei. Zu den Straußenprodukten gehören heute Eier, Leder, Fleisch und Knochenmehl. Außerdem werden in der Region Tabak, Weizen und Wein angebaut.

Ein »Federnpalast« am Stadtrand von Oudtshoorn

Die Sandsteinfassade des CP Nel Museums aus dem frühen 20. Jh.

CP Nel Museum

3 Baron van Rheede St. *(0443) 272-7306.* *Mo–Sa 9–17 Uhr, So nach Vereinbarung.* *Feiertage.*

Das Gebäude, in dem sich früher die Boys' Highschool von Oudtshoorn befand, entwarf der Architekt Charles Bullock 1906. Die Sandsteinfassade gilt als eines der besten Beispiele für Steinmetzkunst in Südafrika. J.E. Vixseboxse gestaltete 1913 die Schulaula.

Das Museum ist nach seinem Gründer Colonel C. P. Nel benannt. Eine Reihe von Dioramen visualisieren die Geschichte und die Auswirkung der Straußenzucht auf die Stadt. Die Bevölkerung, die Kulturgeschichte und die Lebensweise der Menschen in der Kleinen Karoo sind weitere Themenschwerpunkte. Stolz ist man auf die ausgezeichnete Nachbildung einer Apotheke aus dem frühen 20. Jahrhundert. Eine Abteilung ist der wichtigen Rolle, die die jüdischen Gemeinde bei der Entwicklung der Federindustrie Oudtshoorns spielte, gewidmet.

Le Roux Townhouse

146 High St. *(0443) 272-3676.* *Mo–Fr 9–13 und 14–17 Uhr, So nach Vereinbarung.* *Feiertage.*

Dieser außergewöhnliche »Federpalast« wurde 1895 gebaut. Heute gehört er zum CP Nel Museum, in dem europäische Originalmöbel aus den Jahren 1900–20 und eine Porzellan- und Glassammlung sowie erlesene Gegenstände aus Kap-Silber ausgestellt sind.

Die Essgewohnheiten der Strausse

Strauße haben weder Zähne noch Kropf. Sie nehmen daher Steine auf, die bei der Zerkleinerung und Verdauung der Nahrung helfen. Deshalb oder vielleicht, weil sie neugierig sind, gibt es wenige Dinge, die sie nicht essen. Vor einigen Jahren wunderte sich ein Farmer in Oudtshoorn darüber, daß Teile seiner Wäsche – Hemden, Strümpfe und Hosen – an jedem Waschtag verschwanden, bis der Tod eines seiner Strauße das Rätsel löste. In Straußenmägen fand man schon Babyschuhe, Kämme, Sonnenbrillen, sogar Knöpfe und Ohrringe, die sie Touristen entwendet hatten.

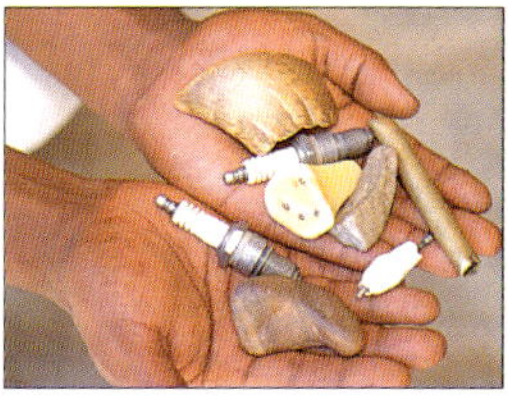

Zündkerzen und Patronenhülsen – Strauße essen fast alles

Highgate Ostrich Show Farm

Von der R328 zur Mossel Bay. *(044) 272-7115/6.* *tägl. 7.30–17 Uhr.* *mehrsprachig.*

Die Farm liegt etwa zehn Kilometer außerhalb von Oudtshoorn. Ein Rundgang durch die Brutstätten erklärt alles über die verschiedenen Entwicklungsstadien der Vögel, man kann Küken und Eier berühren und ein Straußengehege besichtigen. Wer sich traut, darf auf einem Strauß reiten. Weniger Mutige können bei einem Straußen-Derby zusehen. Die Tour dauert ca. 1,5 bis 2 Stunden. Im Eintrittspreis sind Erfrischungen enthalten, und im Souvenirladen lassen sich Produkte aus Straußenfedern, Hand- und Brieftaschen, Gürtel und Schuhe erwerben.

Straußenei-schnitzerei

In Oudtshoorn werden gefärbte Straußenfedern verkauft

Safari Show Farm

Von der R328 zur Mossel Bay. *(044) 272-7311/2.* *tägl. 7.30–17 Uhr.*

Auf der fünf Kilometer von Oudtshoorn entfernten Show-Farm gibt es über 2500 Strauße. Alle 30 Minuten finden Besichtigungstouren mit Straußenrennen und Besichtigung von Brutstätten und Museum statt.

Setzen Sie auf Sieg beim Straußenrennen auf einer der Farmen!

DIE GARDEN ROUTE NACH GRAHAMSTOWN

BERGE, FLÜSSE, LAGUNEN, SEEN, STRÄNDE *und der Urwald des Tsitsikamma National Park machen den Reiz dieses traumhaften Küstenabschnitts aus. Die Feuchtgebiete bei Knysna und Wilderness sind reich an Vögeln, und Port Elizabeth hat lange Strände.*

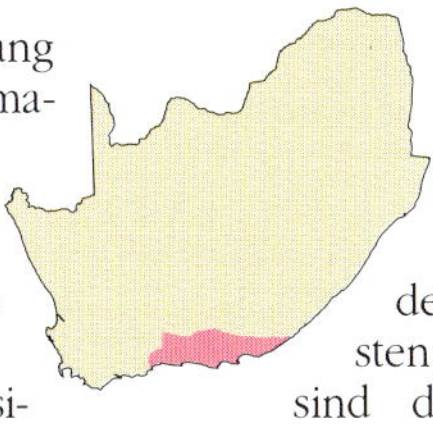

Die Garden Route, die entlang der Outeniqua-, Tsitsikamma- und Langkloof-Berge verläuft, erstreckt sich von Mossel Bay im Westen bis zur Mündung des Storms River im Osten.

1780 schrieb der französische Naturforscher François le Vaillant: »Die Natur hat sich hier ein bezauberndes Zuhause geschaffen.« Im 19. Jahrhundert begannen Möbelhersteller jedoch die einheimischen Harthölzer zu schätzen. Die europäischen Siedler fällten Outeniqua-Yellowwood *(Podocarpus falcatus)*, Ironwood *(Olea capensis)* und die kleineren Stinkwoodbäume *(Ocotea bullata)*. Von dem ursprünglich vorhandenen Wald sind nur 650 Quadratkilometer übrig, wovon 430 Quadratkilometer dem Staat gehören. Heute verarbeiten Papierfabriken und die Möbel- und Bauindustrie exotische Kiefern und Eukalypten.

Die landschaftlich schönen Strecken, Waldwanderwege, unberührten Küsten, Binnenseen und Lagunen sind die Hauptattraktionen der Garden Route. Die Vogelwelt ist einzigartig. Allein in Knysna wurden über 230 Arten registriert, darunter Afrikanische Löffler, Fischadler und Säbelschnäbler. Zu den interessanten Waldvögeln gehören der Knysna-Lourie und der Marina-Trogon.

Plettenberg Bay ist ein vornehmer Küstenort. Die milde Witterung zieht sogar in den Wintermonaten Besucher an.

Jenseits der Garden Route liegt Port Elizabeth. Das Zentrum der Automobilindustrie Südafrikas hat goldene Strände und ein Ozeanarium.

Wilderness ist einer der malerischsten Orte an der Garden Route

◁ **Eine Hängebrücke überspannt die Mündung des Storms River im Tsitsikamma National Park**

Überblick: Die Garden Route nach Grahamstown

Die Garden Route zwischen Wilderness und dem Ende des Tsitsikamma National Park, von wo aus die N2 nach Port Elizabeth führt, ist ein wahrer Augenschmaus. Kurz vor Wilderness hält man am Dolphin's Point. Von dort kann man den herrlichen Ausblick auf die Küste mit den weißen, heranrollenden Wellen genießen. Nach Wilderness führt die N2 bis Knysna fast ununterbrochen an der Küste entlang. Von dort verläuft sie durch den Wald bis zum Storms River. Zwischen Nature's Valley und Storms River kann man von der N2 abzweigen und die spektakulären alten Bergpässe Grootrivier und Bloukrans überqueren. Sattes Grün, Berge, Lagunen, Flüsse und Meer verwöhnen das Auge.

Edward Hotel, Port Elizabeth

Der Outeniqua Choo-Tjoe verkehrt zwischen Knysna und George

Legende

- Nationalstraße
- Andere Straße
- Panoramastraße
- Fluß oder See
- Park- oder Reservatgrenze
- Aussichtspunkt

Siehe auch

- ***Übernachten*** S. 324ff
- ***Restaurants*** S. 350f

NTERWEGS

ie N2 entspricht der gesamten Gar-
en Route von Mossel Bay bis Port
izabeth, von wo aus sie weiter an
er Ostküste entlang führt. Obgleich
ustouren angeboten werden, ist eine
ahrt mit dem Auto empfehlenswert,
a so auch die kleinen Küstenorte
esichtigt werden können. Die Wan-
erwege in Tsitsikamma, für die sie-
en bzw. fünf Tage benötigt werden,
nd kürzere Waldpfade laden zum
erweilen ein. In Port Elizabeth und
eorge gibt es Inlandflughäfen.

Am Wasserloch im Addo Elephant National Park

0 Kilometer 50

0 Meilen 25

Blick auf die Knysna-Lagune von den Heads

Auf einen Blick

Addo Elephant National Park 9
Alexandria 11
Bartolomeu Dias Museum Complex (Mossel Bay) S. 172f 1
George 2
Grahamstown S. 188f 13
Knysna 5
Port Alfred 12
Port Elizabeth S. 182ff 8
Plettenberg Bay 6
Shamwari Game Reserve 10
Tsitsikamma National Park S. 180f 7
Wilderness 3

Ausflug

Outeniqua Choo-Tjoe 4

Bartolomeu Dias Museum Complex (Mossel Bay) ❶

Der 1988 gegründete Bartolomeu Dias Museum Complex entstand zum Gedenken an den 500. Jahrestag der Ankunft von Bartolomeu Dias. Seine 1987 in Portugal in Originalgröße nachgebaute Karavelle kam 1988 in Mossel Bay an. Das 25 Tonnen schwere Schiff wurde aus dem Wasser in das eigens umgebaute Museum mit schrägem Dach, Lichtgaden und für den Kiel abgesenkten Boden gebracht.

★ Karavelle
Die kühnen spanischen und portugiesischen Seefahrer des 15. und 16. Jahrhunderts segelten in solchen kleinen Zwei- oder Dreimastern ins Ungewisse.

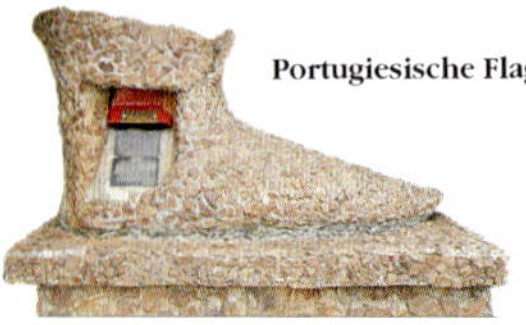

Briefkasten
Briefe, die in diesen Briefkasten im Museum geworfen werden, erhalten einen besonderen Stempel.

Post Office Tree
Die Seefahrer hinterließen im 16. Jahrhundert einander Nachrichten in einem Schuh, der an einem Milkwoodbaum wie diesem neben dem Museum hing.

Mannschaftskabine
Die engen Verhältnisse in den Mannschaftskabinen schränkten die Privatsphäre auf langen Seereisen ein.

Nicht versäumen

- ★ **Karavelle**
- ★ **Buntglasfenster**

INFOBOX

Straßenkarte C5. Mossel Bay. Bartolomeu Dias Museum Complex, Market St, *(044) 691-1067.* *Mo–Fr 9–16.45 Uhr, Sa, So 10–16 Uhr.*

★ Buntglasfenster
Drei schöne Fenster von Ria Kriek erinnern an die ersten Entdeckungsreisen. Hier sieht man die Segel von Dias' Karavelle.

DIAS' EPISCHE REISE

Im August 1487 stach eine kleine Flotte unter dem Kommando von Bartolomeu Dias *(siehe S. 44)* in Portugal in See. An Westafrikas Küste ging der Forscher mehrmals an Land und errichtete *padrões* (Steinkreuze). Im Februar 1488 ankerte er vor der südafrikanischen Küste. Die Bucht, die er nach São Bras (St Blaize) nannte, heißt heute Mossel Bay.

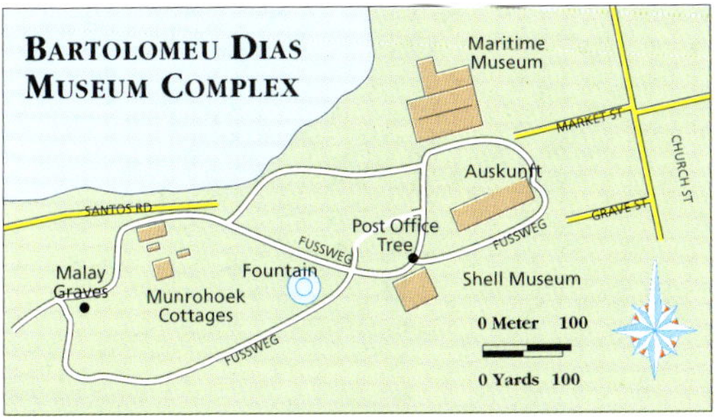

Überblick: Mossel Bay und Bartolomeu Dias Museum Complex

Hauptattraktion des 397 Kilometer östlich von Kapstadt gelegenen Küstenortes sind der Museumskomplex und das historische Zentrum mit Blick auf den Hafen.

Das Bartolomeu Dias Museum erläutert die Geschichte der Seefahrt. Außer der außergewöhnlichen Nachbildung von Dias' Karavelle sind hier alte Karten, Fotos und Dokumente über die ersten Forschungsreisen an der Südküste Afrikas ausgestellt. Der alte Postbaum erinnert an die frühen Seefahrer.

Die Stadt hat auch wegen des umstrittenen, teuren Mossgas-Projektes zur Erschließung der Erdgasvorkommen vor der Küste ungewollt Berühmtheit erlangt.

Der Reiz des Ortes liegt jedoch in seiner natürlichen Schönheit, den wunderbaren Stränden und Wanderwegen. Der 15 Kilometer lange St Blaize Hiking Trail schlängelt sich von Bat's Cave nach Dana Bay an einem unberührten Küstenabschnitt entlang. Santos Beach ist der einzige nach Norden gerichtete Strand Südafrikas. Nachmittagssonne und gefahrloses Badevergnügen sind garantiert.

Zur **Seal Island** werden Bootsausflüge unternommen. **Mossel Bay Divers** bietet Tauchgänge im Haifischkäfig, Schnorcheln und Tauchkurse.

Seal Island Cruises
(044) 691-3101.
Mossel Bay Divers
Santos Protea Hotel, Santos Rd.
(044) 691-1441.

Old Post Office Tree Manor

George ❷

Straßenkarte C5. *48 300. 10 km (6 Meilen) nordwestl. der Stadt. George Station, Market St. St Mark's Sq. 124 York St, (044) 801-9295.*

DIE BREITEN Straßen von George wurden 1811 während der britischen Besetzung angelegt. Die nach König George III benannte Stadt hieß ursprünglich George's Drostdy. Heute ist sie das wirtschaftliche und administrative Zentrum für die Farmer an der Garden Route, die hier Weizen-, Hopfen- und Gemüseanbau sowie Rinder- und Schafzucht betreiben. Die bekannteste Attraktion ist der Outeniqua Choo-Tjoe, eine Schmalspur-Dampfeisenbahn, die zwischen George und Knysna *(siehe S. 176)*, einer kleine Stadt an der Garden Route, verkehrt.

Am Stadtrand von George liegt das vornehme Fancourt Hotel und Country Club mit seinem anspruchsvollen 27-Loch-Golfplatz, den der bekannte Golfspieler Gary Player gestaltete. Das Hotel verfügt auch über ein Thermalbad.

Das **Outeniqua Nature Reserve** ist Ausgangspunkt für zwölf verschiedene Tagestouren in die Wälder der Outeniqua-Berge. Hier wachsen mindestens 125 Baumarten und leben über 30 Waldvogelarten. Der Tierkop Trail ist ein schöner, 30 Kilometer langer Rundweg (zwei Tage). Der schwierigere Outeniqua-Trail ist 108 Kilometer lang (sieben Tage).

Strandhäuser am Victoria Bay

Outeniqua Nature Reserve

Witfontein. Auf der R28 nordwestl. von George. (044) 870-8323. tägl. 7–16 Uhr. Wandererlaubnis im Büro erhältlich.

Wilderness ❸

Straßenkarte C5. N2 12 km (7 Meilen) südöstl. von George. *1250. Fairy Knowe. Leila's Lane, (044) 801-9295.*

DAS SEENGEBIET Südafrikas liegt zehn Kilometer östlich von George. Die Salz- und Süßwasserseen am Fuße bewaldeter Berghänge bilden einen Teil des **Wilderness National Park**, in dem etwa 30 Kilometer unberührte Küstenlandschaft unter Naturschutz stehen. Zu ihm gehören zwei lange, weiße Strände: Wilderness und Leentjiesklip, an denen das Baden wegen der starken Strömungen nicht anzuraten ist.

Outeniqua Choo-Tjoe ❹

Zugplakette

DIE SCHMALSPUREISENBAHN durchquert Eukalyptus- und Kiefernplantagen, schmiegt sich an Felsen, überquert Brücken und schlängelt sich an Seen und Wäldern entlang, bevor sie am Ende über die zwei Kilometer lange Brücke über die Knysna-Lagune fährt.

Zug-Logo

Die Brücke über den Kaaimans River, die der Choo-Tjoe vor Wilderness überquert, steht auf großen Betonpfeilern.

Von den fünf Seen sind die drei westlichsten, Island Lake, Langvlei und Rondevlei, miteinander verbunden und werden vom Touws River über einen natürliche Wasserkanal, den Serpentine, gespeist. Der Swartvlei ist der größte und tiefste See und mit dem Meer verbunden, obgleich seine Mündung sechs Monate im Jahr verschlammt. Groenvlei ist der einzige See, der nicht im Wilderness National Park liegt. Er hat weder einen Zufluß noch eine Verbindung zum Ozean, sondern wird durch Quellen und Regenwasser gespeist und ist daher am wenigsten brackig. Der Park ist reich an Vögeln; 79 Wasservogelarten wurden registriert, darunter fünf verschiedene Eisvogelarten – Riesen-, Grau-, Haubenzwerg- und Malachitfischer sowie der Graukopfliest. Die Gegend ist auch bei Anglern und Wassersportlern beliebt, diese Aktivitäten sind jedoch aufgrund des sensiblen Ökosystems eingeschränkt worden. Am Ufer des Swartvlei ist Reiten erlaubt. Von Wilderness führt eine landschaftlich schöne Strecke (Lakes Road) an den Seen entlang und trifft am Swartvlei wieder auf die N2.

Fairy Knowe, ein beliebtes Hotel bei Wilderness

Im **Goukamma Nature Reserve**, das an den Wilderness National Park grenzt, gibt es ähnliche Freizeitmöglichkeiten. Im Reservat leben Kap-Greisbock *(grysbock)* und Blauducker und der Kap-Fingerotter. Buffels Bay, ein Badeort am Ostende des Reservats, hat einen wunderbaren Strand zum Spazierengehen, Schwimmen und Sonnen.

Wilderness National Park
Wilderness. (044) 877-1197. (012) 343-1991 oder (021) 22-2810. tägl. 8–17 Uhr.

Goukamma Nature Reserve
Wilderness. (044) 343-1855. tägl. 8–19 Uhr.

Nach dem Bahnhof Wilderness beginnt die landschaftlich schönste Strecke mit Küstenseen und dichtem Urwald.

Routeninfo

Start: *Bahnhof George, Market St. (044) 873-8288.*
Zeiten: *Abfahrt George 8.10 Uhr; Ankunft Knysna 11.30 Uhr; Abfahrt Knysna 12.55 Uhr; Ankunft George 16.10 Uhr.*
Dauer: *ca. drei Std. einfach.*

Blick vom Wasser auf das beliebte Jetty Tapas Restaurant in Knysna

Knysna ❺

Straßenkarte C5. *19 800.* *Outeniqua Choo-Tjoe.* *Main St.* *40 Main St, (0445) 2-1610.*

Für Knysna bedeutend war George Rex, der der Sohn König Georges III und seiner ersten Frau, einer Quäkerin namens Hannah Lightfoot, sein soll, die bei Hof nicht anerkannt war und nach der Geburt ihres Sohnes ins Exil mußte. Das Gerücht, das aufgrund des opulenten Lebensstils von George Rex entstand, konnte nie bewiesen werden. Er spielte eine wichtige Rolle bei der Entwicklung des Hafens, und sein Schiff, die *Knysna*, segelte regelmäßig an der Küste entlang. Als er 1839 starb, war er der größte Landbesitzer der Region.

Zu den wichtigen Wirtschaftszweigen Knysnas zählen die Möbelherstellung, der Bootsbau und die Austernzucht.

Umgebung: Die 17 Kilometer lange Knysna-Lagune, die von zwei Sandsteinfelsen, den Knysna Heads, geschützt wird, ist eine der Hauptattraktionen der Stadt. Über den George Rex Drive gelangt man nach Leisure Island und zum östlichen Felsen, von wo aus man einen herrlichen Ausblick genießt. Am westlichen Felsen, der über einen kostenlosen Fährdienst zugänglich ist, befindet sich das **Featherbed Nature Reserve**, ein UNESCO-Weltnaturerbe mit 2,5 Kilometer langem Naturpfad, dem Bushbuck Trail.

Knysna-Lourie

Die Lagune selbst ist ideal für Wassersport. **Lightleys** und **Knysna Ferries** vermieten Kabinenboote. ***John Benn*** ist ein großes Restaurant-Schiff, auf dem täglich Ausflugsfahrten (auch bei Sonnenuntergang) zu den Heads angeboten werden.

Auch das Angeln ist ein beliebtes Freizeitvergnügen. Im fischreichen Gebiet findet man weißen *steenbras, stumpnose* und *blacktail*. Von Dezember bis April kann man Tiefseeboote chartern und Thunfische, Bonitos und Marlins fangen.

Südafrikas größte Austernzucht befindet sich in der Knysna-Lagune. Die köstlichen Pazifik-Austern *(Crassostrea gigas)* probiert man am besten bei **Knysna Oyster Company** auf Thesen's Island (über einen Damm zugänglich) oder bei Jetty Tapas. Beliebt ist auch das im nachgemachten Fachwerkstil gebaute Crab's Creek mit seinen Holzbänken unter schattigen Bäumen an der Westseite der Knysna-Lagune.

Etwa sechs Kilometer östlich von Knysna führt eine Abzweigung nach Noetzie zu einem Parkplatz auf einem Felsen. Von dort verläuft ein Pfad zu einer von fünf Schlössern flankierten Bucht, die allesamt in Privatbesitz sind.

Featherbed Nature Reserve

(0445) 81-0590. *Mo 11.30 Uhr, Di–So 10 Uhr. Dez, Schulferien und Ostern öfter. Erlaubnis erhältlich bei Knysna Tourist Information.*

Lightleys

Knysna Lagoon. *(0445) 87-1026.*

Knysna Ferries

Knysna Lagoon. *(0445) 82-5520.*

John Benn Cruises

Yacht Club Rd. *(0445) 21-693.* *Apr–Sep 12.30, 17 Uhr; Nov– Apr und Schulferien 10.15, 12.30, 15, 18 Uhr.*

Knysna Oyster Company

Thesen's Island. *(0445) 2-2168.* *Mo–Do 8–17 Uhr; Fr 8–16 Uhr, So 9–15 Uhr.*

Die Knysna Heads bewachen die Laguneneinfahrt

Knysna Forest

In Südafrikas größtem Hochwald unweit von Knysna gibt es Wander- und Fahrradwege, landschaftlich schöne Straßen und Picknick-Plätze. Der 105 Kilometer lange **Outeniqua Hiking Trail** (7 Tage) ist eine Herausforderung!

Der Goldfields Drive führt zu einem Picknick-Platz am Jubilee Creek, wo Goldgräber ihre Spuren hinterlassen haben. Die Straße führt zu den Minenschächten und Maschinen der ehemaligen Goldgräbersiedlung Millwood.

Von der **Diepwalle Forest Station** führt eine 13 Kilometer lange Straße, ein Fahrradweg und der Elephant Walk an hohen Outeniqua-Yellowwood-, Ironwood- und Stinkwoodbäumen vorbei. An den Yellowwoodbäumen wachsen oft Flechten, wie der »Bart des alten Mannes« *(Usnea barbarta)*. In dem »Märchenwald« mit seinen Lianen und Farnen kann man den leuchtend grünen Knysna-Lourie entdecken. Im Diepwalle State Forest steht der King Edward Tree, ein riesiger alter Outeniqua-Yellowwoodbaum, der 39 Meter hoch und 7 Meter dick ist und 600 Jahre alt sein soll.

Die schöne Kranshoek-Route, ca. zehn Kilometer östlich von Knysna, endet an einem Felsabhang, der steil zum Meer hin abfällt. Im »Garden of Eden« an der N2 sind viele Bäume gekennzeichnet.

Stiefmütterchenmuschel

Outeniqua Hiking Trail

Knysna. (0445) 82-5466.

Diepwalle Forest Station

(0445) 82-6066. tägl. 6–18 Uhr.

Eines der fünf privaten Schlösser am Noetzie Beach

Plettenberg Bay 6

Straßenkarte C5. *7947. südl. der Stadt. Shell Ultra City, Marine Way. Kloof St. (04457) 3-4065.*

IM VORNEHMEN Plettenberg Bay, 30 Kilometer östlich von Knysna, verbringen die Wohlhabenden ihre Ferien. Die portugiesischen Seefahrer gaben »Plett«, wie die Einheimischen es nennen, den Namen *Bahia Formosa* (»schöne Bucht«).

Der Ort thront auf roten Sandsteinfelsen, die sich über dem zwölf Kilometer langen weißen Sandstrand und der Lagune erheben, die von den Flüssen Keurbooms und Bietou geformt wurde. In Plett fällt sogleich das große Luxushotel und der Timeshare-Komplex auf Beacon Isle auf.

Südlich des Ortes liegt das **Robberg Nature and Marine Reserve** mit seinen bis zu 148 Meter hohen Felsen. Auf den Wanderwegen genießt man kontrastreiche Ausblicke auf das wilde Meer und die unberührten, einsamen Buchten, wo die Angler ihr Glück beim Fang von Muschelknackern, *galjoen* und *red roman* im tiefen Wasser versuchen. Hier sieht man oft Robben und Delphine und im Frühling (ab Sep) auch Wale. Östlich von Plettenberg Bay zweigt eine schöne Straße von der N2 zum Nature's Valley ab, einem Badeort mit zahlreichen Ferienhäusern, der Teil des Tsitsikamma National Park *(siehe S. 178f)* ist.

Robberg Nature and Marine Reserve

(04457) 3-3424. Feb–Nov 7–17 Uhr; Dez–Jan 7–20 Uhr. Erlaubnis nötig (am Tor erhältlich).

Blick vom Signal Hill auf das Beacon Isle Hotel, Plettenberg Bay

Die Waldelefanten in Knysna

Der letzte echte Waldelefant

Im 19. Jahrhundert lebten um Knysna 400 bis 500 Elefanten, die sich hervorragend an das Waldleben angepaßt hatten. Ihre Zahl wurde jedoch durch rücksichtslose Jagd drastisch verringert. Anfang dieses Jahrhunderts waren von den sanften Riesen nur noch 50 übrig, heute ist lediglich noch ein Elefant am Leben. Aus dem Kruger National Park versuchte man zwei junge Elefanten umzusiedeln, das Projekt scheiterte jedoch. Das letzte Exemplar ist sehr scheu und wird selten gesichtet. Es gehört zu der afrikanischen Elefantenart *Loxodonta africana* und ist mittlerweile der einzige gänzlich frei lebende Elefant in Südafrika.

Die Knysna Heads bilden den Zugang zur Lagune ▷

Tsitsikamma National Park ❼

Kap-Fingerotter

Der 1964 entstandene Tsitsikamma National Park erstreckt sich über 68 Kilometer zwischen Nature's Valley und Oubosstrand und ca. 5,5 Kilometer aufs Meer hinaus, was besonders für Schnorchler und Taucher (mit Genehmigung) interessant ist. Innerhalb der Grenzen des Parks liegen zwei von Südafrikas beliebtesten Wanderwegen, Tsitsikamma und Otter Trail. Urwald, zerklüftete Berglandschaft, Wasserreichtum durch Flüsse und Bäche und Panorama-Ausblicke machen ihn bei Wanderern so beliebt.

★ *Yellowwoodbäume*
Einst als minderwertiges Bauholz eingestuft, wird es heute um so höher geschätzt.

Fynbos
Die typische Vegetation dieser Gegend ist Küsten-Fynbos, in dem niedrige Erica- und Protea-Arten vorherrschen.

In der Schlucht des Bloukrans River gibt es eine Übernachtungsmöglichkeit.

Delphine
Auf dem Otter Trail kann man Delphine beobachten.

★ *Otter Trail*
Der Küstenwanderweg (5 Tage) von der Mündung des Storms River zum phantastischen Strand in Nature's Valley war der erste offizielle Wanderweg des Landes. Unterwegs sieht man Wale, Delphine, Robben und Kap-Fingerotter.

Nicht versäumen

- ★ Otter Trail
- ★ Tsitsikamma Trail
- ★ Yellowwoodbäume

★ *Tsitsikamma Trail*
Der relativ leichte Wanderweg im Inland, für den fünf Tage benötigt werden, führt 60 Kilometer lang durch Fynbos *und durch die Wälder der Tsitsikamma-Berge.*

INFOBOX

Straßenkarte C5. Keurboomstrand 14 km (8 Meilen) östl. von Plettenberg Bay auf der N2. ✈ *Plettenberg Bay.* 🚌 *Hopper und Bazbusse zum De Vasselot Camp.* ℹ *Tsitsikamma National Park Reservations (042) 35-1180; Nationals Parks Board Reservierung: Pretoria (012) 343-1991, Kapstadt (021) 422-2810, Durban (031) 304-4934.* ◯ *5.30–21.30 Uhr.* Otter Trail: *41 km (25 Meilen).* Tsitsikamma Trail: *60 km (37 Meilen).* *(Erlaubnis erforderlich).*

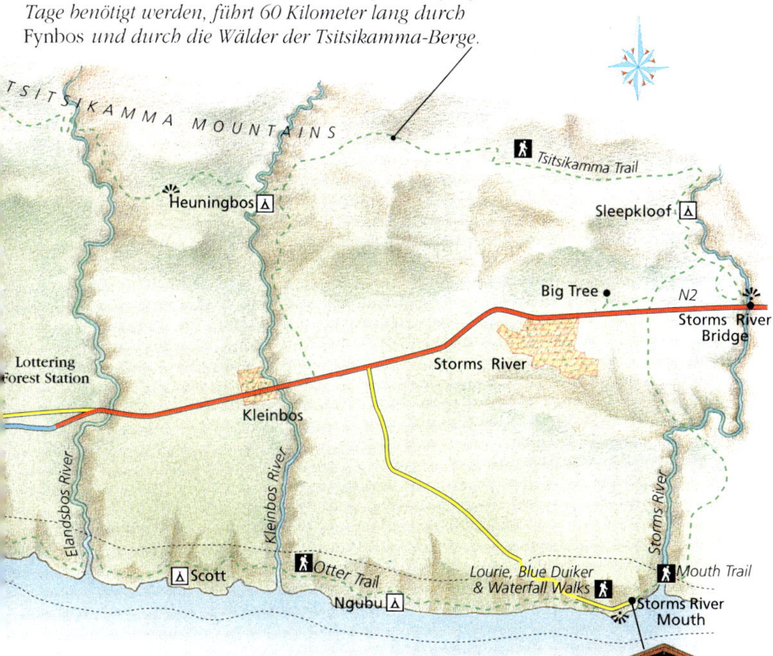

0 Kilometer 5

0 Meilen 3

Storms River Rest Camp
Gemütliche Unterkunft in rustikalen Holzhütten am Beginn des Otter Trail.

LEGENDE

- Motorway (Autobahn)
- Hauptstraße
- Geteerte Straße
- Wanderweg
- Aussichtspunkt
- Wandern
- Übernachtungshütten

Unterwegs zum Storms River

WANDERINFO

Fitneß und feste Wanderschuhe sind notwendig. Bei längeren Wanderungen müssen Lebensmittel sowie Kochutensilien und Schlafsäcke getragen werden, da die Hütten nur mit Matratzen ausgerüstet sind. Den Bloukrans River am Otter Trail kann man nur schwimmend bzw. watend durchqueren. Wasserdichte Rucksäcke werden daher empfohlen.

Im Detail: Port Elizabeth ❽

Statue Königin Viktorias

PORT ELIZABETH, das die 60 Kilometer breite Algoa Bay überblickt, ist die fünftgrößte Stadt des Landes mit dem drittgrößten Hafen. Viele Attraktionen liegen an der Strandpromenade. Das moderne Port Elizabeth dehnt sich von der ursprünglichen Siedlung ins Landesinnere und entlang der Küste nach Norden aus. Obgleich man sie die »windige Stadt« nennt, sind die weiten Strände bei Besuchern sehr beliebt. Zu den vielen Sehenswürdigkeiten des bedeutenden Touristenzentrums gehören zahlreiche gut erhaltene historische Gebäude, Ozeanarium, Schlangenpark, Donkin Reserve und Happy Valley.

Donkin Lighthouse
Der 1861 gebaute Leuchtturm steht im Donkin Reserve.

★ Donkin Street
Malerische, 1860–80 errichtete zweistöckige viktorianische Häuser säumen die Straße, die 1967 zum nationalen Denkmal erklärt wurde.

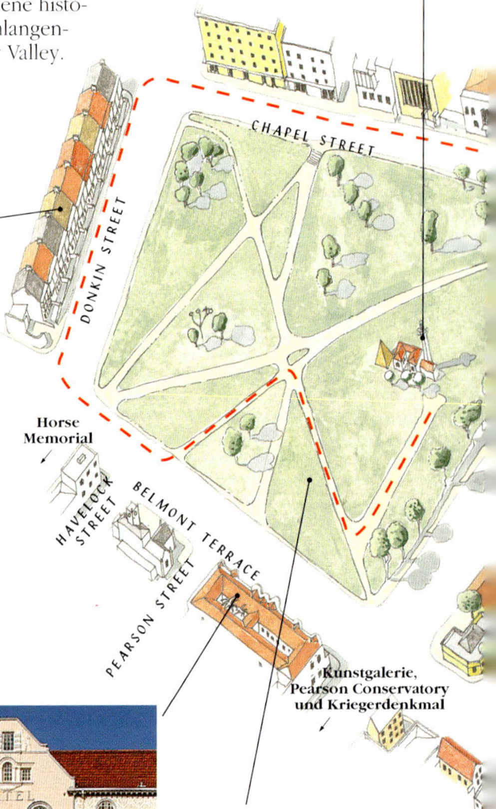

Vom Donkin Reserve bietet sich ein guter Blick auf die Stadt.

Edward Hotel
Das gut erhaltene Gebäude aus der Zeit Edwards VII liegt im Herzen von Port Elizabeths Altstadt. Das Hotel ist für sein üppiges Frühstück bekannt und hat einen uralten, noch funktionierenden Lift.

NICHT VERSÄUMEN

★ Donkin Street

★ City Hall

★ Fort Frederick

Der Campanile
Im 52 Meter hohen Turm, der 1923 zum Gedenken an die 1820 eingetroffenen britischen Siedler errichtet wurde, führt eine Wendeltreppe zu einer Aussichtsplattform.

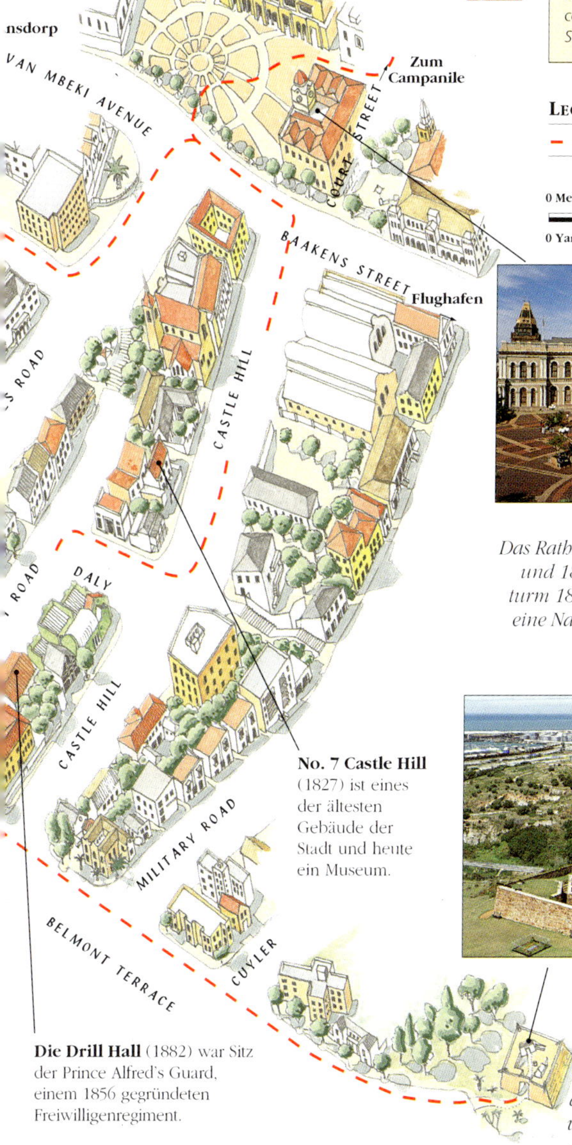

INFOBOX

Straßenkarte D5. *303 300. Walmer, 4 km (2,5 Meilen) nordwestl. der Stadt. Strand St. Greenacres Shopping Centre, Newton Park, Zentrum. Bahnhof Port Elizabeth und Holiday Inn Garden Court. (041) 586-0773. Donkin Reserve, (041) 585-8884. Mo–Fr 8–16.30 Uhr, Sa–So 9.30–15.30 Uhr. 25. Dez, 1. Jan. Shakespeare Festival (Feb), Vodacom Splash Festival (Ostern), Summer Hols Programme (Dez).*

LEGENDE

Routenempfehlung

0 Meter 100

0 Yards 100

★ City Hall
Das Rathaus wurde zwischen 1858 und 1862 errichtet, der Glockenturm 1883 hinzugefügt. Hier steht eine Nachbildung des Dias-Kreuz von 1488 (siehe S. 172f).

No. 7 Castle Hill (1827) ist eines der ältesten Gebäude der Stadt und heute ein Museum.

★ *Fort Frederick*
Das Fort (siehe S. 46f) *wurde von britischen Soldaten 1799 aus Angst vor einen Angriff der Franzosen errichtet; es wurde jedoch von hier aus nie ein Schuß abgegeben.*

Die Drill Hall (1882) war Sitz der Prince Alfred's Guard, einem 1856 gegründeten Freiwilligenregiment.

Überblick: Port Elizabeth

Schilder

DAS MODERNE PORT ELIZABETH zieht sich weit ins Landesinnere und entlang der Algoa Bay nach Norden. Viele Attraktionen der Stadt, wie das Ozeanarium mit seinen Delphin- und Robben-Shows, findet man am Humewood Beach. Port Elizabeth ist stolz auf seine Geschichte und die zahlreichen historischen Gebäude und Museen in der Stadt.

Donkin Reserve

Belmont Terrace. *(041) 55-8884.* *Mo–Fr 8–16.30 Uhr; Sa–So 9.30–15.30 Uhr.* *25. Dez, 1. Jan.*

Im hübschen Park steht ein pyramidenförmiges Denkmal, das der damalige Kap-Gouverneur, Sir Rufane Donkin, 1820 seiner verstorbenen Frau widmete. Wenige Tage zuvor hatte er der Siedlung ihr zu Ehren den Namen Port Elizabeth verliehen.

Der Leuchtturm wurde 1861 fertiggestellt und die gesamte Anlage 1938 zum Nationaldenkmal erklärt.

Donkin Memorial

Horse Memorial

Horse Memorial

Cape Road.

Im südafrikanischen Krieg war Port Elizabeth derjenige Hafen, an dem die Pferde der britischen Soldaten eintrafen. Nach dem Krieg sammelte Harriet Meyer Geld zur Errichtung einer Gedenkstätte für die 347 000 getöteten Pferde. Die Statue von Joseph Whitehead wurde 1905 errichtet und 1957 an ihrem jetzigen Platz aufgestellt. Dort ist zu lesen: »Die Größe einer Nation liegt weniger in der Anzahl ihrer Menschen oder der Größe ihres Gebietes als in Umfang und Rechtmäßigkeit ihrer Hingabe.«

St George's Park

Park Drive.

Der hübsche Park ist Handlungsort von Athol Fugards bekanntem Stück *Master Harold and the Boys.* Hier befindet sich der älteste Cricket- und Bowling-Platz Südafrikas sowie Tennisplätze, Schwimmbad, botanischer Garten und historische Denkmäler, wie das Kriegsdenkmal im Nordosten des Parks.

Das 1882 errichtete Pearson Conservatory ist nach Henry Pearson benannt, der 16 Amtsperioden lang Bürgermeister der Stadt war, und enthält eine Sammlung exotischer Pflanzen.

Main Public Library

Market Square. *(041) 585-8133.*

Mit dem Bau der Bibliothek an der Ecke von Whites Road und Main Street wurde 1935 begonnen. Die schöne Terrakotta-Fassade wurde in England hergestellt, verschifft und vor Ort zusammengebaut. Die Kuppel mit bunten Glasfenstern im zweiten Stock ist ein Meisterwerk. Eine Statue Königin Victorias, eine von mindestens drei in Südafrika, steht vor dem Gebäude.

Statue der Königin Victoria vor der Main Public Library

Fort Frederick

Belmont Terrace.

1799 wurde eine britische Garnison in die Algoa Bay entsandt, um die Invasion französischer Truppen, die die aufständische Republik Graaff-Reinet *(siehe S. 292f)* unterstützten, zu verhindern. Das quadratische Fort Frederick *(siehe S. 46f)* auf einem niedrigen Hügel über der Mündung des Baakens River ist nach dem Herzog von York benannt, der damals Kommandeur der britischen Armee war. Aus den acht Kanonen wurde jedoch nie ein Schuß abgefeuert. Die Ankunft der britischen Siedler (1820) wurde vom Kommandeur der Garnison, Captain Francis Evatt, überwacht, der auf dem Gelände begraben liegt.

Humewood Beach

2 km (1 Meile) südl. des Stadtzentrums.

An der Humewood Beach, dem Erholungszentrum der Stadt, führt der Marine Drive entlang. Von hier aus erreicht man alle Attraktionen am Strand. Die überdachte Promenade ist ein willkommener Windschutz. Am Wochenende findet dort ein Flohmarkt statt, und in der Nähe gibt es ein Schwimmbad mit Süß- und Meerwasserbecken.

Das berühmte »19. Loch« am Humewood Golf Course

An allen größeren Stränden sind Rettungsschwimmer stationiert. Tauchen und Segeln sind beliebte Wassersportarten. In der windigen Algoa Bay sind ständig Jachten zu sehen. Den Marine Drive säumen Hotels und Apartmenthäuser. Überall gibt es Restaurants und Imbißbuden, wie z. B. beim Brookes Pavilion in der Nähe des Museumskomplexes.

Die Delphin- und Robben-Shows im Ozeanarium sind Publikumsrenner. Die »Stars« wurden in Gefangenschaft geboren und werden nicht ersetzt, wenn sie sterben.

The Museum Complex and Oceanarium
Marine Drive. *(041) 586-1051.*
tägl. 9–17 Uhr. Shows um 11 und 15 Uhr.

Pier am Humewood Beach

Museum und Ozeanarium sind die größten Attraktionen an der Strandpromenade. Zum Museumskomplex gehören ein Schlangenpark und das Tropenhaus. Vor dem Museum werden in einigen offenen Gehegen Wasservögel gehalten. Zu den interessanten Ausstellungsstücken gehören in der Marinegalerie Gegenstände von gestrandeten Schiffen, beflaggte Modelle alter Segelschiffe sowie eine Ausstellung über das Volk der Xhosa.

Das Tropenhaus ist einen Besuch wert. Zahlreiche Waldvögel fliegen im dichten Unterholz umher oder sitzen auf den Baumwipfeln. Ein Pfad läuft um den sieben Meter hohen künstlichen Felsbrocken in der Mitte, von wo aus man Krokodile und Flamingos aus der Nähe sehen kann.

Im Schlangenhaus werden Schlangen aus Südafrika – auch die tödliche Puffotter – und anderen Ländern gehalten.

Happy Valley
3 km (2 Meilen) südl. vom Stadtzentrum.
Eine sandige Unterführung verbindet Humewood Beach und Happy Valley, einen ruhigen Park in einem engen Tal. Mehrere Fußwege schlängeln sich an Bächen, Seerosenteichen und Wasserfällen entlang.

Umgebung: Etwa drei Kilometer südlich von Humewood liegt der **Humewood Golf Course**, der als einer der besten Golfplätze Südafrikas gilt. Im Klubhaus kann man einen wohlverdienten Drink einnehmen und die Aussicht über die Bucht genießen.

Eine liebevoll restaurierte Schmalspur-Dampfeisenbahn – der Apple Express – verläßt am Wochenende Humewood-Bahnhof Richtung Thornhill, 48 Kilometer östlich von Port Elizabeth, und kehrt nachmittags zur Stadt zurück.

Etwa drei Kilometer südlich von Humewood liegt die Landspitze, die den Zugang zur Algoa Bay bildet. Cape Recife ist von einem Naturreservat umgeben und ist ideal zur Vogelbeobachtung und Erkundung der unberührten Felsenküste.

Ein neun Kilometer langer Wanderweg führt durch das Reservat und durchquert verschiedene Küstenlebensräume mit Judasbäumen und Dünenvegetation. Der Weg führt am Leuchtturm von Cape Recife vorbei, von wo aus man häufig Taucher beobachten kann. Auf einem Felsvorsprung in der Nähe des Leuchtturms lebt eine kleine Kolonie von Brillenpinguinen.

Das letzte Schiff, das vor Cape Recife havarierte, war der griechische Frachter *Kapodistrias*. Er lief im Juli 1985 auf dem Thunderbolt-Riff auf Grund.

Humewood Golf Course
(041) 53-2137.

Einer der »Stars« im Ozeanarium: ein Großer Tümmler

Addo Elephant National Park ⑨

Straßenkarte D5. 50 km (31 Meilen) nordöstl. von Port Elizabeth. *(042) 233-0556.* *tägl. 7–19 Uhr.*

FRÜHER LEBTEN überall am Kap Elefanten. Bei der Besiedelung des Landes wurden sie jedoch rücksichtslos ausgerottet. 1919 schoß Major Philip Pretorius, mit der Vernichtung der letzten überlebenden Tiere beauftragt, 120 Elefanten in nur elf Monaten. Nur 15 verschreckte Tiere überlebten im Dickicht. Als sich die öffentliche Meinung 1931 zu ihren Gunsten wandelte, wurde ein 68 Quadratkilometer großes Landstück zum Nationalpark erklärt. Die Tiere überfielen nachts jedoch nahe gelegene Farmen. Ein Zaun wurde nötig. Nach vielen Versuchen erfand Graham Armstrong eine Konstruktion aus Eisenbahnschwellen und Aufzugkabeln. 1954 waren etwa 23 Quadratkilometer eingezäunt. Jahrelang ähnelte Addo einem großen Zoo. Bei den Camps wurden Orangen ausgelegt, um die scheuen Tiere nachts aus dem Busch zu locken. Besucher und Elefanten waren durch stabile Zäune voneinander getrennt. Die Herde wuchs bis 1998 auf die stattliche Anzahl von 265 Tieren an, was eine Vergrößerung des Gebietes notwendig machte. Heute umfaßt der 600 Quadratkilometer große Addo Elephant Park auch die Zuurberge im Norden. Das Gelände soll noch um das Vierfache erweitert werden.

Zum Camp gehören ein Restaurant, einen Laden, Swimmingpool und Campingplatz sowie 24 komfortable kapholländische Chalets. Im südlichen Teil des Parks wurden Fahrwege angelegt, auf denen man den Park erkunden kann. Der Kadouw Lookout ist einer von mehreren Aussichtspunkten zur Elefantenbeobachtung. Im Dickicht leben außerdem Büffel, Spitzmaulnashörner, Kudus, Elen- und Kuhantilopen und Buschböcke. Die kleinsten und faszinierendsten Kreaturen des Parks, die *flightless dung beetles* (Pillendreher), die praktisch nur in Addo vorkommen, werden jedoch oft übersehen. Hinweisschilder warnen vor dem Überfahren der flugunfähigen Insekten.

Pillendreher stehen im Park unter Naturschutz

Der Addo-Park mit dichtem Speckbusch-Bewuchs verzeichnet die höchste Konzentration großer Säugetiere im ganzen Land. Um die Auswirkungen der Elefanten, Büffel und Spitzmaulnashörner auf die Vegetation zu beobachten, wurde ein Pflanzenreservat eingerichtet. Auf einem sechs Kilometer langen Fußweg kann man das interessante Gelände erkunden, in dem viele heimische Bäume ausgezeichnet sind.

Elefantenherde am Wasserloch, Addo Elephant National Park

Rustikales Chalet im Addo Elephant National Park

Shamwari Game Reserve ⑩

Straßenkarte D5. 72 km (44 Meilen) nördl. von Port Elizabeth. *(042) 203-1111.* *tägl. 8–17 Uhr (Reservierung erforderlich).*

MIT 140 Quadratkilometern ist Shamwari das größte Privatreservat im Ostkap und das einzige, in dem die »Big Five« *(siehe S. 24f)* zu sehen sind. Es liegt im hügeligen *bushveld* (Savanne) um den Bushmans River. Das mit vier internationalen Preisen ausgezeichnete Shamwari ist ein Projekt des Unternehmers Adrian Gardiner, der die Ranch in den Hügeln bei Paterson für seine Familie erwarb. Mit der Zeit wurden benachbarte Farmen integriert und Wildtiere angesiedelt. Im Reservat leben heute 33 Elefanten, 12 Breitmaulnashörner, Büffel, Zebras, Giraffen und 16 Antilopenarten, darunter Elenantilope, Kudu, Impala, Oryx, Kuhantilope, Springbock und Weißschwanzgnu.

Shamwari ist das einzige private Reservat im Ostkap, in dem das gefährdete Spitzmaulnashorn vorkommt. Von Kwa-Zulu-Natal wurden fünf Tiere umgesiedelt, da sich ihnen hier ein idealer Lebensraum bietet.

Seither wurden vier Kälber geboren. Das Löwenrudel lebt zur Zeit noch in einem separaten Camp, langfristig soll es jedoch im gesamten Reservat jagen dürfen.

Shamwari bietet verschiedene Luxusunterkünfte *(siehe S. 327)* und ein einmaliges Afrika-Erlebnis, das viele in- und ausländische Besucher anzieht. Morgens und am späten Nachmittag kann man mit Wildhütern auf Safari gehen.

Breitmaulnashorn, Shamwari Game Reserve

Alexandria ⓫

Straßenkarte D5. R72, östl. von Port Elizabeth.

ALEXANDRIA entstand 1856 um eine holländisch reformierte Kirche. Eine Schotterstraße westlich der Stadt führt über Zichorienfelder in den zauberhaften Alexandria-Wald. Yellowwoodbäume, eine von 170 Baumarten, überragen die Straße. Der 240 Quadratkilometer große **Alexan-dria State Forest** schützt den Wald und das größte aktive Dünensystem Südafrikas.

Der 35 Kilometer (2 Tage) lange Alexandria Hiking Trail ist einer der schönsten Küstenwanderwege Südafrikas. Auf dem Rundweg durchquert man düsteren, dichten Urwald und erreicht später die über 150 Meter hohen Sanddünen. Am Ausgangspunkt und bei Woody Cape gibt es Übernachtungsmöglichkeiten.

Alexandria State Forest

8 km (5 Meilen) ab der R72. *(046) 653-0601.* *Mo–Do 8–16.30 Uhr, Fr 8–16 Uhr, Sa u. So nach Vereinbarung.*

Port Alfred ⓬

Straßenkarte D5. R72, 150 km (93 Meilen) östl. von Port Elizabeth. *4300.* *Halyards Hotel.* *Pascoe Crescent, (046) 624-1235.*

DER CHARMANTE Küstenort Port Alfred ist bekannt für seine phantastischen Strände. Die Abschnitte westlich der Flußmündung sind stärker erschlossen, die östlichen unberührter und für ausgedehnte Spaziergänge geeignet. Am Kelly's Beach kann man sicher schwimmen. Der ganze Küstenabschnitt ist beliebt bei Surfern sowie Fels- und Brandungsanglern. Vor dem **Kowie Museum**, das die Geschichte der Stadt dokumentiert, steht die Galionsfigur eines alten Segelschiffs.

UMGEBUNG: Der Kowie River ist mit kleinen Booten über 25 Kilometer flußaufwärts befahrbar. Auf dem Kowie Canoe Trail (2 Tage) können Kanufahrer die Schönheit der Fluß- und Waldlandschaft genießen. Vom Übernachtungsplatz – 21 Kilometer flußaufwärts im Waters Meeting Nature Reserve – führt ein Fußweg durch dichten Busch und Wald, in dem verschiedene Vögel und kleinere Tiere zu beobachten sind.

Kowie Museum

Pascoe Crescent. *(046) 624-4713.* *Mo–Sa 9.30–12.30 Uhr.* *So, Feiertage.*

Luxusjachten, Katamarane und Fischerboote liegen in der Marina in Port Alfred vor Anker

Grahamstown ⓭

Logo des Arts Festival

NACH DEM VIERTEN GRENZKRIEG im Jahr 1812 errichtete Colonel John Graham einen Militärposten auf einer verlassenen Farm in der Nähe der Südküste. Um die Situation in der Region zu festigen, wurden 4500 britische Familien angesiedelt. Die ersten, um 1820 hier ankommenden Siedler bevorzugten jedoch das Stadtleben, so daß Grahamstown zu einem blühenden Handelszentrum wurde, in dem nach Kapstadt die meisten Handwerker lebten.

Drostdy Gateway, Eingang zur Rhodes University

Überblick: Grahamstown

Grahamstown ist für seine über 50 Kirchen, Universitäten und Schulen bekannt. Die wichtigsten Sehenswürdigkeiten liegen in einem Umkreis von 500 Metern um das Rathaus in der High Street. Etwa 60 Gebäude sind Nationaldenkmäler. Restaurierte georgianische und viktorianische Häuser säumen die Straßen.

Cathedral of St Michael and St George

High St. *(046) 636-1995.*
tägl.

Die Kathedrale, deren 51 Meter hoher Turm den Stadtkern überragt, ist das auffälligste Gebäude. Die ursprüngliche Kirche St George's, 1824 errichtet, ist die älteste anglikanische Kirche Südafrikas. Die große Orgel zählt zu den besten des Landes.

Methodist Church

Bathurst St. *(046) 622-7210.* *tägl.*

Die Gedächtniskirche hat eine bemerkenswerte neugotische Fassade und schöne Glasfenster. Sie wurde 1850 fertiggestellt.

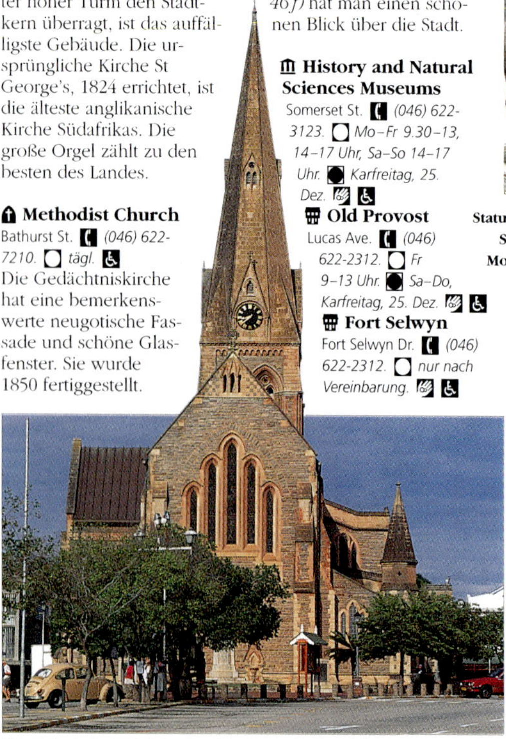

Die Cathedral of St Michael and St George in der High Street

Albany Museum Complex

(046) 622-3123.

Zum Museumskomplex gehören fünf Gebäude. Die **History and Natural Sciences Museums** stellen Fossilien, Gegenstände der Siedler und Xhosa-Tracht aus. Das **Old Provost** gegenüber der Rhodes University wurde 1838 als Militärgefängnis errichtet. **Drostdy Gateway** ist alles, was vom Sitz des Friedensrichters (1842) erhalten ist. Von dem 1836 neben dem 1820 Settlers Monument errichteten **Fort Selwyn** *(siehe S. 46f)* hat man einen schönen Blick über die Stadt.

History and Natural Sciences Museums

Somerset St. *(046) 622-3123.* *Mo–Fr 9.30–13, 14–17 Uhr, Sa–So 14–17 Uhr.* *Karfreitag, 25. Dez.*

Old Provost

Lucas Ave. *(046) 622-2312.* *Fr 9–13 Uhr.* *Sa–Do, Karfreitag, 25. Dez.*

Fort Selwyn

Fort Selwyn Dr. *(046) 622-2312.* *nur nach Vereinbarung.*

Statue am 1820 Settlers Monument

Observatory Museum

Bathurst St. *(046) 622-2312.* *Mo–Fr 9.30–13, 14–17 Uhr.* *Wochenende, Karfreitag, 25. Dez.* *(außer Turm).*

Im Turm des historischen Gebäudes mit einer Goldschmiedewerkstatt (Mitte des 19. Jhs.) befindet sich eine viktorianische Camera obscura, die Bilder der Stadt auf eine Wand projiziert.

Rhodes University

Artillery Rd. *(046) 603-8111.* *vielfach nutzbare Eintrittskarte.*

Der schöne alte Universitätskomplex beherbergt das weltberühmte **JLB Smith Institute of Ichthyology** (Fischkunde). Interessant sind zwei seltene Quastenflosserarten. Dieser prähistorische Tiefseefisch galt bis zu seiner »Wiederentdeckung« 1939 als ausgestorben. Hinzu kommt eine Sammlung bekannter Salz- und Süßwasserfische. Wer sich für traditionelle afrikanische Musik interessiert, sollte die **International Library of African Music** auf dem Campus besuchen.

JLB Smith Institute of Ichthyology

Rhodes University. *(046) 636-1002.* *Mo–Fr 8.30–13, 14–17 Uhr.* *Sa–So, Karfreitag, 25. Dez.*

International Library of African Music

Rhodes University. *(046) 603-8111.* *nach Vereinbarung.*

National English Literary Museum

Beaufort St. (046) 622-7042. Mo–Fr 9–12, 14–16.30 Uhr. Sa–So, Karfreitag, 25. Dez.

Hier werden Dokumente, Manuskripte und persönliche Briefe bedeutender südafrikanischer Schriftsteller aufbewahrt.

1820 Settlers Monument

Gunfire Hill. (046) 622-7115. *tägl. 8–16.30 Uhr.*

Das an ein Fort erinnernde Monument auf dem Gunfire Hill entstand 1974 in Form eines Schiffes und erinnert an die britischen Familien, die hier 1820 eintrafen. Der nahe gelegene Monument Theatre Complex ist Hauptveranstaltungsort für das jährlich stattfindende elftägige Standard Bank National Arts Festival *(siehe S. 37)*. Im eindrucksvollen Foyer hängen viele Gemälde.

Der Old Provost war einst ein Militärgefängnis

Umgebung: 34 Kilometer nördlich von Grahamstown liegt das 445 Quadratkilometer große Great Fish River Reserve. Nach dem fünften Grenzkrieg (1819) wurde das Land zwischen den Flüssen Keiskamma und Great Fish zum neutralen Gebiet erklärt. Die britischen Siedler sollten als Puffer gegen die einfallenden Xhosa dienen.

Heute beherbergt das größte Wildreservat der östlichen Kapprovinz Kudus, Elen- und Kuhantilopen, Nilpferde, Spitzmaulnashörner, Büffel und Leoparden. In komfortablen Lodges kann man angenehm übernachten. Eine zweitägige Führung folgt dem Flußlauf, übernachtet wird in einem Zeltcamp.

Great Fish River Reserve

Fort Beaufort Rd. (046) 622-7909.

> **Infobox**
>
> **Straßenkarte** D5. *19 800. Port Elizabeth, 127 km (79 Meilen) nordöstl. High St. Cathcart Arms Hotel, Market Square. 63 High St, (046) 622-3241. Mo–Do 8.30–17 Uhr, Fr 8.30–16 Uhr, Sa 9–11 Uhr. So, Karfreitag, 25. Dez, Feiertage. Standard Bank National Arts Festival (Juli).*

Camera obscura im Observatory Museum

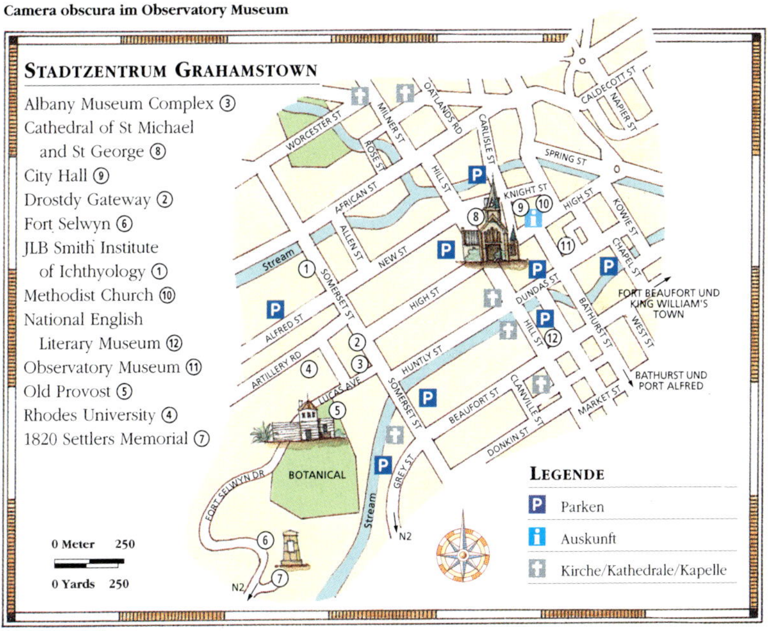

Ostküste und Landesinneres

Ostküste und Landesinneres stellen sich vor

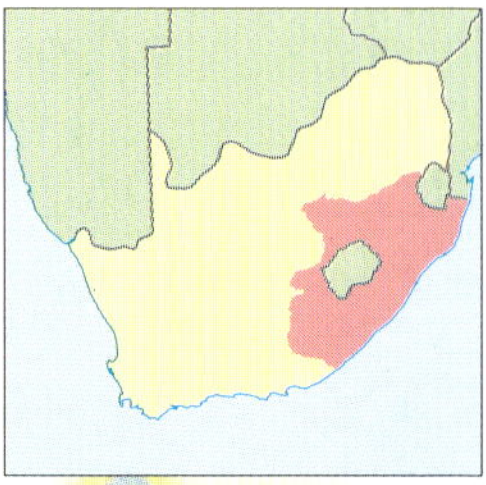

WELLIGES HÜGELLAND, traumhafte Strände und wildes Bergland kennzeichnen die östliche Kapregion, KwaZulu-Natal und Lesotho. Hier finden sich die höchsten Gipfel Südafrikas. Die starken Strömungen des warmen Indischen Ozeans haben die rauhen Felsen der Wild Coast geformt. Obgleich sich südlich von Durban – Afrikas größtem Hafen – über 160 Kilometer zahlreiche Ferienorte aneinanderreihen, ist ein Großteil der Küste noch unberührt und nur auf kurvenreichen Schotterstraßen zu erreichen. Ganz im Norden bieten subtropische Wälder und Savanne Schutz für Großwild und Vögel, während Küstenseen und der Ozean Angler und Urlauber gleichermaßen anziehen.

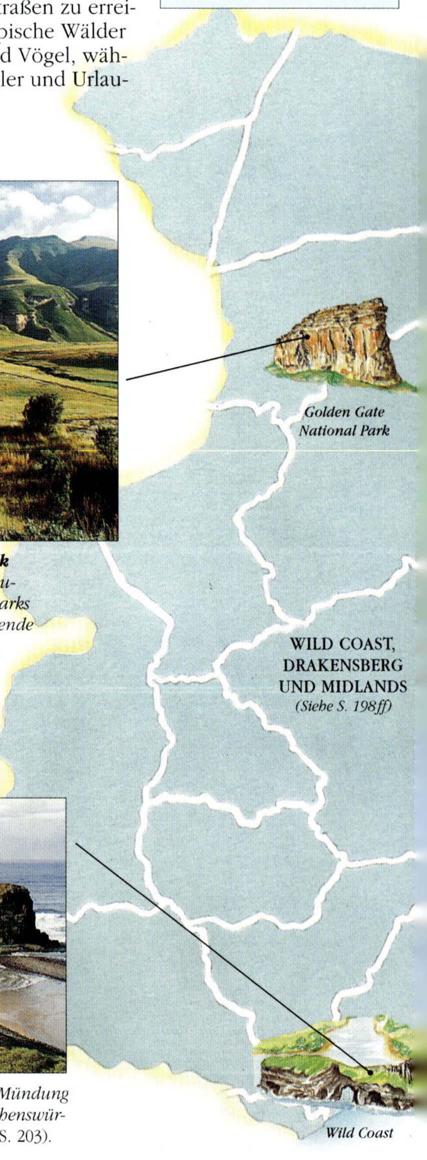

***Der Golden Gate Highlands National Park** im nordöstlichen Free State liegt in den Ausläufern der Maluti-Berge. Die Attraktionen des Parks sind eine traumhafte Landschaft, beeindruckende Sandsteinformationen, wie der Sentinel Rock, Wildtiere und Wanderwege* (siehe S. 207).

***Das »Hole in the Wall«** an der Küste bei der Mündung des Mpako River zählt zu den bekanntesten Sehenswürdigkeiten der romantischen Wild Coast* (siehe S. 203).

◁ **Kleine Karettschildkröten, Sodwana Bay an der Maputaland-Küste**

Cape Vidal *trennt den Indischen Ozean vom Lake St Lucia. Es ist Teil des Greater St Lucia Wetland Park* (siehe S. 232), *der an die unberührte Maputaland-Küste angrenzt, wo Leder- und Karettschildkröten ihre Eier ablegen.*

Die Church Street Mall *in Pietermaritzburg ist von historischen Gebäuden, wie der schönen, 1893 erbauten City Hall, umgeben* (siehe S. 212).

Die Strandpromenade *in Durban, an der sich Hotels, Restaurants und Vergnügungsstätten reihen, ist sechs Kilometer lang und wird auch Golden Mile* (siehe S. 218) *genannt.*

Die Zulu

Tontopf

Die Zulu sind ein starkes Kriegervolk, deren Ruf durch die Kriegsberichte des Anglo-Zulu-Krieges von 1879 und Filme wie *Zulu* und die Fernsehserie *Shaka Zulu* bekannt wurde. In den Gebieten Ulundi, Eshowe und Melmoth in KwaZulu-Natal kann man viele geschichtsträchtige Stätten der Zulu besichtigen. Obgleich sie für ihr Land erbittert gekämpft haben, hat ihre Kultur auch andere, sanftere Facetten, wie Perlen- und Korbarbeiten und Töpferei. Im abgelegenen Tugela River Valley und im Norden der Provinz werden alte Traditionen und Tänze gepflegt.

Legende

KwaZulu-Natal

Bienenstockhütte
Ein Gerüst aus Ästen wird mit geflochtenem Gras oder Binsen bedeckt. Zum Schutz der Privatsphäre dient ein Fell.

Zäune werden aus Pfählen und geflochtenem Schilf gemacht.

Ein Ochsenfell trocknet zur Herstellung von Kleidung und Schilden.

Mais, das Hauptnahrungsmittel, wird gemahlen und zu einem Brei gekocht.

Korbmacher

Zulu-Handwerk

Die Zulu sind für ihre Web- und bunten Perlenarbeiten bekannt. Körbe und Matten aus Wedeln der Dumpalme und *Imizi*-Gras sind besonders dekorativ und beliebt. Auf den meisten Körben findet man Dreiecke oder Rautenformen, die männliche und weibliche Elemente symbolisieren. Die Händler des frühen 19. Jhs. brachten glänzende Glasperlen mit. Perlenarbeiten sind heute aus der Zulu-Kultur nicht mehr wegzudenken. Alle Muster und Farben haben symbolische Bedeutungen, wie z. B. bei den *incwadi* (Liebesbriefen), die junge Frauen herstellen und dem Angebeteten überreichen.

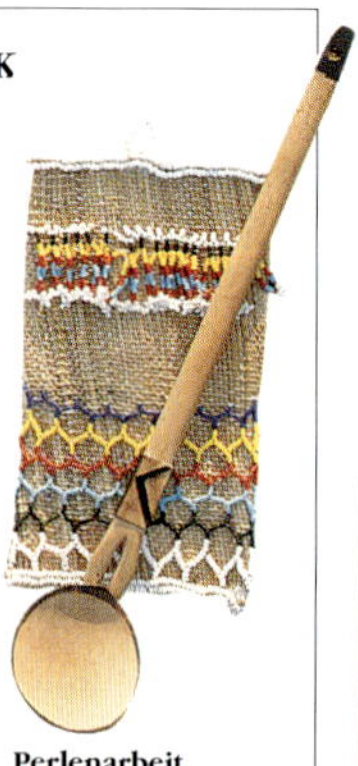

Perlenarbeit und Löffel

***Die Frauen** stellen* utshwala *(Bier) aus Sorghum her. Die gegorene Flüssigkeit wird mit langen Grassieben gefiltert, um die Hülsen zu entfernen.*

Zulu-Tänze erfordern Ausdauer und Beweglichkeit

Traditionelle Tänze

Der Tanz ist elementarer Bestandteil gesellschaftlicher Zusammenkünfte. Die meisten Tänze erfordern körperliche Fitneß und Ungehemmtheit. Bei zeremoniellen Tänzen sind es oft große Gruppen, die klatschen, stampfen und umherwirbeln. Es genügt jedoch auch eine Trommel oder singende, pfeifende und heulende Zuschauer, um auch wenige Tänzer anzufeuern. Die Tänze dienen zur Überlieferung von Stammesgeschichten, ebenso aber auch als Kommunikationsmittel.

Wasser wird immer auf dem Kopf getragen, oft auch über große Entfernungen.

Getreidelagerung *Um das Getreide vor Schädlingen zu schützen, werden Mais und Sorghum in einer Stelzenhütte gelagert.*

Tontöpfe für Wasser, Getreide oder Sorghumbier werden vor dem Brennen geglättet und verziert.

Vieh *– ein Symbol für Reichtum – spielt bei den Zulu eine wichtige Rolle. Es wird nachts in einen Kraal (eingezäuntes Gehege) gebracht.*

Der Zulu-Kraal

Früher war der *imizi* (Zulu-Kraal) eine kreisförmige Siedlung mit mehreren *uhlongwa* (Grashütten in Bienenstockform), die um ein Gehege angeordnet waren, in das nachts das Vieh getrieben wurde. Obwohl es auch heute noch Kraals gibt, sieht man traditionelle Hütten nur noch selten. Heute wird mit Zement, Ziegelsteinen, Betonblöcken und Wellblechdächern gebaut.

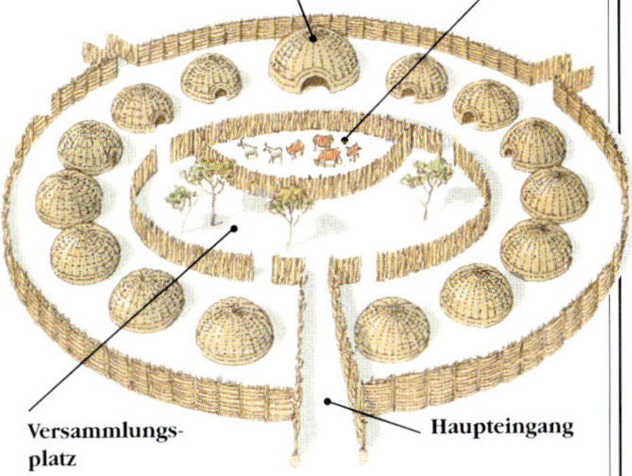

Traditionelle Waffen *sind noch immer wichtiger Bestandteil der Zulu-Kultur. Die Männer tragen Holzstöcke und -knüppel. Politische Versammlungen und Kundgebungen erhitzen oft die Gemüter. Das Tragen traditioneller Waffen wurde daher verboten.*

Durbans Surf-Szene

Surf-Emblem Glen D'Arcy

In den 60er Jahren ersetzten Glasfaserbretter die alten leinenüberzogenen Holzbretter und lösten damit einen ungeahnten Boom aus. Rasch wurde Durban mit seinem warmen Wasser, perfekten Wellen und weiten Stränden zum Surfer-Mekka Südafrikas. Zu den internationalen Berühmtheiten der Stadt gehörten Max Wetland und Shaun Thomson. Die aktuellen Champions sind Paul Canning und David Weare. Die Surf-Reviere wechseln je nach Wetterbedingungen, Meeresströmungen und Sandablagerungen. Zu den beliebtesten Gebieten in Durban zählen jedoch North Beach, New Pier, Snake Park Beach und Cave Rock am The Bluff südlich des Hafens.

Der Nationalheld Paul Canning *war der erste Südafrikaner, der sich für die World Championship Tour qualifizierte, an der nur die 44 besten Surfer der Welt teilnehmen.*

*»**Cranking**« nennt man das Manöver im Wellental, um einen »floater« auszuführen (der Surfer reitet auf der Kante einer heranrollenden Welle).*

Das Reiten auf »perfekten« Wellen, für die Durban bekannt ist, erhöht den Nervenkitzel.

Cave Rock

Cave Rock ist Durbans bestes Surf-Revier. Durch einen tiefen Ozeankanal *(siehe S. 21)* und ein Riff nahe der Küste entstehen mächtige Wellen, die mit den weltberühmten Brechern auf Hawaii vergleichbar sind.

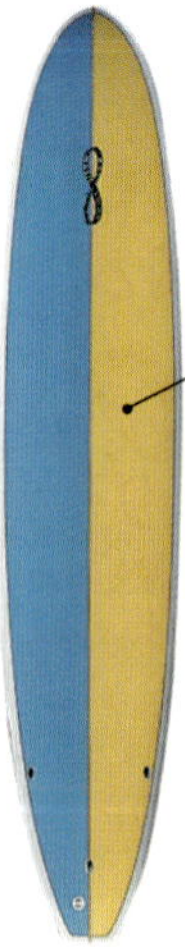

Moderne Bretter *sind kleiner, leichter und wendiger als die älteren Modelle.*

Long boards für Wettbewerbe müssen mindestens 2,8 Meter lang sein und zwischen 5,2 und 7 Kilogramm wiegen.

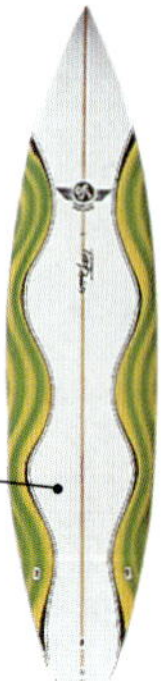

Short boards sind leichter und wendiger. Bei Wettbewerben dürfen sie nicht schwerer als 3,2 Kilogramm sein.

Für besseren Halt werden die Bretter mit Dr. Zogs Sex Wax eingerieben.

Surf-Ikone Shaun Thomson *(Mitte) wurde zum Lokalhelden, als er 1977 die World Championship gewann.*

SURF-KULTUR

Surf-Fans haben auf der ganzen elt ihre eigene Lebensphilosophie ntwickelt. Entspannt und gelassen streben sie nach Einfachheit und konzentrieren sich auf die wunderbare Kraft des Wassers. Graffiti und Wandmalereien in Durban verbinden den Nervenkitzel des Surfens mit der Stadtsilhouette und verwandeln langweilige Wände in ein wahres Surfer-Feuerwerk.

Die »Lippe« bildet sich, wenn das Wellental auf das Riff trifft.

Der Wellentunnel bäumt sich über und hinter dem Surfer auf.

Surfer-Mode *ist ein lohnender Nebenerwerb. Beim Gunston 500 sieht man phantasievolle Kreationen. Für Marken wie Gotcha und Hang Ten zahlt man heute Designerpreise.*

Surf-Helden *haben Kultstatus und werden von Groupies und Autogrammjägern umringt.*

Das Gunston 500*, Südafrikas wichtigster Surf-Event, findet alljährlich im Juli statt und dauert sechs Tage. 1969 lag das Preisgeld beim ersten Wettbewerb, der außerhalb von Hawaii stattfand, bei 500 Rand (daher der Name).*

SURFER-LATEIN

Tube – Ritt durch die konkave Kurve des Wellenkörpers
Lip – Wellenspitze (der stärkste Teil der Welle)
Barrel – Ritt durch eine Wellenkurve, bei dem die Welle über dem Surfer bricht
Bomb – riesige Welle
Filthy – tolle Gischt
Grommet – Anfänger
Shundies – danke
Tassie – junge Frau
Cactus – bei Surfern unbeliebte Person

WILD COAST, DRAKENSBERG UND MIDLANDS

UKHAHLAMBA – »MAUER AUS SPEEREN« – *nennen die Zulu die höchsten Berge Südafrikas wegen ihrer zerklüfteten Gipfel. Wo sich die stolzen Drakensberge nach Süden hin neigen, finden vor allem Fischer und Wanderer ihr Paradies an der Wild Coast.*

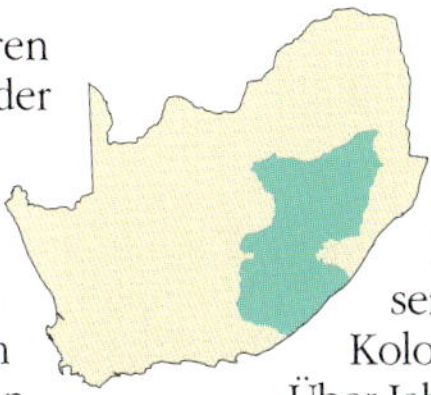

Vor etwa 1000 Jahren waren die üppig-grünen Täler der Drakensberge Heimat der San-Buschmänner: Jäger und Sammler, die die Antilopen mit Pfeil und Bogen erlegten. Nach und nach wurden sie verdrängt von Zulu, Xhosa, Afrikanern und Briten. Außer den hervorragenden Malereien unter Felsüberhängen und in Höhlen hinterließen die kleinwüchsigen Jäger keine Spuren.

Anfang des 19. Jahrhunderts war das Xhosa-Land bereits Teil der sich ausdehnenden Kapkolonie, während sich das Königreich der Zulu bis nördlich des Flusses Tugela erstreckte. Der Stamm der Basotho wurde von verschiedenen Seiten angegriffen und fand schließlich Schutz in dem Berggebiet, das später zum Königreich Lesotho werden sollte. 1848 bildete der Fluß Kei die Grenze zwischen Briten und Xhosa, während das Gebiet im Norden zwischen den Flüssen Mzimkhulu und Tugela zur Kolonie Natal erklärt wurde.

Über Jahrhunderte hinweg war diese fruchtbare Gegend (heute als Midlands bezeichnet) Schauplatz vieler Territoriumskriege, manche dieser Schlachtfelder sind noch immer zu sehen.

1976 wurde das Xhosa-Gebiet Transkei offiziell unabhängig, aber bereits 1994 wieder in das Staatsgebiet von Südafrika integriert. Diese einzigartige Region ist voller natürlicher Schönheit. Die zauberhafte Küste abseits jeglicher Zivilisation blieb absolut unberührt. Sie bietet versteckte Buchten und Strände, felsige Landspitzen und die besten Fischgründe der gesamten Küste.

Sandsteinbauten am Kriegsschauplatz Rorke's Drift

◁ **Blick vom Giant's Castle Game Reserve auf den Drakensberg-Gipfel Giant's Castle und Bushman's River**

Überblick: Wild Coast, Drakensberg und Midlands

Die entlegenen Lesotho Highlands und die Drakensberge, Südafrikas höchster Gebirgszug, sind das Rückgrat dieses Gebiets. Atemberaubende Ausblicke und malerische Flüsse in versteckten Tälern ziehen Naturliebhaber, Wanderer, Vogelfreunde und Forellenangler an. Zwischen den geschützten Buchten und bewaldeten Klippen der »wilden Küste« und den Bergen liegt eine Hochebene mit vereinzelten traditionellen Xhosa-Hütten. Nördlich bilden die grünen Hügel und Wälder der Natal Midlands die idyllische Kulisse für Landhotels, viele Kunsthandwerkbetriebe und Milchviehgehöfte.

Gipfel der Drakensberge: Champagne Castle, Monk's Cowl und Cathkin Peak

Legende

- Motorway (Autobahn)
- Nationalstraße
- Andere Straße
- Panoramastraße
- Fluß, See oder Damm
- Parkgrenze
- Internationale Grenze
- Aussichtspunkt

Gedenkstätte *Laager*: Schauplatz der Schlacht am Bloedriver (1838) nahe Dundee

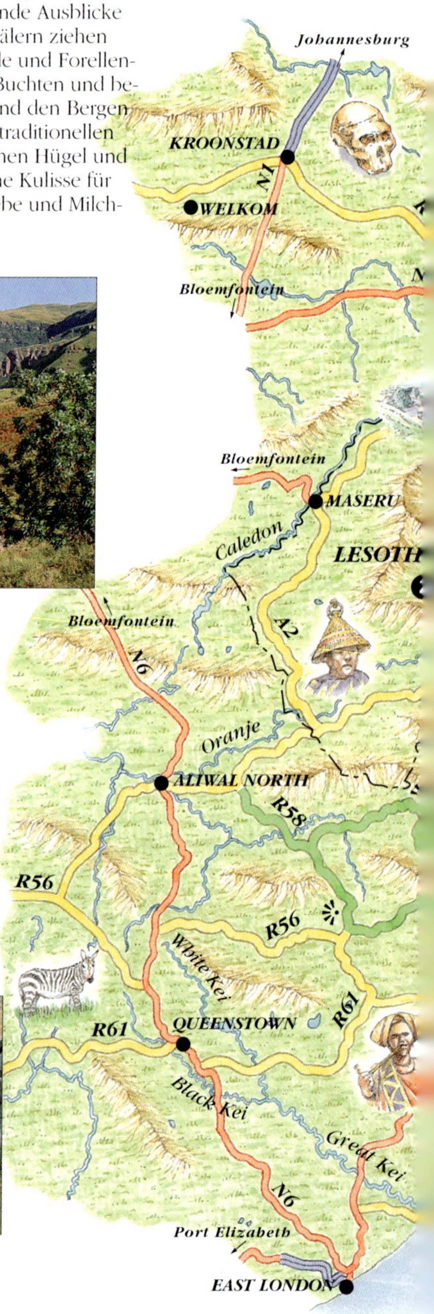

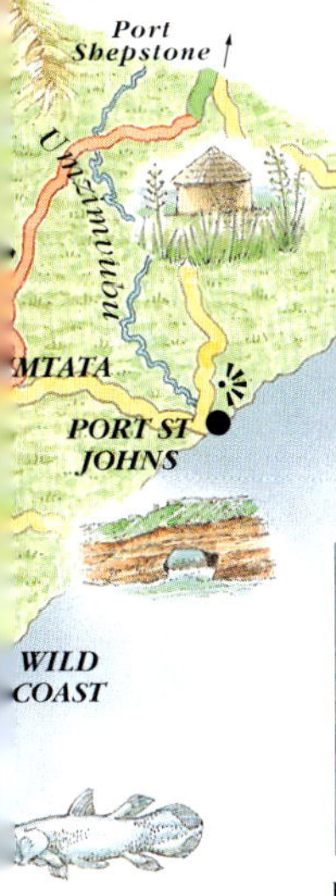

Felszeichnungen der San im Giant's Castle Game Reserve, Drakensberge

Unterwegs

Die N2 verbindet East London mit KwaZulu-Natal. Die Straßen zur Wild Coast sind meist nicht geteert, zu den entlegenen Stränden benötigt man ein eigenes Transportmittel. Trotz Straßenausbau ist in Lesotho oft Vierradantrieb nötig. Von Osten her ist es nur schwer erreichbar. Die N3 in KwaZulu-Natal, eine der Hauptverkehrsachsen Südafrikas, führt auch zu den Hotels in den Drakensbergen. Die Straßen zu den Hotels und Resorts sind meist geteert. Große Busgesellschaften bieten Linienverbindungen zwischen den regionalen Zentren. Inlandflughäfen befinden sich in East London, Umtata und Pietermaritzburg, ein internationaler Flughafen in Maseru.

Auf einen Blick

Cathedral Peak 7
Champagne Castle 5
Giant's Castle 4
Golden Gate Highlands National Park 9
Kamberg 3
Lesotho S. 204f 2
Midlands Meander 12
Natal Drakensberg National Park 6
Pietermaritzburg 13
Royal Natal National Park 8
Spioenkop Nature Reserve 11
Wild Coast 1

Ausflug

Die Schlachtfelder S. 210 10

Rathaus von Pietermaritzburg

Siehe auch

- ***Übernachten*** S. 327ff
- ***Restaurants*** S. 351f

Wild Coast ❶

East London, zweitgrößte Stadt an der Ostküste und einziger Binnenhafen des Landes, ist ein guter Ausgangspunkt, um die Küste der ehemaligen Transkei zu erkunden *(siehe S. 189)*. Die Wild Coast ist eine der unterentwickeltsten Regionen Südafrikas mit Dörfern, in denen jahrhundertealte Tradition lebendig ist. An wunderschönen Stränden finden Taucher Wracks im Indischen Ozean. Ein Großteil des Gebiets ist Gemeinschaftseigentum der xhosasprachigen Einwohner.

Beliebt bei Surfern: Orient Beach bei East London

Überblick: Wild Coast

Die Wild Coast mit ihren Klippen, unberührten Küsten, geschützten Buchten, hohen Wellenbrechern und dichten Wäldern ist ein Sportparadies. Die meisten Wildschutzgebiete und Dörfer sind über die N2 erreichbar, doch viele Straßen sind nicht geteert. Es gibt kaum öffentliche Verkehrsmittel: Die beste Wahl ist der Baz Bus entlang der N2.

East London

Straßenkarte E5. 101 300. *R72, 12 km (7 Meilen) westl. von East London.* *Station Rd.* *Oxford St.* *Eastern Cape Tourism Board, 35 Argyle St, (043) 722-6015.*

East London ist eine gemütliche Küstenstadt am Buffalo River mit einigen schönen Badestränden am warmen Indischen Ozean.

Interessant ist u.a. die Statue von Steven Biko vor dem Rathaus. Der Anführer der Black-Consciousness-Bewegung starb unter mysteriösen Umständen in Polizeihaft.

Die Uferpromenade Latimer's Landing bietet einen schönen Ausblick auf den Fluß und den Hafen.

Quastenflosser

Quastenflosser

1938 zogen Fischer vor der Mündung des Chaluma River nahe East London einen seltsamen Fisch an Land. Der Kapitän übergab ihn dem East London Museum, deren Kuratorin Marjorie Courtenay-Latimer sogleich den Ichthyologie-Professor J. L. B. Smith von der Rhodes-Universität kontaktierte. Der Fisch gehörte zu einer Art, die man seit Millionen von Jahren ausgestorben glaubte. Ein weiterer *Latimeria chalumnae* ging 1952 vor den Komoren ins Netz. Der Quastenflosser ist stahlblau mit schweren Schuppen und sechs beinartigen Stummelflossen.

East London Museum

319 Oxford St. *(043) 743-0686.* *Mo–Fr 9.30–17 Uhr, Sa 14–17 Uhr, So u. Feiertage 11–16 Uhr.* *Karfreitag, 25. Dez.*

Kwelera

Straßenkarte E4. 26 km (17 Meilen) östl. von East London. *Yellow Sands Resort, (043) 734-3043.*

Kwelera ist eine der schönsten Flußmündungen dieser Region. Am Nordufer liegt ein Hotelresort. Kanuten können flußaufwärts paddeln, vorbei an vereinzelten Hütten auf bewaldeten Hügeln, über denen die Fischadler kreisen. Der weitläufige Küstenwaldpark südlich der Flußmündung ist Heimat des Buschbocks.

Morgan's Bay und Kei Mouth

Straßenkarte E4. An der N2, 85 km (53 Meilen) östl. von East London. *Morgan's Bay Hotel, (043) 841-1062.*

Beide Dörfer liegen an einem reizvollen Küstenstreifen. Von Kei Mouth aus setzt eine Autofähre über den Great Kei River in das einstige Xhosa-Homeland Transkei über. Ein Familienhotel an der Morgan's Bay *(siehe S. 328)* liegt direkt am Strand der seichten Ntshala-Lagune. Spaziergänge entlang der Klippen bieten wundervolle Ausblicke aufs Meer.

Der Felsvorsprung von Double Mouth weiter südlich bietet mit Blick auf Mündung und Meer wohl einen der schönsten Aussichtspunkte.

Beliebter Sport: Felsangeln

Von Kei Mouth nach Mbashe River

Straßenkarte E4. 95 km (59 Meilen) östl. von East London. *(043) 841-1004.*

Die Wild Coast beginnt am Kei River. 20 Flüsse münden in diesen 80 Kilometer langen Küstenstreifen, an dem sich viele altmodische Familienhotels aneinanderreihen. Kei Mouth ist nur eine Autostunde von East London entfernt und ein beliebtes Wochenendziel.

Weiter nördlich erstreckt sich das Dwesa-Naturschutzgebiet entlang der Küste am Nqabara River. Im Park findet man selte-

Traditionelle Hütten der Xhosa auf den Hügeln der einstigen Transkei

ne Baumschliefer und Samango-Affen. Das Grasland, die Küste und die Wälder sind weitgehend unberührt. The Haven liegt am Ufer des Mbashe River im Cwebe-Naturschutzgebiet. Die benachbarten Reservate schützen auf 60 Quadratkilometern Wald Buschböcke und Blauducker sowie die Elenantilopen, Kuhantilopen, Gnus und Zebras. Durch die gesamte Wild Coast führt ein Wanderweg, dessen schönster Abschnitt zwischen Mbashe und Coffee Bay liegt.

Coffee Bay

Straßenkarte E4. An der N2. *Ocean View Hotel, (047) 575-2005/6.*

Coffee Bay, benannt nach einem 1863 hier havarierten Schiff mit Kaffeeladung, ist ein beliebter Ort zum Angeln, Schwimmen und Sonnenbaden. Zahlreiche Hotels liegen malerisch oberhalb der Sandstrände. Das »Hole in the Wall«, eine herausragende Klippe, die die Erosion vom Festland trennte, befindet sich sechs Kilometer südlich an der Küste. Über Jahrhunderte hinweg höhlten die Wellen den Felsen aus, bis sich in der Mitte ein Bogenfenster herausbildete.

Umngazi Mouth

Straßenkarte E4. 25 km (16 Meilen) südl. von Port St Johns. *Umngazi River Bungalows, (047) 564-1115/6/8/9.*

Die idyllische Mündung des Umngazi säumen bewaldete Hügel. Sie bietet hervorragende Wassersportmöglichkeiten. Am Nordufer liegen die Umngazi River Bungalows *(siehe S. 329)*, eines der besten Resorts der Wild Coast. Ein schöner Sandstrand geht südwärts über in die rauhe Küste mit den Ndluzulu-Klippen, die die Xhosa nach der dort tosenden Brandung benannten.

Mkambati Game Reserve

Straßenkarte E4. An der R61 nördl. von Port St Johns. *Keval Travel, (037) 727-3124.*

Das Mkambati-Wildreservat zwischen den Flüssen Mzikaba und Mtentu ist der größte Naturpark der Wild Coast. Neben einem 13 Kilometer langen Stück geschützter Savanne und unberührter felsiger Küste ist das Reservat wegen seiner Mkambati-Palme interessant, die nur hier wächst. Auch Kapgeier brüten in der Mzikaba-Schlucht.

Der Mkambati fließt mit einigen spektakulären Wasserfällen durch das Reservat, der schönste davon ist der Horseshoe Falls in Meeresnähe.

Die Unterkünfte variieren von der Steinlodge bis zur klassischen Lodge. Das Sportangebot umfaßt Angeln, Schwimmen und Reiten. Wer Tiere beobachten will, kann hier Elenantilopen, Springböcke, Blessböcke, Impala-Antilopen, Streifengnus und Zebras sehen. Ein Zusatzplus ist die Nähe zum Wild Coast Sun Hotel and Casino *(siehe S. 224f)* an der Grenze zu Kwa-Zulu-Natal.

Das »Hole in the Wall« heißt auf Xhosa *esiKbalemi* und bedeutet: »Ort des Klangs«

Lesotho ❷

Basotho-Hut

DAS BERGIGE KÖNIGREICH Lesotho liegt als Exklave in Südafrika und wurde am 4. Oktober 1966 von den Briten unabhängig. Die rauhen Gebirge, die die Drakensberge, Maluti- und Thaba-Putsoa-Berge umfassen, sind ein Paradies für Wanderer, Kletterer und Camper. Leider führten die Wahlen 1998 zu einem Streit zwischen den zwei großen Parteien, gefolgt von Unruhen und politischer Instabilität. Dies wirkte sich auch auf den Tourismus negativ aus: Besuchern wird empfohlen, nicht alleine zu reisen.

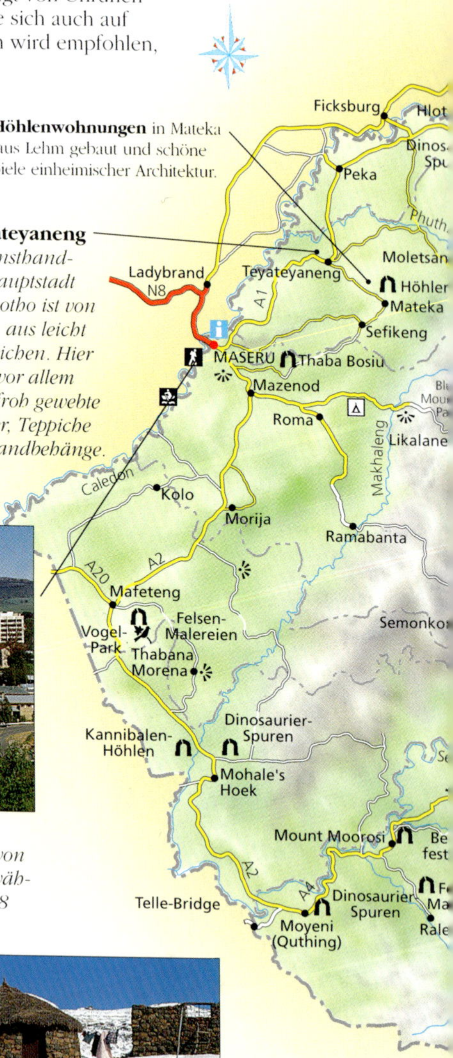

Die Höhlenwohnungen in Mateka sind aus Lehm gebaut und schöne Beispiele einheimischer Architektur.

★ Teyateyaneng
Die Kunsthandwerkshauptstadt von Lesotho ist von Maseru aus leicht zu erreichen. Hier gibt es vor allem farbenfroh gewebte Pullover, Teppiche und Wandbehänge.

Maseru
Maseru am Caledon River wurde 1869 von den Briten gegründet. Die Häuser, die während der politischen Unruhen Ende 1998 zerstört wurden, sind wiederaufgebaut.

NICHT VERSÄUMEN

- ★ Katse Dam
- ★ Sani Pass
- ★ Teyateyaneng

Schnee
Im Mai und Juni verwandelt sich das bergige Land in ein Schneeparadies, nur Skilifte gibt es nicht.

INFOBOX

Straßenkarte D3, D4, E3, E4.
Moshoeshoe International, 18 km (11 Meilen) südl. von Maseru.
Grenzpostens: *Sani Pass (8–16 Uhr); Ficksburg Bridge (24 Std); Caledonspoort (24 Std); Maseru Bridge (6–22 Uhr); Telle-Bridge (8–22 Uhr).* *Kingsway, Maseru.* *(09266) 31-2896.* *Mo–Fr 8–17 Uhr, Sa 8–13 Uhr.* *So.* *King's Birthday (17. Juli); Independence Day (4. Okt).*

★ Katse Dam
Die erste Bauphase dieser eindrucksvollen Ingenieursleistung wurde 1998 fertig. Der Speicher speist sein Wasser in den südafrikanischen Vaal Dam.

Der Maletsunyane-Wasserfall rauscht 193 m tief in eine Schlucht.

★ Sani Pass
Die einzige Straße von KwaZulu-Natal nach Lesotho führt über den 1300 Meter hohen und 20 Kilometer langen Sani Pass.

LEGENDE

- Internationale Grenze
- Bezirksgrenze
- Hauptstraße
- Große Straße (geteert)
- Große Straße (ungeteert)
- Nebenstraße (geteert)
- Nebenstraße (ungeteert)
- Nationalparks und Reservate
- Campingplatz
- Kanufahren
- Wandern
- Archäologische Stätte/Ruine
- Aussichtspunkt
- Auskunft

Einfarbige und mehrfarbige Kunst

FELSZEICHNUNGEN UND DINOSAURIERSPUREN

Das entlegene Lesotho blieb von der Kommerzialisierung relativ unberührt. In den hohen Bergen, wo oft Basotho-Ponys die einzigen Transportmittel sind, finden sich einige der schönsten Felszeichnungen des südlichen Afrika: z.B. Thaba Bosiu bei Maseru und die Sekubu-Höhlen bei Butha-Buthe im Norden – nur zwei der über 400 sehenswerten Stätten. Versteinerte Dinosaurierspuren findet man z.B. in Moyeni (Quthing) und bei der Tsikoane Mission in Hlotse.

Kamberg 3

Straßenkarte E3. Estcourt. *Kwa-Zulu-Natal Nature Conservation, (0331) 845-1000.* *Okt–März 5–19 Uhr, Apr–Sep 6–18 Uhr.*

KAMBERG IM MOOI-River-Tal ist als Forellen-Fischgrund beliebt. Neben der Forellenzucht, die auch geführte Touren anbietet, gibt es einige kleine Stauseen. Wanderwege schlängeln sich durch das Tal oder entlang dem Fluß.

Mit einem Führer kann man zur Shelter Cave zu herrlichen Felszeichnungen der San-Buschmänner wandern. Der Hin- und Rückweg dauert etwa vier Stunden. Ein kleines Camp aus sieben reetgedeckten Hütten überblickt das Tal.

Kamberg: Forellenangeln in traumhafter Landschaft

Giant's Castle 4

Straßenkarte E3. Estcourt. *(0363) 53-3616.* *Okt–März 5–19 Uhr, Apr–Sep 6–18 Uhr.*

IM JAHR 1903 wurde diese Gegend zum Reservat für die letzten Elenantilopen Südafrikas erklärt. Heute zählt die hiesigen Population der Elenantilopen mit 1500 Tieren zu einer der größten des Landes.

Winterparadies: Schnee auf dem Giant's Castle

Von einem getarnten Beobachtungsposten aus kann man die gefährdeten Bartgeier (Lammergeier) sehen, etwa 200 Paare nisten hier.

Zum Übernachten gibt es komfortable Bungalows und kleine Hütten. Das Haupt-Camp überblickt den Bushman's River mit dem dominierenden Gipfel Giant's Castle (3314 m). Zahlreiche Pfade beginnen am Camp, einer davon führt zu einer Höhle mit 500 Buschmann-Zeichnungen, die bis zu 800 Jahre alt sind.

Champagne Castle 5

Straßenkarte E3. Winterton.

CHAMPAGNE CASTLE ist mit 3377 Metern der zweithöchste Gipfel Südafrikas. Er sticht aus den übrigen Steilhängen hervor und zieht die Blicke vom hübschen Tal aus auf sich. Die 31 Kilometer lange Straße führt von der N3 zu Luxushotels und Timeshare-Resorts, wie The Nest und dem noblen Drakensberg Sun. Hier findet man auch so berühmte Einrichtungen wie die international renommierte Knabenchorschule Drakensberg Boys Choir School. Auch die Caravan-Parks Dragon Peaks und Monk's Cowl liegen hier.

Natal Drakensberg Park 6

Straßenkarte E3. Winterton. *Kwa-Zulu-Natal Nature Conservation (0331) 845-1000.* *tägl.*

EHRFURCHTGEBIETEND wirkt die Kulisse der rauhen Gebirgshänge in den Drakensbergen im Vergleich zu den fruchtbaren Hügeln der Kwa-Zulu-Natal Midlands.

Der Natal Drakensberg Park birgt auf einer Fläche von 2350 Quadratkilometern nicht nur die höchsten Berge Südafrikas, sondern zählt auch zu den schönsten Wildschutzgebieten des Landes. In entlegenen Tälern und dichten Wäldern finden wilde Tiere

DRAKENSBERG-GEBIRGSKETTE

Das Gebiet der Drakensberge (Drachenberge), die größte Bergwildnis Südafrikas, folgt der Grenze von Lesotho über 250 Kilometer als natürliche Grenze zwischen der Hochebene und der subtropischen Küste von KwaZulu-Natal. Die Drakensberge unterteilt man in die felsigen High Berg und die fruchtbaren Little Berg. Beide eignen sich hervorragend zum Wandern.

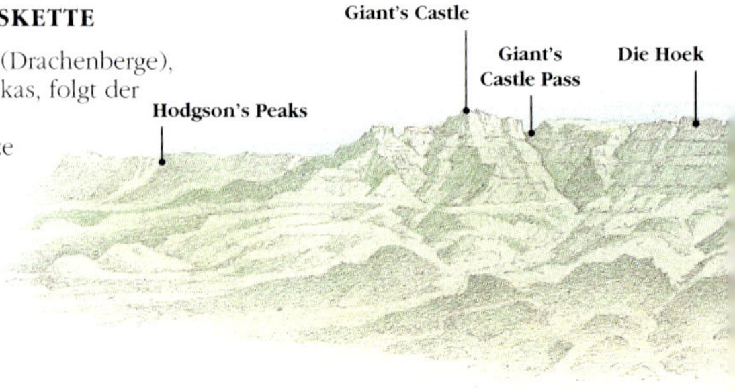

Schutz. Unter vielen Felsüberhängen sind Buschmann-Zeichnungen der San erhalten. Da diese alten Zeichnungen als Kulturgut von unschätzbarem Wert sind, dürfen sie weder berührt noch mit Wasser benetzt werden, um ihre Farben besser zur Geltung zu bringen.

Die KwaZulu-Natal-Naturschutzbehörde hat hier fünf Camps eingerichtet, die 370 Besucher beherbergen können. Zudem gibt es viele hübsche Zeltplätze, Berghütten und Höhlen, die Wanderern und Bergsteigern Kost und Logis bieten.

Am Rande des Parks, insbesondere im Cathkin-Peak-Tal, stehen Gästen an die 30 komfortable Hotels und Resorts mit breitgefächertem Sportangebot zur Verfügung.

Cathedral Peak 7

Straßenkarte E3. Winterton.

DIE GEGEND um den Cathedral Peak bietet wunderschöne Landschaften und viele Wandermöglichkeiten.

Die Straße von Winterton aus schlängelt sich 42 Kilometer entlang den sanften Biegungen des Mlambonja-Tals an vereinzelten Zulu-Dörfern vorbei. Im Hintergrund thronen die majestätischen Drakensberge. Vom Büro der Naturschutzbehörde nahe dem Cathedral Peak Hotels aus überwindet der Mike's Pass 500 Höhenmeter auf fünf Kilometern. Die Ndedema Gorge, in der auch viele Buschmann-Zeichnungen der San zu finden sind, schützt den größten Waldbestand der Region.

Royal Natal National Park 8

Straßenkarte E3. Winterton. *Tendele Camp, (036) 438-6411. National Parks Board Reservations: (012) 343-1991, (021) 422-2810, (031) 304-4934.* tägl.

DER ROYAL National Park birgt atemberaubende Landschaften, darunter das eindrucksvolle Amphitheatre, eine sechs Kilometer breite, sichelförmige Basaltwand, die 1500 Meter hoch aufragt. Hier stürzt der Tugela River über 948 Meter hinab ins Tal und ist damit der zweithöchste Wasserfall der Welt.

Das Tendele-Camp oberhalb des Tugela River bietet überwältigende Ausblicke ins Tal.

In den Tälern sind die beliebten Wochendhotels Royal Natal und Mahai-Camp gute Ausgangspunkte für das ausgedehnte Wanderwegenetz im 88 Quadratkilometer großen Nationalpark.

Bartgeier

Golden Gate Highlands National Park 9

Staßenkarte E3. Clarens. *National Parks Board Reservations: (012) 343-1991, (021) 422-2810, (031) 304-4934.* tägl.

DER GOLDEN Gate Highlands National Park am Fuße der Maloti-Berge im östlichen Free State umfaßt 48 Quadratkilometer Grasland mit bizarren Sandsteinformationen. Zum Erhalt der Sandsteinklippen über dem Little-Caledon-Tal wurde das Gebiet 1963 unter Schutz gestellt. Weißschwanzgnus, Rehbock und Bergriedbock, Bleichböckchen (Oribi) sind hier ebenso wie der gefährdete Bartgeier, der Kaffernadler und Steppenbussard zu sehen.

Zum Übernachten bietet das Glen Reenen Camp Hütten und Caravan-Stellplätze, komfortablere Hütten findet man in der Brandwag Lodge.

Unberührte Wildnis im Royal Natal National Park

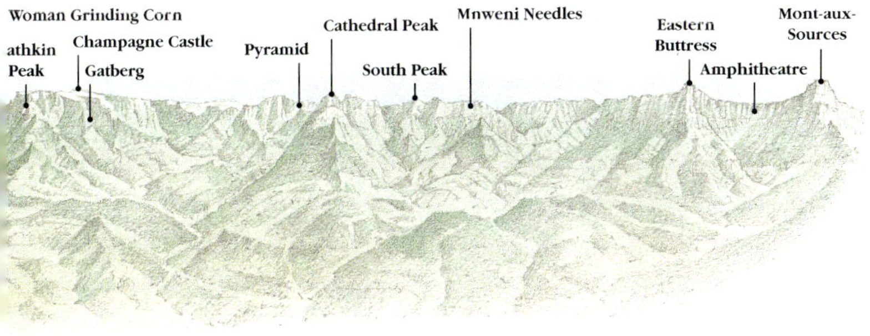

Restaurant mit Aussicht: Viehweide im Giant's-Castle-Reservat am Fuße der mächtigen Drakensberge ▷

Tour zu den Schlachtfeldern ⑩

IM FRIEDLICH DALIEGENDEN Grasland und auf den bewaldeten Hügeln im Nordwesten von Kwazulu-Natal erinnert nur noch wenig an die blutigen Schlachten, die sich hier im 19. Jahrhundert abspielten. Um 1820 stürzte Zulukönig Shaka das gesamte Gebiet in Unruhen, weil er die Kontrolle über alle Stämme haben wollte. Die nächsten 80 Jahre folgten viele Kriege: Zulu gegen Ndwandwe, Afrikaner gegen Zulu und Briten gegen Afrikaner und Zulu. Ein Führer zu den Kriegsschauplätzen listet 50 Stätten auf und ist in den örtlichen Werbegemeinschaften und dem Talana-Museum erhältlich, wo auch kundige Reiseleiter gebucht werden können.

Denkmal am Rorke's Drift

Elandslaagte ②
Die Streitkräfte der Buren und Briten trafen hier am 22. Oktober 1899 während eines schlimmen Unwetters aufeinander. Die Briten mußten sich nach Ladysmith zurückziehen.

Talana Museum ③
Hier wird an die erste Schlacht im Südafrikanischen Krieg vom 20. Oktober 1899 erinnert, als 4500 britische Soldaten nach Dundee kamen, um Stadt und Kohleminen zu verteidigen.

Ladysmith ①
Ab 2. November 1899 belagerte der Burengeneral Piet Joubert die 12 000 britischen Soldaten in Ladysmith 118 Tage lang.

Rorke's Drift ⑤
Das Museum erzählt die Schlacht, in der 100 britische Soldaten 12 Stunden lang den Angriff von 4000 Zulu abwehrten, womit sie sich elf Viktoriakreuze für besondere Tapferkeit verdienten.

LEGENDE

- Landstraße
- Route der Tour
- Andere Straßen
- Aussichtspunkt
- Kriegsschauplatz

ROUTENINFO

Länge: *380 km (236 Meilen).*
Haltestellen: *In Ladysmith und Dundee gibt es Restaurants und Hotels. Audiokassetten können im Talana Museum in Dundee sowie in Fugitives Drift gekauft werden, wo es auch Hotels und geführte Touren gibt.*

Blood River ④
Die Schlacht am Blood River galt lange als Symbol des politischen und religiösen Siegs der Afrikaner über die Zulu. Der 16. Dezember wurde zum Feiertag erklärt.

Isandlhwana ⑥
Zulu-Krieger griffen am 22. Januar 1879 eine britische Truppe an und siegten.

Stille Natur: das Reservat um den Midmar-Stausee

Spioenkop Public Resort Nature Reserve ⓫

Karte E3. 35 km (22 Meilen) südwestl. von Ladysmith auf der Winterton Rd. ☎ *(036) 488-1578.* ◯ *tägl. 6–18 Uhr.*

DER MALERISCHE Stausee liegt am Fuß des 1466 Meter hohen Spioenkop, der 1891 während der Südafrikanischen Kriege Schauplatz einer entscheidenden Schlacht zwischen Buren und Briten war *(siehe S. 51).* Als stumme Mahnmale liegen Gräber und Gedenksteine verstreut über dem Gipfel.

Heute kommen begeisterte Sportler nach Spioenkop, die auf dem Stausee angeln oder Boot fahren oder in der Umgebung Tiere beobachten, darunter Elen- und Kuhantilopen, Zebras, Giraffen, Kudus, Büffel und weiße Rhinozerosse.

Das hübsche Camp bietet neben einem Kriegsmuseum auch Swimmingpool, Tennisplätze, Spielplätze und eine Gleitbahn am südlichen Ufer. Am Südufer befinden sich Picknickplätze, und zwei kurze Wanderpfade laden zu Tierbeobachtungen ein.

Zwei Buschcamps bieten luxuriöse Übernachtungen an: Ntenjwa überblickt die obere Hälfte des großen Stausees und ist nur per Privatboot oder der Fähre der Parkbehörde erreichbar.

Zum Safari-Zeltcamp Iphika, am Fuß des Spioenkop am Nordufer des Sees, gelangt man über einen Privatweg. Dem Besucher eröffnet sich ein einzigartiges Naturerlebnis, da in diesem Gebiet keine privaten Fahrzeuge erlaubt sind.

Das Denkmal der Schlacht von Spioenkop thront über dem Stausee

Midlands Meander ⓬

Karte E3. Mooi River. ℹ *(0333) 3-6008.*

KÜNSTLER UND Kunsthandwerker zogen sich schon immer gern in die sanftwelligen Hügel der Natal Midlands mit ihren grünen Wäldern und den Milchviehgehöften zurück. 1985 taten sich sechs Ateliers zur Künstlerstraße Midlands Meander zusammen. Die Idee wurde schnell bekannt, inzwischen gehören ihr 103 Kunstbetriebe an. Vier Straßen schlängeln sich durch die kleinen Städte Hilton, Nottingham Road und Mooi River. Angeboten werden Kräuter, Käse, Wein, Töpfer-, Web- und Lederwaren, Möbel, Buntglas und Antiquitäten.

Wandteppich, Rorke's Drift

Ein Denkmal an der R103 hinter Midmar Dam erinnert an den Ort, an dem Nelson Mandela *(siehe S. 55)* am 5. August 1962 von der Polizei verhaftet wurde.

Die Unterkünfte reichen von idyllischen Landhotels und ruhigen Gästehäusern bis hin zu malerischen Lodges und komfortablen Bed-and-Breakfast-Unterkünften. Hinzu kommt auch ein bekanntes Heilbad sowie viele urige Pubs und Restaurants.

Im Detail: Pietermaritzburg ⓭

PIETERMARITZBURG HAT SICH von seinen bescheidenen Anfängen als Bewässerungssiedlung von Afrikanern im Jahr 1836 zum heutigen Handels-, Industrie- und Verwaltungszentrum der KwaZulu-Natal Midlands aufgeschwungen. Der viktorianisch-indisch-afrikanisch-moderne Kultur- und Architekturmix macht das Besondere dieser typisch südafrikanischen Stadt aus. Um die Innenstadt und in den westlichen Vororten am Fuß der bewaldeten Hügel liegen viele historische Bauten und Denkmäler sowie Galerien und Museen. Man kann durch die umliegenden Wälder und botanischen Gärten spazieren oder einige Naturreservate und Freizeitparks in und um die gemütliche Stadt besuchen.

Gandhi-Statue
In Pietermaritzburg mußte Gandhi 1893 einen Erste-Klasse-Zug verlassen, weil er kein Weißer war.

★ Tatham Art Gallery
Diese Kunstgalerie im Gebäude des ehemaligen Obersten Gerichtshofs präsentiert Werke von südafrikanischen, aber auch europäischen Meistern, darunter Degas, Matisse und Picasso.

Church Street Mall
Die Fußgängerzone ist gesäumt von schattenspendenden Stinkwoodbäumen und gut erhaltenen historischen Bauten.

Presbyterian Church

Parliament Building
Die heutige Provinz-Legislative von KwaZulu-Natal war bis 1910 Sitz der Kolonialregierung.

LEGENDE

– – – Routenempfehlung

Kolonialbauten
Das J.-H.-Isaacs-Haus und die edwardianische First National Bank in der Longmarket Street sind zwei schöne Beispiele der Kolonialarchitektur.

NICHT VERSÄUMEN

- ★ Natal Museum
- ★ Tatham Art Gallery
- ★ Rathaus

INFOBOX

Straßenkarte E3. *156 500.* *Durban, 80 km (49 Meilen) südöstl..* *Oribi Airport, südl. der Stadt.* *Top of Church St.* *Publicity House, Ecke Longmarket St und Commercial Rd.* *Publicity House, Ecke Longmarket St und Commercial Rd, (0331) 45-1348.* *Mo–Fr 8–17 Uhr, Sa 8–13 Uhr.* *So, Feiertage.* *Royal Agricultural Show (Mai).*

★ Rathaus

Dieses hübsche Backsteingebäude stammt aus dem Jahr 1893. Der erst 1900 angebaute Glockenturm ist 47 Meter hoch.

Voortrekker Museum

Die Gelöbniskirche (Church of the Vow), von den Voortrekkern nach der Schlacht am Blood River (siehe S. 49) gebaut, ist das Kernstück des Voortrekker-Museums (Ecke Longmarket St. und Boshoff St.).

★ Natal Museum

Gigantische Insekten blicken von den Außenmauern des Museums herab, das u.a. hervorragende Exponate von afrikanischen Säugetieren, Vögeln und Dinosauriern beherbergt.

Pietermaritzburg

Die Stadt ist eine architektonische Schatztruhe und bietet sich für ausgedehnte Spaziergänge an. Eines der ältesten Viertel, The Lanes, ist ein Gassenlabyrinth zwischen Church und Longmarket Street und versetzt den Besucher in die Gründerzeit von Pietermaritzburg zurück.

UMGEBUNG: Das Wochenend- und Ferienziel für Wassersportler, Midmar Dam, liegt 27 Kilometer nördlich von Pietermaritzburg im **Midmar Dam Resort**. Im kleinen Wildreservat am Südufer finden sich Weißschwanzgnus, Elen- und Kuhantilopen sowie Springbock, Blessbock und Zebras.

Die 1850 gegründete Stadt Howick liegt 18 Kilometer nördlich von Pietermaritzburg. Von einem Restaurant und einer Aussichtsterrasse aus hat man einen schönen Blick auf den Howick-Wasserfall, der ebenso hoch ist wie die Victoria Falls in Simbabwe.

Wenn man auf der Karkloof Road aus Howick herausfährt, kommt man zum **Umgeni River Valley Nature Reserve**. Wanderpfade führen durch das felsige Tal, in das sich der Umgeni River tief eingegraben hat. Der Pfad vom Eingangstor aus bietet schöne Blicke auf die Schlucht.

Midmar Dam Resort

Howick. *(0332) 30-2067.*
tägl. 8–16.30 Uhr.

Umgeni River Valley Nature Reserve

Howick. *(0332) 30-3931.*
tägl. 6–18 Uhr.

Howick-Wasserfall

DURBAN UND ZULULAND

VOM WARMEN MEERESSTROM *des Indischen Ozeans gestreichelt: Die malerische Gegend um Durban ist eines der meistbesuchten Touristenziele Südafrikas. Ausgiebige Regenfälle und Sonne rund ums Jahr lassen Zuckerrohr und Ferienhotels wie Pilze aus dem Boden schießen. Nördlich des Tugela River präsentiert sich ganz Afrika im Kleinformat: Wildtiere, ungezähmte Natur und Feuchtgebiete.*

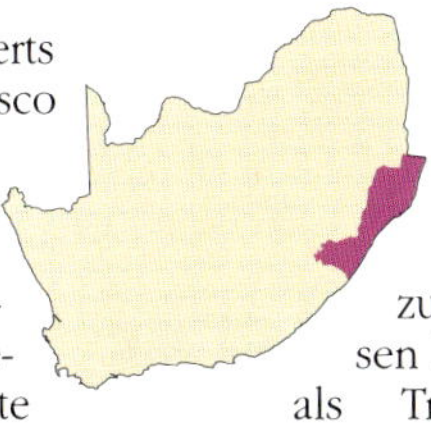

Ende des 15. Jahrhunderts segelte der Portugiese Vasco da Gama an einem Weihnachtsabend die afrikanische Ostküste entlang. Der kühne Seefahrer sichtete eine große, von bewaldeten Dünen eingesäumte Bucht, die er »Rio de Natal« – »Weihnachtsfluß« – nannte. Seither firmierte das unbekannte Land hinter den weitläufigen Stränden und bewaldeten Dünen auf allen Seekarten als »Natal«.

Um 1820 drangen Gerüchte über den Zulu-König und Militärstrategen Shaka *(siehe S. 47)* bis zur Kapkolonie. Shaka vereinigte die verstreuten Stämme der Natal-Region zu einem nahezu unbesiegbaren Heer. 60 Jahre sollten vergehen, ehe das Britische Empire die mächtige Zulu-Armee unterjochen konnte. Die Zeit verändert vieles: »Rio de Natal« heißt heute Durban und ist der größte Hafen Afrikas und die drittgrößte Stadt des Landes. Wo sich einst Grasland und Wälder bis hin zum Meer erstreckten, wachsen heute Zuckerrohrplantagen als Trennlinie zwischen den Luxushotels an den Sandstränden des warmen Indischen Ozeans und den sanften Hügeln des Hinterlandes. Viele große Flüsse schlängeln sich durch das hügelige Hinterland hin zur Küste, an deren idyllischen Flußmündungen und Lagunen zahlreiche Vogelarten nisten.

Im Norden befinden sich einige der schönsten Wildreservate Südafrikas mit so melodischen Zulu-Namen wie Hluhluwe-Umfolozi, Mkuzi, Ndumo und Tembe, deren Landschaft sich seit König Shaka nicht mehr verändert haben mag.

Traditioneller Fischfang mit Riedfallen, Kosi Bay

◁ **Hindu-Kultur: der phantastische Temple of Understanding bei Durban**

Überblick: Durban und Zululand

Die Gegend ist bekannt für Sandstrände, subtropisches Klima, warme Meeresströmungen und unberührte Wildreservate. Durban mit seinen Hotels, Strand- und Einkaufszentren ist die beste Ausgangsbasis, um die landschaftliche Vielfalt der Küste zu entdecken. Über die Küstenstraße N2 sind viele Sehenswürdigkeiten leicht erreichbar. Dieser Küstengürtel ist mit seinen Zuckerrohrplantagen auch einer der größten Zuckerlieferanten Südafrikas. Nördlich von Richards Bay, nur drei Autostunden von Durban auf gut ausgebauten Straßen entfernt, birgt der Greater St Lucia Wetland Park eine Wildnis aus Sümpfen, Wäldern und Savanne: ein Paradies für Vogel- und Naturfreunde. In den bewaldeten Hügeln des nahe gelegenen Hluhluwe-Umfolozi-Parks kann man Rhinozerosse, Zebras, Elefanten, Büffel und sogar Löwen sehen.

Steppenzebras weiden im Hluhluwe-Umfolozi Park

Aus der Luft: Durbans Strände mit Sea World im Vordergrund

Auf einen Blick

Durban ❶
Greater St Lucia Wetland Park ❽
Hluhluwe-Umfolozi Park ❻
Itala Nature Reserve ❼
Kosi Bay ❿
Tembe Elephant Park ⓫
North Coast ❸
Phinda Resource Reserve ❾
Shakaland ❺
Simunye ❹
Südküste ❷

Siehe auch

- ***Übernachten*** S. 329ff
- ***Restaurants*** S. 353ff

Unberührt: Strand am Cape Vidal bei St Lucia an der Nordküste

Unterwegs

Die Nationalstraße N2, die von Kapstadt aus über die Wild Coast führt, verläuft ab Port Shepstone parallel zur Küste. Über die N2 erreicht man viele Sehenswürdigkeiten schnell und bequem. Durban verfügt über einen internationalen Flughafen, nationale Flughäfen sind in Margate und Richards Bay. Einige örtliche Reiseveranstalter in Durban bieten Touren zu den schönen Wildreservaten im Norden.

Legende

- Motorway (Autobahn)
- Nationalstraße
- Andere Straße
- Panoramastraße
- Fluß, (Stau-)See
- Park- oder Reservatgrenzen
- Landesgrenzen
- Aussichtspunkt

Zuckerrohr ist das Hauptanbauprodukt in Zululand

Durban ❶

Rettungsring

NACHDEM ZULU-KÖNIG SHAKA das Land im Jahr 1824 an die Briten übergab, wurde Vasco da Gamas Port Natal zu Ehren des Kap-Gouverneurs Benjamin D'Urban in Durban umbenannt. Der einstige Handelsposten ist heute Südafrikas wichtigster Hafen und Ferienhauptstadt Nummer eins in KwaZulu-Natal. Vor den Sandstränden reihen sich hoch aufragende Hotels und Ferienapartments aneinander. Water World und der Umgeni River Bird Park liegen nördlich von Durban.

Blick auf die »Paddling Pools« an der Golden Mile von Durban

Im Überblick: Durban
Die meisten Urlauberattraktionen liegen nah beieinander entlang der Strände und nur wenige Gehminuten von den Hotels entfernt. Doch Durban bietet nicht nur Freizeitspaß am Meer, sondern auch viele historische Bauten im Zentrum sowie Museen, Theater und spannende Märkte.

Golden Mile
Marine Parade.
Dieses sechs Kilometer langen Touristenviertel steht ganz im Zeichen von Urlaubsspaß: Entlang einer Promenade reihen sich zur Stadtseite Hotels aneinander, zur Meerseite die Vergnügungsparks, ein Sessellift, Kunsthandwerkstände, Kneipen, Restaurants, Eisdielen, Hafenmolen und Sandstrände.

An der Golden Mile warten auch die fröhlich-bunt verzierten Rikschas, die mittlerweile selbst zu einer städtischen Attraktion geworden sind. Die Fahrer in ihren farbenfrohen Perlenkostümen mit kunstvollem hohen Kopfschmuck sind eine seltsame Mischung aus afrikanischer Tradition mit indischem Einfluß.

Sea World ist ein Aquarium und Delphinarium. Im Hauptbecken tummeln sich tropische Fischarten, Schildkröten und Stachelrochen. Zweimal täglich werden die Tiere von Tauchern gefüttert. Das Delphinarium präsentiert eine Show mit Delphinen, Robben und Pinguinen. Im **Fitz-Simons Snake Park** sind heimische Schlangen, Krokodile, Eidechsen und Schildkröten zu sehen. Dieser Park ist Südafrikas Hauptlieferant von lebenswichtigem Serum gegen Schlangenbisse.

Sea World
1 West St, Golden Mile. *(031) 337-3536.* *tägl. 9–21 Uhr.* *1. Jan.*

FitzSimons Snake Park
248 Lower Marine Parade, Golden Mile. *(031) 337-6456.* *tägl. 9–16.30 Uhr.*

Durban Waterfront
Victoria Embankment.
Die knalligen Wandmalereien und pinkfarbenen Treppen zum **BAT Centre** (Bartel Arts Trust) stimmen auf die progressive Kunst- und Musikszene im Hafenviertel ein. Im BAT befindet sich eine Theaterbühne mit 300 Sitzen, ein Tanzstudio, Kunstgalerien und -läden. Daneben gibt es eine Kneipe und ein gutes Restaurant mit Blick auf den Hafen.

Das **Natal Maritime Museum** stellt Fotografien und Originalstücke aus der Seefahrtgeschichte Durbans aus, z. B. die Schlepper *Ulundi* und *JR More* sowie den Minensucher *SAS Durban*.

BAT Centre
Victoria Embankment. *(031) 332-0451.* *Di–So 10–17 Uhr.* *Mo, Feiertage.*

Natal Maritime Museum
Victoria Embankment. *(031) 300-6320.* *Mo–Sa 8.30–16 Uhr, So 11–17 Uhr.* *Feiertage.*

The Wheel
55 Gillespie St. *(031) 332-4324.* *tägl. 9–17 Uhr.* *1. Jan.*
Das oberste Stockwerk dieses Einkaufszentrums mit Läden, Restaurants, 12 Kinos und einem gigantischen Riesenrad ist einem marokkanischen Dorf nachempfunden.

Moderne Kunst im BAT Centre

Das Theater The Playhouse mit Pseudo-Tudorfassade

Durbans Zentrum

Das Stadtzentrum mit seinen schön restaurierten Häusern und interessanten Museen läßt sich bei einem Spaziergang erkunden. Als Verschnaufpause von der schwülen Hitze bieten sich Cafés und Restaurants an.

Das Rathaus von Durban wurde 1910 nach dem Vorbild des Belfaster Rathauses (Nordirland) gebaut. Die zentrale Kuppel ist 48 Meter hoch. Die Statuen an den vier kleineren Kuppeln symbolisieren Kunst, Literatur, Musik und Handel.

Im Erdgeschoß des Rathauses befindet sich das **Natural Science Museum** (Naturwissenschaftliches Museum) mit Ausstellungen der südafrikanischen Flora und Fauna, einem Vogelsaal, einem Dinosaurier und einer ägyptischen Mumie. Befremdlich wirken die überdimensional dargestellten Insekten in der *KwaNunu*-Abteilung.

Die **Durban Art Gallery** (1. Stock) war in den 1970er Jahren die erste Galerie Südafrikas, die Kunst schwarzer Südafrikaner sammelte. Das ehemalige Gerichtsgebäude beherbergt das **Local History Museum** (Historisches Museum) mit Relikten aus der frühen Kolonialzeit des einstigen Natal. Im Theater **The Playhouse** (gegenüber dem Rathaus) wird von Oper bis Experimentaltheater alles gespielt.

Natural Science Museum

City Hall, Francis Farewell Sq. (031) 300-6212. Mo–Sa 8.30–16 Uhr, So 11–16 Uhr. Karfreitag, 25. Dez.

Durban Art Gallery

City Hall, Francis Farewell Sq. (031) 300-6234. Mo–Sa 8.30–16 Uhr, So 11–16 Uhr. Feiertage.

Infobox

Karte F3. Provinz KwaZulu-Natal. *352 200. 14 km (9 Meilen) südwestl. des Zentrums. New Durban Station, Umgeni Rd. New Durban Station. Old Station Bldg, 160 Pine St. (031) 304-4934. International Film Festival (Jan); Hindu Festival of Light (Anfang Jan); Comrades Marathon (Juni); Rothmans July Handicap (Juli); Gunston 500 (Juli).*

Local History Museum

Ecke Smith u. Aliwal Sts. (031) 300-6241. Mo–Sa 8.30–17 Uhr, So 11–17 Uhr. Feiertage.

The Playhouse

231 Smith St. (031) 369-9555.

Im Naturwissenschaftlichen Museum

Überblick: Durban und Umgebung

Abseits des Stadtzentrums von Durban laden schöne Moscheen, reichverzierte Tempel und lebhafte Straßenmärkte zum Besuch ein. Naturreservate und Schutzgebiete liegen direkt vor der Stadt, z. B. im Norden der Vogelpark Umgeni River Bird Park mit exotischen Vögeln in begehbaren Volieren. An heißen Tagen erfrischt Water World am besten, während der Hindu-Tempel »Tempel of Understanding« im Vorort Chatsworth seine Besucher durch üppigen Prunk in Staunen versetzt. Reiseveranstalter bieten Bustouren zu allen Sehenswürdigkeiten an.

Tourist Junction

Station Building, 160 Pine St. *(031) 304-4934.* *Mo–Fr 8–17 Uhr, Sa–So 9–14 Uhr.*

Zwischen Commercial und Pine Street steht der einstige Bahnhof von Durban. Der vierstöckige rote Backsteinbau wurde 1894 fertiggestellt und beherbergt heute das Fremdenverkehrsbüro. Am Eingang erinnert eine Statue an Mahatma Gandhi, der sich hier im Juni 1893 eine Zugkarte nach Johannesburg kaufte.

Kurios: Das Bahnhofsdach sollte ursprünglich fünf Meter Schnee aushalten, doch die britischen Architekten änderten den Plan, woraufhin das Dach bei den ersten Schneefällen einstürzte.

Die Tourist Junction hält viele gute Karten und Broschüren bereit und informiert über verschiedene Stadtspaziergänge und -touren. Praktisch: Hier können auch Übernachtungen in den Nationalparks gebucht (weitere Buchungsbüros sind erst wieder in Kapstadt und Pretoria möglich) und Fahrkarten für Überlandbusse gekauft werden.

The Workshop

99 Aliwal St. *(031) 304-9894.* *Mo–Fr 9–17 Uhr, Sa 8.30–17 Uhr, So 10–16 Uhr.*

Zum Einkaufserlebnis wird der Besuch im Einkaufszentrum The Workshop, das in einem weiträumigen viktorianischen Bau der einstigen Bahnhofswerkstatt untergebracht ist.

Nach sensiblen Renovierungsarbeiten umgibt den postmodernen Komplex heute der Charme der »Alten Welt« mit Oberlichtern und Verzierungen aus Messing und Schmiedeeisen. Im Inneren finden sich 120 Läden, Boutiquen, Juweliere, ein Supermarkt, einige Kinos sowie eine große Ruhezone mit Restaurants und Fast-food-Läden.

Gegenüber auf der anderen Seite der Aliwal Street Richtung Strand liegt das Gelände des Durban Exhibition Centre.

Jeden Sonntagvormittag findet hier ein Markt statt und zieht zahlreiche Besucher an seine Stände mit Kunsthandwerk und allerhand buntem Krimskrams.

Wunderbare Vielfalt im Einkaufszentrum The Workshop

Exotische Gewürze

Victoria Street Market

Ecke Queen u. Victoria Sts. *(031) 306-4021.* *Mo–Sa 6–18 Uhr, So 10–16 Uhr.*

Der Victoria Street Market liegt dort, wo die N3-Überführung am Ende auf die Straßen Richtung Zentrum trifft. Der leuchtende dreistöckige Bau ist ein markanter Punkt in der Skyline der Stadt. Jede der elf Kuppeln stellt ein bedeutendes indisches Bauwerk dar.

In diesem immer vollen und lauten Basar mit seinen 116 Gewürzständen liegen die Aromen und Düfte des Orients in der Luft. In den oberen Stockwerken findet man weitere 56 Läden mit Seide, Leinen und anderen Stoffen sowie Messing-, Keramik- und Lederwaren und sonstigem Allerlei.

Bananen

Juma-Musjid-Moschee

Ecke Queen u. Grey St. *(031) 304-1518.* *tägl. 10–12 Uhr.*

Gegenüber dem Victoria Street Market liegt die Juma-Musjid-Moschee, auch bekannt als Grey-Street-Moschee. Diese größte Moschee Afrikas wurde 1927 fertiggestellt.

Die Moschee ist zu bestimmten Zeiten auch für Touristen geöffnet. Vor dem Betreten sind die Schuhe auszuziehen; innen herrscht strenge Kleiderordnung.

Durban Botanic Gardens

Sydenham Rd. *(031) 21-3022.* *Apr–Sep 7.30–17.15 Uhr; Sep–Apr 7.30–17.45 Uhr.*

Der Botanische Garten liegt nördlich der Grey Street neben der Pferderennbahn Greyville

Race Course. Er wurde 1849 als Versuchslabor für tropische Gewächse angelegt.

Das Ernest Thorp Orchid House wurde nach einem der ersten Kuratoren benannt und als die erste botanische Naturausstellung Südafrikas berühmt.

Auf 15 Hektar sind majestätische Palmenarten und viele seltene Bäume zu sehen, wie der männliche *Encephalartos woodii*, der im Jahr 1916 aus dem Ngoye-Wald erfolgreich hierher umgepflanzt wurde.

Unter den 480 Baumarten des Parks befinden sich auch die ältesten Jacarandas von Südafrika, die ursprünglich aus Argentinien importiert wurden.

Weitere Attraktionen sind der Tastlehrpfad für blinde Besucher, ein tiefliegender Garten, ein Kräutergarten, ein Zierteich und ein Gartencafé.

Ideal zum Picknick: Botanischer Garten von Durban

Temple of Understanding in Chatsworth

Waterworld

Battery Beach Rd. *(031) 337-6336.* *Di–So 9–17 Uhr.*

Das fast ganzjährig schwülheiße Klima von Durban hat diesen Freizeitpark mit Wasserrutschen, kalten Wellenpools und Wasserfällen in tropischer Palmenlandschaft zu einem der beliebtesten Freizeitziele der Städter gemacht. Es ist von den nördlichen Stränden an der Golden Mile aus leicht zu erreichen.

Umgeni River Bird Park

490 Riverside Rd, Northway. *(031) 579-4600.* *tägl. 9–16.30 Uhr.* *25. Dez.*

Das Vogelschutzgebiet Umgeni River Bird Park versteckt sich in traumhafter Lage nur 1,5 Kilometer entfernt von der Mündung des gleichnamigen Flusses. Seine natürlichen Grenzen bilden drei steile Klippen und das Nordufer des Umgeni. Vier Wasserfälle stürzen sich die Klippen hinunter in von üppiger Pflanzenpracht gesäumte Seen. In den vier großen begehbaren Volieren leben etwa 3000 Vögel. Zu den 400 einheimischen Arten gehören seltene exotische Papageien, Tukane, Kraniche, Aras und Nashornvögel, die alle in eigenen Käfigen untergebracht sind.

Zwischen 11 und 14 Uhr finden täglich außer montags unterhaltsame Vogelshows statt.

Temple of Understanding

Chatsworth. *(031) 403-3328.* *tägl. 4.30–21 Uhr.*

Dieser große, reich verzierte Tempel der Internationalen Hare-Krishna-Bewegung wurde vom österreichischen Architekt Hannes Raudner entworfen. Er ist von einem Wassergraben und einem Garten in Form einer Lotusblume umgeben. In täglichen Führungen kann man den Marmortempel, das innerste Heiligtum und die Audio-Video-Show besuchen.

Hindus in Durban

Als 1851 zum ersten Mal Zucker aus Zuckerrohr gewonnen wurde, erlebte die Kolonie Natal einen großen wirtschaftlichen Aufschwung. Man brauchte billige Arbeitskräfte für die Plantagen, die in Verhandlungen mit der Kolonialregierung von Indien mündeten. Zwischen 1860 und 1911 wurden insgesamt 152 000 Vertragsarbeiter aus Madras und Kalkutta nach Durban verfrachtet. Ihre Hauptsprachen waren Tamil und Hindi. Am Ende ihres Fünf-Jahres-Vertrags konnten die indischen Arbeiter auf Wunsch kostenlos nach Indien zurückkehren. Über die Hälfte blieb in Südafrika und trat aktiv in den Einzelhandel oder die Gemüselandwirtschaft, später auch in Handel, Industrie und Politik ein. Von den derzeit eine Million Indern in Durban (die größte indische Gemeinde außerhalb Asiens) sind etwa 68 Prozent Hindus. An ihrem wichtigsten Feiertag, dem »Deepavali«-Fest, entfachen sie zu Ehren der Lichtgöttin eine Lampe, die den Sieg des Guten über das Böse symbolisiert.

Statue des Religionslehrers Bhakti vedanta Swami

Durbans Süd- und Nordküste

Traditioneller Zulu-Korb

DURBAN IST DER MITTELPUNKT der beliebtesten Ferienküste Südafrikas. Die malerische Gegend mit subtropischem Klima ist ein wunderbarer Mix aus Sonne, Sand, Meer und Naturreservaten. Richtung Süden erstreckt sich die Küste über 162 Kilometer mit kleinen Städten und Ferienorten wie Scottburgh und Port Edward. Richtung Norden findet man auf 154 Kilometern ruhige Strände und lebhafte Orte wie Ballito.

Oribi-Schlucht

Die Oribi-Schlucht liegt 21 Kilometer landeinwärts von Port Shepstone in einer dichten Waldlandschaft. Steile Klippen erheben sich aus der Tiefe und geben schließlich den Blick auf den atemberaubenden Samango-Wasserfall frei.

Croc World

Im botanischen Garten Croc World bei Scottburgh findet man auf 60 Hektar einheimische Pflanzen sowie 12 000 Nilkrokodile und den größten Adlerkäfig Afrikas.

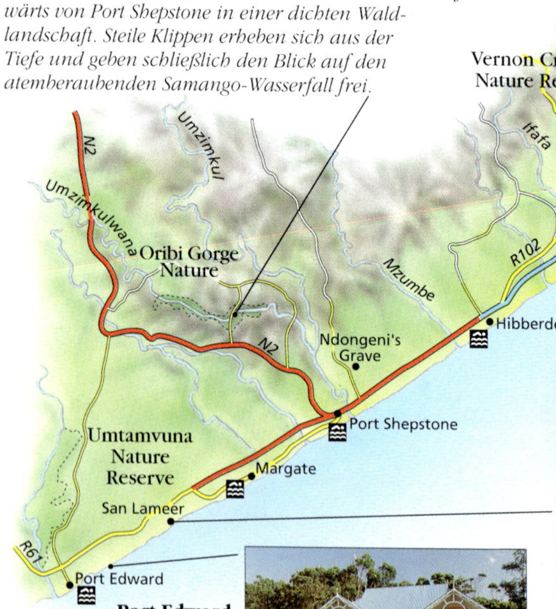

Port Edward

In diesem Dorf nahe dem Umtamvuna Nature Reserve liegt das beliebte Timeshare-Resort Caribbean Estates.

San Lameer

Mit zwei guten Golfplätzen, einem Privatstrand und einem Naturreservat sorgt San Lameer für unvergeßliche Ferien.

Umhlanga Rocks
Dieser hübsche Ferienort geht in den Norden Durbans über. Ein rot-weißer Leuchtturm dominiert das Strandbild.

Legende

- Motorway (Autobahn)
- Hauptstraße
- Teerstraße
- Ungeteerte Straße
- Bewachter Badestrand
- Touristeninformation

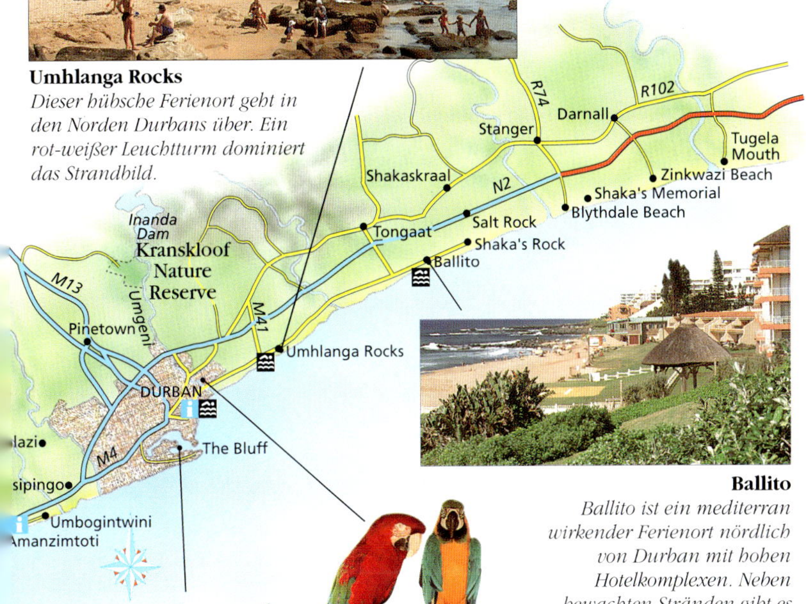

Ballito
Ballito ist ein mediterran wirkender Ferienort nördlich von Durban mit hohen Hotelkomplexen. Neben bewachten Stränden gibt es auch natürliche Felsenpools.

Umgeni River Bird Park
In diesem Vogelschutzgebiet, 1,5 Kilometer nördlich der Umgeni-Mündung, nisten 3000 Vögel aus 400 Arten, darunter seltene Papageien, Tukane und Aras.

Durban
In der Großstadt finden sich die bestangelegten Strände des Landes mit Vergnügungsparks, Planschbecken, Wassersport, Wasserfreizeitpark und einem Salzwasserpool.

Haie im Indischen Ozean

In dem warmen Gewässer vor der Küste KwaZulu-Natals fühlen sich 12 bis 14 Haiarten wohl, darunter der Weißhai, der Sambesi-Hai, Sandtiger und Hammerhai. Der harmlose Walhai kommt ebenfalls im Sommer vor. Die Hauptstrände zwischen Port Edward bis Richards Bay werden durch Hainetze geschützt, die 500 Meter vor der Küste unter Wasser gespannt sind. Die Haibehörde von KwaZulu-Natal findet darin pro Jahr rund 1200 Haie.

Rendezvous mit dem Weißhai

Südküste ❷

Tritonshorn

SONNE, SAND, MEER und Brandung ziehen das ganze Jahr über Besucher aus den kühleren Regionen dieser Welt an. Rund 30 attraktive Ferienorte verwandeln die 162 Kilometer lange Küste zwischen der Grenze des Ostkaps und Durban in einen riesigen Tummelplatz, der wesentlich mehr zu bieten hat als reinen Strandspaß: Von Naturreservaten und Vogelschutzgebieten bis hin zu Kasinos gibt es alles, was das Herz begehrt.

Port Edward

Karte E4. N2, 20 km (12 Meilen) südl. von Margate. ✈ 🚌 *Margate.* ℹ *Panorama Parade, Margate, (039) 312-2322.*

Dieses Dorf am Umtamvuna-Fluß ist der südlichste Strandferienort von KwaZulu-Natal. Port Edward bietet reichlich Wassersport, wie Schwimmen, Angeln, Bootfahren und sogar Wasserski, da die Mündung weit hinein befahrbar ist. Das Caribbean Estates am Nordufer gilt als eines der besten Timeshare-Resorts des Landes.

Zwischen 1976 und 1994 gehörte das Land südlich der Umtamvuna-River-Brücke zum unabhängigen Homeland Transkei. Damals war das Glücksspiel nach südafrikanischem Recht verboten, gerade deshalb errichtete man hier das Kasino Wild Coast Sun, um Besucher aus Durban und der Südküste anzulocken. Heute thront es über einem unberührten Küstenstreifen. Ein anspruchsvoller 18-Loch-Golfplatz erstreckt sich vom Flußufer hin zur Lagune.

Der Mzamba Village Market gegenüber vom Haupteingang des Resorts bietet handgearbeitete Waren wie geflochtene Bastkörbe, Steinskulpturen, Holzschnitzereien und Perlenarbeiten an. Die Hauptattraktion ist das **Umtamvuna Nature Reserve**, etwa acht Kilometer nördlich von Port Edward. Es stellt einen 30 Kilometer langen Schluchtenabschnitt des Umtamvuna River unter Schutz. Auf den Pfaden durch den dichten subtropischen Wald kann man wunderbar Vögel beobachten.

Umtamvuna Nature Reserve

Port Edward. Straße nach Izingolweni. ℹ *KwaZulu-Natal Nature Conservation Service, (0331) 845-1000.* ◯ *Apr–Aug 7–17 Uhr, Sep–März 6–18 Uhr.*

Margate

Karte E4. N2. 👥 *6400.* ✈ *4 km (2,5 Meilen) landeinwärts.* 🚌 *Beachfront.* ℹ *Panorama Parade, (039) 312-2322.*

Am kleinen Flughafen von Margate, der Ferienhauptstadt der Südküste, landen täglich Flugzeuge aus Johannesburg.

Alles dreht sich hier um den breiten feinsandigen Strand, hinter dem Dutzende von Hotels und Apartmenthäuser in den Himmel ragen. Hinter den Hotels zieht sich parallel zur Küste der Marine Drive entlang, an der Banken, Restaurants, Kneipen, Fastfood-Läden, Geschäfte, Immobilienmakler und Kinos um jeden Zentimeter Straße buhlen.

Der Weg zum Sandstrand führt über einen schattigen Palmenpark, der viele Sonnenanbeter anlockt. Vor dem Hauptstrand wetteifern zahlreiche Attraktionen wie Planschbecken, Wasserrutschen, Ruderboote, ein Süßwasserpool, ein Minigolfplatz und viele Eisdielen, um Besucher.

Margate – ein Paradies auch für Angler

Uvongo

Karte E4. N2, 12 km (7 Meilen) nördl. von Margate. 👥 *5700.* ℹ *Panorama Parade, Margate, (039) 312-2322.*

Kurz vor der Mündung stürzt sich der Vungu River 23 Meter tief nach unten. Seine Lagune wird geschützt von hohen Klippen, die mit wilden Bananenstauden überwuchert sind. Dies und ein winziger Sandstreifen zwischen Fluß und Küste machen Uvongo zu einem der schönsten Plätze an der Südküste. Die Lagune ist ideal zum Bootfahren und ein sicherer Spielplatz für Kinder. Hier findet täglich ein Kunsthandwerks-, Früchte- und Korbmarkt statt. In der Nähe liegt ein Restaurant, ein Timeshare-Resort sowie ein Gezeiten- und ein Planschbecken.

Knapp zwei Kilometer südlich liegt an der Hauptstraße der kleine Uvongo Bird Park, in dem viele exotische Vogelarten nisten.

Swimmingpool der Wild-Coast-Sun-Anlage

Banana Express

Mit der Schmalspurdampfeisenbahn Banana Express kann man die Südküste auf außergewöhnliche Weise entdecken. Von Port Shepstone aus geht es donnerstags zunächst entlang der Südküste und dann landeinwärts durch Zuckerrohr- und Bananenplantagen bis zur Endstation Izotsha und von dort wieder zurück. Mittwochs klettert der Zug von Port Shepstone aus 550 Höhenmeter hinauf ins 39 Kilometer entfernte Paddock. Nach einer geführten Wanderung ins Oribi Gorge Nature Reserve – inklusive Mittagessen, einem traditionellen *braai* (Grillessen) – machen sich die Zuggäste wieder auf die Rückreise.

Schmalspurdampflok Banana Express

Oribi Gorge Nature Reserve

Karte E4. 21 km (13 Meilen) landeinwärts von Port Shepstone. *(0331) 845-1000.* *tägl. 8–18 Uhr.*

Die vom Umzimkulwana River geformte Schlucht ist eine wahre Augenweide in dem ansonsten dichtbesiedelten Gebiet, wo die natürliche Vegetation den umliegenden Zuckerrohrplantagen und Hotelresorts weichen mußte. Die eindrucksvolle Schlucht ist 24 Kilometer lang, fünf Kilometer breit und 300 Meter tief.

Im Reservat liegt ein kleines Camp mit acht Hütten am Südrand der Klamm. Entlang dem Fluß führen eine Panorama-Rundstraße und drei Wanderwege mit vielen hübschen Picknickplätzen.

Im dichten Wald gedeihen 500 verschiedene Baumarten und bieten Lebensraum für Buschbock, Ducker, Samango-Affe und Leopard.

Der Umzimkulwana River formte die Oribi-Schlucht

Sonnenanbeter genießen die Strände und Palmengärten von Scottburgh

Scottburgh

Karte E4. N2, ca. 30 km (19 Meilen) südl. von Amanzimtoti. *4300.* *130 Scott St, (039) 976-1364.*

Scottburgh, dessen Küstenstreifen fast ganz mit Zuckerrohrplantagen überzogen ist, war früher Exporthafen für Zucker. Mit seinem beliebten Strand ist es heute eine saubere, kleine Ferienstadt. Sie liegt an einer Landspitze über der Mündung des Mpambanyoni River. Die meisten Hotels und Ferienapartments bieten wunderbare Ausblicke auf das Meer.

Noch vor 100 Jahren strömte von hier aus eine Quelle als Wasserfall in den Fluß. Heute befindet sich an dieser Stelle eine riesige Wasserrutsche. Zu den Attraktionen zählen ein Restaurant, kleine Läden, ein Miniaturzug und ein Gezeitenpool. Weiter südlich liegt ein Caravanpark am Strand, und der beliebte Golfplatz der Stadt hat einen Logenplatz mit Blick auf den Indischen Ozean.

Frangipani

Amanzimtoti

Karte F4. N2, 27 km (17 Meilen) südl. von Durban. *16 300.* *Durban.* *95 Beach Rd, (031) 903-7493.*

Der Name dieser Stadt soll von einem Ausspruch des Zulu-Königs Shaka Zulu *(siehe S. 47)* stammen. Als Shaka um 1820 von einem Feldzug an der Südküste zurückkehrte, trank er vom erfrischenden Wasser des Flusses und soll gesagt haben: »Amanzi umtoti« (Das Wasser ist süß). Heute ist Amanzimtoti ein lebhafter Küstenferienort. Seine Strände sind gesäumt von Hotels, Ferienapartments, Fast food, Restaurants und Strandboutiquen.

Der beliebteste Strand liegt drei Kilometer nördlich des Manzimtoti River: Er ist bewacht und bietet ein Salzwasserpool und schöne Picknickplätze. Über die N2, die 400 Meter vor der Küste entlangführt, kommt man bequem zu allen Sehenswürdigkeiten der Stadt: einem kleinen Vogelschutzgebiet, einem Naturreservat und zwei Golfplätzen.

Nordküste ❸

DIESE subtropische Gegend, über die sich ein grüner Teppich aus Zuckerrohr und Nutzwald ausbreitet, wird wegen ihrer reizvollen Städte, geschützten Buchten und Mündungen, ruhigen Strände und bewaldeten Dünen geschätzt. Die Nordküste von KwaZulu-Natal hat keine rasante Entwicklung wie der Süden erlebt und bietet noch unberührte Natur.

Simunye: Gästezimmer der Buschlodge im traditionellen Stil

Umhlanga Rocks

Karte F3. 20 km (12 Meilen) nordöstl. von Durban. *12 600.* *Umhlanga Express.* *Chartwell Drive, (031) 561-4257.*

Als exklusivster Ferienort der Nordküste bietet Umhlanga Rocks ausgezeichnete Strände, Hotels und Restaurants. Obwohl diese vornehme Stadt schnell wächst und sich extravagante Cafés und Bistros an der Haupteinkaufsstraße aneinanderreihen, wirkt sie eher wie ein friedliches Küstenzentrum als wie ein hektischer Urlaubsort. Die drei Kilometer lange Flaniermeile entlang der Küste bietet wunderbare Ausblicke auf den feinsandigen Strand.

Weiter nördlich trennen an der Mündung des Ohlanga River bewaldete Dünen den Strand von einem Naturreservat, in dem Blauducker, Vögel und Affen beheimatet sind.

Hibiskus-Blüte

Ballito

Karte F3. N2, 30 km nördl. von Umhlanga Rocks. *2700.* *Baz Bus.* *Dolphin Coast Publicity, Ecke Ballito Dr u. Link Rd, (0322) 6-1997.*

Ballito und die Nachbarstadt Salt Rock ziehen sich über sechs Kilometer entlang der Küste, die für ihre Strände, felsigen Landspitzen und den geschützten Gezeitenpool beliebt ist. Entlang der Küstenhauptstraße finden sich viele gute Restaurants und Übernachtungsmöglichkeiten, die von Luxushotels bis zu Familienhotels und schönen Caravanparks reichen.

Mtunzini

Karte F3. N2, 29 km südwestl. von Richards Bay. *Baz Bus.* *Dolphin Coast Publicity, Ecke Ballito Dr u. Link Rd, Ballito, (0322) 6-1997.*

»Im Schatten« bedeutet der Name dieses hübschen Dorfes, das auf einem Hügel oberhalb des Meeres liegt. Korallenbäume säumen die Straßen Mtunzinis, im Winter verleihen deren rote Blüten der Stadt muntere Farbtupfer. Am Ende der Haupteinkaufsstraße liegt der Golfplatz, und nahe des Bahnhofs ist ein Hain aus Weinpalmen. Den nächsten Palmenhain dieser Art findet man erst 260 Kilometer nördlich, an der Grenze zu Mosambik. Der seltene Palmgeier ernährt sich von Früchten. Sumpfwald und Weinpalmen kann man vom erhöhten Holzsteg aus überblicken.

Mtunzini liegt innerhalb eines unberührten Küstenwalds im Umlalazi Nature Reserve. Komfortable Blockhütten stehen im Wald am Rand eines breiten Sumpfs. Entlang den Ufern des Mlazi River führt ein Rundweg durch Mangrovensumpf, in dem Krabben und Sumpfgarnelen leben. Vom Picknickplatz am Ufer aus kann man per Boot zur Flußmündung fahren und Fischadler und Eisvögel sehen. Wanderwege, die oft auch von scheuen Waldbewohnern wie Grünenmeerkatze, Rotducker und Buschbock gekreuzt werden, führen zu einem weitläufigen Sandstrand.

Ferienapartments und Hotels säumen den Strand von Ballito

◁ Typisch für die Nordküste: Shaka's Rock, ein subtropischer Ferienort

Simunye ❹

Karte F3. Melmoth. D256. *(03545) 3111.* *tägl. 7–17 Uhr.*

IN DER EINZIGARTIGEN Lodge im Mfule Valley, sechs Kilometer von Melmoth entfernt, können Besucher sowohl die traditionelle wie auch zeitgenössische Zulu-Kultur erleben. Der Sprachforscher Barry Leitch errichtete Simunye über dem Mfule River in einer typischen Zulu-Landschaft mit Dornensträuchern und grünen Hügeln. Um zur Lodge zu kommen, reiten Besucher zunächst sechs Kilometer und steigen dann auf einen Ochsen- oder Eselskarren um.

Übernachtungsgäste können zwischen einem Steinhaus und einem traditionellen Zulu-Kraal wählen *(siehe S. 194 f)*. Reiseleiter erzählen die spannende Geschichte des Zulu-Volks, und es werden traditionelle Tänze, Kämpfe und Speerwurf vorgeführt. Gäste erhalten Einblick hinter die Kulissen des ländlichen Zulu-Lebens.

Eingang zum nachgebauten Zulu-Dorf Shakaland

Shakaland ❺

Karte F3. Eshowe. R68, Norman Hurst Farm, Nkwalini. ☎ *(035) 460-0912.* ◯ *tägl.* 🍴 🛍

Typische Zulu-Kraals des 19. Jahrhunderts wurden 1984 eigens für die Fernsehserie *Shaka Zulu* errichtet. Die Serie wurde weltweit ausgestrahlt, und der Hauptdarsteller Henry Cele ein Star. Für das große Finale der Serie setzte man die Dörfer in Brand; nur das von Shakas Vater wurde ausgespart und ist heute als Shakaland zugänglich.

Das einzigartige Zulu-Dorf ist für Tagesbesucher offen, während sich Übernachtungsgäste im originellen Protea-Hotel vor Ort einmieten können. Ein Video erklärt die Ursprünge des Zulu-Volks.

»Liebesbrief«-Tasche der Zulu (Shakaland)

Die Gäste übernachten in bienenkorbartigen Hütten, essen traditionelle Zulu-Kost und erleben Zulu-Tänze.

Auf dem Rundgang durch die 40 Hütten des Dorfs wird traditionelle Handwerkskunst erklärt, z. B. die Herstellung von Hütten, Speeren, Bier, Perlen- und Töpferware.

Eingerahmt von Dornbüschen und Aloe liegt der reizvolle Stausee Goedertrou Dam unten im Tal.

Eine weitere Attraktion sind die Flußkreuzfahrten bei Sonnenuntergang. Die Berge östlich von Shakaland bieten einen wunderbaren Ausblick über das breite Mhlatuze-Tal. Dort oben liegt auch Kwa-Bulawayo, die militärische Festung von Shaka. Heute ist fast nichts mehr von der 1823 gebauten Zitadelle übrig, von der aus weite Teile Südafrikas beherrscht wurden.

Shakaland bietet originelle Übernachtungsmöglichkeiten

Traditionelle Heilkunde

In der traditionellen Zulu-Gesellschaft gab es zum einen *inyanga*, einen Naturheilkundigen, der medizinische Behandlungen durchführte, und zum anderen *isangoma*, eine Wahrsagerin, die übernatürliche Kräfte besaß und mit den Geistern der Vorfahren sprechen konnte.

Heute gibt es diese strikte Trennung nicht mehr. *Muthi* nennt man ein Sortiment von Medizin und Heilmitteln aus einheimischen Knollen, Büschen, Blättern, Baumrinde und Wurzeln. Tierprodukte wie Fett, Klauen, Zähne und Haut werden ebenfalls oft verwendet. Die traditionellen Heilmethoden sind noch weit verbreitet. Um die Nachfrage nach den Heilpflanzen zu befriedigen, wurden in einigen Naturreservaten spezielle »*Muthi*-Gärten« angelegt.

Naturheilkundiger der Zulu

Hluhluwe-Umfolozi Park ❻

Karte F3. *30 km westl. von Ulundi, oder von der N2.* (0331) 845-1000. *Apr–Sep 6–18 Uhr, Okt–März 5–19 Uhr.*

UNBERÜHRTE WILDNIS, sanfte Hügel, subtropische Wälder, Akazienhaine und palmengesäumte Flüsse prägen den 964 Quadratkilometer großen Park, der weltberühmt für sein Nashorn-Schutzprogramm ist.

1895 wurden die zwei Wildreservate Hluhluwe und Umfolozi errichtet, um die letzten Nashörner Südafrikas zu schützen. Anfang der 50er Jahre fügte man einen dazwischen liegenden Landstreifen hinzu; 1989 verband man die beiden Reservate miteinander zum viertgrößten Park des Landes.

In diesem bedeutenden Wildschutzgebiet Afrikas sind erstaunlich viele Tierarten heimisch. In der üppigen Vegetation leben Nyalas, Impalas, Gnus, Kudus, Zebras und Büffel sowie Elefanten, Nashörner, Giraffen, Löwen, Leoparden, Hyänen und Geparde.

Im Lauf der Zeit wurden Tiere, die hier schon ausgestorben waren, wieder angesiedelt. 1958 erschien plötzlich ein einsamer männlicher Löwe, der, wie man annimmt, wohl aus dem etwa 350 Kilometer nördlich gelegenen Kruger National Park eingewandert war. Man brachte später zwei Löwinnen aus dem Kruger National Park hierher, deren Nachkommen sich heute über den gesamten Park verteilen.

Hluhluwe-Umfolozi Park: Lieblingsplatz der Weißkopf-Ibisse

Die Elefanten, die erstmals 1981 vom Kruger Park hier eingeführt wurden, gewöhnten sich schnell ein, heute leben 200 Dickhäuter hier.

Nyalazi Gate, der Haupteingang zum Park, ist über die N2 bei Mtubatuba zu erreichen. Es ist der ideale Ausgangspunkt, um den Park über das 220 Kilometer lange Straßennetz zu erkunden. Richtung Süden führt die Straße durch offene Waldlandschaft und durchquert den Umfolozi River. Dann geht es hoch zum Mpila Camp mit atemberaubenden Blicken über das Reservat und den Fluß.

In drei exklusiven Camps mit traditionellen Hütten am Ufer der Flüsse Black Umfolozi, Sontuli, Gqoyeni und Nselweni können Gäste die entlegensten Winkel der Wildnis entdecken. Mit Wildhütern kann man zu Fuß auf Fotopirsch gehen.

Richtung Norden vom Nyalazi Gate aus führt die kurvige Teerstraße an sanften, wildreichen Hügeln entlang. Die Fahrt nach Hluhluwe führt über einige Hügel auf 400 Meter Höhe über dem Hluhluwe River.

Hilltop Camp im Hluhluwe-Umfolozi Park

In den Hügeln fangen sich dicke Wolken, die für 985 Millimeter jährlichen Niederschlag sorgen. In den dichten Wäldern leben Rotducker, Buschbock, Nyalas und Samango-Affen. In den nordöstlichen Graslandschaften beim Memorial Gate finden sich Büffel, Zebra, Elefanten und Breitmaulnashörner.

Das Hilltop Camp in 450 Meter Höhe bietet einen Panoramablick über das Land und kann bis zu 210 Gäste in Hütten beherbergen. Der kurze Wanderpfad durch den angrenzenden Wald mit vielen verschiedenen Bäumen und Vogelarten bietet sich für ausgedehnte ornithologische Beobachtungen an.

Weiblicher Wasserbock im Hluhluwe-Umfolozi Park

Itala Game Reserve ❼

Karte F3. Vryheid. R69 via Louwsburg, 50 km nordöstl. von Vryheid. *Apr–Sep 6 –18 Uhr, Okt–März 5–19 Uhr.* *(0388) 7-5105.*

VOM GEMÜTLICHEN Dorf Louwsburg an der R69 führt eine Teerstraße steil hinunter zur Wildnis von Itala, einem 296 Quadratkilometer großen Reservat mit Buschland, atemberaubender Gebirgslandschaft und dichtbewaldeten Tälern.

1972 errichtet, wurden nach und nach 13 Gutshöfe zu einem der Top-Wildparks von Südafrika verbunden. Der Phongolo River fließt entlang der 37 Kilometer langen Nordgrenze des Parks. Sieben Ne-

Itala Game Reserve: Mhlangeni Bush Camp

benflüsse schufen tiefe Täler, die den besonderen Charme der Landschaft ausmachen. Der Ngoje-Steilhang erhebt sich auf 1446 Meter und bildet eine eindrucksvolle Kulisse für die Straßen durch den Itala-Park.

Eine sieben Kilometer lange Teerstraße führt vom Eingang zum noblen Ntshondwe Camp, das am Fuß eines imposanten Steilhangs liegt. Seine 40 Selbstversorgerhütten fügen sich sanft in die Landschaft aus Felsblöcken und Feigenbäumen ein. Im Hauptkomplex befinden sich Rezeption, Restaurant, Laden und Café, von wo aus sich ein Panoramablick auf das ganze Reservat eröffnet. Die großzügige Aussichtsterrasse vor dem Gebäude mit Blick auf eine schilfumwachsene Wasserstelle ist ideal für Vogelbeobachtungen. Da das Camp nicht eingezäunt ist, laufen manche Tiere, wie die Warzenschweine, oft zwischen den Hütten umher. Ein Pfad führt zum Swimmingpool, der auf einer Lichtung am Fuß des Berges angelegt wurde.

Drei weitere exklusive Buschcamps bieten geführte Wandersafaris mit einheimischen Wildhütern an. Die Ntshondwe Lodge ist eine luxuriöse Dreibett-Hütte auf einem Hügel. Der Blick von der Holzterrasse und dem versenkten Pool ist wohl einer der schönsten im Itala-Park.

Die Besucher des Parks haben beste Chancen, Breitmaulnashörner, Giraffen, Kuhantilopen, Kudus, Elenantilopen und Impalas, Gnus, Warzenschweine, Zebras und sogar die einzige Leierantilopenherde von KwaZulu-Natal zu sehen. Mehr Glück braucht man, um auf Elefanten, Büffel, Leoparden und Spitzmaulnashörner zu treffen.

Die schönste Strecke durch den Park führt über den 31 Kilometer langen Rundweg Ngubhu Loop, der einen breiten Kessel, eingerahmt von einem Steilhang, durchquert und dann direkt an den Felsen entlang zurückführt. Eine andere Straße schlängelt sich das dichtbewaldete Dakaneni-Tal hinunter bis zum Phongolo River. Die Landschaft ist phantastisch, obwohl es hier nicht so viel Wild zu sehen gibt wie im höheren Buschland.

Itala Game Reserve: Safariausflug

Breitmaulnashorn

Breit- und Spitzmaulnashorn

Auf den ersten Blick mag es schwierig scheinen, die beiden grauen Kolosse voneinander zu unterscheiden, dennoch gibt es einige klare Erkennungsmerkmale beim Breitmaul- *(Ceratotherium simum)* und beim Spitzmaulnashorn *(Diceros bicornis)*. Das Breitmaulnashorn ist ein Grasfresser und trägt seinen großen, schweren Kopf zu Boden gesenkt, um das Gras mit seinen breiten, kantigen Lippen ausreißen zu können.

Das Spitzmaulnashorn ist ein Blattfresser und trägt seinen kleinen Kopf hoch, um Blätter mit seiner verlängerten, spitzen Oberlippe abzureißen. Spitzmaulnashörner sind kleiner und treten alleine oder in kleinen Gruppen auf, während Breitmaulnashörner bis zu 2300 Kilogramm wiegen und in großen Herden leben. Heute beherbergt der Hluhluwe-Umfolozi Park 1200 Breitmaul- und 400 Spitzmaulnashörner.

Afrikanischer Fischadler

Greater St Lucia Wetland Park 8

Karte F2. St Lucia. Etwa 53 km nordöstl. von Empangeni. (035) 590-1340. *tägl., eingeschränkter Zugang.*

Der St-Lucia-See ist mit seinen 368 Quadratkilometern der Mittelpunkt des drittgrößten Wildschutzgebiets von Südafrika. Der 1700 Quadratkilometer große Greater St Lucia Wetland Park erstreckt sich von der wildreichen Mkuzi-Ebene im Norden bis zur St-Lucia-Mündung im Süden. Dazwischen liegen verschiedenste Lebensräume: Gebirge, Buschland und Palmenhaine, Wälder, Grasland und Sümpfe sowie bewaldete Küste, Korallenriffe und das Meer.

Das Küstendorf St Lucia ist ein beliebtes Ferienziel mit vielen Freizeiteinrichtungen und Hotels. Bei Bootsafaris kann man Nilpferde, Krokodile, Pelikane, Fischadler und seltene Wasservögel sehen. Das Crocodile Center im Norden des Dorfes ist das beste des Landes.

Cape Vidal, 32 Kilometer nördlich der St-Lucia-Mündung, bietet einen durch Riffe geschützten Strand, tropisches Wasser und einen Süßwassersee.

Die Küste zwischen Cape Vidal und Ponta Do Ouro an der Grenze zu Mosambik ist ein marines Schutzgebiet; die Sandstrände bieten ideale Nistplätze für Leder- und Unechte Karettschildkröten. In bestimmten Abschnitten ist Angeln erlaubt.

Sodwana Bay, ein beliebter Ausgangspunkt für Hochseeangel- und Tauchertouren, liegt 65 Kilometer nördlich der St-Lucia-Mündung. Die Straße von Sodwana zur N2 streift das Südende des **Mkuzi Game Reserve**; von den vier Wildbeobachtungsposten dort kann man Tiere aus nächster Nähe beobachten. Das **KwaJobe Cultural Village** beim Mantuma Camp gibt Einblick in Tradition und Kultur der Zulu.

Greater St Lucia Wetland Park

Legende

- Hauptstraße
- Teerstraße
- Unbefestigte Straße
- Camping

Hervorragende Fischgründe an den Ufern der St-Lucia-Mündung

Strand bei Kosi Bay im äußersten Norden von Kwazulu-Natal

Sodwana Bay
(035) 571-0051.
Mkuzi Game Reserve
(035) 573-0003.
KwaJobe Cultural Village
(035) 573-0003.

Phinda Resource Reserve 9

Karte F3. 80 km nordöstl. von Empangeni. *(011) 784-7077.* *eingeschränkter Zugang.*

An den Greater St Lucia Wetland Park angrenzend liegt das privat geführte Phinda-Reservat mit Buschland, Sümpfen, Savanne und Wäldern auf 170 Quadratkilometern. Zum Freizeitangebot zählen abendliche Bootsafaris am schönen Mzinene River, Picknick unter einer weit ausladenden Akazie, Jeepsafaris mit erfahrenen Wildhütern und Angel- oder Tauchexpeditionen an die nahe Küste.

Zahlreiches Wild lebt hier, darunter Nyalas, Kudus, Gnus, Giraffen, Zebras, Elefanten, Breitmaulnashörner, Löwen und Geparden. Gäste können in der Nyala Lodge mit Panoramablick über das Buschland oder in der exklusiven, verglasten Forest Lodge übernachten, die sich nahtlos in den dichten Wald einfügt und von Blätterwerk umgeben ist.

Das Reservat verfügt über eine eigene Landebahn und arrangiert Linienflüge nach Johannesburg sowie Pkw-Transfers nach Richards Bay.

Kosi Bay 10

Karte F2. 155 km nordöstl. von Mkuze. *(0331) 845-1000.* *eingeschränkter Zugang.*

Das Kosi Bay Nature Reserve ist ein 80 Quadratkilometer großes Wasserwegenetz aus Mündung, Mangrovensümpfen und vier zusammenhängenden Seen, das nur von Mkuze im Süden des Pongolapoort Dam aus zu erreichen ist. Mit zahlreichen Süß- und Salzwasserfischen lädt die Gegend ein zum Angeln und Bootfahren. Seit über 500 Jahren werden in Kosi die Tonga-Fischfallen (Zäune aus Stöcken und Schilf) benutzt. Es gibt einen Campingplatz und ein paar reetgedeckte Hütten sowie geführte Wanderungen und Bootsafaris.

In einer viertägigen Rundwanderung kann man die Seen auf eigene Faust erkunden.

Umgebung: Das **Ndumo Game Reserve** liegt etwa 50 Kilometer westlich von Kosi Bay. Das Reservat ist besonders für seinen Artenreichtum entlang der Ufer bekannt, 420 Wasservogelarten zählt man. In den Nyamithi- und Banzi-Pfannen gibt es hervorragende Beobachtungsmöglichkeiten. Hier leben große Nilpferd- und Krokodilpopulationen, außerdem Nyala, Rotducker, Breit- und Spitzmaulnashörner. Die ganze Schönheit der Pfannen läßt sich am besten auf Jeeptouren erleben. Ein kleines Camp und ein Zeltsafaricamp überblicken die Banzi-Pfanne.

Ndumo Game Reserve
(0331) 845-1000. *tägl.*

Tembe Elephant Park 11

Karte F2. 110 km (68 Meilen) nördl. von Mkuze. *(031) 202-9090.* *eingeschränkter Zugang.*

Dieses exklusive Wildreservat stellt auf 290 Quadratkilometern die Flußebene des Phongolo River entlang der Nordgrenze von KwaZulu-Natal unter Schutz. Der Park wurde 1983 zum Erhalt der Elefanten von KwaZulu-Natal errichtet. Das sandige Gelände ist nur per Allrad-Jeep zugänglich. Insgesamt werden nur zehn Besucher pro Tag in das Reservat eingelassen. Nahe dem Eingang liegt ein kleines Zeltcamp, und zwei Beobachtungsposten wurden an den Wasserstellen der Elefanten eingerichtet. Im Park lebt Südafrikas größte Herde der seltenen Moschusböckchen.

Die Unechte Karettschildkröte vergräbt ihre Eier im Sand

GAUTENG UND MPUMALANGA

Gauteng und Mpumalanga stellen sich vor

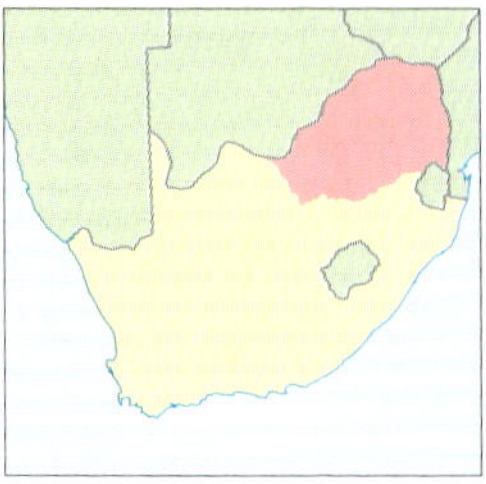

MIT NATURWUNDERN, WILDPARKS und der »Stadt des Goldes« bietet diese Region etwas für jeden Geschmack. Johannesburg steht für pulsierendes Straßenleben und elegante, exklusive Vororte, während Soweto, die »andere Seite« Johannesburgs, Einblicke in den Alltag der schwarzen Stadtbewohner gewährt. Im Osten flacht das Land über 1000 Meter ab zum heißen Lowveld und dem Kruger National Park. Im Westen liegt das trockene Herz des Subkontinents, und dahinter scheinen sich die Magaliesberge aus dem Stausee Hartbeespoort Dam zu erheben. Faszinierende Gegenstücke zu allem sind aber die glitzernde Sun City und die fast mythische Erhabenheit der Verlorenen Stadt.

Der Palace of the Lost City *ist ein Teil des weitläufigen Sun-City-Resort-und-Kasino-Komplexes: Das architektonische Wunderwerk aus alt wirkendem Beton, handgearbeiteten Säulen und prächtigen Kuppeln liegt in einem künstlich angelegten tropischen Garten mit vielen Wasserspielen.*

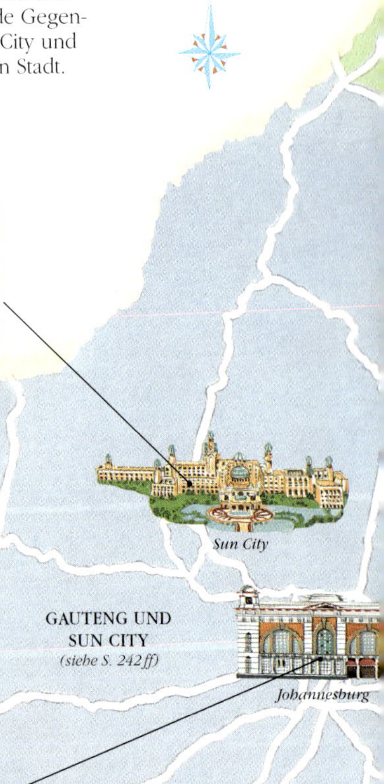

Johannesburg *ist die größte Stadt Südafrikas und die Stadt der größten Extreme. Armut und Reichtum, historische Bauten und moderne Bürokomplexe schaffen Kontraste.*

Löwen (Panthera leo) *können in fast jedem Habitat leben, außer in der Wüste und in dichtem Wald. Sie sind sowohl tag- als auch nachtaktiv und kommen in Rudeln von 3 bis 40 Tieren vor (normalerweise aber 6 bis 12 Tiere). Im Kruger National Park, der von mehreren Seiten zugänglich ist, sieht man sie oft im Schatten eines Baumes dösen.*

Bourke's Luck *bezeichnet ein Höhlensystem, das von den Flüssen Treur und Blyde in den gelben Dolomit gegraben wurde. Es wurde nach dem Goldgräber Tom Bourke benannt, der das Land neben der Hauptgoldader besaß.*

Pilgrim's Rest *ist eine hübsch restaurierte Goldgräberstadt, die erst 1873 mit dem großen Goldrausch in Südafrika entstand. Nach wenigen Monaten schon hatten über 1500 Goldgräber das kleine Nest in ein riesiges Goldminencamp verwandelt.*

Naturschutz im Kruger National Park

Logo der Nationalparkbehörde

Der Kruger National Park erstreckt sich auf 352 Kilometern entlang der Nordostgrenze Südafrikas. Das 19 366 Quadratkilometer große Areal birgt eine vielfältige Flora und Fauna. Innerhalb des Parks leben die Tiere in ihrem natürlichen Lebensraum, jedoch hinter einem Zaun. Die Wildtiere konzentrieren sich auf die grüneren südlichen Teile, was sensibles Management erfordert. In regelmäßigen Abständen müssen die Wildhüter die Zahl der Tiere dem Ökosystem anpassen und die jungen, gesunden Tiere in andere Wildschutzgebiete transportieren.

Ausdehnung des Kruger National Park

Parkgrenzen

Kudu und Elenantilopen bevorzugen die trockenen Berge, da sie nicht regelmäßig Wasser brauchen.

Zebras vermehren sich rasch, wenn ausreichende Wasserstellen vorhanden sind, konkurrieren dann aber mit Riedbock, Pferde- und Rappenantilope.

Der Olifants River *ist der größte der sieben Hauptwasserläufe des Parks. Da Wasser Mangelware ist, wurden künstliche Wasserstellen angelegt, durch die Elefanten in den Gegenden leben können, die sie sonst nur in regenreichen Sommermonaten aufgesucht hätten.*

Hohe Bäume entlang dem Flußbett schützen Tiere wie Bärenpavian, Kronenducker, Buschbock und Giraffe.

Organisation der Vielfalt

Erst jetzt beginnen die Wissenschaftler das komplizierte Ökosystem afrikanischer Savanne zu verstehen. Die künstlichen Wasserstellen werden nun wieder geschlossen, da sie die Lebensbedingungen verändern, z. B. vermehren sich Elefanten in für sie untypischen Gegenden zum Nachteil anderer Arten.

Giraffen *sind die größten Blattfresser und bevorzugen Gegenden mit vielen Akazienbäumen.*

Kudus *sind stämmige Antilopen, die nicht oft trinken müssen und dichten Wald bevorzugen.*

Rappenantilopen *benötigen hohes, saftiges Gras, das auf fruchtbaren Böden wächst.*

***Durch Funkpeilung** machen Wissenschaftler gefährdete Raubtiere aus. Im gesamten Park leben nur 180 Geparde und 400 Wildhunde. Vor allem die Gebietskonkurrenz mit dem aggressiveren Löwen ist für deren geringes Vorkommen verantwortlich.*

DÜRRESTATISTIK

Obwohl sich die Parkmanager bemühen, die Auswirkungen der Dürre in Grenzen zu halten, sind die Tierbestände im Park nie gleich. Gnus und Giraffen sind weniger, Büffel, Pferde- und Rappenantilopen dagegen schwer davon betroffen.

GATTUNG	1989	1992	1995
Elefanten	7468	7600	8371
Breitmaulnashorn	1284	1803	2800
Gnu	13 709	13 960	12 723
Giraffe	4877	4600	4902
Impala	123 433	101 416	97 297
Büffel	29 575	21 900	19 477
Rappenantilope	1651	1232	880
Pferdeantilope	200	60	44

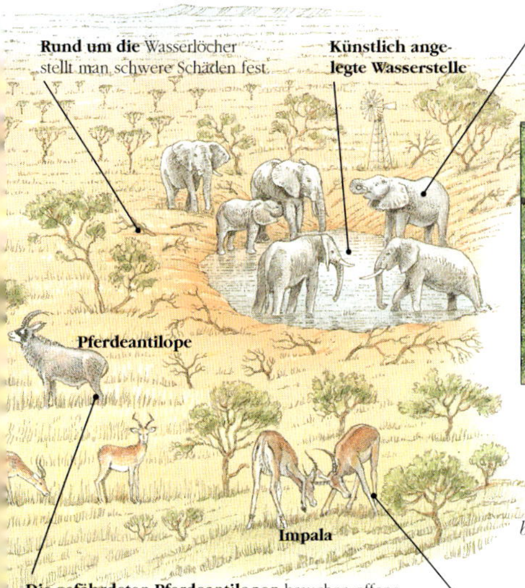

Elefanten zerstören Bäume und verändern damit extrem die natürliche Vegetation, in der sie leben.

Die gefährdeten Pferdeantilopen brauchen offene Waldlandschaft mit hohem Gras, um sich mit ihren Jungen verstecken zu können. Sie können sich nicht an das von riesigen Zebraherden abgefressene Gras rings um die künstlichen Wasserstellen anpassen.

Eingriffe in das Buschland durch Elefanten, die Bäume zerstören, und Herden, die das Gras rund um Wasserstellen abweiden, begünstigt das Vorkommen von Impalas, Kudus und Giraffen.

***Elefanten** bevorzugen die Rinde von dornenumrankten Akazienbäumen und Fieberbäumen. Die 8700 Elefanten des Kruger National Park fressen täglich etwa 250 Kilogramm Pflanzennahrung (und benötigen somit etwa ein Viertel der gesamten Biomasse des Parks).*

RICHTLINIEN FÜR TOURISTEN

Einige Regeln sind für die eigene Sicherheit der Besucher und zum Schutz des Parklebens notwendig. Die Geschwindigkeitsbegrenzung ist einzuhalten, da auch Tiere die Straßen kreuzen. Die Öffnungszeiten sind streng zu beachten: Als Faustregel sollte man mit einer Durchschnittsgeschwindigkeit (inklusive Stops) von 20 km/h kalkulieren. Außer an den 22 gekennzeichneten Rastplätzen in den 13 größeren Camps darf das Auto keinesfalls verlassen werden – alle Wildtiere sind unberechenbar, die Raubtiere sind perfekt getarnt. Wenn auch Paviane oder Grünmeerkatzen um Futter betteln, vor allem an der Straße zwischen Skukuza und Lower Sabie, das Füttern wird streng bestraft. Es zerstört das natürliche Verhalten und ruft oft Aggression hervor, besonders unter den männlichen Pavianen.

Füttern streng verboten

Ignorante Besucher mißachten die Regeln

Auf Goldsuche

Krugerrand

REICHHALTIGE Bodenschätze machen Südafrika zu einem der reichsten Länder der Welt. Das alte Sedimentgestein in dieser geologischen Schatzkiste enthält Silber, Platin, Chrom, Uran, Diamanten – und Gold. Viele einfache Goldgräber haben im Land Spuren ihrer Arbeit hinterlassen. Die interessanteste historische Goldstätte ist Pilgrim's Rest *(siehe S. 266)*, eine gut erhaltene Goldgräberstadt. Heute kommt ein Viertel des weltweiten Goldbedarfs aus Südafrika und wird von Großunternehmen kontrolliert.

AUSDEHNUNG DER GOLDMINEN

Hauptabbaugebiete von Gold

***1889** war Johannesburg eine blühende Zeltsiedlung. Auf der Farm Langlaagte, westlich des heutigen Johannesburg, hatte der Goldsucher George Harrison drei Jahre zuvor die größte Goldmine aller Zeiten entdeckt.*

In der Gewinnungsanlage wird Gold mit einem Reinheitswert von 90 Prozent hergestellt und zur Veredlung weitergeleitet.

In Büroblocks sind Verwaltung und Personal sowie Ingenieure, Geologen, Bauinspektoren, Mechaniker und Planer untergebracht.

SCHACHT 9 – VAAL REEFS

Diese riesige Goldmine bei Klerksdorp streift die Provinzen North West und Free State. Es ist der größte Goldminenkomplex der Welt. Jetzt werden einige der elf Schächte an schwarze Unternehmen wie Rainbow Mining verkauft.

***Der Hauptschacht** wurde 60 Meter tief gebohrt und mit einem »Betonkragen« stabilisiert, um den Förderkorb tragen zu können. Die Schächte Südafrikas sind die tiefsten der Welt, da die Adern bis zu 3,8 Kilometer unter der Erdoberfläche liegen.*

***Minenarbeiter** wechseln sich unter Tage in Acht-Stunden-Schichten ab. Die Felstemperatur in den engen Stollen erreicht bis zu 55 °C.*

***Das Kantinenpersonal** berücksichtigt die traditionelle Landesküche der Bergarbeiter ebenso wie ihren hohen Kalorienbedarf.*

***Das Erz wird gemahlen** und in einen Tank mit Zyanidlösung gepumpt, die das Gold auslaugt. Das Gold wird ausgefällt, erhitzt und zu Goldbarren von 90prozentiger Reinheit gegossen. Ein Ertrag von einer Unze Gold (31,1 g) aus einer Tonne Erz gilt als hervorragend.*

r Förderkorb wird nach dem Aushub . Hauptschachts eingesetzt, er transtiert die Seile und sonstige Ausrüstung.

***Die gelblichen Abraumhalden** vor Johannesburg enthalten die pulverisierten Abfälle des Extraktionsprozesses. Durch den hochgiftigen Zyanidanteil sind sie vollkommen kahl und unfruchtbar.*

Zur Wohnsiedlung der Bergleute gehören auch Sportplätze, Büchereien und Parks.

***Der Goldpreis** (US-Dollar pro Troyunze) wird zweimal täglich von Londoner Goldhändlern festgesetzt (außer an Wochenenden und britischen Feiertagen).*

***Karat** bezeichnet den Feingehalt des Goldes (24 Karat Gold ist 100 % reines Gold).*

Die Krugermillionen

Als Paul Kruger, der letzte Präsident der Zuid-Afrikaansche Republiek (1883–1900), 1900 nach Europa ins Exil ging, soll er das gesamte Gold der Staatsmine von Pretoria mitgenommen haben, damit es nicht in die Hände der anmarschierenden britischen Armee fiele. In Nelspruit (dem heutigen Mpumalanga) hatte der Zug Verspätung, weil mysteriöse Holzkisten ausgeladen und in den Busch getragen wurden. Kruger hatte in Europa wenig bis gar kein Vermögen, weshalb man vermutet, daß das verschwundene Gold – Krugerpfund, ungeprägte Münzen und Barren – noch immer irgendwo zwischen Nelspruit und Barberton liegt. Bis heute hat man vergeblich danach gesucht.

Präsident Paul Kruger

Gauteng und Sun City

Soweto und Johannesburg sind Teile der Städteansammlung, die sich um die reichen Goldminen von Witwatersrand in Gauteng formte. Nördlich davon liegt Pretoria, die geruhsame und elegante Hauptstadt Südafrikas, die noch vor dem Goldrausch gegründet wurde. Nordwestlich davon bietet der glitzernde Sun-City-Resort- und-Kasino-Komplex schnellebige Unterhaltung.

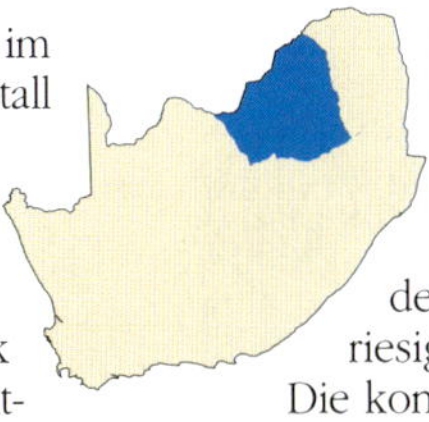

Nach dem ersten Goldfund im Jahr 1886 wurde das Edelmetall schnell zum wichtigsten Wirtschaftsfaktor des Landes und diktierte die Entwicklung der damals ländlich geprägten Burenrepublik Transvaal. Goldsucher entdeckten bald weitere Mineralien, unter anderem Kohle im östlichen Highveld, das heute die Energie für weitere Entwicklungen liefert.

Wer den Städten entfliehen will, muß nicht weit gehen: Nordwestlich von Johannesburg liegt der Stausee Hartbeespoort Dam, ein Wochenendparadies für Wassersportler mit vielen Hotels und Ferienwohnungen am Ufer. Die nahen Magaliesberg Mountains, deren niedrigere Hänge fast völlig im Wasser stehen, bieten Natur pur. Der Vaal Dam im Süden ist ein weiteres Freizeitgebiet der Provinz.

Das ehrgeizige Projekt Sun City verwandelte das unwirtlichste Gebiet des früheren Homelands Bophuthatswana, heute Teil der Provinz North West, in ein riesiges Vergnügungsviertel.

Die konsequente Expansion auf der Höhe des Erfolgs brachte die exotische Phantasie »Palast der Verlorenen Stadt« hervor, in dem es den Besuchern an nichts fehlt. Wo einst abgegraste Weiden im Krater eines erloschenen Vulkans standen, gedeiht heute tropischer Dschungel, und computergesteuerte Wellen rauschen an einen künstlichen Strand. Selbst Kritiker bewundern den Aufwand und die Planung, die in dieser künstlichen Schöpfung stecken.

Wer wieder echtes Afrika erleben will, sollte die stille Schönheit des nördlich gelegenen Pilanesberg National Park zurückziehen.

Im Oktober leuchten die fliederfarbenen Jacaranda-Blüten in den Straßen von Pretoria

◁ **Der eindrucksvolle Elephant Walk führt zum Palace of the Lost City in Sun City**

Überblick: Gauteng und Sun City

Der felsige Witwatersrand liegt etwa 1600 Meter über dem Meeresspiegel und ist von West nach Ost 80 Kilometer lang. In Johannesburg lag das Gold buchstäblich auf (bzw. unter) der Straße. Hier lebt die Hälfte der gesamten Stadtbevölkerung Südafrikas. Im Sommer ist es sehr heiß, die Gegend wird oft von kurzen heftigen Gewitterstürmen heimgesucht. Im Grasland auf dem Hochplateau herrscht im Winter oft Frost, und manchmal schneit es sogar. Sun City und der »Palast der Verlorenen Stadt« im Nordwesten gehören zu einem Vergnügungskomplex mit Luxushotel, Kasinos und Top-Unterhaltungsprogramm.

Geschichte wird in Gold Reef City lebendig

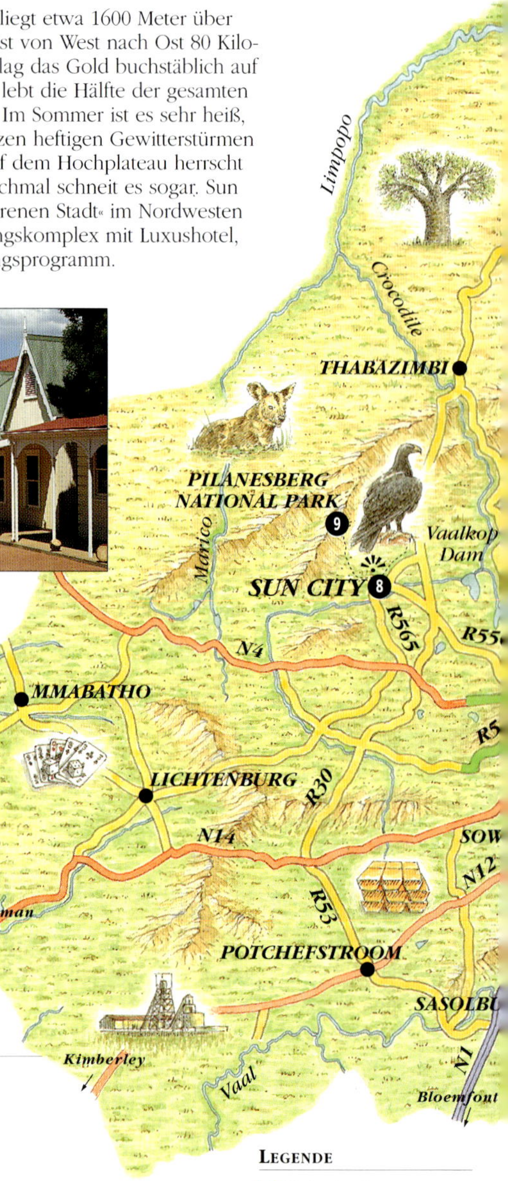

Auf einen Blick

- *Gold Reef City (siehe S. 248f)* ❷
- Hartbeespoort Dam ❻
- Johannesburg ❶
- Pilanesberg National Park ❾
- Pretoria ❼
- Sandton und Randburg ❹
- Soweto ❸
- Sun City ❽
  - *Palace of the Lost City (siehe S. 258f)*

Ausflüge

Unterwegs in Gauteng (siehe S. 252f) ❺

0 Kilometer 50
0 Meilen 25

Legende

- Nationalstraße
- Andere Straße
- Panoramastraße
- Fluß, (Stau-)See
- Park- oder Reservatgrenzen
- Aussichtspunkt

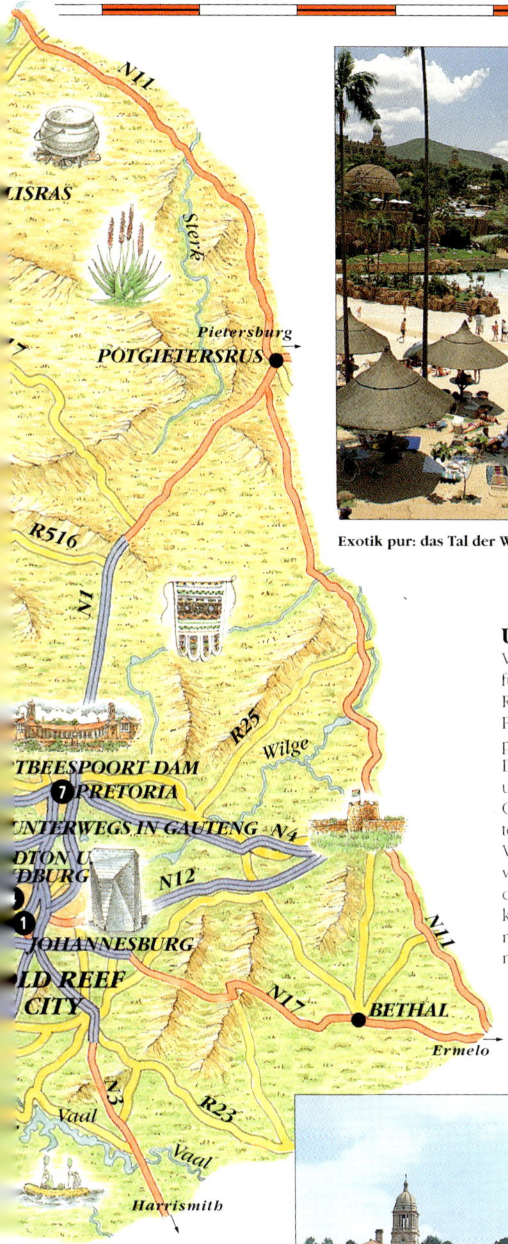

Exotik pur: das Tal der Wellen im Palace of the Lost City

Unterwegs

Von Witwatersrand und Pretoria führen Hauptstraßen zur N1 und R21. Die N4/R27 führt westlich aus Pretoria heraus ins Wochenendparadies des Stausees Hartbeespoort Dam mit seinen Ferienhotels, Hütten und Booten. Der schillernde Sun-City-Komplex liegt etwa 170 Kilometer nordwestlich von Johannesburg. Von Johannesburg aus führt die R512 vorbei am Flughafen Lanseria und dann zur N4/R27, die aus Pretoria kommt. Am Autobahnkreuz 91 nimmt man die Ausfahrt zur R556 nach Pilanesberg und Sun City.

Union Buildings: Parlamentssitz in Pretoria

Siehe auch

- ***Übernachten*** S. 331ff
- ***Restaurants*** S. 354ff

Johannesburg ❶

Kostprobe Afrikas

Das dichtbesiedelte Wirtschafts- und Handelszentrum Johannesburg hat viele Namen. Die meisten, wie Egoli und Gauteng, bedeuten »Stadt des Goldes«, da Gold und Glanz hier nah beieinander liegen. In der Stadt, die in rund 100 Jahren vom einfachen Goldgräbercamp zur Metropole gewachsen ist, pulsiert moderner Unternehmergeist in der Atmosphäre einer alten Grenzstadt. Johannesburg liegt 1763 Meter über dem Meeresspiegel, und der Schacht der Western Deep Goldmine reicht 3777 Meter unter die Erdoberfläche.

Kunsthandwerk wird auf vielen Märkten angeboten

Überblick: Johannesburg
Johannesburg ist keine ungefährliche Stadt für Fußgänger, und öffentliche Transportmittel lassen zu wünschen übrig. Trotzdem gibt es eine Reihe von Sehenswürdigkeiten, die man auf einer organisierten Stadttour besichtigen sollte.

University of the Witwatersrand
Ecke Jorissen u. Bertha St. *(011) 716-1111.* *Mo–Fr, Sa 8.30–16.30 Uhr (Anmeldung).* *So, Feiertage.*
Die Gertrude-Posel-Galerie auf dem Universitätscampus zeigt afrikanische Schnitzereien sowie rituelle Objekte. Die James Kitching Gallery des Bernard Price Institute besitzt die umfassendste Sammlung prähistorischer Fossilien des Landes.

Market Theatre Complex
Bree Street. *(011) 832-1641.* *tägl. 9–24 Uhr.*
Der Market Theatre Complex ist mit dem South African Breweries Museum (Brauereimuseum), Workers Museum and Library (Arbeitermuseum) und MuseuMAfricA eines der Kulturzentren von Newtown. Insgesamt gibt es hier drei Theater, zwei Kunstgalerien, Restaurants, Cafés und eine belebte Einkaufszone. Jeden Samstagmorgen findet auf dem Platz ein Flohmarkt statt mit allerhand Krimskrams, Accessoires und Kleidung.

Das Africana Museum (1935) gegenüber dem Market Theatre wurde 1994 als **MuseuMAfricA** wiedereröffnet. Seine Themen sind Johannesburg und seine Menschen in verschiedenen sozio-politischen Stadtepochen.

MuseuMAfricA
Newtown. *(011) 833-5624.* *Di–So 9–17 Uhr.* *Mo.*

Das MuseuMAfricA gehört zum Market Theatre Complex in Newtown

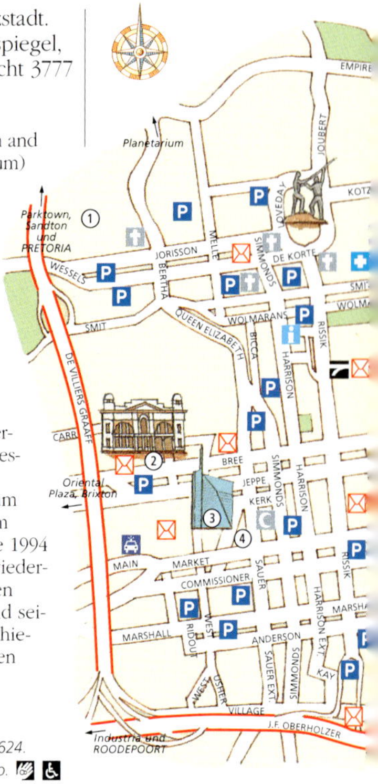

0 Meter 500
0 Yards 500

Legende
- Transnet-Haltestelle
- Parkplatz
- Fremdenverkehrsbüro
- Krankenhaus
- Polizei
- Kirche/Kathedrale/Kapelle
- Synagoge
- Moschee
- Post

Johannesburg Stock Exchange

Diagonal St. *(011) 833-6580.* *nur nach Voranmeldung: Mo u. Fr 11 Uhr, Di u. Do 11, 16 Uhr.*

Der gläserne Börsenbau »Johannesburg Stock Exchange« (JSE) liegt in einem typisch afrikanischen Stadtgebiet mit Straßenverkäufern und kleinen Läden, die von Plastikeimern über Decken bis zu traditioneller Kräutermedizin alles verkaufen.

Nach Absprache kann man die größte Börse Afrikas besichtigen (mit Audiovisions-Show).

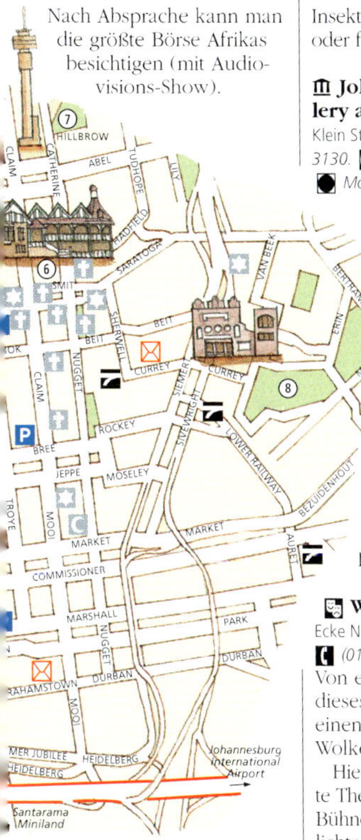

SEHENSWÜRDIGKEITEN AUF EINEN BLICK

African Herbalist's Shop ④
Ellis Park Sports Stadium ⑧
Hillbrow ⑦
Johannesburg Art Gallery und Sculpture Park ⑤
Johannesburg Stock Exchange ③
Market Theatre Complex und MuseuMAfricA ②
University of the Witwatersrand ①
Windybrow Theatre ⑥

African Herbalist's Shop

14 Diagonal St. *(011) 660-2721.* *Mo–Fr 9–16 Uhr, Sa 9–13.30 Uhr.* *So, Feiertage.*

Dieser überfüllte Laden repräsentiert eine traditionelle Seite Afrikas, die für viele Südafrikaner zum Alltag gehört.

Nicht alle Heilmittel, Mixturen und Arzneien sind aus Kräutern gemacht. Hier sind auch Tierhäute, Knochen, Hörner und Krallen, getrocknete Fledermäuse, Frösche und Insekten sowie getrocknete oder frische Pflanzen vorrätig.

Johannesburg Art Gallery and Sculpture Park

Klein St, Joubert Park. *(011) 725-3130.* *Di–So 10–17 Uhr.* *Mo, Feiertage.*

Diese Galerie im Joubert Park zeigt traditionelle, historische und moderne südafrikanische Kunst sowie Bilder aus europäischen Schulen, Keramik-, Skulpturen-, Möbel- und Textilsammlungen. Besucher sollten aufpassen, denn leider halten sich im Park auch Stadtstreicher und Prostituierte auf.

Windybrow Theatre

Ecke Nugget und Pietersen St. *(011) 720-7009.*

Von einem Hügel aus bietet dieses Pseudo-Tudorhaus einen schönen Ausblick mit Wolkenkratzern als Kulisse.

Hier kommen viele interessante Theaterproduktionen auf die Bühne, hinzu kommt ein beliebtes Theaterfestival im März.

Hillbrow

Einer der ältesten Vororte von Johannesburg und dicht besiedelt. Laut, aktiv und voller Lebensfreude bietet Hillbrow Entertainment, Restaurants und Bars. Wegen der hohen Kriminalitätsrate sollte man an einer organisierten Tour teilnehmen.

Ellis Park Sports Stadium

Ecke Cerrey und Staib St, Doornfontein. *(011) 402-8644.* *Bahnhof Rotunda.* *Ellis Park.*

Hier ist das Gauteng-Lions-Rugby-Team zu Hause. Das 1982 gebaute Sportstadion, in dem regelmäßig Spiele stattfinden, verfügt über 60 000 Plätze und einen olympiareifen Pool.

INFOBOX

Karte E2. Gauteng Province. *712,500.* *20 km östl. der Stadt.* *Rotunda terminal, Ecke Rissik und Wolmarans Sts, Braamfontein.* *Rotunda terminal.* *Carlton Centre, Commissioner St, (011) 331-2041.* *Mo–Fr 8–16.30 Uhr.* *FNB Vita Dance Umbrella (Feb–März); Windybrow Festival (März); Arts Alive (Sep); Johannesburg Biennale (im Okt, nur in Jahren mit ungerader Zahl).*

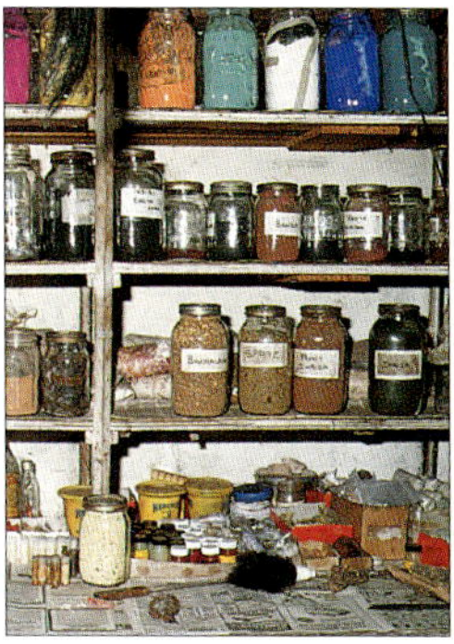

Traditioneller Kräuterladen

UMGEBUNG: Im Westen des Market Theatre entlang der Jeppe Street liegt der **Oriental Plaza Bazar** mit den exotischen Düften der Gewürze Asiens. Rund 300 Stände verkaufen alles vom Teppich bis zur Kleidung und von Messing- bis Bronzeware. Viele Händler sind Nachfahren der Inder, die im 19. Jahrhundert nach Ablauf ihrer Verträge in den Zuckerrohrplantagen von Natal zum Witwatersrand kamen.

Im Süden der Stadt präsentiert **Santarama Miniland** die sorgsam rekonstruierten Wahrzeichen des ganzen Landes im Kleinformat.

Oriental Plaza

Main u. Bree St, Fordsburg. *(011) 838-6752.* *Mo–Fr 8.30–17 Uhr, Sa 8.30–14 Uhr.* *Fr 12–14 Uhr, So, Feiertage.*

Santarama Miniland

Rosettenville Rd, Wemmerpan. *(011) 435-0543.* *tägl. 9–17 Uhr.*

Gold Reef City ❷

Cancan-Tänzerin

DIESE LEBENDIGE und phantasievolle Nachbildung vom Johannesburg der letzten Jahrhundertwende liegt acht Kilometer südlich der Stadt. Sie entstand um den Schacht 14, einer Goldmine, die von 1887 bis 1971 abgebaut wurde. Der Vergnügungs- und Themenpark Gold Reef City stellt die Übergangszeit Johannesburgs vom Minencamp zur Stadt nach. Man kann sich in Museen und auf einer unterirdischen Tour durch die stillgelegte Mine informieren. Tägliche Shows komplettieren die Goldgräberstimmung.

Golden Loop
Der Looping ist eine der 26 kostenlosen Attraktionen von Gold Reef City.

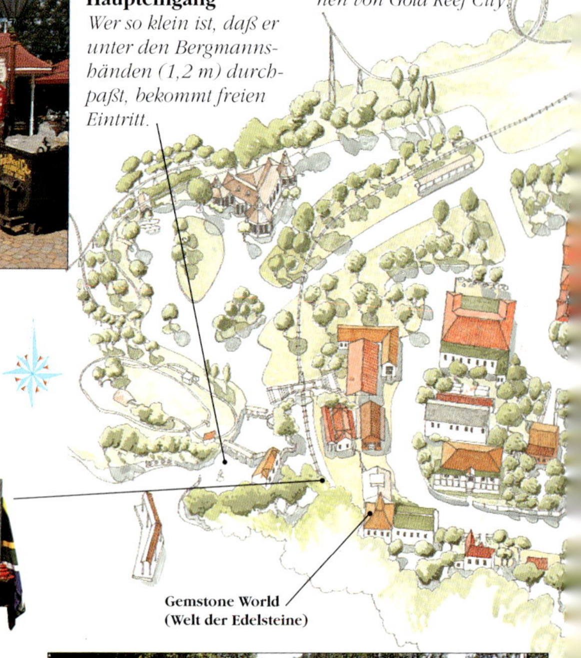

Haupteingang
Wer so klein ist, daß er unter den Bergmannshänden (1,2 m) durchpaßt, bekommt freien Eintritt.

Gemstone World (Welt der Edelsteine)

Gold-Reef-City-Zug
Einen gemütlichen und guten Überblick verschafft die Fahrt mit dem Zug, der dreimal hält.

★ Gummistiefel-»Schuhplattler«
Der Tanz soll auf den österreichischen Volkstanz zurückgehen, der den Afrikanern von Missionaren beigebracht wurde, die von den »heidnischen« Bräuchen der Einheimischen entsetzt waren. Bewußt schwergängig getanzt, ist er die sanfte Lektion für alle, die ihre eigenen Traditionen für das einzig Wahre halten.

NICHT VERSÄUMEN

- ★ Goldgießerei
- ★ »Schuhplattler«
- ★ Hauptstraße

★ Hauptstraße
Entlang der breiten Hauptstraße, manchmal auch Tanzbühne, reihen sich Restaurants, Kneipen, Banken und das Gold Reef City Hotel aneinander.

INFOBOX

Karte E2. Shaft 14, Northern Parkway, Ormonde, Johannesburg. ☎ (011) 496-1600. 🚌 55 vom Zentrum; größere Hotels bieten Shuttle-Busse. ◯ Di–Sa 9.30–17 Uhr. ● Mo. Shows und Fahrgeschäfte inkl. mehrsprachig.

Rosie O'Grady's Playhouse
In diesem als Saloon getarnten Klub finden Cancan-Shows statt.

***The Star* Newspaper**
Täglich finden hier Vorführungen mit alten Maschinen statt, die das umständliche Setzer- und Druckverfahren vor 100 Jahren demonstrieren.

★ Goldgießerei
Gold Reef City ist der einzige Ort Südafrikas, an dem man sehen kann, wie ein Goldbarren gegossen wird.

The Digger Joe's Prospector Camp
An einem Fluß können Besucher selbst ihr Glück mit der Goldpfanne versuchen. Ein erfahrener Goldgräber erklärt, wie es geht, und gibt Tips.

Der Geist von Sophiatown

SOPHIATOWN – in den 50er Jahren zehn Kilometer vom Zentrum Johannesburgs entfernt – war eine zwielichtige Slumvorstadt, Wiege der schwarzen Städtekultur und wurde zu einem südafrikanischen Mythos. Im überfüllten Slum lebten viele kreative Schwarzafrikaner aus Johannesburg. Künstler und Journalisten von *Drum* (dem ersten »schwarzen« Magazin des Landes), Modefreaks und Musiker trafen sich in den vibirierenden Tanzsälen und politisierten in den *shebeens* (illegalen Bars). Der Zauber endete abrupt in den 1950er Jahren: Die Regierung ordnete die Zwangsräumung der Gemeinde nach Meadowlands, einer öden Siedlung weit vor der Stadt, an. Als nunmehr weiße Siedlung wurde Sophiatown in Triomf umbenannt.

Township Shuffle

Sophiatown-Banden
Auch die Gangster kopierten die USA. »The Americans« war die bekannteste Bande: Man fuhr dicke Autos und war schick gekleidet.

Shebeens
Das Casbah Gang Den war das berühmteste und berüchtigste illegale Lokal von Sophiatown. Hier trafen sich Arbeiter und Lehrer, Schwarze und Weiße.

Fließendes Wasser gab es in den wenigsten Häusern.

Skokiaan war ein kräftiger, schwarzgebrannter »Cocktail«.

Als Baumaterial dienten Holzstücke, Pappkartons, Blech und alte Säcke.

SOPHIATOWNS BEDEUTUNG

Trotz Armut, Schmutz, Kriminalität und Gewalt war Sophiatown anders als andere Städte Südafrikas. Menschen aller Rassen konnten hier Land kaufen und besitzen.

Musik
Pennywhistle, Saxophon, Harmonika, Klavier, Trompete und Klarinette erklangen in den Straßen und Tanzsälen.

Das Ende von Sophiatown
Vier Jahre dauerte der Zwangsumzug nach Meadowlands (heute: Soweto). 1959 wurde Sophiatown abgerissen.

Graffiti auf einer Mauer in Soweto

Soweto ❸

Karte E2. 596 700. 46. Stock, Carlton Centre, Commissioner St, (011) 331-2041. Mo–Fr 8.30–17 Uhr, Sa 9–12 Uhr.

Nur wenige weiße Südafrikaner haben bisher Soweto oder ein anderes Township jenseits der »nur für Weiße« reservierten Vororte besucht. In Soweto gibt es kaum Parks, Museen oder Einkaufszentren, obwohl hier mindestens fünf Millionen Menschen leben.

In Soweto begann 1976 die entscheidende Phase des Widerstands gegen die Apartheid. Dem 16. Juni wird als Jahrestag des Aufstands mit dem »Youth Day« gedacht, und im Vorort steht dazu ein bescheidenes Monument.

Örtliche Veranstalter *(siehe S. 365)* bieten Tagestouren nach Soweto an, die oft auch ein traditionelles »Shebeen« und ein »Spaza« (Hinterhofladen) besichtigen. Touristen sollten nicht allein nach Soweto fahren.

Sandton und Randburg ❹

Karte E2. 191 800. Johannesburg International. Sandton Shuttle (011) 884-3957. Village Walk, Ecke Rivonia Rd u. Maud St, (011) 883-4033. Mo–Sa 8.30–16.30 Uhr, So 9–12 Uhr.

Im Norden von Johannesburg liegt der teure Nobelwohnort mit hohen Mauern, riesigen Gärten, Swimmingpools und Tennisplätzen.

Das wohlhabende Sandton ist ein schickes Einkaufsviertel und Sandton City das wohl eleganteste Shopping-Center der südlichen Halbkugel. Es ist vor allem bekannt für seine Spezialitätengeschäfte, trendigen Boutiquen, Juweliere, afrikanische Kunst, Lederwaren und Geschenkartikel. Außerdem finden sich hier 16 Kinos und 20 hervorragende Restaurants und Bistros. Neben dem Sandton-City-Komplex und am Sandton Square befinden sich einige 5-Sterne-Hotels. Blickfang ist hier ein italienisch anmutender Springbrunnen auf einer kleinen Piazza mit Cafés und Restaurants.

Bei Sandton City liegt auch Village Walk mit Restaurants, Kinos und teuren Boutiquen, die Kleidung und Accessoires aus den europäischen Modezentren importieren.

Etwa zehn Kilometer nordwestlich von Sandton liegt Randburg, ein beliebter Vorort Johannesburgs und eine begehrte Wohnlage.

Sandton: Village Walk

Die dortige Fußgängerzone war eine der ersten des Landes. Randburg Waterfront ist ein Einkaufszentrum am See mit Läden, Kneipen, Restaurants, Kunsthandwerkständen, Kinos, Livemusik-Shows, einem Kinderspielplatz und einem Springbrunnen (abends mit Musik und Flutlicht).

An der Witkoppen Road, nördlich von Randburg und Sandton, liegt das Klein-Jukskei-Vintage-Automuseum mit einer Sammlung von Oldtimern.

Randburg Waterfront ist eine beliebte Unterhaltungsmeile in den nördlichen Vororten von Johannesburg

Unterwegs in Gauteng ❺

Heia Safari Ranch: Maske

GAUTENG BESTEHT in weiten Teilen aus Industriegebieten, die viel zum Wohlstand des Landes beitrugen. Trotzdem sind die Metropolen Johannesburg und Pretoria von einem grünen Gürtel umgeben, der viele Freizeitmöglichkeiten bietet. Beliebte Ziele wie der De-Wildt-Gepardenpark, der Hartbeespoort-Stausee und die Wanderwege in den Magaliesbergen sind über ein hervorragend ausgebautes Autobahnnetz zu erreichen.

De Wildt ⑦
Das Wildschutzgebiet bei Brits begann 1971 mit der Zucht von in Gefangenschaft lebenden Königsgeparden. Experten verurteilten das Projekt zum Scheitern, doch es war erfolgreich.

Magaliesberg ⑥
Diese Hügelkette zwischen Pretoria und Rustenburg ist ein Wanderparadies mit vielen Hotels, Gasthäusern, Caravanparks und Campingplätzen.

LEGENDE

- Landstraße
- Tour
- Andere Straße
- Aussichtspunkt

Kromdraai Conservancy ⑤
Auf Führungen und Nachtwanderungen entdeckt man hier Höhlen, alte Goldminen, Fossilien, eine Forellenzucht und ein Wildreservat.

Sterkfontein-Höhlen ④
Ungezählte Fossilien fand man in diesen weitläufigen Dolomithöhlen, die zu den bedeutendsten archäologischen Stätten der Welt zählen. Halbstündliche Führungen.

Aloe Ridge Game Reserve ②
In diesem Reservat bei Muldersdrift kann man Breitmaulnashörner, Büffel, Nilpferde, Antilopen- und Vogelarten beobachten. Hier gibt es auch ein Zulu-Kunsthandwerkszentrum.

ROUTENINFO

Länge: 200 km (124 Meilen). Hartbeespoort Dam liegt eine Autostunde von Pretoria und Johannesburg entfernt.
Rasten: Gute Restaurants sind in der Heia Safari Ranch, dem Abe Ridge Game Reserve und um den Hartbeespoort-Stausee zu finden.

Hartbeesport Dam ⑧
Der 17 Quadratkilometer große Stausee ist das ideale Wochenendziel für viele Städter aus Johannesburg und Pretoria.

Crocodile-River-Kunsthandwerksmarkt ⑨
Bei dem Kunsthandwerksmarkt am ersten Wochenende im Monat kann man den Künstlern in den Ateliers zuschauen und Bilder, Möbel sowie Metallarbeiten kaufen.

Lion Park ⑩
Eine Einbahnstraße führt durch einen 200 Hektar großen Löwenpark und durch einen separaten Park mit Blessbock, Weißschwanzgnu, Impala, Oryx und Zebra bis zu einem Rastplatz.

Witwatersrand National Botanical Gardens ①
Der Witpoortje-Wasserfall steht im Mittelpunkt des Botanischen Gartens mit einheimischer Hochlandflora wie Aloe und Proteen, die vielen Vogelarten Nahrung bieten.

Heia Safari Ranch ③
Impala, Blessbock und Zebra laufen frei über das Gelände, das auch über ein Konferenzzentrum, Restaurant und Bungalows am Ufer des Crocodile River verfügt.

Rennbootfahren am Hartbeespoort Dam

Hartbeespoort Dam ❻

Karte E2. Von der R514 Abzweigung Drahtseilbahn. *(012) 253-1037.*

DIESER STAUSEE gehört zum **Hartbeespoort Nature Reserve**. Er ist beliebt bei Wassersportlern, da Boot- und Wasserskifahren, Segeln und Surfen erlaubt sind. Angler freuen sich vor allem auf *kurper* (eine Brassenart) und Karpfen.

Die Rundfahrt führt auch durch einen kurzen Tunnel zur Staumauer, von wo aus sich ein weiter Blick über die gestauten Wassermassen des Crocodile und Magalies River bietet. Entlang der Strecke liegen zahlreiche Ferienhütten, Wochenendhäuser und Hotelresorts sowie Bauernstände, Kioske und Souvenirläden.

Eine weitere Attraktion ist das wohl größte Süßwasseraquarium Afrikas, in dem die meisten Arten südafrikanischer Süßwasserfische sowie Krokodile, Pinguine und Seelöwen zu sehen sind.

UMGEBUNG: In Schoemansville liegt der Eingang zum **Hartbeespoort Dam Snake and Animal Park**, einem privaten Zoo mit Schlangen und anderen Reptilien, Löwen, Panthern, Tigern, Geparden und Leoparden. Vom Zoo aus werden Bootfahrten angeboten.

Hartbeespoort Dam Snake and Animal Park
Schoemansville. *(012) 253-1162.* *tägl. 8–17 Uhr.*

Pretoria 7

Delville-Wood-Denkmal

PRETORIAS DENKMÄLER und grandiose Amtsbauten, von denen manche ins 19. Jahrhundert zurückreichen, werden von Parks und Gärten gesäumt. Im Frühjahr fügen die Blüten der Jacaranda lila Farbtupfer hinzu. 70 000 Jacarandabäume wurden 1888 aus Rio de Janeiro importiert und verschönern heute die Straßen der südafrikanischen Hauptstadt, die auch eine der bedeutendsten Universitätsstädte des Landes ist.

Pretoria: Paul-Kruger-Denkmal, Church Square

Überblick: Pretoria

Historische Bauten, hübsche Parks, Theater und Restaurants zieren diese elegante kompakte Stadt mit seiner attraktiven Fußgängerzone Church Square im Zentrum.

National Zoological Gardens

Ecke Paul Kruger u. Boom St. (012) 328-3265. Mai–Aug 8–17.30 Uhr, Sep–Apr 8–17 Uhr.

Der Zoologische Garten – kurz: Pretoria Zoo – liegt im Herzen der Stadt am Ufer des Apies River. Er gehört zu den zehn besten Tierparks der Welt und ist naturnah angelegt. Man investiert viel Zeit in Zuchtprogramme von seltenen Arten, wie dem afrikanischen Gaukleradler und dem prächtigen Arabischen Oryx.

Church Square

Ecke Church und Paul Kruger St.

Zu den Bauten an diesem Platz gehören der **Raadsaal** (1890), einst Parlamentssitz der früheren Burenrepublik, und der Justizpalast (1899), der bis 1902 von den Briten als Militärkrankenhaus benutzt wurde. Die Paul-Kruger-Statue von Anton van Wouw wurde 1899 in Italien gegossen, im selben Jahr zog die Republik Transvaal gegen die Briten in den Krieg.

Staatstheater

Ecke Prinsloo u. Church St. *(012) 322-1665. tägl.*

Dieser Komplex im japanischen Stil beherbergt fünf Bühnen, auf denen Ballett, Theater, Opern, Musicals und klassische Konzerte aufgeführt werden.

Rathaus

Paul Kruger St.

Das imposante Rathaus gegenüber dem Transvaal Museum ist eine Mischung aus Neo-Grec und Romanik. Zwei Statuen zeigen Stadtgründer Marthinus Pretorius und seinen Vater Andries, nach denen Pretoria benannt wurde.

Transvaal Museum

Paul Kruger St. *(012) 322-7632.* *Mo–Sa 9–17 Uhr, So 11–17 Uhr.*

Das naturgeschichtliche Museum unterhält eine beachtliche Sammlung ausgestopfter Tiere und ständige Archäologie- und Geologieausstellungen.

In der Austin Roberts Bird Hall sind viele in Südafrika heimische Vogelarten zu sehen.

Melrose House

275 Jacob Maré St. *(012) 322-2805.* *Di–So 10–17 Uhr.* *Mo, Feiertage.*

Um 1880 entwarf der britische Architekt William Vale dieses Haus für den reichen Transportunternehmer George Heyes. Er verwendete alle erdenklichen Guß-Deko-Formen und gestaltete einen Mix aus englischem Landhaus, indischem Pavillon und kapholländischem Stil. Heute zeigt es als Museum weitgehend die originalgetreue Einrichtung und liegt in einem malerischen Garten.

Während des Burenkriegs war das Melrose House Wohnsitz des britischen Oberbefehlshabers Lord Kitchener. Hier wurde am 31. Mai 1902 der Treaty of Vereeniging unterzeichnet.

Kunsthandwerk der Ndebele

Die Ndebele sind bekannt für ihre farbenfrohen Kleider und ihre Kunst: Skulpturen, Töpfer- und Perlenwaren, Webmatten und vor allem Wandmalereien *(siehe S. 359)*. Ein herausragendes Beispiel ist die perlenbesetzte Hochzeitsdecke *nguba*, die von der Braut, inspiriert von ihren Vorfahren und unter Aufsicht und Leitung der älteren Frauen ihres Stammes, gefertigt wird. Traditionell arbeiten die Frauen auf dem Feld und sind hauptsächlich für Dekoration und Kunst zuständig, während die Männer für die Frauen Metallschmuck, wie schwere Arm-, Fuß- und Halsreife, herstellen.

Typische Ndebele-Kunst

Union Buildings

Church St, Meintjies Kop. ☎ *(012) 325-2000.* ○ *tägl. (nur Parkanlage).*

Die Union Buildings wurden vom bekannten Architekten Sir Herbert Baker entworfen und sind seit 1910 Sitz der Regierung von Südafrika. Baker selbst hat den Platz auf dem Hügel ausgesucht, von wo aus die zwei breiten Verwaltungsflügel, die durch einen Säulengang verbunden sind, die Parklandschaften und ein Amphitheater überblicken. Das Gebäude ist nicht öffentlich zugänglich, doch der Blick auf den Renaissancebau mit kapholländischen und italienischen Einflüssen lohnt sich auch vom Park aus.

UMGEBUNG: Von Johannesburg auf der N1 nach Pretoria kommend, sieht man linker Hand das **Voortrekker-Denkmal** mit Museum, das den afrikanischen Pionieren gedenkt, die sich um 1830 vom Kap aufmachten, um der britischen Machtherrschaft zu entfliehen.

Sein Bau 1938 – 100 Jahre nach der Schlacht am Blood River *(siehe S. 49)* – wurde zum Symbol für die Einheit der Buren. Exakt um 12 Uhr am 16. Dezember, zum Jahrestag der Schlacht am Bloed River, fällt ein Sonnenstrahl ins Innere der Heldenhalle.

Voortrekker-Denkmal

Östlich von Pretoria an der R104 ab Bronkhorstspruit Road ausgeschildert, steht das **Sammy Marks House**, einst das Heim des Industriellen Sammy Marks (1843–1920), dem Gründer der Brauerei South African Breweries. Das Haus ist im Stil der damaligen Zeit eingerichtet.

INFOBOX

Karte E2. Gauteng Province. *468 000.* ✈ *Johannesburg, 50 km (31 Meilen) südwestl. von Pretoria.* *Ecke Shelding und Paul Kruger St.* *Tourist Rendezvous Centre.* ℹ *Church Square, (012) 308-8937.* ○ *tägl. 8–17 Uhr.* *Pretoria Show (Aug); Spring Carnival (Sep); Jacaranda Festival (Okt).*

Sammy Marks House

Route 104, Bronkhorstspruit Rd. ☎ *(012) 803-6158.* ○ *Di–Fr 9–16 Uhr, Sa–So 10–16 Uhr.* ● *25. Dez, Karfreitag, Feiertage.*

Voortrekker-Denkmal

Eeufees Rd. ☎ *(012) 326-6770.* ○ *Mo–So 9–16.45 Uhr.* Museum ☎ *(012) 323-0682.*

Das historische Melrose House liegt inmitten malerischer Gärten

Sun City: Cascades Hotel

Sun City 8

Karte D2. Rustenburg. N4, Abfahrt R565. *6 km (4 Meilen) von Sun City. Johannesburg (011) 331-9991; Pretoria (012) 313-7980.* *(014) 557-1000.* *tägl.*

SUN CITY – die glitzernde Vergnügungsstadt, »die niemals schläft« – liegt in einer recht unwirtlichen Gegend, zwei Autostunden von den Metropolen des Witwatersrand entfernt. Mit Sun International und Computicket ist Sun City ab Gauteng per Bus und ab Johannesburg International Airport täglich per Flugzeug erreichbar.

Sun City ist die phantastische Schöpfung des Multimillionärs und Hoteliers Sol Kerzner. Als er den Komplex bauen ließ, gehörte das Land zur teilautonomen »Republik« Bophuthatswana, in der das in Südafrika verbotene Glücksspiel legal war. Am Anfang war das Kasino die Hauptattraktion des Resorts, das damals »nur« ein Luxushotel, einen künstlichen See und einen ausgezeichneten 18-Loch-Golfplatz umfaßte, der von Gary Player, dem früheren Golf-Champion von Südafrika, entworfen wurde.

Nach wenigen Jahren war der Besucherandrang bereits so groß, daß 1980 und 1984 zwei weitere Hotels gebaut wurden: das Cabanas und das luxuriöse Cascades. Das Cabanas verfügt über 284 Zimmer und viele Freizeitangebote. Es ist hier etwas günstiger als anderswo im Resort und eignet sich ideal für Familien und Tagesbesucher.

Kasino-Eingang

Nach der Lockerung der Glücksspielgesetze wurden überall im Land Kasinos eröffnet, doch hält der Besucherstrom in Sun City unverändert an: Viele kommen heute vor allem wegen der angeschlossenen Vergnügungsparks. In Sun City kann man nicht nur ein Vermögen am Glücksrad gewinnen, sondern hat die Wahl zwischen Tanzshows, Musikkonzerten, Schönheitswettbewerben und verschiedenen Sport-Events. Zum Komplex gehören auch zahlreiche Restaurants, Souvenirläden, Boutiquen und Cafés.

The Palace of the Lost City (Der Palast der Verlorenen Stadt) *(siehe S. 258f)* ist der neueste Anbau. In unmittelbarer Nähe von Sun City finden sich viele sehenswerte Naturschönheiten, die man ebenfalls nicht versäumen sollte. Am Eingang zum Resort liegt die faszinierende **Kwena**

Sun City: einzigartige, künstliche Oase in der North West Province

Pfade und Brücken in dschungelartigen Gärten

Im Heissluftballon über Pilanesberg

Die Heißluftballonfahrten über den Pilanesberg National Park und Sun City sind sehr beliebt. Sie schweben schwerelos über Wildtierherden, die im erloschenen Vulkankrater friedlich grasen, und gleiten in absoluter Stille über die Pyramiden und Kuppeln der geschäftigen Sun City. Nur manchmal unterbricht das Zischen des Gasbrenners die Ruhe, um einen Höhenverlust wieder auszugleichen. Ballonfahrten sind nur an windstillen Tagen möglich.

Ein Heißluftballon über dem Naturpark

Garden Crocodile Ranch, in der man auf speziellen Pfaden Nilkrokodile in ihrem natürlichen Lebensraum beobachten kann.

Kwena Crocodile Ranch
Sun City. (014) 552-1262.
Mo–So 10–18 Uhr. Fütterung: tägl. 16.30 Uhr.

Pilanesberg National Park 9

Karte D2. Von der R510 Abfahrt Mogwase. *(014) 652-1561.*
April–Aug tägl. 5.30–19 Uhr, Sep–März 5–20 Uhr.

Die runde Form des Parks geht auf prähistorische Zeit zurück, als nach einem Vulkanausbruch ein Krater entstand. Den Mankwe-Stausee in der Mitte umringen drei niedrige Hügelketten – Berge aus erkalteter Lava. Das gesamte Parkgelände liegt leicht erhöht über der sie umgebenden flachen Ebene.

Das Reservat entstand zunächst aus rein wirtschaftlichen Gründen: Mit der Schaffung des Wildparks sollte die einheimische Bevölkerung unterstützt und das nahe gelegene Sun City-Resort um eine Attraktion bereichert werden.

Dier einst unwirtliche Ort entwickelte sich zum ehrgeizigsten Wildprojekt Südafrikas: In der »Operation Genesis« entließ man 6000 Tiere aus 19 Arten in das neue Reservat. Man setzte einheimische und ausländische Pflanzen ein, brach Telefonleitungen ab, vernichtete jegliche Spuren von Landwirtschaft und glich Erosionsschäden aus.

Heute führen in Pilanesberg Elefanten, Spitzmaulnashörner und Leoparden eine eindrucksvolle Liste von Großwildtieren an. Ausgebildete Wildhüter begleiten Besucher auf Safaris in offenen Jeeps. Übernachtungsgäste können sogar an einer Nachtsafari teilnehmen.

In Pilanesberg sind auch zahlreiche Vogelarten, vor allem Raubvögel, heimisch. Kapgeier nisten in den steilen Klippen der Magaliesberge; viele Futterstellen sorgen für das Überleben dieser gefährdeten Art. Im Pilanesberg National Park gibt es einige luxuriöse Übernachtungsmöglichkeiten, wie Kwa Maritane Lodge, Tshukudu Bush Camp und Bakubung Lodge, die über einem Nilpferdpool thront, aber auch Zeltcamps und Strohhütten. Ganz in der Nähe ist ein Privatcamp mit Bungalows und ein Caravanpark.

Junge Elefanten im Pilanesberg National Park

Palace of the Lost City

Palastlampe

Lost City, der Mythos der »Verlorenen Stadt« eines untergegangenen Volkes, liegt 180 Kilometer nordwestlich von Johannesburg, dort, wo die Zeit stillzustehen scheint. Innovatives Design und phantasievolle Architektur in einem üppigen, künstlichen Dschungel schufen einen Komplex, der unvergeßliche Urlaubserlebnisse verspricht: luxuriöse Hotels, Top-Golfplätze, das glitzernde Superbowl-Vergnügungszentrum, Kasinos, Hängebrücken und blaue Wellen, die sanft an Palmenstränden auslaufen.

King's Suite
Die beste Suite des Hotels ist mit Ahorn vertäfelt und bietet eine private Bibliothek, Bar und Panoramaausblick.

Lost City Golf Course
Der Golfplatz hält kniffelige Tees bereit: Ein einzigartiges Wasserhindernis ist wohl der Krokodilpool am 13. Loch.

Cheetah Chase
Die Bronzeskulptur zeigt eine ängstliche Impala, die von einem Gepard angegriffen wird.

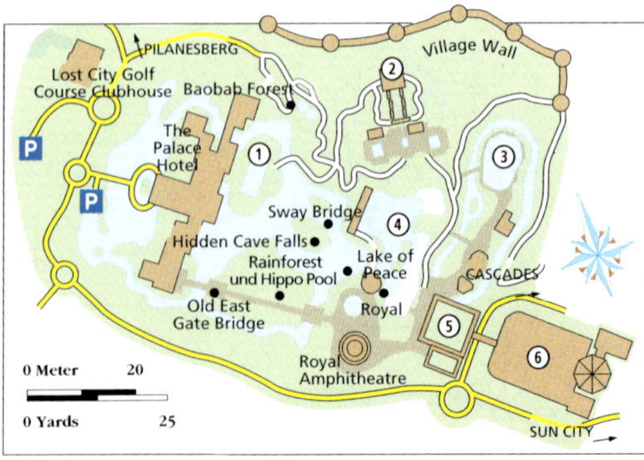

Lost City Complex

① Grand Pool
② Temple of Courage
③ Adventure Mountain
④ Roaring Lagoon
⑤ Bridge of Time
⑥ Superbowl

Legende

- Teerstraße
- Gebäude
- P Parken

★ Elefantenhof und Shawu-Statue
Diese Skulptur gedenkt eines Elefantenbullen, der bis zu seinem Tod mit 60 Jahren 1986 durch den Kruger National Park streifte. Sie steht in einer Nische am Ende des lichtdurchfluteten Elefantenhofs.

INFOBOX

Karte D2. N4 von Rustenburg, dann R565; oder R556, 70 km (43 Meilen) hinter Brits. North West Province. *Sun City: Airlink (011) 978-1111. von Pretoria (012) 313-7980; von Johannesburg (011) 331-9991. Sun International Central Reservations (011) 780-7800. Palace of the Lost City (014) 557-1000. tägl.*

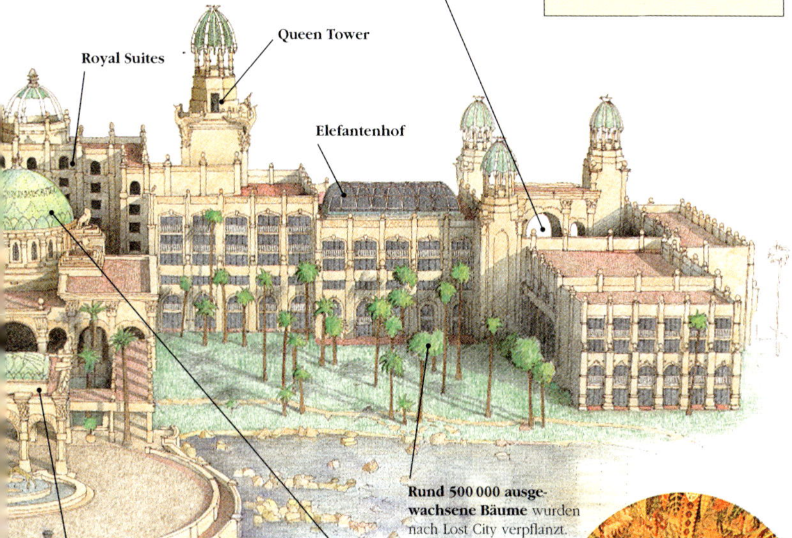

Royal Suites

Queen Tower

Elefantenhof

Rund 500 000 ausgewachsene Bäume wurden nach Lost City verpflanzt.

Das Haustor führt zur Royal Entrance Chamber.

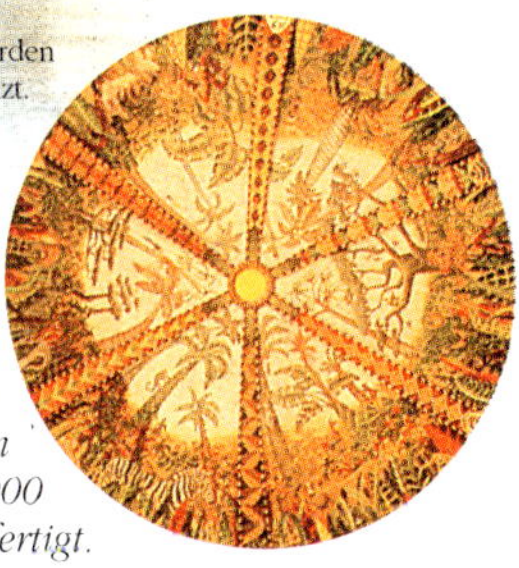

★ Fresko
Das Fresko an der Kuppel bei der Rezeption mit einem Durchmesser von 16 Meter wurde in 5000 Arbeitsstunden gefertigt.

Roaring Lagoon
Alle 90 Sekunden rollt eine 1,8 Meter hohe Welle auf dem weißen Sandstrand aus.

NICHT VERSÄUMEN

- **★ Fresko**
- **★ Elefantenhof und Shawu-Statue**

Blyde River Canyon und Kruger National Park

Zu den Attraktionen im Nordosten Südafrikas zählen eine von Naturreservaten umgebene tiefe Schlucht, Panoramalandschaften, Forellenseen sowie die charmante Goldgräberstadt Pilgrim's Rest, die als lebendiges Museum erhalten blieb.

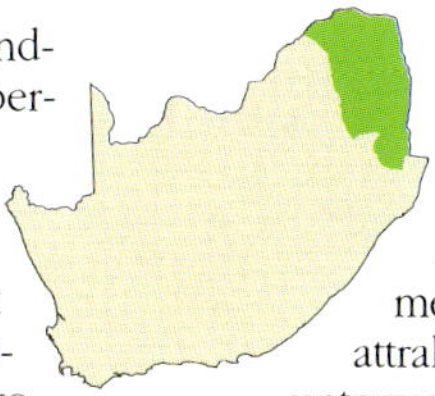

Dramatisch wirkt die Landschaft, wenn die Drakensberge an ihrem nördlichsten Punkt steil in die trockenheiße Ebene des Bushveld abfallen. Von hier aus bietet sich ein Blick über die Östliche Große Randstufe, wo die Savanne in die fernen Küstenebenen von Mosambik übergeht. Auch die Wanderung durch die bizarre Schlucht des Blyde River lohnt sich.

Hohe Niederschlagsmengen sichern den dichten Waldbestand an den Berghängen und die größte Wasserfalldichte Südafrikas. Diese Gegend ist der Hauptholzlieferant des Landes mit riesigen Kiefern- und Eukalyptus-Nutzwäldern. Landschaftlich reizvolle Autostrecken bieten traumhafte Ausblicke, wie die »Panorama Route« ab der geschäftigen Kleinstadt Graskop.

Ein Großteil der Lowveld-Ebene gehört zum Kruger National Park, einem der ältesten und größten Wildschutzgebiete der Welt. Die meisten Besucher sind im attraktiveren Süden des Parks unterwegs, unterhalb des Letaba River und näher an den Stadtgebieten Gautengs. Weniger frequentiert sind der Osten und der Norden, der für seine Elefanten mit langen Stoßzähnen berühmt ist. Strenge Managementpolitik schützt den Park davor, ein Opfer seines Erfolgs zu werden. Den Bedürfnissen der Touristen wird in den privat geführten Luxusreservaten entlang der Westgrenze des Kruger National Park Rechnung getragen.

Im Lowveld werden Zitrusfrüchte sowie Tabak, Nüsse, Mangos und Avocados in großen Plantagen angebaut.

Die grazile Impala-Antilope ist überall im Kruger National Park zu Hause

◁ **Wo Blyde und Treur zusammenfließen, haben Kieselsteine gigantische Löcher in den Felsen geschliffen**

Blyde River Canyon und Kruger National Park stellen sich vor

Die ersten Goldsucher strömten in den Osten Südafrikas auf der Suche nach Gold. Heute strömen Touristen auf der Suche nach den Naturschönheiten und Wildreservaten hierher. Der Blyde River formte die mächtige gleichnamige Schlucht, und in der Nähe erheben sich schon die ersten Drakensberge 1000 Meter über die sattgrüne Ebene. Hier ist das Land, in dem Naturschutz großgeschrieben wird, das Land des Kruger National Park und anderer exklusiver privater Wildreservate, ausgestattet mit Flugzeuglandebahnen und guten Unterkünften – alles nur wenige Autostunden vom Witwatersrand entfernt.

Sehenswürdigkeiten

Blyde River Canyon 5
Dullstroom 1
Kruger National Park 6
Lydenburg 2
Pilgrim's Rest
Alanglade (siehe S. 268f) 4
Private Wildreservate 8
Swaziland *(siehe S. 276f)* 9

Ausflüge

Entlang der Wasserfälle (S. 265) 3
Im Süden des Kruger (S. 274) 7

Siehe auch

- ***Übernachten*** (siehe S. 335ff)
- ***Restaurants*** (siehe S. 357)

Legende

- Nationalstraße
- Andere Straße
- Panoramastraße
- Fluß, (Stau-)See
- Park- oder Reservatgrenzen
- Landesgrenze
- Aussichtspunkt

0 Kilometer 50
0 Meilen 25

Malerische Wellblech-Hütten in der alten Goldgräberstadt Pilgrim's Rest

Blyde River Canyon: ein einzigartiges Werk der Natur

UNTERWEGS

Die gut ausgebaute Nationalstraße N4 führt östlich aus Pretoria direkt zur Grenze von Mosambik. Von Johannesburg nimmt man die N12, die die N4 bei Witbank kreuzt. Zum Kruger National Park oder Blyde River Canyon fährt man nördlich auf weiterhin guten Teerstraßen – einige der Paßstraßen sind jedoch eng und steil. Die »Panorama Route« ist eine der höchsten und landschaftlich schönsten Straßen Südafrikas und führt auch durch das malerische Goldgräberdorf Pilgrim's Rest *(siehe S. 266f)*. Im Winter und Frühsommer muß man hier oft wegen Nebels langsam und mit Abblendlicht bzw. Nebelleuchte fahren.

Wildtiere an einer Wasserstelle im Kruger National Park

Serpentinen des Long-Tom-Passes bei Lydenburg

Dullstroom ❶

Karte E2. Middelburg. 430. *66 Huguenote St, (01325) 4-0254.*

DULLSTROOM IST das Fliegenfischerparadies von Südafrika. Es wurde 1893 nach dem Spitznamen eines holländischen Beamten »Dull« und dem Crocodile River benannt. Auf 2076 Meter Höhe findet sich hier der höchstgelegene Bahnhof Südafrikas. Im Winter kann es bis zu -13°C kalt werden.

UMGEBUNG: Das **Dullstroom Dam Nature Reserve** liegt östlich der Stadt in einer bewaldeten Schlucht um einen ruhigen Stausee, der als Forellenfischgrund beliebt ist. Die geschützten Camping- und Caravanplätze am Ufer befinden sich inmitten üppiger subalpiner Flora. Zahlreiche Vogelarten schwirren umher und begleiten Wanderer auf den markierten Wegen »Misty Valley«, »Ratelspruit« und »Salpeterkrans«.

Das **Verloren Vlei Nature Reserve** liegt 14 Kilometer nördlich von Dullstroom im Herzen eines Sumpfgebiets, Lebensraum für ungezählte Pflanzenarten. Man hofft, den hier geschützten Klunkerkranich (Wattled Crane) eines Tages wieder in die Wildnis entlassen zu können.

Durch die bizarren **Sudwala-Tropfsteinhöhlen** entlang der Straße nach Nelspruit gibt es regelmäßige Führungen. Das Höhlennetz wurde nach einem Swazi-Führer benannt, der sich Mitte des 19. Jahrhunderts hier versteckt hielt.

In der Nähe der Höhlen wird die Geschichte der Menschheit dargestellt, in einem Park stehen lebensgroße Nachbildungen prähistorischer Wildtiere vor einer perfekten Kulisse aus Palmen und Büschen.

Dullstroom Dam Nature Reserve
(013) 254-0151. *tägl.*

Verloren Vlei Nature Reserve
(013) 254-0798. *nach Voranmeldung.*

Sudwala-Höhlen
(013) 733-4152. *tägl.*

Lydenburg ❷

Karte F2. 58 km nördl. von Dullstroom. *6000.* *Weeks Arcade, Kantoor St, (01325) 4-0254.*

LYDENBURG BEDEUTET »Stadt des Leidens« und erinnert an den gescheiterten Versuch, eine Stadt im malariaverseuchten Norden aufzubauen. Die Überlebenden gründeten 1850 im Süden eine neue Siedlung. Interessante Bauten aus dieser Zeit sind die alte Kirche und die Voortrekker-Schule.

Die interessantesten Exponate des **Lydenburg Museum** sind die Repliken der Lydenburg-Köpfe *(siehe S. 43)*, sieben große, einzigartige Ton-Masken, die wohl auf das Jahr 500 n. Chr. zurückgehen und für zeremonielle Riten benutzt wurden.

Lydenburg Museum
Voortrekker Rd. *(013) 235-2121.* *Mo–Fr 8.30–16 Uhr, Sa–So 8.30–17 Uhr.*

UMGEBUNG: Sabie liegt etwa 53 Kilometer östlich von Lydenburg und ist von Nutzwäldern umgeben. Man erreicht es über den schönen **Long Tom Pass**, der einst Teil einer Treckerroute war. So mancher Felsen ist noch gezeichnet von den metallbeschlagenen Planwagenrädern. Im 19. Jahrhundert wurden um Sabie exotische, schnellwachsende Bäume gepflanzt, die für die Goldminen gebraucht wurden. Das **Safcol Forestry Industry Museum** berichtet über die Holznutzung.

Safcol Forestry Museum
10th Ave, Sabie. *(013) 764-1051.* *Mo–Fr 8.30–16.30 Uhr, Sa 8–13 Uhr, So 9–13 Uhr.*

FORELLENANGELN IN DULLSTROOM

1890 wurde die Bachforelle erfolgreich in Binnengewässer von KwaZulu-Natal eingesetzt und verteilte sich später von hier aus auf das ganze Land. Die Regenbogenforelle mit ihren rötlich-braunen Seitenstreifen wurde 1879 eingeführt. In den forellenreichen Gebieten um Dullstroom kann man auf Privatgrund vom Stausee und von Flußufern aus angeln. Es gibt die Möglichkeit einer zeitlich begrenzten Mitgliedschaft im Fliegenfischerclub von Dullstroom; erfahrene ansässige Angler geben Tips. Informationen werden am Eingang zum Dullstroom-Stausee oder vom Stadtdirektor erteilt. Übernachtungsgäste können zwischen Holzhütten und luxuriösen Gasthäusern wählen.

Der ruhige Stausee bei Dullstroom

Entlang der Wasserfälle ❸

Das Zusammenspiel von Hochebene, starken Niederschlägen und starkem Abfluß schuf spektakuläre Wasserfälle in dem alten Goldgräbergebiet entlang der Drakensberge. Hier gibt es mehr Wasserfälle als irgendwo sonst in Südafrika. Schon auf der Rundfahrt zwischen Sabie und Graskop (ca. 100 km) sieht man einige. Die meisten sind ausgeschildert und gut per Auto zu erreichen. Aber beachten Sie die Warnschilder: So reizvoll sie sind – rund um die Wasserfälle ist es sehr glatt und damit gefährlich.

Lisbon-Wasserfall ⑥
Der Lisbon-Wasserfall stürzt 90 Meter von einer felsigen Klippe herunter. Die Goldgräber benannten viele Plätze nach Städten in ihrer Heimat.

Maria-Shires-Wasserfall ⑤
Nach heftigem Regen ist das Donnern und Tosen besonders eindrucksvoll.

Bridal-Veil-Wasserfall ③
Das Wasser sprüht stoßweise herab und umgibt den Fels wie einen Brautschleier.

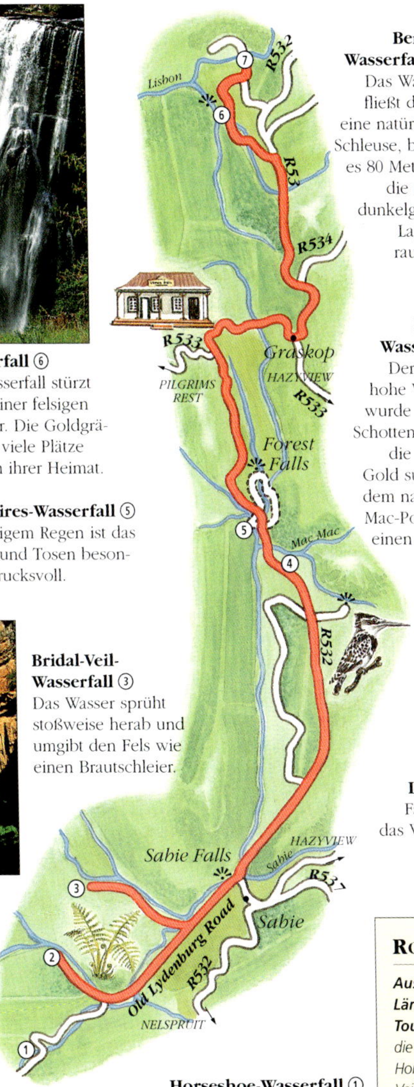

0 Kilometer 5
0 Meilen 3

Berlin-Wasserfall ⑦
Das Wasser fließt durch eine natürliche Schleuse, bevor es 80 Meter in die tiefe, dunkelgrüne Lagune rauscht.

MacMac-Wasserfall ④
Der 70 Meter hohe Wasserfall wurde nach den Schotten benannt, die hier nach Gold suchten. In dem nahen Mac-Mac-Pool gibt es einen Rastplatz.

Legende

- Tour
- Andere Straße
- Wanderweg
- Aussichtspunkt

Lone-Creek-Wasserfall ②
Fast 70 Meter tief stürzt sich das Wasser in dichte Farne und Bergwälder hinein.

Horseshoe-Wasserfall ①
Fast wie ein perfektes Hufeisen rauscht das Wasser die Kaskaden herab. Dieser Wasserfall liegt auf Privatgrund gleich hinter einem Campingplatz.

Routeninfo

Ausgangsort: *Sabie.*
Länge: *100 km (60 Meilen).*
Tourverlauf: *Von Sabie links auf die R532 zu den Wasserfällen Horseshoe, Lone Creek und Bridal Veil. Von Sabie aus auf die R532 Richtung Graskop geht es zu den Wasserfällen MacMac, Maria Shires, Lisbon, Berlin und Forest.*

Pilgrim's Rest ❹

Grabstein

In einem malerischen Lowveld-Tal ließen sich die Goldsucher 1874 nieder. Ihr ursprüngliches Dorf strahlt nach einer Restaurierung wieder denselben bescheidenen Glanz aus wie früher: Die Goldgräber bauten ihre Hütten provisorisch aus Wellblech und Holz, waren sie doch nur auf kurze Wohndauer ausgelegt, bis das Gold erschöpft war. Doch diese Goldquelle sollte erst nach knapp 100 Jahren versiegen, und Pilgrim's Rest wurde so zum lebendigen Stück Geschichte.

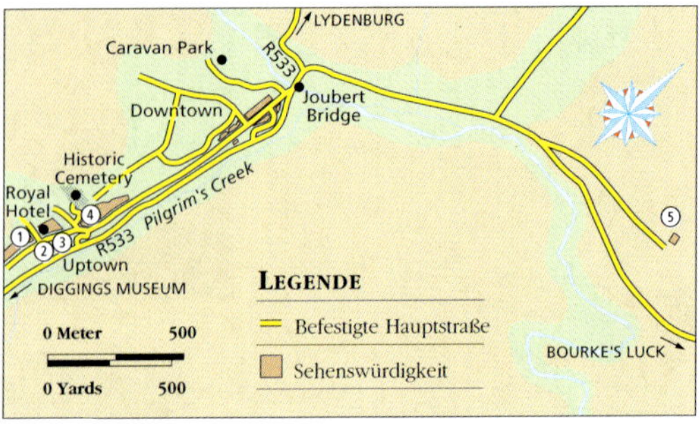

Legende zum Stadtplan

Old Print House ①
Information ②
Miner's House ③
Dredzen & Company ④
Alanglade ⑤

Überblick: Pilgrim's Rest

Das gesamte Dorf ist ein Nationaldenkmal, es liegt 35 Kilometer nördlich von Sabie. Das Ticket gilt für alle Bauten und ist bei der Information erhältlich. Ein Spaziergang durch das »Villenviertel« führt von der Kirche hinunter zur Post, wo man auch den Friedhof besichtigen kann. Der interessanteste Grabstein ist derjenige eines rätselhaften Räubers.

An der Goldgräberstätte am Ufer des Pilgrim's Creek können Gäste selbst ihr Glück mit der Goldpfanne versuchen. Die alte Druckerei »Old Print House« ist ein typischer Bau mit Wellblech auf einem Holzgerüst. Die Zeitung war damals die einzige Verbindung zur Außenwelt, und Drucker gehörten somit zu den ersten Siedlern.

Das Goldgräberhaus »Miner's House« rückt das Goldgräberdasein ins richtige Licht: Obwohl sie viel Gold besaßen, lebten die Goldschürfer wie einfache Leute.

Dredzen & Company ist ein Gemischtwarenladen mit zahlreichen Haushaltsgeräten des letzten Jahrhunderts.

Im herrschaftlichen Anwesen Stately Alanglade wohnte einst der Leiter der Goldmine. Es liegt in einem bewaldeten Tal, fernab vom Staub und Lärm des Dorfs *(siehe S. 268f)*.

Die Bar des Royal Hotel war einst eine Kapelle

Infobox

Karte F2. *Information Centre, (013) 768-1060. tägl. 9–13, 13.30–16 Uhr. Ein Ticket für alles. (013) 768-1367.*

Schnäppchen im Gemischtwarenladen Dredzen

Umgebung: In der herrlichen Landschaft am Abfall der Drakensberge lebt man von der Holzverarbeitung und dem Tourismus.

Vom Dorf aus führt die geteerte R533 über den Bonnet-Paß nach Graskop, einem guten Ausgangspunkt, um die Berge und den Kruger National Park zu entdecken, dessen Hauptcamp Skukuza gerade mal 70 Kilometer von hier entfernt ist. Die R534 (auch »Panorama Route«) beginnt drei Kilometer nördlich von Graskop und führt an Klippen und Wasserfällen *(siehe S. 265)* entlang. Die Berge fallen um fast 1000 Meter bis zum Lowveld ab. Manchmal sieht man 100 Kilometer weit bis nach Mosambik. Die Landschaft wird zu Recht als eine der schönsten Südafrikas bezeichnet – die Ausblicke sind phantastisch.

Blick durch das »Fenster Gottes«

»Three Rondavels« – die drei Rundhütten – im Blyde River Canyon

Blyde River Canyon ❺

Karte F2. An der R534. *(013) 769-6031.* *tägl. 7–17 Uhr.*

DER REISSENDE Blyde River hat sich über Jahrhunderte durch 700 Meter Schiefer- und Quarzgestein gearbeitet, bis er die 20 Kilometer lange Schlucht mit ihrer landschaftlichen Vielfalt aus Klippen, Inseln, Hochebenen und buschbestandenen Hängen geschaffen hatte. Im Herzen der Schlucht liegt der Blydepoort-Stausee.

In den bewaldeten Hängen leben Antilopenarten, kleinere Säugetiere, Vögel, Nilpferde und Krokodile. Nur im Blyde River Canyon findet man alle südafrikanischen Affen: Bärenpaviane, Grünmeerkatzen, Samango-Affen und beide Arten der Buschbabys. Die Flora reicht von Flechten und Moosen über Bergwaldpflanzen hin zu Orchideen und anderen Blütenpflanzen.

Überblick: Blyde River Canyon Nature Reserve

Eine 300 Kilometer lange Rundstrecke von Graskop über Bosbokrand, Klaserie, Swadini und Bourke's Luck bietet phantastische Ausblicke auf die Berge über der Ebene, den Blydepoort-Stausee und tief hinunter in die Schlucht. Man kann mehrtägige oder kurze Wanderungen unternehmen und in den Hotelresorts von Swadini und Blydepoort übernachten.

Kowyn's Pass

Die geteerte R533 zwischen Graskop und dem Lowveld bietet Blicke auf Berge und steile Klippen. Sie führt auch an der reizvollen Panorama-Schlucht mit Wasserfall vorbei.

Swadini

(051) 795-5141. *tägl.*

Dieses Resort liegt tief in der Schlucht an den Ufern des Blydepoort und bietet Übernachtung, Restaurant und Bootsausfahrten an. Im Besucherzentrum und dem unteren Aussichtspunkt bekommt man Informationen zum Stausee und den Kadishi Falls, der größten aktiven Tuffsteinformation der Welt.

Three Rondavels

Diese drei Hügel, die wie traditionelle Rundhütten der Xhosa oder Zulu aussehen, wurden durch Erosion geformt: Die harte »Gesteinskappe« erodierte langsamer als das weiche Gestein darunter. Im schwarzen Quarzgestein wurzelt immergrüner Busch. Entlang dieser Panoramastraße liegen noch World's End und Lowveld View als weitere Aussichtspunkte.

Bourke's-Luck Potholes

Bourke's Luck

(013) 769-6019. *tägl. 7–19 Uhr.*

Kleine und große Steine, die von den Flüssen Blyde (»Freude«) und Treur (»Trauer«) mitgerissen wurden, gruben tiefe Löcher in das Gestein, aus denen die ersten Goldsucher riesige Mengen Gold herausholten. Etwas abseits der R532 liegt Bourke's Luck, der Hauptort des Reservats, mit einem Informationszentrum.

»Pinnacle« an der Panorama Route

Panorama Route

Ein 18 Kilometer langer Abschnitt führt direkt am Klippenrand entlang. Namen wie »Wunderblick« und »Fenster Gottes« mögen übertrieben klingen, bis man selbst einmal dort gewesen ist und in stiller Bewunderung der atemberaubenden Natur gegenübersteht.

Pinnacle

Diese eindrucksvolle Felsensäule an der Panorama Route scheint direkt aus dem immergrünen Blätterwerk zu wachsen. Durch optische Täuschung wirkt sie näher, als sie in Wirklichkeit ist. Die auffälligen Sandsteinschichten geben Aufschluß über ihre Geschichte: Selbst die Spitze dieses riesigen Felsens hat in früheren geologischen Epochen unter Wasser gelegen.

Pilgrim's Rest: Alanglade

Verglichen mit den Bauten in Pilgrim's Rest ist Alanglade ein wahrer Palast: Hier lebten jeweils die Leiter der Transvaal-Goldmine. Trotzdem bringt man das Haus immer noch mit seinen ersten Bewohnern in Verbindung. Alan und Gladys Barry zogen 1916 als junge Familie in das neugebaute Haus ein. Heute ist das Anwesen ein zeitgeschichtliches Museum in georgianischem Stil, das nur auf die Rückkehr seiner ersten Bewohner zu warten scheint.

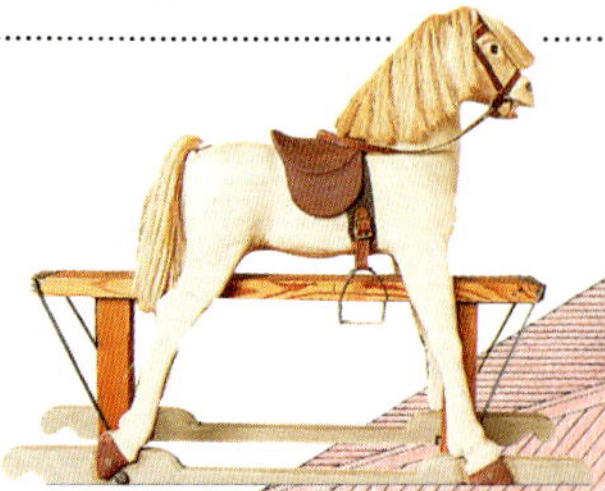

Hölzernes Schaukelpferd

★ Küche
Das Küchenpersonal mußte für viele kochen. Die Küche umfaßt zwei Speisekammern, einen Speiseschrank, eine Spülküche und einen Milchraum.

Elektrische Klingel
Ein ausgeklügeltes Klingelsystem war mit einem numerierten Glaskasten verbunden, so wußte das Personal genau, von welchem Raum aus man geläutet hatte.

Ein Band aus Steinblöcken läuft um das Haus.

Verglaste Doppeltüren teilen die Räume und lassen genügend Licht.

Bogenfenster setzen den Eingangsbereich vom Rest des Hauses ab.

Veranden
Die luftigen Veranden dienten auch als Schlafplatz für die siebenköpfige Barry-Familie und die vielen Bediensteten.

Nicht versäumen

- ★ Küche
- ★ Ericas Schlafzimmer

Alanglade, erbaut 1915

INFOBOX

Pilgrim's Rest. 3 km nordöstl. Abzweigung R533. *Information Centre, (013) 768-1060. Mo–Sa 11, 14 Uhr. Mit Anmeldung.*

Die Jagdtrophäen präsentieren das Wild der Lowvelds.

★ Ericas Schlafzimmer
Erica, die älteste Tochter, war das einzige Kind mit eigenem Schlafzimmer, obwohl sie nur während der Schulferien zu Hause war.

Antiquitäten
In Alanglade sind besonders schöne Antiquitäten ausgestellt, wie dieser Rosenholz-Schrank.

Tagesmutter

Die Bodenbeläge waren gewebte Matten aus Kokos, Stroh oder Sisal.

ALAN BARRYS VERMÄCHTNIS

Am 15. August 1930 schrieb Richard Alan Barry, der Geschäftsführer der Transvaal Gold Mining Estates Ltd, in sein Tagebuch: »Ich verlasse Pilgrim's Rest. Es ist ein trauriger Abschied von Arbeit, Freunden und Bekannten.« Dieses (wie die anderen zwei Familienhäuser zuvor in Johannesburg) auf »Alanglade« getaufte Haus war 14 Jahre lang das Zuhause der Barrys. Die Bindung zu dieser Familie war so stark, daß das Haus bis heute Alanglade genannt wird.

Erica, Mary und Adrian Barry

Rosengarten
Nur ein kleiner Rosengarten läßt ahnen, daß hier einst ein akkurat angelegter Garten mit Linien und geometrischen Mustern blühte.

Kruger National Park ❻

DER KRUGER PARK ist der größte Nationalpark Südafrikas und zweifellos eines der schönsten Wildreservate der Welt. Vom Limpopo River im Norden bis zum Crocodile River im Süden mißt der Park 352 Kilometer und von Ost nach West 60 Kilometer. Diese riesige Wildnis ist mit 19633 Quadratkilometern in etwa so groß wie Israel. 16 verschiedene Vegetationstypen sind im Park zu finden.

Affenbrotbäume
Im Norden des Parks wachsen viele Affenbrotbäume (Baobab).

Giraffen
Über 5000 Giraffen leben im Kruger National Park.

Tierbeobachtung
Viele Camps des Kruger National Park verfügen über Beobachtungsposten wie diesen.

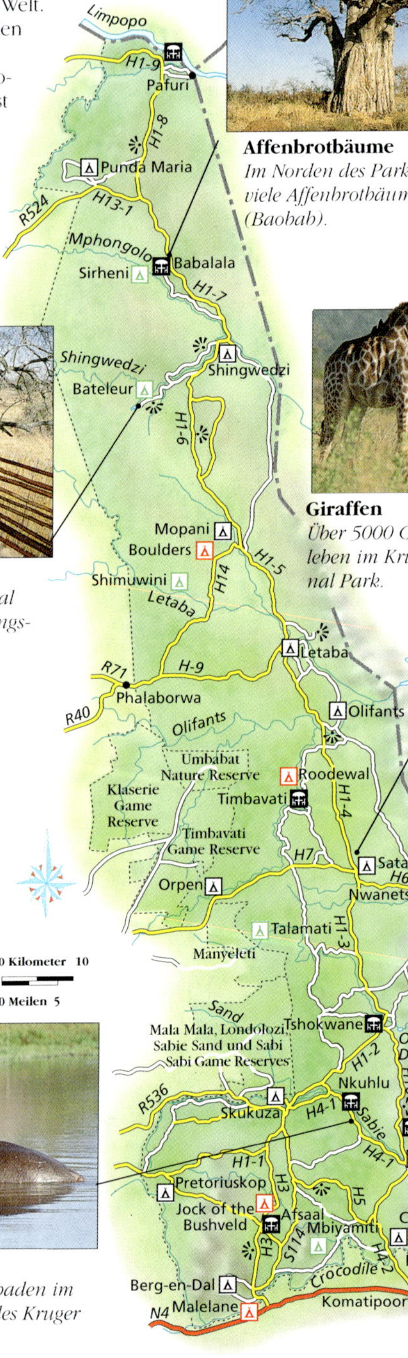

LEGENDE

- Landesgrenze
- Hauptstraße
- Teerstraße
- Ungeteerte Straße
- Camp
- Buschcamp
- Privat geführtes Camp
- Rastplatz
- Aussichtspunkt

Nilpferde
Viele der über 3000 Nilpferde baden im Sabie River im südlichen Teil des Kruger National Park.

◁ **Kruger National Park: Zebras und Impalas an einer der vielen Wasserstellen**

Mopane-Buschland bei Punda Maria im Norden des Kruger Park

Infobox

Karte F1–2. ✈ Skukuza, Phalaborwa, Nelspruit. **Buchungen:** National Parks Board. (012) 343-1991 oder (021) 422-2810 *(siehe auch S. 333).* Sep–März 5.30–18.30 Uhr, Apr–Aug 6–18 Uhr. Malaria-Vorsorge notwendig.

Im Norden des Kruger Park

Den semiaride Norden des Kruger Park prägt Trockensavanne mit Mopanebewuchs. Die wenigen Flüsse sind oft nicht mehr als Rinnsale im Sandbett, erhalten aber wunderbare Lebensräume. Neben riesigen Elefanten- und Büffelherden finden sich hier auch große Populationen von Rappen-, Pferde-, Elen-, Kuh- und Leierantilopen sowie Greisböckchen.

Punda Maria

Wer Einsamkeit sucht, ist im entlegenen Punda Maria, dem nördlichsten Punkt des Kruger Park, genau richtig. Die Hütten des Camps wurden 1933 gebaut. Der Rastplatz Pafuri an der Nordgrenze des Parks ist ein Paradies für Vogelfreunde: Hier sieht man rotgrün leuchtende Narina-Trogons, Meves-Glanzstare, Perlhühner und Weißstirnspinter. Wilde Feigen, Mahagoni-, Ebenholz- und Affenbrotbäume säumen den Luvuvhu River, an dem Tieflandnyalas friedlich weiden.

Shingwedzi and Mopani

Rund 47 Kilometer südlich liegt Shingwedzi auf einem Hügel mit Blick über den Pioneer Stausee. In dieser trocken-heißen Region ist der Swimmingpool des Camps eine wahre Oase. Das 63 Kilometer entfernte Mopani ist idealer Ausgangspunkt für Ausflüge in diese Gegend. Ein Straßennetz führt an beiden Uferseiten des Shingwedzi Rivers entlang, an dem Elefanten, Büffel, Tieflandnyalas, Wasserböcke, Löwen und Leoparden zu sehen sind.

Letaba

Das Letaba Camp am Südufer des Letaba River ist von der Lage her eines der schönsten Camps des Parks. Alle Hütten blicken über den Fluß. Die Elefantenhalle zeigt die Stoßzähne der als »Magnificent Seven« bekannt gewordenen Elefantenbullen, deren Stoßzähne als die längsten je in Südafrika gefundenen gelten.

Im Zentrum des Kruger Park

Das Zentrum des Kruger Park wird zwar nicht von großen Flüssen versorgt, trotzdem tummeln sich in diesem offenen Grasland riesige Antilopenherden und anderes Wild. Wo viele Beutetiere sind, sieht man häufig Jäger: So lebt hier gut die Hälfte des gesamten Löwenbestands des Parks. Im Winter ziehen große Herden von Impalas, Zebras, Gnus, Büffeln und Giraffen zu den künstlichen Wasserstellen und Stauseen.

An der Straße nördlich von Lower Sabie kann man an Haltepunkten die Aussicht über die Stauseen des Nationalparks genießen. Eine schattige Terrasse mit Ausblick findet man beim Rastplatz am Mlondozi-Stausee. Vom Aussichtspunkt Nkumbe überblickt man die weite Ebene – ein einzigartiges Panorama! Zum Wasser des Orpen-Stausees am Fuß der N'wamuriwa-Berge ziehen Kudus, Elefanten und Giraffen.

Perlhuhn

Olifants

Das hübsche Camp thront über der breiten Flußebene des Olifants River. Hier leben große Elefantenherden. Auch Löwen, Antilopen und Büffel ziehen oft an der Straße parallel zum Fluß entlang.

Satara und Orpen

Satara, das zweitgrößte Camp im Kruger Park, liegt in einem Löwengebiet. Hervorragende Wildbeobachtungen bieten die Kieswege entlang der Flüsse Sweni, Nuanetsi und Timbavati. Westlich von Satara liegt das Orpen Camp nahe am privaten Timbavati-Wildschutzgebiet.

Satara: Nach dem Regen genießen Zebras und Giraffen das frische Grün

Im Süden des Kruger National Park 7

Obwohl der südliche Teil des Kruger National Park nur ein Fünftel der Gesamtfläche ausmacht, zieht er die meisten Besucher an. Drei der fünf größten Park-Camps befinden sich hier: Manchmal ist viel los, doch hat man trotzdem beste Chancen, Wildtiere zu beobachten. Auch landschaftlich ist die Gegend sehr reizvoll: Granitfelsen *(koppies)* setzen im Waldland Akzente, der Sabie River schlägt eine grüne Schneise durch die Ebene.

Tshokwane-Rastplatz ②
Ein hübscher Platz für ein Frühstück oder Mittagessen, Erfrischungen sind am Kiosk erhältlich. Tshokwane liegt auf der alten Planwagenstrecke, die 1880 durch den Busch führte.

Skukuza ①
Das größte Camp mit 1000 Betten liegt mitten im besten Beobachtungsgebiet des Kruger Park. Zum Camp gehören Flughafen, Autovermietung, Bank, Post, Museum, Bücherei, Restaurant, Laden und eine Bäckerei.

Nkuhlu-Rastplatz ⑤
Am Rastplatz an den schattigen Ufern des Sabie tummeln sich viele Affen, die sich von den Bäumen am liebsten direkt auf die Teller der Touristen stürzen würden. Am Himmel ziehen Fischadler ihre Kreise, im Fluß die Krokodile.

Lower Sabie Road (H4–1) ④
Zwischen Skukuza und Lower Sabie verläuft die Straße 43 Kilometer lang direkt parallel zum Sabie River. Da man hier oft Wild sieht, ist die Straße entsprechend befahren.

Lower Sabie ③
Im kleinen Lower-Sabie-Camp sind viele Hütten zum Sabie River hin ausgerichtet, wo Elefanten, Büffel, Nilpferde, Enten und Reiher zur Tränke gehen.

Legende

- Streckenverlauf
- Andere Straße
- Aussichtspunkt

Routeninfo

Start: *Vom Paul Kruger Gate nach Skukuza, Tshokwane und Lower Sabie, weiter auf der H4-1.*
Länge: *100 km (62 Meilen).*
Route: *N4 von Nelspruit, dann die R538 nach Hazyview und die R536 zum Paul Kruger Gate.*

Private Wildschutzgebiete ❽

Entlang der Westgrenze des Nationalparks und den Flüssen Sabie und Olifants befinden sich private Wildschutzgebiete, die wie ein Puffer zwischen dem Kruger Park und den dichtbevölkerten Gebieten Lebowa und Gazankulu wirken. Ein Zaun, der in den 1960er Jahren an den Parkgrenzen errichtet wurde, um die Ausbreitung von Tierseuchen zu verhindern, blockierte den Wildwechsel. Erst 1994 wurden die Zäune wieder eingerissen und erlauben den Tieren, sich auf ihren alten Pfaden zu bewegen.

Sabi Sabi Game Reserve: Nilpferde in ihrem natürlichen Element

Überblick: Private Wildschutzgebiete

Luxuslodges, die oft internationale Auszeichnungen für exzellenten Service erhalten, bieten exklusives »Busch-Erlebnis« für kleine Gruppen an. Der Schwerpunkt liegt bei der persönlichen Betreuung. Erfahrene Wildhüter begleiten die Gäste auf Nachtsafaris und Buschwanderungen.

Sabie Sand Complex

Mpumalanga. *Buchung: Selati (013) 5771; Sabie River (013) 735-5117; Bushlodge (013) 735-5656; Mala Mala (013) 735-5661; Londolozi (013) 735-5653.* *eingeschränkt.* *alles inkl.*

Dieser berühmte Komplex grenzt über 33 Kilometer an den Kruger National Park und umfaßt die Reservate Mala Mala, Londolozi und Sabi Sabi. Die »Big Five« sieht man mit Sicherheit, daneben auch Hyänen, Geparde und Wildhunde.

Die Übernachtungsmöglichkeiten reichen von exklusiven Buschcamps zu exklusiven Lodges. Die Camps Selati, Sabie River, Bushlodge, Mala Mala und Londolozi erschließen die südliche Sabi-Sabi-Region mit reichem Wildbestand.

Manyeleti

Mpumalanga. *(013) 735-5753.* *eingeschränkt.* *alles inkl.*

Das exklusive Manyeleti-Camp ist idealer Ausgangspunkt für das Orpen-Gebiet, das bekannt für seinen Wildreichtum ist. Man hat die Auswahl zwischen dem komfortablen Honeguide-Zeltcamp und den luxuriösen Khoka-Moya-Hütten.

Timbavati

Mpumalanga. *Buchung: (015) 793-1453.* *eingeschränkt.* *alles inkl.*

Das 550 Quadratkilometer große Timbavati-Reservat grenzt an das Zentrum des Nationalparks und bietet beste Möglichkeiten zur Tierbeobachtung. Fünf Lodges, von denen aus jeweils unterschiedliche Teile des Reservats erkundet werden, bieten Jeep- und Wandersafaris an. Das Zeltcamp M'bali und das Umlani Bush Camp liegen im Norden, die luxuriösen Lodges Kambaku, Ngala und Tanda Tula im Zentrum des Reservats.

Klaserie

Mpumalanga. *Buchung: Thorny Bush (015) 793-2771; King's Camp (015) 793-1123; Umlali (015) 793-1483; Motswari (015) 793-1718.* *eingeschränkt.* *alles inkl.*

Klaserie umfaßt viele private Wildreservate und ist damit das zweitgrößte private Schutzgebiet des Landes. Es umfaßt 620 Quadratkilometer und grenzt an den Kruger Park sowie an den Olifants River.

Der Klaserie River schlängelt sich durch semiarides Buschland und ist der Anziehungspunkt des Reservats, da sich an der Wasserstelle ungezählte Vögel und Tiere zum Trinken sammeln. Bis 1995 war Klaserie für die Öffentlichkeit nicht zugänglich, doch seither haben viele hervorragende Buschcamps und Lodges eröffnet.

Touristen auf Fotosafari

Luxuriöse Lounge des Mala Mala Private Reserve

Swaziland 9

Traditionelle Swazi - Hütte in Mlilwane

Das Königreich Swaziland erklärte am 6. September 1968 seine Unabhängigkeit von den Briten. Seit 1986 regiert König Mswati III. etwa eine Millionen Swazis. Im Westen der »Schweiz Afrikas« bieten sich die Berge zum Wandern an. Im Zentrum, das auch für sein Kunsthandwerk bekannt ist, werden tropische Früchte angebaut. Im Osten wechseln sich Zuckerrohrplantagen mit dem kargen Buschland der Wildschutzgebiete und Farmen ab.

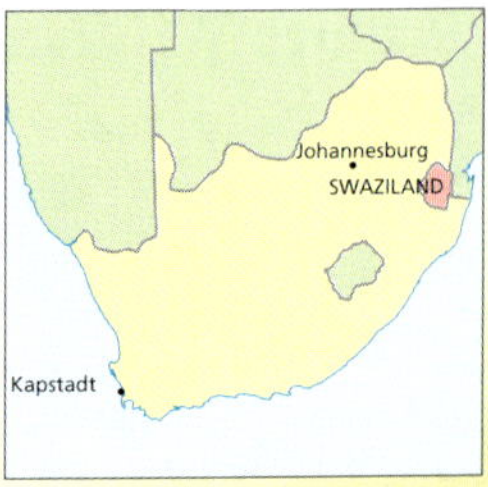

★ Mbabane
Swazilands Hauptstadt entwickelte sich um den Ort, an dem Michael Wells 1888 einen Handelsposten am Fluß eröffnete. Heute ist der Swazi Market das lebendige Handelszentrum.

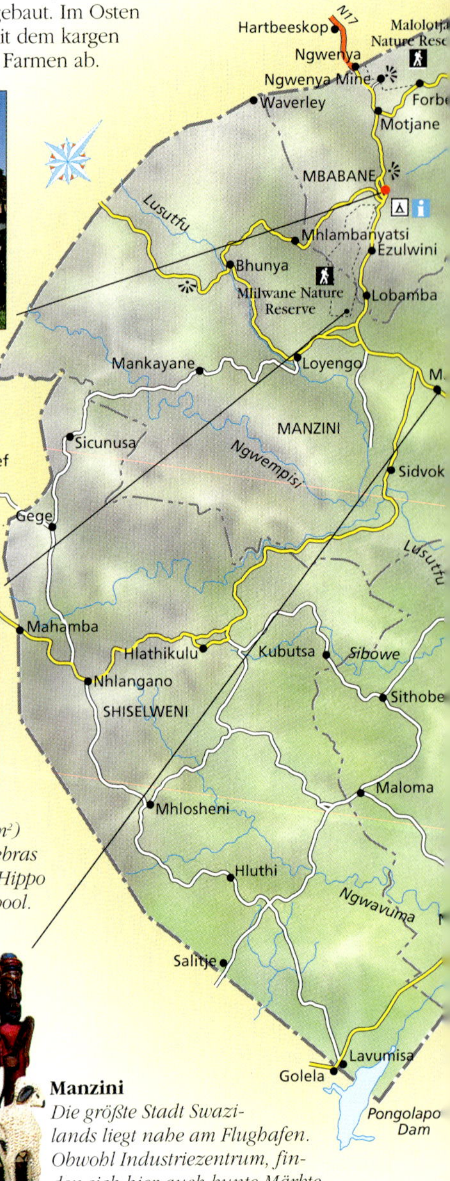

★ Mlilwane Wildlife Sanctuary
In dem kleinen Wildschutzgebiet (45 km²) leben Breitmaulnashörner, Giraffen, Zebras und Antilopen. Vom Camp-Restaurant Hippo Haunt überblickt man einen Nildpferdpool.

Nicht versäumen

- ★ Hlane Royal National Park
- ★ Mbabane
- ★ Mlilwane Wildlife Sanctuary
- ★ Piggs Peak

Manzini
Die größte Stadt Swazilands liegt nahe am Flughafen. Obwohl Industriezentrum, finden sich hier auch bunte Märkte mit Kunsthandwerk und Stoffen.

★ Piggs Peak
Örtliche Künstler stellen ihre Werke entlang der Straße vom Casino Hotel Richtung Norden aus.

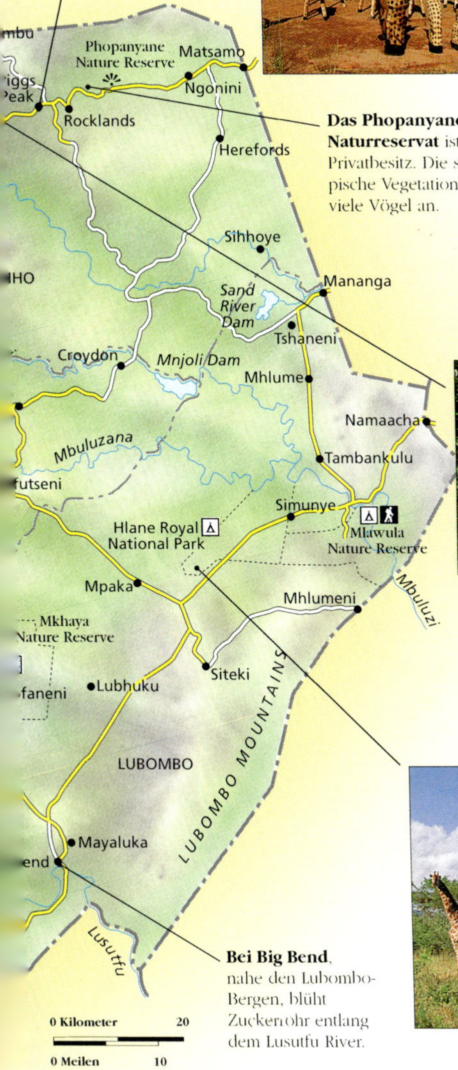

Das Phopanyane-Naturreservat ist in Privatbesitz. Die subtropische Vegetation zieht viele Vögel an.

Infobox

Karte F2. Matsapha (Manzini) 34 km südöstl. von Mbabane. Baz Bus von Durban nach Pretoria via Mbabane. **Grenzübergänge:** Ngwenya (7–22 Uhr); Bulembu (8–16 Uhr); Matsamo (8–16 Uhr); Mananga (8–18 Uhr); Lavumisa (7–22 Uhr); Mahamba (7–22 Uhr).
Swazi Plaza, Mbabane. (09268) 404-6420. Mo–Fr 8.30–16.30 Uhr, Sa 9–12 Uhr. So, Feiertage. Umhlanga Reed Dance (Aug/Sep); Independence Day (6. Sep).
Mlilwane Wildlife Sanctuary
(09268) 416-1037.
Hlane Royal National Park
(09268) 386-1037.

Malolotja Nature Reserve
Im Reservat liegt Ngwenya, die älteste Mine der Welt. Hier wurden vor 43 000 Jahren Hämatit abgebaut, das man zur Körperhygiene verwendete. Von hier aus bieten sich atemberaubende Ausblicke über das Land.

★ Hlane Royal National Park
Die benachbarten Reservate Hlane und Mlawula umfassen 370 Quadratkilometer Wald und die Lubombo-Berge. Elefanten, Breitmaulnashörner, Antilopen, Nilpferde und Giraffen sind hier heimisch. Löwen und Geparden werden in separaten Camps gehalten. Auf Anfrage finden auch geführte Wandersafaris statt.

Bei Big Bend, nahe den Lubombo-Bergen, blüht Zuckerrohr entlang dem Lusutfu River.

Legende

Landesgrenze	Camping
Provinzgrenze	Kanu, Rafting
Hauptstraße	Wandern
Teerstraße	Aussichtspunkt
Ungeteerte Straße	Information

DAS ARIDE INLAND

Das aride Inland stellt sich vor

Die dünnbesiedelte Halbwüste Karoo erstreckt sich über das nördliche Kap und Teile der Provinzen Free State, Eastern und Western Cape. Verschlafene Kleinstädte und Dörfer bergen oft Juwelen von kapholländischer und viktorianischer Architektur und dienen als Versorgungszentren für die umliegenden Farmen. Nördlich des Oranje-Flusses liegen die roten Dünen der Kalahari-Wüste, eines der schönsten Schutzgebiete Südafrikas, in dem viele Wildtiere leben. Im nördlichen Teil des Kaps werden in den berühmtesten Diamantenminen der Welt Edelsteine abgebaut.

Richtersveld *ist eine blasse Mondlandschaft mit seltsamer Flora, darunter der Köcherbaum* (kokerboom), *aus dem die Jäger der Khoina ihre Pfeile schnitzen.*

Die Kamelreiterstatue *in Upington erinnert an die Polizisten Anfang dieses Jahrhunderts, die auf dem Höckertier durch die Kalahari patrouillierten.*

◁ **Ein Köcherbaum *(kokerboom)* in der trockenen Halbwüste des Augrabies Falls National Park**

Die Diamantenminen von Kimberley *– einst Besitz von De Beers Mining Company – gehören heute der Anglo-American Corporation. Den eindrucksvollen Schacht sieht man schon von weitem. In der Stadt finden sich viele hübsche historische Bauten, darunter auch das Rathaus.*

Das Verwaltungszentrum von Bloemfontein *hebt sich mit seinen hohen und modernen Glas- und Betongebäuden stark von den traditionellen stattlichen Sandsteinbauten ab.*

Der Gariep-Stausee *ist das größte Wasserprojekt am Oranje und ein beliebtes Wochenendziel.*

Die malerische Dutch Reformed Church *in Nieu-Bethesda wurde 1905 fertiggestellt. Blickfang dieser kleinen Stadt in der Karoo ist das bizarre Owl House (»Haus der Eulen«).*

0 Kilometer 100

0 Meilen 50

Die Wüste lebt

Samtmilbe

DIE KALAHARI ist Teil der weiten Savanne im Landesinneren, die sich vom Oranje bis zum Äquator hinzieht. Sie erstreckt sich über Teile des nördlichen Kaps, Namibia und Botswana. Die jährlichen Niederschlagsmengen zwischen 150 und 400 Millimeter werden schnell aufgesaugt oder verdunsten. Hier gibt es nur wenige Gewässer, und die Pflanzenwelt besteht hauptsächlich aus Gras, Büschen und Kameldornakazien entlang der ausgetrockneten Flußbetten. Obwohl die Landschaft verlassen scheint, lebt hier doch erstaunlich viel Wild, das sich hervorragend an die Gegebenheiten angepaßt hat.

***Manche Flüsse**, wie z. B. der Auob, erwachen nur alle paar Jahre nach heftigen Regenfällen wieder zum Leben – sonst bleibt nur das trockene Flußbett übrig.*

***Die Oryx-Antilope** frißt Gras, Blätter und Wurzeln und kann ohne Wasser auskommen. Die Temperatur der Tiere paßt sich an die täglichen Temperaturschwankungen an und klettert tagsüber auf über 45 °C.*

Der Köcher enthält Pfeile, deren Spitzen mit dem giftigen Saft von Käferlarven imprägniert sind.

***Die Löwen der Kalahari** leben nur im Kalahari Gemsbok National Park. Sie haben gelernt, mit kleineren Beutetieren, wie Stachelschweinen und Löffelhunden, auszukommen.*

***Mit ihren großen Ohren** können Löffelhunde in trockenen Gegenden unterirdisches Getier wie Termiten und Käferlarven ausmachen.*

***Die Braune Hyäne** frißt vor allem Aas, aber auch Wildfrüchte, Käfer, Termiten, Vogeleier und Kleintiere. Sie lebt nur in den trockenen Wüstenregionen des südlichen Afrikas und kann über längere Zeitspanne ohne Frischwasser auskommen.*

***Das saftige, bittere Fruchtfleisch** der Tsamma-Melone wird von Menschen wie Tieren gegessen, da sie viel Vitamin C enthält.*

Steppenbussarde *gehören zu den vielen Greifvogelarten der Kalahari. Die Zugvögel leben zwischen Oktober und März in Südafrika.*

Die männlichen Namaqua-Sandhühner *fliegen alle drei bis fünf Tage bis zu 60 Kilometer weit zu Wasserstellen. Ihre besonders angepaßten Brustfedern saugen sich voll mit Wasser, die dem Huhn einige Tage ausreichend Flüssigkeit liefern.*

Stöcke werden zum Ausgraben verschiedener eßbarer und wasserhaltiger Wurzeln und Knollen benutzt.

Straußeneier liefern Flüssigkeit und Eiweiß.

Die Puffotter *ist eine hochgiftige Schlange, die sofort beißt, wenn sie sich angegriffen fühlt. Ihre tiefen, geraden Spuren kann man manchmal in den Sanddünen der Kalahari finden.*

BUSCHMÄNNER

Dieses Nomadenvolk ist fast ganz vom Subkontinent verschwunden. Eine kleine Gruppe lebt noch südlich des Kalahari Gemsbok National Park auf einem ihnen 1997 zugestandenen Stück Land. Die Gegenwart hat die Kultur dieses Volks nachhaltig verändert. Sogar in entlegenen Ecken von Botswana leben sie seßhaft in Familiensiedlungen rund um Wasserstellen und haben ihr Nomadendasein aufgegeben. Bevor man diese Camps einrichtete, lebten die Buschmänner vom Wasser- und Nahrungsangebot des Buschs: Sie kannten 20 eßbare Insekten und 180 Pflanzen, Wurzeln und Knollen.

Die Geckos der Wüste *kündigen den Sonnenuntergang mit scharfen, klickenden Geräuschen an. Wenn sie bedroht werden, erstarren sie unsichtbar in Tarnfarbe auf dem roten Sand.*

Der Skarabäus Sparrmannia flava *hat einen Pelzpanzer, mit dem er auch bei kalten Nachttemperaturen aktiv sein kann.*

Windmühlen *pumpen wertvolles Wasser ’n Metallbecken an der Erdoberfläche. In ler Kalahari wurden Karakulschafe, Zieen und Wildtiere gezüchtet, während die obusten Afrikander-Kühe nur an einer gesicherten Wasserquelle überleben können.*

DER ORANJE

Köcherbaum

DAS KLIMA SÜDAFRIKAS ist überwiegend trocken. Die Niederschläge verringern sich von Ost nach West, und nur acht Prozent des Regens erreicht die wenigen Hauptflüsse. Der mächtige Oranje und seine Nebenarme bewässern 47 Prozent des Landes. Auf seinem 2450 Kilometer langen Weg von der Quelle im Nordwesten von Lesotho bis zur Mündung im Atlantik schlängelt er sich durch die trockenen Ebenen des nördlichen Kaps. Hier fördern Wassermühlen das wertvolle Naß aus Kanälen, um den schmalen, fruchtbaren Korridor aus Weinbergen, Dattelpalmen, Luzerne- und Baumwollfeldern zwischen dem Fluß und der erbarmungslosen Wüste zu erhalten.

In Alexander Bay *werden Diamanten in großem Stil abgebaut. Die nahe Mündung des Oranje ist Sumpfland, in dem viele Vogelarten nisten.*

Der Richtersveld National Park *wurde 1991 errichtet und liegt in einer rauhen, bergigen Landschaft. Ein Netz von malerischen, nur per Jeep befahrbaren Straßen durchzieht den Park.*

Der Fish River Canyon liegt an der namibischen Grenze.

0 Kilometer 50

0 Meilen 25

In den letzten Jahren *wurden Kanufahrten auf dem Oranje (siehe S. 363) immer beliebter. Einige Abenteuerveranstalter in Kapstadt bieten Kanu- und Raftingtouren mit Zeltübernachtung am Flußufer an.*

Die Augrabies Falls nannten die Khoina-Ureinwohner Aukoerebis – »Ort des großen Lärms«. Hier stürzt sich der Oranje 56 Meter tief in eine Granitfelsschlucht. Der Wasserfall und seine Umgebung wurden 1966 zum Nationalpark erklärt.

Onseepkans, eine kleine Siedlung und Grenzposten, ist der Ausgangspunkt für Kanufahrten auf dem Oranje.

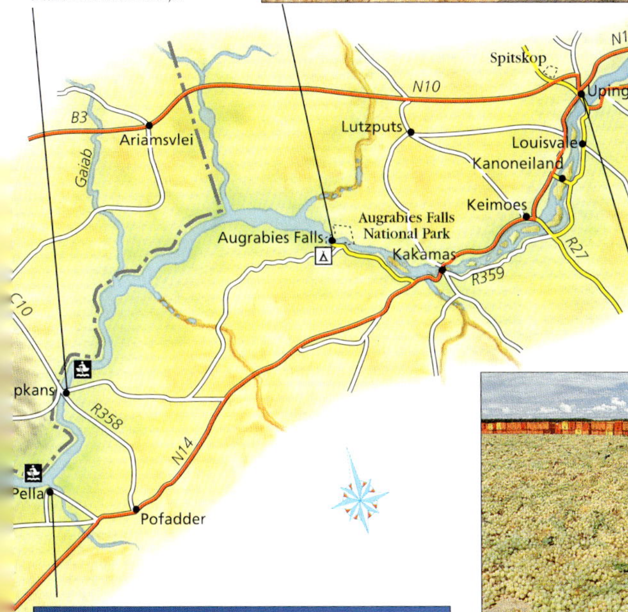

Upington liegt am Nordufer des Oranje und ist die größte Stadt entlang seines Verlaufs. In diesem für die Trockenfrüchteindustrie bedeutenden Zentrum sieht man oft entlang der Straße Sultaninen unter der Sonne trocknen.

Pella Mission mit Dattelpalmen und dem hohen Turm der katholischen Kirche mutet mexikanisch an. Sie wurde von zwei Missionaren gebaut, die als Bauhandbuch nur ein Lexikon besaßen

LEGENDE

- Landesgrenze
- Hauptstraße
- Teerstraße
- Ungeteerte Straße
- Camping
- Kanu, Rafting

SÜDLICH DES ORANJE

WEIT UND UNERBITTLICH – *die Große Karoo ist eine einzigartige Landschaft: Freigelegte Granitkuppen bilden Landmarken in der schier endlosen Steppe. Die rauhe Umgebung wird von den großen, niedrigen Sandsteinhäusern in typischer Karoo-Bauweise in den friedlichen Städten und Dörfern abgemildert. Seit 1970 werden Naturschutzgebiete errichtet, um das Wild zu schützen.*

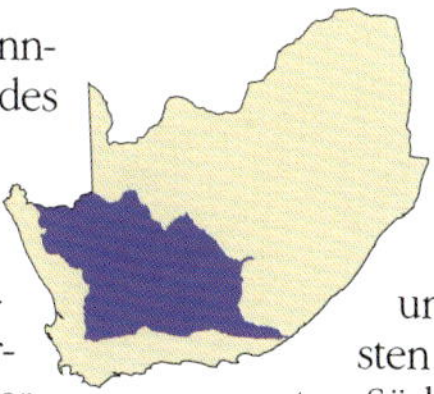

Die Khoina-Ureinwohner nannten die Region *Karoo* (»Land des großen Durstes«). Die holländischen Kolonialherren des 17. Jahrhunderts zögerten lange damit, in dieses unbekannte Gebiet vorzudringen. Ensign Schrijver war der erste Europäer, der 1689 die östliche Karoo erkundete. 1795 hatte sich dann die Kapkolonie auf die südliche und östliche Karoo-Region ausgedehnt. Man teilte die weite Ebene auf einige Schafzüchter auf. Sie dezimierten die Herden von Springböcken, Kuhantilopen, Weißschwanzgnus und Elen- und Quaggaantilopen durch unkontrollierte Jagd. 80 Jahre später waren die Quaggaantilopen ausgestorben und Bergzebras und Weißschwanzgnus auf kleine Restbestände reduziert.

Mit der Ausdehnung der Grenze errichtete man neue Städte. Graaff-Reinet wurde 1786 gegründet und wuchs schnell zum wichtigen Zentrum der umliegenden Schafzüchter an. Heute ist es bekannt für seine kapholländische Architektur und als die Stadt mit den meisten denkmalgeschützten Bauten Südafrikas. Anderswo sieht man oft die typische Karoo-Bauweise der Farmen aus Sandstein, mit Steildach und umgeben von einer breiten Veranda sowie herrlichem Gitterwerk.

Das Karoo Nature Reserve umschließt Graaff-Reinet auf drei Seiten, während der Karoo National Park nördlich von Beaufort West liegt. Der Mountain Zebra National Park bei Cradock soll das Bergzebra vor dem Aussterben bewahren. Im Osten der Karoo läuft mit dem Gariep-Stausee das größte Wasserprojekt Südafrikas. Er versorgt das von Dürre geplagte Ostkap mit Wasser. Hier sind auch Wassersport- und Ferienzentren entstanden.

Feurige Show: Mittagsblumen sind gefeit gegen Dürre, blühen aber nur nach Regen

◁ Die Silhouette des Windrads gegen die Sonne ist das inoffizielle Emblem der Wüstenlandschaft

Überblick: Südlich des Oranje

Die Karoo ist eine Gegend mit unendlich weitem Ausblick, strahlend blauem Himmel und schnurgeraden Straßen, die bis zum Horizont zu führen scheinen. Riesige Schafzuchtfarmen produzieren den Großteil von Südafrikas Lammfleisch und Wolle. Stählerne Windmühlen sengen unter der Sonne und versorgen das Land mit überlebenswichtigem Wasser. Nur 70 Kleinstädte und Dörfer, das größte ist Beaufort West, halten sich zäh im von Dürre gezeichneten Land. Viele von ihnen, wie z. B. Graaff-Reinet, bergen wahre architektonische Schätze. In Beaufort West, Graaff-Reinet und Cradock schützen Naturparks die charakteristische Landschaft, Flora und Fauna.

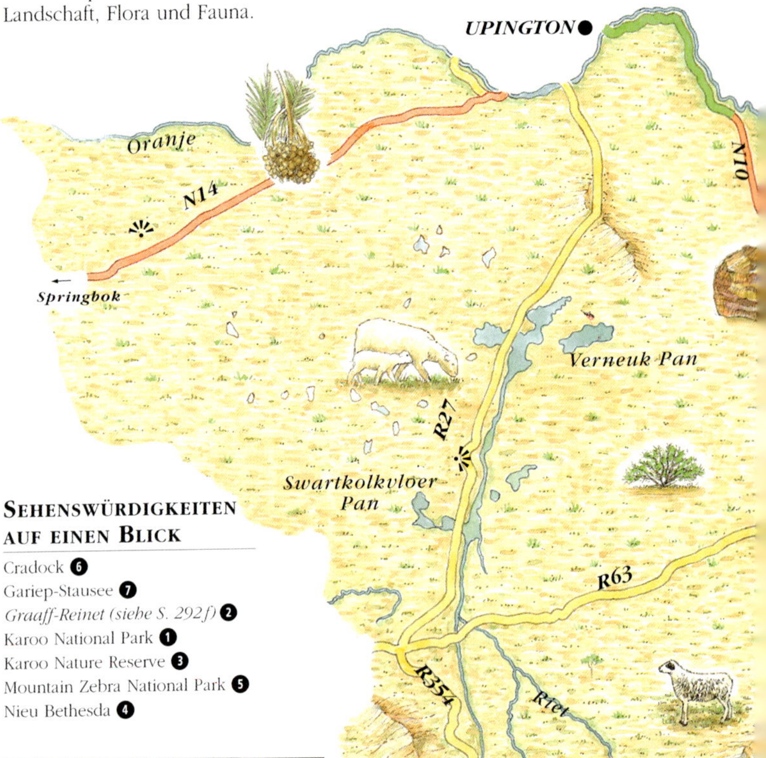

Sehenswürdigkeiten auf einen Blick

Cradock ❻
Gariep-Stausee ❼
Graaff-Reinet (siehe S. 292f) ❷
Karoo National Park ❶
Karoo Nature Reserve ❸
Mountain Zebra National Park ❺
Nieu Bethesda ❹

Bemalter Pferdewagen in Cradock

Siehe auch

• ***Übernachten*** (siehe S. 338)

• ***Restaurants*** (siehe S. 357)

Strauß im Mountain Zebra National Park

Unterwegs

Die Nationalstraße N1 zwischen Kapstadt und Johannesburg führt genau durch Beaufort West. Die N9 zwischen Graaff-Reinet und der Küste des Südkaps zweigt bei Colesberg von der N1 ab. Cradock und der nahe Mountain Zebra National Park liegen westlich der Stadt an der N10. Die meisten der kleineren Dörfer sind durch Teerstraßen verbunden, so daß Besucher selbst entlegene Winkel der Region entdecken können. Die Entfernungen sind zwar groß, aber die Straßen kaum befahren, und viele Städte in der Karoo verfügen über komfortable Bed-and-Breakfast-Hotels und Restaurants. Auch Langstreckenbusse halten in Beaufort West, Graaff-Reinet und Cradock.

Graaff-Reinet: Das schmucke Drostdy-Hotel im kapholländischen Stil war einst Verwaltungssitz

Karoo National Park ❶

Karte C4. N1, 2 km (1 Meile) südl. von Beaufort West. *(0201) 5-2828. Buchung: (012) 343-1991, oder (021) 422-2810.* *tägl. 5–22 Uhr.*

DER KAROO National Park wurde 1979 vor Beaufort West errichtet, um das einzigartige Naturerbe dieser Region zu erhalten. Nach stetiger Erweiterung reicht er nun über die weite, flache Ebene bis zu den schroffen Nuweveld-Bergen.

Hier leben zahlreiche Bergriedböcke, Rehböcke, Kudus, Steinböcke, Schakale und Erdwölfe. Wieder eingeführt wurden Springbock, Kuhantilope, Oryx, Gnu, Bergzebra und die gefährdeten Arten Spitzmaulnashorn und Uferkaninchen. Eine Zählung ergab 196 Vogelarten, darunter über 20 Kaffernadlerpaare.

Ein komfortables Camp mit hübschen kapholländischen Hütten liegt am Fuß der Nuweveld-Berge und ist leicht von der N1 aus erreichbar. Zum Camp gehören ein Laden, Swimmingpool, ein Restaurant und ein Stellplatz für Wohnwagen. Im nahe gelegenen historischen Ou Skuur Farmhouse befindet sich das Informationszentrum des Parks.

Einst tummelten sich Tausende von Springböcken in der Karoo-Ebene

Ein Jeeppfad führt in den rauhen Westen des Parks. Auf Nachtfahrten kann man mit etwas Glück viele scheue und nachtaktive Tiere wie den Erdwolf sehen.

Die beiden kurzen Wanderwege Fossil und Bossie Trail geben Aufschluß über die 250 Millionen Jahre alte Erdgeschichte und die einzigartige Pflanzenwelt der Karoo. Der Fossil Trail ist für Rollstuhlfahrer zugänglich und auch mit Blindenschrift-Tafeln ausgestattet. Vom Camp aus bietet sich eine einfache, elf Kilometer lange Rundwanderung an.

Graaff-Reinet ❷

Siehe S. 292 f.

Karoo Nature Reserve ❸

Karte C4. Graaff-Reinet. *(0491) 2-3453.* *Apr–Sep 7.30–18 Uhr; Okt–März 7.30–19 Uhr.*

DAS KAROO Nature Reserve umfaßt 145 Quadratkilometer um Graaff-Reinet *(siehe S. 292 f)* und schützt die typischen Landschaften und Wildtiere der Karoo. Westlich der Stadt liegt das »Tal der Einsamkeit« (Valley of Desolation), eine der Attraktionen des Reservats. Hier ragen bizarre Felsformationen und zerklüftete Abstürze 120 Meter über den Talboden empor.

Eine 14 Kilometer lange Straße führt zu einem Aussichtspunkt und einem Wanderweg. Die Tagesrundwanderung beginnt am Berg-en-dal-Tor am Westrand der Stadt. Der bergige Südosten des Reservats bietet sich für zwei- bis dreitägige Wanderungen an.

Im Osten stehen die Driekoppe-Gipfel, die sich 600 Meter über die Ebene erheben. Hier leben über 220 Vogelarten. Die Chancen stehen nicht schlecht, die wachsenden Herden von Bergzebras, Büffeln, Kuhantilopen, Spring- und Blessböcken sowie Kudus zu sehen.

Um den Stausee Van Ryneveld's Pass im Zentrum liegen viele Tierbeobachtungsstraßen und Rastplätze. Auf dem Stausee selbst ist Bootfahren und Angeln erlaubt.

Das »Tal der Einsamkeit« im Karoo Nature Reserve

Im Hinterhof des Owl House stehen viele seltsame Figuren

Nieu Bethesda 4

Karte C4. 50 km (31 Meilen) nördl. von Graaff-Reinet. 950. *Village Inn, New St, (04923) 667.*

Die Abzweigung von der N9 liegt 27 Kilometer nördlich von Graaff-Reinet. Von hier folgt man der guten, aber unbefestigten Straße über Voor Sneeuberg (»Vor dem Schneeberg«) nach Nieu Bethesda.

Der Kompasberg ist mit 2502 Metern der höchste Gipfel der Sneeuberg-Kette. Er wurde vom Kapgouverneur Baron van Plettenberg so genannt, der 1778 mit seinem Besuch Colonel Jacob Gordon durch die Berge wanderte und feststellte, daß man die umliegende Gegend von diesem Gipfel aus hervorragend überblicken kann.

Nieu Bethesda wurde von Pfarrer Charles Murray, Geistlicher der Dutch Reformed Church von Graaff-Reinet, gegründet. Das fruchtbare Tal in dieser trockenen Gegend erinnerte ihn an den Teich von Bethesda *(Johannes 5,2)*, und so benannte er die Stadt danach.

1875 kaufte er eine Farm im Tal; 1905 wurde die Kirche gebaut (heute in der Parsonage Street). Der Bau kostete 5600 £, doch noch zur Weihung standen zwei Drittel des Betrags aus. Um an Geld zu kommen, versteigerte der Pfarrer fruchtbares Kirchenland an die Allgemeinheit. 1929 waren die Schulden beglichen.

Heute ist die schmucke Hauptstraße Martin Street von Birnbäumen und Quittenhecken vor den angrenzenden Häusen gesäumt. Bewässerte Felder und Pappeln bilden den Kontrast zu den rauhen Karoo-Bergen im Hintergrund.

Die Pienaar Street führt über den Gat River zum Westufer und vorbei an einer alten, im Jahr 1860 vom Eigentümer der damaligen Uitkyk-Farm gebauten Wassermühle.

Das ursprüngliche Wasserrad war aus Holz und wurde später durch das jetzige Stahlrad ersetzt.

In den letzten Jahren zieht das malerische Dorf viele Künstler an, so z. B. Athol Fugard, den größten zeitgenössischen Dramatiker Südafrikas, der mit provozierenden Stücken wie *Master Harold and the Boys* *(siehe S. 184)* Weltruf erlangte.

Owl House

River St. tägl. 9–17 Uhr.
(04923) 642.

Das »Haus der Eulen« gehört zu den 50 interessantesten Sehenswürdigkeiten Südafrikas. Im Garten stehen Betonskulpturen: Eulen, Schafe, Kamele, Menschen, Sphinxen und religiöse Symbole, die über 30 Jahre lang von Helen Martins und ihrem Assistent Koos Malgas geschaffen wurden. Die Wände und Türen des Hauses sind mit Buntglas verziert. Spiegel reflektieren das Licht von Kerzen und Lampen. Ihr in Quantität und Art ungewöhnliches Werk wird als »Außenseiter«-Kunst (da sie als Ergebnis von Isolation oder Geisteskrankheit nicht in eine Kunstrichtung fällt) bzw. als »Naive« Kunst (da sie Unschuld und Phantasie impliziert) charakterisiert.

Eulenstatue

Helen Martins (1897–1976)

Helen Martins wurde am 23. Dezember 1897 in Nieu-Bethesda geboren, studierte Lehramt in Graaff-Reinet und heiratete später einen jungen Diplomaten. Diese wie auch ihre zweite Ehe gingen in die Brüche, und Helen kehrte heim, um ihren jähzornigen Vater zu pflegen. Nach seinem Tod wendete sich die zurückhaltende Frau immer mehr ihrer eigenen Phantasiewelt zu und begann, ihren Garten mit seltsamen Figuren auszustatten, als Ausdruck ihres persönlichen mythischen Universums. Da sie lange Zeit viel mit Buntglas gearbeitet hatte, wurden ihre Augen immer schlechter. Im August 1976 beging sie im Alter von 78 Jahren Selbstmord mit einer tödlichen Dosis Ätznatron. Als Künstlerin wird sie ein Rätsel bleiben.

Eine »Tapete« aus Buntglas im Schlafzimmer

Im Detail: Graaff-Reinet ❷

Exponat im Urquhart House

IM JAHR 1786 WURDE EIN *landdrost* (Verwaltungsbeamter) von der Dutch East India Company beauftragt, holländische Gesetze entlang der östlichen Karoo-Grenze durchzusetzen. Die Siedlung um den Verwaltungssitz wurde nach dem Gouverneur Cornelis Jacob van de Graaff und seiner Frau Hester Cornelia Reinet benannt. Neun Jahre später verjagten die Bürger von Graaff-Reinet den *landdrost* und erklärten die Stadt zur ersten Burenrepublik Südafrikas. Bald hatte jedoch die Kolonialmacht wieder die Oberhand.

Das War Memorial
ehrt die Gefallenen beider Weltkriege.

Dutch Reformed Church
Die hübsche Groot Kerk *(große Kirche) wurde 1887 aus zwei verschiedenen Steintypen gebaut.*

South African War Memorial
Das 1908 enthüllte Südafrikanische Kriegsdenkmal erinnert an die Schlachten der Burensoldaten gegen die Briten.

NICHT VERSÄUMEN

- ★ Stretch's Court
- ★ Old Residency
- ★ Reinet House

★ Stretch's Court
Diese Häuschen wurden um 1850 für Arbeiter und befreite Sklaven gebaut.

Spandau Kop überragt die Stadt

INFOBOX

Karte C4. 21 650. *Port Elizabeth, 236 km (147 Meilen) südöstl.* *Kudu Motors, Church St.* *Old Library Museum (0491) 2-3801.* *Mo–Fr 8–13, 14–17 Uhr, Sa, So 9–12 Uhr.* **Reinet House** *Mo–Fr 9–12, 14–17 Uhr, Sa 9–12 Uhr, So 10–12 Uhr.* *Heritage Festival (24.–26. Sep).*

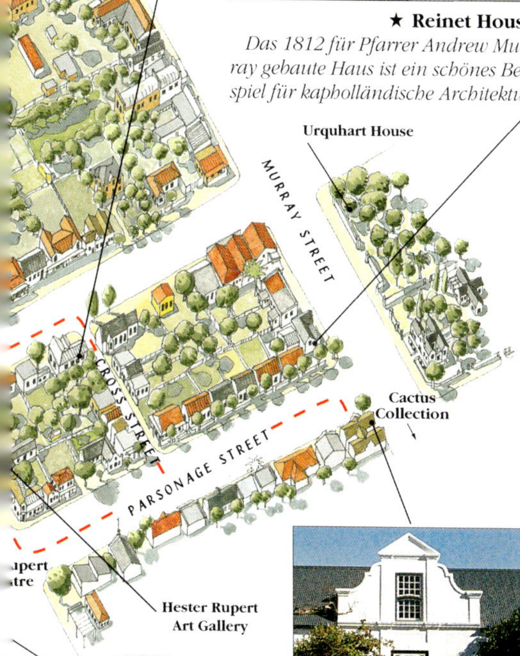

★ Reinet House
Das 1812 für Pfarrer Andrew Murray gebaute Haus ist ein schönes Beispiel für kapholländische Architektur.

Drostdy
Schild am Drostdy (Verwaltungssitz), ein Bau des französischen Architekten Louis Michel Thibault von 1804.

★ Old Residency
Das kapholländische Landhaus wurde um 1820 gebaut. Das originale Oberlicht ist immer noch über der Eingangstür zu sehen. Heute ist Old Residency ein Nebengebäude des Reinet House.

Überblick: Graaff-Reinet

Graaff-Reinet liegt im Flußtal des Sundays River. Die Gärten und Baumalleen fallen aus dem Rahmen der sonst kargen Karoo-Steppe. Viele historische Gebäude wurden sorgsam restauriert und über 200 davon unter Denkmalschutz gestellt. Die wichtigsten Architekturbauten liegen zwischen Bourke und Murray Street.

Dutch Reformed Church

Diese hübsche Kirche aus dem Jahr 1886 wurde der Salisbury Cathedral nachempfunden. Sie ist das schönste Beispiel gotischer Architektur in Südafrika.

Stretch's Court

1855 kaufte Captain Charles Stretch das Land nahe dem Drostdy für seine Arbeiter. Die Häuschen wurden 1977 restauriert und gehören jetzt zum Drostdy-Hotel.

Old Library Museum

Church St. *Mo–Fr 9–12.30, 14–17 Uhr, Sa 9–12 Uhr.*

In diesem Bau aus dem Jahr 1847 ist heute die Touristeninformation untergebracht. Hier werden auch historische Fotografien und Fossilien aus der Karoo ausgestellt.

Hester Rupert Art Gallery

Church St. *Mo–Fr 10–12, 15–17 Uhr, Sa, So 10–12 Uhr.*

Einst Missionarskirche, heute Kunstmuseum: Ausgestellt werden Werke zeitgenössischer afrikanischer Künstler, darunter diejenigen von Cecil Skotnes *(siehe S. 306)* und Irma Stern.

Dutch Reformed Church

Bergzebra im Mountain Zebra National Park

Mountain Zebra National Park 5

Road map D4. 26 km (16 Meilen) westl. von Cradock. (048) 881-2427. Mai–Sep 7.30–18 Uhr; Okt–Apr 7–19 Uhr.

Der Nationalpark westlich von Cradock ist zwar der zweitkleinste des Landes, aber für Touristen nicht minder interessant. Ursprünglich sollte hier das Bergzebra vor der drohenden Ausrottung bewahrt werden. Als der Park 1937 eingerichtet wurde, gab es sechs Zebras, 1949 waren es nur noch zwei. Nach gezielten Schutzprogrammen wuchs der Bestand auf etwa 270 Tiere an. Einige Zuchtherden wurden bereits in andere Parks umgesiedelt, aber das Bergzebra zählt weiterhin zu den gefährdeten Arten.

Neben Zebras kann man Spring- und Bergriedbock, Kuh- und Elenantilope sowie Weißschwanzgnus sehen. Wird der Park einmal erweitert, sollen auch Geparden und Spitzmaulnashörner wieder heimisch werden.

Das Camp liegt über einem Tal und verfügt über Hütten, Caravanpark, Restaurant, Laden und Informationszentrum. Ein paar Meter hinter den Hütten liegt der Swimmingpool exponiert am Fuße eines Granitfelsen.

Der Park läßt sich in zwei Abschnitte teilen: Vom Camp aus kann man auf einer 28 Kilometer langen Rundfahrt das bewaldete Wilgeboom-Tal mit seinen rauhen Granitformationen erkunden. Die Straße führt durch Doornhoek Cottage, wo die *Geschichte einer afrikanischen Farm* verfilmt wurde, und führt zu einem schattigen Rastplatz am Fuß der Berge.

Die nördliche Rundtour beginnt direkt vor Wilgeboom und führt steil hinauf zur Rooiplaat-Hochebene. Hier bieten sich einmalige Blicke auf die weite Karoo und die zahlreichen Wildtiere, die hier beheimatet sind. Am besten kommt man frühmorgens oder spätnachmittags hierher. Auf einer dreitägigen Rundwanderung kann man vom Camp aus den südlichen Park mit den einmaligen Granitfelsformationen der Bankberge entdecken.

Cradock 6

Karte D4. 11 500. Church St. Struwig Motors, Voortrekker St. Durban St, (048) 881-2431.

Nach dem vierten Kaffernkrieg sicherte Sir John Cradock im Jahr 1812 die Ostgrenze mit zwei Militärposten ab: einem in Grahamstown, einem anderen in Cradock. Merinoschafe gediehen hier prächtig, und Cradock wuchs rasch zu einem Zentrum der Schafzucht heran. Die Dutch Reformed Church wurde der Londoner Kirche St Martin's-in-the-Fields nachempfunden. Sie wurde 1867 gebaut und beherrscht den Stadtplatz.

Dutch Reformed Church in Cradock

Das **Great Fish River Museum** hinter dem Rathaus erzählt die Geschichte der ersten Pioniere.

Die Tuishuise *(siehe S. 338)* in der Market Street ist eines von 14 restaurierten Häusern aus dem 19. Jahrhundert, die zu Bed-and-Breakfast-Hotels umgewandelt wurden. Jedes spiegelt eine Architekturepoche wider.

Etwa fünf Kilometer nördlich der Stadt liegt **Cradock Spa**, ein Frei- und Hallenbad, das von heißen Schwefelquellen gespeist wird.

The Great Fish River Museum

87 High St. (048) 881-4509. Di–Fr 8–13, 14–16 Uhr; Sa 8–13 Uhr. Mo, So.

Olive Emilie Schreiner (1855–1920)

Geschichte einer afrikanischen Farm wird als der erste echte Roman Südafrikas bezeichnet. Während ihrer Arbeit als Hauslehrerin auf Farmen begann Olive Schreiner zu schreiben. Das Manuskript kam 1883 unter dem männlichen Pseudonym Ralph Iron heraus und war sofort ein Bestseller. Schreiner schrieb als aktive Verfechterin der Gleichberechtigung (von Frauen und Schwarzen) ausgiebig über Politik. 1920 starb sie in Wynberg (Kapstadt). Ihr Mann, Samuel Cronwright-Schreiner, begrub sie in Buffelskop, 24 Kilometer südlich von Cradock, neben ihrer Tochter, die 25 Jahre zuvor 18 Stunden nach ihrer Geburt gestorben war, und ihrem Hund.

Olive Schreiner

Cradock: Hübsche Häuschen mit gestreiften Markisen und bemalten *stoeps* (Veranden)

Cradock Spa
Marlow Rd. (048) 881-2709.
tägl. 7–18 Uhr.

Gariep Dam 7

Karte D4. nordöstl. von Colesberg auf der R701. (051) 754-0060.

Der Oranje ist Südafrikas breitester und längster Fluß. Zusammen mit seinen Seitenarmen (außer dem Vaal River) bewässert er insgesamt ein Drittel des Landes.

Als Colonel Robert Gordon 1779 an die Ufer eines Wasserlaufs kam, den die Khoina *Gariep* nannten, taufte er den Fluß kurzerhand nach dem holländischen Prinzen von Oranje um. Trotzdem erhielt der 200 Jahre später angelegte Stausee wieder den ursprünglichen Namen: Gariep.

1928 hatte Dr. A. D. Lewis die Idee, den Oranje über einen Tunnel mit dem östlichen Kap zu verbinden. 1948 wurde der Regierung dazu ein Bericht vorgelegt, doch erst 1962 gab der damalige Premierminister Hendrik Verwoerd das ehrgeizige Projekt zur Durchführung frei. Die Arbeiten begannen 1966, im September 1970 wurde die letzte Lücke in der Mauer geschlossen. Der Gariep-Stausee ist das größte Süßwasserreservoir Südafrikas. Die Staumauern sind 90 Meter hoch und 948 Meter lang. Der Stausee bedeckt insgesamt eine Fläche von 374 Quadratkilometern. Auf halbem Weg in Höhe der Stadt Oviston führt der Oranje-Fish-Tunnel über 83 Kilometer Wasser in den Great Fish River bei Steynsburg. Dieser Tunnel wurde 1975 fertiggestellt und ist die zweitlängste Wasserführung der Welt. Mit einem Durchmesser von fünf Metern kann er ein Viertel des Oranjewassers ableiten.

Bushveld säumt die Ufer des Gariep-Stausees. Das Land zwischen den Flüssen Caledon und Oranje wurde in drei schöne Naturreservate mit einer Gesamtfläche von 452 Quadratkilometern verwandelt. Spring- und Blessbock, das gefährdete Bergzebra und das Weißschwanzgnu wurden erfolgreich wiederangesiedelt.

Das **Aventura Midwaters Resort** an der Staumauer bietet komfortable Hütten, einen Campingplatz und zahlreiche Freizeitmöglichkeiten wie Bootfahren, Angeln, Golf, Tennis, Reiten und Schwimmen.

An das Kopfende des Stausees grenzt das Reservat **Tussen-die-Riviere** (»Zwischen den Flüssen«), in dem Springbock, Weißschwanzgnu, Kuh- und Elenantilopen, Oryx, Zebra und Breitmaulnashörner leben. Von den Hütten aus sieht man den Zusammenfluß der beiden Flüsse. Wanderwege führen in den Osten des Reservats.

Aventura Midwaters
Gariep Dam. (051) 754-0045.
tägl.

Tussen-die-Riviere Game Reserve
Gariep Dam. (051) 763-1114.
tägl.

Hütten direkt am Ufer des Gariep-Stausees

Uralte Berge bilden die dramatische Kulisse hinter dem Camp im Karoo National Park ▷

Nördlich des Oranje

Die rötlichen Dünen der Kalahari *fließen nördlich des Oranje über die Landschaft wie die Wellen eines Wüstenmeers. Drei Bergketten durchbrechen die Monotonie, bis die Dünen schließlich den Blick über das Grasland des Highveld freigeben. In dieser Wildnis sind Städte wie Upington eine Oase für den Reisenden. Auf dem schmalen Uferstreifen werden Weinreben angebaut.*

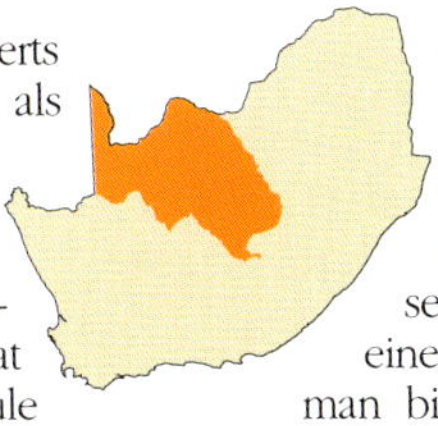

Anfang des 19. Jahrhunderts war das nördliche Kap als weißer Fleck auf der Landkarte die Heimat der letzten nomadisierenden Jäger, der San-Buschmänner. 1820 bauten Robert und Mary Moffat eine Mission und eine Schule in Kuruman, 263 Kilometer nordöstlich von Upington, und arbeiteten 50 Jahre an der Setswana-Übersetzung der Bibel. Die Expeditionen ihres Schwiegersohns David Livingstone machten Europa auf Afrika aufmerksam.

In der Kapkolonie wurden die afrikaandischen Bauern immer unzufriedener mit der britischen Verwaltung und zogen auf der Suche nach Neuland gen Norden. 1836 querte eine Gruppe von Voortrekkern *(siehe S. 48f)* den Oranje und siedelte bei Thaba Nchu, östlich des heutigen Bloemfontein, wo sie 1854 den Oranje-Freistaat als unabhängige Republik gründeten. Die Entdeckung von Diamanten im Jahr 1866 veränderte die wirtschaftliche Situation Südafrikas dramatisch. In Kimberley schürften zahllose Glücksritter im »Big Hole«, einem riesigen Krater, aus dem man bis zu seiner Stillegung 1914 insgesamt 2722 Kilogramm Diamanten zutage förderte.

Weiter westlich am Oranje lud ein Griqua-Führer Pfarrer Christiaan Schröder ein, eine Mission am Ufer zu errichten, Grundstein für die Stadtgründung von Upington. Bewässerungskanäle verwandelten die Wüste in ein fruchtbares Anbaugebiet für Wein, Obst, Getreide und Luzerne. Der Bergbau ist zwar immer noch der wichtigste Wirtschaftszweig, doch touristisch gesehen begeistert die Region ihre Besucher mit Geschichte, Wüstenlandschaften und Wildtieren, darunter auch viele Raubtiere und der einzigartige Kalahari-Löwe.

Erdmännchen leben in großen Familienverbänden zusammen

◁ **Ein *halfmens*, Halbmensch *(Pachypodium namaquanum)*, steht über der dunstigen Richtersveld-Ebene**

Überblick: Nördlich des Oranje

Upington ist der ideale Ausgangspunkt, um Südafrikas letzte unbesiedelte Wildnis zu erkunden: die roten Dünen der Kalahari. Obwohl seit Jahrtausenden keine permanenten Flüsse diese uralte Landschaft durchziehen und grasbedeckte Sanddünen bis zum Horizont zu reichen scheinen, findet sich hier eine reiche Tierwelt. Kimberley im Osten war einst Schauplatz des weltgrößten Diamantenrausches; noch heute erinnert vieles an seine Blütezeit. Richtung Osten nimmt die jährliche Niederschlagsmenge zu. Das Grasland von Free State ist ideal für Rinder- und Schafhaltung sowie den Anbau von Mais und Sonnenblumen. Bloemfontein, einst Hauptstadt der Burenrepublik Oranje-Freistaat, zieren alte Häuser.

Bocksdorn, Kalahari Gemsbok National Park

Auf einen Blick

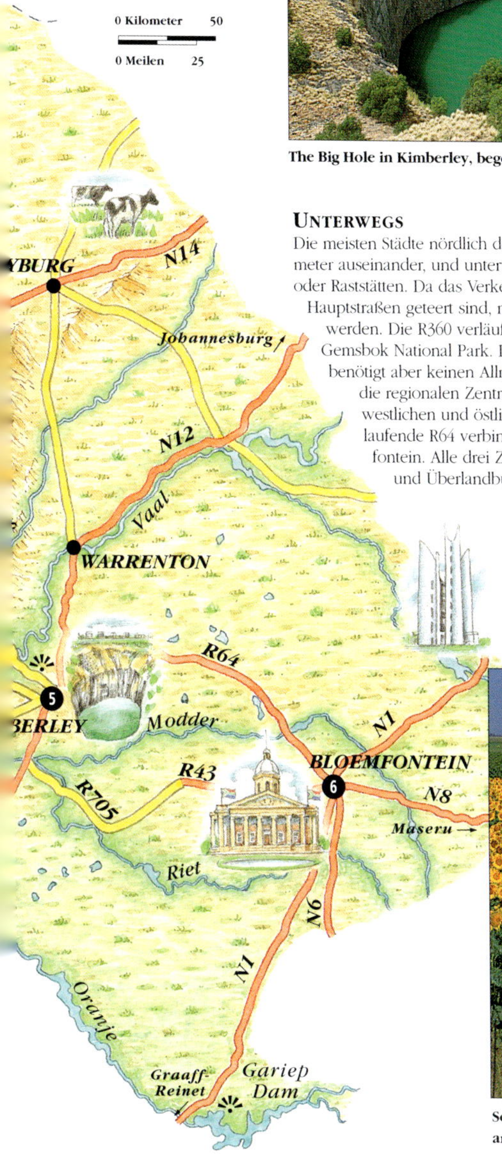

The Big Hole in Kimberley, begonnen um 1870

Unterwegs

Die meisten Städte nördlich des Oranje liegen mehr als 200 Kilometer auseinander, und unterwegs trifft man selten auf Tankstellen oder Raststätten. Da das Verkehrsaufkommen gering ist und alle Hauptstraßen geteert sind, muß das Reisen nicht zur Strapaze werden. Die R360 verläuft nördlich von Upington zum Kalahari Gemsbok National Park. Die Straßen im Park sind sandig, man benötigt aber keinen Allradantrieb. Nationalstraßen verbinden die regionalen Zentren mit Johannesburg und dem westlichen und östlichen Kap. Die von Ost nach West verlaufende R64 verbindet Upington, Kimberley und Bloemfontein. Alle drei Zentren besitzen regionale Flughäfen, und Überlandbusse verkehren in andere Städte.

Siehe auch

- ***Übernachten*** S. 339
- ***Restaurants*** S. 357

Sonnenblumen gehören zu den Hauptanbauprodukten der Provinz Free State

Das Haus von Reverend Christiaan Schröder in Upington

Upington ❶

Straßenkarte B3. 36 300. *Schröder St, (054) 332-6064.* *7 km (4 Meilen) nordöstl. der Stadt.* *Bahnhof Upington.*

Upington liegt in einer weiten, mit niedrigem Buschwerk gesprenkelten Ebene. Wo die Straße den Oranje berührt, wechselt die Szenerie abrupt, denn der Fluß malt ein grünes Band durch die Landschaft.

Upington, nach Kimberley die zweitgrößte Stadt des Nordkaps, ist Zentrum einer agraren Region, wo Farmer am fruchtbaren Flußufer Luzerne, Baumwolle, Obst und Wein anbauen.

Im späten 19. Jahrhundert war das Nordkap unerschlossenes Land. Die nomadisierenden Khoina, Sammler und Jäger, widersetzten sich der Besiedlung durch die Weißen und stahlen ihnen Vieh, bis 1871 Reverend Schröder auf Ersuchen des Korana-Führers Klaas Lukas eine Missionsstation in der Wildnis gründete und die ersten Bewässerungskanäle anlegte. Die einstige Kirche ist heute Teil des **Kalahari-Oranje-Museums** in der Schröder Street. Hier erinnert die Statue eines Kamelreiters an die Polizisten und ihre unermüdlichen Patrouillenritte durch diese Wüstenregion.

Von Die Eiland, einem schönen Ferienresort, starten Sunset-Kreuzfahrten den Fluß hinunter.

Die fünf Weinkeller in dieser Region gehören dem **Oranje Rivier Wynkelder**, der Führungen und Weinproben anbietet. An der Louisvale Road am südlichen Flußufer befindet sich die South African Dried Fruit Co-op, die täglich bis zu 250 Tonnen Trockenfrüchte verarbeitet.

Lebende Steine

The Kalahari Oranje Museum
Schröder St. (054) 331-2640. Mo–Fr 9–12.15, 14–17 Uhr.

Oranje Rivier Wynkelder
(054) 331-2186. Mo–Fr 8.30–12.30, 14–17 Uhr, Sa 8–12 Uhr.
So, Feiertage.

Augrabies Falls National Park ❷

Straßenkarte B3. 100 km westl. von Upington. *(054) 451-0050. tägl.* *Buchung: (021) 22-28 10, oder (012) 343-1991.*

Der Augrabies Falls Nationalpark wurde 1966 gegründet, um die Augrabies-Wasserfälle durch die größte Granitschlucht der Welt zu schützen. Bei normalem Wasserstand stürzt der Hauptfall 56 Meter in die Tiefe. Der kleinere Bridal-Veil-Wasserfall an der nördlichen Wand der Schlucht ergießt sich 75 Meter in den darunterliegenden Fluß.

Zum Hauptgebäudekomplex am Eingang des Parks gehören ein Laden, ein Restaurant und eine Bar. Von hier führen Wege zu den Wasserfällen. Trotz der Absperrungen ist in der Nähe des Hauptwasserfalls größte Vorsicht geboten, da die Felsen hier sehr rutschig sind.

Der Reiz von Augrabies liegt nicht nur in den Wasserfällen und dem Camp mit 59 Hütten, drei Swimmingpools und einem weitläufigen Campinggelände. Auf dem 39 Kilometer langen Klippspringer-Pfad kann man den südlichen Teil des Parks erkunden und dabei den überwältigenden Blick auf die Schlucht und die umliegende Wüste genießen. Die Black Rhino Adventure Company bietet flußabwärts Ausflüge in Gummi-Dinghys an und unternimmt Touren durch den Nordteil des Parks, wo sich Spitzmaulnashörner beobachten lassen.

Die Augrabies Falls im gleichnamigen Nationalpark

Kalahari Gemsbok National Park ❸

Straßenkarte B2. 280 km nördl. von Upington. *(054) 561-0021.* *Buchen: (021) 22-2810, oder (012) 343-1991.* *tägl.*

DER GRÖSSTE Nationalpark Afrikas, eine endlose, von zwei trockenen, uralten Flußbetten durchzogene Wildnis aus grasbedeckten Dünen, erreicht mit 34 390 Quadratkilometern fast die doppelte Ausdehnung des Kruger National Park. Südafrika und Botswana teilen sich die Verwaltung, der Grenzverlauf im Park ist offen, und die Tiere wechseln frei zwischen den Staaten.

Von Upington zieht sich die neue R360 durch ein scheinbar menschenleeres Gebiet. Die Teerstraße wird bei Andriesvale zu einer 58 Kilometer langen Sandpiste parallel zum Grenzzaun, bevor sie die Südeinfahrt erreicht. In der Nähe des Tors liegt ein staubiger Campingplatz, nicht weit davon befindet sich das Camp Twee Rivieren mit Chalets, Restaurant und Swimmingpool. Von Twee Rivieren führen zwei Straßen an den trockenen Läufen des Auob- und des Nossob-Flusses zu den Camps Mata Mata und Nossob. Am Nossob finden sich vier wunderschöne Picknickplätze, der Platz am Auob liegt auf etwa halber Strecke.

Obwohl Twee Rivieren in der trockensten Zone des Parks liegt, ist die Tierwelt erstaunlich vielfältig. Zwar kann die Kalahari nicht mit den vielen Antilopenarten der Savannenparks aufwarten, dafür aber mit 19 Raubtierarten, darunter dem schwarzmähnigen Kalahari-Löwe, Gepard, brauner Hyäne, Wildkatze und Honigdachs. Häufig zu sehen sind Raubvögel wie Gaukler, Kampf- und Raubadler sowie der Weißbürzel-Singhabicht.

In den Flußbetten schaffen 40 Windmühlen lebenswichtige Wasserstellen für Springbock, Gnu, Kuhantilope und Spießbock (Oryx).

Büffelbulle

Springbock *(Antidorcas marsupialis)*, Kalahari Gemsbok National Park

Tswalu Private Desert Reserve ❹

Straßenkarte C2. 115 km nordwestl. von Kuruman. *(011) 784-6832.* *Buchung (053) 781-9211.*

SÜDAFRIKAS größtes Privatreservat, ein ambitioniertes und einzigartiges Projekt, umfaßt 750 Quadratkilometer rote Kalahari-Dünen und die malerischen Koranna-Berge. Das Schutzgebiet ist dem britischen Geschäftsmann Stephen Boler zu verdanken, der 26 Rinderfarmen aufkaufte und zusammenlegte. Anschließend bauten Arbeitsteams 800 Kilometer Zaun, 2300 Kilometer Elektrodraht, 38 Betondämme und die Farmhäuser ab. Etwa 7000 Rinder wurden verkauft, und das Gelände schließlich eingezäunt. Boler investierte über 54 Millionen Rand, um das Reservat aufzubauen.

Insgesamt wurden hier wieder 4700 Tiere heimisch – 22 verschiedene Arten – darunter Löwe, Leopard, Gepard, Breitmaulnashorn, Büffel, Zebra, Giraffe, Rappenantilope, Leierantilope, Elen und Spießbock, doch die Juwelen in der Krone Tswalus sind zweifellos seine acht Wüsten-Spitzmaulnashörner (Unterart *Diceros bicornis bicornis*), die mit Erlaubnis der namibischen Regierung hierher zurückgeführt wurden. Ihnen folgten später sieben Wüstenelefanten.

Tswalus sündteure Luxus-Lodge besitzt eine eigene geteerte Start- und Landebahn und wird von der Conservation Corporation verwaltet. Die Gäste sind in neun strohgedeckten Quartieren untergebracht, das Hauptgebäude liegt an einem prächtigen Swimmingpool.

Sir Laurens van der Post (1906–96)

Laurens van der Post, Sohn einer Afrikanerin und eines Holländers, war Soldat, Autor, Philosoph, Träumer und Forscher. Im Zweiten Weltkrieg brachte er es bis zum Oberst, bis 1945 war er in japanischer Gefangenschaft auf Java. Nach seiner Rückkehr begann er mit der Erforschung der Wildnis. Der fesselnde Bericht von seiner Suche nach den San-Buschmännern der Kalahari erschien 1958. *The Lost World of the Kalahari*, eines der ersten Bücher, beschrieb diese faszinierende, spirituelle Kultur. Van der Post war mit der englischen Königsfamilie befreundet und machte sich später einen Namen durch seine scharfsichtigen philosophischen Schriften, die in erster Linie moralische und soziale Themen seiner Zeit aufgriffen.

Sir Laurens van der Post

Kimberley 5

DER ERSTE DIAMANTENRAUSCH um Kimberley fand 1869 statt, als man auf der Farm Bultfontein Diamanten fand. Im Juli 1871 kampierten Schürfer 4,5 Kilometer nordwestlich an einem Hügel. Der Koch der Gruppe wurde zur Strafe für ein geringes Vergehen auf den Gipfel geschickt und kehrte mit einem Diamanten zurück. Daraufhin ließen sich in zwei Jahren 50 000 Schürfer in der Zeltstadt New Rush nieder, die 1873 in Kimberley umbenannt wurde. Als Cecil John Rhodes *(siehe S. 50)* in die Stadt kam, waren bereits 3600 Claims abgesteckt.

Rekonstruierte Straßenszene im Kimberley Mine Museum

Überblick: Kimberley
Der winklige Straßenverlauf Kimberleys steht in Kontrast zu dem Schachbrettmuster, das andere südafrikanische Städte charakterisiert, und stammt aus seiner Zeit als Zeltstadt. Zwar begegnet man Hinweisen auf die Vergangenheit nicht auf Schritt und Tritt, doch hat Kimberley viele historische Sehenswürdigkeiten.

Kimberley Mine Museum
West Circular Rd. (053) 833-1557.
tägl. 8–18 Uhr.
Das malerische Museumsdorf rings um den Rand des Big Hole präsentiert kopfsteingepflasterte Straßen und historische Gebäude: eine kleine Kirche, eine Apotheke, diverse Läden und eine alte Bar, alle original ausgestattet.

Kimberley Club
70–72 Du Toitspan Rd. *(053) 832-4224.* *tägl.*
Dieser luxuriöse Klub, der 1896 fertig wurde, war Treffpunkt der Bergbau-Magnaten und Schauplatz manch lukrativen Diamantendeals. Gemäß alter Tradition haben Frauen keinen Zutritt zur Hauptbar.

Oppenheimer Memorial Gardens
Jan Smuts Blvd.
Digger's Fountain im Park umgeben fünf bronzene Diamantenschürfer. Die Kolonnade schmückt eine Büste des deutschstämmigen Diamantenhändlers Ernest Oppenheimer, der 1917 die Anglo American Corporation gründete.

INFOBOX

Straßenkarte D3. 72 200. 7 km (4 Meilen) südl. der Stadt. Old de Beers Rd. Shell Ultra City. Civic Centre, Bultfontein Rd, *(053) 832-7298.*

William Humphreys Art Gallery
Jan Smuts Blvd. *(051) 831-1724.*
Mo–Sa 10–13, 14–17 Uhr, So 14–17 Uhr. *Mi gratis.*
Die Galerie gegenüber den Memorial Gardens zeigt eine erstklassige Sammlung von Werken europäischer Meister und südafrikanischer Maler.

McGregor Museum
Chapel St. *(053) 842-0099.*
Mo–Fr 9–17 Uhr, Sa 9–13 Uhr, So 14–17 Uhr.
In dem Gebäude, in dem Cecil John Rhodes während des südafrikanischen Krieges wohnte, ist ein natur- und kulturhistorisches Museum mit bedeutenden ethnologischen und archäologischen Exponaten sowie Felsmalereien.

Duggan-Cronin Gallery
Egerton Rd. *(053) 842-0099.*
Mo–Fr 9–17 Uhr, So 14–17 Uhr
Die Galerie präsentiert 8000 anthropologisch bedeutsame Fotografien von Alfred Duggan-Cronin, aufgenommen in einem Zeitraum von 20 Jahren. Er befaßte sich nach seiner Ankunft in Kimberley 1897 mit den Ureinwohnern des Nordkaps.

Honoured Dead Memorial
Memorial Rd.
Sir Herbert Baker widmete das Denkmal den britischen Soldaten, die 1899 bei der Belagerung Kimberleys fielen. Daneben steht die Kanone Long Cecil aus der Produktion von De Beers.

Das McGregor Museum, Kimberley

Der Diamantrausch von Kimberley

Die Kimberley-Mine, genannt The Big Hole, ist die berühmteste der vier Diamantenminen in der Region um Kimberley. 1871, nur zwei Jahre nach Entdeckung der diamanthaltigen Kimberlit-Schlote, arbeiteten gleichzeitig bis zu 30 000 Schürfer auf den Claims. Auf frühen Fotografien ist ein ganzes Netz aus Tauen zu sehen, die am Rand des Aushubs nach oben führen. Mit kaum mehr als Spitzhacke und Schaufel ausgestattet, gruben sich die Schürfer in die Erde, 1889 hatte das Loch bereits die erstaunliche Tiefe von 150 Metern. Je tiefer man grub, desto schwieriger wurde es, das diamanthaltige Gestein abzubauen, und das Chaos aus Tauen, steilen Pfaden und Claims, die auf unterschiedlichen Höhen lagen, veranlaßte die Diamantgräber, Syndikate zu bilden. Diese gingen in verschiedene Gesellschaften über, die später von Cecil John Rhodes aufgekauft wurden.

Barney Barnato

Der Cullinan-Diamant *ist der größte, der je gefunden wurde. Eine Kopie ist im Kimberley Mine Museum zu bewundern.*

Cecil John Rhodes*, den dieser Punch-Cartoon (19. Jh.) als Erschaffer eines Imperiums zeigt, war einer der mächtigsten Männer Kimberleys.*

Diamantsucher arbeiteten in den 1970er Jahren qualvolle sechs Tage pro Woche in Hitze, Staub und Fliegen.

Cocopans (Schubkarren auf Schmalspurschienen) transportierten das diamanthaltige Gestein nach oben.

The Big Hole

Der Krater umfaßt eine Fläche von 17 Hektar, bei einem Umfang von 1,6 Kilometer. Am Ende betrug die Tiefe 800 Meter, davon wurden die ersten 240 Meter mühsam von Hand gegraben. Ein unterirdischer Schacht führte 1098 Meter tief. Bis 1914 wurden 22,6 Millionen Tonnen Gestein abgebaut, das einen Ertrag von 14,5 Millionen Karat Diamanten lieferte.

De Beers Consolidated Mines Limited
No 5050 Kimberley 18th July 1889
The Cape of Good Hope Bank Limited
KIMBERLEY BRANCH
Pay Liquidators Kimberley Central D. M. Co. Ltd or Order
Five millions three hundred & thirty eight thousand six hundred & fifty pounds
£5,338,650

De Beers Consolidated Mines*, die Cecil John Rhodes gehörten, erwarben 1889 Barney Barnatos Diamantenminen zum Preis von 5 338 650 £.*

The Big Hole *wurde 1914 stillgelegt. Es ist das größte von Menschenhand geschaffene Loch der Welt und Mittelpunkt des Kimberley Open-Air Mine Museum.*

Bloemfontein ❻

Bloemfontein im Herzen Südafrikas ist Hauptstadt von Free State, Sitz des Provinzparlaments, Gerichtshauptstadt Südafrikas sowie Knotenpunkt von sechs Hauptstrecken durch das Land. Die Lage auf 1400 Metern bringt moderate Sommer und milde bis kühle Winter mit sich. Der Ort (»Blumenquelle«) ist nach einer Quelle westlich des Geschäftsviertels benannt, an der einst Reisende haltmachten. Die Geschichte der Stadt und vieler ihrer alten, stolzen Sandsteingebäude ist eng mit dem Unabhängigkeitskampf der Afrikaner verknüpft. 1854, als Major Henry Warden, der offizielle britische Repräsentant der Region, an das Kap abberufen wurde, gründeten die Afrikaner eine eigene Republik mit Bloemfontein als Hauptstadt.

Das Appellationsgericht in Bloemfontein

Überblick: Bloemfontein

Major Wardens Fort steht lange nicht mehr, doch südlich des Stadtzentrums ist noch ein Teil des Queen's Fort aus dem Jahr 1848 zu sehen.

Die President Brand Street säumen prächtige Sandsteingebäude wie der Appeal Court (Appellationsgericht), der 1929 gegenüber dem Fourth Radsaal erstand, die Legislative der Provinz Free State. Das Gebäude aus Ziegel und Sandstein entstand um 1893 unter der Präsidentschaft von Frederick Reitz.

The National Museum

36 Aliwal St. *(051) 447-9609.* *Mo–Sa 8–17 Uhr, So 13–18 Uhr.*

Das Nationalmuseum nahe dem Fourth Raadsaal zeigt neben Dinosaurierfossilien die Rekonstruktion einer typischen Straße Bloemfonteins aus dem 19. Jahrhundert, mit einem vollgestopften Gemischtwarenladen und einer Apotheke.

Detail des Women's Memorial

National Museum for Afrikaans Literature

Ecke President Brand u. Maitland St. *(051) 405-4711.* *Mo–Fr 7.30–16 Uhr, Sa 9–12 Uhr.*

Das Museum in der Nähe des Appellationsgerichts ist afrikaanssprachigen Autoren gewidmet, auch Gegnern der Apartheid wie André Brink *(siehe S. 27)*.

Old Presidency

President Brand St. *(051) 448-0949.* *Di–Fr 10–12, 13–16 Uhr, Sa, So 14–17 Uhr.*

Drei Blocks südlich des Literaturmuseums ist das prächtige Gebäude der Old Presidency, das 1861 fertig wurde. Hier stand einst das Wohnhaus von Major Wardens Farm.

First Raadsaal

St George's St. *(051) 447-9610.* *Mo–Fr 10–13 Uhr, Sa, So 14–17 Uhr.*

Das älteste Gebäude der Stadt, ein weißer, unprätentiöser Bau, der als Schule diente, ließ Warden 1849 errichten. Nach Wardens Abberufung 1854 wurde es der Versammlungsort des *Volksraads* der Republik.

Tweetoringkerk

Charles St. *(051) 430-4274.*

Die 1881 geweihte Doppelturmkirche der niederländisch-reformierten Kirche ist einmalig in Südafrika. Richard Wocke baute sie nach dem Vorbild gotischer Kathedralen. Im gotischen Innenraum sind die Holzarbeiten an Altar und Orgel bemerkenswert.

King's Park

King's Way. *(051) 405-8483.*

Ein herrlicher Park am westlichen Stadtrand. Den See, Loch Logan, umgeben schattige Bäume, Blumenbeete, sanft wogende Rasenflächen und ein kleiner Zoo.

National Women's Memorial and War Museum

Monument Rd. *(051) 447-3447.* *Mo–Fr 9–16.30 Uhr, Sa 9–16.30 Uhr, So 14–16.30 Uhr.*

Die Gedänkstätte im Süden der Stadt erinnert an die Burenfrauen, Schwarzafrikanerinnen und Kinder, die im südafrikanischen Krieg in Konzentrationslagern starben.

Emily Hobhouse, eine Britin, die sich für eine bessere Behandlung der Gefangenen einsetzte, liegt am Fuß des Monuments begraben.

Umgebung: Der Name des **Franklin Nature Reserve** nördlich des Stadtzentrums auf dem Naval Hill stammt aus dem südafrikanischen Krieg, als die britische Marinebrigade hier eine Kanone postierte. 1928 baute die Universität von

Abstraktes Gemälde von Cecil Skotnes, Oiewenhuis Art Gallery

Die Oliewenhuis Art Gallery, Bloemfontein

Michigan (USA) eine Sternwarte auf dem Gipfel. Als sie 1972 schloß, hatte man 7000 Sternenbilder entdeckt. Heute beherbergt das Gebäude ein Theater.

Weiter nördlich zeigt die **Oliewenhuis Art Gallery** in einem weitläufigen Garten in der Harry Smith Street eine hervorragende Sammlung südafrikanischer Kunst.

Im Norden Bloemfonteins sind mehrere Wildreservate sehenswert. Das **Soetdoring Nature Reserve** grenzt an den Krugerdrif-Stausee, dessen Staumauer mit fünf Kilometern eine der längsten in Südafrika ist. Der Fluß und sein Ufer bieten herrliche Picknickstellen und ziehen viele Vögel an. Antilopenarten wie Weißschwanzgnu und Spießbock leben hier frei, Löwen, Hyänenhunde und andere Raubtiere in einem Gehege.

Die Abzweigung zum **Willem Pretorius Game Reserve** liegt etwa 150 Kilometer nördlich von Bloemfontein an der N1. Im Grasland um den Allemanskraal-Stausee leben Gazellen und in den Hügeln am Nordufer Kudus, Elenantilope, Büffel, Giraffen und Breitmaulnashörner sowie Vogelarten wie Knarrtrappe und Doppelband-Rennvogel.

Die Chalets des **Aventura Aldam Resort** stehen am Nordufer des Sees.

Franklin Nature Reserve

Union Ave, Naval Hill. (051) 405-8124. *tägl. 8–17 Uhr.*

Oliewenhuis Art Gallery

Harry Smith St. (051) 447-9609. *Mo–Sa 8–17 Uhr, Sa 10–17 Uhr, So 13–17.30 Uhr.*

Soetdoring Nature Reserve

R64 (Kimberley Rd). (051) 433-9002. *tägl. 7–17 Uhr.*

Infobox

Straßenkarte D3. *127 000.*
N8, 10 km östl. der Stadt.
Harvey Rd. *Tourist Centre.*
Bloemfontein Tourist Centre, 60 Park Rd. (051) 405-8489.
Mo–Fr 8–16.15 Uhr, Sa 8–12 Uhr. *Bloemfontein Show (März); Macufe African Festival (Sep); Rose Festival (Okt).*

Willem Pretorius Game Reserve

N1 nach Kroonstad. (057) 651-4003. *tägl.*

Aventura Aldam Resort

N1 nach Kroonstad. (057) 652-2200. *tägl.*

Giraffe im Franklin Nature Reserve am Naval Hill, Bloemfontein

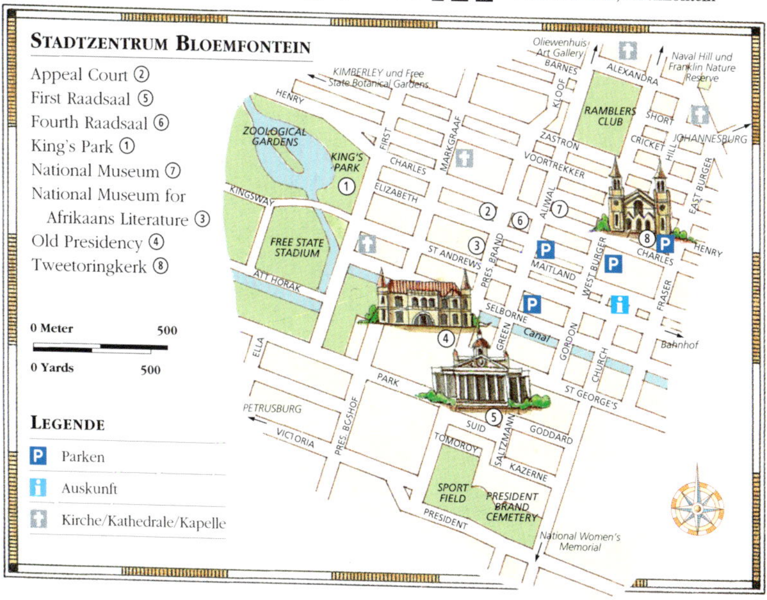

ZU GAST IN SÜDAFRIKA

ÜBERNACHTEN

Das gemächliche Reisetempo vergangener Jahrhunderte, als man die gewaltigen Entfernungen zwischen den Siedlungen mit Pferd oder Ochsenkarren zurücklegen mußte, schuf eine stolze Tradition: In Südafrika ist Gastlichkeit nicht nur ein Wort. Von der größten Hotelkette bis zur kleinsten Bed-and-Breakfast-Pension ist man sehr um das Wohl des Reisenden bemüht. Die Unterkunftsmöglichkeiten sind so vielfältig wie das Land. Ein Phantasie-Ferienhotel wie das Palace of the Lost City in Sun City *(siehe S. 258)* und Kapstadts elegantes Mount Nelson im Kolonialstil *(siehe S. 315)* bieten jeden Luxus und gehören zu den besten der Welt. Reizvolle Alternativen sind die Gäste-Cottages in den *dorps* (Dörfern), in denen Gemütlichkeit und Hausmannskost wichtiger sind als moderner Komfort.

Portier des Mount Nelson Hotel

Farmhäuser und Safari-Lodges garantieren ein opulentes und teures Afrika-Abenteuer, während Campingplätze für Freiluft-Enthusiasten und Herbergen für Rucksacktouristen die elementaren Bedürfnisse jüngerer Besucher mit knappem Reisebudget erfüllen.

Hotelauswahl

Wer in Südafrika mit dem Auto reist, muß sich wegen der großen Distanzen nicht sorgen: Selbst in den abgelegensten Dörfern findet man Hotels, Bed-and-Breakfast-Pensionen, Motels oder Ferienhäuser. Häufig bieten auch Farmen Übernachtung an.

In den Großstädten ist die Vielfalt an Unterkünften enorm, ob für Familien, Geschäftsleute oder Luxusansprüche. Auch in gut besuchten ländlichen Gegenden oder an Ferienorten gibt es Übernachtungsmöglichkeiten für jeden Geschmack und Geldbeutel, in vielen Wildparks stehen Luxus-Lodges und einfache Campingplätze zur Verfügung. In den meisten Urlaubsorten am Meer kann man zwischen Hotels, Campingplätzen, Bed-and-Breakfast und Gästehäusern wählen. Fragen Sie beim Fremdenverkehrsbüro (meist gut beschildert) oder einem der Dachverbände, wie **AA Travel Information Centre**, **National Accomodation Selection**, **Youth Hostel Association** oder **Guesthouse Association of Southern Africa** *(siehe S. 313)*. Wenn Sie in kleinen Orten Übernachtung suchen, helfen Ihnen das Postamt, die Geschäftsleute oder die Polizei.

Wer Ruhe sucht, sollte die kleineren und schlichteren Herbergen im Binnenland oder abseits der betriebsamen Küstenorte wählen. Die meisten privaten Wildparks bieten hervorragende Safari-Lodges.

Mala Mala Safari Lodge *(S. 275)*

Hotelpreise

Die Preise gelten meist pro Zimmer, können aber auch als »per person sharing« (pro Person) angegeben sein. Steuern (manchmal auch Trinkgelder) sind in der Regel im Preis enthalten, aber Trinkgeld wird gerne genommen, dabei sind zehn bis fünfzehn Prozent der Summe die Norm.

Sind die Preise als »dinner, bed and breakfast« oder »bed and breakfast« ausgewiesen, werden die Mahlzeiten auch dann berechnet, wenn sie nicht eingenommen werden. Sprechen Sie sich mit dem Wirt ab, damit er nicht benötigte Mahlzeiten nicht berechnet. Informieren Sie ihn auch, wenn Sie etwa vegetarische Kost wünschen. Bei »Special offers« (Sonderangeboten) kann allerdings kaum verhandelt werden.

Zimmer mit Dusche sind meist billiger als Zimmer mit Bad, und ein schöner Blick erhöht den Preis.

Außerhalb der Hauptsaison (Nov bis Feb, Osterwochenende und große Ferien) gibt es Preisnachlässe. Fragen Sie in Ihrem Reisebüro oder erkundigen Sie sich direkt vor Ort. Hotels haben auch im Winter (Mai bis Aug) geöffnet.

Strohgedeckte Rondavels, Olifants Camp, Kruger National Park *(siehe S. 273)*

◁ **Elefantenherde im Addo Elephant Park bei Port Elizabeth**

Das herrlich gelegene Fairy Know Motel an der Garden Route

HOTELKATEGORIEN

HOTELS IN SÜDAFRIKA werden von verschiedenen Verbänden klassifiziert, darunter Satour, die nationale Fremdenverkehrsbehörde, und Portfolio of Places. Satour teilt die Hotels in fünf Kategorien ein, ersichtlich an einer Plakette mit einem bis fünf Sternen. Typische Fünf-Sterne-Hotels bieten Luxussausstattung, Suiten, Zimmer und verschiedenste Dienstleistungen wie Friseur, Reinigung und Zimmerservice. Ein Ein-Sterne-Hotel auf dem Land kann komfortabel und zufriedenstellend, in der Stadt eine bessere Spelunke oder ein lautes Stundenhotel sein.

Viele ansprechende Hotels sind niedrig eingestuft, während Hotels mit mehreren Sternen zwar gehobene Ausstattung und erweiterten Service haben mögen, vielleicht aber auch unpersönlich wirken.

Auch einige Ferien-Cottages und Gästehäuser teilt Satour in Kategorien.

AUSSTATTUNG

DIE AUSSTATTUNG richtet sich nach Lage und Kategorie. Parkplätze sind meist vorhanden, aber nicht immer überdacht oder bewacht. Manche Hotels bieten tägliche Autowäsche an oder Leihwagen mit und ohne Chauffeur.

Die meisten Hotels haben Telefon im Zimmer, generell ist ein öffentliches Telefon aber billiger. Recht häufig sind auch Zimmer mit Fernseher (ohne Kabelanschluß), und fast immer steht ein Fernsehgerät im Salon.

Zentralheizung im Winter ist hingegen nicht die Norm, die meisten Anbieter stellen aber tragbare Heizkörper zur Verfügung. Viele Ferienhütten, vor allem auf Farmen, sind mit offenem Kamin ausgestattet.

Manch gehobenere kleine Gästehäuser oder Bed-and-Breakfast-Pensionen führen eine Hotelbar mit Bier, Wein, Softdrinks und Mineralwasser.

In kleineren Ortschaften liegt die Hotelfront häufig zur Hauptstraße hin; ist keine Umgehungsstraße vorhanden, kann der Lärmpegel recht hoch sein, vor allem nachts. Bevor Sie aber um ein Zimmer auf der Rückseite bitten, vergewissern Sie sich, daß dort keine großen Kühlgeneratoren installiert sind, die sich oft noch störender auswirken.

Die meisten Hotels verfügen über einen sicheren Safe, um Wertsachen zu verwahren.

HOTELKETTEN

VIELE HOTELS der besseren Kategorien gehören einer nationalen Hotelkette *(siehe S. 313)* an, die Ermäßigungen oder günstige Pauschalangebote bieten, etwa Sondertarife für Familien oder die Nebensaison. Einige Hotels sind niedriger eingestuft und haben eine andere Tarifstruktur.

KINDER

GEHEN SIE NICHT automatisch davon aus, daß ein Hotel Kinder nimmt. Viele der besseren Hotels, Gästehäuser und Safari Lodges akzeptieren keine Kinder unter zehn Jahren.

Werden Kinder akzeptiert, kann sich die Familie gegen Aufschlag ein Zimmer teilen, da die Preise meist pro Zimmer (nicht pro Person) gelten.

RESERVIEREN

WENN MÖGLICH, bestätigen Sie eine telefonische Reservierung per Post oder Fax. Wahrscheinlich verlangt man eine Anzahlung, die nicht erstattet wird, wenn Sie kurzfristig stornieren.

Das Hotel ist verpflichtet, Sie zu unterrichten, wenn die Preise nach der Buchung steigen.

Haben Sie ein bestimmtes Zimmer reserviert, sehen Sie es sich an, bevor Sie sich eintragen. Haben Sie Sonderwünsche, vergewissern Sie sich, daß sie erfüllt werden können.

Wenn nicht anders erwähnt, gilt die Belegung in der Regel von mittags bis mittags.

Rezeption im Palace of the Lost City in Sun City ***(siehe S. 258f)***

Selbstversorgung

Quartiere mit Selbstversorgung gibt es in verschiedensten Formen und Preisklassen – die Ferienhäuschen heißen Cottages, Chalets, Bungalows oder *rondavels* (strohgedeckte Rundhütten).

Viele Wildparks haben luxuriöse Safari-Zelte in ostafrikanischem Stil mit privatem Kochplatz im Freien, während in den Farm-Cottages der weiten Karoo *(siehe S. 290f)* große Herdstellen gegen kalte Winternächte schützen. Stadt-Chalets auf Caravanplätzen erfüllen häufig nur die Grundbedürfnisse, hingegen findet man in manchen der Cottages auf den Weingütern des Kaps (siehe S. 128ff) sogar Mikrowelle und Satellitenfernsehen.

Club Mykonos, Langebaan

Ferien-Cottage am Blyde River Canyon *(siehe S. 267)*

Größere Ferienanlagen und Wildparks bieten meist Cottages als eigenständige Einheiten oder solche, die sich Küche, Wäscherei und Bad teilen. Ferien-Cottages besitzen meist gut ausgestattete Küchen, sind komfortabel möbliert und vielleicht sogar mit Handtüchern und Bettwäsche ausgerüstet, man sollte sich jedoch vorher erkundigen.

Bei Ihrer Ankunft prüft ein Angestellter eventuell, ob das Inventar vollständig und funktionstüchtig ist. Vielleicht bittet man Sie auch um eine geringe Kaution, die bei der Abreise zurückerstattet wird.

Ratsam ist es, in den Fremdenverkehrsbüros der jeweiligen Stadt oder Region nach Adressen und Telefonnummern der Anbieter von Ferienhäusern zu fragen. Auch Agenturen wie **Roger & Kay's Travel Selection** können behilflich sein.

Cottages auf dem Land

Cottages auf Farmen und in idyllischen Dörfern findet man in Mpumalanga **(Jacana Country Homes and Trails)**, den KwaZulu-Natal Midlands **(The Underberg Hideaway)** und in den Wein- und Obstanbaugebieten um Kapstadt. Gastlichkeit und typische regionale Verpflegung machen solch einen Aufenthalt auf dem Land unvergeßlich.

Das Kornhoop-Gästehaus im viktorianischen Stil, Kapstadt, Observatory

Bed-and-Breakfast

Die Unterbringung in Privathäusern ist inzwischen sehr beliebt, vor allem entlang der Garden Route und in größeren Städten wie Kapstadt, Port Elizabeth und Johannesburg. Typisch ist die geringe Zahl von Gästen, die meist nur eine oder zwei Nächte bleiben, und die persönliche Betreuung.

Bauernhöfe

Im ganzen Land bieten Gäste- oder Ferienfarmen relativ preisgünstigen, familiengerechten Urlaub auf dem Bauernhof an. Die Gäste wohnen im Farmhaus oder einem Cottage in der Nähe. Manchmal ißt man mit den Gastgebern, sonst ist eine eigene Küche vorhanden. Gäste können auch beim Eiereinsammeln und Kühemelken helfen.

Park-Lodges

Die Lodges der meisten Privatreservate *(siehe S. 366f)* sind für zahlungskräftige Gäste und haben Küche, luxuriöse, pseudo-rustikale Ausstattung, bestens geschultes Personal und Wildhüter, die den Gästen die afrikanische Tierwelt zeigen. Nationalparks sind wesentlich einfacher, aber sehr komfortabel.

Preisgünstige Unterkünfte

Der lokale Jugendherbergsverband (Youth Hostels Association) unterhält mehrere Häuser, ähnliche Unterbringung bieten auch YMCA und YWCA. Ein Alterslimit gibt es nicht, jugendliche Reisende haben aber Vorzug. Quartiere für Rucksacktouristen eignen sich prinzipiell eher für junge Leute, denn Ausstattung und Verpflegung sind minimal, und Privatsphäre existiert nicht. Kurz, die Unterbringung ist recht bescheiden.

Camper im Natal Drakensberg Park ***(siehe S. 206)***

Caravanplätze

Viele Betreiber dieser Plätze vermieten Caravans, Fertighäuschen oder rustikale Hütten. Der zugeteilte Platz hat in der Regel Wasser- und Stromanschluß.

Größere Caravanplätze bieten Einkaufsmöglichkeiten, Restaurant und Swimmingpool, manchmal sogar Tennis- und Bowlingplätze.

Die meisten Camper kochen selbst – bevorzugte Garmethode ist das südafrikanische *Braaivleis* oder Barbecue. Es gibt eine Koch- bzw. *Braai*-Stelle je Einzelplatz, und gutes, trockenes Brennholz ist bei der Platzaufsicht käuflich erwerbbar.

Campingplätze können nachts recht laut sein, lassen Sie sich also nicht in der Nähe des Eingangs nieder, der meist auch als Ausfahrt dient. Das **AA Travel information Centre** kann Ihnen Adressen von Caravan- und Campingplätzen geben.

Rest Camps

Dies ist die »Standardausführung« der luxuriösen Wildpark-Lodge und in Nationalparks und Provinzparks zu finden *(siehe S. 366f)*. Die meisten Camps haben Swimmingpool, Läden und gemeinschaftliche Eßbereiche, die Unterbringung reicht von Bungalows bis zu größeren Chalets.

Zelten

An den großen Flüssen und der Küste liegen viele Zeltplätze. Die einzelnen Zeltbereiche sind durch Kattunwände oder Hecken abgeteilt. Für gemeinschaftliche Waschgelegenheiten ist gesorgt. Viele der Zeltplätze sind an örtliche Caravanplätze angegliedert.

Mineralquellen

Um die meisten heißen Quellen entstanden Ferienanlagen, so in Cradock *(siehe S. 294)*. Den Reiz macht das Wasser aus, in Swimmingpools oder Heilbädern zu genießen. Man übernachtet in Hotels oder auf Campingplätzen.

Auf einen Blick

Hotelgruppen

Southern Sun
0800-11-7711.

Sun International
(011) 780-7800.

Protea Hotels
0800-11-9000.

Conservation Corporation Africa
(011) 775-0000.

Holiday Inn Garden Court
0800-11-7711.

Portfolio of Places
(011) 880-3414.

City Lodge
(011) 884-5327.

Mövenpick Hotels
0800-00-2466.

Aventura Resorts
(0331) 346-2277.

Landhäuser

Jacana Country Homes and Trails
Box 95212, Waterkloof, Pretoria, 0145.
012) 346-3550.

The Underberg Hideaway
Box 1216, Hilton, KwaZulu-Natal, 3245..
(0331) 431-217.

Gästehäuser und Bed-and-Breakfast

Roger & Kay's Travel Selection
Box 405, Bergvliet, Kapstadt, 7864.
(021) 715-7130.

Bed 'n Breakfast Bookings
Box 91309, Auckland Park, Gauteng, 2006.
011) 482-2206 oder (021) 683-3505.

Guest House Association of Southern Africa
Box 18416, Wynberg, Kapstadt, 7824.
(021) 762-0880.

Zelten

National Parks Board Bookings
(012) 343-1991 oder (021) 422-2810.

Aventura Resorts
(012) 346-2277.

KwaZulu-Natal Nature Conservation Services
(0331) 845-1000.

Allgemein

AA Travel Information Centre
0800-11-1999.

South African Tourism Board (Satour)
Private Bag X164, Pretoria, 0001.
(012) 347-0600.

Youth Hostels Association
(021) 424-2511.

Hotelauswahl

Die folgenden Hotels wurden aus verschiedensten Preisklassen aufgrund ihres guten Preis-Leistungs-Verhältnisses, ihrer Lage und Ausstattung ausgewählt. In der Tabelle sind einige Punkte aufgelistet, die für Ihre Entscheidung wichtig sein könnten. Die Einträge sind nach Ort und Preisklasse geordnet, die Farbmarkierungen am Rand der Seite verweisen auf die Region.

Kapstadt

Hotel	Preis	Zahl der Zimmer	Pool	Restaurant	Kindereinrichtungen	Garten
Stadtzentrum: *Formule 1 Hotel* Jan Smuts Ave, Foreshore, 8001. **Karte** 5 D1. *(021) 418-4664.* FAX *(021) 418-4661.* Ein einfaches Hotel, das zu einer günstigen Kette gehört. Nur wenige Autominuten von der Waterfront entfernt.	®	64		●		
Stadtzentrum: *Cape Gardens Lodge Hotel* 88 Queen Victoria St, Gardens, 8001. **Karte** 5 B2. *(021) 423-1260.* FAX *(021) 423-2088.* Komfortables Hotel gegenüber den ehemaligen Company Gardens mitten im Herzen der Stadt, mit ländlicher Atmosphäre und herrlichem Blick.	®®	56		●	■	
Stadtzentrum: *Underberg Guesthouse* 6 Tamboerskloof St, Tamboerskloof, 8001. **Karte** 4 F2. *(021) 426-2262.* FAX *(021) 424-4059.* Ein viktorianisches Herrenhaus (1860), umgestaltet in ein behagliches Gästehaus unter Wahrung ursprünglicher Gestaltungselemente.	®®	11				
Stadtzentrum: *Villa Lutzi* 6 Rosmead Ave, Oranjezicht, 8001. **Karte** 4 F4. *(021) 423-4614.* FAX *(021) 426-1472.* Komfortabel möbliertes Gästehaus in einer ruhigen Wohngegend. Der Innenstadtbereich ist zu Fuß erreichbar.	®®	11	■			●
Stadtzentrum: *Acorn House* 1 Montrose St, Oranjezicht, 8001. **Karte** 5 A4. *(021) 461-1782.* FAX *(021) 461-1768.* Anerkanntes Gästehaus. Das Herrenhaus im Kolonialstil von 1904 stammt von Sir Herbert Baker.	®®®	7	■			●
Stadtzentrum: *Cape Town Days Inn* 101 Buitengracht St, Kapstadt, 8001. **Karte** 5 A1. *(021) 422-0030.* FAX *(021) 422-0090.* Komfortables Hotel nahe dem Zentrum. Behindertengerecht eingerichtet.	®®®	114		●		
Stadtzentrum: *Gordon Lodge* 3B Gordon St, Gardens, 8001. **Karte** 5 A3. *(021) 461-0032.* FAX *(021) 461-9908.* Das Gebäude (1817) gehörte einst zum Welgedaan-Anwesen. Nach der Restaurierung erstrahlt es wieder im kapgeorgianischen Stil.	®®®	7	■			●
Stadtzentrum: *Hiddingh Mews Protea Hotel* Hiddingh Ave, Gardens, 8001. **Karte** 5 B3. *(021) 462-3099.* FAX *(021) 462-3326.* Günstig gelegen zwischen Tafelberg und Stadtzentrum, gleich neben einem Einkaufszentrum der gehobenen Klasse.	®®®	57		●	■	
Stadtzentrum: *Hilltop Guesthouse* 30 Forest St, Oranjezicht, 8001. **Karte** 5 A5. *(021) 461-3093.* FAX *(021) 461-4069.* Das anerkannte Gästehaus am Fuß des Tafelbergs zeichnet sich aus durch elegante Luxuszimmer und eine atemberaubende Aussicht.	®®®	7	■			●
Stadtzentrum: *Holiday Inn Garden Court De Waal* Mill St, Gardens, 8001. **Karte** 5 B3. *(021) 465-1311.* FAX *(021) 461-6648.* Zentral gelegenes Mitglied der internationalen Hotelkette. Die Company Gardens sind zu Fuß erreichbar.	®®®	136	■	●	■	
Stadtzentrum: *iKhaya Guest Lodge* Dunkley Sq, Gardens, 8001. **Karte** 5 A3. *(021) 461-8880.* FAX *(021) 461-8889.* Gästehaus im Ethno-Design. Die geschnitzten Türen, Holzdecken und Sandsteinwände schaffen ein besonderes Ambiente.	®®®	17		●		
Stadtzentrum: *Leeuwenvoet House* 93 New Church St, Tamboerskloof, 8001. **Karte** 4 F2. *(021) 424-1133.* FAX *(021) 424-0495.* In diesem wunderschönen historischen Baudenkmal von 1892 mit individuell gestalteten Zimmern verkehren hauptsächlich Geschäftsreisende. Viele Restaurants in unmittelbarer Nähe.	®®®	11	■		■	●

Die Preiskategorien beziehen sich auf ein normales Doppelzimmer pro Nacht inklusive Steuer und Service, aber ohne Frühstück:
Ⓡ unter 150 R
ⓇⓇ 150–300 R
ⓇⓇⓇ 300–500 R
ⓇⓇⓇⓇ 500–1000 R
ⓇⓇⓇⓇⓇ über 1000 R

POOL
Sie sind meist recht klein und im Freien.

RESTAURANT
Restaurant im Hotel, meist auch für Nicht-Gäste.

KINDEREINRICHTUNGEN
Babysitter, Kinderbetten und Spielplätze sind vorhanden. Einige Hotels bieten Kinderportionen und -stühle in ihren Restaurants.

GARTEN
Hotel mit Garten oder Terrasse.

	ZAHL DER ZIMMER	POOL	RESTAURANT	KINDEREINRICHTUNGEN	GARTEN
STADTZENTRUM: *No. 1 Chesterfield* ⓇⓇⓇ 1 Chesterfield St, Oranjezicht, 8001. **Karte** 4 F5. *(021) 461-7383.* FAX *(021) 461-4688.* Ebenfalls von Herbert Baker entworfenes 1920er-Jahre-Wohnhaus im Nobelviertel Oranjezicht, das in ein komfortables Gästehaus verwandelt wurde. Kinder sind ab 14 willkommen.	8	■	●		●
STADTZENTRUM: *Table Mountain Lodge* ⓇⓇⓇ 10A Tamboerskloof St, Tamboerskloof, 8001. **Karte** 4 F2. *(021) 423-0042.* FAX *(021) 423-4983.* Dieses Gästehaus am Fuß des Signal Hill gewährt eine grandiose Aussicht auf den Tafelberg. Kinder sind ab 12 willkommen.	7				
STADTZENTRUM: *Town House Hotel* ⓇⓇⓇ 60 Corporation St, Kapstadt, 8001. **Karte** 5 B2. *(021) 465-7050.* FAX *(021) 465-3891.* Ein Hotel mit der ruhigen Eleganz und dem Komfort eines privaten Klubs. Zentral gelegen in Nähe des Parlaments.	104		●	■	
STADTZENTRUM: *Trevoyan Guesthouse* ⓇⓇⓇ 12 Gilmour Hill Rd, Tamboerskloof, 8001. **Karte** 4 F2. *(021) 424-4407.* FAX *(021) 423-0556.* Der Pastelldekor paßt zu dem dezenten Luxus dieses Gästehauses im Kolonialstil, gelegen im Herzen von Tamboerskloof.	6	■			●
STADTZENTRUM: *Villa Belmonte* ⓇⓇⓇ 33 Belmont Ave, Oranjezicht, 8001. **Karte** 5 A4. *(021) 462-1576.* FAX *(021) 462-1579.* In dieser restaurierten viktorianischen Villa am Tafelberg wird dem anspruchsvollen Besucher jeder Luxus geboten. Gastliche Atmosphäre und exzellente Küche brachten dem Haus viele begehrte Auszeichnungen ein.	14	■	●		●
STADTZENTRUM: *Cape Heritage Hotel* ⓇⓇⓇⓇ Heritage Square, 92 Bree St, 8001. **Karte** 5 A1. *(021) 424-4646.* FAX *(021) 424-4949.* Am Rande des historischen Viertels BoKaap. Die Gestaltung der Zimmer spiegelt Kapstadts reiches kulturelles Erbe wider.	17			■	
STADTZENTRUM: *Welgelegen Guesthouse* ⓇⓇⓇⓇ 6 Stephen St, Gardens, 8001. **Karte** 4 F3. *(021) 426-2373.* FAX *(021) 426-2375.* Das Welgelegen ist ein viktorianisches Herrenhaus von 1890 mit elegantem Dekor, Swimmingpool und ruhiger Lage in einer Sackgasse.	8	■			●
STADTZENTRUM: *Cape Sun Inter-Continental* ⓇⓇⓇⓇ Strand St, Kapstadt, 8001. **Karte** 5 B1. *(021) 488-5100.* FAX *(021) 423-1861.* Modernes, gehobenes Hotel mit 32 Stockwerken. Im Herzen der Stadt gelegen und mit Blick auf Tafelberg und Waterfront.	388	■	●	■	
STADTZENTRUM: *Mount Nelson Hotel* ⓇⓇⓇⓇⓇ 76 Orange St, Gardens, 8001. **Karte** 5 A2. *(021) 483-1000.* FAX *(021) 424-7472.* Die legendäre »Grande Dame« Kapstadts öffnete 1899 für die Passagiere der Union-Castle-Schiffslinie ihre Pforten. Opulent, luxuriös, berühmt für tadellosen Service und in einem phantastischen Garten gelegen.	226	■	●		●
V & A WATERFRONT: *Breakwater Lodge* ⓇⓇ Portswood Rd, 8001. **Karte** 2 D4. *(021) 406-1911.* FAX *(021) 406-1070.* Preisgünstige Unterkunft in ungewöhnlichem Rahmen: Ein Teil des Gebäudes war früher das Breakwater-Gefängnis.	327		●	■	
V & A WATERFRONT: *The Commodore* ⓇⓇⓇ Portswood Rd, 8001. **Karte** 2 D4. *(021) 415-1000.* FAX *(021) 415-1100.* Von diesem neuen Hotel neben der historischen Waterfront hat man Blick auf den Tafelberg und quer über die Bucht.	236	■	●	■	
V & A WATERFRONT: *Portswood Hotel* ⓇⓇⓇⓇ Portswood Sq, 8001. **Karte** 2 D4. *(021) 418-3281.* FAX *(021) 419-7570.* Alle Zimmer dieses beliebten Hotels in Nähe der Waterfront bieten eine herrliche Aussicht. Im Foyer steht ein Brunnen.	103	■	●	■	

Zeichenerklärung siehe hintere Umschlagklappe

Die Preiskategorien beziehen sich auf ein normales Doppelzimmer pro Nacht inklusive Steuer und Service, aber ohne Frühstück:
Ⓡ unter 150 R
ⓇⓇ 150–300 R
ⓇⓇⓇ 300–500 R
ⓇⓇⓇⓇ 500–1000 R
ⓇⓇⓇⓇⓇ über 1000 R

Pool
Sie sind meist recht klein und im Freien.

Restaurant
Restaurant im Hotel, meist auch für Nicht-Gäste.

Kindereinrichtungen
Babysitter, Kinderbetten und Spielplätze sind vorhanden. Einige Hotels bieten Kinderportionen und -stühle in ihren Restaurants.

Garten
Hotel mit Garten oder Terrasse.

	Zahl der Zimmer	Pool	Restaurant	Kindereinrichtungen	Garten
V & A Waterfront: *Victoria Junction* ⓇⓇⓇⓇ Somerset Rd, Greenpoint, 8001. **Karte** 2 D5. *(021) 418-1234.* FAX *(021) 418-5678.* Das schicke Hotel ist eine Mischung aus Art déco, Techno und Fabrikdesign. Nicht weit zur Waterfront. Ausflüge für Kinder.	148	■	●	■	
V & A Waterfront: *Villa Via Hotel* ⓇⓇⓇⓇ Granger Bay, 8001. **Karte** 2 D5. *(021) 418-5729.* FAX *(021) 418-5717.* Neben der A & V Waterfront, mit eigenem Jachthafen. Spektakulärer Blick über die Table Bay nach Robben Island.	182	■	●	■	
V & A Waterfront: *Cape Grace Hotel* ⓇⓇⓇⓇⓇ West Quay, 8001. **Karte** 2 E4. *(021) 410-7100.* FAX *(021) 419-7622.* Dieses elegante Luxushotel, auf drei Seiten von Wasser umgeben, offenbart freien Blick über den Hafen und die City zum Tafelberg. Die Zugbrücke führt zur quirligen Waterfront.	122	■	●	■	
V & A Waterfront: *The Table Bay Hotel* ⓇⓇⓇⓇⓇ Quay 6, 8001. **Karte** 2 E3. *(021) 406-5000.* FAX *(021) 406-5656.* Das Flaggschiff von Sun International ist eine Luxusherberge großen Stils. Blick über die Table Bay auf Robben Island und über die Stadt Richtung Tafelberg. Ferienhotel-Ambiente kombiniert mit der Nähe zu Waterfront, Stadtzentrum und anderen Sehenswürdigkeiten.	329	■	●	■	
V & A Waterfront: *Victoria & Alfred Hotel* ⓇⓇⓇⓇⓇ Pierhead, 8001. **Karte** 2 E4. *(021) 419-6677.* FAX *(021) 419-8955.* Im Herzen der Waterfront. Die Zimmer im Kolonialstil garantieren erstklassige Unterkunft und einen traumhaften Blick. Ideale Lage für Shopping und Nachtleben an der Waterfront und in der City.	68		●	■	
Abstecher: *Afton Grove Guesthouse* ⓇⓇ Chapman's Peak Dr, Noordhoek, 7985. **Straßenkarte** B5. *(021) 785-2992.* FAX *(021) 785-3456.* Luxuriöse Kap-Cottages in ländlicher Umgebung. Angeboten werden Vogelbeobachtung und Reiten.	7	■		■	●
Abstecher: *Boulders Beach Guesthouse* ⓇⓇ 4 Boulders Place, Simon's Town, 7975. **Straßenkarte** B5. *(021) 786-1758.* FAX *(021) 786-1825.* Gemütliche Unterbringung unweit von Boulders Beach, nahe dem Küstenreservat mit der geschützten Brillenpinguin-Kolonie.	16		●	■	
Abstecher: *Lion's Head Lodge* ⓇⓇ 319 Main Rd, Sea Point, 8001. **Karte** 1 A4. *(021) 434-4163.* FAX *(021) 439-3813.* Kleines Hotel und Ferienapartments, in idealer Nähe zu Geschäften, Restaurants, Waterfront und Strand.	38	■	●		
Abstecher: *Lord Nelson Inn* ⓇⓇ St George's St, Simon's Town, 7975. **Straßenkarte** B5. *(021) 786-1386.* FAX *(021) 786-1009.* Das Hotel mit Marinedekor gewährt Blick auf die Bucht. Die Pinguin-Kolonie von Boulders, Geschäfte und Restaurants liegen in der Nähe.	10		●	■	
Abstecher: *Southernwood Country House* ⓇⓇ 19 Ave, Constantia, 7800. **Straßenkarte** B5. *(021) 794-3208.* FAX *(021) 794-7551.* Ein idyllisches Anwesen im Vorort Constantia, nahe den berühmten Kirstenbosch Botanical Gardens. Kinder sind ab 12 willkommen.	5	■			●
Abstecher: *Villa Rosa Guesthouse* ⓇⓇ 277 High Level Rd, Sea Point, 8001. **Karte** 1 A5. *(021) 434-2768.* FAX *(021) 434-3526.* Wunderschönes, rotes Herrenhaus im viktorianischen Stil mit Blick auf's Meer und in günstiger Lage.	9			■	●
Abstecher: *Welgeleë Guesthouse* ⓇⓇ Dressage Cl, Constantia, 7800. **Straßenkarte** B5. *(021) 794-7397.* FAX *(021) 794-7397.* Die Getreidespeicher dieses alten Gehöfts wurden fachmännisch renoviert und zu einer ungewöhnlichen Herberge umgestaltet.	10	■			●

ABSTECHER: *Andros* ®®®
6 Paradise View Rd, Claremont, 7700. **Straßenkarte** B5. *(021) 797-9777.* FAX *(021) 797-0300.* Eine Villa mit glitzerndem Pool in einem weitläufigen Garten. Ein großes Einkaufszentrum ist ganz in der Nähe.

ABSTECHER: *Auberge Penrose* ®®®
9 u. 10 Rhodes Ave, Mowbray, 7700. **Straßenkarte** B5. *(021) 685-7700.* FAX *(021) 685-7141.* Gästehaus in einem viktorianischen Gebäude von 1890, in einem ruhigen Vorort nahe der Universität.

ABSTECHER: *Brenwin & Cha'Mel* ®®®
1 Thornhill Rd, Green Point, 8001. **Karte** 1 C4. *(021) 434-0220.* FAX *(021) 439-3465.* Freundliches Personal und wunderschön eingerichtete Zimmer zeichnen dieses Gästehaus im Cottage-Stil aus. Kinder sind ab 12 willkommen.

ABSTECHER: *Cape Castle Hotel* ®®®
3 Main Rd, Green Point, 8001. **Karte** 1 A4. *(021) 439-1016.* FAX *(021) 439-1019.* Das nah an der Waterfront gelegene Cape Castle bietet Ferienapartments mit voll ausgestatteten Küchen, Gesellschaftsräumen, Eßbereichen und Platz zum gemeinsamen Grillen *(braai).*

ABSTECHER: *Centurion All-suite Hotel* ®®®
275 Main Rd, Sea Point, 8001. **Karte** 1 A4. *(021) 434-0006.* FAX *(021) 434-0051.* Erschwinglich, Meer und Restaurants ganz in der Nähe. Das Hotel wird alle zwei Jahre verbessert, um höchsten Standard zu garantieren.

ABSTECHER: *Clifton House* ®®®
1 Clifton St, Clifton, 8001. **Karte** 3 B4. *(021) 438-2308.* FAX *(021) 438-3716.* An den Hängen des Lion's Head, mit hinreißendem Blick auf Meer und Berge. Kinder sind jedoch nicht erwünscht.

ABSTECHER: *Cotswold House* ®®®
6 Cotswold Dr, Milnerton, 7441. **Straßenkarte** B5. *(021) 551-3637.* FAX *(021) 52-4228.* Das kapholländische Gehöft, erbaut von einem früheren Generalgouverneur Südafrikas, wurde in ein gemütliches Gästehaus umgewandelt, mit gepflegten Gärten und Blick auf Table Bay und Tafelberg.

ABSTECHER: *Courtyard Hotel* ®®®
Liesbeeck Pkwy, Mowbray, 7700. **Straßenkarte** B5. *(021) 448-3929.* FAX *(021) 448-5494.* Dieses kapholländische Herrenhaus, erbaut etwa 1815, ist ein Nationaldenkmal. Im Garten steht Südafrikas zweitältester Feigenbaum, angeblich 1840 gepflanzt.

ABSTECHER: *La Splendida Luxury Suites* ®®®
121 Beach Rd, Mouille Point, 8001. **Karte** 1 A4. *(021) 439-5119.* FAX *(021) 439-5112.* Hotel im Art-déco-Design zwischen Waterfront und Sea Point. Eigenes Sprungbecken.

ABSTECHER: *Olaf's Guesthouse* ®®®
24 Wisbeach Rd, Sea Point, 8001. **Karte** 1 A4. *(021) 439-8943.* FAX *(021) 439-5057.* Gästehaus mit höchstem Komfort, 1996 von Südafrikas Fremdenverkehrsverband SATOUR zur Bed-and-Breakfast-Herberge des Jahres gekürt. Kinder sind ab 12 willkommen.

ABSTECHER: *Palm House* ®®®
Oxford St, Wynberg, 7800. **Straßenkarte** B5. *(021) 761-5009.* FAX *(021) 761-8776.* Elegantes Gästehaus im südlichen Randbezirk, 20 Minuten vom Cape Town International Airport. Einkaufszentren in der Nähe.

ABSTECHER: *The Glen Guesthouse* ®®®
3 The Glen, Sea Point, 8001. **Karte** 1 A5. *(021) 439-0086.* FAX *(021) 439 3552.* Viktorianisches Herrenhaus in einer ruhigen Wohngegend, aber nicht weit von Geschäften und Restaurants entfernt.

ABSTECHER: *Toad Hall* ®®®
9 AB Bull Rd, Froggy Farm, Simon's Town. **Karte** 3B5. u. FAX *(021) 786-3878.* Bed-and-Breakfast-Unterkunft in einer luxuriösen Privatwohnung (ein Einzel- und ein Doppelzimmer) mit Superblick über die False Bay.

ABSTECHER: *Tulana Guesthouse* ®®®
7 de Villiers Rd, Wynberg, 7800. **Straßenkarte** B5. *(021) 762-8500.* FAX *(021) 761-0188.* 1886 im Kolonialstil erbautes Haus mit sehr komfortablen, geräumigen Zimmern, echtem altem Mobiliar und Originalen an den Wänden. Kinder sind ab 12 willkommen.

Andros	9	■			●
Auberge Penrose	25	■			
Brenwin & Cha'Mel	22	■			
Cape Castle Hotel	63	■	●	■	
Centurion All-suite Hotel	70	■		■	
Clifton House	5	■			
Cotswold House	6	■			●
Courtyard Hotel	70	■	●	■	●
La Splendida Luxury Suites	22	■	●	■	
Olaf's Guesthouse	11	■			●
Palm House	11	■			●
The Glen Guesthouse	11	■			
Toad Hall	2			■	●
Tulana Guesthouse	7	■			

Die Preiskategorien beziehen sich auf ein normales Doppelzimmer pro Nacht inklusive Steuer und Service, aber ohne Frühstück:
- ® unter 150 R
- ®® 150–300 R
- ®®® 300–500 R
- ®®®® 500–1000 R
- ®®®®® über 1000 R

POOL
Sie sind meist recht klein und im Freien.

RESTAURANT
Restaurant im Hotel, meist auch für Nicht-Gäste.

KINDEREINRICHTUNGEN
Babysitter, Kinderbetten und Spielplätze sind vorhanden. Einige Hotels bieten Kinderportionen und -stühle in ihren Restaurants.

GARTEN
Hotel mit Garten oder Terrasse.

	Zahl der Zimmer	Pool	Restaurant	Kindereinrichtungen	Garten
ABSTECHER: *Villa Sunshine* ®®® 1 Rochester Rd, Bantry Bay, 8001. **Karte** 3 B2. (021) 439-8224. FAX (021) 439-8219. Komfortables, mediterran anmutendes Gästehaus mit Blick aufs Meer. Strände, Restaurants und öffentliche Verkehrsmittel in der Nähe.	7	■			
ABSTECHER: *Whale Bay Guest & Conference House* ®®® 402 Main Rd, Simon's Town, 7975. **Straßenkarte** B5. (021) 786-3291. FAX (021) 785-2455. Helles, luftiges Gästehaus nah am Strand, wo sich Wale beobachten lassen. Kinder sind ab 12 willkommen.	10				
ABSTECHER: *Alphen Hotel* ®®®® Alphen Dr, Constantia, 7800. **Straßenkarte** B5. (021) 794-5011. FAX (021) 794-5710. Das Hauptgebäude von 1752 ist ein Nationaldenkmal und Teil eines stattlichen alten Kapanwesens in ländlicher Lage, nur 20 Minuten vom Zentrum. Entspannen Sie am Pool nach einem langen Ausflug.	38	■	●	■	●
ABSTECHER: *Ambassador Hotel & Suites* ®®®® 34 Victoria Rd, Bantry Bay, 8001. **Karte** 3 B5. (021) 439-6170. FAX (021) 439-6336. Die Lage hoch über dem Atlantik garantiert spektakuläre Sonnenuntergänge und einen wundervollen Ausblick von der Bar.	100	■	●	■	
ABSTECHER: *Bantry Bay Luxury Suites* ®®®® 8 Alexander Rd, Bantry Bay, 8001. **Karte** 3 B1. (021) 434-8448. FAX (021) 434-8212. Exklusives Hotel mit traumhaftem Meerblick. In der Nähe die berühmten Clifton-Strände, Restaurants und Geschäfte.	41	■		■	
ABSTECHER: *Constantia Lodge* ®®®® Duntaw Cl, Constantia, 7800. **Straßenkarte** B5. (021) 794-2410. FAX (021) 794-2418. Geschmackvolle Unterbringung auf einem großen, windgeschützten Anwesen mit Allwetter-Tennisplatz. In der Nähe liegen gleich mehrere Golfplätze.	8	■	●		●
ABSTECHER: *Constantia Uitsig Country Hotel* ®®®® Spaanschemat River Rd, Constantia, 7800. **Straßenkarte** B5. (021) 794-6500. FAX (021) 794-7605. Die zwei Restaurants auf dem Gelände dieser historischen Weinfarm zählen zu den besten in Kapstadt.	16	■	●	■	●
ABSTECHER: *Greenways Country House* ®®®® 1 Torquay Ave, Claremont, 7700. **Straßenkarte** B5. (021) 761-1792. FAX (021) 761-0878. Hotel auf einem eleganten Gehöft aus den 20er Jahren, umgeben von 2,4 Hektar großen erholsamen Gärten.	14	■	●		●
ABSTECHER: *Leisure Bay Luxury Suites* ®®®® Lagoonbeach Rd, Milnerton, 7441. **Straßenkarte** B5. (021) 551-7440. FAX (021) 551-7441. Ein Hotel für hohe Ansprüche, nur 30 Meter vom langen, weißen Strand und 15 Minuten Fahrt von Kapstadt entfernt.	32	■	●	■	●
ABSTECHER: *President Hotel* ®®®® Alexander Rd, Bantry Bay, 8001. **Karte** 3 B1. (021) 434-8111. FAX (021) 434-9494. Ein freundliches Hotel in frischem Insel-Design, wo alleinreisende weibliche Gäste VIP-Behandlung genießen. Ganz nah an der Strandpromenade, Waterfront und City leicht erreichbar.	349	■	●	■	
ABSTECHER: *Vineyard Hotel* ®®®® Colinton Rd, Newlands, 7700. **Straßenkarte** B5. (021) 683-3044. FAX (021) 683-3365. Das 1799 für Lady Anne Barnard erbaute Nationaldenkmal hat einen schönen Garten, beheizten Pool und Fitneßcenter. Das prämierte Restaurant ist auf klassisch-französische Küche spezialisiert.	160	■	●	■	●
ABSTECHER: *Winchester Mansions Hotel* ®®®® 221 Beach Rd, Sea Point, 8001. **Karte** 1 A4. (021) 434-2351. FAX (021) 434-0215. Hotel in Privatbesitz mit italienischem Innenhof, Palmen und Springbrunnen. Kinder sind ab 12 willkommen.	53	■	●		

ABSTECHER: *Cellars-Hohenort Hotel* ®®®®® 93 Brommersvlei Rd, Constantia, 7800. **Straßenkarte** B5. *(021) 794-2137.* FAX *(021) 794-2149.* Luxuriöses Landhotel, dessen Garten an die Kirstenbosch Botanical Gardens grenzt. Das Restaurant ist ein Genuß. Auf der Weinkarte stehen einheimische wie importierte Weine. Kinder sind ab 14 willkommen.	56	■	●		●
ABSTECHER: *Houtkappersport* ®®®®® Constantia Nek, Kapstadt. **Karte** 1 A5. *(021) 794-5216.* FAX *(021) 794-2907.* Alle Cottages sind aus lokalem Stein und Holz gebaut, Schlafplätze für zwei bis acht Personen.	9			■	●
ABSTECHER: *Peninsula All-suite Hotel* ®®®®® 313 Beach Rd, Sea Point, 8001. **Karte** 1 A4. *(021) 439-8888.* FAX *(021) 439-8886.* Beliebte, komplett ausgestattete Ferien-Suiten mit atemberaubendem Blick über die Bucht.	109	■	●	■	
ABSTECHER: *Romney Park Luxury Suites* ®®®®® Romney Rd, Green Point, 8001. **Karte** 1 B4. *(021) 439-4555.* FAX *(021) 439-4747.* Elegantes Wohnen für Anspruchsvolle. City, Strand und Waterfront sind nicht weit.	15	■		■	●
ABSTECHER: *Sea Castle* ®®®®® 15 Victoria Rd, Clifton, 8001. **Karte** 3 B5. *(021) 438-4010.* FAX *(021) 438-4015.* Großzügige Apartments, exquisit in Marmor, Granit und Ahorn gehalten. Alle Balkone mit Meerblick.	11	■		■	
ABSTECHER: *Steenberg Country Hotel* ®®®®® Steenberg Rd, Constantia, 7800. **Straßenkarte** B5. *(021) 713-2222.* FAX *(021) 713-2221.* Kapholländisches Herrenhaus (1682) auf einem idyllischen Weingut im Constantia Valley. Die luxuriös ausgestatteten Zimmer blicken auf Weinberge oder Gärten. Neu ist der 18-Loch-Golfplatz.	23	■	●		
ABSTECHER: *The Bay Hotel* ®®®®® Victoria Rd, Camps Bay, 8001. **Karte** 3 B5. *(021) 438-4444.* FAX *(021) 438-4455.* Ein Mitglied der Small Luxury Hotels of the World. Anspruchsvoll und modern, in grandioser Lage gegenüber dem Strand von Camps Bay. Beim Cocktail auf der Terrasse Sonnenuntergang über dem Antlantik.	78	■	●		

DIE KAP-WEINREGION

FRANSCHHOEK: *Auberge Bligny* ®®® 28 Van Wijk St, 7690. **Straßenkarte** B5. *(021) 876-3767.* FAX *(021) 876-3483.* Anerkanntes Gästehaus in einem wunderschön renovierten Farmhaus, umgeben von grünen Weinbergen und majestätischer Bergkulisse.	8	■	●	■	●
FRANSCHHOEK: *Franschhoek Country Guesthouse* ®®® Main Rd, 7690. **Straßenkarte** B5. *(021) 876-3386.* FAX *(021) 876-2744.* Liebevoll restauriertes viktorianisches Gehöft von 1890, in Stadtrandlage und nicht weit von Restaurants und Geschäften.	14	■	●		●
FRANSCHHOEK: *Rusthof Guesthouse* ®®® 12 Huguenot Rd, 7960. **Straßenkarte** B5. *(021) 876-3762.* FAX *(021) 876-3782.* Ansprechende, erschwingliche Unterkunft in individuell ausgestatteten Zimmern mit Fußbodenheizung und Klimaanlage.	5	■			●
FRANSCHHOEK: *L'Auberge le Quartier Français* ®®®® 16 Huguenot Rd, 7960. **Straßenkarte** B5. *(021) 876-2151.* FAX *(021) 876-3105.* Schicke Unterbringung im Herzen des historischen Dorfes. Das Restaurant nebenan serviert kap-provenzalische Gerichte.	15	■	●	■	●
HERMON: *Bartholomeus Klip Farmhouse* ®®®® An der R44 von Tulbagh/Wellington. **Straßenkarte** B5. *(022) 448-1820.* FAX *(022) 448-1829.* Das Farmhaus von 1903 ist in reizvoll ländlichem Stil gestaltet und wunderschön gelegen.	5	■			●
KUILS RIVER: *Zevenwacht Country Inn* ®®® Langverwacht Rd, 7580. **Straßenkarte** B5. *(021) 903-5123.* FAX *(021) 903-3373.* In dem kapholländischen Herrenhaus sollten Sie das gute Essen, Weinkeller-Besuche und Vorführungen zur Käseherstellung genießen.	38	■	●	■	
MONTAGU: *Montagu Country Inn* ®® 27 Bath St, 6720. **Straßenkarte** B5. *(023) 614-3125.* FAX *(023) 614-1905.* Ein gut erhaltenes, originales Art-déco-Gebäude mit herrlichem Bergpanorama. In der Nähe finden Sie diverse Wanderwege.	23	■	●	■	

Zeichenerklärung siehe hintere Umschlagklappe

Die Preiskategorien beziehen sich auf ein normales Doppelzimmer pro Nacht inklusive Steuer und Service, aber ohne Frühstück:
® unter 150 R
®® 150–300 R
®®® 300–500 R
®®®® 500–1000 R
®®®®® über 1000 R

Pool
Sie sind meist recht klein und im Freien.

Restaurant
Restaurant im Hotel, meist auch für Nicht-Gäste.

Kindereinrichtungen
Babysitter, Kinderbetten und Spielplätze sind vorhanden. Einige Hotels bieten Kinderportionen und -stühle in ihren Restaurants.

Garten
Hotel mit Garten oder Terrasse.

Montagu: *Kingna Lodge* ®®®
11 Bath St, 6720. **Straßenkarte** B5. *(023) 614-1066.* FAX *(023) 614-2405.*
Dieses Gästehaus auf einem viktorianischen Landgut von etwa 1885 bietet auch Aromatherapie an.

Montagu: *Mimosa Lodge* ®®®
Church St, 6720. **Straßenkarte** B5. *(023) 614-2351.* FAX *(023) 614-2418.*
Eine zweistöckige viktorianische Villa von 1861 mit besonders herzlicher Atmosphäre, unter Leitung eines Schweizer Ehepaars.

Paarl: *Goedemoed Country Inn* ®®
Cecilia St, 7646. **Straßenkarte** B5. *(021) 863-1102.* FAX *(021) 871-1020.*
Ein warmer Empfang wird jedem in diesem charmanten, ländlichen Gästehaus bereitet, mit Garten, Pool und Blick über die Weinberge.

Paarl: *Lemoenkloof Gastehuis* ®®®
396A Main Rd, 7646. **Straßenkarte** B5. *(021) 872-7520.* FAX *(021) 872-3782.*
Komfortables Gästehaus in einem Nationaldenkmal, das im Herzen der Stadt und nicht weit von der Weinstraße liegt.

Paarl: *Mountain Shadows Guesthouse* ®®®
Klein Drakenstein Rd, 7620. **Straßenkarte** B5. *(021) 862-3192.* FAX *(021) 862-6796.*
Behagliches kapholländisches Herrenhaus vor einer Bergkulisse. Ruhige, ländliche Lage im Weinbaugebiet.

Paarl: *Pontac Estate Hotel Garni* ®®®
16 Zion St, 7646. **Straßenkarte** B5. *(021) 872-0445.* FAX *(021) 872-0460.*
Wunderschönes 250 Jahre altes Farmhaus unterhalb von Paarl Rock. Günstig für Besuche der nahe gelegenen KWV-Weinkeller.

Paarl: *Roggeland Country House* ®®®®
Roggeland Rd, 7623. **Straßenkarte** B5. *(021) 868-2501.* FAX *(0221) 868-2113.*
Dieses historische Farmhaus 15 Kilometer außerhalb von Paarl ist mit herrlichen Antiquitäten ausgestattet und präsentiert echtes Landleben mitsamt Ententeich. Gute regionale Küche.

Paarl: *Grande Roche Hotel* ®®®®®
Plantasie St, 7646. **Straßenkarte** B5. *(021) 863-2727.* FAX *(021) 863-2220.*
Historisches, stilvoll restauriertes Landgut von 1707. Das international prämierte Hotel bietet Fünf-Sterne-Unterkunft in Chalets, die zwischen Weinbergen stehen. Bosman's Restaurant wird seit langem als eines der besten des Landes eingestuft. Mitglied von Relais et Châteaux.

Robertson: *The Grand Hotel & Guesthouse* ®®
68 Barry St, 6705. **Straßenkarte** B5. *(023626) 3272.* FAX *(023626) 1158.*
Gemütliches, komfortables Hotel in einem ruhigen Wohngebiet, 800 Meter von der Hauptstraße entfernt.

Somerset West: *Albourne Guesthouse* ®®
61 Lourensford Rd, 7130. **Straßenkarte** B5. *(021) 852-2184.* FAX *(021) 852-7050.*
Die Gäste dieses kapholländischen Hauses genießen das Privileg der Mitgliedschaft im exklusiven Erinvale Golf Course.

Somerset West: *Somerton Manor* ®®
13 Somerset St, 7130. **Straßenkarte** B5. *(021) 851-4682.* FAX *(021) 851-4672.*
Kapholländisches Gästehaus mit Sauna, Sportraum, Whirlpool, großem Swimmingpool, Billardraum und riesigem Weinkeller.

Somerset West: *Die Ou Pastorie Guesthouse* ®®®
41 Lourens St, 7130. **Straßenkarte** B5. *(021) 852-2120.* FAX *(021) 851-3710.*
Dieses elegante Gästehaus, ein Nationaldenkmal aus dem Jahr 1819, liegt in der Nähe von drei hervorragenden Golfplätzen.

	Zahl der Zimmer	Pool	Restaurant	Kindereinrichtungen	Garten
Kingna Lodge	8	■	●		●
Mimosa Lodge	11	■	●		●
Goedemoed Country Inn	8	■		■	●
Lemoenkloof Gastehuis	20	■		■	
Mountain Shadows Guesthouse	11	■	●		●
Pontac Estate Hotel Garni	16	■			●
Roggeland Country House	11	■	●	■	●
Grande Roche Hotel	35	■	●		●
The Grand Hotel & Guesthouse	10	■	●	■	
Albourne Guesthouse	16	■			●
Somerton Manor	12	■		■	
Die Ou Pastorie Guesthouse	16	■	●		●

SOMERSET WEST: *Erinvale Estate Hotel* ®®® 1 Erinvale Ave, 7130. **Straßenkarte** B5. ☎ *(021) 847-1160.* FAX *(021) 847-1169.* Reizvolles Herrenhaus am Fuße der majestätischen Helderberge, von gepflegten Gärten umgeben. Eine Herausforderung stellt der berühmte Erinvale-Golfplatz dar.	57	■	●		●
SOMERSET WEST: *Straightway Head Country House* ®®® Parel Catley Rd, 7130. **Straßenkarte** B5. ☎ *(021) 851-7088.* FAX *(021) 851-7091.* Komfortables Gästehaus inmitten der Berge, nur neun Kilometer von den False-Bay-Stränden entfernt.	20	■	●	■	●
SOMERSET WEST: *Zandberg Farm Country Guesthouse* ®®® Winery Rd, 7130. **Straßenkarte** B5. ☎ *u.* FAX *(021) 842-2945.* Wohnen auf einem 300 Jahre alten Weingut, in parkähnlicher Landschaft. Das prämierte Restaurant daneben serviert kap-provenzalische Küche. Weitere Attraktionen: historische Kapelle, Kräutergarten und Stausee.	11	■	●		●
SOMERSET WEST: *Lord Charles Hotel* ®®®® Faure u. Stellenbosch Rd, 7130. **Straßenkarte** B5. ☎ *(021) 855-1046.* FAX *(021) 855-1107.* Hervorragendes Hotel auf einem neun Hektar großen Privatgut im Herzen des Kap-Weinlands. Mehrere Golfplätze und Strände in der Nähe.	197	■	●	■	●
SOMERSET WEST: *Willowbrook Lodge* ®®®® 1 Morgenster Ave, 7130. **Straßenkarte** B5. ☎ *(021) 851-3759.* FAX *(021) 851-4152.* Elegante Lodge in zeitgenössischem Stil am Flußufer, mit prämierter Gartenanlage. Im Restaurant wird phantasievoll und modern gekocht.	11	■	●		
STELLENBOSCH: *De Goue Druif* ®® 110 Dorp St, 7599. **Straßenkarte** B5. ☎ *(021) 883-3555.* FAX *(021) 883-3588.* Das Gebäude von 1792 steht unter Denkmalschutz und ist mit antiken Möbeln stilvoll bestückt.	6	■			●
STELLENBOSCH: *Ryneveld Lodge* ®® 67 Ryneveld St, 7600. **Straßenkarte** B5. ☎ *(021) 887-4469.* FAX *(021) 883-9549.* Ein komfortabel wiederhergestelltes einstiges Sklavenhaus. Zur Verfügung stehen auch separate Familienhütten für Selbstversorger.	15	■			●
STELLENBOSCH: *Yellow Lodge Guesthouse* ®® 32 Herold St, 7600. **Straßenkarte** B5. ☎ *(021) 887-9660.* FAX *(021) 887-5686.* Geräumige Lodge am Stadtrand, inmitten eines Gartens mit Bananenbäumen. Es gibt lokales und deutsches Satellitenfernsehen.	11	■			●
STELLENBOSCH: *Bonne Esperance Guest Lodge* ®®® 17 Van Riebeeck St, 7600. **Straßenkarte** B5. ☎ *(021) 887-0225.* FAX *(021) 887-8328.* Das anerkannte Gästehaus in einer komfortabel renovierten Villa in viktorianischem Stil hat Eckturm und eine umlaufende Veranda.	15	■			
STELLENBOSCH: *D'Ouwe Werf* ®®® 30 Church St, 7600. **Straßenkarte** B5. ☎ *(021) 887-4608.* FAX *(021) 887-4626.* Das älteste Gasthaus Südafrikas, gelegen im Zentrum von Stellenbosch. Es entstand auf den Fundamenten der ersten Kirche des Landes, deren Originalboden noch unter dem Restaurant zu sehen ist.	25	■	●		
STELLENBOSCH: *Dorpshuis Country House* ®®® 22 Dorp St, 7600. **Straßenkarte** B5. ☎ *(021) 883-9881.* FAX *(021) 883-9884.* Das Gästehaus an der bezaubernden, historischen Dorp Street ist mit echten Antiquitäten ausgestattet.	23	■		■	
STELLENBOSCH: *Eendracht Gastehuis* ®®® 161 Dorp St, 7600. **Straßenkarte** B5. ☎ *(021) 883-8843.* FAX *(021) 883-8842.* Behagliche Herberge im Herzen der Stadt. Das Haus wurde im Stil von 1710 wiederaufgebaut.	11	■			
STELLENBOSCH: *Lanzerac Manor & Winery* ®®®® Lanzerac Rd, 7600. **Straßenkarte** B5. ☎ *(021) 887-1132.* FAX *(021) 887-2310.* Luxuriöses Landhotel in den Weinbergen, eingerahmt von den grandiosen Jonkershoek- und Helderbergen. Die prachtvoll-elegante Ausstattung erinnert an Lanzeracs 300jährige Geschichte.	48	■	●	■	●
TULBAGH: *De Oude Herberg* ®® 6 Church St, 6820. **Straßenkarte** B5. ☎ *u.* FAX *(02323) 00260.* Das anerkannte Gästehaus in einem Nationaldenkmal (1840) liegt im Zentrum des historischen Städtchens Tulbagh.	5	■	●		

Zeichenerklärung siehe hintere Umschlagklappe

Die Preiskategorien beziehen sich auf ein normales Doppelzimmer pro Nacht inklusive Steuer und Service, aber ohne Frühstück:
Ⓡ unter 150 R
ⓇⓇ 150–300 R
ⓇⓇⓇ 300–500 R
ⓇⓇⓇⓇ 500–1000 R
ⓇⓇⓇⓇⓇ über 1000 R

Pool
Sie sind meist recht klein und im Freien.

Restaurant
Restaurant im Hotel, meist auch für Nicht-Gäste.

Kindereinrichtungen
Babysitter, Kinderbetten und Spielplätze sind vorhanden. Einige Hotels bieten Kinderportionen und -stühle in ihren Restaurants.

Garten
Hotel mit Garten oder Terrasse.

	Zahl der Zimmer	Pool	Restaurant	Kindereinrichtungen	Garten
Tulbagh: *Rijk's Ridge* ⓇⓇⓇ Von Church St abgehend, 6820. **Straßenkarte** B5. Tel. *(02323) 0-1006.* FAX *(02323) 0-1125.* Kapholländisches Farmhaus vor überwältigender Kulisse.	15	■	●		■
Wellington: *Diemersfontein Gastehuis* ⓇⓇ An der R303 nach Wellington. **Straßenkarte** B5. Tel. *(021) 873-2671.* FAX *(021) 864-2095.* Reizendes Gehöft (um 1900) auf einer alteingesessenen Weinfarm. Ritte durch die Weinberge und Wandern in malerischer Gebirgslandschaft.	16	■		■	●
Worcester: *Church Street Lodge* ⓇⓇ 36 Church St, 6850. **Straßenkarte** B5. Tel. *(023) 342-5194.* FAX *(023) 342-8859.* Gemütliche Zimmer in einem kapholländischen Haus, das im Zentrum des historischen Worcester liegt.	20	■	●		
DIE WESTKÜSTE					
Cedarberg: *Bushmanskloof Wilderness Reserve* ⓇⓇⓇⓇ R364. Box 53405, Kenilworth, 7945. **Straßenkarte** B4. Tel. *(021) 797-0990.* FAX *(021) 761-5551.* Strohgedeckte Luxus-Lodges in den Cedarbergen, nur drei Stunden nach Kapstadt. Zu sehen sind Zebras, Gnus, Elenantilopen und kleinere Tiere sowie 125 Felsmalereien der Buschmänner. Alles inklusive.	10	■	●		
Clanwilliam: *Saint du Barrys Country Lodge* ⓇⓇ 13 Augsburg Dr, 8135. **Straßenkarte** B4. Tel. *(027) 482-1537.* FAX *(027) 482-1537.* Diese strohgedeckte Lodge, benannt nach einem schweizerischen Heiligen des 19. Jahrhunderts, liegt im Dorf Clanwilliam nahe den Cedarbergen. Den Besucher erwarten Gastlichkeit und Komfort.	5	■			●
Darling: *The Old Buffers Guesthouse* ⓇⓇ 9 Station Rd, 7345. **Straßenkarte** B5. Tel. *(02241) 3008.* Das winzige alte Haus ist bestens geeignet, der Großstadt zu entkommen. Das Kabarett in der Kleinstadt ist berühmt.	3				
Hopefield: *Kersefontein Farm* ⓇⓇⓇ Hopefield-Veldrif Rd, an der R45. **Straßenkarte** A4. Tel. *(022) 783-0850.* FAX *(022) 783-0850.* Das kapholländische Farmhaus (18. Jh.) gilt als Nationaldenkmal. Der Berg River passiert die Farm, die noch in Betrieb ist.	6		●	■	●
Kamieskroon: *Kamieskroon Hotel* ⓇⓇ Old National Rd, 8241. **Straßenkarte** A4. Tel. *(027) 672-1614.* FAX *(027) 672-1675.* Komfortables Landhotel im Herzen der Wildblumen-Region Namaqualand. Seit 1984 werden hier Öko-Touren und Foto-Workshops angeboten. Zur Blütezeit im Frühling unbedingt reservieren!	21	■	●	■	
Langebaan: *Falcon's Rest Guesthouse* ⓇⓇ 21A Zeeland St, 7357. **Straßenkarte** A5. Tel. *u.* FAX *(02277) 2-1112.* Von diesem zweistöckigen Haus am Golfplatz hat man freien Blick über die Lagune. Kinder sind willkommen, Mahlzeiten nach Vereinbarung.	12	■	●	■	
Langebaan: *The Farmhouse Guesthouse* ⓇⓇⓇ 5 Egret St, 7357. **Straßenkarte** A5. Tel. *(02277) 2-2062.* FAX *(02277) 2-1980.* Das Farmhaus, ursprüngliches Baujahr 1860, liegt gleich am West Coast National Marine Park mit Blick auf die stille Lagune.	15	■	●		●
Mooreesburg: *Karbonaatjieskraal Guest House* Ⓡ N1 (nahe Mooreesburg). **Straßenkarte** B5. Tel. *(023) 358-2134.* FAX *(023) 358-2133.* Elegante Unterkunft mit Ausblick auf die im Winter oft schneebedeckten Matroosberge. Günstige Lage für Durchreisende.	12	■	●	■	
Piketberg: *Noupoort Guest Farm & Conference Centre* ⓇⓇⓇ N7. PO Box 101, Piketberg, 7320. **Straßenkarte** B4. Tel. *(0261) 5754.* FAX *(0261) 5834.* Ruhe, Gebirgsluft und phantastischer Blick, nur 90 Minuten nach Kapstadt. Wanderwege, Sauna und Heilbäder vorhanden.	32	■	●	■	●

RIEBEEK WEST: *Bishop's Lodge* ®® — 9
4 Dennehof St, 7306. **Straßenkarte** B4. ☎ *(022) 461-2672.* FAX *(022) 461-2692.*
Weitläufiges Haus im viktorianischen Stil (1904) mit Charme und Atmosphäre – eine romantische, luxuriöse Zuflucht auf dem Land.

RIEBEEK KASTEEL: *The Village Taverna* ® — 5
13 Fontein St, 7307. **Straßenkarte** B4. ☎ *u.* FAX *(022) 448-1794.*
Dieses Haus von 1911 am Stadtplatz besitzt mediterranes Flair. Der nahe gelegene Bothmanskloof-Paß bietet einen großartigen Blick.

SPRINGBOK: *Masonic Hotel* ®® — 35
Van Riebeeck St. **Straßenkarte** A3. ☎ *(0251) 2-1505.* FAX *(0251) 2-1730.*
Sauberes, modernes Hotel im Namaqualand, am schönsten von September bis Oktober, nach dem Regen im Frühjahr. TV

VELDDRIF: *Kersefontein Farm* ®® — 2
An der R45. Box 15, Hopefield, 7355. **Straßenkarte** A4. ☎ *(& FAX) (022) 783-0850.*
Strohgedecktes Kap-Cottage auf einer denkmalgeschützten Farm am Berg River. Schwimmen, Wandern, Vogelbeobachtung, Bootsfahrten und Radfahren. Essen kann man im örtlichen Pub oder nach Absprache auf der Farm. TV

YZERFONTEIN: *Casbel Guesthouse* ®® — 4
26 Lutie Katz Rd, 7351. **Straßenkarte** A5. ☎ *u.* FAX *(02245) 475.*
Kleines Gästehaus im sardischen Stil mit Blick auf Ufer und Fischerhafen. Die meisten Zimmer liegen zum Meer hin. Zwei Restaurants. TV

DAS SÜDLICHE KAP

ARNISTON: *The Arniston Hotel* ®®® — 30
Beach Rd, 7280. **Straßenkarte** B5. ☎ *(02847) 5-9000.* FAX *(02847) 5-9633.*
Modernes Hotel am Meer mit Panoramablick, in einem 200 Jahre alten Fischerdorf fast an der südlichsten Spitze Afrikas. Strände und die berühmte Meereshöhle liegen ganz in der Nähe. TV

BETTY'S BAY: *Buçaco Sud Guesthouse* ®® — 5
2609 Clarence Dr, 7141. **Straßenkarte** B5. ☎ *u.* FAX *(028) 272-9750.*
Nahe dem Gästehaus vor der Kulisse der Kogelberge kann man *Fynbos* studieren. Der Meerblick ist berauschend, im Winter Kaminfeuer. Walbeobachtung am Strand möglich, Pinguin-Kolonie in der Nähe.

BREEDE RIVER: *Breede River Lodge* ®® — 21
Breede River Mouth, Witsands, 6761. **Straßenkarte** B5. ☎ *(02935) 631.* FAX *(02935) 650.*
Sehr beliebte Angler-Lodge an der Mündung des Breede River, mit Blick auf die Bucht, wo sich von Mai bis Oktober Südliche Glattwale einfinden. Die Atmosphäre ist ungezwungen und entspannt. Während der Saison stehen fangfrische Austern auf der Speisekarte. TV

GRABOUW: *Houw Hoek Inn* ®® — 37
An der N2, 7160. **Straßenkarte** B5. ☎ *(02824) 4-9646.* FAX *(02824) 4-9112.*
Eine Autostunde von Kapstadt entfernt in einem stillen Tal. Man rühmt sich, das älteste Gasthaus des Landes zu sein. TV

GREYTON: *The Greyton Lodge* ®®® — 21
46 Main St, 7233. **Straßenkarte** B5. ☎ *(02825) 4-9876.* FAX *(02825) 4-9672.*
Komfortable Lodge von 1880 am Fuß der Berge, ideal für Wanderungen Auf der Terrasse läßt es sich herrlich entspannen, bevor man die ländliche Küche genießt. Gemütlicher Pub und eine gute Weinkarte.

GREYTON: *The Post House* ®®® — 13
Main St, 7233. **Straßenkarte** B5. ☎ *(0285) 4-9995.* FAX *(02825) 4-9920.*
Sämtliche Zimmer dieses Gästehauses aus dem frühen 19. Jh. sind nach Beatrix-Potter-Figuren benannt und gestaltet. Greyton, nur 90 Minuten Fahrt nach Kapstadt, ist ein beliebter Wochenendausflugsort.

HERMANUS: *Auberge Burgundy* ®®® — 14
16 Harbour Rd, 7200. **Straßenkarte** B5. ☎ *(0283) 70-1201.* FAX *(0283) 70-1204.*
Luxuriöses Haus mit provenzalischem Flair, Höfen und Kräutergärten, mitten in der Stadt und nahe Altem Hafen, Geschäften, Restaurants und Stränden. Das gefeierte Burgundy Restaurant ist nebenan. TV

HERMANUS: *Whale Rock Lodge* ®®® — 11
26 Springfield Ave, 7200. **Straßenkarte** B5. ☎ *(0283) 70-0014.* FAX *(0283) 2-2932.*
Strohgedeckte Lodge am Meer, nur zehn Minuten Fußmarsch von einer der besten Stellen zur Walbeobachtung am Klippenweg. TV

… **Preiskategorien** beziehen …ich auf ein normales Doppelzimmer pro Nacht inklusive Steuer und Service, aber ohne Frühstück:
Ⓡ unter 150 R
ⓇⓇ 150–300 R
ⓇⓇⓇ 300–500 R
ⓇⓇⓇⓇ 500–1000 R
ⓇⓇⓇⓇⓇ über 1000 R

POOL
Sie sind meist recht klein und im Freien.

RESTAURANT
Restaurant im Hotel, meist auch für Nicht-Gäste.

KINDEREINRICHTUNGEN
Babysitter, Kinderbetten und Spielplätze sind vorhanden. Einige Hotels bieten Kinderportionen und -stühle in ihren Restaurants.

GARTEN
Hotel mit Garten oder Terrasse.

HERMANUS: *The Marine Hotel* ⓇⓇⓇⓇⓇ
Marine Dr, 7200. **Straßenkarte** B5. ☎ *(0283) 70-1000.* FAX *(0283) 70-0160.*
Kürzlich renoviertes Luxushotel, aufgrund seiner einzigartigen Lage auf den Klippen ideal, um Wale zu beobachten. Es gibt zwei Restaurants, einen Hubschrauberlandeplatz und diverse Sportmöglichkeiten.

KLEINMOND: *The Beach House* ⓇⓇⓇⓇ
13 Beach Rd, 7195. **Straßenkarte** B5. ☎ *(028) 271-3130.* FAX *(028) 271-4022.*
Im Winter kann man vom Restaurant aus Wale beobachten. Alle Zimmer haben Blick auf die Berge oder das Meer.

MALGAS: *Malgas Guesthouse & Conference Centre* ⓇⓇⓇ
Main Rd, 6666. **Straßenkarte** B5. ☎ *(028) 542-1049.* FAX *(028) 542-1718.*
Etwa 50 km von Swellendam entfernt. Angeboten werden Boot- oder Kanuausflüge auf dem Breede River, in der Nähe die Anlegestelle für Südafrikas einzig verbliebene handgezogene Fähre, *The Pont.*

MCGREGOR: *The Old Mill Lodge* ⓇⓇ
Meul St, 6708. **Straßenkarte** B5. ☎ *(02353) 841.* FAX *(02353) 941.*
Idealer Rückzugsort, erbaut 1860, in einer zauberhaften Landschaft am Rande des malerischen Dorfes McGregor.

OUDTSHOORN: *De Oude Meul Country Lodge* Ⓡ
Schoemanspoort, 6620. **Straßenkarte** C5. ☎ *u.* FAX *(044) 272-7190.*
Familien-Lodge am Grobbelaars River, 15 km außerhalb der Stadt und nahe den Cango Caves, einer Krokodilranch und Straußenfarmen.

OUDTSHOORN: *Hlangana Lodge* ⓇⓇ
51 North St, 6620. **Straßenkarte** C5. ☎ *(044) 272-2299.* FAX *(044) 279-1271.*
Behagliche Lodge am Stadtrand, an der Straße zu den Cango Caves.

OUDTSHOORN: *Queen's Hotel* ⓇⓇ
5 Baron Van Rheede St, 6620. **Straßenkarte** C5. ☎ *(044) 272-2101.* FAX *(044) 272-2104.*
Altmodisches Hotel im Kolonialstil, zentral und günstig gelegen; das Straußenmuseum ist ganz in der Nähe.

OUDTSHOORN: *Altes Landhaus Country Lodge* ⓇⓇⓇ
Schoemanshoek, 6620. **Straßenkarte** C5. ☎ *(044) 272-6112.* FAX *(044) 279-2652.*
Kapholländisches Haus (1898) auf einer Straußenfarm.

OUDTSHOORN: *Rosenhof Country Lodge* ⓇⓇⓇ
264 Baron van Rheede St, 6620. **Straßenkarte** C5. ☎ *(044) 272-2232.* FAX *(044) 272-3021.*
Bezauberndes viktorianisches Haus in einem duftenden Rosengarten, nicht weit von den Cango Caves und mit Blick auf die Swartberge. Traditionelle, ländliche Hausmannskost.

SWELLENDAM: *Klippe Rivier* ⓇⓇⓇⓇ
Voortrekker St, 6740. **Straßenkarte** B5. ☎ *(0291) 4-3341.* FAX *(0291) 4-3337.*
Das malerische Gästehaus, entstanden aus einem kapholländischen Herrenhaus (1827), umgeben von Bergen und Weinbergen.

WITSAND: *Breede River Lodge* ⓇⓇ
Breede River Mouth, 6666. **Straßenkarte** B5. ☎ *(02935) 631.* FAX *(02935) 650.*
Eine Angler-Lodge am Breede River, nur zehn Minuten Fußmarsch zum Strand.

DIE GARDEN ROUTE NACH GRAHAMSTOWN

ADDO: *Cosmos Cuisine Guesthouse* ⓇⓇ
Main St, 6105. **Straßenkarte** D5. ☎ *(& FAX) (042) 234-0323.*
Komfortables Quartier nahe Addo Elephant Park und Fitz-Patrick-Aussichtspunkt, der über das Sundays River Valley blickt.

	ZAHL DER ZIMMER	POOL	RESTAURANT	KINDEREINRICHTUNGEN	GARTEN
Hermanus: The Marine Hotel	47	■	●		●
Kleinmond: The Beach House	23	■	●		
Malgas: Malgas Guesthouse & Conference Centre	22	■	●	■	●
McGregor: The Old Mill Lodge	8	■	●	■	
Oudtshoorn: De Oude Meul Country Lodge	12	■	●	■	
Oudtshoorn: Hlangana Lodge	12	■		■	
Oudtshoorn: Queen's Hotel	40	■	●	■	
Oudtshoorn: Altes Landhaus Country Lodge	6	■			●
Oudtshoorn: Rosenhof Country Lodge	12	■	●		
Swellendam: Klippe Rivier	7	■	●		
Witsand: Breede River Lodge	20	■	●	■	●
Addo: Cosmos Cuisine Guesthouse	6	■	●		●

THE CRAGS: *Forest Hall Country House* ®®®®
Forest Hall Rd, 6602. **Straßenkarte C5.** ☎ *(04453) 4-8869.* FAX *(04453) 4-8883.*
Historische Lodge (1864) in einem 220 Hektar großen privaten Naturreservat im Tsitsikamma Forest, 17 Kilometer von der Plettenberg Bay entfernt. Die Schlafzimmer präsentieren sich mit Antiquitäten und Gemälden im afrikanischen Kolonialstil. Man kann angeln, wandern und reiten.

THE CRAGS: *Hog Hollow Country Lodge* ®®®
Askop Rd, 6602. **Straßenkarte C5.** ☎ *u.* FAX *(04453) 4-8879.*
Rustikaler Rückzugsort 16 Kilometer östlich von der Plettenberg Bay. Die Cottages haben Bad, Kamin und herrliche Aussicht.

GEORGE: *Hoogekraal Country House* ®®®
Glentana Rd, 6530. **Straßenkarte C5.** ☎ *(044) 879-1277.* FAX *(044) 879-1300.*
Dieses kleine Gästehaus am Strand besitzt ein reizvolles Ambiente mit Antiquitäten und Perserteppichen.

GEORGE: *Fancourt Hotel and Country Club* ®®®®®
Montagu St, Blanco, 6529. **Straßenkarte C5.** ☎ *(044) 870-8282.* FAX *(044) 870-7605.*
Exklusive Anlage mit einem 27-Loch-Meisterschafts-Golfplatz. Luxusunterbringung in einem Herrenhaus von 1845 im Kolonialstil oder in Garten-Lodges. Vier Restaurants und ein großes Sportangebot.

GRAHAMSTOWN: *Settler's Inn* ®®
N2. Box 19, Grahamstown, 6140. **Straßenkarte D5.** ☎ *(046) 622-7313.*
FAX *(046) 622-4951.* Herberge am Stadtrand, für Durchreisende günstig gelegen. Kinder und Haustiere sind willkommen.

GRAHAMSTOWN: *Evelyn House Country Lodge* ®®®
16 High St, 6140. **Straßenkarte D5.** ☎ *(046) 622-2324.* FAX *(046) 622-2424.*
Ein charmantes, zweistöckiges georgianisches Haus, in ruhiger Lage nicht weit von der Universität.

GRAHAMSTOWN: *The Cock House Guesthouse* ®®®
10 Market St, 6140. **Straßenkarte D5.** ☎ *(046) 636-1287.* FAX *(046) 636-1295.*
Originalbau von 1826, mit Yellowwoodböden und Balkon aus burmesischem Teak. Der historische Stadtplatz ist zu Fuß erreichbar.

JEFFREY'S BAY: *Stratos Guest House* ®®®®
11 Uys St, 6330. **Straßenkarte D5.** ☎ *(042) 293-1116.* FAX *(042) 293-3072.*
Modernes, elegantes Haus nahe dem berühmten Surf-Strand.

KNYSNA: *Point Lodge Luxury Guesthouse* ®®®
Point Cl, 6570. **Straßenkarte C5.** ☎ *(044) 382-1944.* FAX *(044) 382-3455.*
Für Vogelbeobachter ist dieses kleine Gästehaus mit Blick auf die Lagune, drei Kilometer westlich von Knysna, genau das Richtige.

KNYSNA: *Portland Manor* ®®®
Rheenendal Rd, von der N2 ab. **Straßenkarte C5.** ☎ *(044) 388-4804.* FAX *(044) 388-4863.*
Hier wohnt man 20 Minuten außerhalb der Stadt auf einer historischen Zitrusfarm mit kleinem Wildpark. Das restaurierte Herrenhaus aus Stein (1864) präsentiert noch seine Original-Yellowwoodböden und -decken.

KNYSNA: *Wayside Inn* ®®®
48 Main Rd, 6570. **Straßenkarte C5.** ☎ *u.* FAX *(044) 382-6011.*
Sisalteppiche und schmiedeeiserne Bettgestelle wie aus »Jenseits von Afrika«. Das Frühstück wird durch eine Klappe in der Tür gereicht.

KNYSNA: *Belvidere Manor* ®®®®
Duthie Dr, 6570. **Straßenkarte C5.** ☎ *(044) 387-1055.* FAX *(044) 387-1059.*
Am Ufer der Knysna-Lagune. Das Haupthaus (1834) ist umgeben von malerischen Hütten, jede mit Veranda und Kamin.

KNYSNA: *Falcon's View Manor* ®®®®
2 Thesen Hill, 6570. **Straßenkarte C5.** ☎ *(044) 382-6767.* FAX *(044) 382-6430.*
Viktorianisches Herrenhaus (1898) mit eleganter Ausstattung und wundervollen Gärten. Die umlaufende Veranda blickt auf die Lagune und die Heads. Kurzer Fußmarsch in die Stadt. Abendessen bei Kerzenschein.

KNYSNA: *St James of Knysna* ®®®®
The Point, 6570. **Straßenkarte C5.** ☎ *(044) 382-6750.* FAX *(044) 382-6756.*
Modischer Komfort am Rand der stillen Lagune, nur fünf Minuten zum Stadtzentrum. Alle Suiten haben ein herrliches Bad mit separater Dusche, Salon mit Selbstwahl-Telefon und Satellitenfernsehen.

The Crags: Forest Hall Country House	9	■	●		●
The Crags: Hog Hollow Country Lodge	12	■	●	■	●
George: Hoogekraal Country House	7		●		
George: Fancourt Hotel and Country Club	100	■	●	■	●
Grahamstown: Settler's Inn	52	■	●	■	●
Grahamstown: Evelyn House Country Lodge	7	■	●	■	●
Grahamstown: The Cock House Guesthouse	7		●		
Jeffrey's Bay: Stratos Guest House	8	■			
Knysna: Point Lodge Luxury Guesthouse	9	■			●
Knysna: Portland Manor	8	■	●		●
Knysna: Wayside Inn	15			■	
Knysna: Belvidere Manor	30	■	●		
Knysna: Falcon's View Manor	9	■	●		●
Knysna: St James of Knysna	16	■	●		

Die Preiskategorien beziehen sich auf ein normales Doppelzimmer pro Nacht inklusive Steuer und Service, aber ohne Frühstück:
® unter 150 R
®® 150–300 R
®®® 300–500 R
®®®® 500–1000 R
®®®®® über 1000 R

Pool
Sie sind meist recht klein und im Freien.

Restaurant
Restaurant im Hotel, meist auch für Nicht-Gäste.

Kindereinrichtungen
Babysitter, Kinderbetten und Spielplätze sind vorhanden. Einige Hotels bieten Kinderportionen und -stühle in ihren Restaurants.

Garten
Hotel mit Garten oder Terrasse.

Hotel	Zahl der Zimmer	Pool	Restaurant	Kindereinrichtungen	Garten
Mossel Bay: *Cape St Blaize Hotel* ®® 3 Matfield St, 6500. **Straßenkarte C5.** Tel. *(0446) 91-1069.* FAX *(0446) 91-1426.* Haus im Tudor-Stil. Strände, Geschäfte und das Dias-Museum sind zu Fuß erreichbar.	12		●		
Mossel Bay: *Eight Bells Mountain Inn* ®® Robinson Pass an der R328. **Straßenkarte C5.** Tel. *(0444) 95-1544.* FAX *(0444) 95-1548.* Beschauliches, 160 Hektar großes Anwesen mit Bergkulisse, Blockhäusern und Rondavels zwischen Mossel Bay und Oudtshoorn.	25	■	●	■	
Mossel Bay: *Santos Beach Protea Hotel* ®®® Santos Rd, 6500. **Straßenkarte C5.** Tel. *(0446) 90-7103.* FAX *(0446) 91-1945.* Komfortables Hotel an der Bucht, mit Kinderspielplatz und nicht weit von der Stadt entfernt.	58	■	●	■	
Plettenberg Bay: *Mallard River Lodge* ®®® Rietvlei Rd, 6600. **Straßenkarte C5.** Tel. *(044) 533-2982.* FAX *(044) 533-9336.* Alle Zimmer des Hauses am Ufer des Bitou River haben Panoramablick. Man kann auf dem Pooldeck ausspannen oder Vögel beobachten.	5	■			
Plettenberg Bay: *Country Crescent Hotel* ®®® Piesang Valley Rd, 6600. **Straßenkarte C5.** Tel. *(0445) 33-3033.* FAX *(0445) 33-4491.* Im Herzen des ländlichen Piesang River Valley, mit schönen Gärten und Pool-Deck. Meer und Strände sind gleich nebenan.	21	■	●		●
Plettenberg Bay: *Hunter's Country House* ®®®®® An der N2. **Straßenkarte C5.** Tel. *(044) 523-7818.* FAX *(044) 523-7878.* Strohgedecktes Herrenhaus, zehn Kilometer zur Plettenberg Bay. Die separaten Gartensuiten sind von Wald umgeben. Anerkannt als eines der Top-Hotels des Landes, das Weinkeller, Wintergarten, Laden und eine eigene Kapelle besitzt. Mitglied von Relais et Châteaux.	23	■	●		
Plettenberg Bay: *The Plettenberg* ®®®®® 40 Church St, 6600. **Straßenkarte C5.** Tel. *(044) 533-2030.* FAX *(044) 533-2074.* Elegantes Hotel auf einer Felsspitze an zwei Stränden, wo von Juli bis Oktober Wale vorbeiziehen. Die Gestaltung der Zimmer unterstreicht die Aussicht. In diesem Relais-et-Châteaux-Nobelhotel ist für Komfort gesorgt, einschließlich hervorragender Küche und Weine.	40	■	●	■	
Port Alfred: *Victoria Protea Hotel* ®® 7 Albany St, 6170. **Straßenkarte D5.** Tel. *(046) 624-1133.* FAX *(046) 624-1134.* Kürzlich renoviertes Hotel in idyllischer Lage, drei Kilometer zum Strand. Golfplatz in der Nähe, Blick auf Meer und Kowie River.	36		●	■	
Port Elizabeth: *Brighton Lodge* ®® 21 Brighton Dr, Summerstrand, 6001. **Straßenkarte D5.** Tel. *(041) 583-4576.* FAX *(041) 583-4104.* Einen großartigen Blick auf die Algoa Bay eröffnet diese komfortable Lodge in einem beliebten Vorort am Meer.	10	■			
Port Elizabeth: *Kruger Guesthouse* ®® 14 10th Ave, 6001. **Straßenkarte D5.** Tel. *(041) 583-2579.* FAX *(041) 583-3927.* Am schönen Pollock Beach gelegen. Das Hotel stellt gegen geringe Gebühr Wagen zur Verfügung.	18	■	●		●
Port Elizabeth: *Beach Hotel* ®®® Marine Dr, 6001. **Straßenkarte D5.** Tel. *(041) 583-2161.* FAX *(041) 583-6220.* Modernes Ferienhotel mit herrlichem Blick auf die Algoa Bay. Hobie Beach ist gleich über die Straße.	58		●	■	
Port Elizabeth: *Hacklewood Hill Country House* ®®®® 152 Prospect Rd, Walmer, 6070. **Straßenkarte D5.** Tel. *(041) 581-1300.* FAX *(041) 581-4155.* Elegantes viktorianisches Herrenhaus von 1898 nicht weit vom Flughafen im grünen Vorort Walmer.	8	■	●		●

PORT ELIZABETH: *Marine Protea Hotel* ®®®® 73
Marine Dr, 6001. **Straßenkarte** D5. *(041) 583-2101.* FAX *(041) 583-2076.*
Modernes Strandhotel mit allem Komfort und wunderschöner Aussicht.

PORT ELIZABETH: *Shamwari Game Reserve* ®®®®® 39
Box 32017, Summerstrand, 6019. **Straßenkarte** D5. *(042) 220-3111.* FAX *(042) 235-1224.*
12 000 Hektar großes Privatreservat 72 Kilometer von Port Elizabeth entfernt, auf dem Weg nach Grahamstown. Luxusunterkunft in modernisierten Farmhäusern. Exkursionen im Geländewagen.

SEDGEFIELD: *Lake Pleasant Hotel* ®®® 33
N2. Box 2, Sedgefield, 6573. **Straßenkarte** C5. *(044) 343-1313.* FAX *(044) 343-2040.*
Kleines Familienhotel am Ufer des Groenvlei-Sees, sechs Kilometer von Sedgefield an der Garden Route. Das Naturreservat, zu dem auch Lagune und Meer gehören, bietet Vogelbeobachtung und Wassersport.

WILDERNESS: *Karos Wilderness Hotel* ®®®® 158
An der N2. **Straßenkarte** C5. *(044) 877-1110.* FAX *(044) 877-0600.*
Ein Familienhotel in Strandnähe, das Kinderprogramm, Trampolin, Squash und Tennis, Minigolf, beheizten Pool und Sauna anbietet. Günstige Lage für Durchreisende.

WILD COAST, DRAKENSBERG UND MIDLANDS

BALGOWAN: *Granny Mouse Country House* ®®® 16
R103. Old Main Rd, 3275. **Straßenkarte** E3. *(033) 234-4071.* FAX *(033) 243-4429.*
Gut ausgestattete strohgedeckte Cottages in idyllischer Lage, an einem Fluß im Herzen der Natal Midlands. Das auf ländliche Küche spezialisierte Restaurant ist berühmt und kann eine lange Weinkarte vorweisen.

BERGVILLE: *Karos Mont-Aux-Sources Hotel* ®®® 75
R74 (Nähe Royal Natal National Park). **Straßenkarte** E3. *u.* FAX *(036) 438-6230.*
Hotel mit phantastischem Blick auf das spektakuläre Amphitheater in den Drakensbergen. Der Mont-Aux-Sources ist mit 3248 Metern der höchste Berg Südafrikas. In der Nähe liegen die Tugela Falls.

BERGVILLE: *Sandford Park Lodge* ®®® 25
Box 7, Bergville, 3350. **Straßenkarte** E3. *(036) 448-1001.* FAX *(036) 448-1047.*
Ein 150 Jahre alter, strohgedeckter ehemaliger Wagenschuppen auf idyllischem Gartenland, nahe der Drakensberg-Kette.

EAST LONDON: *Hotel Osner* ®® 113
Court Crescent, 5201. **Straßenkarte** E5. *u.* FAX *(043) 743-3433.*
Das Hotel, Mitglied der »Osner Resorts«, liegt in Strandnähe, nicht weit von einigen Nachtlokalen.

EAST LONDON: *Kennaway Hotel* ®® 106
Esplanade, 5201. **Straßenkarte** E5. *u.* FAX *(0437) 22-5531.*
Ein »Osner Resorts«-Hotel in günstiger Lage nicht weit von Strand und Stadtzentrum. Erschwingliche Familienunterkunft.

EAST LONDON: *King David Protea Hotel* ®® 80
Inverleith Terrace u. Currie St, 5201. **Straßenkarte** E5. *(043) 722-3174.*
FAX *(043) 743-6939.* Ein Hotel in nahöstlichem Design, zwei Kilometer von der City entfernt und in direkter Strandnähe.

FOURIESBURG: *Wyndford Holiday Farm* ®® 28
Caledonspoort, 9725. **Straßenkarte** E3. *(058) 223-0274.* FAX *(058) 223-0664.*
In der Provinz Free State. Familienherberge nahe der Golden-Gate-Region der Drakensberge. Swimmingpool, Wandern, Tennis, Reiten, Spieleraum. Kinder sind willkommen. Senioren erhalten in der Nebensaison Ermäßigung.

HIMEVILLE: *Sani Pass Hotel & Leisure Resort* ®®® 97
Sani Pass Rd, 3256. **Straßenkarte** E3. *(033) 702-1320.* FAX *(033) 702-0220.*
Freundliches Hotel mit eigenem 9-Loch-Golfplatz, Bowlinggreens, Tennisplatz und Swimmingpools. Gelegen auf 1500 Metern Höhe am Fuß des imposanten Sani-Passes, der über die Drakensberge nach Lesotho verläuft. Nur mit Allradantrieb erreichbar.

KEI MOUTH: *Kei Mouth Beach Hotel* ®® 29
R349. Box 8, Kei Mouth, 5260. **Straßenkarte** E4. *(043) 841-1017.* FAX *(043) 841-1157.*
Komfortables Hotel an der Wild Coast, umgeben von einsamen Stränden und vielfältiger Flora und Fauna. 60 Autominuten zur Stadt.

Zeichenerklärung siehe hintere Umschlagklappe

Die Preiskategorien beziehen sich auf ein normales Doppelzimmer pro Nacht inklusive Steuer und Service, aber ohne Frühstück:
®unter 150 R
®® 150–300 R
®®® 300–500 R
®®®® 500–1000 R
®®®®® über 1000 R

POOL
Sie sind meist recht klein und im Freien.

RESTAURANT
Restaurant im Hotel, meist auch für Nicht-Gäste.

KINDEREINRICHTUNGEN
Babysitter, Kinderbetten und Spielplätze sind vorhanden. Einige Hotels bieten Kinderportionen und -stühle in ihren Restaurants.

GARTEN
Hotel mit Garten oder Terrasse.

LESOTHO: *Katse Lodge* ®®®
Katse Dam. **Straßenkarte** E3. *(09266) 91-0202.* FAX *(09266) 91-0004.*
Am Ufer des malerischen Katse-Stausees im Nordosten Lesothos. Die kleine Lodge hat eine großartige Kulisse und eine reiche Vogelwelt rings um das Wasser zu bieten.

LESOTHO: *Lesotho Sun* ®®®®
Hilton Rd, Maseru. **Straßenkarte** D3. *(09266) 31-3111.* FAX *(09266) 31-0104.*
Ein Shuttle-Service zu und von Maserus internationalem Flughafen ist nur einer der Vorzüge dieses großen, modernen Hotels. Außerdem gibt es Kasino, Kino und das berühmte Lehaha-Grillrestaurant.

LESOTHO: *Maseru Sun* ®®®®
12 Orpen Rd, Maseru. **Straßenkarte** D3. *(09266) 31-2434.* FAX *(09266) 31-0158.*
Das Luxushotel, in günstiger Lage fünf Kilometer vom Grenzposten Maseru Bridge, besitzt jeden Komfort, dazu Sauna, Kasino, Fotostudio und einen nahe gelegenen Golfplatz.

LIDGETTON: *Penny Lane Guesthouse* ®®
Farm Nr 13, Old Main Rd. **Straßenkarte** E3. *(033) 234-4332.* FAX *(033) 234-4617.*
Lodge am Midlands Meander, die afrikanische Elemente mit traditionellem Cottage-Stil verbindet. Die idyllische Gegend ist bei Forellenanglern beliebt. In kalten Nächten sitzt man im gemütlichen Pub am Kamin.

MOOI RIVER: *Hartford House* ®®®
Giant's Castle Rd, Mooi River, 3300. **Straßenkarte** E3. *(03326) 32-713.* FAX *(03326) 32-818.*
Gestüt, das Araberhengste für die Scheichs von Dubai züchtet. Das stolze Herrenhaus ist mit Fußbodenheizung und offenen Kaminen ausgestattet, in den Gärten blühen im Sommer Narzissen, Rosen und Kirschbäume. In der Nähe alte Schlachtfelder, malerische Wege und fischreiche Stauseen.

MORGAN'S BAY: *Morgan Bay Hotel* ®®
R349. Morgan's Bay, 5292. **Straßenkarte** E4. *(043) 841-1062.* FAX *(043) 841-1130.*
Ein kleines Familienhotel, besonders für Kinder geeignet. Man kann einen alten *Strandloper*-Pfad und lange Strände erkunden.

NOTTINGHAM ROAD: *Rawdons Hotel* ®®®
R103. Old Main Rd, 3280. **Straßenkarte** E3. *(03326) 36-6044.* FAX *(03326) 36-6044.*
Der charmante, strohgedeckte Bau neben einem stillen See ist ideal zum Forellenfangen. Außerdem locken ein englischer Pub, Sportraum, Sauna, Bowling, Tennis, Swimmingpool und eine Brauerei. Der sonntägliche *carvery lunch* ist legendär.

NOTTINGHAM ROAD: *Trout Bungalow* ®®®
Nottingham Rd, 3280. **Straßenkarte** E3. *u.* FAX *(03326) 36-417.*
Etwa 40 Kilometer nördlich von Pietermaritzburg. Der Bau aus Holz und Stahl diente im Burenkrieg als Offiziersmesse.

PENNINGTON: *Selborne Sun Inter-continental Lodge* ®®®®
Old Main Rd, 4184. **Straßenkarte** E3. *(039) 975-1133.* FAX *(039) 975-1811.*
Ein kürzlich renoviertes Golfhotel aus den 50er Jahren, an der Südküste gelegen. Es besitzt einen Privatstrand und selbstverständlich gute Golfanlagen.

PIETERMARITZBURG: *Wartburger Hof Country Hotel* ®®
53 Noodsberg Rd, 3233. **Straßenkarte** E3. *u.* FAX *(033) 503-1482.*
Gemütliches Hotel in oberbayerischem Stil, 30 Minuten von Pietermaritzburg. Alpenatmosphäre in afrikanischer Landschaft.

PIETERMARITZBURG: *Imperial Protea Hotel* ®®®
224 Loop St, 3201. **Straßenkarte** E3. *(0331) 42-6551.* FAX *(0331) 42-6796.*
Komfortables Hotel der Protea-Kette im Zentrum der historischen Stadt. Sicherer Parkplatz, Wäscheservice und Cocktailbar.

Hotel	Zahl der Zimmer	Pool	Restaurant	Kindereinrichtungen	Garten
Katse Lodge	14		●	■	●
Lesotho Sun	198	■	●	■	●
Maseru Sun	115	■	●	■	●
Penny Lane Guesthouse	7	■	●	■	●
Hartford House	11	■	●		●
Morgan Bay Hotel	33	■	●	■	●
Rawdons Hotel	29	■	●	■	
Trout Bungalow	7				●
Selborne Sun Inter-continental Lodge	63	■	●		
Wartburger Hof Country Hotel	20	■	●	■	●
Imperial Protea Hotel	70		●	■	

PIETERMARITZBURG: *Redlands Hotel and Lodge* ®®® | 20

1 George McFarlane Lane, 3201. **Straßenkarte** E3. *(0331) 94-3333.* FAX *(0331) 94-3338.*
Kleines Luxushotel mit gutem Restaurant. Das schöne, parkähnliche Anwesen liegt etwas außerhalb von Pietermaritzburg.

PORT EDWARD: *The Estuary Guesthouse* ®® | 31

Main Rd, 4295. **Straßenkarte** E4. *(039) 303-2675.* FAX *(039) 303-2689.*
Restauriertes kapholländisches Herrenhaus an Flußmündung und geschütztem Badestrand. Kinder sind willkommen. Geboten werden ein Spieleraum, Wandern und Angeln.

PORT ST JOHNS: *Umngazi River Bungalows* ®® | 48

R61. Box 391, Pinetown, 3600. **Straßenkarte** E4. *(047) 564-1115.* FAX *(047) 564-1115.*
Strohgedeckte Chalets, zehn Kilometer nach Port St Johns, mit Lagune und Indischem Ozean vor der Tür. Alles inklusive.

RICHMOND: *The Oaks Hotel at Byrne* ®® | 43

Byrne Valley, 3780. **Straßenkarte** E3. *(033) 212-2324.* FAX *(033) 212-2211.*
Kinderfreundliches Landhotel in den Midlands, das über Spielplatz, Spielzimmer, Pferde, Trampolin und zwei Tennisplätze verfügt.

RORKE'S DRIFT: *Fugitives' Drift Lodge* ®®®® | 8

R33. Rorke's Drift, 3016. **Straßenkarte** E3. *(0341) 642-5843.* FAX *(0341) 2-3319.*
Die Lodge in einem 1620 Hektar großen Wildreservat am Buffalo River blickt auf die Schlachtfelder der Engländer und Zulus. Geboten werden Führungen zu den Feldern Isandhlwana und Rorke's Drift, Angeln, Wandern und Vogelbeobachtung.Alles inklusive.

RORKE'S DRIFT: *i'Sibindi Lodge* ®®®® | 6

Box 124, Dundee, 3000. **Straßenkarte** E3. *u.* FAX *(034) 642-1620.*
Im i'Sibindi-Reservat wohnen die Gäste in traditionellen Zulu-Hütten mit Holzdecks. Man überblickt das Bushveld und die flußnahen Wälder. Die Schlachtfelder Rorke's Drift und Isandhlwana liegen ganz in der Nähe.

VAN REENEN: *Oaklands Country Manor* ®®® | 13

Skaapdrift Rd, 3372. **Straßenkarte** E3. *(058) 671-0067.* FAX *(058) 671-0077.*
Komfortables Herrenhaus in grandioser Gebirgslage am 1680 Meter hohen Van-Reenen-Paß und in Nähe der Battlefields Route.

VRYHEID: *Villa Prince Imperial* ®®® | 12

201 Deputasie St, 3100. **Straßenkarte** F3. *u.* FAX *(034) 983-2610.*
Ein anerkanntes Gästehaus in Nachbarschaft des Itala-Wildreservats und in der Mitte der Battlefields Route.

WINTERTON: *The Nest Resort Hotel* ®® | 54

R74. Champagne Castle Rd, 3340. **Straßenkarte** E3. *(036) 468-1068.* FAX *(036) 468-1390.*
Der Gästetrainer dieses Hotels in den Drakensbergen führt in die Kunst des Bowlings ein – hier finden regelmäßig Wettbewerbe statt.

WINTERTON: *Cathedral Peak Hotel* ®®® | 42

R74. PO Winterton, 3340. **Straßenkarte** E3. *u.* FAX *(036) 488-1888.*
Erstklassiges Urlaubsziel in den Ausläufern der Drakensberge. Wanderwege führen zu Felsmalereien der Buschmänner und Wasserfällen. Flug über die Drakensberge im hoteleigenen Hubschrauber möglich.

WINTERTON: *Cayley Lodge* ®®® | 24

R74. Box 241, Winterton, 3340. **Straßenkarte** E3. *u.* FAX *(036) 468-1222.*
Strohgedeckte Lodge mit großartigem Blick auf die Drakensberge. 115 Hektar großes Wald- und Parkgelände, das zum Wandern und Reiten einlädt. Als Alternative bieten sich Wasserskifahren und Bootfahrten auf dem Stausee an.

DURBAN UND ZULULAND

BABANANGO: *Babanango Valley Lodge* ®®®® | 6

An der R68. **Straßenkarte** F3. *(0358) 35-0062.* FAX *(0358) 35-0160.*
Die Lodge in dem 2025 Hektar großen Gebiet ist ideal, um Isandhlwana, Rorke's Drift, Zululand und das Hluhluwe-Umfolozi-Wildreservat zu erkunden. Abendessen bei Kerzenschein und spektakulärer Szenerie.

BALLITO: *Thompson's Bay Lodge* ®®® | 5

87 Ocean Dr, Ballito, 4420. **Straßenkarte** F3. *(0322) 525-5606.* FAX *(0322) 525-8619.*
Diese Strand-Lodge an der Nordküste Natals, 60 Kilometer von Durban entfernt, bietet einen eigenen Gezeitenpool zwischen den Felsen sowie Swimmingpool, Tennis- und Golfplätze.

Zeichenerklärung siehe hintere Umschlagklappe

Die Preiskategorien beziehen sich auf ein normales Doppelzimmer pro Nacht inklusive Steuer und Service, aber ohne Frühstück:
® unter 150 R
®® 150–300 R
®®® 300–500 R
®®®® 500–1000 R
®®®®® über 1000 R

Pool
Sie sind meist recht klein und im Freien.

Restaurant
Restaurant im Hotel, meist auch für Nicht-Gäste.

Kindereinrichtungen
Babysitter, Kinderbetten und Spielplätze sind vorhanden. Einige Hotels bieten Kinderportionen und -stühle in ihren Restaurants.

Garten
Hotel mit Garten oder Terrasse.

	Zahl der Zimmer	Pool	Restaurant	Kindereinrichtungen	Garten
Botha's Hill: *Falcon Crest* ®® 18 Old Main Rd, 3660. **Straßenkarte** F3. *(031) 777-1305.* FAX *(031) 777-1364.* Behagliche Cottages, eingebettet in einen herrlichen Garten mit Blick auf das Valley of a Thousand Hills.	20	■	●	■	●
Botha's Hill: *Rob Roy Hotel* ®® Rob Roy Crescent, 3660. **Straßenkarte** F3. *(031) 777-1305.* FAX *(031) 777-1364.* Dieses 1997 renovierte Hotel gewährt einen einmaligen Blick auf das unberührte Valley of a Thousand Hills nahe Pietermaritzburg.	39	■	●	■	●
Durban Zentrum: *Beach Hotel* ®® 107 Marine Parade, 4001. **Straßenkarte** F3. *(031) 337-5511.* FAX *(031) 337-5409.* Preiswerte, saubere und komfortable Herberge am Golden-Mile-Strand, nahe dem Aquarium, Planschbecken und Freizeitpark.	112		●	■	
Durban Zentrum: *Durban City Lodge* ®® Ecke Old Fort u. Brickhill Rd, 4001. **Straßenkarte** F3. *(031) 332-1447.* FAX *(031) 332-1483.* Großes, gut geführtes Mitglied einer Hotelkette, in zentraler Lage und nicht weit vom Strand.	161	■	●	■	
Durban Zentrum: *Holiday Inn Garden Court South Beach* ®® 73 Marine Parade, 4001. **Straßenkarte** F3. *(031) 337-2231.* FAX *(031) 337-4640.* Preiswertes Hotel mit sauberen, schlichten Zimmern direkt am Strand von Durban. Gegenüber steht ein Einkaufszentrum.	414	■	●	■	
Durban Zentrum: *Hotel Tropicana* ®®® 85 Marine Parade, 4001. **Straßenkarte** F3. *(031) 368-1511.* FAX *(031) 368-2322.* Erschwingliche Unterkunft in Nähe der Golden-Mile-Strände. Nicht weit sind auch Restaurants, Nachtleben, Geschäfte und Banken.	168		●	■	
Durban Zentrum: *Karos Edward Hotel* ®®®® 149 Marine Parade, 4001. **Straßenkarte** F3. *(031) 337-3681.* FAX *(031) 337-3628.* Eines der ältesten Hotels in Durban. Gegenüber den Golden-Mile-Stränden präsentiert es freien Blick auf den Indischen Ozean.	101	■	●		
Durban Zentrum: *The Royal Hotel* ®®®® 267 Smith St, 4001. **Straßenkarte** F3. *(031) 304-0331.* FAX *(031) 304-5055.* Das 152 Jahre alte Hotel am Viktoria Embankment wurde fünfmal nacheinander zum besten City-Hotel des Landes gewählt. Tadelloser Service ist das Markenzeichen dieses Mitglieds der Leading Hotels of the World.	272	■	●	■	
Eshowe: *Shakaland Protea Hotel* ®®® R68. Box 103, Eshowe, 3815. **Straßenkarte** F3. *(035) 460-0912.* FAX *(035) 460-0824.* Ein lebendes Museum im Nkwaleni-Tal nahe Eshowe. Man wohnt in Bienenkorb-Hütten in einem nachgebildeten Zulu-Dorf, mit Blick auf den Umhlatuze-See. Der Shakaland-Themenpark zeigt die regionale Kultur.	41	■	●	■	
Gingindhlovu: *Mine Own Country House* ®®® R102. Box 25, 3800. **Straßenkarte** F3. *(0353) 37-1262.* FAX *(0353) 37-1025.* Haus im amerikanischen Kolonialstil. Die Lage bietet sich an für Exkursionen ins Shakaland, in Wildreservate und zu den Schlachtfeldern.	5	■	●		
Hluhluwe: *Hluhluwe River Lodge* ®®®® N2. Box 105, Hluhluwe, 3960. **Straßenkarte** F3. *(035) 562-0246.* FAX *(035) 562-0248.* Erlesene, klimatisierte Lodges aus Holz und Stroh an der Westküste des Greater St Lucia Wetland Park. Wildtouren, Bootsfahrten und Wanderungen in den umgebenden Wald werden angeboten.	8	■	●	■	
Hluhluwe: *Zulu Nyala Heritage Hotel* ®®®® Old Hluhluwe Main Rd, 3960. **Straßenkarte** F3. *(035) 562-0177.* FAX *(035) 562-0582.* Das exklusive Hotel liegt in einer typischen Region des Zululands. Hier hat man ausgiebig Gelegenheit zur Tier- und Vogelbeobachtung und zum Kennenlernen der reichen Kultur und Traditionen der Zulus.	63	■	●	■	●

HLUHLUWE: *Protea Zulu Nyala Game Lodge* ®®®®®
Mzinene Rd, 3960. **Straßenkarte** F3. u. FAX *(035) 562-0169.*
Die strohgedeckten Steinhütten auf einem Hügel bieten einen herrlichen Blick auf das heimische Buschland mit Wild und Vögeln.

35 ■ ● ■ ●

HLUHLUWE: *Zululand Tree Lodge* ®®®®®
Ubizane Game Reserve. **Straßenkarte** F3. *(035) 562-1020.* FAX *(035) 562-1032.*
Erhöhte Chalets in einem Wald aus Fieberbäumen, Privatreservat unweit des Hluhluwe-Umfolozi Park. Wildtouren und Reitausflüge.

24 ■ ● ■

PORT SHEPSTONE: *Kapenta Bay All-suite Resort Hotel*
Princess Elizabeth Dr, 4240. **Straßenkarte** E4. *(039) 682-5528.* FAX *(039) 682-4590.*
Freundliches Hotel in mediterranem Stil an der Südküste. Strandlage und obendrein ein prächtiger Swimminpool.

50 ■ ● ■

SALT ROCK: *Salt Rock Hotel and Beach Resort* ®®®
Basil Hulett Dr, 4391. **Straßenkarte** F3. *(0322) 525-5025.* FAX *(0322) 525-5071.*
Alteingesessenes Hotel an der Nordküste. Bei Flut schlagen die Wellen auf den Rasen. Möglich sind Tauchausflüge zu den Delphinen.

69 ■ ● ■

SODWANA BAY: *Rocktail Bay Lodge* ®®®®
Zwischen Kosi- und Sodwana-Strand. **Straßenkarte** F3. *(011) 883-0747.* FAX *(011) 883-0911.*
Holzchalets auf Pfählen ruhen unter den gigantischen Mahagonibäumen Natals. Die Lodge gehört zum Maputaland Coastal Forest Reserve, in dem sich 25 Kilometer unberührte Küstenwildnis erkunden lassen. Alle Mahlzeiten inklusive. Reservierung über das Büro in Johannesburg.

10 ■ ■

SOUTHBROOM: *The Country Lodge* ®®®
Old South Coast Rd, 4277. **Straßenkarte** E4. *(03931) 6-8380.* FAX *(03931) 6-8557.*
Ein zum Naturerbe erklärtes Areal in einem bezaubernden Wald bietet Ruhe in subtropischer Flora. In der Nähe sechs Golfplätze.

24 ■ ● ■ ●

SOUTHBROOM: *Sanlameer Estate Hotel* ®®®®
Lower S Coast Main Rd, 4277. **Straßenkarte** E4. *(039) 313-0011.* FAX *(039) 313-0157.*
In diesem beliebten Golfhotel wohnt man entweder im Luxushotel oder in Ferienhäusern.

40 ■ ● ■

UMHLALI: *Shortens Country House* ®®®
Compensation Rd, 4390. **Straßenkarte** F3. *(03214) 7-1140.* FAX *(03214) 7-1144.*
Reizvolles Landhotel in einem Haus im Kolonialstil, erbaut etwa 1903 an der grünen Nordküste. Etwa 30 Minuten Fahrt nach Durban.

15 ■ ●

UMHLANGA ROCKS: *Oyster Box Hotel* ®®®
2 Lighthouse Rd, 4320. **Straßenkarte** F3. *(031) 561-2233.* FAX *(031) 561-4072.*
Hotel im mediterranen Stil an der Nordküste, direkt am Strand beim Leuchtturm. Familienfreundliches Haus, Kinder und Tiere willkommen.

95 ■ ● ■

UMHLANGA ROCKS: *Umhlanga Sands Hotel* ®®®
Lagoon Dr, 4320. **Straßenkarte** F3. *(031) 561-2323.* FAX *(031) 561-2333.*
Das Ferienhotel in dem beliebten Ort an der Nordküste gehört zur Southern-Sun-Kette.

237 ■ ● ■

GAUTENG UND SUN CITY

BOKSBURG: *The Cullinan Inn* ®®®
100 North Rd, 1459. **Straßenkarte** E2. *(011) 823-1843.* FAX *(011) 823-2194.*
Anspruchsvolle Unterkunft nur fünf Minuten Autofahrt vom Johannesburg International Airport.

151 ■ ● ■

JOHANNESBURG: *The Cottages Guesthouse* ®®
30 Gill St, Observatory, 2198. **Straßenkarte** E2. *(011) 487-2829.* FAX *(011) 487-2404.*
Das ursprüngliche, strohgedeckte Steinhaus wurde in den 1920er Jahren erbaut. Individuell gestaltete Cottages am Mervin-King-Wanderweg bieten einen Rundum-Panoramablick auf Johannesburg.

13 ■ ●

JOHANNESBURG: *The Gardens Protea Hotel* ®®
Tudhope u. O'Reilly St, Berea, 2041. **Straßenkarte** E2. *(011) 484-5777.* FAX *(011) 484-2622.*
Hotel mit Konferenzräumen und behindertengerechten Einrichtungen in der Nähe des Rugby-Stadions Ellis Park.

358 ■ ● ■

JOHANNESBURG: *Linden Hotel* ®®
Ecke 7th u. 4th Ave, Linden, 2195. **Straßenkarte** E2. u. FAX *(011) 782-4905.*
Elegantes Drei-Sterne-Hotel in Nachbarschaft der Rosebank- und Randburg-Geschäftszentren sowie der Randburg Waterfront.

25 ● ■

Zeichenerklärung siehe hintere Umschlagklappe

Die Preiskategorien beziehen sich auf ein normales Doppelzimmer pro Nacht inklusive Steuer und Service, aber ohne Frühstück:
- ® unter 150 R
- ®® 150–300 R
- ®®® 300–500 R
- ®®®® 500–1000 R
- ®®®®® über 1000 R

POOL
Sie sind meist recht klein und im Freien.

RESTAURANT
Restaurant im Hotel, meist auch für Nicht-Gäste.

KINDEREINRICHTUNGEN
Babysitter, Kinderbetten und Spielplätze sind vorhanden. Einige Hotels bieten Kinderportionen und -stühle in ihren Restaurants.

GARTEN
Hotel mit Garten oder Terrasse.

JOHANNESBURG: *Holiday Inn Crowne Plaza Sunnyside Park* ®®®
2 York Rd, Sunnyside, 2193. **Straßenkarte** E2. *(011) 643-7226.* FAX *(011) 642-0019.*
Vorort-Hotel in einem viktorianischen Herrenhaus, das im Burenkrieg Residenz von Lord Milner war.

JOHANNESBURG: *Thandidille Mountain Lodge* ®®®
5 Linda Place, Northcliff, 2195. **Straßenkarte** E2. *(011) 678-5731.* FAX *(011) 678-7913.*
Kleine Gäste-Lodge in subtropischen Gärten mit exotischen Wasseranlagen. Schlafzimmer in afrikanischem Design. Gute Lage für Geschäftsreisende.

JOHANNESBURG: *Wedgwood Mews* ®®®
75 Second Ave, Melville, 2092. **Straßenkarte** E2. u. FAX *(011) 482-4124.*
Elegante Unterkunft im sicheren »Dorf« Melville, das mit schicken Restaurants, Bistros und Geschäften aufwartet.

JOHANNESBURG: *Airport Holiday Inn* ®®®®
Johannesburg International Airport. **Straßenkarte** E2. *(011) 975-1121.* FAX *(011) 975-5846.*
Ideal gelegen für Durchreisende oder Flugpassagiere, die frühmorgens fliegen oder spätabends ankommen.

JOHANNESBURG: *No 10 2nd Avenue, Houghton Estate* ®®®®
10 2nd Ave, Houghton, 2041. **Straßenkarte** E2. *(011) 483-3037.* FAX *(011) 483-3051.*
Private, ungezwungene Bed-and-Breakfast-Herberge in einem restaurierten Herrenhaus, in ruhigem, grünem Vorort gelegen.

JOHANNESBURG: *The Westcliff* ®®®®®
67 Jan Smuts Dr, Westcliff, 2193. **Straßenkarte** E2. *(011) 646-2400.* FAX *(021) 646-3500.*
Elegante Villa in italienischem Stil, 1997 von Orient Express Hotels erbaut, mit berauschendem Blick, Parkservice, Golfmobil und Top-Restaurant mit norditalienischen Spezialitäten.

MAGALIESBURG: *Valley Lodge* ®®®
Jennings St, 2805. **Straßenkarte** D2. *(014) 577-1301.* FAX *(014) 577-1306.*
Gastliche Landherberge in einem 40 Hektar großen Garten am Ufer des Magalies River, eine Stunde Fahrt von Pretoria entfernt.

MAGALIESBURG: *De Hoek Country House* ®®®®
Portion 7, Zeekoehoek, 2805. **Straßenkarte** D2. *(014) 577-1198.* FAX *(014) 577-4530.*
Prächtiges Sandstein-Herrenhaus am Magalies River, umgeben von Gärten und Buschland. Im Speisesaal steht ein Mahagonitisch mit 18 Plätzen. Die Küche kombiniert mediterrane und schweizerische Einflüsse.

MAGALIESBURG: *Mount Grace Country House Hotel* ®®®®
Magaliesburg, 2805. **Straßenkarte** D2. *(014) 577-1350.* FAX *(014) 577-1202.*
Das Landhotel in vier Hektar gepflegter Gartenlandschaft wurde nach einem Brand neu aufgebaut. Zimmer in Stein und Stroh, auch Luxus-Suiten mit Privatterrassen. Vorzügliche Küche und Weinkarte. Im Freizeitangebot: Wanderungen, Angeln, Vögelbeobachtungen, Schwimmen und Krocketspielen.

MIDRAND: *Austin Place Guesthouse* ®®
52 Austin Rd, 1685. **Straßenkarte** E2. *(011) 314-1260.* FAX *(011) 314-1308.*
Moderne Herberge in mediterranem Stil auf einer kleinen Farm. Ein Shuttle-Service bringt Gäste zu Geschäften und Restaurants (10 Min.).

MIDRAND: *Constantia Hotel* ®®®
546 16th Ave, Constantia Park, 1685. **Straßenkarte** E2. *(011) 315-5035.* FAX *(011) 315-1466.*
Komfortable Lodge in provenzalischem Stil, aufgrund der Nähe zur Autobahn geeignet für Durchreisende und Geschäftsleute. Zum Erholen stehen ein Pool und ein idyllischer Garten zur Verfügung.

Hotel	Zahl der Zimmer	Pool	Restaurant	Kindereinrichtungen	Garten
Holiday Inn Crowne Plaza Sunnyside Park	96	■	●	■	●
Thandidille Mountain Lodge	10	■			●
Wedgwood Mews	6				●
Airport Holiday Inn	366	■	●	■	
No 10 2nd Avenue, Houghton Estate	12	■	●		
The Westcliff	121	■	●	■	●
Valley Lodge	60	■	●	■	●
De Hoek Country House	7	■	●		●
Mount Grace Country House Hotel	65	■	●		●
Austin Place Guesthouse	18	■		■	●
Constantia Hotel	34	■		■	●

MIDRAND: *Midrand Protea Hotel* ®®®® 177

14th St, Noordwyk, 1687. **Straßenkarte** E2. *(011) 318-1868.* FAX *(011) 318-2429.* Gehobenes Mitglied einer Hotelkette im geschäftigen Wirtschaftszentrum zwischen Sandton und Pretoria, doch beschauliche Atmosphäre. Ausgestattet mit regionalem Granit und Kirschholz.

PILANESBERG: *Tshukudu Lodge* ®®®®® 8

Box 6805, Rustenburg, 0300. **Straßenkarte** D2. *(014) 552-1610.* FAX *(014) 552-1620.* Von der erlesenen Lodge auf einer Felsnase überblickt man ein herrliches Tal und ein Wasserloch, an dem sich die Tiere sammeln.

PILANESBERG: NATIONAL PARK: *Bakubung Game Lodge* ®®®®® 142

Box 294, Sun City, 0136. **Straßenkarte** D2. *(014) 552-1861.* FAX *(014) 552-1621.* Klimatisierte Chalets am Rande des 55 000 Hektar großen Pilanesberg National Park, der in einem alten Vulkankrater liegt. Zu sehen sind Löwen, Leoparden, Geparde und Antilopen. Shuttle-Bus nach Sun City.

PRETORIA: *Leriba Lodge & Conference Centre* ®® 21

End St, Centurion, 0149. **Straßenkarte** E2. *(012) 660-3300.* FAX *(012) 660-2433.* Lodge in afrikanischem Stil am Flußufer in Bushveld-Vegetation, nur zehn Minuten Fußmarsch zum Geschäftszentrum.

PRETORIA: *Oxnead Guesthouse* ®® 10

Marnewick St, Moreleta Park, 0044. **Straßenkarte** E2. *(012) 993-4515.* FAX *(012) 993-9168.* Kapgeorgianisches Herrenhaus, das Exklusivität, gute Küche und Weine zu bieten hat. Driving Range für Golffreunde.

PRETORIA: *Brooklyn Lodge* ®®® 10

Bronkhorst St, Muckleneuk, 0181. **Straßenkarte** E2. *(012) 46-3936.* FAX *(012) 46-2988.* Das Hotel liegt in einem Einkaufszentrum, nur einen Block vom Austin Roberts Bird Sanctuary entfernt. Gutes italienisches Restaurant.

PRETORIA: *La Maison Guesthouse* ®®® 6

235 Hilda St, Hatfield, 0083. **Straßenkarte** E2. *(012) 43-4341.* FAX *(012) 342-1531.* Vorzügliches Gästehaus nur 30 Minuten vom Johannesburg International Airport entfernt. Der zauberhafte Garten ist Lebensraum vieler Vögel.

PRETORIA: *Meintjieskop Guesthouse* ®®® 8

145 Eastwood St, Arcadia, 0083. **Straßenkarte** E2. *(012) 342-0738.* FAX *(012) 43-4037.* Anspruchsvolle Unterkunft im Herzen Pretorias, 400 Meter zu den Union Buildings und neben dem Präsidentengelände.

PRETORIA: *St Adens Manor House Guesthouse* ®®® 7

605 Jorissen St, Sunnyside, 0027. **Straßenkarte** E2. *(012) 344-3562.* FAX *(012) 344-3563.* Stilvolles altes Mobiliar. Günstige Lage nahe der Universität, dem CBD und dem Loftus-Versfeld-Rugby-Feld.

PRETORIA: *Marvol Manor House* ®®®® 13

358 Aries St, Waterkloof, 0145. **Straßenkarte** E2. *(012) 346-1774.* FAX *(012) 346-1776.* Exklusive Luxusherberge im kapholländischen Stil, in ruhiger, idyllischer Lage etwa zehn Kilometer zum Zentrum Pretorias.

PRETORIA: *Victoria Hotel* ®®®® 10

Paul Kruger u. Scheiding St, 0001. **Straßenkarte** E2. *(012) 323-6052.* FAX *(012) 323-0843.* Das älteste Hotel Pretorias aus dem Jahr 1896. Zentral und günstig gelegen.

RANDBURG: *Randburg Inn* ®® 113

Ecke Republic und Main Rd, 2125. **Straßenkarte** E2. *(011) 789-1155.* FAX *(011) 789-3753.* Modernes, komfortables Hotel mit Konferenzräumen. Der Randburg-Waterfront-Komplex ist zu Fuß erreichbar.

ROSEBANK: *The Rosebank Hotel* ®®®® 318

Tyrwhitt Ave, 2196. **Straßenkarte** E2. *(011) 447-2700.* FAX *(011) 447-3276.* Seit langem bei Geschäftsreisenden beliebt, denn sowohl Zentrum als auch die nördlichen Vororte sind leicht erreichbar. Samstagabends wird im Silver Rose Restaurant Live-Jazz gespielt.

ROSEBANK: *Park Hyatt* ®®®®® 244

191 Oxford Rd, 2196. **Straßenkarte** E2. *(011) 280-1234.* FAX *(011) 280-1224.* Internationales Fünf-Sterne-Hotel. In Jabulani's Bar kann man den Abendtrunk einnehmen, im Conservatory Kaffee und Kuchen schlemmen, der Regent's Club ist nur für Geschäftsleute gedacht. Läden und Restaurants ganz in der Nähe.

Zeichenerklärung siehe hintere Umschlagklappe

Die Preiskategorien beziehen sich auf ein normales Doppelzimmer pro Nacht inklusive Steuer und Service, aber ohne Frühstück:
Ⓡ unter 150 R
ⓇⓇ 150–300 R
ⓇⓇⓇ 300–500 R
ⓇⓇⓇⓇ 500–1000 R
ⓇⓇⓇⓇⓇ über 1000 R

Pool
Sie sind meist recht klein und im Freien.

Restaurant
Restaurant im Hotel, meist auch für Nicht-Gäste.

Kindereinrichtungen
Babysitter, Kinderbetten und Spielplätze sind vorhanden. Einige Hotels bieten Kinderportionen und -stühle in ihren Restaurants.

Garten
Hotel mit Garten oder Terrasse.

Rosebank: *The Grace* ⓇⓇⓇⓇⓇ
54 Bath Ave, 2196. **Straßenkarte** E2. ☎ *(011) 280-7300.* FAX *(011) 280-7333.*
Fünf-Sterne-Hotel in einem grünen Vorort, nur wenige Minuten zum Zentrum und zu noblen Einkaufszentren. Erstklassiger Service, einschließlich Faxmodem in allen Zimmern. Mitglied der Small Luxury Hotels of the World, Schwesterhotel des Cape Grace in Kapstadt und des Mount Grace in Magaliesberg. Zwölf Suiten und drei Penthouse-Suiten.

Sandton: *Town Lodge Sandown* ⓇⓇ
Grayston Dr u. Webber Rd, 2146. **Straßenkarte** E2. ☎ *(011) 784-8850.* FAX *(011) 784-8888.*
Diese Hotelkette steht für Funktionalität und Effizienz. Ideal für Geschäftsleute oder einen Zwischenstop.

Sandton: *City Lodge Morningside* ⓇⓇⓇ
Ecke Rivonia u. Hill Rd, 2146. **Straßenkarte** E2. ☎ *(011) 884-9500.* FAX *(011) 884-9440.*
Preiswerte, gute Unterkunft im Herzen eines der begehrtesten Vororte Johannesburgs und in der Nähe exklusiver Geschäfte und Restaurants. Kinder übernachten kostenlos bei den Eltern.

Sandton: *Cullinan Inn* ⓇⓇⓇ
1 Cullinan Cl, Morningside, 2146. **Straßenkarte** E2. ☎ *(011) 884-1804.* FAX *(011) 884-6040.*
Erschwinglicher Luxus mit traumhafter Poolanlage, ganz in der Nähe des Zentrums von Sandton.

Sandton: *Cullinan Hotel and Executive Suites* ⓇⓇⓇⓇ
115 Katherine St, Sandown, 2146. **Straßenkarte** E2. ☎ *(011) 884-8544.* FAX *(011) 884-8545.*
Eleganter französischer Kolonialstil, in der Nähe von Sandtons CBD, Einkaufszentrum, Vergnügungsvierteln.

Sandton: *Sandton Sun Inter-Continental* ⓇⓇⓇⓇ
Fifth St, Sandton, 2146. **Straßenkarte** E2. ☎ *(011) 780-5000.* FAX *(011) 780-5002.*
Fünf-Sterne-Luxushotel in Glas und Marmor neben dem Sandton City, dem größten Einkaufszentrum Afrikas. Vier Themenrestaurants: afrikanisch, mediterran, portugiesisch und – erstklassig – japanisch.

Sandton: *Zulu Nyala Country Manor* ⓇⓇⓇⓇ
70E Third Rd, Chartwell, 2146. **Straßenkarte** E2. ☎ *(011) 708-1969.* FAX *(011) 708-2220.*
Strohgedecktes Landhaus in einem zwei Hektar großen Gartenanwesen außerhalb Sandtons, nicht weit von Flughafen und Lion Park. Komfortable, geräumige Zimmer und herzliche Gastlichkeit.

Sandton: *The Michelangelo* ⓇⓇⓇⓇⓇ
Sandton Square, 2146. **Straßenkarte** E2. ☎ *(011) 282-7000.* FAX *(011) 282-7170.*
Das angesehene Fünf-Sterne-Hotel im Renaissancestil steht an einem Platz mit diversen erlesenen Geschäften und Restaurants. Vorzüglicher, diskreter Service mit Blick für's Detail, wie man es von einem Hotel der Spitzenklasse erwartet. Die afrikanische Gourmet-Küche mischt Einflüsse aus dem ganzen Kontinent.

Sun City: *Sun City Hotel, Cascades and Cabanas* ⓇⓇⓇⓇ
Box 2, 0316. **Straßenkarte** D2. ☎ *(014) 557-1000.* FAX *(014) 557-4210.*
Im Zentrum des Komplexes, nicht weit von Vergnügunszentrum und Kasino. Zur Wahl stehen drei verschiedene Unterkünfte: Cabanas für Familien und weniger volle Portemonnaies; die luxuriösen Fünf-Sterne-Cascades und das Haupthotel gewähren direkten Zugang zu allen Einrichtungen. Wasser ist ein Hauptelement der Cascades, die von Pools umgeben sind.

Sun City: *The Palace of the Lost City* ⓇⓇⓇⓇⓇ
Box 308, 0316. **Straßenkarte** D2. ☎ *(014) 557-3000.* FAX *(014) 557-3111.*
Die spektakuläre Architektur ahmt einen altafrikanischen Phantasietempel nach, der sich mit Tierstatuen und Kunstobjekten aus dem Urwald erhebt. Ein Maximum an Luxus und Gastlichkeit für Betuchte.

Hotel	Zahl der Zimmer	Pool	Restaurant	Kindereinrichtungen	Garten
Rosebank: The Grace	75	■	●	■	●
Sandton: Town Lodge Sandown	142	■		■	
Sandton: City Lodge Morningside	161	■	●	■	
Sandton: Cullinan Inn	150	■	●	■	●
Sandton: Cullinan Hotel and Executive Suites	122	■	●	■	
Sandton: Sandton Sun Inter-Continental	564	■	●		
Sandton: Zulu Nyala Country Manor	16	■			●
Sandton: The Michelangelo	242	■	●		
Sun City: Sun City Hotel, Cascades and Cabanas	340	■	●	■	
Sun City: The Palace of the Lost City	338	■	●	■	

SWAZILAND: *Malolotja Lodge* ®® Malolotja Nature Reserve. **Straßenkarte** F2. *(09268) 442-4291.* Neben den 15 Zeltplätzen und fünf Blockhütten im Hauptcamp stehen weitere 17 Campingplätze für Selbstversorger in dem malerischen Reservat zur Verfügung. Der kleine Laden am Haupttor verkauft Dinge des täglichen Bedarfs.	37				●
SWAZILAND: *Mlilwane Lodge* ®® Mlilwane Wildlife Sanctuary. **Straßenkarte** F2. *(09268) 404-4541.* Unterbringung in Chalets, 16 traditionellen Bienenkorb-Hütten oder einer preiswerten Jugendherberge, alle mitten im Schutzgebiet gelegen.	22	■	●		●
SWAZILAND: *Tavern Inn* ®®® Ecke Allister Miller und Gilfillian St, Mbabane. **Straßenkarte** F2. *(09268) 404-2361.* FAX *09268) 404-2479.* Zentral gelegene Herberge im Tudor-Stil mit privaten Ferienapartments. Eine ideale Basis, um Mbabane zu erkunden.	16				
SWAZILAND: *Ezulwini Sun* ®®®® An der Straße von Mbabane nach Manzini. **Straßenkarte** F2. *(09268) 416-1201.* FAX *(09268) 6-1782.* Komfortables Familienhotel im idyllischen Ezulwini-Tal. Beschilderung ab dem Grenzposten Oshoek/Ngwenya.	120	■	●	■	●
VANDERBIJLPARK: *Riverside Sun* ®®® Kemmons Wilson Dr, 1900. **Straßenkarte** E2. *(016) 932-1111.* FAX *(016) 932-1348.* Modernes Ferienhotel am Ufer des Vaal River. Auf dem Programm stehen Bootsfahrten, Wasserski oder Faulenzen am Pool.	169	■	●	■	
VEREENIGING: *Riviera International Hotel* ®®®® Maria Milani Dr, 1930. **Straßenkarte** E2. *(016) 422-2861.* FAX *(016) 421-2908.* Ein Country Club mit vielfältigem Sportangebot, einschließlich 18-Loch-Golfplatz, in einem Ferienhotel am Ufer des Vaal River.	104	■	●	■	●

Blyde River Canyon und Kruger Park

DULLSTROOM: *Walkersons* ®®®®® Waboomkop–Lydenburg Rd. **Straßenkarte** E2. *(013) 254-0246.* FAX *(013) 254-0260.* Luxus-Lodge in Stein und Stroh, auf einem 600 Hektar großen Anwesen. Alle Schlafzimmer haben Seeblick und Kamin. Man kann an privaten Flüssen und Seen Regenbogenforellen fangen. Ausrüstung wird gestellt.	20	■			
GRASKOP: *The Graskop Hotel* ®® 3 Main St, 1270. **Straßenkarte** F2. *u.* FAX *(013) 767-1244.* Komfortables Hotel mit Ethno-Dekor in der Nähe der großartigen Sehenswürdigkeiten God's Window, Pilgrim's Rest und Blyde River Canyon. Das Gelände beherbergt ein Kunstgewerbestudio und eine Galerie.	41	■	●	■	●
HAENERTSBURG: *Glenshiel Country Lodge* ®®®® R71 nach Magoebaskloof, 0730. **Straßenkarte** E1. *(015) 276-4335.* FAX *(015) 276-4475.* Der Besitzer dieser malerischen Farm am Ebenezer-Stausee bietet Suiten mit Kamin für kalte Nächte, die auf die herrlichen Gärten blicken. Ringsum Wälder, Hügel und Plantagen. Wer will, kann wandern, Forellen fangen oder Vögel beobachten.	15	■	●	■	●
HAZYVIEW: *Chestnut Country Lodge* ®®® Emmet Rd, Kiepersol, 1241. **Straßenkarte** F2. *(013) 737-8195.* FAX *(013) 737-8196.* Kürzlich renoviertes Farmhaus einer Litschi-Farm, in üppigem Garten mit vielen Vogelarten und zauberhafter Aussicht. Ländliche Küche.	9	■	●		●
HAZYVIEW: *Highgrove House* ®®®® R40. Box 46, Kiepersol, 1241. **Straßenkarte** F2. *(013) 764-1844.* FAX *(013) 764-1855.* Die vielen malerischen Routen und Wildparks der Gegend sind von dieser prämierten Lodge im Kolonialstil aus leicht erreichbar. Die idyllische Umgebung, die Gourmet-Küche und die hervorragende Weinkarte genießen internationale Anerkennung.	8	■	●		●
HAZYVIEW: *Sabi River Sun* ®®®® Main Rd, Perry's Farm, 1242. **Straßenkarte** F2. *(013) 737-7311.* FAX *(013) 737-7315.* Komfortables Hotel nur 20 Kilometer zum Kruger National Park. Das Angebot umfaßt Golf, Bowling, Squash, Tennis und fünf Pools.	60	■	●	■	●
HAZYVIEW: *Umbhaba Lodge* ®®®® Box 1677, 1242. **Straßenkarte** F2. *u.* FAX *(013) 737-7636.* Eine luxuriös ausgestattete Lodge in traumhaften subtropischen Gärten, nahe den vielen landschaftlichen Schönheiten dieser Region. Angeln, Reiten und Wandern werden angeboten. Kinder sind willkommen.	13	■	●	■	●

Zeichenerklärung siehe hintere Umschlagklappe

Die Preiskategorien beziehen sich auf ein normales Doppelzimmer pro Nacht inklusive Steuer und Service, aber ohne Frühstück:

- Ⓡ unter 150 R
- ⓇⓇ 150–300 R
- ⓇⓇⓇ 300–500 R
- ⓇⓇⓇⓇ 500–1000 R
- ⓇⓇⓇⓇⓇ über 1000 R

Pool
Sie sind meist recht klein und im Freien.

Restaurant
Restaurant im Hotel, meist auch für Nicht-Gäste.

Kindereinrichtungen
Babysitter, Kinderbetten und Spielplätze sind vorhanden. Einige Hotels bieten Kinderportionen und -stühle in ihren Restaurants.

Garten
Hotel mit Garten oder Terrasse.

	Zahl der Zimmer	Pool	Restaurant	Kindereinrichtungen	Garten
Hendriksdal: *Artist's Cafe and Guesthouse* ⓇⓇⓇ Hendriksdal Siding, Sabie. **Straßenkarte** F2. Tel. u. FAX *(013) 764-2309.* Restaurant und Unterkunft in den umgestalteten Räumlichkeiten eines einstigen Bahnhofs, Baujahr etwa 1920.	4		●		●
Kruger National Park: *Öffentliche Camps* ⓇⓇⓇ Box 787, Pretoria, 0001. **Straßenkarte** F2. Tel. *(012) 343-1991.* FAX *(012) 343-0905.* Buchung über die Hauptbüros des National Parks Board in Pretoria oder Kapstadt.					
Balule (Zentrum): sechs Dreibett-Rondavels; Grillplätze; kein Stromanschluß.					
Berg-en-Dal (Süden): Sechsbett-Bungalows; Dreibett-Rondavels; zwei Cottages; Wäscherei und Informationszentrum.		●	●		
Crocodile Bridge (Süden): Camp mit etwa 20 Dreibett-Bungalows.					
Letaba (Zentrum): Großes Camp mit Bungalows, Rondavels und Cottages sowie Autowerkstatt und Bildungszentrum.			●		
Lower Sabie (Süden): Bungalows, Rondavels und Cottages.			●		
Mopani (Norden): Dreibett-Rondavels und Sechsbett-Cottages.		●	●		
Olifants (Zentrum): Strohbungalows und -cottages sowie Informationszentrum, Tankstelle, Museum und Amphitheater.			●		
Orpen (Zentrum): Kleines Camp mit Zwei- und Dreibett-Bungalows.					
Pretoriuskop (Süden): Bungalows, Rondavels und Cottages.		●	●		
Punda Maria (Norden): Familienbungalows, Zwei- und Dreibett-Cottages.				●	
Satara (Zentrum): Großes Camp mit Familienbungalows, Rondavels und Cottages, Autowerkstatt und Tankstelle.			●		
Shingwedzi (Norden): Großes Camp mit Bungalows und Rondavels.		●	●		
Skukuza (Süden): Das größte Camp, mit Bungalows, Rondavels und Cottages sowie Bank und Arztpraxis.			●		
Kruger National Park: *Bushveld-Camps* ⓇⓇⓇ *Bateleur* (Norden): Kleines Camp mit zehn Cottages für Selbtversorger. *Mbyamiti* (Süden): 15 Familien-Cottages für Selbstversorger. *Sirheni* (Norden): 15 Familien-Cottages für Selbstversorger. *Shimuwini* (Norden): Sechs Cottages für Selbtversorger. *Talamati* (Zentrum): 15 Familien-Cottages für Selbtversorger.					
Kruger National Park: *Private Camps* ⓇⓇⓇⓇⓇ *Boulders* (Norden): Vier Zweibett-Bungalows und ein Cottage. *Jock of the Bushveld* (Süden): Rustikales Camp mit drei Vierbett-Cottages. *Nwanetsi* (Zentrum): In diesem Camp werden 16 Personen verpflegt. *Malelane* (Süden): Fünf Luxuscottages können 18 Gäste aufnehmen. *Roodewal* (Zentrum): 19-Personen-Camp mit gemeinsamer Küche.					
Magoebaskloof: *Magoebaskloof Hotel* ⓇⓇⓇ Zwischen Pietersburg u. Tzaneen. **Straßenkarte** E1. Tel. *(015) 276-4276.* FAX *(015) 276-4280.* Erschwingliches, komfortables Hotel in malerischer Berglage. Mehrere Wanderwege in der Nähe.	60	●	●	●	
Malelane: *Buhala Country House* ⓇⓇⓇⓇ N4. Box 165, Malelane, 1320. **Straßenkarte** F2. Tel. *(013) 790-4372.* FAX *(013) 790-4306.* Komfort im Kolonialstil erwartet den Besucher in diesem grasgedeckten Gästehaus, das Blick auf den Crocodile River bietet und an den Kruger National Park grenzt. Nur Bed-and-Breakfast.	7	●	●		
Malelane: *Malelane Sun Inter-Continental Lodge* ⓇⓇⓇⓇ Riverside Farm. Box 392, 1320. **Straßenkarte** F2. Tel. *(013) 790-3304.* FAX *(013) 790-3303.* Individuelle Strohchalets am Crocodile River, nur wenige Autominuten vom Kruger National Park. Die ideale Alternative, wenn im Park schon alles besetzt ist.	102	●	●	●	●
Nelspruit: *Holiday Inn Express* ⓇⓇ White River Rd, 1200. **Straßenkarte** F2. Tel. *(013) 757-0000.* FAX *(013) 757-0008.* Schlichte Herberge für den, der auf der Strecke zum Kruger National Park übernachten möchte.	89	●	●	●	●

NYLSTROOM: *Shangri-La Country Lodge* ®®® 34
Eersbewoond Rd, 0570. **Straßenkarte** E2. *(014) 717-5381.* FAX *(014) 717-3188.*
Familiengeführte Lodge in idyllischer Lage, 15 Kilometer nach Nylstroom. Strohgedeckte Rondavels mit einem Pool in der Mitte.

PILGRIM'S REST: *Crystal Springs Mountain Lodge* ®®® 164
Box 10, Pilgrim's Rest, 1290. **Straßenkarte** F2. *(013) 768-5000.* FAX *(013) 768-5024.*
Einzelcottages für Selbstversorger in einem Wildreservat hoch über Pilgrim's Rest. Dazu gehören Tennis- und Squashplätze, Minigolfanlage, Sportraum und in der Mitte eine beheizte Halle mit Pool und Whirlpool.

PILGRIM'S REST: *Inn on Robber's Pass* ®®® 9
Box 76, 1290. **Straßenkarte** F2. *(013) 768-1491.* FAX *(013) 768-1386.*
Malerische Herberge in umgebauten Stallungen. Ein friedlicher Ort für Naturliebhaber, 17 Kilometer von Pilgrim's Rest entfernt.

PILGRIM'S REST: *Mount Sheba Country Lodge* ®®® 26
Box 100, Pilgrim's Rest, 1290. **Straßenkarte** F2. *(013) 768-1241.* FAX *(013) 768-1248.*
Auf einem Plateau 25 Kilometer von Pilgrim's Rest entfernt gelegen und umgeben von Wald mit Wander- und Angelangebot. Eine gewaltige Kulisse erwartet den Besucher.

PILGRIM'S REST: *Royal Hotel* ®®® 50
Main Rd, 1290. **Straßenkarte** F2. *(013) 768-1100.* FAX *(013) 768-1188.*
Die Blech- und Holzbauten dieses Nationaldenkmals stammen von 1900. Genießen Sie die Küche und die historische Stadt.

SABIE SAND RESERVE: *Idube Game Reserve* ®®®®® 9
Box 2617, Northcliff, 2115. **Straßenkarte** F2. *(011) 888-3713.* FAX *(011) 888-2181.*
Die Strohchalets auf Pfählen haben private Freiluft-Duschen, Klimaanlage und Ventilatoren. Zweimal täglich Safaris zu Löwen, Leoparden und Geparden. Preis inklusive Mahlzeiten, Wild- und Buschwanderungen.

SABIE SAND RESERVE: *Sabi Sabi* ®®®®® 57
Box 52665, Saxonwold, 2132. **Straßenkarte** F2. *(011) 483-3939.* FAX *(011) 483-3799.*
Drei mehrfach ausgezeichnete Rest Camps: Bush, River und Selati, die für ein unübertroffenes Luxus-Safari-Erlebnis stehen. Erfahrene Wildhüter begleiten die Besucher bei Tag- und Nachtsafaris in offenen Wagen. Alles inklusive.

SABIE SAND RESERVE: *Singita Private Game Reserve* ®®®®® 15
Box 650881, Benmore, 2010. **Straßenkarte** F2. *(011) 234-0990.* FAX *(011) 234-0535.*
Die Lodges Ebony und Boulders bieten allerhöchsten Standard und Luxus. Gourmet-Küche, umfangreicher Weinkeller, Tag- und Nachtsafaris sowie Safariwanderungen. Mitglied von Relais et Châteaux.

SABIE SAND RESERVE: *Ulusaba Private Game Reserve* ®®®®® 20
Box 239, Lonehill, 2062. **Straßenkarte** F2. *(011) 465-4240.* FAX *(011) 465-6649.*
Traumhafter Fernblick von Rock Lodge, schattiger Wald in der Safari Lodge. Ethno-Ambiente mit unaufdringlicher Eleganz ist das Markenzeichen dieser erlesenen Lodge.

SCHOEMANSKLOOF: *Old Joe's Kaia Country Lodge* ®®® 14
Schoemanskloof Valley Rd, 1207. **Straßenkarte** F2. *(013) 733-3045.* FAX *(013) 733-3777.*
Verschiedene Blockhütten und Rondavels, in afrikanischem Kolonialstil dekoriert. Ein Paradies für Vogelfreunde – über 170 Arten wurden hier gezählt. Suptropische Gärten und Pool. Alles inklusive.

TIMBAVATI PRIVATE GAME RESERVE: *King's Camp* ®®®®® 9
Box 427, Nelspruit, 1200. **Straßenkarte** F2. *(015) 793-3633.* FAX *(015) 793-3634.*
Ein unschlagbares, wenngleich koststpieliges Afrikaabenteuer erwartet Sie in diesem exklusiven Camp. Klimatisierte Strohbungalows und Tag- und Nachtsafaris in offenen Wagen, um die »Big Five« aufzuspüren. Alles inklusive.

TIMBAVATI PRIVATE GAME RESERVE: *M'Bali Camp* ®®®®® 9
Box 67865, Bryanston, 2021. **Straßenkarte** F2. *(011) 463-1990.* FAX *(011) 463-1992.*
Luxuscamp mit Stroh-, Holz- und Segeltuch-Baumhäusern auf Pfählen. Die privaten Veranden blicken auf den See. Höhepunkte sind Jeepsafaris, Wanderungen mit Führer und feine Kochkunst.

TIMBAVATI PRIVATE GAME RESERVE: *Ngala Lodge* ®®®®® 21
Box 1211, Sunninghill Park, 2157. **Straßenkarte** F2. *(011) 784-7677.* FAX *(011)784-7667.*
Die exklusive Luxus-Lodge veranstaltet Wildtouren mit persönlichem Ranger und serviert das Abendessen unter dem Sternenhimmel.

Die Preiskategorien beziehen sich auf ein normales Doppelzimmer pro Nacht inklusive Steuer und Service, aber ohne Frühstück:
- Ⓡ unter 150 R
- ⓇⓇ 150–300 R
- ⓇⓇⓇ 300–500 R
- ⓇⓇⓇⓇ 500–1000 R
- ⓇⓇⓇⓇⓇ über 1000 R

Pool
Sie sind meist recht klein und im Freien.

Restaurant
Restaurant im Hotel, meist auch für Nicht-Gäste.

Kindereinrichtungen
Babysitter, Kinderbetten und Spielplätze sind vorhanden. Einige Hotels bieten Kinderportionen und -stühle in ihren Restaurants.

Garten
Hotel mit Garten oder Terrasse.

	Zahl der Zimmer	Pool	Restaurant	Kindereinrichtungen	Garten
Timbavati Private Game Reserve: *Tanda Tula Bush Camp* ⓇⓇⓇⓇⓇ Box 32, Constantia, 7848. **Straßenkarte** F2. Tel. *(021) 794-6500.* FAX *(021) 794-7605.* Luxuriöses Zeltcamp in einem exklusivem Reservat, das an den Kruger Park grenzt. Jede Suite hat ein eigenes Holzdeck mit Blick auf den Busch.	12	■			
Tzaneen: *Coach House* ⓇⓇⓇ Old Coach Rd, Agatha, 0850. **Straßenkarte** E1. Tel. *(015) 307-3641.* FAX *(015) 307-1466.* 1892 gebaut für Reisende, die zur Küste wollten. Die Einzel-Chalets stehen in traumhaften Gärten, auf einem Hochplateau mit spektakulärer Szenerie. Weinkeller mit 8000 Flaschen.	45	■	●		●
Waterval Onder: *Bergwaters Lodge* ⓇⓇⓇ Box 71, 1195. **Straßenkarte** F2. Tel. *u.* FAX *(013) 257-7081.* Steinhaus aus dem Burenkrieg. Erschwingliche Unterkunft nicht weit von vielen Sehenswürdigkeiten. Fliegenfischen möglich.	10	■	●		●
White River: *Hulala Lakeside Lodge* ⓇⓇⓇ R40. 23 km nach White River. **Straßenkarte** F2. Tel. *(013) 764-1893.* FAX *(013) 764-1864.* Ruhige Lage am See mit Bushveld ringsum. Für Familien geeignet (Kinder ab 10). Vogelbeobachtung, Bootsfahrten und Angeln.	21	■	●	■	
White River: *Jatinga Country Lodge* ⓇⓇⓇ Jatinga Rd, 1240. **Straßenkarte** F2. Tel. *(013) 751-5059.* FAX *(013) 751-5072.* Ideale Basis, um die nahe gelegenen Wildreservate zu besuchen. Die Strohcottages stehen am Ufer des White River. In der Küche wird Obst und Gemüse aus eigenem Anbau für Diabetiker und Vegetarier zubereitet.	13	■	●		●
White River: *Kirby Country Lodge* ⓇⓇⓇ Jatinga Rd, 1240. **Straßenkarte** F2. Tel. *(013) 751-2645.* FAX *(013) 750-1836.* Friedliche, strohgedeckte Lodge in sechs Hektar Wald und Gärten mit artenreicher Vogelwelt. Nur 25 Autominuten zum Kruger Park.	9	■	●		●
White River: *Cybele Forest Lodge* ⓇⓇⓇⓇ R40. Box 346, White River, 1240. **Straßenkarte** F2. Tel. *(013) 764-1823.* FAX *(013) 764-1810.* Exklusives Quartier mitten im Wald, ausgestattet mit Antiquitäten und Kunstobjekten. Großartige Bergkulisse, Forellenfang, Reitstall und Feinschmeckerküche. Alles inklusive.	13	■	●		●
SÜDLICH DES ORANJE					
Beaufort West: *Hotel Formule 1* ⓇⓇ 144 Donkin Rd, 6970. **Straßenkarte** C4. Tel. *(0201) 5-2421.* FAX *(0201) 5-2358.* Mitglied einer Hotelkette; einfache Unterkunft für Preisbewußte.	52			■	
Beaufort West: *Matoppo Inn* ⓇⓇ 7 Bird St, 6970. **Straßenkarte** C4. Tel. *(0201) 5-1055.* FAX *(0201) 5-1080.* Historisches Wohnhaus (1834) mit Yellowwood-Böden, hohen Holzdecken und schönen Antiquitäten, zwei Kilometer vom Karoo National Park.	9	■	●	■	
Colesberg: *Sunset Chalets* Ⓡ 14 Torenberg St, 9795. **Straßenkarte** C4. Tel. *u.* FAX *(051) 753-0589.* Quartier in der Nähe von Geschäften, Restaurants und Golfplatz.	19	■	●	■	
Colesberg: *Kuilfontein Stable Cottages* ⓇⓇ N1. Box 17, 9795. **Straßenkarte** C4. Tel. *u.* FAX *(051) 753-1364.* Die Stallungen des historischen Rennpferd-Gestüts mit Schaffarm (seit 1876 in Familienbesitz) wurden im provenzalischen Stil umgebaut.	5	■	●		
Cradock: *Die Tuishuise* Ⓡ 36 Market St, 5880. **Straßenkarte** D5. Tel. *(048) 881-1322.* FAX *(048) 881-5388.* Liebevoll renovierte Cottages (um 1840 gebaut) bewahren die Karoo-Architektur jener Zeit. Die Tuishuise liegt in der Nähe des Zebra National Park und des Olive Schreiner Museum.	16		●	■	

GRAAFF-REINET: *Drostdy Hotel* ®® 30 Church St, 6280. **Straßenkarte** C4. *(049) 892-2161.* FAX *(049) 892-4582.* Charmantes, historisches Giebelhaus in einer der alten Städte an der einstigen Siedlungsgrenze. Es entstand 1806 als Residenz eines *landdrosts* (Landvogt). Die Suiten sind restaurierte Arbeiterhütten.	55	■	●	■	
GRAAFF-REINET: *Kingfisher Lodge* ®® 33 Cypress Grove, 6280. **Straßenkarte** C4. *u.* FAX *(049) 892-2657.* Perserteppiche und altes Mobiliar verleihen dieser Privatherberge in einem ruhigen Vorort der 200 Jahre alten historischen Stadt ein behaglich-altmodisches Flair. Der Weinkeller ist gut bestückt.	5	■	●		●

NÖRDLICH DES ORANJE

ALLEMANSKRAAL DAM: *Aventura's Aldam Resort* ®® N1. P/Bag X06, Ventersburg, 9450. **Straßenkarte** D3. *(05777) 652-2200.* FAX *(05777) 4078.* Mitlied einer Kette für Selbstversorger, die in der Nähe von Stauseen, Flüssen und heißen Quellen für Familien entstanden. Großes Sportangebot.	85	■	●	■	
AUGRABIES NATIONAL PARK: *Augrabies Valley Hotel* ® 6 km vom Augrabies Falls National Park. **Straßenkarte** B3. *u.* FAX *(054) 451-0044.* Kleines, preiswertes Hotel für Gäste, denen die Nähe zu den Augrabies Falls und Kakamas Weinkellern zusagt.	8		●		
BLOEMFONTEIN: *Berghof Guesthouse* ®® Eeufees Rd, Noordsrad, 9301. **Straßenkarte** D3. *(051) 433-1944.* FAX *(051) 433-1946.* Das Gästehaus wurde 1936 mit Material aus der ganzen Stadt gebaut, darunter ein altes, verziertes Geländer und Dachziegel vom ehemaligen Bahnhof.	8		●		
BLOEMFONTEIN: *Tredenham Guesthouse* ®® Box 13047, Noordstad, 9305. **Straßenkarte** D3. *(051) 433-1285.* FAX *(051) 433-1220.* Das Gästehaus mit einer wertvollen Sammlung von Stücken aus dem Burenkrieg liegt auf einer 37 Hektar großen Farm außerhalb der Stadt. Dazu gehört ein exzellentes Restaurant.	8	■	●	■	
BLOEMFONTEIN: *Hobbit House* ®®® 19 President Steyn Ave, 9301. **Straßenkarte** D3. *u.* FAX *(051) 447-0663.* Prämiertes, zweistöckiges Gästehaus in viktorianischem Stil, benannt nach J.R.R. Tolkien's Roman *The Hobbit* in einer ruhigen Wohnsiedlung in City-Nähe. Mit Swimmingpool und gemütlichem Pub.	7	■	●		
GARIEP DAM: *Gariep Dam Hotel* ®® N1. PO 20, Gariep Dam, 9922. **Straßenkarte** D4. *(051) 754-0060.* FAX *(051) 754-0268.* Auf der Strecke von Gauteng zum Kap eine willkommene Unterbrechung. Saubere, schlichte und komfortable Unterkunft.	23	■	●	■	
KALAHARI: *Molopo Kalahari Lodge* ®® R31 (nahe dem Kalahari Gemsbok National Park). **Straßenkarte** B2. *u.* FAX *(054) 511-0008.* Nur 60 Kilometer von den roten Sanddünen der Kalahari entfernt. Hier kann man die friedvolle Stimmung und zauberhaften Mondnächte der Wüste erleben.	20	■	●		
KALAHARI: *Tswalu Private Desert Reserve* ®®®®® N14 (nahe Kuruman). **Straßenkarte** C2. *(053) 791-0524.* FAX *(053) 791-0259.* 100 000 Hektar großes Privatreservat an der Südspitze der Kalahari, das Safaris, Buschwanderungen und Reitausflüge anbietet.	9	■	●	■	
KIMBERLEY: *Diamond Protea Lodge* ®® 124 Du Toitspan Rd, 8300. **Straßenkarte** D3. *(0531) 81-1281.* FAX *(0531) 81-1284.* Ein komfortables, preiswertes Familienhotel nicht weit vom Big Hole und dem Minenmuseum.	34			■	
KIMBERLEY: *Edgerton House* ®®® 5 Edgerton Rd, 8300. **Straßenkarte** D3. *u.* FAX *(0531) 81-1150.* Ein liebevoll restauriertes, 99 Jahre altes Gebäude gegenüber dem McGregor Museum im historischen Stadtviertel. Komfortables Wohnen in Gartenzimmern; Swimmingpool und Teegarten auf dem Gelände. Mittag- und Abendessen nach Vereinbarung.	12	■	●		
UPINGTON: *Upington Protea Hotel* ®® 24 Schroder St, 8801. **Straßenkarte** B3. *(054) 332-4414.* FAX *(054) 332-4486.* Modernes Hotel. Guter Zwischenstop auf dem Weg zum Kalahari Gemsbok Park und Augrabies Falls National Park.	57	■	●		

Zeichenerklärung siehe hintere Umschlagklappe

RESTAURANTS

SÜDAFRIKA BIETET ALLES, von Steakhäusern und dampfenden *boerewors*-Ständen und Nobellokalen für Geschäftsleute bis hin zu Seafood, orientalische, französische oder mediterrane Küche spezialisierte Restaurants. Scheint die Sonne, ißt man im Freien, und die Cafés sind überfüllt. Afrikanische Lokale für westliche Gaumen finden sich in Großstädten, manche Township-Tours *(siehe S. 364)* beinhalten traditionelle Mahlzeiten. Das multikulturelle Erbe ist auch an den vielen indischen Restaurants und Ständen deutlich, die scharfe Curries anbieten – ostasiatische genauso wie die auf KwaZulu-Art. Am westlichen Kap sind duftende, süße malaysische Curries als Mittagsimbiß populär, konventioneller ist die Küche der Weinregion.

Lieferservice

Village Walk in Sandton, Gauteng

SÜDAFRIKANISCHE ESSGEWOHNHEITEN

RESTAURANTS HABEN MITTAGS in der Regel von montags bis freitags geöffnet, abends von dienstags bis sonntags. Viele haben montags Ruhetag (italienische Lokale sind häufig dienstags geschlossen).

Cafés servieren meist von 9 bis 17 Uhr Frühstück, Mittagsimbiß, Tee oder Kaffee und Kuchen. Probieren Sie das traditionelle Frühstück aus harten Eiern mit Speck und Würstchen. Beliebt sind auch gesunde Muffins (erhältlich in Supermärkten, Feinkostläden und sogar Tankstellen), z. B. Kleie-, Bananen- oder Dattel-Muffins.

Mittags greift man am besten zu Salaten, offenen Sandwiches und Quiches, nachmittags ist Möhren-, Schokoladen- oder Käsekuchen gefragt.

Das Abendessen, die wichtigste Mahlzeit des Tages, wird von 18.30 bis 22 Uhr serviert. Bars, beliebte Restaurants und Schnellimbisse in den Städten haben bis Mitternacht oder später geöffnet.

RESTAURANTFÜHRER

MIT SICHERHEIT KANN man in den Städten und in gut besuchten ländlichen Regionen oder Dörfern ein gutes Essen erwarten. Das jährlich erscheinende *Eat Out Magazine* (bei Zeitschriftenhändlern) empfiehlt Restaurants im ganzen Land, die monatliche *SA City Life* gibt Tips für Durban, Johannesburg und Kapstadt.

RESERVIEREN

AM BESTEN LÄSST MAN telefonisch einen Tisch reservieren. Alteingesessene oder gefragte Lokale können schon Wochen im voraus ausgebucht sein. Können Sie eine Reservierung nicht wahrnehmen, sagen Sie telefonisch ab.

PREISE UND TRINKGELD

ESSEN GEHEN ist in Südafrika meist nicht teuer. Durchschnittlich zahlt man für ein Drei-Gänge-Menü (inklusive Wein und Trinkgeld) in einem guten Restaurant pro Person 80 bis 100 Rand. Speisen mit Meeresfrüchten können den Preis in die Höhe treiben. Ein Feinkost-Sandwich mit ausgezeichneter Füllung kostet kaum mehr als 15 Rand, ein üppiges Frühstück etwa 25 Rand.

Das Trinkgeld sollte sich nach dem Service richten. War er durchschnittlich, gibt man 10, war er hervorragend, 15 Prozent. Manchmal steht eine Büchse neben der Kasse.

Seafood-*Braai* an einem *Skerm* (geschützter Grillplatz) an der

Restaurantwahl

Die afrikanischen, indischen (in KwaZulu-Natal) oder malaysischen (in Kapstadt) Restaurants in den Großstädten sind ein Muß. An der Küste sollte man sich die Meeresdelikatessen nicht entgehen lassen: Calamares, Muscheln, Thunfisch, Languste, Yellowtail und Kabeljau. Die Westküste bietet herrlich gelegene Seafood-*braais* (Barbecues). Die größeren Städte haben exzellente internationale Küche zu bieten: portugiesisch, Thai, indonesisch, italienisch, griechisch, französisch und chinesisch. Typisch südafrikanische Restaurants servieren auch traditionelle Speisen und Getränke wie *witblits* (Pfirsischschnaps).

Südafrikaner sind Fleischesser; die Beefsteaks sind gut, und die Steakhäuser bieten viel für Ihr Geld. Eine große Auswahl gehaltvoller Salate und fleischloser Gerichte kommt Vegetariern entgegen.

Stände verkaufen *boerewors* (scharfe Würste) mit Brötchen. Bei privaten Einladungen könnn Sie ein südafrikanisches *meat braai (siehe S. 17)* erleben. Pizzaketten sind populär und empfehlenswert.

***Witblits* (Pfirsichschnaps)**

Weinauswahl

Südafrikanische Weine bieten jedem Geschmack etwas. Die meisten Restaurants führen einen guten Querschnitt regionaler Marken, meist zu hohen Preisen. Häufig reichen die Karten von leichtem Tafelwein bis zu edelsten Säften. Manchmal wird eine Auswahl von Flaschenweinen pro Glas angeboten, meist aber kommt der Hauswein aus einer günstigen Fünfliter-Packung. Elegante Restaurants haben internationale, bessere italienische führen auch italienische Weine. Bringt man seine eigene Flasche mit, wird Korkengeld (ab 8 Rand) berechnet.

Lieferservice

In den grösseren Städten nimmt man gerne Lieferdienste in Anspruch. Der Service »Mr Delivery« arbeitet für die verschiedensten Lokale (nicht nur Schnellimbisse) und bringt gegen geringen Aufschlag sowohl mittags wie von früh- bis spätabends warme Mahlzeiten ins Haus. Näheres finden Sie in den örtlichen Telefonbüchern.

Rauchen

Südafrika hat strenge Anti-Raucher-Gesetze. Derzeit müssen Restaurants eine Nichtraucher-Zone haben, beim Reservieren sollte man seine Wahl angeben. Kneipen und weniger strenge Lokale sind aber nach wie vor häufig recht verräuchert.

Kinder

Nicht alle Restaurants und Lokale sind kinderfreundlich, besonders am Abend, wenn viele Südafrikaner gediegen essen gehen und die Kinder zu Hause lassen.

Ratsamer ist es, mit den Kindern tagsüber, im Freien oder in weniger vornehmen Restaurants zu essen. Hochstühle und Kinderteller sind nicht üblich; für eine Kinderportion zahlt man etwa drei Viertel des normalen Preises.

Sehr empfehlenswert sind Lokale wie das Spur Steakhouse. Hier gibt es leckere Mahlzeiten extra für Kinder, Buntstifte, Malwettbewerbe, Luftballons und Clowns.

Das Spur Steakhouse hat auch kleinen Gästen etwas zu bieten

Kleiderordnung

Teure Restaurants erwarten oft elegantes, allerdings nicht formelles Outfit. Jeans, Shorts und Turnschuhe sind in solchen Häusern also unpassend, können aber überall sonst bedenkenlos getragen werden.

Rollstuhlfahrer

Das wachsende Bewußtsein für die Bedürfnisse behinderter Gäste veranlaßte manche – meist bessere – Restaurants dazu, Rampen und breitere Toilettentüren einzubauen. Viele Lokale sind aber nicht auf Rollstuhlfahrer eingestellt, man sollte sich deshalb vorher erkundigen.

Gäste auf der Terrasse des Tradouw Guesthouse in Barrydale

Was ißt man in Südafrika?

Koeksusters, süßes Dessert

RESTAURANTS IN SÜDAFRIKA repräsentieren eine große Bandbreite nationaler Küchen, von italienischen Pizzerien bis zu chinesischen Imbißstuben. Wer regionale Spezialitäten mag, den begeistern die exzellente malaysische Küche am Kap, die indischen Curries in KwaZulu-Natal und der exotische Speisenzauber afrikanischer Restaurants. Atlantischer und Indischer Ozean liefern eine Vielfalt von Meerestieren, das größte Erlebnis ist jedoch ein Seafood-*braai* (Barbecue) an einem Strand.

***Rooibos*-Tee und Mrs Ball's Chutney**
Koffeinfreier Kräutertee und Chutney (fruchtig-würzige Sauce) sind klassische regionale Produkte.

Die scharfe *malaysische Küche verzichtet auf Schweinefleisch und Alkohol – beides verboten für Muslime.* Samoosas *(gefüllte, frittierte Teigtaschen) und* chilli bites *(würzige, frittierte Teighäppchen) sind oft vegetarisch.*

Breyani *besteht aus gebackenem Reis und Linsen mit Lamm oder Huhn, gewürzt mit getrocknetem Koriander.*

Waterblommetjie bredie *ist ein Eintopf mit den Stengeln einer Wasserlilienart, die am Kap wächst.*

Portugiesische Küche *wird in vielen südafrikanischen Restaurants serviert. Nando's ist eine sehr beliebte Restaurantkette, die auch würzige Saucen herstellt.*

***Zum* braai**, *dem typischen Wochenendgenuß der Südafrikaner, gehören* boerewors *(Bauernwurst), Koteletts und* sosaties *(Spieße).*

Smoorsnoek *ist ein Eintopf aus Zwiebeln und* snoek *(Barrakuda-ähnlicher Fisch der Westküste) mit etwas Curry.*

AFRIKANISCHE KÜCHE

Potjie **(gusseiserner Topf)**

In Südafrikas größeren Städten eröffnen immer mehr ausgezeichnete, erlesene afrikanische Restaurants. Auf der Speisekarte stehen nicht nur traditionelle Gerichte einheimischer Volksgruppen, sondern häufig auch Spezialitäten anderer Länder, wie Äthiopien, Mali, Senegal, Kenia und Marokko. Die kulinarische Tour durch Afrika kann allerdings recht teuer werden. Billiger kann man sich das echte Südafrika auf einer der »township tours« schmecken lassen, die von unabhängigen Reiseunternehmen angeboten werden. Dabei steht in der Regel ein *shebeen*-Besuch (typische Township-Bar) auf dem Programm, bei dem traditionelle Kost serviert wird.

Südafrikanische Meeresdelikatessen *werden an der langen Küste des Landes gefangen, die Lebensraum für verschiedenste Fische und Krustentiere ist. Fischfang wird hauptsächlich kommerziell betrieben. Hummer, Garnelen, Muscheln, Austern und Fisch servieren Restaurants im ganzen Land.*

Dörrfleisch

In den Pionierjahren entstanden aufgrund der Hitze und fehlender Kühlvorrichtungen ungewöhnliche regionale Spezialitäten, die mittlerweile Lieblingsspeisen der meisten Südafrikaner sind. Fleisch mußte zur Konservierung gesalzen, gewürzt und rasch getrocknet werden. Heute ist *biltong* (Bullenzunge) sehr begehrt. Rinder-Biltong ist immer erhältlich, der Kenner besteht aber auf Wild. Eine ähnliche Geschichte haben *droëwors* (Trockenwurst) und *bokkoms* (gesalzener Fisch, eine Spezialität der Westküste).

Indische Curries *enthalten meist Lamm, Huhn, Rind oder Gemüse. Krabbe ist eine eher ungewöhnliche Komponente. Dazu werden verschiedene »kühlende« Saucen gereicht, um die Schärfe zu mildern.*

Früchte-Kebabs *sind ein verlockendes Obst-Dessert am Spieß mit allem, was gerade Saison hat.*

Malaysische Desserts *sind oft gehaltvoll:* Malva *(Geranium)* pudding; melk tert *(Milchtorte) und* brandy pudding.

Für glasierte Früchte *werden Orangenscheiben, Kirschen, Feigen- und Melonenstücke in Zuckersirup gelegt.*

Südafrikas Früchte

Frische Früchte *wachsen das ganze Jahr im Überfluß in ganz Südafrika.*

Sonnengetrocknete *Früchte werden um Kapstadt von Firmen wie Safari verpackt.*

Restaurantauswahl

Die folgenden Restaurants wurden aus verschiedenen Preiskategorien aufgrund des guten Preis-Leistungs-Verhältnisses, ihrer Lage und ausgezeichneten Küche ausgewählt und nach Regionen aufgegliedert. Mit Hilfe des Farbcodes am Rand, der die auf der jeweiligen Seite dargestellte Region markiert, finden Sie den gewünschten Abschnitt des Verzeichnisses.

Kapstadt

	Kreditkarten	Kindereinrichtungen	Tische im Freien	Bar	Mehrfachreservierung
Stadtzentrum: *Noon-Gun Tea Room and Restaurant* ® 273 Longmarket St, 8001. **Karte** 5 A1. *(021) 424-0529.* Das kap-malaysische Restaurant am Fuß des Signal Hill serviert *Halaal*-Gerichte. Entsprechend der moslemischen Vorschriften herrscht Alkoholverbot. V		●	■		
Stadtzentrum: *Happy Wok* ®® 62a Kloof St, 8001. **Karte** 5 A2. *(021) 424-2423.* Sehr populäres Restaurant mit Spezialitäten aus Thailand, China, Japan, Vietnam und Indonesien. Ausschließlich authentische Zutaten. V	AE DC MC V				■
Stadtzentrum: *African Flame* ®®® 12 Mill St, 8001. **Karte** 5 B3. *(021) 465-6058.* Traditionelle Kap-Gerichte, wie malaysische Curries, *bobotie*, Strauß und *potjiekos*, in einem ungezwungenen Lokal im Zebrastreifen-Design. V ● *So.*	AE DC MC V		■	●	
Stadtzentrum: *Anatoli* ®®® 24 Napier St, 8001. **Karte** 2 D5. *(021) 419-2501.* Ein altes edwardianisches Lagerhaus (1904) mit innenliegendem Garten und geschmackvollem türkischem Dekor. Auf der Karte stehen nahöstliche, vegetarische und *Halaal*-Gerichte. V ● *Mo.*	AE DC MC V			●	
Stadtzentrum: *». . . and Lemon« Restaurant* ®®® 98 Shortmarket St, 8001. **Karte** 5 B2. *(021) 423-4873.* Zu den Spezialitäten dieses Lokals in einem Nationaldenkmal (18. Jh.) zählen Bratente mit Feigensauce und Ravioli mit Muscheln. V ● *So.*	AE DC MC V		■	●	
Stadtzentrum: *Café Paradiso* ®®® 110 Kloof St, 8001. **Karte** 5 A2. *(021) 423-8653.* Schickes Restaurant mit Bar, Feinkost und Bäckerei, bietet mediterrane Küche, schönen Blick und freundlichen Service. V ● *Karfreitag, 25. Dez u. 1. Jan.*	AE DC MC V		■	●	
Stadtzentrum: *Cape Manna* ®®® 34 Napier St, 8001. **Karte** 2 D5. *(021) 419-2181.* Von der *New York Times* als eines der besten Restaurants am Ort bewertet. Man kocht traditionell kapholländisch und kap-malaysisch. V	AE DC MC V				
Stadtzentrum: *Col'Cacchio Restaurant* ®®® 42 Hans Strydom Ave, 8001. **Karte** 2 E5. *(021) 419-4848.* Eine modische Pizzeria mit Dachboden-Ambiente und großer Auswahl an Pizzen. Mittagessen nur von Montag bis Freitag. V ● *Sa u. So mittags.*	AE MC V		■		
Stadtzentrum: *Kotobuki Japanese Restaurant* ®®® 3 Avalon Centre, Mill St, 8001. **Karte** 5 B3. *(021) 462-3675.* Authentisches japanisches Restaurant, wo japanische Köche mit Sushi-, Sashimi-, Tempura- und Tepanyaki-Gerichten aufwarten. ● *Sa mittags, Mo.*	AE DC V V			●	
Stadtzentrum: *Saigon Vietnamese Restaurant* ®®® Ecke Kloof und Camp St, 8001. **Karte** 4 F3. *(021) 424-7670.* Das erste original-vietnamesische Restaurant des Landes. Unter anderem Garnelen-Mousse auf Zuckerrohr und Wok-Rindfleisch mit Kresse. V ● *Sa mittags.*	AE DC MC V				■
Stadtzentrum: *The Blue Plate Restaurant and Bar* ®®® 35 Kloof St, 8001. **Karte** 5 A2. *(021) 424-1515.* Ein flottes Restaurant mit südafrikanischer Küche und Meeresgerichten. Montagabends Live-Jazz. P *Mo.* ● *So.*	AE DC MC V		■	●	■
Stadtzentrum: *The Upper Crust Restaurant* ®®® St John's Arcade, Long St, 8001. **Karte** 5 B1. *(021) 419-1940.* Das prämierte Restaurant ist mit einer bunten Antiquitätensammlung ausgestattet. Hier soll es das beste Mittagessen im Zentrum geben. V ● *Sa u. So.*	AE DC MC V			●	

Durchschnittspreise für ein dreigängiges Menü für eine Person, inklusive einer halben Flasche Hauswein, Steuer und Service:
- Ⓡ unter 40 Rand
- ⓇⓇ 40–60 Rand
- ⓇⓇⓇ 60–80 Rand
- ⓇⓇⓇⓇ 80–100 Rand
- ⓇⓇⓇⓇⓇ über 100 Rand

Kreditkarten
Gibt an, welche Karten akzeptiert werden: AE American Express; DC Diners Club; MC MasterCard; V Visa.

Kindereinrichtungen
Kinderportionen und -stühle vorhanden, eventuell gibt es eine spezielle Speisekarte für Kinder.

Tische im Freien
Es besteht die Möglichkeit, im Freien zu speisen.

Mehrfachreservierung
Zu Spitzenzeiten werden mehrere Reservierungen für einen Tisch angenommen.

Stadtzentrum: *De Goewerneur Restaurant* ⓇⓇⓇⓇ
Castle of Good Hope, Darling St, 8001. **Karte** 5 A2. (021) 461-4895.
Das Restaurant im historischen Castle of Good Hope *(siehe S. 68f)* ist stilvoll eingerichtet und serviert exzellente kap-malaysische Küche. So.

Stadtzentrum: *Restaurant Bukhara* ⓇⓇⓇⓇ
33 Church St, 8001. **Karte** 5 B1. (021) 424-0000.
Anspruchsvolle nordindische Speisen, die in *tandoors* (Lehmöfen) zubereitet werden. Probieren Sie Butter-Hühnchen oder *rogan josh*.

Stadtzentrum: *Sukhothai Restaurant* ⓇⓇⓇ
50 Orange St, 8001. **Karte** 5 A2. (021) 423-4725.
Einem thailändischen Holzhaus nachempfunden. Man serviert Thai-Essen wie Curries, *Tom-yum-khung*-Suppe und Fisch. Sa, So mittags.

Stadtzentrum: *Aubergine Restaurant* ⓇⓇⓇⓇⓇ
39 Barnet St, 8001. **Karte** 5 B3. (021) 465-4909.
Das Restaurant gehört zu Kapstadts Top Ten. Bemerkenswert ist die kreative Kombination östlicher und westlicher Einflüsse. So.

Stadtzentrum: *Mama Africa Restaurant & Bar* ⓇⓇⓇⓇⓇ
178 Long St, 8001. **Karte** 5 A2. (021) 424-8634.
Restaurant, das kap-malaysische Kost und exotische Wildgerichte auftischt, etwa Krokodil und Strauß. Für reizvolles Ethno-Flair sorgen Flechtwerk an den Decken und afrikanische Bands. So, Mo–Sa mittags.

Stadtzentrum: *Cape Colony Restaurant* ⓇⓇⓇⓇⓇ
Mount Nelson Hotel, 76 Orange St, 8001. **Karte** 5 A3. (021) 483-1000.
Das teure Restaurant in Kapstadts legendärem Hotel serviert eine Mischung aus vorzüglichen internationalen und regionalen Spezialitäten.

Stadtzentrum: *Floris Smit Huijs* ⓇⓇⓇⓇⓇ
Ecke Church und Loop St, 8001. **Karte** 5 B1. (021) 423-3414.
Feinschmeckerlokal in einem Nationaldenkmal von 1758 mit vielfältigem Dekor. Berühmt sind die Wild- und Seafood-Gerichte. Sa mittags, So.

Stadtzentrum: *Leinster Hall Restaurant* ⓇⓇⓇⓇⓇ
7 Weltevreden St, 8001. **Karte** 5 A3. (021) 424-1836.
In einem zauberhaften Haus von 1850 mit Tischen auf der Veranda. Auf der exzellenten Speisekarte stehen klassische Gerichte, Imbisse, Seafood und Haute Cuisine mit malaysischem Touch. Sa, So mittags; Mai bis Okt abends.

Stadtzentrum: *Restaurant Bonthuys* ⓇⓇⓇⓇⓇ
121 Castle St, 8001. **Karte** 5 B1. (021) 426-2368.
Klassische französische Küche, von einem flexiblen und kreativen Chefkoch zubereitet. Abendessen dienstags bis samstags. So u. Mo mittags.

V & A Waterfront: *Hard Rock Café – Cape Town* ⓇⓇⓇ
Victoria Wharf, 8001. **Karte** 2 E3. (021) 418-0222.
Das Thema USA zeigt sich in dieser beliebten internationalen Restaurant-Kette sowohl in der Ausstattung wie bei der Speisekarte. Hinzu kommt eine große Cocktail-Auswahl und manchmal Live-Musik.

V & A Waterfront: *Planet Hollywood* ⓇⓇⓇ
Dock Rd, 8001. **Karte** 2 D4. (021) 419-7827.
Das erste Restaurant dieser Kette in Afrika. Die Auswahl ist groß: von Tex-Mex über kalifornische und italienische zu Cajun-Gerichten. Vor allem die Jugend schätzt die Original-Film-Ausstattung.

V & A Waterfront: *The Sports Café* ⓇⓇⓇ
Victoria Wharf, 8001. **Karte** 2 E3. (021) 419-5558.
Beliebtes Bistro mit 70 Fernsehern und zwei großen Leinwänden für Übertragungen von Sport-Events. Dazu: typische Pub-Mahlzeiten.

Restaurant	Kreditkarten	Kindereinrichtungen	Tische im Freien	Bar	Mehrfachreservierung
De Goewerneur Restaurant	DC MC V		■	●	■
Restaurant Bukhara	AE DC MC V			●	■
Sukhothai Restaurant	AE DC MC		■		■
Aubergine Restaurant	AE DC V		■	●	
Mama Africa Restaurant & Bar	AE DC MC V			●	■
Cape Colony Restaurant	AE DC MC V			●	■
Floris Smit Huijs	AE DC MC V				
Leinster Hall Restaurant	AE DC MC V		■	●	
Restaurant Bonthuys	DC MC V				■
Hard Rock Café – Cape Town	AE DC MC V	●	■	●	■
Planet Hollywood	AE DC MC V	●		●	■
The Sports Café	AE DC MC V	●	■	●	■

Durchschnittspreise für ein dreigängiges Menü für eine Person, inklusive einer halben Flasche Hauswein, Steuer und Service:
® unter 40 Rand
®® 40–60 Rand
®®® 60–80 Rand
®®®® 80–100 Rand
®®®®® über 100 Rand

Kreditkarten
Gibt an, welche Karten akzeptiert werden: AE American Express; DC Diners Club; MC MasterCard; V Visa.

Kindereinrichtungen
Kinderportionen und -stühle vorhanden, eventuell gibt es eine spezielle Speisekarte für Kinder.

Tische im Freien
Es besteht die Möglichkeit, im Freien zu speisen.

Mehrfachreservierung
Zu Spitzenzeiten werden mehrere Reservierungen für einen Tisch angenommen.

Restaurant	Kreditkarten	Kindereinrichtungen	Tische im Freien	Bar	Mehrfachreservierung
V & A Waterfront: *Hildebrand Restaurant* ®®®® Pierhead, 8001. **Karte** 2 E3. *(021) 425-3385.* Für die traditionelle, klassisch-italienische Küche dieses Restaurants mit herrlicher Aussicht gab es die begehrte Auszeichnung »Ristorante Italiano«. P V	AE DC MC V		■	●	
V & A Waterfront: *Quay Four Restaurant and Tavern* ®®®® Quay Four, 8001. **Karte** 2 E3. *(021) 419-2008.* Beliebtes Duo am Hafen: oben elegantes Seafood-Restaurant, unten lockere Taverne mit Pub-Gerichten und abends Live-Musik. P V ♫ ● *Sa mittags.*	AE DC MC V		■	●	
V & A Waterfront: *The Green Dolphin Restaurant* ®®®®® Victoria and Alfred Mall, Pierhead, 8001. **Karte** 2 E3. *(021) 421-7471.* Bistro-Lokal, in dem allabendlich die besten Jazzmusiker Kapstadts auftreten. Zu den Spezialitäten gehören Seafood und Straußenfleisch. P V ♫	AE DC MC V	●	■	●	■
V & A Waterfront: *Quay West* ®®®®® Cape Grace Hotel, West Quay, 8001. **Karte** 2 E4. *(021) 418-0520.* Elegantes, gehobenes Restaurant mit nautischem Flair und phantastischer Aussicht. Die Speisekarte ergänzt eine prämierte Weinkarte. P V	AE DC MC V	●	■	●	
V & A Waterfront: *Atlantic Grill* ®®®®® Table Bay Hotel, Quay Six, 8001. **Karte** 2 E3. *(021) 406-5688.* Die anspruchsvolle Speisekarte vereint die besten Küchen der Welt, durch östliche Aromen verfeinert. Reibungsloser Service mit viel Blick fürs Detail, über 300 südafrikanische Spitzenweine. P V ♫	AE DC MC V	●	■		
Abstecher: *Ari's Souvlaki* ® 83a Regent Rd, Sea Point, 8001. **Karte** 3 C1. *(021) 439-6683.* Beliebte griechische Taverne, die bis spätnachts Abendessen serviert. V	DC MC V		■		
Abstecher: *Obz Café* ®® 115 Lower Main Rd, Observatory, 7925. *(021) 448-5555.* Modisches Lokal im Stil eines Feinkostladens, mit guten Weinen und Cocktails. V	AE MC V			●	■
Abstecher: *Tarkaris Indian Restaurant* ®® 305 Main Rd, Sea Point, 8001. **Karte** 1 A5. *(021) 434-4266.* Berühmte südindische Küche, die Curries zählen zu den besten in Kapstadt. Wir empfehlen gemischtes Seafood-Curry mit zwölf Gewürzen. V ● *Mo.*	AE DC MC V				■
Abstecher: *Africa Café* ®®® 213 Lower Main Rd, Observatory, 8001. *(021) 447-9553.* Elegantes afrikanisches Restaurant mit Ethno-Dekor, das Gerichte aus dem ganzen Kontinent anbietet. V ● *So, 25. Dez u. 1. Jan.*	AE DC MC V	●		●	
Abstecher: *Clifton Beach House Restaurant* ®®® 4th Beach, 72 The Ridge, Clifton, 8001. **Karte** 3 A5. *(021) 438-1955.* Vor allem für seine französischen und italienischen Gerichte bekannt, es gibt auch Meeresdelikatessen und Thai-Curries. Vom Deck Blick aufs Meer. V	AE DC MC V	●	■	●	
Abstecher: *Jackson's Restaurant & Bar* ®®® 313 Beach Rd, Sea Point, 8001. **Karte** 1 A4. *(021) 439-8888.* Ein anerkanntes Restaurant, das Speisen aus der ganzen Welt zubereitet. Der Meerblick ist traumhaft. P V ● *So.*	AE DC MC V	●		●	
Abstecher: *Mr Chan Chinese Restaurant* ®®® 178a Main Rd, Sea Point, 8001. **Karte** 1 A5. *(021) 439-2239.* Die Köstlichkeiten aus Kanton, Peking und Hunan sind nicht nur bei den Einheimischen, sondern auch bei chinesischen Touristen gefragt. V	AE DC MC V	●			
Abstecher: *Peddlars on the Bend* ®®® Spaanschemat River Rd, Constantia, 7800. *(021) 794-7747.* Die gemütliche Taverne in einem umgebauten Stall serviert Herzhaftes wie Leber mit Zwiebeln oder Huhn-Lauch-Pastete. P ● *25. Dez u. 1. Jan.*	AE DC MC V		■	●	■

ABSTECHER: *Spice* ®®®
Sovereign Quay, Somerset Rd, Green Point, 8001. **Karte 2 D5.** ☎ *(021) 419-9797.*
Die Küche ist eine Verbindung von Ost und West; Gewürze sorgen dabei für das gewisse Etwas. Neben dem schicken Victoria Junction Hotel.
AE DC MC V

ABSTECHER: *Blues* ®®®®
The Promenade, Camps Bay, 8001. ☎ *(021) 438-2040.*
Ein schickes Strandrestaurant mit wundervollem Blick und Londoner Chefkoch, der kalifornische und mediterrane Küche kombiniert.
AE DC MC V

ABSTECHER: *Clementine's* ®®®®
23 Wolfe St, Wynberg, 7800. ☎ *(021) 762-5359.*
In warmer Atmosphäre und bei gedämpfter Musik läßt es sich ausgezeichnet speisen. Für die vielen südafrikanischen und internationalen Gerichte werden nur regionale Produkte verwendet. *So.*
AE DC MC V

ABSTECHER: *Emily's* ®®®®
77 Roodebloem Rd, Woodstock, 7925. ☎ *(021) 448-2366.*
Ungewöhnliches Restaurant in dem 100jährigen, früheren Postamt von Woodstock. Die Karte ist auf Lakto-Ovo-Vegetarier zugeschnitten. *So.*
AE DC MC V

ABSTECHER: *Parks* ®®®®
114 Constantia Rd, Constantia, 7800. **Karte B5.** ☎ *(021) 797-8233.*
Eines von Kapstadts Spitzenrestaurants in einem viktorianischen Haus. Die Karte verbindet klassische und moderne Küche. *mittags, So abends.*
AE DC MC V

ABSTECHER: *San Marco* ®®®®
92 Main Rd, Sea Point, 8001. **Karte 1A5.** ☎ *(021) 434-1469.*
Klassisch italienisch, mit verschiedenen Pasta- und Meeresgerichten. Berühmt ist auch die köstliche hausgemachte Eiscreme. *Di.*
AE DC MC V

ABSTECHER: *Two Oceans Restaurant* ®®®®
Cape of Good Hope Nature Reserve, 7975. ☎ *(021) 780-9200.*
In dem malerischen Steinhaus genießt man traditionelle Kap- und Seafoodgerichte. Da das Lokal in einem Reservat liegt, ist es abends geschlossen.
AE DC MC V

ABSTECHER: *Wharfside Grill* ®®®®
Mariner's Wharf, Hout Bay, 7800. ☎ *(021) 790-1100.*
Frische Meeresgerichte sind der Stolz dieses beliebten Restaurants mit großartigem Blick auf den Hafen. Die Spezialität ist Kap-Hummer.
AE DC MC V

ABSTECHER: *Au Jardin* ®®®®®
Vineyard Hotel, Colinton Rd, Newlands, 7700. ☎ *(021) 683-1520.*
Dieses prämierte Restaurant mit kapgeorgianischem Charme hat durch seine französische Kochkunst, vor allem die *Bouillabaisse du Cap*, Ruhm erlangt. Panoramafenster gewähren eine herrliche Aussicht. *Sa u. Mo mittags, So.*
AE DC MC V

ABSTECHER: *Buitenverwachting* ®®®®®
Klein Constantia Rd, Constantia, 7800. ☎ *(021) 794-3522.*
Die Chaîne des Rôtisseurs verlieh dem Restaurant, einem der besten Kapstadts, das Wappen der Vorzüglichkeit. Internationale Haute Cuisine mit Flair zubereitet. Hervorragende Weinkarte. *So u. Mo.*
AE DC MC V

ABSTECHER: *Cape Malay Kitchen* ®®®®®
Cellars-Hohenort Hotel, Constantia, 7800. ☎ *(021) 794-2137.*
Eine erstaunliche Auswahl traditioneller Gerichte. Hier finden Sie auch raffinierte malaysische Curries, *bredies* und *breyanis*. *mittags.*
AE DC MC V

ABSTECHER: *Constantia Uitsig Restaurant* ®®®®®
Constantia Uitsig Farm, Constantia, 7800. ☎ *(021) 794-4480.*
Das prämierte Restaurant – eines der besten in Kapstadt und Mitglied der südafrikanischen Restaurant-Gilde – serviert italienische und mediterrane Kost. Anspruchsvolle, internationale Weinkarte. *Mo mittags.*
AE DC MC V

ABSTECHER: *La Colombe Restaurant* ®®®®®
Constantia Uitsig Farm, Constantia, 7800. ☎ *(021) 794-2390.*
Ein weiteres Spitzenrestaurant, das in einem idyllischen Weinberg provenzalische Küche auftischt. *Di.*
AE DC MC V

ABSTECHER: *Novelli at the Cellars* ®®®®®
Cellars-Hohenhort Hotel, Constantia, 7800. ☎ *(021) 794-2137.*
Ein Mitglied der südafrikanischen Restaurant-Gilde und von Relais et Châteaux, mitbetrieben von Christophe Novelli in London. Zur innovativen Speisekarte kommen aufmerksame Bedienung und ein hinreißender Garten.
AE DC MC V

Zeichenerklärung siehe hintere Umschlagklappe

Durchschnittspreise für ein dreigängiges Menü für eine Person, inklusive einer halben Flasche Hauswein, Steuer und Service:
Ⓡ unter 40 Rand
ⓇⓇ 40–60 Rand
ⓇⓇⓇ 60–80 Rand
ⓇⓇⓇⓇ 80–100 Rand
ⓇⓇⓇⓇⓇ über 100 Rand

Kreditkarten
Gibt an, welche Karten akzeptiert werden: AE American Express; DC Diners Club; MC MasterCard; V Visa.

Kindereinrichtungen
Kinderportionen und -stühle vorhanden, eventuell gibt es eine spezielle Speisekarte für Kinder.

Tische im Freien
Es besteht die Möglichkeit, im Freien zu speisen.

Mehrfachreservierung
Zu Spitzenzeiten werden mehrere Reservierungen für einen Tisch angenommen.

Die Kap-Weinregion

Franschhoek: *La Petite Ferme* ⓇⓇⓇⓇ
Franschhoek Pass Rd, 7690. **Straßenkarte** B5. *(021) 876-3016.*
Ein beliebtes Landrestaurant mit Blick auf das schöne Franschhoek Valley. Spezialität ist heimische Regenbogenforelle, entgrätet, geräuchert und im Ganzen serviert. Dazu Wein aus der winzigen Kellerei nebenan. P V *abends.*

Franschhoek: *Le Quartier Français* ⓇⓇⓇⓇ
16/18 Huguenot Rd, 7690. **Straßenkarte** B5. *(021) 876-2151.*
Restaurant an der Hauptstraße mit Blick auf den Garten. Die Mahlzeiten werden in kap-provenzalischer Stilmischung serviert. V

Franschhoek: *Topsi and Co.* ⓇⓇⓇⓇ
41 Huguenot Rd, 7690. **Straßenkarte** B5. *(021) 876-2952.*
Der Familienbetrieb tischt ein köstliches, oft sehr vielfältiges Speisenangebot nach Saison auf. Wegen der Kunstwerke und des persönlichen Service bei den Einheimischen beliebt. Bringen Sie Ihren eigenen Wein mit. P V *Di.*

Franschhoek: *Haute Cabrière* ⓇⓇⓇⓇⓇ
Cabrière Estate, Franschhoek Pass Rd, 7690. **Straßenkarte** B5. *(021) 876-3688.*
Ein Restaurant mit Spitzenbewertung in einem in den Berg gebauten Weinkeller. Es gibt Feinschmeckerküche mit französischen und orientalischen Einflüssen, dazu Weine und Perlweine vom eigenen Gut. P V

Montagu: *Preston's* ⓇⓇⓇ
17 Bath St, 6720. **Straßenkarte** B5. *(023) 614-3013.*
Auf der Karte stehen traditionelle, hausgemachte südafrikanische Gerichte wie Lammeintopf und *bobotie* sowie Weine aus der Region. P V

Paarl: *Rheboksklo of Restaurant* ⓇⓇⓇⓇ
Rheboksklo of Wine Estate, 7646. **Straßenkarte** B5. *(021) 863-8606.*
In den zwei Lokalen wird kontinentale sowie Kap-Küche zubereitet. Prämierte Weinkarte. Geöffnet mittags, nachmittags und abends. P *Di abends, Mi.*

Paarl: *Bosman's* ⓇⓇⓇⓇⓇ
Grande Roche Hotel, Plantasie St, 7646. **Straßenkarte** B5. *(021) 863-2727.*
Mit außergewöhnlichen Interpretationen der Kap-Küche erreicht Bosman's – eines der Spitzenrestaurants des Landes – internationalen Standard. Tagesmenüs wechseln allabendlich, Präsentation und Service sind makellos, die Weinkarte ist spektakulär. Snacks auf der Terrasse. P V *Juni–Aug.*

Paarl: *Roggeland Country House* ⓇⓇⓇⓇⓇ
Roggeland Rd, Dal Josaphat Valley, 7646. **Straßenkarte** B5. *(021) 868-2501.*
In dem 250 Jahre alten holländischen Farmhaus werden regionale Weine und traditionelle Speisen mit französischer Note serviert.
Probieren Sie geräuchertes und entbeintes Perlhuhn.

Somerset West: *96 Winery Road* ⓇⓇⓇⓇ
Zandberg Farm, Winery Rd, 7130. **Straßenkarte** B5. *(021) 842-2020.*
Frische Zutaten und eine Kombination aus provenzalischen, orientalischen und Kap-Einflüssen zeichnen dieses prämierte Landgasthaus aus. An den Wänden hängen Werke einheimischer Künstler. P V *So abends.*

Somerset West: *The Restaurant at Erinvale* ⓇⓇⓇⓇⓇ
Erinvale Estate Hotel, 1 Erinvale Ave, 7130. **Straßenkarte** B5. *(021) 847-1166.*
Landrestaurant in einem kapholländischen Haus aus dem frühen 18. Jh. Es gibt klassische Kap-Küche mit Schwerpunkt auf Seafood. P V

Somerset West: *Willowbrook Lodge Restaurant* ⓇⓇⓇⓇⓇ
1 Morgenster Ave, 7130. **Straßenkarte** B5. *(021) 851-3759.*
Französische Küche mit lokalen Anklängen, wie Rillettes vom Enten-Confit, Schweinebraten auf Püree. Gute Weinkarte. P V *Jun–Aug.*

	Kreditkarten	Kindereinrichtungen	Tische im Freien	Bar	Mehrfachreservierung
La Petite Ferme	AE DC MC V	●	■		
Le Quartier Français	AE DC MC V	●	■	●	
Topsi and Co.	DC MC V	●	■		
Haute Cabrière	AE DC MC V	●		●	
Preston's	DC MC V	●	■	●	
Rheboksklo of Restaurant	AE DC MC V	●	■	●	
Bosman's	AE DC MC V		■	●	
Roggeland Country House	AE DC MC V		■		
96 Winery Road	AE DC MC V	●	■		
The Restaurant at Erinvale	AE DC MC V		■	●	
Willowbrook Lodge Restaurant	AE DC MC V		■	●	

STELLENBOSCH: *Boschendal* ®®®®
Pniel Rd (R310), Groot Drakenstein, 7680. **Straßenkarte** B5. *(021) 870-1252.*
Im einstigen Keller des Herrenhauses (1812) gelegen. Die Taphuis-Speisekarte hat umfangreiches, traditionelles Kap-Büfett und Boschendal-Weine zu bieten. Im Sommer kann man unter Kiefern am See Le Pique-Nique genießen. Le Café serviert Kaffee, Kuchen und Imbisse.
P V *Karfreitag, 1. Mai, 16. Juni.*
AE DC MC V

STELLENBOSCH: *De Volkskombuis* ®®®®
Aan de Wagenweg, 7600. **Straßenkarte** B5. *(021) 887-2121.*
Traditionelle Kap-Küche wie zartes Karoo-Lamm und eine lange Weinkarte zählen zu den kulinarischen Freuden, die einen in diesem historischen Cottage erwarten. Architekt war Sir Herbert Baker. P *So abends.*
AE DC MC V

STELLENBOSCH: *Spier* ®®®®
Spier Estate, Lynedoch Rd, 7600. **Straßenkarte** B5. *(021) 881-3504.*
Touristenmekka mit eigener Dampflok, kapholländischen Häusern und Konzerten in einem gepflegten Park. Die drei Lokale The Jonkershuis, Taphuis Grill & Riverside Pub und Café Spier bieten eine große Auswahl. P
AE DC MC V

STELLENBOSCH: *Lord Neethling & The Palm Terrace* ®®®®®
Neethlingshof Wine Estate,7600. **Straßenkarte** B5. *(021) 883-8966.*
Das prämierte Lord Neethling tischt thailändische, indonesische, vietnamesische und kap-malaysische Gerichte auf. Das zwanglosere Palm Terrace bietet Mittagsimbiss à la carte und Aussicht auf den Garten. P V *So, Mo Juni–Aug.*
AE DC V

STELLENBOSCH: *The Green Door* ®®®®®
Delaire Wine Farm, Helshoogte Pass. **Straßenkarte** B5. *(021) 885-1756.*
Bekannt für seine innovative, kosmopolitische Küche und die atemberaubenden Blicke auf die Weinberge und das grüne Tal. Im gemütlichen Speisesaal wird im Winter ein Kaminfeuer angezündet.
V *manchmal.* *So abends.*
AE DC MC V

TULBAGH: *Paddagang* ®®®
23 Church St, 6820. **Straßenkarte** B5. *(0232) 30-0242.*
Gemütliches Restaurant in einem historischen Gebäude (1821). Ländliche Kap-Küche wie *waterblommetjie bredie, smoorsnoek* und *malva*-Pudding.
P V *abends, Karfreitag, 1. Mai, 25. Dez, 1. Jan.*
AE DC MC V

WORCESTER: *Burchell's* ®®®
R43. De Breede Estate, 6850. **Straßenkarte** B5. *(023) 342-5388.*
Traditionelle und moderne südafrikanische Küche sowie Weine aus dem Breede River Valley werden in diesem kapholländischen Haus (1803) serviert. Gourmet-Abende kreisen um Weine der Region. P *Wochenende, Feiertage.*
AE DC MC V

DIE WESTKÜSTE

BLOUBERGSTRAND: *The Blue Peter* ®®®®
2 Popham Rd, 7441. **Straßenkarte** B5. *(021) 554-1956.*
Bei den Kapbewohnern sehr beliebt, vor allem am Wochenende bei den Jüngeren. Oben kann man stilvoll speisen, auf dem Rasen *sundowner* schlürfen und dabei über die Bucht hinweg auf den Tafelberg schauen. P
AE DC MC V

BLOUBERGSTRAND: *On the Rocks* ®®®®
45 Stadler Rd, 7441. **Straßenkarte** B5. *(021) 554-1988.*
Am Strand gelegen, mit Aussicht auf Tafelberg und Robben Island. Spezialität des Hauses ist frisches Seafood. P V *Mo.*
AE DC MC V

LAMBERT'S BAY: *Die Muisbosskerm* ®®®®
Elands Bay Rd, 8130. **Straßenkarte** A4. *(027) 432-1017.*
Freiluft-Restaurants mit Platz für etwa 150 Personen. Zu einem dreistündigen Festmahl gehören Meeresgerichte, *potjiekos* und Dessert. P
AE DC MC V

LANGEBAAN: *Die Strandloper* ®®®®
Am Strand, 7357. **Straßenkarte** A5. *(022) 772-2490.*
In diesem Seafood-Lokal können Sie mittags auch im Badeanzug auftauchen. Das gemeinschaftliche Festmahl direkt vom Grill oder aus dem Topf wird mit den Fingern gegessen. P *bei schlechtem Wetter.*

LANGEBAAN: *Pearlie's on the Beach* ®®®®
Am Strand, 7357. **Straßenkarte** A5. *(022) 772-2734.*
Zwangloses Strandcafé und -restaurant, das großzügige Seafood-Platten, Steaks, Pizza, Pasta und frische Salate serviert. P V
AE DC MC V

Durchschnittspreise für ein dreigängiges Menü für eine Person, inklusive einer halben Flasche Hauswein, Steuer und Service:
Ⓡ unter 40 Rand
ⓇⓇ 40–60 Rand
ⓇⓇⓇ 60–80 Rand
ⓇⓇⓇⓇ 80–100 Rand
ⓇⓇⓇⓇⓇ über 100 Rand

Kreditkarten
Gibt an, welche Karten akzeptiert werden: AE American Express; DC Diners Club; MC MasterCard; V Visa.

Kindereinrichtungen
Kinderportionen und -stühle vorhanden, eventuell gibt es eine spezielle Speisekarte für Kinder.

Tische im Freien
Es besteht die Möglichkeit, im Freien zu speisen.

Mehrfachreservierung
Zu Spitzenzeiten werden mehrere Reservierungen für einen Tisch angenommen.

Malmesbury: *Die Herebuis* ⓇⓇⓇ
1 Loedolf St, 7300. **Straßenkarte** B5. ☎ *(02248) 7-1771.*
In dem malerischen Gasthaus gibt es traditionell-ländliche Kost wie *bobotie*. Die Weinkarte bietet einige der besten Weine des Swartlands. [P] [V] ● *So abends.*

Kreditkarten	Kindereinrichtungen	Tische im Freien	Bar	Mehrfachreservierung
AE DC MC V	●	■	●	

Milnerton: *Woodbridge Isle* ⓇⓇⓇⓇ
Bridge Rd, 7441. **Straßenkarte** B5. ☎ *(021) 551-4992.*
Mediterranes Restaurant mit Blick auf Table Bay und Robben Island. Frische Meerestiere und entspannte Atmosphäre. [P] [Nichtraucher] ● *Sa mittags, So.*

Kreditkarten	Kindereinrichtungen	Tische im Freien	Bar	Mehrfachreservierung
AE DC MC V			●	

Yzerfontein: *Strandkombuis* ⓇⓇⓇⓇ
16-Mile Beach, 7351. **Straßenkarte** A5. ☎ *(022451) 2206.*
Für dieses Seafood-Lokal im Freien, 80 km von der City entfernt, sollte man unbedingt vorbestellen. Holzdeck mit Blick auf den stürmischen Atlantik, die köstlichen Kap-Delikatessen kommen direkt vom Feuer. [P] ● *Mo, Juni–Juli.*

Kreditkarten	Kindereinrichtungen	Tische im Freien	Bar	Mehrfachreservierung
DC MC V	●	■		

Das südliche Kap

Greyton: *Greyton Lodge* ⓇⓇⓇⓇ
46 Main St, 7233. **Straßenkarte** B5. ☎ *(028) 254-9876.*
Die ehemalige Fischerhütte (heute ein Nationaldenkmal) mit Original-Steinboden ist eines der ältesten Gebäude des Dorfes. Hauptsächlich Meeresdelikatessen und Vegetarisches. [P] [V] [Wein] ● *Mo mittags.*

Kreditkarten	Kindereinrichtungen	Tische im Freien	Bar	Mehrfachreservierung
AE DC MC V	●	■	●	

Hermanus: *The Burgundy Restaurant* ⓇⓇⓇ
Market Square, 7200. **Straßenkarte** B5. ☎ *(0283) 2-2800.*
Ein historisches Gebäude, nur einen Steinwurf von den Aussichtspunkten zur Walbeobachtung entfernt. Spezialitäten sind Meeresgerichte und Wild sowie Wein aus der Region. [P] [V] [Nichtraucher] ● *So abends, 25. Dez, 1. Jan.*

Kreditkarten	Kindereinrichtungen	Tische im Freien	Bar	Mehrfachreservierung
AE DC MC V	●	■		

Oudtshoorn: *Bernhard's Taphuis* ⓇⓇⓇ
10 Baron van Rheede St, 6620. **Straßenkarte** C5. ☎ *(044) 272-3208.*
Typische Karoo-Gastlichkeit und wundervolle einheimische Gerichte mit internationalem Flair zeichnen dieses Landrestaurant aus. Probieren Sie Carpaccio vom Strauß. [P] [V] [Nichtraucher]

Kreditkarten	Kindereinrichtungen	Tische im Freien	Bar	Mehrfachreservierung
MC V		■	●	

Oudtshoorn: *De Fijne Keuken* ⓇⓇⓇ
114 Baron van Rheede St, 6620. **Straßenkarte** C5. ☎ *(044) 272-6403.*
Unwiderstehliche regionale Gerichte wie gebratenes Straußenfilet sowie verschiedenste Salate und Desserts werden in den Speisesälen und auf dem Sonnendeck serviert. [P] [V] [Nichtraucher] ● *Mo.*

Kreditkarten	Kindereinrichtungen	Tische im Freien	Bar	Mehrfachreservierung
AE DC MC V	●	■	●	

Swellendam: *Zanddrift Restaurant* ⓇⓇⓇ
32 Swellengrebel St, 6740. **Straßenkarte** B5. ☎ *(02851) 4-1789.*
Geschmackvoll eingerichtetes Farmhaus von 1746. [P] [V] ● *abends.*

Kreditkarten	Kindereinrichtungen	Tische im Freien	Bar	Mehrfachreservierung
DC MC V		■		

Die Garden Route nach Grahamstown

George: *The Copper Pot* ⓇⓇⓇⓇ
12 Montague St, Blanco, 6529. **Straßenkarte** C5. ☎ *(044) 870-7378.*
Elegantes Restaurant mit prämierter Weinkarte und einer liebevoll zubereiteten Mischung aus französischer und traditioneller südafrikanischer Küche.
[P] [V] [Nichtraucher] [Wein] ● *Sa mittags, So mittags, Mai–Sep So abends.*

Kreditkarten	Kindereinrichtungen	Tische im Freien	Bar	Mehrfachreservierung
AE DC MC V		■	●	

Grahamstown: *The Cock House* ⓇⓇⓇ
10 Market St, 6139. **Straßenkarte** D5. ☎ *(046) 636-1287.*
In einem reizvollen denkmalgeschützten Haus von 1826. Auf der Speisekarte stehen traditionelle und vegetarische Gerichte. [P] [V] [Musik] ● *So mittags.*

Kreditkarten	Kindereinrichtungen	Tische im Freien	Bar	Mehrfachreservierung
AE DC MC V		■	●	■

Knysna: *Belvidere House* ⓇⓇⓇⓇⓇ
Duthie Dr, Belvidere Est, 6570. **Straßenkarte** C5. ☎ *(044) 387-1055.*
Restaurant eines gehobenen Gästehauses. Gekocht wird mit frischen Zutaten der Saison, die Weinkarte ist kurz, aber ausgezeichnet. [P] [V] [Nichtraucher] [Wein] [Musik]

Kreditkarten	Kindereinrichtungen	Tische im Freien	Bar	Mehrfachreservierung
AE DC MC V		■	●	

MOSSEL BAY: *The Gannet* ®®®® AE DC MC V
Market St, 6500. **Straßenkarte** C5. *(0446) 91-3738.*
Gelegen im Bartholomeo-Dias-Museum. Spezialität ist Seafood, probieren Sie den vorzüglichen Muscheltopf. P V

MOSSEL BAY: *The Post Tree* ®®®® AE DC MC V
10 Powrie St, 6500. **Straßenkarte** C5. *(0446) 91-1177.*
Paraffinlampen und Dekor von anno dazumal. Das winzige Restaurant befindet sich im ältesten Haus von Mossel Bay, erbaut um 1850. Genießen Sie fangfrischen Fisch, Tomaten-Meeresfrüchte-Suppe mit Basilikum oder feine Stücke von Rind oder Strauß. P V ● *Mo mittags, Sa mittags, So.*

PLETTENBERG BAY: *The Islander* ®®®®® AE DC MC V
N2. Harkerville, 6600. **Straßenkarte** C5. *(04457) 7776.*
Das Tropenambiente wird ergänzt durch das Büfett-Speisenangebot mit Anklängen an indonesische, kreolische und polynesische Meeresgerichte. Empfehlenswert sind regionaler Fisch, Seafood-Suppe und, während der Saison, frische Languste. P V ● *Nebensaison; vorher anrufen.*

PLETTENBERG BAY: *The Plettenberg* ®®®®® AE DC MC V
40 Church St, 6600. **Straßenkarte** C5. *(04457) 3-2030.*
Der erlesene Speisesaal bietet phantastischen Blick auf die Bucht, Gourmet-Kost und exzellente Weinkarte. Der Frische wegen wechselt die Karte nach Saison. Regionale Gerichte mit Flair. P V T

PORT ELIZABETH: *Le Med* ®®® AE DC V
66a Parliament St, 6001. **Straßenkarte** D5. *(041) 585-8711.*
Spanien und Marokko dominieren die Speisekarte, die Herrliches aus dem Mittelmeerraum enthält. Entspannte Atmosphäre, aber aufmerksames und gut informiertes Personal. Abwechslungsreiche Weinkarte. P V ♫ ● *Mo.*

PORT ELIZABETH: *Royal Delhi* ®®® AE DC MC V
10 Burgess St, 6001. **Straßenkarte** D5. *(041) 373-8216.*
Die beste Adresse für Liebhaber scharfer Curries, es gibt aber auch die bekannten Seafood- und Steakgerichte sowie Vegetarisches.
P V ● *So.*

WILD COAST, DRAKENSBERG UND MIDLANDS

EAST LONDON: *Le Petit Restaurant* ®®® AE DC MC V
54 Beach Rd, Nahoon, 5201. **Straßenkarte** E5. *(0437) 35-3685.*
Schweizer Dekor, gute Wild- und Meeresgerichte nebst umfassender Weinkarte machen es zu einem gefragten Lokal. P ● *Sa mittags, So.*

EAST LONDON: *Tug and Ferry* ®®® AE DC MC V
Shop 1A, Latimer's Landing, 5201. **Straßenkarte** E5. *(0437) 43-1187.*
Beliebter Hafen-Pub mit Grill, der traditionelle Gerichte nach Originalrezepten aus dem 19. Jh. bereitet; außerdem Meeresdelikatessen. P V ● *So abends.*

KEI MOUTH: *Kei Mouth Beach Hotel Restaurant* ®®® MC V
Kei Mouth, Wild Coast, 5260. **Straßenkarte** E5. *(043) 841-1017.*
Wunderschönes Restaurant auf einem Hügel mit Blick aufs Meer. Die Auswahl an Meeresspeisen reicht von gegrillter Languste zu Garnelen und Calamares. P ♫

HATTINGSPRUIT: *Farmer's Brewery* ®®® MC V
R621. The Bier Farm, 3081. **Straßenkarte** E3. *(0342) 18-1735.*
Das österreichische Gasthaus bietet Herzhaftes: Eisbein mit Sauerkraut, Kasseler Rippchen und selbstgebrautes Bier. P V ● *24.–26. Dez, Karfreitag, So abends.*

HILTON: *Didier's* ®®® AE DC MC V
Hilton Hotel, 3245. **Straßenkarte** E3. *(0331) 43-3359.*
Gemütliches Restaurant mit klassisch-französischer Küche, empfehlenswert sind Lammrippchen mit Rosmarin und Kräuterbutter. P V ● *Sa mittags, So.*

HOWICK: *Afton Restaurant* ®®® AE DC MC V
Ecke Bell & Somme St, 3290. **Straßenkarte** E3. *(033) 330-5256.*
Das Gebäude wurde 1886 für den ersten Distriktarzt erbaut. Die Kost ist bodenständig: Ente, Lamm, Eintöpfe und *pies.* P V ● *Mo, Di.*

HOWICK: *Brabazons Restaurant* ®®® AE DC MC V
Cranford Country House, Old Main Rd, 3290. **Straßenkarte** E3. *(033) 330-4308.*
Phantasievolle, ländliche Küche in einem wunderschön gestalteten, 140 Jahre alten Haus im Kolonialstil. P

Durchschnittspreise für ein dreigängiges Menü für eine Person, inklusive einer halben Flasche Hauswein, Steuer und Service:
- Ⓡ unter 40 Rand
- ⓇⓇ 40–60 Rand
- ⓇⓇⓇ 60–80 Rand
- ⓇⓇⓇⓇ 80–100 Rand
- ⓇⓇⓇⓇⓇ über 100 Rand

Kreditkarten
Gibt an, welche Karten akzeptiert werden: AE American Express; DC Diners Club; MC MasterCard; V Visa.

Kindereinrichtungen
Kinderportionen und -stühle vorhanden, eventuell gibt es eine spezielle Speisekarte für Kinder.

Tische im Freien
Es besteht die Möglichkeit, im Freien zu speisen.

Mehrfachreservierung
Zu Spitzenzeiten werden mehrere Reservierungen für einen Tisch angenommen.

Howick: *Old Halliwell Country Inn* ⓇⓇⓇ
Curry's Post Rd, 3290. **Straßenkarte** E3. *(033) 330-2602.*
In diesem historischen Gebäude von etwa 1830 werden klassische französische Gerichte und hervorragende Weine serviert. Die Speisekarte richtet sich nach der Saison. [P] [V] [Y]

Lesotho: *Katse Lodge* ⓇⓇⓇ
Katse Dam. **Straßenkarte** E3. *(09266) 91-0202.*
Das Restaurant bewirtet hauptsächlich Gäste der Lodge. Geöffnet an sieben Tage in der Woche für Frühstück, Mittag- und Abendessen. Köstliches *carvery* sowie Speisen à la carte. [P] [V]

Lesotho: *Ximenia* ⓇⓇⓇ
Maseru Sun Hotel, 12 Orpen Rd, Maseru. **Straßenkarte** D3. *(09266) 31-2434.*
Das Ximenia hat sieben Tage in der Woche für Frühstück, Mittag- und Abendessen geöffnet und bietet *carvery* sowie Salatbüfetts. [P] [V] [⚡]

Lesotho: *Vic Restaurant* ⓇⓇⓇ
Victoria Hotel, Kingsway, Maseru. **Straßenkarte** D3. *(09266) 31-2922.*
Sieben Tage die Woche Mittag- und Abendessen. Gutes Büfett. [P]

Lesotho: *Lehaba Grill* ⓇⓇⓇⓇ
Lesotho Sun Hotel, Hilton Rd, Maseru. **Straßenkarte** D3. *(09266) 31-3111.*
Zum Hotel gehören mehrere Restaurants: Lehaha Grill bietet als Büfett-Auswahl und à la carte Meeres- und Grillgerichte sowie die besten Spare Ribs in Maseru. Nala Coffee Shop und Leifo Lounge servieren morgens, mittags und abends kleine Gerichte und veranstalten gelegentlich Barbecue-Abende im Freien. [P] [V] [⚡]

Lidgetton: *Caversham Mill* ⓇⓇ
Midlands Meander, 3616. **Straßenkarte** E3. *(033) 234-4524.*
Malerisches Restaurant in einer alten Mühle, mit Blick auf einen Wasserfall und eine steinerne Brücke. Es gibt mediterrane Spezialitäten. [P] [V] ● *Mo–Do.*

Morgan's Bay: *Whale Watchers' Restaurant* ⓇⓇ
Morgan's Bay Hotel, 5292. **Straßenkarte** E5. *(043) 841-1062.*
Preiswertes Lokal an der Wild Coast, 30 Meter über dem Indischen Ozean. Der Meerblick ist unendlich, das Tagesmenü hat fünf Gänge. [P] [⚡]

Pietermaritzburg: *Turtle Bay* ⓇⓇ
7 Wembley Terrace, 3201. **Straßenkarte** E3. *(0331) 94-5390.*
Die internationale Speisekarte bietet Wild, Seafood und vegetarische Gerichte. Vorzüglich sind die gedämpften Scampi in Sojasauce. [P] [V] [⚡] [♫] ● *So.*

Pietermaritzburg: *Cafe du Midi* ⓇⓇⓇ
262 Boom St, 3201. **Straßenkarte** E3. *(0331) 94-5444.*
Französische Bistro-Gerichte gibt es in diesem viktorianischen Bungalow mit mit kopfsteingepflastertem Hof: Räucherlachs in Krustenmantel und Bratkartoffeln, oder Herzhafteres wie Grillsteak und frischen Fisch. [P] [V] [⚡] ● *So.*

Pietermaritzburg: *Els Amics* ⓇⓇⓇ
380 Longmarket St, 3201. **Straßenkarte** E3. *(0331) 45-6524.*
Auf katalanisch heißt das Restaurant »Die Freunde«. Die spanischen Gerichte sind unwiderstehlich, die Paella ist legendär. [P] [V] [⚡] ● *So, Mo.*

Pietermaritzburg: *The Blue Room* ⓇⓇⓇⓇ
1 George McFarlane Lane, 3201. **Straßenkarte** E3. *(0331) 94-3333.*
Europäische Küche mit Köstlichkeiten wie gebratener Ente und Lamm mit Kräuterkruste. [P] [T] ● *So.*

Port Edward: *Old Ferry Restaurant* ⓇⓇⓇ
Old Pont Rd, 4295. **Straßenkarte** E4. *(039) 313-2410.*
Gemütliches Lokal in Stroh und Stein an der Flußmündung. Auf dem Deck hat man einen überwältigenden Blick auf den Umtamvuna River. [P] [V] ● *Di.*

Restaurant	Kreditkarten	Kindereinrichtungen	Tische im Freien	Bar	Mehrfachreservierung
Old Halliwell Country Inn	AE DC MC V		■	●	
Katse Lodge	MC V			●	
Ximenia	AE DC MC V	●	■	●	■
Vic Restaurant	DC MC V			●	■
Lehaba Grill	AE DC MC V	●	■	●	■
Caversham Mill	AE DC MC V		■		
Whale Watchers' Restaurant	AE DC MC V	●	■		
Turtle Bay	AE DC MC V	●		●	■
Cafe du Midi	DC MC V		■	●	
Els Amics	AE DC MC V				
The Blue Room	AE DC MC V		■	●	
Old Ferry Restaurant	MC V	●	■	●	

Durban und Zululand

Berea: *El Cubano Latin Quarter* ®®®
Silvervause Centre, Ecke Silverton u. Vause Rd, 4001. **Straßenkarte** F3. *(031) 202-9197.*
Restaurant mit karibischem Ambiente, das Cajun-Gerichte und kubanische Zigarren anbietet. P V *Sa mittags, So.*
AE DC MC V

Berea: *Trioz Brasserie, Oyster Bar & Restaurant* ®®®®®
147 Musgrave Rd, 4001. **Straßenkarte** F3. *(031) 202-8917.*
Klassische und kombinierte Kost in drei verschiedenen, aber sich ergänzenden Lokalen. Nach einem Austerngericht kann man Sekt in der Bar trinken, die Brasserie serviert leichte Mahlzeiten und köstliches Frühstück. P V
AE DC MC V

Durban Zentrum: *Christina's* ®®®
130–4 Florida Rd, 4001. **Straßenkarte** F3. *(031) 303-2522.*
Exzellente multi-nationale Küche und wundervolle Lage in der Christina Martin School of Food and Wine. P V *So, Mo.*
AE DC MC V

Durban Zentrum: *Oriental Palace* ®®®
31st floor, John Ross House, 4001. **Straßenkarte** F3. *(031) 368-3751.*
In dem eleganten Restaurant erwarten Sie nordindische Curries, Tandoori-Huhn und ein wunderbarer Blick auf Hafen und Bucht. P V
AE DC MC V

Durban Zentrum: *Polo Club* ®®®
Hilton Hotel, 12–14 Walnut Rd, 4001. **Straßenkarte** F3. *(031) 336-8100.*
Ein Mitglied der South African Restaurant Guild, das ein Degustationsmenü mit vier Gängen anbietet, sowie Tandoori-Gerichte und eine hervorragende Weinkarte. P V *So, Mo.*
AE DC MC V

Durban Zentrum: *La Dolce Vita* ®®®®®
Durban Club, 4001. **Straßenkarte** F3. *(031) 301-8161.*
Elegantes Restaurant in einem Nationaldenkmal. Geboten werden italienische Speisen und Seafood sowie eine ausgezeichnete Weinkarte. P *So.*
AE DC MC V

Gillitts: *The Swan and Rail* ®®®
Old Hillcrest Railway Station, Inanda Rd, 3610. **Straßenkarte** F3. *(031) 765-5467.*
Das Restaurant in einem alten Bahnhof von 1896 ist etwas für Bierliebhaber. Tische auf dem Bahnsteig, zwei Speisewagen von 1820 und 14 verschiedene Faßbiere. P V *Mo.*
AE MC V

Morningside: *El Bandido Mexican Quarter* ®®®
411 Windermere Rd, 4001. **Straßenkarte** F3. *(031) 303-3826.*
Hombres finden hier *fajitas, enchiladas,* Steak mit Jalapeño-Chilis und Tequila-Schweinebraten. P V *Sa mittags, So.*
AE DC MC V

Morningside: *El Turko Middle Eastern Quarter* ®®®
413 Windermere Rd, 4001. **Straßenkarte** F3. *(031) 312-7893.*
Das kleine Restaurant, ausgestattet mit Perserteppichen und Kupferdekor, serviert nahöstliche Kost, z. B. Kebabs. P V *Sa mittags, So.*
AE DC MC V

Morningside: *Mezze Restaurant* ®®®
440 Windermere Rd, 4001. **Straßenkarte** F3. *(031) 312-4127.*
Schickes, modernes, wenn auch etwas lautes Restaurant, das köstliche griechische Gerichte auftischt. P V *Sa mittags, So.*
AE DC MC V

Morningside: *Baanthai* ®®®®
138 Florida Rd, 4001. **Straßenkarte** F3. *(031) 303-4270.*
Thai-Köche bereiten echte Thai-Spezialitäten wie Banthaai-Ente sowie rote und grüne Curries zu. P V *Sa mittags, So.*
AE DC MC V

Morningside: *Bean Bag Bohemia* ®®®®
18 Windermere Rd. **Straßenkarte** F3. *(031) 309-6019.*
Exzentrisches, avantgardistisches Lokal, das Dichterlesungen, Themenabende und Jazz-Konzerte veranstaltet. Die Speisekarte ist hervorragend. P V
AE DC MC V

Morningside: *Eat Cetera Restaurant & Bar* ®®®®
45 Windermere Rd, 4001. **Straßenkarte** F3. *(031) 303-3078.*
Toskana-Design und eine kreative Speisekarte, auf der sich interessante Geschmackskombinationen aus Kräutern und Gewürzen finden. P V *So.*
AE DC MC V

Morningside: *Harvey's* ®®®®®
77 Goble Rd, 4001. **Straßenkarte** F3. *(031) 312-9064.*
Das prämierte Restaurant serviert phantasievolle Gerichte wie Enten-Confit und Scampi in Brandy. P V *Sa mittags, Mo mittags, So.*
AE DC MC V

Zeichenerklärung siehe hintere Umschlagklappe

Durchschnittspreise für ein dreigängiges Menü für eine Person, inklusive einer halben Flasche Hauswein, Steuer und Service:
Ⓡ unter 40 Rand
ⓇⓇ 40–60 Rand
ⓇⓇⓇ 60–80 Rand
ⓇⓇⓇⓇ 80–100 Rand
ⓇⓇⓇⓇⓇ über 100 Rand

Kreditkarten
Gibt an, welche Karten akzeptiert werden: AE American Express; DC Diners Club; MC MasterCard; V Visa.

Kindereinrichtungen
Kinderportionen und -stühle vorhanden, eventuell gibt es eine spezielle Speisekarte für Kinder.

Tische im Freien
Es besteht die Möglichkeit, im Freien zu speisen.

Mehrfachreservierung
Zu Spitzenzeiten werden mehrere Reservierungen für einen Tisch angenommen.

Restaurant	Kreditkarten	Kindereinrichtungen	Tische im Freien	Bar	Mehrfachreservierung
Morningside: *The Colony Restaurant* ⓇⓇⓇⓇ Ecke Windermere und Innes Rd, 4001. **Straßenkarte** F3. *(031) 312-8270.* Das innovative Speisenangebot enthält regionale Spezialitäten wie Perlhuhn und Warzenschwein sowie Lamm und Meeresdelikatessen. P V T ● *So.*	AE DC MC V				
The Point: *Famous Fish Company* ⓇⓇⓇⓇ King's Battery, 4001. **Straßenkarte** F3. *(031) 368-1060.* Spektakuläre Lage am Hafen und eines der besten Seafood-Restaurants Südafrikas. Probieren Sie Muscheln in Weißwein, gegrillte Calamares, Seafood-Platte oder frisch gefangenen Fisch. P	AE DC MC V	●	■	●	
Ramsgate: *La Petite Normandie* ⓇⓇⓇⓇ 73 Marine Dr, 4285. **Straßenkarte** F3. *(039) 317-1818.* Zählt zu den Top-Ten-Restaurants in KwaZulu-Natal und serviert eine hervorragende französische Küche. P V ● *So abends, Mo.*	AE DC MC V		■		
Salt Rock: *Beira Mar Restaurant Portuguese* ⓇⓇⓇⓇⓇ Mall 505, Basil Hulett Dr, 4391. **Straßenkarte** F3. *(032) 525-8505.* Beliebt wegen des freundlichen Personals und der portugiesischen Küche. Ein Muß sind die Krabben- und Garnelen-Curries. P V *auf Anfrage.* ● *Mo.*	AE DC MC V	●	■	●	■
Southbroom: *Trattoria La Terrazza* ⓇⓇⓇ Outlook Rd, 4277. **Straßenkarte** F3. *(039) 316-6162.* Gemütliches Restaurant unter Wolfsmilch-Bäumen an der Umkobi-Lagune. Genießen Sie hausgemachte Pasta. P V ● *Mo, Di mittags.*	AE MC V	●	■	●	
Umbilo: *Coimbra Portuguese Restaurant* ⓇⓇⓇ Queensmead Mall, Hillier Rd, 4001. **Straßenkarte** F3. *(031) 205-5447.* Das Piri-piri-Huhn in diesem angeblich besten portugiesischen Restaurant Durbans schmeckt himmlisch, aber auch Meeresgerichte sind empfehlenswert. Freitag- und samstagabends lateinamerikanische Musik. P ♫ ● *Mo.*	AE DC MC V			●	
Umhlali: *Shortens Country House* ⓇⓇⓇⓇⓇ Compensation Rd, 4390. **Straßenkarte** F3. *(032) 947-1140.* Gäste des prämierten Farmhaus-Restaurants von 1903 können innen oder im Garten speisen. Probieren Sie gegrillte Wachtel auf Petersilien-Püree und Nougatine-Parfait mit Passionsfrucht. P V T 🍷	DC MC V		■	●	

Gauteng und Sun City

Restaurant	Kreditkarten	Kindereinrichtungen	Tische im Freien	Bar	Mehrfachreservierung
Johannesburg: *Iyavaya* ⓇⓇⓇ 42 Hunter St, Yeoville, 2198. **Straßenkarte** E2. *(011) 648-3500.* Das beliebte Restaurant ist ein Stück echtes Afrika: traditionelle Speisen mit Maismehl, Reis oder Couscous, Huhn aus Mali, Bananensuppe aus Kamerun und außerdem eine nigerianische Combo. P V ⊘ ● *Mo.*	AE DC MC V			●	
Johannesburg: *Sam's Café* ⓇⓇⓇ 11 Seventh St, Melville 2092. **Straßenkarte** E2. *(011) 726-8142.* Schickes Lokal mit kreativem Flair, das sich auch an den mediterranen und orientalischen Gerichten zeigt. Vorspeise-Portionen sorgen für Abwechslung und lassen Platz für das Dessert. P V ● *So abends, Sa, So mittags.*	AE DC MC V		■		
Johannesburg: *Singing Fig* ⓇⓇⓇ 44 The Avenue, Norwood, 2192. **Straßenkarte** E2. *(011) 728-2434.* Gefragtes Lokal in minimalistischem Design, das an ein ländliches Kücheninterieur erinnert. Die Weinkarte ist anspruchsvoll. P V ⊘ 🍷 ● *So abends, Mo.*	AE DC MC V		■	●	
Johannesburg: *Chaplin's* ⓇⓇⓇⓇ 85 Fourth Ave, Mellville, 2092. **Straßenkarte** E2. *(011) 482-4657.* Die Speisekarte enthüllt ungewöhnliche Kombinationen, wie entbeinte junge Ente in Apfel-Kirsch-Sauce mit Zimt und Caesar-Salat. Es wird auch für Vegetarier, Diabetiker und alle, die sich fettarm ernähren wollen, gekocht. Karte auch in Brailleschrift. Prämierte Weinkarte. V ⊘ ● *Sa mittags, So.*	AE DC MC V		■		

JOHANNESBURG: *Gramadoelas* ®®®®
Market Theatre, Newtown, 2001. **Straßenkarte E2.** *(011) 838-6960.*
Kapholländische und -malaysische sowie afrikanische Kost, neben verschiedensten Weinen und traditionellen afrikanischen Drinks. Spezialität des Hauses ist die gemischte Gramadoelas-Platte. *So, Mo mittags.*
AE DC MC V

JOHANNESBURG: *The Ritz* ®®®®
17 Third Ave, Parktown North, 2193. **Straßenkarte E2.** *(011) 880-2470.*
Mediterrane Küche mit östlichen Einflüssen in einem beliebten Restaurant. Im Garten gibt es Tee oder Kaffee, Kuchen und kleine Gerichte. *So.*
AE DC MC V

JOHANNESBURG: *La Belle Terrasse* ®®®®®
67 Jan Smuts Ave, Westcliff, 2193. **Straßenkarte E2.** *(011) 646-2400.*
Stil und Eleganz des Westcliff Hotels finden sich auch in diesem erstrangig bewerteten Restaurant. Gourmet-Küche nach französischer Tradition für anspruchsvolle Gäste, abgerundet durch regionale und importierte Weine. Essen und Ambiente entsprechend läßt auch der Service nichts zu wünschen übrig.
AE DC MC V

JOHANNESBURG: *Zoo Lake Restaurant* ®®®®®
Zoo Lake Gardens, Parkview, 2193. **Straßenkarte E2.** *(011) 646-8807.*
Elegant und populär, in herrlicher Lage. Serviert werden Gerichte nach Saison, Wild und Seafood auf einer überdachten Terrasse. Exzellente Weinkarte. *Mo, Sa mittags, So abends.*
AE DC MC V

MIDRAND: *Thirty-Three High Street* ®®®®
33 High St, Modderfontein, North Rand, 2065. **Straßenkarte E2.** *(011) 606-3574.*
Geschmackvoll möbliertes viktorianisches Herrenhaus in idyllischem Garten. Die Speisekarte ist international und südafrikanisch, z. B. Calamares als Vorspeise und anschließend Entenbrust mit Honigglasur. *Mo.*
AE DC MC V

RANDBURG: *Baytree Restaurant* ®®®®
Ecke North Rd u. Hans Strydom Dr, Linden Ext, 2194. **Straßenkarte E2.** *(011) 782-7219.*
Prämiertes Gourmet-Restaurant mit provenzalischen Speisen und beachtlicher Weinkarte. *So, Mo.*
AE DC MC V

RANDBURG: *Casalinga* ®®®®®
Muldersdrift Road, Honeydew, 2040. **Straßenkarte E2.** *(011) 957-2612.*
Klassisch-italienisches Landrestaurant, das für seine hervorragende Küche Gemüse aus organischem Anbau und selbstgemachte Pasta verwendet. Unbedingt reservieren, besonders. am Wochenende! *So abends, Mo.*
AE DC MC V

ROSEBANK: *Sophia's* ®®®
Rosebank Mall, Cradock Ave, Rosebank, 2196. **Straßenkarte E2.** *(011) 447-4437.*
Restaurant mit ungezwungenem mediterranem Flair und exzellenter Weinkarte. Beliebte griechische und italienische Gerichte.
AE DC MC V

SANDTON: *Raj Indian Restaurant* ®®®®
Ecke Rivonia Rd u. 7th Ave, Rivonia, 2128. **Straßenkarte E2.** *(011) 807-0471.*
Indische Köche bereiten hier verschiedenste nordindische Speisen zu. Weinkarte und Service sind gut, das Tandoori ist exzellent.
AE DC MC V

SANDTON: *Turtle Creek Winery* ®®®®
58 Wierda Rd, Sandton, 2196. **Straßenkarte E2.** *(011) 884-0466.*
In einer offenen Scheune mit Tischen im Garten zaubert der mauritische Chefkoch gekonnt eine internationale Speisenauswahl, die von Snacks bis zu kulinarischen Genüssen reicht. *So abends.*
AE DC MC V

SANDTON: *Blues Room* ®®®®®
Village Walk Shopping Centre, Sandown, 2196. **Straßenkarte E2.** *(011) 784-5527.*
Schummriges Blues-Lokal, das eine internationale Speisekarte, regionalen und internationalen Blues, Rock und Jazz bietet. *So, Mo*
AE DC MC

SANDTON: *Gatrile's* ®®®®®
5 Esterhuyzen St, Sandown, 2196. **Straßenkarte E2.** *(011) 883-7396.*
Exklusives, prämiertes Restaurant in einem Designer-Gebäude. Verschiedenste Gerichte stehen zur Auswahl, unvergeßlich sind z. B. Enten-Kirsch-Pastete und Seafood-Curry. *Sa mittags, So.*
AE DC MC V

SANDTON: *Le Canard* ®®®®®
163 Rivonia Rd, Morningside, 2057. **Straßenkarte E2.** *(011) 884-4597.*
Ein wunderschönes, georgianisches Haus mit ruhigem Garten. Das teure Restaurant kocht französische Haute Cuisine und ist ein Muß für alle Feinschmecker. Mittagsimbiß auf der Terrasse. *So.*
AE DC MC V

Zeichenerklärung siehe hintere Umschlagklappe

Durchschnittspreise für ein dreigängiges Menü für eine Person, inklusive einer halben Flasche Hauswein, Steuer und Service:
Ⓡ unter 40 Rand
ⓇⓇ 40–60 Rand
ⓇⓇⓇ 60–80 Rand
ⓇⓇⓇⓇ 80–100 Rand
ⓇⓇⓇⓇⓇ über 100 Rand

KREDITKARTEN
Gibt an, welche Karten akzeptiert werden: AE American Express; DC Diners Club; MC MasterCard; V Visa.

KINDEREINRICHTUNGEN
Kinderportionen und -stühle vorhanden, eventuell gibt es eine spezielle Speisekarte für Kinder.

TISCHE IM FREIEN
Es besteht die Möglichkeit, im Freien zu speisen.

MEHRFACHRESERVIERUNG
Zu Spitzenzeiten werden mehrere Reservierungen für einen Tisch angenommen.

SANDTON: *Linger Longer* ⓇⓇⓇⓇⓇ
58 Wierda Rd West, Sandton, 2196. **Straßenkarte** E2. *(011) 884-0465.*
Das prämierte Restaurant in einem zauberhaften Haus im Kolonialstil gehört zu den Top Ten des Landes. Klassische Gerichte wie gedünsteter schottischer Lachs sowie Lamm-, Rinder- und Wildbraten oder Kombinationen aus Ost und West. Dazu hervorragende Weine. P V ● *Sa mittags, So.*

SANDTON: *Browns of Rivonia* ⓇⓇⓇⓇⓇ
21 Wessels Road, Rivonia, 2128. **Straßenkarte** E2. *(011) 803-7605.*
Die innen liegenden Speiseräume öffnen sich zu einem überdachten Patio, von dem man in einen blühenden Garten schaut. P V *Do u. Sa.* ● *So.*

MULDERSDRIFT: *Bellgables Country Restaurant* ⓇⓇⓇⓇⓇ
An der DF Malan Dr, 1747. **Straßenkarte** E2. *(011) 659-0430.*
Das Farmhaus mit seiner alten Sklavenglocke und Originalkunstwerken soll eines der schönsten der Provinz sein. Die inspirierten Speisen werden wundervoll präsentiert. Sonntag mittags Essen auf der Pool-Terrasse.
P V ● *Mo, Di.*

PRETORIA: *Café Riche* ⓇⓇⓇ
2 Church Sq, 0002. **Straßenkarte** E2. *(012) 328-3173.*
Ein hinreißendes Jugendstilgebäude, in dem man eine Vielfalt von Salaten und Baguettes mit verschiedensten Füllungen genießen kann. P

PRETORIA: *Villa Do Mar* ⓇⓇⓇⓇ
Waterkloof Heights Centre, Club Ave, 0181. **Straßenkarte** E2. *(012) 46-5140.*
Das portugiesische Restaurant mit rustikalem Ambiente bietet gut gewürzte Spezialitäten und portugiesischen Wein und Portwein sowie gute regionale Weine. Probieren Sie Fischsuppe und Calamares. P V ● *Sa mittags, Mo.*

PRETORIA: *Vivaldi Restaurant* ⓇⓇⓇⓇ
Bronkhorst St, New Muckleneuk, 0181. **Straßenkarte** E2. *(012) 46-8828.*
Die italienischen Speisen in diesem eleganten Restaurant sind ein Genuß, man kann auch bei Kaffee und Kuchen im Brunnenhof entspannen. ● *Mo.*

PRETORIA: *The Odd Plate* ⓇⓇⓇⓇⓇ
262 Rhino St, Hennops Park, Centurion, 0157. **Straßenkarte** E2. *(012) 654-5203.*
Eine von Prue Leith geführte, perfekte Kochschule, in der die Speisen von klassisch bis modern reichen und vom Lehrplan bestimmt werden. Leith's Schüler servieren gekonnt und mit Begeisterung.
P V ● *So, Mo, Di.*

PRETORIA: *Ritrovo Ristorante* ⓇⓇⓇⓇⓇ
Waterkloof Heights Shopping Centre, Club Ave, 0181. **Straßenkarte** E2.
(012) 46-5173. Das prämierte italienische Lokal wartet mit süditalienischen Speisen und herrlichem Blick auf. P V

SWAZILAND: *Phoenix Spur* ⓇⓇ
Shop 210, New Mall, Mbabane. **Straßenkarte** E2. *(09268) 404-9103.*
Familienrestaurant, das verschiedenste Grillgerichte und Burger serviert, dazu ein reichhaltiges Salat-Büfett. Mitglied einer südafrikanischen Kette.
P V

SWAZILAND: *Lourenço Marques* ⓇⓇⓇ
Gilfillian Road, Mbabane. **Straßenkarte** E2. *(09268) 404-3097.*
Meeres- und Grillgerichte stehen in dem portugiesischen Restaurant im Mittelpunkt, z.B. Riesengarnelen oder Grillhuhn mit Piri-Piri-Sauce. P

SWAZILAND: *Mliwane Lodge* ⓇⓇⓇ
12 km (7 Meilen) außerhalb von Mbabane an der Sraße nach Manzini. **Straßenkarte** E2.
(09268) 404-4541. Restaurant im Büfett-Stil in einer Wildpark-Lodge. Täglich Frühstück, Mittag- und Abendessen. P

Restaurant	Kreditkarten	Kindereinrichtungen	Tische im Freien	Bar	Mehrfachreservierung
Linger Longer	AE DC MC V		■		
Browns of Rivonia	AE DC V		■		
Bellgables Country Restaurant	AE DC MC V		■	●	
Café Riche	AE DC MC V		■	●	
Villa Do Mar	AE DC MC V	●	■		
Vivaldi Restaurant	AE DC MC V		■		
The Odd Plate	AE DC MC V		■		
Ritrovo Ristorante	AE DC MC V	●	■	●	
Phoenix Spur	AE DC MC V	●	■	●	
Lourenço Marques	AE DC MC V			●	
Mliwane Lodge	MC V			●	

Blyde River Canyon und Kruger Park

Dullstroom: *Harrie's Pancakes* ® AE DC MC V
87 Hugenote St, 1110. **Straßenkarte** E2. (013) 254-0801.
Ideal für Pfannkuchenliebhaber; es gibt sie mit verschiedenen süßen und pikanten Füllungen, zudem fünf Frühstücks-Menüs. P V ● *Mi, außer Feiertage.*

Dullstroom: *Die Tonteldoos Bistro* ®®® AE DC MC V
Hugenote St, 1110. **Straßenkarte** E2. (013) 254-0115.
Auf 2100 Metern Höhe ist es hier oft kalt und neblig, weshalb auch im Sommer der Kamin brennt. Gute englische Hausmannskost – die gegrillte Forelle mit Zitronen-Kräuterbutter ist eine Sensation. P V ● *Mo bis Do abends.*

Hendriksdal: *Artists' Café* ®®®® AE DC MC V
Zwischen Sabie u. Nelspruit. **Straßenkarte** F2. (013) 764-2309.
Im blechgedeckten Haus des ehemaligen Bahnhofsmeisters. ToskanischeKüche, regionale Wildgerichte mit frischen Kräutern. Die Pasta ist hausgemacht. Das Café stellt Stammes- und regionale Kunst aus. P V

Nylstroom: *Shangri-La Country Lodge* ®®®® AE DC MC V
Eersbewoond Rd, 0510. **Straßenkarte** E2. (014) 717-5381.
Im Kraal (halbumschlossener, strohgedeckter Bereich) werden bei Kerzenschein afrikanische und kap-malaysische Gerichte mit regionalen Drinks wie *maroela, mampoer* und Sorghum-Bier serviert. Im Heritage Room klassische Küche mit afrikanischen Einflüssen à la carte. P V

Pilgrim's Rest: *Chandelier* ®®®® AE DC MC V
Lydenberg Rd, Grootfonteinberg, 1290. **Straßenkarte** F2. (013) 768-1241.
Elegantes englisches Landrestaurant an der Straße zu der historischen Minenstadt. Forelle aus der Region und Rindfleisch nach Sheba-Art gehören zu den Spezialitäten des Meisterkochs. P V

Südlich des Oranje

Beaufort West: *Saddles Steak Ranch* ®® AE DC MC V
144 Donkin St. **Straßenkarte** C4. (0201) 52-310.
Traditionelles Steakhouse, oft überfüllt wegen der Sportübertragungen auf den großen Fernsehern. Probieren Sie die Karoo-Lammkoteletts. V

Graaff-Reinet: *Pepper Tree Country Inn and Bistro* ®®® MC V
4 km außerhalb an der R63. **Straßenkarte** C4. (0498) 93-0313.
Traditionelle Küche wie Karoo-Lamm und Strauß. Die Speisekarte ist nicht lang, wird aber hohen Ansprüchen gerecht. P V

Nördlich des Oranje

Bloemfontein: *Lita's Restaurant* ®®®® AE DC MC V
Tredenham Guesthouse, Eeufees Rd, 9301. **Straßenkarte** D3. (051) 433-1285.
Das kleine Restaurant mit umfangreicher Wein- und Cocktailkarte serviert Drei-Gänge-Gourmet-Abendessen, Sonntagmittags Büfett und kleine Mahlzeiten im Teegarten. An Wochenenden Picknickpakete möglich. P V ● *Mo.*

Bloemfontein: *Beef Baron* ®®® AE DC MC V
22 Second Ave, Westdene, 9301. **Straßenkarte** D3. (051) 447-4290.
Hier kommt hauptsächlich Rindfleisch auf den Tisch, und zwar vorzügliches, etwa Diplomatenfilet oder Buchmacher-Rumpsteak. Es gibt aber auch Alternativen, wie portugiesische Garnelen. P V ● *Sa mittags, Mo mittags.*

Kimberley: *Mario's* ®®® AE DC MC V
159 Du Toitspan Rd, 8301. **Straßenkarte** D3. (053) 831-1738.
Charmantes mediterranes Restaurant mit freundlichem Service und italienischem Ambiente. Auf der Karte Köstlichkeiten wie Hühnerbrust mit Mandeln und Emmentaler oder Entenbrust in Portwein-Sauce. P V ● *Sa mittags, So.*

Kimberley: *Umberto's* ®®® AE DC MC V
229 Du Toitspan Rd, 8301. **Straßenkarte** D3. (053) 832-5741.
Die Pizzen in diesem quirligen italienischen Restaurant kommen aus dem Holzofen. Nebenan ist Südafrikas einziger Drive-in-Pub, den schon Cecil Rhodes besuchte. P ● *So, Karfreitag, 25. u. 26. Dez.*

Upington: *Le Raisin* ®® DC MC V
67 Market St, 8801. **Straßenkarte** B3. (054) 332-3351.
Erschwingliches, dabei elegantes Restaurant, das nicht nur verschiedene Fleisch- und Seafood-Gerichte serviert, sondern auch Vegetarisches. P V

Zeichenerklärung siehe hintere Umschlagklappe

EINKAUFEN

Die begehrtesten Souvenirs sind zweifellos die handgefertigten Waren und Schmuck aus einheimischem Gold, besetzt mit wertvollen Steinen oder Halbedelsteinen. Sogenannte Curio-Shops und Märkte im ganzen Land verkaufen feine Perlenarbeiten, gewebte Teppiche, dekorative Körbe, Stein- und Holzschnitzereien, Löffel aus Holz und Knochen sowie traditionelle, fließende Gewänder mit geometrischen Motiven. Kunsthandwerker aus anderen Ländern Afrikas, vom Tourismus angelockt, bieten auf Märkten in den größeren Städten rituelle Holzmasken und Malachit-Armreifen an. Die Märkte bieten eine Produktpalette, die von Windglockenspielen, hölzernen Strandstühlen und bemalten Steppdecken bis hin zu afrikanischen Chili-Saucen und traditionellen Lederwaren reicht.

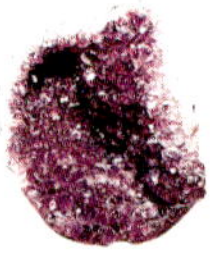

Amethyst-Ausblühung

Ausdrucksvolle Malachit-Arbeiten

ÖFFNUNGSZEITEN

Einkaufszentren in Großstädten haben verlängerte Öffnungszeiten bis 21 Uhr, die meisten Geschäfte in kleineren Orten halten die gesetzlichen Zeiten von 9 bis 17 Uhr ein. Auf den Dörfern ist oft über Mittag geschlossen, da das ländliche Südafrika die Siesta pflegt.

Flohmärkte unter freiem Himmel dauern in der Regel von 10 Uhr bis Sonnenuntergang.

BEZAHLEN

Einkaufszentren und Läden in den Großstädten akzeptieren Visa und Mastercard. Reiseschecks von Visa, American Express und Thomas Cook werden bei Vorlage des Ausweises angenommen. Kleine Geschäfte und Händler bevorzugen Bargeld. In abgelegenen Gegenden und kleinen Dörfern ist es ratsam, Geldbörsen oder Beutel mit Bargeld unter der Kleidung zu tragen. Die meisten Banken haben Geldautomaten (ATM), die Kredit- oder internationale Scheckkarten nehmen.

HANDELN

Afrikanische Händler feilschen mit großer Ausdauer, weil sie lieber etwas verkaufen wollen, als gar kein Geschäft zu machen. Auch Inder feilschen gern und erwarten anscheinend etwas Widerstand von ihren Kunden.

MEHRWERTSTEUER

Die meisten Waren (außer Grundnahrungsmittel) unterliegen einer Mehrwertsteuer (VAT) von 14 Prozent, die im Preis inbegriffen ist. Kaufen Sie Antiquitäten, Schmuck und Kunst bei renommierten Händlern, erhalten Sie von diesen ein Dokument zur Rückerstattung der Mehrwertsteuer, das Sie beim Abflug an internationalen Flughäfen vorlegen können.

Farbenprächtiger Marktstand

WARNHINWEIS

Auf Parkplätzen von Einkaufszentren und Märkten sind oft Straßenhändler, die mit diskreter Miene und gedämpfter Stimme Goldschmuck und -uhren unter ihrer Jacke oder aus einem gefalteten Stück Stoff hervorziehen und zu verkaufen suchen. Meist handelt es sich dabei um billige Messingimitationen. Sie können auch echt sein, sind dann aber eventuell gestohlen. Auf jeden Fall unmißverständlich ablehnen und weggehen!

REKLAMATIONEN

Haben Sie beschädigte Ware gekauft, haben Sie Anspruch auf Rückerstattung. Stellen Sie fest, daß Ihnen ein Stück nicht gefällt, müssen Sie sich eventuell mit einer Gutschrift oder einem Umtausch abfinden. Meist gilt, je größer

Der Workshop *(siehe S. 218ff)* in Durban während der Festzeit

das Geschäft, desto mehr Rechte für den Kunden. War der Service schlecht, sprechen Sie mit dem Manager.

FACHGESCHÄFTE

VIELE INTERESSANTE Geschäfte sind aus den Einkaufs- und Geschäftszentren ausgezogen. In Seitenstraßen der City finden Sie Buchhändler, Design- und Wein- und Feinkostläden sowie Kunstgalerien. Auch die Antiquitätenläden der Kleinstädte bieten immer wieder Überraschendes. Gold- und Diamantenschmuck kauft man am besten in Einkaufszentren.

WARENVERSAND

DIE POST VERSENDET Pakete von bis zu 30 Kilogramm und maximalen Abmessungen von 2,5 Quadratmetern nach Europa. Sie zahlen eine pauschale Bearbeitungsgebühr sowie zusätzliche Gebühren je 100 Gramm. Möglich ist eine Paketversicherung mit einer Höchstgrenze von etwa 2000 Rand. Normalpost dauert sechs bis acht Wochen, Luftpost eine Woche.

Viele der besseren Geschäfte arrangieren Verpackung und Versand. Für Ihren eigenen Export beauftragen Sie am besten einen Spediteur wie **TransGlobal Freight International**. Dieser übernimmt Zoll und Verpackung und liefert an Ihre Heimatadresse oder die Vertretung vor Ort. Es gibt keine Mindest- oder Höchstgrenzen, und die Tarife sind erschwinglich.

Weine für jeden Geschmack

In Swasiland findet man eine große Auswahl an Matten und Körben

TYPISCH SÜDAFRIKANISCHE ARTIKEL

IN JOHANNESBURG und anderen Großstädten kann man fast alles kaufen. Johannesburg, die Königin der Einkaufszentren und der beste Ort für einheimisches Kunsthandwerk, zieht Käufer aus dem ganzen Subkontinent an. Dabei kommt ein Großteil der Holz- und Steinschnitzereien aus West- und Zentralafrika oder Simbabwe.

Kunsthandwerk aus Durban *(siehe S. 218ff)* und KwaZulu-Natal *(siehe S. 194f)* stammt meist aus der Region. Zulu-Körbe sind von höchster Qualität, ebenso Grasbesen, Töpfe, Schilde und Trommeln. Aus Telefondraht geflochtene bunte Körbe sind ebenfalls beliebt.

Diese Produkte und zauberhafte, oft bunt bemalte Holztiere und -vögel findet man am Highway N2 von Durban zu den Wildparks Hluhluwe-Umfolozi und Mkuzi.

Ganzankulu und Venda sind ebenfalls berühmt für ihr Kunstgewerbe. Beliebt sind Tontöpfe mit charakteristischen geometrischen Designs in glänzendem Silber und Ocker, ebenso Holzschnitzereien, Stoffe, Wandteppiche und gebatikte Textilien.

Perlenbestickte Decken, Gürtel, Schurze und Puppen der Ndebele *(siehe S. 254)* findet man im Botshabelo Museum and Nature Reserve nahe Fort Merensky, 13 Kilometer nördlich von Middleburg.

Auch Knysna *(siehe S. 176f)* ist ein Zentrum für Kunsthandwerk, vor allem für Holzverarbeitung. Hier kauft man Stühle und Tische aus Yellow- und Stinkwood, Türknäufe und andere ungewöhnliche Accessoires. Auch farbenprächtige Mohairdecken, Schals, Kissenbezüge und Jacken werden hier gefertigt.

Das Etikett »Scarab Paper« steht für ein einzigartiges südafrikanisches Produkt: handgemachtes Papier, Notizblöcke und Karten aus (nun geruchsneutralem) Elefantendung, erhältlich in Kunstgewerbeläden und *Curio*-Shops im ganzen Land.

Auch Swasi-Kerzen werden landesweit verkauft: langsam brennende Kerzen in Tier-, Vogel- oder traditionellen Kerzenformen, die aussehen wie aus bunt bemaltem Glas.

Im ganzen Land bieten Souvenir- und Schmuckgeschäfte eine Riesenauswahl an Ketten, Ringen, Ohrringen und Armreifen, für die heimische Diamanten und Halbedelsteine verwendet werden, häufig kombiniert mit südafrikanischem Gold und Platin.

AUF EINEN BLICK

SPEDITEURE

Trans Global Freight International
0800 22 55 99.

Maersk (Reederei)
(021) 419-3876 oder (031) 332-5736.

AfroMar (Schiffsagentur)
(011) 803-0008.

Unterhaltung

CAPAB-Tänzer

Johannesburg gilt als Unterhaltungszentrum Südafrikas. In der von Unternehmergeist geprägten Stadt amüsieren sich die Menschen so intensiv, wie sie arbeiten, und irgend etwas ist immer los – was nicht heißen soll, daß andere südafrikanische Städte langweilig wären. Selbst in ländlichen Orten gibt es einschlägige Restaurants, Klubs und Musiktreffs. Kinos und Kasinos sind populär, und regelmäßig entstehen aufregende neue Lokale. Das Theater ist innovativ und anspruchsvoll, die Theatergruppen betonen die Entwicklung regionaler Kunststile. Die dynamische Musikszene reicht von Klassik über Jazz zu lokalem Genre.

Das Oude Libertas Amphitheater, Stellenbosch ***(siehe S. 35)***

Informationen

Veranstaltungshinweise für die Großstädte geben die regionalen Tageszeitungen und landesweiten Wochenzeitungen wie *Mail & Guardian*. Dort findet man Rezensionen und Ankündigungen zu Theater, Kino, Musik, Ausstellungen und anderen Events.

Programme und Kritiken erscheinen auch in Magazinen, die in Buch- und Zeitschriftenläden ausliegen.

Empfehlenswert ist *SA City Life*, die zudem Restaurant-Bewertungen, Hinweise zu Workshops, Veranstaltungen für Schwule, Lesben und Jugendliche in Kapstadt, Johannesburg und Durban enthält.

Kartenvorverkauf

Karten für die meisten Veranstaltungen erhält man telefonisch bei **Computicket**, mit Filialen in allen größeren Städten. Telefonische Reservierungen für Ster-Kinekor-Kinos sind bei Ticketline oder **Ticketweb** möglich.

Die meisten Theater und Kinos akzeptieren telefonische Reservierungen nur bei Zahlung mit Kreditkarte.

Kino

Südafrikanische Kinos zeigen hauptsächlich die gängigen Hollywoodproduktionen und fremdsprachige Filme mit Untertiteln, da die einheimische Filmindustrie noch in den Kinderschuhen steckt.

In den Städten finden regelmäßig Filmfestivals statt, deren Themen von Naturmedizin über Umwelt bis zu Homosexualität reichen.

Theater, Oper und Tanz

Besonders beliebt sind Komödie, Satire, Kabarett, Musicals und modernisierte und »regionalisierte« Shakespeare-Bearbeitungen.

Die Theater sind sehr um die Ausbildung von Drehbuchschreibern und Regisseuren bemüht und veranstalten Festivals zur Talentsuche.

Eines der wichtigsten Events der Darstellenden Künste ist das Festival Arts Alive im September in Johannesburg. FNB Vita Dance Umbrella, im Februar und März ebenfalls in Johannesburg, ist eine maßgebliche Plattform für junge Choreographen. Das Standard Bank National Arts Festival

Das State Theatre Pretoria ***(siehe S. 254)***

»Scheideweg«, Rembrandt van Rijn Art Museum, Johannesburg

(siehe S. 37) gibt jeden Juli in Grahamstown einen Überblick über die spannende Entwicklung von Theater, Tanz, bildender Kunst und Musik im jungen Südafrika.

Beim Massed Choir Festival zum Jahresende in KwaZulu-Natal bieten afrikanische Chöre Oratorien, Opern und traditionelle Musik dar. Hinweise können Sie der Presse entnehmen.

Populär ist auch die Oper. Das fünfmonatige Spier Festival of Music, Theatre and Opera zieht jährlich nationale und internationale Künstler an.

Musik

Die fünf Symphonie-Saisons des Jahres stoßen in den Großstädten auf großen Anklang: Konzerte werden in der Durban City Hall *(siehe S. 219)*, dem Baxter Theatre in Kapstadt *(siehe S. 106)* und dem Johannesburg College of Music in Parktown aufgeführt.

Beliebt sind Freiluft-Darbietungen in der Dämmerung, etwa in Durbans Botanischem Garten *(siehe S. 221)* und in Kapstadts Kirstenbosch Gardens *(siehe S. 100)*. Im Dezember sind in den Großstädten musikalische Feuerwerk-Shows zu sehen.

Auch international bekannte Bands, Pop- und Opernsänger besuchen auf ihren Welttourneen regelmäßig Südafrika.

Nicht zu verachten sind einheimische Bands, die eine große Bandbreite abdecken: Rock, Jazz, Gospel, Reggae, Rap und Afro-Fusion. Das beliebte Soweto String Quartet begeistert mit einzigartigen Kompositionen und afrikanisch inspirierten Interpretationen klassischer Stücke.

Lokale Rockbands wie die Springbok Nude Girls und Sons of Trout treten landesweit auf. Programmzeitschriften und lokale Radiosender geben die Veranstaltungen bekannt.

Musik aus anderen afrikanischen Ländern dringt zunehmend nach Südafrika durch, und Klänge aus Ghana, Mali und Benin erfüllen heute die Klubs.

Zulu-Tänzer auf der Heia Safari Ranch

Bildende Kunst

Johannesburg, Durban, Kapstadt, Port Elizabeth und Bloemfontein, aber auch kleinere Städte wie Knysna und Stellenbosch, können ausgezeichnete Galerien vorweisen. Präsentiert werden lokale und internationale Kunstwerke, ob traditionell oder eher bizarr, ob Keramik, Fotografie, Multimedia oder Installationen. Die Ausstellungen wechseln regelmäßig. Vernissagen sind beliebte gesellschaftliche Events mit hochkarätigen Rednern, Büfett und Drinks.

Karussell im Carousel

Glücksspiel

Investoren, Bauträger und Kasinobetreiber pumpten Milliarden von Rand in diese Branche, und Südafrika ist angeblich einer der weltweit vielversprechendsten Märkte im Glücksspielgewerbe.

Spektakuläre Glücksspiel- und Vergnügungszentren wie **Graceland**, **Sun City**, **Carousel** und **Emnotweni** finden sich im ganzen Land. Charakteristisch ist eine detaillierte, aufwendige Architektur, die Spaß und Phantasie mit modernster Technologie verbindet.

In einigen Bars stehen Spielautomaten mit begrenzter Ausschüttung *(siehe S. 256 f)*, einarmige Banditen und Spielautomaten bereit, an Spieltischen wird Siebzehnundvier, Roulette, Poker und Punto Banco gespielt. Größere Kasinos verfügen meist über einen *salon privé*.

Auf einen Blick

Kartenvorverkauf

Computicket
(021) 918-8910.

Ticketweb
086 040-0500.

Kinos

Ster-Kinekor Ticket-Line
Kapstadt (021) 430-8000.
Durban (031) 304-5560.
Pretoria (012) 326-4684.
Johannesburg (011) 445-8000.

NuMetro booking line
Kapstadt (021) 419-9700.
Durban (031) 265-0001.
Pretoria (012) 348-8611.
Johannesburg (011) 325-4257.

Glücksspiel

Carousel (012) 718-7566.
Sun City (014) 557-1000.
Wild Coast Sun (039) 305-9111.
Graceland (017) 620-1000.
Sundome (011) 796-3000.
Emnotweni (013) 753-2774.

AKTIVURLAUB

DIE SÜDAFRIKANER halten sich gerne im Freien auf. Mildes Klima, viel Sonnenschein, endlose Küsten und abwechslungsreiche Landschaften laden praktisch ganzjährig zu Aktivitäten ein. Wer Kapstadt im Sommer besucht, möchte meinen, die ganze Stadt trainiere für die bevorstehenden Marathons und Radrennen: Viele Kapstädter zieht es täglich nach draußen, um sich fit zu halten. Aber es stehen auch andere Formen der Freitzeitgestaltung zur Wahl: Kanufahrten auf dem Oranje oder Tugela, botanische Exkursionen in den Küstenwäldern von KwaZulu-Natal, Bergsteigen in den Drakensbergen, Bungeespringen an der Garden Route, die Besichtigung historischer Schlachtfelder oder Museen und Schwimmausflüge zu den Delphinen (oder Weißhaien). Südafrikas interessante multikulturelle Vergangenheit und Gegenwart kann man auf den vielen regionalen Festivals *(siehe S. 34f)* und bei speziellen Führungen kennenlernen.

Bungeespringen

WANDERN, KLOOFING UND BERGSTEIGEN

WANDERN ZÄHLT ZU den beliebtesten Freizeitaktivitäten der Südafrikaner. Selbst kleinste Farmen in entlegensten Regionen bieten Wanderwege mit Entfernungsangaben, Karten erhält man beim Buchen und Zahlen. Mehrtägige Touren führen oft durch Privatland oder staatliche Reservate, übernachtet wird in einfachen Hütten. Beliebte Weitwanderwege wie die beiden Garden-Route-Wanderungen *(siehe S. 170f)* – der Otter und Tsitsikamma Trail mit je vier Übernachtungen – sollten lange im voraus gebucht werden.

Gute Buchläden führen ein großes Sortiment an Wanderführern. Die meisten Geschäfte für Camping- und Wanderausrüstung verkaufen Führer, Karten und Verpflegung und geben Tips für ein- oder mehrtägige Touren.

Wandern in KwaZulu-Natal

Sportangeln am Cape Vidal in den Greater S. Lucia Wetlands ***(siehe S. 232)***

Kloofing ist eine neue Form des Wanderns, bei der man einem Flußlauf folgt, stellenweise von Fels zu Fels springt oder durch das Wasser watet. Eine gewisse Risikofreude und weite Sprünge in Gebirgstümpel gehören dazu.

Die **Hiking Federation** hat eine Liste mit etwa 250 Wandervereinen, die Wochenend- und Tagestouren für ungeübte und erfahrene Wanderer, aber auch längere, anspruchsvollere Ausflüge organisieren.

Bergsteigen (ob traditionell, als Sport oder Bouldering) hat viele Anhänger in Südafrika. Geschäfte für Bergsteigerausrüstung helfen mit Informationen und Routenvorschlägen. Für traditionelles Bergsteigen sind die KwaZulu-Natal-Drakensberge *(siehe S. 206f)* geeignet. Erfahrene Bergsteiger stoßen an Kapstadts Tafelberg *(siehe S. 74f)* auf neue Herausforderungen.

ANGELN

ÜBER EINE MILLION ANGLER nutzen die regionalen Gewässer, für die übrigens strenge Vorschriften gelten – fragen Sie bei der Polizei. Mehr als 250 Fischarten werden mit Fliege oder Leine gefangen, Sport-, Brandungs- und Riffangeln stehen zur Wahl. Vor dem südlichen Kap, dort wo der kalte Atlantik auf den warmen Indischen Ozean trifft, tummeln sich unzählige Fische, einschließlich Marlin und Thunfisch. Hervorragende Forellengewässer findet man in Mpumalange und KwaZulu-Natal. Kalk Bay in Kapstadt hat einen der wenigen Leinenfischereihäfen der Welt, **Grassroutes Tours** organisieren eintägige Angelausflüge auf einem der Schiffe. Fast alle Häfen und Jachthäfen bieten kurze Fahrten auf kommerziellen oder privaten Booten an, Reiseunternehmen veranstalten Charter-Touren.

Mountainbiking in Knysna

Jagen

Jagen ist in Südafrika ein Millionengeschäft, und Jagdreservate wie in der Waterberg-Region der Nordprovinz wimmeln von Wild, das eigens für diesen Zweck bestimmt ist.

Das Gesetz verlangt, daß ausländische Jäger von einem professionellen südafrikanischen Jäger begleitet werden. Erkundigen Sie sich bei der **Professional Hunters Association of South Africa (PHASA)** nach Mitgliedern, die Ihren Jagdausflug organisieren können.

Radfahren

Selbst grosse Städte haben spektakuläre Radrouten; immerhin 35000 Fahrer nehmen jährlich am Rad-Marathon um die Kap-Halbinsel *(siehe S. 60f)* teil, und die meisten Autofahrer sind erstaunlich rücksichtsvoll. Fahrradgeschäfte, die Spitzenprodukte und gebrauchte Ausrüstung verkaufen, informieren über Routen und Touren. Radfahrerverbände wie **Pedal Power** führen Wochenendfahrten durch (auch auf Nebenrouten in ansonsten unzugänglichen Farmgebieten) und geben Hinweise zu Vermietungen. Veranstalter von Abenteuerferien organisieren ebenfalls verschiedene Radtouren, sowohl auf Nebenstrecken wie auf Asphalt, z. B. entlang der Garden Route oder in der Karoo. Für Essen, Unterkunft und Gepäcktransport wird gesorgt, oft können Räder gemietet werden.

Flugsport

Der **Aero Club of South Africa** ist die Kontroll- und Koordinationsstelle für jeglichen Flugsport: Ballonfahren, Drachenfliegen, Fliegen in Ultraleichtflugzeugen und Fallschirmspringen. Romantisch sind Ballonausflüge über der Weinregion oder mit Wildbeobachtung *(siehe S. 257)*, letztere organisiert **Pilanesberg Safaris**. Die Nachfrage nach Kursen in Paragliding und Fallschirmspringen sowie nach Tandem-Flügen ist groß.

Brücken- und Bungeespringen dürfen Sie nicht an jeder Brücke; sicherer ist es, Sprünge bei einem der vielen Abenteuerurlaub-Anbieter zu buchen, etwa **Face Adrenalin** in Kapstadt. Extreme Sprünge sind an der Garden Route möglich.

Ballonfahren ist eine beliebte Freizeitbeschäftigung

Wildwasserfahrt auf dem Oranje *(siehe S. 284f)*

Wassersport

Südafrika besitzt 2500 Kilometer Küste, viele Flüsse und Stauseen, und die Brandung gehört zur spektakulärsten auf der Welt. In Jeffrey's Bay finden Surfer die perfekten Wellen vor, aber die Brandung ist praktisch von Namibia bis Mosambik hervorragend. Windsurfen und Segeln sind beliebt, an vielen Ferienorten kann Ausrüstung geliehen werden.

Sporttauchen wird in Johannesburg gelehrt. Die Ausbilder sollten von der **National Association of Undewater Instructors (NAUI)** oder der **Professional Association of Diving Instructors (PADI)** anerkannt sein.

Die schönsten Tauchgründe sind im St Lucia Marine Reserve in KwaZulu-Natal. Hier laden einmalige Korallenriffe zum Tauchen mit tropischen Fischen, Haien und Schildkröten ein. In Kapstadt ist Tauchen nach Wracks populär.

Im Binnenland gewinnt das Fluß-Rafting immer mehr Anhänger. Ausgebildete Führer leiten auf verschiedensten Gewässern Ausflüge auf Zwei- oder Acht-Personen-Flößen – von Wildwasser- bis zu ruhigen Paddelfahrt; Unterbringung und Verpflegung sind hervorragend. Beliebte Strecken sind der Blyde River Canyon, Breede, Oranje und Tugela. Angeboten werden auch ein- oder zweitägige Fluß- und Meeres-Kajakfahrten, meist rund um die Kap-Halbinsel, an der Garden Route oder in KwaZulu-Natal.

Pony-Trekking in Lesotho *(siehe S. 204f)*

Reiten und Pony-Trekking

Die Dachorganisation des Reitsports ist die **South African Equestrian Federation**. Strandritte bei Sonnenuntergang oder Reittouren mit Weinproben sind nur zwei von vielen Angeboten rund um den Reitsport. Pony-Trekking durch Lesotho *(siehe S. 204f)* ist ein wahrhaft afrikanisches Abenteuer. Lodges wie **Malealea** organisieren Führer, die den Reitern Dinosaurierspuren oder Felsmalereien der San-Buschmänner zeigen. Die Unterbringung erfolgt in Basotho-Hütten, Einheimische sorgen für traditionelle Verpflegung und Tanz.

Geführte Wanderungen

Die meisten privaten und einige Provinz- und Nationalparks bieten geführte ornithologische und botanische sowie Fuß-Safaris mit Übernachtung an. Der Reiz dieser Ausflüge, bei denen man den Tieren nicht unbedingt näher kommt als mit dem Wagen, ist das unmittelbare Erlebnis der Savanne mit all ihren Gerüchen und Geräuschen.

Allein der Kruger National Park *(siehe S. 272ff)* hat mindestens sieben Ausflüge im Angebot: Der Bushman Trail führt unter anderem auch zu Felsmalereien der Buschmänner. Der viertägige Amanzimnyama Trail bei Kosi Bay ist eine der wenigen Gelegenheiten, den nördlichsten Küstenabschnitt am Indischen Ozean mit seinen Sagobäumen, Bambuspalmenhainen und Lederschildkröten kennenzulernen.

Da die Touren sehr gefragt sind, sollte man schon Monate im voraus buchen. Wenden Sie sich für Detailfragen an die **Wildlife Society of South Africa** und **KwaZulu-Natal Conservation Services**.

Die Wildlife Society und die meisten regionalen ornithologischen und botanischen Gesellschaften (letztere gehören alle zum Botanic Institute) bieten regelmäßig Vorträge über einheimische Vögel und Pflanzen an und organisieren auch Ausflüge. Einzelne Themen sind z. B. Heilpflanzen, Orchideen oder Spinnen. Informieren Sie sich in der Presse oder wenden Sie sich direkt an die Verbände.

Townships, Kultur und Geschichte

Kronenkranich

Ein Abstecher nach Soweto ist einer der Höhepunkte eines Südafrika-Aufenthalts. Die Stadt zählt täglich eintausend Besucher, und viele halten sie für interessanter als Sun City oder die Wildparks.

Führer zeigen Jazz-Klubs, Kliniken, Schulen, *shebeens* (Bars) und Friedhöfe. Auch Übernachtungen und ein Besuch im Kultur-Dorf des afrikanischen Mystikers und Autors Credo Mutwa können arrangiert werden.

Faszinierend ist ein Abstecher in das Lesedi Cultural Village, um die Kultur der Zulu, Xhosa und Sotho kennenzulernen. Auch der Besuch eines Ndebele-Dorfs bei Bronkhorstspruit ist möglich. Am besten wendet man sich an Veranstalter wie **Jimmy's Face to Face Tours**.

In Kapstadt werden Besuche des malaysischen Viertels *(siehe S. 71)* angeboten, inklusive traditioneller Mahlzeiten. Fragen Sie bei Veranstaltern wie **One City Tours** oder **Legend Tours**, die auch District Six, Handwerks- und Bildungszentren, Moscheen und die eher tristen Vororte »Cape Flats« zeigen.

Unbedingt empfehlenswert sind Robben Island *(siehe S. 84f)* und Ausflüge zu Orten, wo Protestaktionen gegen die Apartheid stattfanden. Die Führer sind zum Teil ehemalige Aktivisten von *uMkhonto-we-Sizwe* (Speer der Nation).

Sehenswert in Zentral-Zululand sind die Schlachtfelder des Großen Treks *(siehe S. 48f)*, des Anglo-Zulu- *(siehe S. 51)* und des Südafrikanischen Krieges *(siehe S. 210f)* im 18. und 19. Jahrhundert. Viele Museen und Lodges organisieren Führungen; die Führer der **Fugitives's Drift Lodge** und der **Isibindi Lodge** sind mitreißende Erzähler.

Ausflüge in und um Durban geben Einblick in die indische Gemeinde und nahe gelegene Townships, bei einem Trip ins Shakaland *(siehe S. 229)* erfährt man etwas über gesellschaftliche Traditionen, Handwerk und Medizin der Zulu.

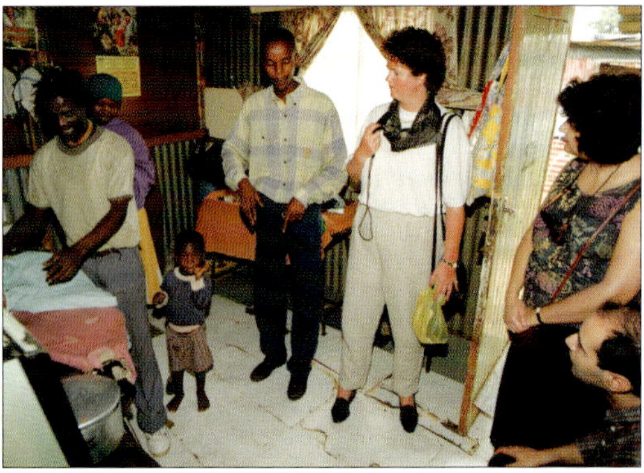

Besuch eines Privathauses in einem Township

AUF EINEN BLICK

WANDERN

Hiking Federation
42 Pendoring Dr, Ext13, Dalpark 1543.
(011) 915-2956.

Tony Lourens Hiking, Rock Climbing and Mouteneering
(082) 550-6819.

Abseil Africa
229 Long St, Kapstadt 8000.
(021) 424-1580.

ANGELN

Trout Adventures Africa
Thor Crescent, Thornton, Kapstadt 7485.
(021) 532-2981.

South African Deep Sea Angling Association
PO Box 4191, Kapstadt 8000.
(021) 96-4454.

Game Fishing Safaris
9 Daisy Way, Newlands, Kapstadt 7700.
(021) 674-2203.

Lynski Deep Sea Fishing Charters
26 Manaar Rd, Umhlanga Rocks, Durban 4320.
(082) 445-660.

JAGEN

Professional Hunters Association of South Africa
PO Box 10264, Centurion, Pretoria 0046.
(012) 663-2417.

RADFAHREN

South African Cycling Federation
104 Raats Dr, Tableview Kapstadt 7441.
(021) 557-1212.

Pedal Power Association
Kapstadt
(021) 689-8420.

Gauteng
(011) 472-3274.

Durban
(031) 309-5583.

South African Mountain Bike Association
Kapstadt
(082) 781-3551.

FLUGSPORT

Aero Club of South Africa
49 II Piachere, Midrand 1685.
(011) 805-0366.

Face Adrenalin
10 Portadown Rd, Bergvliet, Kapstadt 8001.
(021) 712-5839.

South African Hang Gliding and Paragliding Association
49 New Road, II Piachere, Midrand 1685.
(011) 805-5429.

Pilanesberg Safaris
PO Box 79, Sun City 0316.
(014) 555-5469.

WASSERSPORT

Felix Unite River Trips
141 Lansdowne Rd, Claremont, Kapstadt 7700.
(021) 683-6433.

Zambezi Spectacular
12 Gemini Ave, Sundowner, Olivedale, Gauteng 2158.
(011) 794-1707.

River Rafters
45 Kendall Rd, Diep River, Kapstadt 7800.
(021) 712-5094.

Coastal Kayak Trails
179 Beach Rd, Three Anchor Bay 8001.
(021) 439-1134.

Africa Rhythm Adventure Centre
Surfen, Bordsegeln und Touren
(021) 783-2915.

National Association of Underwater Instructors (NAUI)
40 Gordonia Centre, Gordon's Bay 7150.
(021) 856-5184.

Adventure Diving South Africa
(021) 786-1281 oder (082) 682-5552.

Shark Cage Diving
South Coast Safaris
124 Cliff St, De Kelders, Gansbaai 7220.
(02834) 41380.

REITEN UND PONY-TREKKING

Malealea Lodge and Horse Treks
Malealea, Lesotho.
(051) 447-3200.

GEFÜHRTE WANDERUNGEN

Cape Nature Conservation
Utilitas Bldg, 1 Dorp St, Kapstadt 8000.
(021) 483-4051.

Wildlife Society of South Africa
31 The Sanctuary Rd., Kirstenhof 7945.
(021) 701-1397.

South African National Parks Board
44 Long Street, Kapstadt 8000.
(021) 422-2810.
PO Box 787, Pretoria 0001.
(012) 343-1991.

KwaZulu-Natal Conservation Services
Queen Elizabeth Pk, Pietermaritzburg 3200.
(0331) 845-1000.

National Botanical Institute
Kirstenbosch, Rhodes Dr, Newlands 7700.
(021) 762-1166.

World of Birds
Bird Santuary Valley Rd, Hont Bay, Kapstadt.
(021) 790-2730.

TOWNSHIPS

Legend Tours
393 Lansdowne Rd, Lansdowne Kapstadt 7700.
(021) 697-4056/7.

One City Tours
4th Floor Damburton House, 1 Church St, Kapstadt 8000.
(021) 426-4644.

Grassroute Tours
90B Bree St, Kapstadt 8001.
(021) 424-8480.

Imbizo Tours
1 President St, Johannesburg 2001.
(011) 838-2667.

Jimmy's Face to Face Tours
130 Main St, 2nd Fl, Budget House, Johannesburg 2001.
(011) 331-6109.

Hamba Kahle Tours
Tours Junction, 160 Pine St, Durban 4001.
(031) 305-5586.

GESCHICHTE UND SCHLACHTFELDER

Fugitives' Drift Lodge
PO Rorke's Drift, 3016.
(034) 642-1843.

Isibindi Lodge
PO Box 124, Dundee 3000.
(034) 642-1620.

Babanango Valley Lodge
PO Box 10, Babanango 3850.
(0358) 35-0062.

KZN Battlefields Tour Guides
Talana Museum, Dundee 3000.
(0341) 22-654.

Nationalparks und Tierreservate

Impala

An den Haupttoren der meisten Reservate erteilen Mitarbeiter des National Parks Board gegen geringe Gebühr befristete Aufenthaltsgenehmigungen und verteilen Karten- und Informationsmaterial. Übernachtungen müssen vorher über das Hauptbüro des National Parks Board in Pretoria oder über die Filialen in Kapstadt und bei der Tourist Junction in Durban gebucht werden *(siehe S. 220)*.

Kapstadt

	Anzahl der Zimmer	Pool	Restaurant	Tankstelle	Malaria-Risiko
Kapstadt: *Cape Peninsula National Park* Kap-Halbinsel. **Straßenkarte** B5. *(012) 343-1991, (021) 422-2810, (031) 304-4934.* Der Park zum Schutz des Tafelbergs und der Halbinsel beherbergt 2285 Pflanzenarten. Tiere: Buntbock, Kap-Bergzebra und Pavian.			●		

Die Westküste

	Anzahl der Zimmer	Pool	Restaurant	Tankstelle	Malaria-Risiko
Langebaan: *West Coast National Park* West Coast Rd (R27). **Straßenkarte** A5. *(012) 343-1991, (021) 422-2810, (031) 304-4934.* Der Park umfaßt die Langebaan-Lagune, vier Inseln und das umliegende Land und somit das größte Feuchtgebiet an der Westküste. An die 30 000 Watvögel leben hier, Höhepunkt ist die Wildblumenblüte im Frühling.			●		

Das südliche Kap

	Anzahl der Zimmer	Pool	Restaurant	Tankstelle	Malaria-Risiko
Bredasdorp: *De Hoop Nature Reserve* 56 km (35 Meilen) östl. von Bredasdorp. **Straßenkarte** B5. *(021) 483-4051.* Das Reservat schützt ein 40 km langes Küsten-Feuchtgebiet. Unter Schutz steht auch ein Ozeanabschnitt, in dem sich alljährlich Südliche Glattwale einfinden. Tiere: über 400 Buntböcke, Zebras, gefährdete Kapgeier.	11		●		

Die Garden Route nach Grahamstown

	Anzahl der Zimmer	Pool	Restaurant	Tankstelle	Malaria-Risiko
Plettenberg Bay: *Tsitsikamma National Park* N2 von der Plettenberg Bay. **Straßenkarte** C5. *(012) 343-1991, (021) 422-2810, (031) 304-4934.* Das Meeresreservat erstreckt sich über einen Küstenstreifen von 90 km. Tiere: Affen, Buschböcke, Blauducker, Wale und Delphine.	193	■	●		
Port Elizabeth: *Addo Elephant National Park* N2 aus der Stadt, dann R335. **Straßenkarte** D5. *(012) 343-1991, (021) 422-2810, (031) 304-4934.* Seit seiner Gründung wurde der Park um die Zuurberge erweitert. Das Hauptcamp bietet ein Wasserloch mit Flutlicht. Tiere: Elefant, Kapbüffel, Spitzmaulnashorn, Elen, Kudu.	100	■	●	■	

Wild Coast, Drakensberg und Midlands

	Anzahl der Zimmer	Pool	Restaurant	Tankstelle	Malaria-Risiko
Clarens: *Golden Gate Highlands National Park* R711 oder R712. **Straßenkarte** E3. *(012) 343-1991, (021) 422-2810, (031) 304-4934.* Sandsteinformationen und unberührtes Grasland gehören zu den Attraktionen des Hochlandparks. Tiere: Blessbock, Bergriedbock, Weißschwanzgnu, Elen, Bartgeier, Kaffernadler, Ibis.	100		●	■	
Mooi River/Bergville: *Natal Drakensberg Park* N3 via Mooi River, oder Harrismith und Estcourt. **Straßenkarte** E3. *(0331) 845-1000.* Vier Camps stehen zur Auswahl; Wanderer übernachten in Höhlen, in denen einst San-Buschmänner wohnten. Tiere: Elen, Bergriedbock, Graue Rehantilope, Oribi, Pavian.	87			■	

Durban und Zululand

	Anzahl der Zimmer	Pool	Restaurant	Tankstelle	Malaria-Risiko
Empangeni: *Greater St Lucia Wetland Park* N2 von Mtubatuba. **Straßenkarte** F3. *(0331) 845-1000.* Südafrikas wichtigstes Feuchtgebiet umfaßt Bushveld, Grasland, Feuchtgebiet, Küstenwald, Sumpf, Strand, Korallenriff und Meer. Tiere: Nilpferd, Krokodil, Pelikan, Raubseeschwalbe, Fischadler.	85	■		■	●
Empangeni: *Hluhluwe Umfolozi Park* N2 zur beschilderten Abzweigung in Mtubatuba. **Straßenkarte** F3. *(0331) 845-1000.* Der Park, der vor allem das Nashorn unter Schutz stellt, hat acht Camps. Tiere: über 1200 Breitmaulnashörner, 300 Spitzmaulnashörner, Löwen, Geparden, Leoparden, Elefanten, Büffel, Giraffen, Antilopen, Wildhyänen.	96	■	●	■	

ANZAHL DER ZIMMER
Gesamtzahl der Rondavels (örtlich auch Chalets oder Cottages genannt) im Reservat. Es kann mehr als ein Camp vorhanden sein.

POOL
Das Camp verfügt über einen Pool.

RESTAURANT
Das Camp verfügt über Restaurant bzw. gemeinschaftlichen Eßbereich.

TANKSTELLE
Vor allem in größeren Parks wichtig, wo an einem Tag weite Strecken zurückgelegt werden.

MALARIA-RISIKO
Vor einer Reise in malariagefährdete Gebiete sollte eine Malaria-Prophylaxe erfolgen.

	Anzahl der Zimmer	Pool	Restaurant	Tankstelle	Malaria-Risiko
MKUZE: *Ndumo/Tembe Elephant Reserve* N2 hinter Mkuze, Abzweigung Jozini. **Straßenkarte** F3. *(0331) 845-1000.* Die entlegene Wildnis im nördlichen KwaZulu-Natal dient dem Schutz der wenigen lokalen Elefanten. Der Park ist Heimat vieler Säugetiere und Vögel.	7	■	●		●
VRYHEID: *Itala* R69 von Vryheid zur Abzweigung in Louwsburg. **Straßenkarte** F3. *(0331) 845-1000.* Reservat im Einzugsgebiet des Phongolo River. Tiere: Elefant, Büffel, Nashorn, Leopard, Giraffe, Elen, Kuhantilope, Kudu, Wasserbock.	68	■		■	

GAUTENG UND SUN CITY

	Anzahl der Zimmer	Pool	Restaurant	Tankstelle	Malaria-Risiko
HEIDELBERG: *Suikerbosrand Nature Reserve* Außerhalb von Heidelberg. **Straßenkarte** E2. (012) 346-2277. Eine mit Proteas *(suikerbos)* übersäte Bergkette, etwa 10 Kilometer von Johannesburg entfernt.Tiere: Gnu, Elen, Springbock, Blessbock.		■	●		
RUSTENBURG: *Pilanesberg National Park* 50 km nordwestl. von Rustenburg. **Straßenkarte** D2. *(011) 465-5423.* Das Reservat liegt in einem alten Vulkan. Tiere: Löwe, Leopard, Gepard, Elefant, Büffel, Nashorn, Nilpferd, Giraffe, Zebra, 17 Antilopenarten.	182	■	●	■	
ZEERUST: *Madikwe Game Reserve* 70 km nördl. von Zeerust auf der R49. **Straßenkarte** D2. *(014) 65-392.* In der äußersten nordwestlichen Ecke der North West Province, an der Grenze zu Botswana. Tiere: Löwe, Gepard, Wildhyäne, Tüpfelhyäne, Elefant, Nashorn, Elen, Giraffe, Kuhantilope u. a.	46	■	●	■	

BLYDE RIVER CANYON UND MPUMALANGA

	Anzahl der Zimmer	Pool	Restaurant	Tankstelle	Malaria-Risiko
GRASKOP: *Blyderivierspoort Nature Reserve* R534 von Graskop. **Straßenkarte** F2. *(013) 769-6019.* Reservat in Südafrikas größtem Canyon, mit einer Tiefe von 1000 Metern. Tiere: kleine Säugetiere und Vögel, fünf Affenarten.	157	■	●	■	
NELSPRUIT UND PHALABORWA: *Kruger National Park* N4, R538, R569, R536. **Straßenkarte** F2. *(012) 343-1991, (021) 422-2810, (031) 304-4934.* Südafrikas Flaggschiff unter den Reservaten mißt 352 Kilometer von Nord nach Süd und ist durchschnittlich 60 Kilometer breit. Die vielfältige Tierwelt kann man von 2400 Kilometer Allwetter-Straßen aus sehen. Unterkunft *siehe S. 335f.*	4000	■	●	■	●

SÜDLICH DES ORANJE

	Anzahl der Zimmer	Pool	Restaurant	Tankstelle	Malaria-Risiko
BEAUFORT WEST: *Karoo National Park* N1 nach Beaufort West. **Straßenkarte** D2. *(012) 343-1991, (021) 422-2810, (031) 304-4934.* Der Park wurde zum Schutz eines Teils der semi-ariden, einzigartigen Karoo eingerichtet. Tiere: Kap-Bergzebra, Springbock, Oryx, Kuhantilope, Weißschwanzgnu.	22	■	●		
UPINGTON: *Augrabies Falls National Park* N14, 120 km westl. von Upington. **Straßenkarte** B3. *(012) 343-1991, (021) 422-2810.* Der Wüstenpark umgibt den spektakulären Wasserfall am Oranje. Tiere: Spitzmaulnashorn, Elen, Springbock, Spießbock, Giraffe.	59	■	●	■	

NÖRDLICH DES ORANJE

	Anzahl der Zimmer	Pool	Restaurant	Tankstelle	Malaria-Risiko
UPINGTON: *Kgalagadi Transfrontier Park* R360 von Upington. **Straßenkarte** B2. *(012) 343-1991, (021) 422-2810, (031) 304-4934.* Die Wüsten-Wildnis aus roten Sanddünen am nördlichen Kap, von zwei trockenen Flußbetten durchschnitten, ist der zweitgrößte Park des Landes. Sie grenzt an einen ausgedehnten Nationalpark in Botswana – der vereinigte International Peace Park umfaßt etwa zweimal die Fläche des Kruger-Parks. Tiere: Löwe, Gepard, Elen, Spießbock, Braune Hyäne, Tüpfelhyäne, Löffelhund, 260 Vogelarten.	165	■	●	■	

Zeichenerklärung siehe hintere Umschlagklappe

Grund-Informationen

Praktische Hinweise

Südafrika empfängt jährlich etwa 4,5 Millionen Besucher. Die Hochsaison fällt in die Schulferien – am vollsten ist es überall von Anfang Dezember bis Ende Februar, besonders an der Süd- und Ostküste. Ostern ist es sowohl an der Küste wie auch im Landesinneren voll, dasselbe gilt für die vierwöchigen Schulferien im Juni und Juli. Obwohl die Zahl der Touristen jährlich steigt, bietet das Land trotzdem noch die Atmosphäre von »Unentdecktem«. Die Südafrikaner haben die weiten sandigen Strände noch oft für sich selbst, und es ist auch nicht schwierig, Städte und Küsten zu erreichen. Im Landesinneren ziehen die Naturschönheiten und Tierreservate jährlich unzählige Besucher an.

Logo des National Monument

Beste Reisezeit

In vielen Teilen Südafrikas ist es im September und Oktober am schönsten, wenn der Frühling beginnt und die Temperaturen angenehm sind. Wer Tiere sehen will, kommt besser von Juni bis August, dann sind die Bäume kahl und die Tiere drängt es zu den immer seltener werdenden Wasserlöchern. Die Winter sind meist sonnig und warm, nach Sonnenuntergang wird es jedoch kühl.

Von Dezember bis Februar können die Temperaturen unerträglich werden, besonders in hochgelegenen Gebieten, doch fast jeden Nachmittag bringen Gewitter Abkühlung. An der Küste mildert das Meer die Hitze, obwohl hier viele Menschen unter der extrem hohen Feuchtigkeit leiden.

Im Südwesten fällt im Winter viel Regen, die Sommer sind hier heiß. Die Südküste erhält fast das ganze Jahr über Regen.

In der Regel sind alle Sehenswürdigkeiten das ganze Jahr über geöffnet.

Nicht vergessen

Unterschätzen Sie weder Südafrikas Winter noch den Wind im Sommer; Zentralheizung ist eine Ausnahme, deshalb sollten Sie warme Kleidung einpacken, aber auch Sonnenschutzmittel. Benötigen Sie spezielle Medikamente, gehören auch diese ins Gepäck.

Visum und Pass

Bewohner der Europäischen Union benötigen für einen sechsmonatigen Aufenthalt nur einen gültigen Paß.

Möchten Sie in Swaziland einreisen, bekommen Sie an der Grenze kostenlos ein Visum. Für Lesotho ändern sich die Vorschriften gerade. Fragen Sie bei der südafrikanischen Botschaft in Ihrem Heimatland.

Bei der Einreise in Südafrika müssen alle Besucher eine vorläufige Aufenthaltsgenehmigung ausfüllen, die den Zweck und die Länge des Besuchs angibt sowie die Kontaktadresse. Es kann sein, daß Besucher beweisen müssen, daß sie genügend Geld für den Besuch und ein Rückflugticket haben. Impfungsnachweise sind nicht nötig, es sei denn, Sie kommen aus einem Land mit Gelbfiebergefahr. Malaria kommt in Teilen von KwaZulu-Natal und Mpumalanga noch vor, Prophylaxe ist daher geraten.

Touristeninformation

Touristen-information

Die Fremdenverkehrsbüros, erkennbar an einem »I« auf grünem Grund, sind eine nicht zu ersetzende Quelle an Informationen. Sie tragen auch manchmal den Namen einer Schirmorganisation oder einen lokalen Vereinigung. In kleineren Orten sind diese Büros meist an der Hauptstraße, manchmal auch neben dem (oder im) Büro der Verwaltung eines örtlichen Museums oder der Bücherei. Bevor Sie reisen, können Sie in Ihrem Heimatland beim Südafrikanischen Fremdenverkehrsamt Informationen bekommen.

Im Sommer im Addo Elephant Park, Port Elizabeth ***(siehe S. 186)***

Die *John Benn* fährt auf der Knysna Lagoon *(siehe S. 176)*

Öffnungszeiten und Eintrittspreise

Die meisten Museen und Galerien sind von 8 oder 9 Uhr morgens bis 16 oder 17 Uhr geöffnet. In kleineren Orten können sie schon mal mittags zwischen 13 und 14 Uhr schließen, außer in der Hochsaison. Die größeren Museen und Galerien schließen meist einen Tag pro Woche (meist montags). Die Eintrittspreise variieren. In Reservaten, Tierparks und botanischen Gärten muß man Eintritt zahlen, meist aber nicht viel.

Etikette

In den Städten ist die Kleidung meist locker, außer in Top-Restaurants oder zu offiziellen Anlässen. An den Stränden (auch im Wasser) ist »oben ohne« für Frauen verboten. Illegal ist der Verzehr von Alkohol in der Öffentlichkeit und Rauchen in Bussen, Zügen, Taxis und den meisten öffentlichen Gebäuden.

Beim Besuch von Moscheen und anderen Glaubensstätten sollten die religiösen Vorschriften beachtet werden.

Behinderte Reisende

Einrichtungen für Behinderte sind nicht so verbreitet wie in Europa, doch werden auch Rollstuhlfahrer ihre Ferien genießen. Mieten Sie einen Wagen, fragen Sie nach den entsprechenden Karte für Parksondererlaubnis. Informieren Sie bei Inlandflügen das Personal im voraus. Immer mehr Hotels in Südafrika haben Einrichtungen für Behinderte, Kruger- und Karoo-Nationalpark stellen spezielle Hütten zur Verfügung. Wenden Sie sich an den **National Council for the Physically Disabled** *(siehe S. 373)*, wenn Sie weitere Informationen und Kontaktadressen benötigen.

Parken für Behinderte

Mehrwertsteuer

Siehe S. 358 und 381.

Vor dem Besuch eines Hindu-Tempels muß man sich die Schuhe ausziehen

Auf einen Blick

Botschaften und Konsulate

Deutschland
180 Blackwood Street, Arcadia, Pretoria 0083.
(012) 43 59 31

Österreich
Centenary Building, Bureau Lane, Pretoria 0001.
(012) 310 20.

Schweiz
Chancery, George Avenue 818, Arcadia, Pretoria 0001.
(012) 74 77 88.

Südafrikanische Botschaften im Ausland

Deutschland
Friedrichstr. 60, 10117 Berlin.
(030) 8252 71 -1.

Österreich
Sandgasse 33, 1190 Wien.
(0222) 32 64 93-0.

Schweiz
Jungfraustraße 1, 3005 Bern.
(031) 44 20 11.

Toristen-Informationen

Satour
(012) 347-0600.

Johannesburg Tourism
(011) 331-2041.

Pretoria Publicity
(012) 308-8909.

Cape Town Tourism
(021) 418-5214.

Durban Publicity
(031) 304-4934.

Eastern Cape Tourism Board
(041) 585-7761.

Mpumalanga Tourism
(013) 752-7001.

Free State Tourism
(051) 403-3845.

Staunen auf der Cango Wildlife Farm, Oudtshoorn *(siehe S. 166)*

Mit Kindern unterwegs

Das Reisen mit Kindern ist unkompliziert, da das Wetter viele Aktivitäten im Freien zuläßt. Achten Sie aber darauf, daß Ihr Nachwuchs viel Wasser trinkt und Sonnenschutz mit hohem Lichtschutzfaktor trägt. Informieren Sie sich auch bei Ihrem Arzt über Reisen mit Kindern in Malariagebieten.

Oft bekommt man mit Kindern schnell Kontakt, man sollte sie aber nie außer Sichtweite lassen.

Reisen Sie in den Schulferien, finden Sie auch in kleineren Städten Angebote für Kinder, von Aquariums- und Zoobesuchen bis zu Theater-, Back- und Werkkursen. Anregungen liefern die Lokalpresse, Büchereien und monatliche Programmzeitschriften wie *SACity Life*. Auf »Touch-and-Feed«-Farmen lernen Kinder die Farmtiere kennen. Zusehends beliebter werden beaufsichtigte Spielplätze wie das **Never Never Land** in Kapstadt und Johannesburg. Hier können die Kleinen, gegen stundenweise Bezahlung, herumtoben, während Sie einkaufen oder Besichtigungen unternehmen.

Alleinreisende Frauen

Die Vergewaltigungsrate ist extrem hoch *(siehe S. 374)*, wer jedoch alle Vorsichtsmaßnahmen beachtet, sollte relativ sicher sein. In allen größeren Städten gibt es Beratungsstellen für Vergewaltigungsopfer (Rape Crisis centres). Alleine zu reisen ist nicht empfehlenswert. Frauen sind potentielle Raubopfer, bleiben Sie also auch tagsüber in belebten, gut beleuchteten Straßen und tragen Sie keine Wertsachen zur Schau. Machen Sie den Eindruck, als kennen Sie die Gegend. Nie sollte man jemanden im Auto mitnehmen oder sich mitnehmen lassen.

Sexuelle Belästigungen sind selten, viele Südafrikaner haben aber noch recht chauvinistische Ansichten. Seien Sie nicht zu freundlich, das könnte als sexuelles Interesse ausgelegt werden. Die Aids-Zahlen sind hoch, verzichten Sie auf ungeschützten Sex. Kondome gibt es in Apotheken und Supermärkten.

Schwule und Lesben

Die neue Verfassung schützt die Rechte Homosexueller besser. Kapstadt gilt als »Schwulenhauptstadt Afrikas«, kleinere Städte sind weit weniger liberal.

In den Großstädten gibt es viele Kneipen, Theater und Sportvereine für Schwule und Lesben. Die Zeitschrift *SACity Life* veröffentlicht monatlich Veranstaltungshinweise. Im Internet findet man ebenfalls nützliche Reisetips.

Die Drag-Party in Kapstadt, die Mother City Queer Projects jeden Dezember veranstaltet, zieht etwa 10 000 Teilnehmer an. Im September steigt die jährliche Gay and Lesbian Pride Parade in Johannesburg, die als die größte Parade Afrikas dieser Art gilt.

Gay and Lesbian Pride Parade

Studenten

Für Studenten mit gültigem internationalen Studentenausweis (ISIC) gibt es verbilligte Flüge; Sehenswürdigkeiten und Veranstaltungen in Südafrika gewähren keine Eintrittsermäßigungen. Das auf Studenten spezialisierte Reiseunternehmen STA unterhält weltweit Filialen. Rucksackreisen werden immer beliebter.

Quartier für Rucksacktouristen im Zentrum Kapstadts

ZEIT

Die südafrikanische Standardzeit (es gibt nur eine Zeitzone) entspricht unserer mitteleuropäischen Sommerzeit und ist der Winterzeit um eine Stunde voraus. Europäische Touristen schätzen daher Südafrika als Reiseziel, weil der lästige Jetlag entfällt.

ÖFFENTLICHE TOILETTEN

Öffentliche Toiletten stehen in Einkaufszentren und vielen öffentlichen Gebäuden wie Verwaltungszentren, Büchereien oder Rathäusern zur Verfügung.

Viele große Tankstellen in den Städten sind mit Toiletten ausgestattet, die aber nur für Kunden gedacht sind. An den Touristenstrecken haben die meisten Raststätten in der Regel gepflegte Anlagen. Auch an Bus- und Bahnhöfen findet man öffentliche WCs, die aber oft nicht sehr sauber sind und häufig keine Seife oder Trockenvorrichtung für die Hände haben.

Als Alternative bietet sich natürlich an, die Toiletten der Restaurants zu benutzen, in denen man Gast ist.

Große Einkaufszentren und die meisten Sehenswürdigkeiten sind in der Regel mit gut unterhaltenen Räumen ausgestattet, zu denen auch Behinderten-WCs und Wickelräume gehören.

Südafrikanische Stecker mit zwei und drei Stiften

ELEKTRIZITÄT

Praktisch das gesamte Stromnetz wird vom staatlichen Versorgungsbetrieb Eskom beliefert. Die Spannung beträgt 220 V/ 50 Hz Wechselstrom. Die meisten südafrikanischen Stecker weisen fünf A (Ampere) mit Doppelstift oder 15 A mit drei runden Stiften auf, von denen der längste den Erdleiter führt (brauner Draht).

Über geeignete Adapter informiert Sie der Elektrohandel vor Ort. Das Angebot an solchen Adaptern kann, besonders in der Hauptreisezeit, manchmal knapp sein.

In entlegenen Gebieten ist auf die Stromversorgung nicht unbedingt immer Verlaß; viele der Buschcamps sind ohne jeglichen Stromanschluß. Die Mitnahme einer Taschenlampe ist daher unbedingt zu empfehlen.

MASSE UND GEWICHTE

In Südafrika sind unser metrisches System und die gängigen SI-Einheiten (Système International) in Gebrauch.

AUF EINEN BLICK

BEHINDERTE REISENDE

Titch Travel
26 Station Rd, Rondebosch, Kapstadt.
(021) 689-4151.
Ausflüge und Reisen für Körperbehinderte.

Association for Persons with Physical Disabilities
Kapstadt
(021) 555-2880.
Durban
(031) 403-7041.
Johannesburg
(011) 726-8040.
Kimberley
(053) 833-3315.

Action for Access
(041) 383-707.

Roll-A-Venture
(083) 625-6021.

Disabled People of South Africa
(0437) 431-579.

KINDER

Never Never Land
Cloisters Shopping Centre, Rivonia Rd, Rivonia, Johannesburg.
(011) 803-9858.
Cavendish Square, Dreyer St, Claremont, Kapstadt.
(021) 683-6147.

Childline
0800-05-5555.
Gebührenfreie Nummer.

SCHWULE UND LESBEN

National Gay and Lesbian Coalition
Kapstadt
(021) 423-5026.

GayEsCape
7 Castle St, Kapstadt.
(021) 439-3929.
www.gayescape.co.za
Schwulen- und Lesbenreisen.

TOGS (The Organization for Gay Sport)
Ecke Putney und Cheswick St, Brixton, Johannesburg.
(011) 802-5589.

COGS (Cape Organization for Gay Sport)
Kapstadt
(021) 557-7195.

HILFE BEI VERGEWALTIGUNG

Kapstadt
(021) 447-9762 or 083 222-5158.
Durban
(031) 312-2323.
Johannesburg
(011) 728-1347.
Pretoria
(012) 342-2222.

AIDS-BERATUNG

Kapstadt
(021) 400-3400.
Durban
(031) 300-3104.
Johannesburg
(011) 725-6711.
Pretoria
(012) 308-8743.
Port Elizabeth
(041) 506-1415.

STUDENTENREISEN

STA Travel
62 Strand St, Kapstadt.
(021) 418-6570.
34 Mutual Gardens, Rosebank, Johannesburg.
(011) 447-5414.
Student Travel Head Office.
(011) 447-5551.

Sicherheit und Notfälle

Südafrika erlebt derzeit einen dramatischen Wandel, dessen Tempo manche Menschen überfordert, anderen hingegen zu langsam erscheint. Zwar setzen sich endlich demokratische Prinzipien durch, jedoch sind noch viele Probleme ungelöst, etwa die weit verbreitete Armut und Arbeitslosigkeit. Es gibt Gegenden mit hoher Kriminalität, insgesamt jedoch ist das Land sicher für Besucher, die die einschlägigen Vorsichtsmaßnahmen beachten. Der Natur sollte man grundsätzlich mit Respekt gegenübertreten. Bisse und Stiche giftiger Tiere sind selten, in bestimmten Regionen ist aber mit Malaria und Bilharziose zu rechnen.

Persönliche Sicherheit

Sicherheit ist eine Frage des gesunden Menschenverstands und der Vorsicht. Zwar dürften die Zentren der Großstädte und Townships, vor allem nachts, am gefährlichsten sein, aber auch in Dörfern gibt es unsicheres Terrain.

Polizist

Gehen Sie nie alleine weg, egal wohin, und tragen Sie keine wertvollen Accessoires, die Taschendiebe locken. Straßenräuber greifen sich einen Wertgegenstand oder eine Tasche und laufen davon.

Tragen Sie keine großen Geldbeträge mit sich, halten Sie aber etwas Kleingeld in einer Jacken- oder Hosentasche bereit, um nicht gleich den Geldbeutel zücken zu müssen.

Legen Sie Gegenstände, die Sie mit sich tragen, nicht ab, wenn Sie beide Hände brauchen (etwa, wenn Sie Waren prüfen), sondern reichen Sie sie einem Begleiter. Nehmen Sie immer nur mit, was Sie unbedingt benötigen. Eine Gürteltasche unter Ihrer Kleidung eignet sich für Dokumente und Geldscheine.

Begeben Sie sich nie, außer als Teil einer Reisegruppe, in verlassene oder arme Gegenden, oder an Orte, an denen mit hohem Alkoholkonsum zu rechnen ist. Deponieren Sie Wertgegenstände im Hotelsafe. Fahren Sie außerhalb der Hauptverkehrszeiten nicht mit Vorortzügen, es sei denn, Sie sind in einer Gruppe unterwegs.

Unternehmen Sie nur Streifzüge, wenn Sie genau wissen, wohin Sie gehen und Sie jemanden von Ihrer Absicht in Kenntnis gesetzt haben.

Rufen Sie im Notfall die Bereitschaftspolizei **(police flying squad)** oder informieren Sie schnellstmöglich die nächste Polizeistation oder einen Polizisten; dabei müssen Sie Ihre Identität nachweisen. Für eine Versicherungsmeldung benötigen Sie ein Aktenzeichen von der Polizei. Sind Sie verletzt, verlangen Sie ärztliche Hilfe.

Polizistin

Berittener Polizist

Abschleppwagen

Auf der Strasse

Wer im Auto reist, sollte stets die Türen verriegeln und die Fenster nur einen Spalt weit offen lassen. Verlassen Sie den Wagen, schließen Sie ihn ab, auch wenn Sie sich nur kurz entfernen *(siehe S. 384)*. Vergewissern Sie sich, daß im Innern keine Wertgegenstände zu sehen sind. Lassen Sie das Handschuhfach offen, um zu zeigen, daß nichts darin ist.

Nutzen Sie geschlossene oder bewachte Parkplätze. Nehmen Sie keine Anhalter mit und bieten Sie Unfallopfern keine Hilfe an. Wenn ein Krimineller Sie mit einer Waffe bedroht, gehen Sie auf seine Forderungen ein.

Apotheken helfen mit medizinischem Rat und Service

Notdienste

Staats- und Provinzkrankenhäuser haben angemessene Einrichtungen, oft aber zu wenig Mittel und Personal. Mitglieder einer Krankenversicherung werden meist an Privatkrankenhäuser wie die **Sandton Medi-Clinic** überwiesen. Haben Sie bereits eine Krankheit oder Störung oder müssen Sie Medikamente einnehmen, setzen Sie den behandelnden Arzt vor Ort davon in Kenntnis.

Lebensmittel und Wasser

Leitungswasser ist unbedenklich, aber gechlort. Wasser in Flaschen erhält man in verschiedenen Sorten mit und ohne Kohlensäure. Vorsicht bei Fluß- oder Bergwasser in dicht besiedelten Regionen.

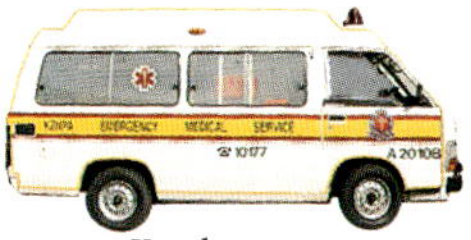

Krankenwagen

Streifenwagen

Feuerwehrfahrzeug

Das Essen in den meisten Hotels und Restaurants entspricht internationalem Standard, man sollte aber nicht leichtsinnig werden. Kaufen Sie auf Märkten keine Milch- oder Fleischprodukte, die in der Sonne lagen, und waschen sie Obst und Gemüse.

Besucher Südafrikas bleiben in der Regel von Magenproblemen verschont, über die Touristen im übrigen Kontinent oft klagen.

Brandgefahr

Risiken im Freien

In Wäldern und Buschland herrscht vor allem im trockenen Winter Brandgefahr, werfen sie also nie brennende Streichhölzer oder Zigarettenkippen weg.

Die Sonne ist intensiv, Kopfbedeckung und Sonnencreme sind daher unerläßlich.

Wer in die Berge geht, sollte sich vorher über die Wetteraussichten informieren, da das Wetter schnell umschlagen kann. Geraten Sie in eine Wolkenwand, halten Sie sich warm und warten Sie, bis es aufklart. Informieren Sie eine Person über Ihre Route und voraussichtliche Rückkehr. Machen Sie sich vorher mit Ihrem Wanderweg vertraut.

Giftige Bisse und Stiche

Es kommt selten vor, daß Touristen von einem der giftigen Tiere Südafrikas gebissen oder gestochen werden. Dennoch sollten Teilnehmer einer Safari oder Wanderung darauf achten, wohin sie treten und ihre Hände legen.

Nur wenige Schlangen stellen eine tödliche Gefahr dar, die meisten sind überhaupt nicht giftig. Grundsätzlich greifen Schlangen nur an, wenn sie bedroht werden. Die giftigste Spinne ist die Braune Witwe (button spider, *Latrodectus geometricus)*, der man aber äußerst selten begegnet. Die meisten Skorpionarten sind nur geringfügig giftig, am gefährlichsten sind meist Exemplare mit dicken Schwänzen und kleinen Scheren. Kinder sind aufgrund ihres geringen Gewichts anfälliger für Gifte.

Malaria und Bilharziose

Malaria tritt am häufigsten in Mpumalanga, der Northern Province und im nördlichen KwaZulu-Natal auf. Eine Malariaprophylaxe bietet den besten Schutz, dabei beginnt man eine Woche vor Reiseantritt mit der Einnahme der Tabletten und setzt die Behandlung bis einen Monat nach der Rückkehr fort.

Bilharziose *(Schistosomiasis)* wird durch innerlichen oder äußerlichen Kontakt mit verschmutztem Wasser hervorgerufen. Das größte Risiko besteht in Northern Province, in Mpumalanga, North West Province, KwaZulu-Natal und Eastern Cape. In verdächtigem Wasser sollte man keinesfalls baden oder sich waschen, für den Verbrauch muss es abgekocht werden.

Polizeistation in Pietermaritzburg

Auf einen Blick

Notrufnummern

Police Flying Squad
10111 überall.

Krankenwagen
10177 überall.

Private Ambulanz
Western Cape Paramedic Centre. (021) 551-6823.

Feuerwehr
Jo'burg (011) 624-2800.
Pretoria (012) 323-2781.
Kapstadt (021) 535-1100.
Durban (031) 361-0000.

AA-Straßennotfalldienst
gebührenfrei 0800-01-0101. 24 Std., überall.

Notdienste

Nachtapotheken
Jo'burg (011) 883-0322
Pretoria (012) 331-2683.
Kapstadt (021) 797-5094.
Durban (031) 368-3666.

Giftzentrale
0800 33 3400 überall.

Sandton Medi-Clinic
Peter Place, Bryanston, Jo'burg. (011) 709-2000.

City Park Hospital
181 Longmarket St. Kapstadt. (021) 480-6111.

St. Augustine's Hospital
107 Chelmsford Rd, Glenwood, Durban. (031) 268-5000.

Währung und Geldwechsel

Die Standard Bank

Das südafrikanische Bankensystem entspricht dem der meisten westlichen Industrieländer. Ausländische Währung darf in unbegrenzter Höhe eingeführt werden, Beschränkungen gelten allerdings bei der Ausfuhr sowohl in- als auch ausländischer Währung. Diese Höchstgrenzen unterliegen der Fluktuation der Wechselkurse, erkundigen Sie sich daher bei Ihrem Reisebüro. Travellerschecks können bei Banken, Wechselstuben sowie einigen Hotels und Geschäften eingetauscht werden. Die Banken bieten in der Regel die besten Kurse.

Wechselstube an der V&A Waterfront in Kapstadt

Öffnungszeiten

Die Banken in größeren Städten haben wochentags von 9 bis 15.30 Uhr geöffnet, samstags von 9 bis 11 Uhr. Kleinere Filialen haben eventuell kürzere Öffnungszeiten und samstags geschlossen. An Feiertagen sind alle Banken geschlossen. An zentralen Stellen, wie an der Victoria & Alfred Waterfront in Kapstadt und am Johannesburg International Airport, findet man einen 24-Stunden-Wechsel-Service. Alle Flughäfen bieten in der Empfangshalle für internationale Ankünfte und Abflüge einen Bankenservice für internationale Passagiere an.

Geldautomaten

Geldautomaten (ATM) finden Sie in allen Städten. Abhebungen bis zu einem Höchstbetrag pro Tag und Karte werden mit den Kundenkarten der Bank vorgenommen, sind aber auch mit vor Ort oder im Ausland ausgestellten Kreditkarten möglich, die eine PIN-Nummer tragen. Die in Südafrika am häufigsten verwendeten Karten sind VISA und MasterCard.

Geldautomat (ATM)

Ist Ihnen das Tageslimit zu niedrig, vereinbaren Sie mit der Bank ein höheres. Für Transaktionen am Schalter benötigen Sie Ihren Paß. An Wochenenden, vor allem wenn ein Feiertag folgt, kann den Automaten das Geld ausgehen, heben Sie also rechtzeitig ab, was Sie zu brauchen meinen.

Holen Sie kein Geld vom Automaten, wenn Sie alleine sind, oder sich nach Geschäftsschluß in einer verlassenen Gegend befinden. Weisen Sie unaufgeforderte »Hilfsangebote« zurück. Geldautomatenbetrug ist häufig. Ein Betrüger kann den Kartenschlitz manipulieren, damit die Karte klemmt. Später befreit er Ihre Karte und erleichtert damit Ihr Konto. Warten Sie also lieber am Automaten, während ein Begleiter Hilfe holt. Alle Automaten tragen eine 24-Stunden-Notrufnummer für den Fall eines unerwarteten Problems.

Kreditkarten

Die meisten Geschäfte akzeptieren alle gängigen Kreditkarten. Sie werden elektronisch abgerufen, was nur wenige Minuten dauert. Kleine Händler nehmen normalerweise keine Kreditkarten, auch Tankstellen nicht, die meisten Banken stellen daher eigens Benzinkarten aus – Ihre Mietwagenfirma kann Ihnen dabei behilflich sein. Erkundigen Sie sich, welche Gebühren Ihre Bank für die Benutzung der Kreditkarte in Südafrika erhebt.

Geldwechsel

Seit neuestem findet man in den größeren Städten Bankautomaten, die ausschließlich den Geldwechsel übernehmen – eine praktische Einrichtung, wenn die Banken bereits geschlossen haben. Allerdings sind noch nicht viele dieser Wechselautomaten im Einsatz, ihre Zahl soll aber erhöht werden.

Auf einen Blick

ABSA/Maestro
Gebührenfrei, 24 Stunden. 0800 111155.

American Express
(011) 359-0333, 24 Stunden.

Diners Club
(011) 358-8400.
Mo–Fr 8–16.45 Uhr.

First National Bank
Gebührenfrei, 24 Stunden. 0800 110132.

MasterCard
Gebührenfrei, 24 Stunden. 0800 990418.

Nedbank
Gebührenfrei, 24 Stunden. 0800 110929.

Rennies Foreign Exchange Bureaux (Thomas Cook)
Gebührenfrei, 24 Stunden. 0800 998175.

Standard Bank/MasterCard
Gebührenfrei, 24 Stunden. 0800 020600.

VISA International
Gebührenfrei, 24 Stunden. 0800 990475.

Zollabfertigung

und Südafrika sind Mitglieder der südafrikanischen Zollunion, zwischen diesen Ländern entfällt der Zoll.

Internationale Flüge

Flüge nach Südafrika sind von September bis Februar am teuersten, der Preis hängt dabei von der Art des Tickets ab. Ermäßigt sind z.B. die im voraus zu buchenden APEX-Tickets (Advance Purchase Excursion), die allerdings Mindest- und Höchstgrenzen für die Aufenthaltsdauer vorschreiben.

Spezialisierte Reisebüros können gute Angebote unterbreiten. Es lohnt sich auch, im Internet die Angebote großer Fluglinien und Reisebüros zu vergleichen. Discount-Reisebüros haben manchmal auch etwas für Studenten und junge Leute im Programm.

Inlandflüge

South African Airways, British Airways/Comair und Sabena/Nationwide bieten regelmäßig Inter-City-Flüge an.

Die derzeitigen Tarife sind recht günstig, Rückflüge und andere attraktive Extras sind laufend im Angebot. Grundsätzlich gilt, je früher man bucht, desto günstiger der Preis (häufig gelten Ermäßigungen bei sieben Tagen im Voraus). Reservieren ist unbedingt erforderlich.

Pauschalreisen

Flug und Unterkunft bei Paschaulreisen sind fast immer ermäßigt und billiger als Reisen auf eigene Faust, sofern man nicht vorhat, in Jugendherbergen, Ferienapartments oder auf Campingplätzen zu wohnen.

Beliebt sind Pauschalreisen, die Durban, Kapstadt, Johannesburg, Port Elizabeth, Garden Route, die Wild Coast, Sun City mit dem Palace of the Lost City sowie den Kruger National Park im Programm haben.

Fly-and-Drive-Angebote

Viele Reisebüros erstellen zusammen mit Mietwagenfirmen Pauschalangebote, die den Flug und einen Mietwagen am Zielort enthalten. Das ist meist billiger und weniger umständlich, als wenn Sie erst bei der Ankunft am Flughafen ein Auto mieten. Die meisten großen Mietwagenfirmen wie Avis, Hertz, Budget und Imperial haben Filialen an den Flughäfen.

Im Johannesburg International Airport

Flughafensteuer

Die südafrikanische Flughafensteuer wird beim Kauf des Tickets entrichtet, sie beträgt pro internationalem Abflug 78 Rand, für Inlandflüge 22 Rand und für Flüge nach Botswana, Namibia, Lesotho oder Swasiland 44 Rand.

Auf einen Blick

Flughafenbusse

Cape Town Magic Bus
Ankunftshalle für Inlandflüge, Cape Town International Airport.
☎ *(021) 934-5455.*

Durban Magic Bus
Suite 7, Grenada Centre, 16 Chartwell Dr, Umhlanga Rocks.
☎ *(031) 561-1095.*

East London Shuttle
Ankunftshalle für Inlandflüge, East London National Airport.
☎ *(082) 569-3599.*

Johannesburg Magic Bus
Ankunftshalle für Inlandflüge, Terminal 3, Johannesburg International.
☎ *(011) 328-8092.*

Pretoria Airport Shuttle
Ecke Prinsloo u. Vermeuluen St.
☎ *(012) 323-0904.*

Inlandflüge

British Airways Comair
☎ *(011) 921-0222, (021) 936-9000, (031) 450-7000, (041) 508-8000*

Sabena Nationwide
☎ *(011) 390-1660, (021) 936-2050, (031) 450-2087, (044) 801-8414*

South African Airways
24-Stunden-Reservierung
☎ *(011) 978-1111, (021) 936-1111, (031) 361-1111, (041) 507-1111.*

Mietwagen

Siehe S. 385 mit Informationen über Avis, Hertz, Imperial und Budget.

Mit dem Zug unterwegs

Logo des Blue Train

ZUGFAHREN IN SÜDAFRIKA ist bequem und preiswert, die Züge sind aber meist nicht sehr schnell. Die Elektro- oder Dieselelektro-Loks fahren auf einer Spurweite von 1,65 Meter. Sehr gefragt, vor allem bei Touristen, sind die luxuriösen Eisenbahn-Safaris von Blue Train. Das Unternehmen bietet vier malerische Strecken an, die gemächlichen Fahrten variieren zwischen 16 Stunden und zwei Tagen und Nächten (auf der Strecke Pretoria–Victoria Falls). Ein anderer Betreiber, Rovos Rail, unternimmt ähnliche Exkursionen zu anderen Zielorten. Fahrten mit Vorortzügen sind bei ausländischen Touristen nicht beliebt, da die Strecken begrenzt sind, die Züge selten verkehren und die Sicherheit nicht gewährleistet ist.

Vorortzüge sind das Hauptverkehrsmittel für Pendler

VORORTZÜGE

IN DEN MEISTEN Großstädten verkehren Vorortzüge des Betreibers **Spoornet**, das Kapstadter Bahnunternehmen heißt **Metrorail**. Diese Züge werden hauptsächlich von Pendlern genutzt und sind daher nach Büroschluß und an Wochenenden seltener im Einsatz.

Tickets und Fahrpläne erhalten Sie an den Bahnhöfen. Ein Erste-Klasse-Ticket kostet etwa das Doppelte der dritten Klasse und bietet bessere Sitzplätze und mehr Sicherheit.

Die Fahrscheine werden von Schaffnern entwertet, beim Ausstieg an der Hauptstation müssen sie aber nochmals vorgezeigt werden (andernfalls droht eine Strafe). Wochen- und Monatstickets sind günstiger und übertragbar, man sollte sie also gut aufbewahren.

Keine Ermäßigung erhalten Studenten und Rentner, dafür fahren Kinder unter sieben Jahren kostenlos, unter 13 Jahren zum halben Preis.

Fahren Sie nur tagsüber in Vorortzügen, am besten morgens und nachmittags zur Hauptverkehrszeit, und niemals alleine!

Manche Züge haben ein Bordrestaurant, empfehlenswert ist die komfortable **Biggsy's Restaurant Carriage & Wine Bar** entlang der False Bay Coast, die Fahrt von Kapstadt nach Simon's Town *(siehe S. 94)* dauert etwa eine Stunde.

Wochen- und Monatskarten von Metrorail

FERNVERKEHRSZÜGE

DAS SCHIENENNETZ der Fernverkehrszüge, ebenfalls von Spoornet betrieben, ist landesweit flächendeckend.

Täglich verkehren Züge zwischen Kapstadt und Johannesburg (Trans-Karoo Express), zwischen Johannesburg und Port Elizabeth (Algoa Express), Johannesburg und Durban (Trans-Natal Express) sowie Johannesburg und East London (Amatola Express).

Die Express-Züge sind allerdings nicht ausgesprochen schnell, der Trans-Karoo Express etwa benötigt für eine Strecke von circa 1500 Kilometern fast 24 Stunden.

Fernverkehrszüge fahren auch in die Nachbarstaaten Simbabwe und Mosambik.

Tickets und kostenlose Fahrpläne sind an den meisten Hauptbahnhöfen und in den Geschäftsstellen der Bahn erhältlich. Ein Dritte-Klasse-Ticket kostet etwa die Hälfte der ersten Klasse, die zweite Klasse liegt preislich in der Mitte. Abteile der ersten Klasse haben vier Sitze, die der zweiten Klasse sechs, in der dritten Klasse sitzt man in Großraumwägen. Während der Ferien sollte man Plätze reservieren.

Ermäßigte Bahnkarten wie in Europa gibt es in Südafrika nicht, Besitzer eines gültigen Studentenausweises erhalten

Der Hauptbahnhof in Pretoria *(siehe S. 255)*

jedoch zwischen Februar und November 40 Prozent Ermäßigung, Rentner im selben Zeitraum 25 Prozent. Kinder unter fünf Jahren fahren ganzjährig kostenlos, Kinder unter elf Jahren zum halben Preis.

Malerische Strecken

Die Strecke Kapstadt–Pretoria ist die Hauptroute des **Blue Train,** berühmt für luxuriöse Unterbringung, exzellente Küche und perfekten Service. Das Unternehmen bietet auch Fahrten in das Valley of the Olifants (nahe dem Kruger National Park), entlang der Garden Route und zu den Victoria Falls in Simbabwe an.

Die einzige Strecke, auf der regelmäßig eine Dampflok fährt, ist der herrliche Abschnitt zwischen George und Knysna an der Garden Route: Der **Outeniqua Choo-Tjoe** *(siehe S. 174f)* garantiert eine wunderschöne Tagesfahrt mit Blick auf Meer, Seen, Wald und Berge.

Das **South African National Railway and Steam Museum** in Johannesburg hat jeden ersten Sonntag im Monat freien Eintritt. Dampflok-Safaris zeigen, wie man früher mit der Eisenbahn reiste.

Von Kapstadt aus unternimmt die **Spier Vintage Train Company** *(siehe S. 133)* regelmäßige Luxus-Fahrten durch Weinberge zum Weingut des Unternehmens. Beliebt sind auch die Tagesausflüge von **Union Limited** durch das Franschhoek Valley, über die Berge nach Ceres, oder die sechstägigen Golden Thread Tours nach Oudtshoorn. Weitere Ferien-Dampfloks sind der **Banana Express** *(siehe S. 225)* von Port Shepstone in KwaZulu-Natal und der kleine **Apple Express** von Port Elizabeth auf 61 Zentimeter Spurweite zu einer Fahrt ins Blaue.

Logo von Rovos Rail

Schlaf- und Speisewagen von **Rovos Rail** haben altmodische Ausstattung und modernen Komfort. Rovos Rail fährt nach Kimberley, Victoria Falls, Matjiesfontein, Mpumalanga und Namibia.

Die Blue Train auf ihrer Fahrt durch das malerische Hex River Valley

Fernverkehrsstrecken der Bahn

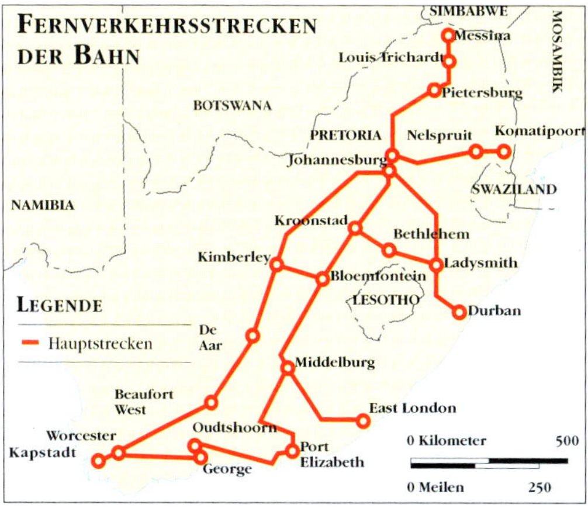

Auf einen Blick

Personenzüge

Cape Metrorail
(021) 403-9080.

Mainline Passenger Services
(011) 773-3944, (012) 334-8470, (021) 449-3871, (031) 361-7621, (041) 507-2400.

Spoornet
(011) 773-3944, (031) 361-3388, (041) 507-2042.

Ausflugsfahrten

Apple Express
(041) 507-2333.

Biggsy's
(021) 449-3870.

Blue Train
(011) 773-7631.

Outeniqua Choo-tjoe
(044) 801-8288.

Rovos Rail
(012) 323-6052.

SA National Railway and Steam Museum
(011) 773-8380.

Spier Vintage Train Company
(021) 419-5222.

Union Limited Steam Railtours
(021) 449-4396.

Mit dem Auto unterwegs

Logo der AA

Das Straßennetz ist zumeist gut, obwohl der Zustand einzelner Abschnitte, selbst auf Nationalstraßen (vorangestelltes »N«), jämmerlich sein kann. Auf dem Land sind manchmal nur Hauptstrecken geteert, aber auch ungeteerte Straßen sind meist in gutem Zustand. Zu den Hauptrisiken zählen die großen Entfernungen und andere Verkehrsteilnehmer. Die Busverbindungen zwischen den Städten sind schnell und erschwinglich, für abgelegene Gebiete benötigt man ein Auto. Die meisten Sehenswürdigkeiten liegen an Teerstraßen. Benzin ist preiswert, das Tankstellennetz ist akzeptabel.

Sechsspurige Autobahn zwischen Pretoria und Johannesburg

Raststätten sind willkommene Stops auf langen Strecken

Führerschein

Personen über 18 mit gültigem nationalem Führerschein, der in englischer Sprache ausgestellt ist und ein aktuelles Foto aufweist, benötigen für Südafrika keinen internationalen Führerschein. Wer einen internationalen Führerschein braucht, muß ihn bereits vor seiner Einreise nach Südafrika im Heimatland ausstellen lassen. Der Führerschein und ein rotes Warndreieck für Notfälle müssen stets im Auto mitgeführt werden.

Verkehrsregeln

Es herrscht Linksverkehr. Wer von rechts kommt, hat Vorfahrt, sofern nicht ein Schild oder Schutzmann etwas anderes anzeigen. Die Höflichkeit gebietet es, schnellere Autos rechts überholen zu lassen. Es besteht Gurtpflicht (auch auf dem Rücksitz, soweit Gurte vorhanden sind). Kinder müssen angemessen gesichert sein. Die Höchstgeschwindigkeit in Ortschaften beträgt 60 km/h, auf Autobahnen und nicht anderweitig ausgewiesenen Schnellstraßen gelten 120 km/h.

Warnung vor Tieren und Steinschlag

Bei einer Panne fahren Sie ganz links an den Seitenstreifen, schalten das Warnlicht ein und stellen das Warndreieck 50 Meter hinter Ihrem Wagen auf.

Bei einem Unfall dürfen Sie weiterfahren, wenn niemand verletzt wurde, müssen aber innerhalb von 24 Stunden die nächste Politzeidienststelle benachrichtigen. Wurde jemand verletzt, benachrichtigen Sie umgehend die Polizei und lassen Sie den Wagen stehen, bis die Beamten kommen. Tauschen Sie mit dem anderen Unfallnehmer Namen, Adressen, Wagen- und Versicherungsangaben aus. Das Alkohollimit liegt bei 0,08 Gramm, was etwa zwei Schluck hochprozentigem Alkohol oder zwei Glas Bier oder Wein entspricht. Wer mit mehr am Steuer erwischt wird, dem drohen 120 000 Rand Strafe oder sechs Jahre Gefängnis.

Sicherheit

Die Polizei rät Touristen, keine Fremden mitzunehmen. Verriegeln Sie die Türen und kurbeln Sie die Fenster hoch. Lassen Sie keine Wertsachen sichtbar im parkenden Wagen *(siehe S. 374)*. Nachts sollte man nur in gut beleuchteten Gegenden parken.

Viele Verkehrsteilnehmer, auch Fußgänger, verhalten sich undiszipliniert bis gemeingefährlich. Achten Sie auf dem Land oder in der Nähe von Townships auf Fußgänger und streunende Tiere.

Wegen der großen Entfernungen zwischen Orten, vor allem im ariden Binnenland, ist es ratsam, rechtzeitig zu tanken und Pausen einzulegen.

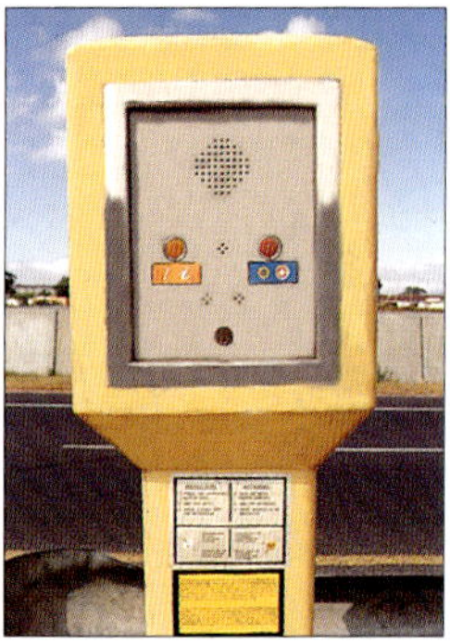

Notruftelefone säumen in regelmäßigen Abständen alle wichtigen Straßen

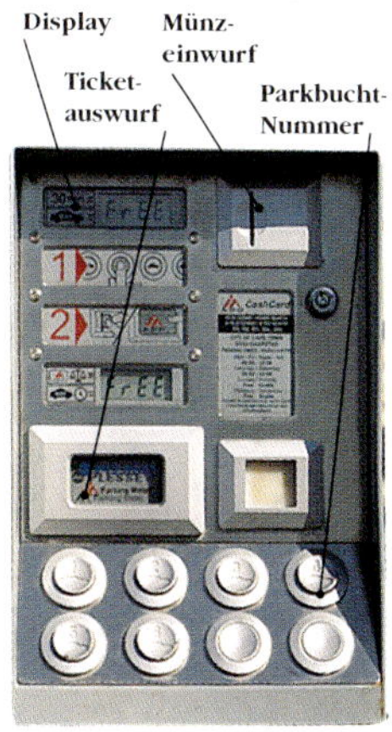

Moderne Parkuhren akzeptieren Münzen und kleine Geldscheine

PARKEN

DIE MEISTEN Städte haben Parkuhren, achten Sie auf die nummerierten Parkbuchten auf dem Asphalt, am Randstein und auf Hinweisschilder. Ein Ärgernis sind selbsternannte »Parkplatzwächter«, die einen schon mal ins Halteverbot dirigieren.

Viele verlangen Geld bei der Ankunft und oft ein Trinkgeld bei der Abfahrt. Es kommt auch vor, daß sie parkende Autos beschädigen, wenn man sich nicht darauf einläßt.

Wenn möglich, parken Sie in ausgewiesenen Zonen, die offiziell bewacht werden.

BENZIN

KRAFTFAHRZEUGE fahren mit Normalbenzin (Octanzahl 97), bleifreiem Benzin oder Diesel, Maßeinheit ist der Liter. Tankstellenangestellte übernehmen das Auftanken und Checks wie Reifendruck, Öl und Wasser sowie Reinigen der Windschutz- und Heckscheibe. Trinkgeld wird gerne genommen.

MIETWAGEN

MIETWAGEN SIND TEUER und sollten am besten durch Fly-and-Drive-Angebote *(siehe S. 381)* oder von zu Hause aus gebucht werden. Mietwagenfirmen sind an allen internationalen Flughäfen vertreten. Voraussetzung ist ein Mindestalter von 23 Jahren und der Besitz eines gültigen Führerscheins seit mindestens fünf Jahren. Lesen Sie das Kleingedruckte zur Versicherung. Oft gibt es verlockende Angebote.

Bekannte und zuverlässige Mietwagenfirmen

BUSUNTERNEHMEN

BUSSE VON GREYHOUND, Intercape und Translux fahren fast jede Stadt des Landes an. Die Fahrten sind sicher, bequem und preiswert, zudem kommt man schneller voran als mit dem Zug. Greyhound und Translux bieten Ermäßigungen für »Vielfahrer« an.

Die Hop-on-/Hop-off-Busse von Baz Bus, für Rucksacktouristen und junge Leute gedacht, verkehren an der Küste zwischen Durban und Kapstadt. Tickets können bei den landesweiten Filialen von Computicket gebucht werden.

Busverbindungen bestehen auf den wichtigsten Überlandstraßen. Minibus-Taxis befördern Arbeiter, sind aber nicht sehr sicher und daher nicht zu empfehlen.

In Südafrika existiert kein zentrales Taxisystem. Wenn Sie ein Taxi benötigen, sollten Sie sich von Ihrem Hotel oder dem nächsten Fremdenverkehrsamt einen Service empfehlen lassen oder die Gelben Seiten konsultieren.

Busterminal in der Adderley Street, Kapstadt

AUF EINEN BLICK

Vorwahlnummern

Johannesburg (011).
Pretoria (012).
Kapstadt (021).
Durban (031).
Port Elizabeth (041).

MIETWAGEN

Avis
(011) 394-5433, (021) 934-0330, (031) 408-1282, (041) 501-7200.

Budget
(011) 394-2905, (021) 934-0216, (031) 408-1809, (041) 581-4242.

Hertz
(011) 397-6928, (021) 386-1560, (031) 902-8818, (041) 581-6550.

Imperial
(011) 453-0005, (021) 448-5608, (031) 461-4016, (041) 581-4214.

BUSUNTERNEHMEN

Baz Bus
(021) 439-2323.

Computicket
(011) 445-8100, (012) 328-4040, (021) 430-8080, (031) 304-4881, (041) 337-022.

Greyhound
(011) 830-1301.

Intercape
(021) 386-4400.

Translux
(012) 315-2333.

Textregister

Gefettete Seitenzahlen beziehen sich auf den Haupteintrag

D

Q

R

Z

Danksagung/Bildnachweis

DER VERLAG bedankt sich bei allen, die bei der Herstellung dieses Buches mitgewirkt haben.

AUTOREN
Michael Brett hat zahlreiche afrikanische Länder bereist, darunter Kenia, Malawi, Simbabwe, Namibia und Mosambik. Sein erstes Projekt war ein Detailplan des Pilanesberg National Park in der North West Province von Südafrika (1989). 1996 arbeitete er als Ko-Autor für den *Touring Atlas of South Africa*. Er ist Autor von *Great Game Parks of Africa: Masai Mara* und *Kenya the Beautiful*. Berichte von Michael Brett wurden in zahlreichen Reisemagazinen und im *Reader's Digest* veröffentlicht.

Brian Johnson-Barker ist in Kapstadt geboren und aufgewachsen. Nach dem Besuch der Universität von Kapstadt arbeitete er 15 Jahre lang als Leiter eines Pathologie-Labors, bevor er schließlich Schriftsteller wurde. Er ist Verfasser von zahlreichen Drehbüchern und Zeitungsartikeln. Zu seinen beinahe 50 Buchveröffentlichungen zählen u. a. *Off the Beaten Track* (1996) und *Illustrated Guide to Game Parks and Nature Reserves of Southern Africa* (1997); beide sind bei *Reader's Digest* erschienen.

Mariëlle Renssen schrieb für das südafrikanische Magazin *Fair Lady*, bevor sie zwei Jahre in New York für das Teenager-Magazin *Young & Modern* gearbeitet hat, eine Produkt der Bertelsmann-Gruppe. Nach ihrer Rückkehr nach Südafrika hat sie zahlreiche Artikel in *Food and Home SA* und *Woman's Value* veröffentlicht. Seit 1995 ist sie Chefredakteurin bei Struik Publishers' International Division, in dieser Zeit fungierte sie auch als Ko-Autorin für *Traveller's Guide to Tanzania*.

WEITERE AUTOREN
Duncan Cruickshank, Claudia Dos Santos, Peter Joyce, Gail Jennings.

ERGÄNZENDE FOTOGRAFIE
Charley van Dugteren, Anthony Johnson.

ERGÄNZENDE ILLUSTRATIONEN
Anton Krugel.

ERGÄNZENDE KARTOGRAFIE
Genené Hart, Eloïse Moss.

RECHERCHE-ASSISTENZ
Susan Alexander, Sandy Vahl.

KORREKTURLESUNG
Mariëlle Renssen.

TEXTREGISTER
Brenda Brickman.

DESIGN UND REDAKTIONSASSISTENZ
Arwen Burnett, Sean Fraser, Thea Grobbelaar, Freddy Hamilton, Lesley Hay-Whitton, Alfred Lemaitre, Glynne Newlands, Gerhardt van Rooyen.

ASSISTENZ
Joan Armstrong, The Howick Publicity Bureau; Coen Bessinger, Die Kaapse Tafel; Tim Bowdell, Port Elizabeth City Council; Dr Joyce Brain, Durban; Katherine Brooks, MuseuMAfrikA (Johannesburg); Michael Coke, Durban; Coleen de Villiers and Gail Linnow, South African Weather Bureau; Dr Trevor Dearlove, South African Parks Board; Louis Eksteen, Voortrekker Museum (Pietermaritzburg); Lindsay Hooper, South African Museum (Kapstadt); Brian Jackson, The National Monuments Commission; Linda Labuschagne, Bartolomeu Dias Museum Complex (Mossel Bay); Darden Lotz, Kapstadt; Tim Maggs, Kapstadt; Hector Mbau, The Africa Café; Annette Miller, Bredasdorp Tourism; Gayla Naicker und Gerhart Richter, Perima's; Professor John Parkington, University of Cape Town; Anton Pauw, Kapstadt; David Philips Publisher (Pty) Ltd, Cape Town; Bev Prinsloo, Palace of the Lost City; Professor Bruce Rubidge, University of the Witwatersrand; Jeremy Saville, ZigZag Magazine; Mark Shaw, Barrister's; Dr Dan Sleigh, Cape Town; Anthony Sterne, Simply Salmon; David Swanepoel, Voortrekker Museum; Johan Taljaard, West Coast National Park; Pietermaritzburg Publicity Association; Beyers Truter, Beyerskloof-Weingut, Stellenbosch; Dr. Lita Webley, Albany Museum, Grahamstown; Lloyd Wingate und Stephanie Pienaar, Kaffrarian Museum (King William's Town); und alle Tourismusämter der Provinzen sowie Parks.

NACHWEIS DER FOTOGRAFIEN UND KUNSTWERKE
Vida Allen und Bridget Carlstein, McGregor Museum (Kimberley); Marlain Botha, Anglo American Library; The Cape Archives; Captain Emilio de Souza; Petrus Dhlamini, Anglo American Corporation (Johannesburg); Gawie Fagan und Tertius Kruger, Revel Fox Architects (Kapstadt); Jeremy Fourie, Cape Land Data; Graham Goddard, Mayibuye Centre, The University of the Western Cape; Margaret Harradene, Public Library (Port Elizabeth); Maryke Jooste, Library of Parliament (Kapstadt); Llewellyn Kriel, Chamber of Mines; Professor André Meyer, Pretoria University; Julia Moore, Boschendal Manor House; Marguerite Robinson, Standard Bank National Arts Festival; Christine Roe and Judith Swanepoel, Pilgrim's Rest Museum; Dr F Thackeray, Transvaal Museum (Pretoria); Marena van Hemert, Drostdy Museum (Swellendam); Kees van Ryksdyk, South African Astronomical Observatory; Cobri Vermeulen, The Knysna Forestry Department; Nasmi Wally, The Argus (Kapstadt); Pam Warner, Old Slave Lodge (Kapstadt).

FOTOGRAFIERERLAUBNIS
DER VERLAG bedankt sich bei folgenden Personen, Institutionen und Bildarchiven für die freundliche Genehmigung zur Reproduktion ihrer Fotografien: African Herbalist's Shop, Johannesburg; Alanglade, Pilgrim's Rest; Albany Museum Complex, Grahamstown; Bartolomeu Dias Museum Complex, Mossel Bay; BAT (Bartel Arts Trust) Centre, Durban; Bertram House, Cape Town; BMW Pavilion, Victoria & Alfred Waterfront; Bo-Kaap Museum, Kapstadt; Cango Caves, Oudtshoorn; The Castle of Good Hope; Department of Public Works, Kapstadt; Drum Magazine/Bailey's Archives; Dutch Reformed Church, Nieu Bethesda; The Edward Hotel, Port Elizabeth; Gold Reef City, Johannesburg; Groot

Constantia; Heia Safari Ranch; Highgate Ostrich Farm, Oudtshoorn; Hindu (Hare Krishna) Temple of Understanding; Huguenot Museum, Franschhoek; Johannesburg International Airport; Kimberley Open-Air Mine Museum; Kirstenbosch National Botanical Garden; Kleinplasie Open-Air Museum; Koopmans-De Wet House, Kapstadt; Mala Mala Private Reserve; MuseuMAfricA, Johannesburg; Natural Science Museum, Durban; Old Slave Lodge, Kapstadt; Oliewenhuis Art Gallery, Bloemfontein; Oom Samie se Winkel, Stellenbosch; Owl House, Nieu Bethesda; Paarl Museum; Pilgrim's Rest; Rhebokskloof Wine Estate; Robben Island Museum Service; Sandton Village Walk; Shakaland; Shipwreck Museum, Bredasdorp; Simunye; South African Library; South African Museum, Kapstadt; Tatham Art Gallery, Pietermaritzburg; Two Oceans Aquarium, Victoria & Alfred Waterfront; Victoria & Alfred Waterfront; The Village Museum, Stellenbosch; Sue Williamson, Kapstadt; The Workshop, Durban.

Bildnachweis

o = oben; ol = oben links; om = oben Mitte; or = oben rechts; mlo = Mitte links oben; mo = Mitte oben; mro = Mitte rechts oben; ml = Mitte links; m = Mitte; mr = Mitte rechts; mlu = Mitte links unten; mu = Mitte unten; mru = Mitte rechts unten; ul = unten links; u = unten; um = unten Mitte; ur = unten rechts.

Kunstwerke wurden mit freundlicher Genehmigung der Cpoyright-Inhaber abgedruckt:

Guantanamera, 1968, Giacomo Manzù (1908–1991), Bronzeskulptur, Rembrandt van Rijn Art Foundation (Stellenbosch), Eigentum der Richemont Art Foundation (Schweiz) 130mr; *Lead Ox*, 1995–6, © Cecil Skotnes, Incised, auf Leinwand 306ur; *Portrait of a Lady*, Frans Hals (1580–1666), Öl auf Leinwand, Old Town House (Kapstadt), © Michaelis Collection 66ul; *Rocco Catoggio and Rocco Cartozia de Villiers*, Unbekannt, um 1842, Öl auf Leinwand, © Huguenot Museum (Franschhoek) 137um; *Untitled work*, 1998, Hannelie de Clerq, Tempera, © Stellenbosch Art Gallery 131or.

Wir haben uns bemüht, alle Urheber ausfindig zu machen und zu nennen.. Sollte dies in einigen Fällen nicht gelungen sein, bitten wir dies zu entschuldigen. In der nächsten Auflage werden wir versäumte Nennungen nachholen.

Der Verlag bedankt sich bei folgenden Personen, Institutionen und Bildarchiven für die freundliche Genehmigung zur Reproduktion ihrer Fotografien:

ACSA (Airports Company of South Africa): 380o, 381u; Shaen Adey: 1o, 24ml, 28o, 71ul, 80o, 80u, 102mr, 276ol, 276mlo, 276ul, 276o, 277o, 277mr; Anita Akal: 37ml; Anglo American Corporation of South Africa Limited: 16m, 240mlu, 240u, 240–241m, 241ol, 241or, 241mr, 241r, 305t, 305ul; The Argus: 53ul, 54ol, 55mlo; AA (Automobile Association of South Africa): 384ol.

Daryl Balfour: 277u; Barnett Collection: © The Star 50mlo; Barry Family Collection: 269ul; Bible Society of South Africa: 26ol, 53u; The Blue Train: 382ol; Boomshaka/Polygram: 55ol; Michael Brett: 27o, 238ml, 239ul, 239ur, 256u, 257ol, 303m, 361u. The Campbell Collection of the University of Natal, Durban: 52mlu, 137mr; CAPAB (Cape Performing Arts Board): © Pat Bromilow-Downing 360o; Cape Archives: 4o, 26or, 44u, 45u, 45m, 46ot, 46mo, 51mr, 51ur; Cape Photo Library: © Alain Proust 17ot; 17m, 31m, 85ol, 120mloa, 120mo, 120mro, 121or, 134ml, 135mro, 135ur; The Cory Library of Rhodes University, Grahamstown: 49mu; Ruphin Coudyzer: 26u.

De Beers: 50u; Roger de la Harpe: 5o, 30ml, 31u, 35or, 202u, 203u, 204ol, 205o, 205mr, 206m, 208–209, 211u, 224ol, 228o, 229o, 231u, 313o, 362m, 362u, 363u; Nigel Dennis: 20mr, 24–25m, 282ol, 283mlu, 283mru, 296–297; Department of Transport: 371m; Department of Water Affairs and Forestry: 177u; Digital Perspectives: 10ul; Gerhard Dreyer: 20ur, 100ol, 151ml, 154u.

Foto Holler, © Schirmer, Hermanus: 122ml, 122–123m, 122ul.

Gallo Images: © Anthony Bannister 20ml, 21mr, 252or, 282–283m; © David Gikey 36o; © Kevin Carter Collection 31or; © Rod Haestier 21or; G'echo Design: 36u; Gleanings in Africa: (1806) 123u; Benny Gool/Trace: 19m, 54–55m; Bob Gosani: 250mlo; Great Stock: © Jürgen Schadeberg 250o, 250mro, 250mr, 250mlb, 250u; Green Dolphin: 105u; Guardian Newspapers Limited: 53o.

Rod Haestier: 123mr, 180ul; George Hallett: 53ur, 55or; Lex Hes: 23mr, 24um, 25ul, 25um; Hulton Picture Company: 305mro.

i-Africa: © Nic Bothma 197o, 197mro; © Sasa Kralj 27u, 42ml; © Eric Muller 17u; International Eisteddfod: © Bachraty Ctibor 34ol.

J&B Photographers: 25mro; Jacobsdal Wine Estate: 120ul.

King George VI Art Gallery, Port Elizabeth: 49mru; Klein Constantia: 97ml; Walter Knirr: 35ml, 53mr, 71ml, 71ur, 210mo, 222mlo, 242u, 248or, 254u, 255o, 257or, 257u, 267u, 340m, 358ml, 360u, 370mr, 382ul.

Anne Laing: 18u; Stefania Lamberti: 81ml, 223b; Levi's: 55ml; Library of Parliament, Kapstadt: © Mendelssohn Collection of watercolour paintings by Francois Vaillant 25ol; Local History Museum, Durban: 51ul.

Mayibuye Centre, University of the Western Cape: 52otl, 52–53m, 54mlu; Meerendal Wine Estate: 120um; Michaelis Collection (Old Town House): 66u; Monex Construction (Pty) Limited: 99m; Mr Delivery: 340o; MuseuMAfricA: 9o, 42mo, 44ol, 48mo, 48ml, 49o, 57o, 117o, 191o, 235o, 279o, 309o, 369o.

National Archives, Pretoria: 241u; National Army Museum, London: 50–51; Nico Malan Theatre: 104u.

Colin Paterson-Jones: 15o, 22mro; Anton Pauw: 5m, 74u, 153otr; David Philips Publisher (Pty) Ltd: 18ol, 18mo, 27mr; Photo Access: © Getaway/C Lanz 341u; © Getaway/D. Rogers 252mlo; © Getaway/P. Wagner 364o; © Clarke Gittens 46u; © Walter Knirr 240ol, 358u; © Photo Royal 204u; © Mark Skinner 62; © David Steele 34m, 204mlo, 204mlu; © Patrick Wagner 205u; © Alan Wilson 36m, 85mo; Herman Potgieter: 2–3; The Purple Turtle: 106ol.
Rhebokskloof Cellar: 127u; Rovos Rail: 383m; Professor Bruce Rubidge: 42mu.

SA City Life: © Sean Laurénz 371u; SIL (© Struik Image Library): Shaen Adey 29mru, 35ur, 60o, 60m, 60u, 61o, 61u, 64u, 68mlu, 75ul, 75ur, 84ol, 84mlo, 84ml, 85mro, 85ur, 93o, 96ml, 96mr, 101mro, 102ul, 120mr, 120ur, 126ml, 126–127mo, 130o, 146o, 163o, 231m, 233u, 281u, 312m, 364m; Daryl Balfour 150ul; CLB (Colour Library), 21ur, 22mlo, 97ol, 175m, 183u, 233o, 247mr, 260, 275o, 304o; Credo Mutwa 26m; Roger de la Harpe 14, 21mo, 23mru, 30u, 81o, 88o, 103o, 190–191, 193o, 195mr, 206o, 212ml, 213mr, 216m, 229ur, 230o, 230m; Nigel Dennis 15u, 22ol, 23ur, 23m, 24or, 24ur, 25mr, 150mro, 150ml, 207o, 216t, 222cra, 223cra, 232tl, 234–235, 237t, 238bl, 238bc, 238ur, 239o, 270–271, 272or, 272mlo, 272u, 273m, 278–279, 282or, 282ml, 282mru, 282ul, 282ur, 283ol, 283or, 283mro, 285o, 299u, 300u; Gerhard Dreyer 22mru, 22ul, 22ur, 23mlo, 147o, 150mru, 154ol, 155ol, 164u, 165ur, 169u, 170u, 176u, 180ol, 180or, 180mlo, 180u, 372o; Jean du Plessis 95m; Craig Fraser 35mr; Leonard Hoffman 20mo, 22or, 23ol, 23om, 23or, 23mro, 23mlu, 155u, 195ol, 195ul, 215u, 284ol, 359o; Anthony Johnson 67ol, 81ul; Walter Knirr 8–9, 95u, 144, 157u, 178–179, 200o, 223mlu, 241mro, 245o, 256m, 264o, 301u; Mark Lewis 28ul; Jackie Murray 19u, 251o; Annelene Oberholzer 94m; Peter Pickford, 21ml, 71mro, 150or, 150mlu, 230u, 231o, 282mlo, 291o; Mark Skinner 153m, 177ml; Erhardt Thiel 4u, 16o, 29or, 33m, 34u, 61mr, 61mo, 65mro, 72ml, 73mr, 76, 82–83, 89m, 94o, 96or, 96ul, 97mr, 98o, 124u, 128ol, 154mr, 360m; David Thorpe 20o; Hein von Hörsten 40mro, 59mro, 68mlo, 85mru, 91o, 100mlu, 116–117, 119ml, 129ul, 131u, 155or, 167mr, 181ol, 187o, 202o, 202m, 253ol, 253or, 288u, 383o; Lanz von Hörsten 18m, 19o, 22mlu, 37o, 69ol, 74mlo, 90u, 118mlo, 153ol, 153ul, 154m, 155mr, 192u, 193u, 207m, 217u, 239mr, 273o, 273u, 275u, 283u, 284mro, 286, 298, 310m, 226–227; Keith Young 56–57, 203o, 214, 218m, 225mo, 281mro, 287u, 292mlu, 310u; Mark Skinner: 183m; South African Cultural History Museum: 44mlu, 45o, 48ol, 49u; South African Library: 44ml, 44–45m, 46mu, 47mu, 47mru, 48u, 50ol, 50ml, 50mlu, 52u, 53ml, 74or, 84ur, 303u; South African Museum: 43m, 43ur; South African National Defence Force Archives: 52mlo; The South African National Gallery: 45mru, 54mlu; South African National Parks Board: 238ol; Geoff Spiby: 20ul, 21ul, 81ur; Standard Bank 376ol; Standard Bank National Arts Festival 37u, 188ol; The Star 51o; State Archives: 25or, 240mlo, 294u, 305ml; Stellenbosch Art Gallery: 131o; Sun International: 258or, 259mru.

Telkom South Africa: 378ol, 378u; Times Media: 364u; Touchline: © Duif du Toit 32o; © Thomas Turck 32u; Transvaal Museum: © Dr Gerald Newlands 43mo; The Truth and Reconcilliation Committee: 55mlu.

University of Pretoria: © Professor André Meyer 43o; Pieter-Dirk Uys: 55mr.

Chris Van Lennep: 24mlo, 196or, 196ml, 196–197m, 197u; Chris van Rooyen: 24mlo; Lanz von Hörsten: 284mlo, 285ul; André Vorster: 372m.

Wartburger Hof Country Hotel: 30mr. William Fehr Collection, Castle of Good Hope, Kapstadt: 41o, 41u, 98u; W. Daniel 93u; Peter Wilson Agencies: 196ur, 197mr.

Keith Young: 98m.

Umschlaginnenseite vorne: Shaen Adey: ur; SIL (© Struik Image Library): CLB (Colour Library) or; Walter Knirr ol; Lanz von Hörsten olm, om; Keith Young mr; Photo Access: © Mark Skinner ul.

Cover: Alle Spezialfotografien außer Lex Hess: Buchrücken mo; J & B Photographers: vorne mu; Walter Knirr: vorne ml/ ul, back ol; Struik Image Library: vorne o.

Kapstadt und Umgebung

LEGENDE

- Stadtgebiet
- Park/Reservatsgrenze
- Freeway
- Nationalstraße
- andere Straße
- Flughafen-Busstrecke
- Zugstrecke
- Fährstrecke
- Hubschrauberroute
- Internationaler Flughafen
- Bahnhof
- Fähranlegestelle
- Helipad
- Weingut

Entfernung von Kapstadt (in km)

Umgebung

Cape Town International	9
Bellville	20
Bergvliet	16
Betty's Bay	102
Bloubergstrand	21
Camps Bay	10
Cape Point	77
Cape Hangklip	87
Clifton Bay	8
Constantia	10
Durbanville	27
Eersterivier	35
Fish Hoek	34
Franschhoek	57
Goodwood	16
Gordon's Bay	60
Grabouw	69
Hawston	154
Hout Bay	23
Kenilworth	11
Kirstenbosch National Botanical Gardens	18
Kleinmond	124
Kommetjie	47
Kraaifontein	40
Llandudno	18
Melkbosstrand	35
Milnerton	11
Mowbray	6
Muizenberg	24
Newlands	8
Noordhoek	30
Paarl	58
Pinelands	9
Pringle Bay	96
Rondebosch	8
Simon's Town	37
Somerset West	50
Stellenbosch	42

Abstecher

Agulhas	254
Arniston	211
Bainskloof	99
Botrivier	89
Bredasdorp	193
Caledon	109
Cape Agulhas	227
Goudini	103
Greyton	148
Hermanus	116
Langebaan	114
Malmesbury	64
Onrus	114
Wellington	70
Worcester	118

0 Kilometer 5

0 Meilen 5